JOHANNES HEMPEL

DAS ETHOS DES ALTEN TESTAMENTS

ZWEITE ERGÄNZTE AUFLAGE

1964

VERLAG ALFRED TÖPELMANN · BERLIN

BEIHEFTE ZUR ZEITSCHRIFT FÜR DIE
ALTTESTAMENTLICHE WISSENSCHAFT
HERAUSGEGEBEN VON GEORG FOHRER

67

Printed in Germany
Satz und Druck: Walter de Gruyter & Co., Berlin 30
Archiv-Nr. 3822645

Der Braunschweiger Evangelisch-Lutherischen Landeskirche,
ihrem Hochwürdigen Herrn Landesbischof D. M. Erdmann
(Wolfenbüttel)
und
ihrem heimgerufenen Pfarrer Rudolph Lerche
(Salzgitter-Gebhardshagen)

in bleibender Dankbarkeit

Aus dem Vorwort zur ersten Auflage

Kurz nach Erscheinen der ersten Auflage meines »Gott und Mensch im AT« 1926 regte W. LÜTGERT eine analoge Behandlung des Ethos des AT an. Mannigfache andere Verpflichtungen ließen diese Arbeit zunächst verschieben; bei ihrer Aufnahme zeigte sich sehr bald, daß die Probleme hier noch verwickelter liegen als bei der Analyse der Frömmigkeit. Das reiche Ausgrabungsmaterial läßt eine Behandlung allein auf Grund der literarischen Quellen und ihrer chronologischen Aufreihung nicht mehr zu, wie sie das in seiner Zeit treffliche Werk von H. G. MITCHELL, The Ethics of the Old Testament, Chicago 1912, noch geben konnte. Ich habe Teilprobleme 1932 in Amerika unter dem Titel The realism of the Old Testament vorgetragen, einen Abriß des Ganzen 1933 in Uppsala in Vorlesungen der Olaus Petri-Stiftung, zu denen mich mein verehrter Freund TOR ANDRAE .... eingeladen hatte. Es hat aber noch der — allerdings wieder oft durch andere Aufgaben unterbrochenen — Arbeit von vier weiteren Jahren bedurft, um die heutige Form zu finden, welche den geschichtlichen Ablauf hinter einer Strukturanalyse zurücktreten läßt ....

Vorwort zur zweiten Auflage

Der Wunsch des Herrn Verlegers, den Text des Buches unverändert zu lassen und die Neubearbeitung in die Anmerkungen zu legen, hat in der Gestaltung der dritten Auflage von ROB. SMITH's »Religion of the Semites« durch St. A. COOK ein klassisches Vorbild. Die Durchsicht des Textes ließ sich auf die Tilgung von etwa einem halben Dutzend 1938 »zeitbedingter« Ausdrücke und die Beseitigung einiger Druckfehler beschränken. Für die Behandlung der Anmerkungen haben mir vor allem zwei Probleme nicht unerhebliche Kopfschmerzen gemacht. Einmal war zu entscheiden, wie heute nicht mehr aktuelle Literatur zu behandeln sei, die positiv oder negativ den Text von 1938 beeinflußt hat. Ich habe mich entschlossen, sie im wesentlichen beizubehalten, um seine wissenschaftsgeschichtliche Stellung nicht zu verwischen. Sodann aber erhob sich die Frage, in welcher Weise neben der selbstverständlichen Heranziehung von Funden wie der Stele des Idrimi, der Mari- oder der Sfirétexte mit den Qumranrollen und -fragmenten zu verfahren sei. Es erschien mir richtig, sie trotz des zeitlichen Abstandes in möglichst weitem Umfang heranzuziehen, da sie weithin den ältesten »Kommentar« zu den alttestamentlichen Aussagen auch dort darstellen, wo sie als Zeugnisse einer Sektenfrömmigkeit den ganz andersartigen Charakter der auf das Gesamtvolk als Gemeinde Jahves ausgerichteten deutlich machen können. Wo ich meine Stellung zur Damaskusschrift auf Grund der neuen Texte wesentlich modifiziert habe, habe ich es ausdrücklich vermerkt. Auf meinen umfassenden Artikel »Ethics in the OT« (The Interpreter's Dictionary of the Bible, Nashville/New York 1962, III, S. 153—161) sei ein für alle Male verwiesen.

Auch diesmal habe ich reichlich Ursache zu danken. Die Deutsche Forschungsgemeinschaft stellte mir in der Person von stud. theol. Hans-Hermann Dierks einen Mitarbeiter, der mir über das Maß ihm als »Studentische Hilfskraft« obliegender Verpflichtungen in der Kontrolle der Zitate und dem Lesen der Korrektur zur Seite stand. Mein verehrter Kollege Fohrer ließ es sich nicht nehmen, als Herausgeber der »Beihefte« gleichfalls eine Korrektur zu lesen. Fräulein stud. theol. Juliane Gerstenberger fertigte eine Reinschrift des ergänzten Registers an. Wenn gleichwohl in den Abkürzungen und ähnlichen Dingen Unausgeglichenheiten geblieben sind, bitte ich, es damit zu entschuldigen, daß ich, gerade als ich dabei war, dem Manuskript den letzten »Schliff« zu geben, einige Monate eine Klinik aufsuchen mußte.

Ich widme diese Arbeit der Braunschweigischen Evangelisch-Lutherischen Landeskirche, ihrem Hochwürdigen Herrn Landesbischof D. Erdmann, der mir beim Verlassen des Lazaretts 1947 Arbeit, und ihrem Pfarrer, meinem lieben, inzwischen heimgerufenen Amtsbruder Rudolph Lerche, der meiner heimatlosen Familie ein gastliches Dach gewährte, in bleibender Dankbarkeit.

Göttingen, am Michaelistag 1963

Joh. Hempel

Inhaltsverzeichnis

Abkürzungen

AA	=	Alttestamentliche Abhandlungen, Münster (Aschendorff).
AAA	=	University of Liverpool, Anunals of Anthropology and Archaeology.
AASOR	=	Annual of the American Schools of Oriental Research, New Haven.
ABA	=	Abhandlungen der Preußischen Akademie der Wissenschaften, Phil.-Hist. Klasse, Berlin.
Act. Ac. Ab.	=	Acta Academiae Aboensis.
Act. Or.	=	Acta Orientalia, Leiden.
AfO	=	Archiv für Orientforschung, Graz.
AJSL	=	American Journal of Semitic Languages and Literatures, Chicago.
Alt, Kl. Schr.	=	Albrecht Alt, Kleine Schriften zur Geschichte des Volkes Israel (Bd. I²; II²; III: 1959).
Anal. Bibl.	=	Analecta Biblica, Rom.
Anal. Or.	=	Analecta Orientalia, Rom.
ANEP	=	The Ancient Near East in Pictures Relating to the Old Testament, ed. J. B. Pritchard, Princeton (N. J.) 1954.
ANET	=	Ancient Near East Texts Relating to the Old Testament, ed. J. B. Pritchard, Priceton (N. J.) 1950 (2. Aufl.: 2. ed. corrected and enlarged, 1955).
AO	=	Der Alte Orient, Leipzig.
AOTB²	=	Altorientalische Texte und Bilder zum Alten Testament, hg. von Hugo Greßmann, Berlin 1926/27.
Arch. Or.	=	Archiv Orientální, Prag.
ARW	=	Archiv für Religionswissenschaft, Leipzig.
ATD	=	Das Alte Testament Deutsch, Göttingen.
AThANT	=	Abhandlungen zur Theologie des Alten und Neuen Testaments, Zürich.
AThR	=	Anglican Theological Review, Evanston (Ill.).
BA	=	The Biblical Archaeologist, New Haven (Con.).
BAfO	=	Beiheft zum Archiv für Orientforschung.
Baptist Quart.	=	Baptist Quarterly.
BASOR	=	The Bulletin of the American Schools of Oriental Research Bagdad und Jerusalem, Baltimore (Md.).
BBB	=	Bonner Biblische Beiträge, Bonn.
BFchrTh	=	Beiträge zur Förderung christlicher Theologie, Gütersloh.
BHK	=	Biblica Hebraica, ed. R. Kittel, 3. Aufl. Stuttgart.
BHTh	=	Beiträge zur historischen Theologie, Tübingen.
Bibl.	=	Biblica, Rom.
Bibl. Or.	=	Bibliotheca Orientalis, Leiden.

Bibl. du Serv. des Ant. de Syrie = Bibliothèque du Service des Antiquités de Syrie.
BJRL = The Bulletin of the John Ryland's Library, Manchester.
BRA = Beiträge zur Religionsgeschichte des Altertums, Halle/S.
BRL = Biblisches Reallexikon von K. Galling (Eißfeldts Handbuch zum Alten Testament I, 1), Tübingen 1937.
BSGW = Berichte über die Verhandlungen der Sächsischen Akademie der Wissenschaften, Phil.-Hist. Klasse, Leipzig.
BWA(N)T = Beiträge zur Wissenschaft vom Alten (und Neuen) Testament, (Leipzig) Stuttgart.
BZ = Biblische Zeitschrift, Paderborn.
BZAW = Beiheft zur Zeitschrift für die alttestamentliche Wissenschaft, (Gießen) Berlin.
BZNW = Beiheft zur Zeitschrift für die neutestamentliche Wissenschaft, (Gießen) Berlin.
CBQ = The Catholic Biblical Quarterly, Washington, D. C.
ChQR = The Church Quarterly Review, London.
CRAIBL = Comptes Rendus de l'Académie des Inscriptions et Belles-Lettres, Paris.
CuW = Christentum und Wissenschaft, Leipzig.
ET (Exp. T.) = The Expository Times, Edinburgh.
Ev. Theol. = Evangelische Theologie, München.
FF = Forschungen und Fortschritte, Berlin.
HUCA = Hebrew Union College Annual, Cincinnati.
IDB (Int.Dict.) = Interpreter's Dictionary of the Bible 4 Bde, New York/Nashville 1962.
JAOS = The Journal of the American Oriental Society, Baltimore (Md.).
JBL = Journal of Biblical Literature and Exegesis, Philadelphia (Pa.).
JCSt = Journal of Cuneiform Studies, New Haven (Conn.).
JDAI = Jahrbuch des Deutschen Archäologischen Instituts, Berlin.
JEA = The Journal of Egyptian Archaeology, London.
JPOS = Journal of the Palestine Oriental Society, Jerusalem.
JQR = The Jewish Quarterly Review, Philadelphia (Pa.).
JRAS = Journal of the Royal Asiatic Society of Great Britain, London.
JSS = Journal of Semitic Studies, Manchester.
JThSt = The Journal of Theological Studies, Oxford.
LUÅ = Lunds Universitets Årsskrift, Lund.
MAOG = Mitteilungen der Altorientalischen Gesellschaft, Leipzig.
MGWJ = Monatsschrift für Geschichte und Wissenschaft des Judentums, Frankfurt/M.
MUStJB = Mélanges de l'Université Saint-Joseph, Beyrouth (Libanon).
MVA(e)G = Mitteilungen der Vorderasiatisch (-Ägyptischen) Gesellschaft, Leipzig.
NA = Neutestamentliche Abhandlungen, Münster.
NAWG = Nachrichten der Akademie der Wissenschaften in Göttingen, I. Philologisch-Historische Klasse.
NedTTs = Nederlands Theologisch Tijdschrift, Wageningen.
NGGW = Nachrichten von der Gesellschaft der Wissenschaften zu Göttingen, Phil.-Hist. Klasse.

NT	=	Novum Testamentum. An international Quarterly for NT and related Studies, Leiden.
NTT	=	Norsk teologisk Tidsskrift, Oslo.
NZZ	=	Neue Zürcher Zeitung.
OIP	=	University of Chicago, Oriental Institute Publications.
OLZ	=	Orientalistische Literatur-Zeitung, Leipzig.
OTS	=	Old Testament Studies, Edinburgh.
Oudt. Stud.	=	Oudtestamentische Studiën, Leiden.
PEFQuSt	=	Palestine Exploration Fund Quarterly Statement, London; seit 1937:
PEQ	=	Palestine Exploration Quarterly, London.
PJB	=	Palästinajahrbuch des Deutschen evangelischen Instituts für Altertumswissenschaft des Heiligen Landes zu Jerusalem, Berlin.
RA	=	Revue d'Assyriologie, Paris.
RB	=	Revue Biblique, Paris.
REJ	=	Revue des Études Juives, Paris.
RES	=	Revue des Études Sémitiques, Paris.
R(ev).Sc.Rel.	=	Revue des Sciences Religieuses, Paris/Straßburg.
RGG	=	Die Religion in Geschichte und Gegenwart (1.—3. Aufl.), Tübingen.
RHPR	=	Revue d'Histoire et de Philosophie Religieuses, Straßburg/Paris.
RHR	=	Revue de l'Histoire des Religions, Paris.
Riv. Bibl.	=	Rivista Biblica, Rom.
RLAss	=	Reallexikon der Assyriologie, Berlin.
RLV	=	Reallexikon der Vorgeschichte, hg. von M. Ebert, Berlin.
RQ	=	Revue de Qumran, Paris.
R.Sc.Phil.Théol.	=	Revue des Sciences Philosophiques et Théologiques, Paris.
RThPh	=	Revue de Théologie et de Philosophie, Lausanne.
SEÅ	=	Svensk Exegetisk Årsbok, Uppsala.
SKGG	=	Schriften der Königsberger Gelehrten Gesellschaft.
St. Sem. Neerl. (Stud. Sem. Neerl.)	=	Studia Semitica Neerlandica, Assen.
Stud. Gen.	=	Studium Generale, Heidelberg/Berlin.
Stud. Or.	=	Studia Orientalia, Helsingfors.
Stud. zum AuNT	=	Studien zum Alten und Neuen Testament, München.
ThBl	=	Theologische Blätter, Leipzig.
ThLZ	=	Theologische Literaturzeitung, Leipzig.
ThR	=	Theologische Rundschau, Tübingen.
ThSt	=	Theological Studies, Baltimore.
ThStKr	=	Theologische Studien und Kritiken, Gotha.
ThWNT	=	(G. Kittel) Theologisches Wörterbuch zum Neuen Testament, Stuttgart.
ThZ	=	Theologische Zeitschrift, Basel.
TThZ	=	Trierer Theologische Zeitschrift, Trier.
TTSt	=	Trierer Theologische Studien, Trier.
UUÅ	=	Uppsala Universitets Årsskrift, Uppsala/Wiesbaden.
VAB	=	Vorderasiatische Bibliothek, Leipzig.
Verbum Dom.	=	Verbum Domini, Rom.
VT (Suppl.)	=	Vetus Testamentum, Leiden (und Supplementa dazu).
WA	=	Martin Luther, Werke. Kritische Gesamtausgabe (»Weimarer Ausgabe«).

WA, DB	=	WA, Deutsche Bibel.
WVDOG	=	Wissenschaftliche Veröffentlichungen der Deutschen Orientgesellschaft, Leipzig.
WZ	=	Wissenschaftliche Zeitschrift (der verschiedenen ostdeutschen Universitäten).
WZKM	=	Wiener Zeitschrift für die Kunde des Morgenlandes.
ZA	=	Zeitschrift für Assyriologie und verwandte Gebiete Berlin.
ZAW	=	Zeitschrift für die alttestamentliche Wissenschaft, (Gießen) Berlin.
ZDMG	=	Zeitschrift der Deutschen Morgenländischen Gesellschaft, (Leipzig) Wiesbaden.
ZDPV	=	Zeitschrift des Deutschen Palästinavereins, (Leipzig), Wiesbaden.
ZKG	=	Zeitschrift für Kirchengeschichte, Stuttgart.
ZS	=	Zeitschrift für Semitistik und verwandte Gebiete, Leipzig.
ZsystTh	=	Zeitschrift für systematische Theologie, (Gütersloh), Berlin.
ZThK	=	Zeitschrift für Theologie und Kirche, Tübingen.

Kapitel 1.

Die Volkssitte und ihre Lehrmeister.

1. Die Mehrschichtigkeit der Sitte.

a) Die Tatsache.

Das Ethos Israels ist keine Einheit, die sich auf Formeln bringen oder in Begriffe fassen ließe, welche durch die Jahrhunderte hin konstant geblieben wären. Vielmehr stoßen wir innerhalb des AT auf eine starke Mehrschichtigkeit der Lebenshaltung. Unsere Quellen sind in ihrer Stellung zur Volkswirklichkeit sehr verschiedenen Charakters. Ein erheblicher Teil des auf uns gekommenen Schrifttums übt an dem, was in den Lebensgegebenheiten des Volkes immer wieder geschieht, die schärfste Kritik und sucht durch Rückgriff auf ältere Sitte oder durch zielbewußte Neugestaltung reformierend zu wirken. Die prophetische Literatur geißelt den Rechtsbruch, die sexuelle Verwilderung, nicht nur die religiöse oder gar nur die kultische Verirrung im engeren Sinne. Auch der Gesetzgeber straft, was an Verstößen gegen die grundlegenden Volksordnungen und damit gegen das als göttlich geltende Recht immer wieder geschieht. Eine Analyse seiner Stilformen zeigt dabei neben dem Bestreben, neues Recht zu setzen und altes Recht zu wahren, zugleich den Willen, durch Angleichung gegebener, als »heilig« feststehender Grundsätze an die konkreten Lebensbedürfnisse und — das gilt vor allem für das Deuteronomium — an die von ihm selbst geschaffenen neuen Lagen eine Möglichkeit der Gebotserfüllung zu schaffen. Die Ketten der »Wenn«-Bestimmungen, die an »apodiktische« Worte angeschlossen sind, sind Zeugen dieses Ringens [1]. Der weise Mann endlich sucht auf Grund der Erfahrung und des Erbgutes an religiösen Grundsätzen, in dem er selbst unterwiesen ist, warnend und belehrend die Haltung der zukünftigen Generation zu formen. Ihnen allen, von denen sofort genauer zu handeln sein wird, steht die Erzählungsliteratur gegenüber. Auch sie gibt den von ihr gebotenen Stoff nicht bedenkenlos-bewundernd wieder. Es ist ein Mißverständnis, wenn man meint, etwa die Jakobserzählungen ohne das in Gen 32 10 f. gebotene (jahwistische) Verwerfungsurteil zu verstehen [2]. In den Einleitungsreden zum Dtn und in den Urteilen, mit denen die deuteronomistische Geschichtsschreibung ihre Darstellung der Vergangenheit begleitet, ist der Gegensatz gegen das Verhalten der Väter ja geradezu das Leitmotiv. Aber diese kritische Haltung beschränkt sich weithin auf das Rahmenwerk, während sie auf ein tieferes Eingreifen in die Substanz der Geschichte verzichtet. Alle Tendenz zur Vereinheitlichung des Überlieferungsbestandes im Sinne der exklusiven Jerusalemer Gemeinde hat damit nicht vermocht, die Verschiedenheiten in Herkunft und Ausformung des Materials zu verwischen. Die Bindung an die Tradition beherrscht noch die Endgestalt des Hexateuch und der älteren Geschichtsschreibung. An ihr sind der Radikalismus der deuteronomistischen Schule in der Ausschaltung alten Gutes wie die Verdrängungsabsichten der Chronik letztlich gescheitert. Sie läßt uns in die innere Mannigfaltigkeit menschlicher Verhaltungsweisen im Wandel eines Jahrtausends im guten wie im bösen Sinne tief hineinschauen. Das Bild alter profaner Volkswirklichkeit, das sie zu gewinnen erlaubt, steht von den religiösen Ideen und Idealen der späteren Gemeinde vielfach recht weit ab [3]. Es ist kein Heiligenleben, auf Goldgrund gemalt!

Die natürlichen Lebensgemeinschaften mit ihren Freuden und Nöten und Konflikten hin und her im Lande tauchen in der ganzen Buntheit des Daseins und in mannigfacher Wandlung auf. Da möchte der Vater entgegen dem Rechte des Erstgeborenen den Sohn der weniger geliebten seiner Frauen am Erbe kürzen [4]. Die Mutter zieht den Jüngeren dem Älteren vor und wacht eifersüchtig darüber, daß ihr Knabe das Erbe nicht mit dem Kind der Nebenfrau zu teilen hat [5]. Der böse Sohn flucht seinen Eltern oder schlägt sie gar; die Tochter bringt Schande über ihr Vaterhaus und beschwört Fehde und Blutrache für ihre Sippe herauf [6]. Da ist der alte Herr, der gern Wildbret ißt und die geschickte Hausfrau, die ein zahmes Tier entsprechend herzurichten weiß [7]. Der überschlaue Vater schiebt dem tumpen Freier im nächtlichen Dunkel des hochzeitlichen Zeltes die weniger schöne Tochter zu und die »kluge Frau« weiß sich in jeder Lage zu helfen, auch wenn ein Verstoß gegen die Sitte samt der daraus folgenden Lebensgefährdung in Kauf genommen werden muß [8]. Da fehlt auch die Dirne nicht, die ihre Heimatstadt, ja, um klingenden Lohn den eigenen Liebhaber verrät [9]. Klopft der Gast an zur Nacht, so ist es religiöse Ehrenpflicht, ihm die Tür zu öffnen und für ihn wie seine Tiere wohl zu sorgen, ja selbst den letzten Bissen Brot mit ihm zu teilen; hat er Macht und Vermögen dazu, so wird er solchen Dienst nicht unbelohnt lassen [10]! Gerät der Gast jedoch in Gefahr, so ist sein Schutz heiligere Pflicht als die Bewahrung der Ehre der eigenen Tochter [11]. Doch wie in Seenot der Schiffsherr den »gefährlichen«

Gast über Bord verschwinden läßt, so kann wildeste Leidenschaft kampfdurchtobter Zeit den Verrat im Zelte heiligen:

Heil der Jael vor den Weibern,
Heil im Zelt ihr vor den Weibern!
Heischte Wasser, bot ihm Milch,
prächtge Schale voll von Sahne!
Ihre Linke langt den Pflock,
ihre Rechte nach dem Hammer.
Hammerschlag auf Sisera spellt den Schädel
und zerreißet seine Schläfe!
Stürzt, fällt, liegt zu ihren Füßen,
stürzet, fällt zu ihren Füßen!
Wo er stürzet, fällt er — tot! [12]

Wie das Bürger- und Bauernhaus, so hat nicht minder der Königshof seine Nöte. Schmeichler umdrängen den Herrscher, und seine Frauen machen ihm mit den Ansprüchen ihrer Kinder und ihren eigenen Wünschen die Hölle heiß. Die Söhne putschen gegen den Vater, untergraben seine Autorität und lassen damit für eine verbreitete Anschauung Zweifel an der »Ehrbarkeit« ihrer Mutter entstehen [13]. Auch des Schwiegersohns dünkt man sich nicht sicherer [14]. Die Priester — an sich fest in der Hand des königlichen Tempelerbauers und Kultherrn — fordern ihr Recht. Die Propheten, die er sich mindestens in Juda in hellen Haufen hält, verlangen Lohn und treiben Politik wie die Generale, die oft genug selbst nach dem Thron streben [15]. Der Idee nach ein Gott unter Menschen, allwissend wie die Gottesengel und gewaltig, ist der König in der Praxis nur allzuoft ein eingeschüchterter Mann, der Volksstimmung zuliebe das Gottesrecht preisgebend, in sinnloser Trunkenheit wehrlos den Großen und den Prätorianern ausgeliefert oder in Furcht vor ihnen zitternd [16].

Neben den trüben Zügen stehen die lichten. Von des Gastrechtes Heiligkeit war schon die Rede, und die Treue, die auch dem toten Gatten wie dem gefallenen Herrscher und dem erschlagenen Freunde gilt, hat in der Antigone-Tat der Kebse Rispa und in Davids »Bogenlied« die Zeiten überdauert [17]. Gewiß mag der religiöse Fanatismus der Vergeltungslehre oft genug dazu geführt haben, daß Freunde den von hartem Los Betroffenen verlassen, sich von ihm als dem von Gott Verfluchten scheiden [18]. Aber darüber darf nicht vergessen werden, wie lebendig die unbedingte Einhaltung eines bestehenden Bandes als sittliche und religiöse Pflicht empfunden wird. Böses für Gutes zu vergelten oder gar einen andern, mit dem man in »Frieden« lebt, zu schädigen, sind Freveltaten, von denen man sich vor Gott freizuschwören hat, wenn man ihm nahen will [19]! Gott selbst handelt ja nicht anders. Sein Walten und Wesen kann man nicht besser bestimmen als daß man ihn als den bezeichnet, der den

»Bund bewahrt« und »Treue hält« [20]. Hart ist der Kampf ums Dasein und groß gar oft die Not, doch höher als die äußere Bedrängnis steht die Sorge um die persönliche Ehre. So strenge wacht man über sie, daß man wiederum seinen Gott nicht anders denken kann als den, der für die Ehre seines Namens eifert. Wie ihn die Lästerfrage »Wo ist nun dein Gott?« zum helfenden Eingreifen zwingt [21], so verschärfen der Spott der Feinde und der sichere Hohn der Nachwelt für das Volk wie für den Einzelnen jede Lebenshemmung im Ringen der Nationen wie im Kampf ums Dasein [22]! Die Aussicht aber auf einen guten Nachruhm mag selbst die Kümmernisse des Eunuchentums ausgleichen [23].

Besonders deutlich tritt solche Höchstwertung der Ehre im Hiob hervor. Durch das Urteil der Freunde, daß der Dulder ein arger Sünder vor allen sei, ist sie angetastet. Auch noch so wohlgemeintes Reden von der Buße als dem Heilsweg kann die Qualen nur steigern, weil es in dem Leiden die göttliche Bestätigung eben dieser Einschätzung findet. Den falschen Schein eines bereits ergangenen Gottesgerichtes zu beseitigen, ist das Ziel, auf das der Dulder immer entscheidender hindrängt. Sein Blut, das gleich dem Blute Abels von der Erde schreit und den »Zeugen im Himmel«, den »Eideshelfer in der Höhe« zum Eingreifen zwingt; das Unschuldszeugnis, das in den Felsen gehauen und in Erz gegraben die Zeiten überdauert; nein! der *go'el*, der *'aḥ^{a}rōn*, Gott selbst als sein »Loskäufer« und »sein« »Bürge« werden für ihn eintreten! [24] Gott kann wohl zürnen und in solchem Zorn zum sinnlos wütenden Dämon werden. Für den Machtunterschied zwischen sich selbst und dem kleinen Menschen blind, mag er wohl seiner Majestät unwürdig und gegen seine eigene »Sehnsucht« nach dem von ihm kunstvoll Geschaffenen handeln. Aber der »Zorn wird weichen« und Gott wieder als der Gott der Wahrheit erscheinen [25]. Vor solcher Gewißheit verliert das Leid seine letzte versuchliche Kraft. Der Tod erscheint nun nicht mehr als der ersehnte Durchgang zu einem Dasein ewiger Ruhe und Gleichheit, sondern als ein Ende, das wohl unausweichlich ist, sobald Gott selbst dem Menschen begegnet, aber als ein Ende, das in der Gottesbegegnung als der sichtbaren Unschuldsbezeugung seine Schrecken verliert:

Er wird mich töten! Das weiß ich gewiß,
doch künd' ich ihm ins Antlitz meinen Wandel!
Das ist mein Heil!
Denn vor sein Antlitz
kommt kein Frevler! [26]

Rauh ist die Sitte, die zur Wahrung solcher Ehre die siebenfache zur siebenzigfachen Blutrache steigert, die im Spottlied den im Streit Bezwungenen so wenig schont wie seine Mutter [27]. Doch neben das Gemälde der tollkühn tapferen Hagar, die mit dem noch Ungeborenen nach Ägypten flieht und die Verheißung seines wilden Kampfeslebens empfängt, stellt der Elohist betont die fast sentimentale Szene, in der die Mutter des sterbenden Kindes Wimmern nicht zu ertragen vermag und stellt der spätesten Propheten einer das Bild von dem Gott, der wie eine Mutter tröstet [28].

Ich breche ab. Die Fülle der bunten Bilder einfangen zu wollen, wäre ja doch ein vergebliches Unterfangen. Urwüchsig und kräftig, an keine »höhere« Moral gebunden und doch aus lebendigen Kräften einer in ihm selber wirksamen verborgenen Sittlichkeit sein Dasein führend, es zugleich aber durch die Loslösung von dem rechten Brauche immer aufs neue gefährdend, steht das alte Israel in seiner Geschichte, ein antikes Volk in der antiken Welt. In einer gelegentlich unheimlichen »Lebensnähe« stellen Erzählungen des AT die Menschen dar, wie sie waren und sind, und erlauben eben um dieses realistischen Charakters willen mit aller Zurückhaltung bei einzelnen Untugenden und Lastern vom Nichtbegegnen in der Überlieferung auf ein nur seltenes Vorkommen im Leben zu schließen. Wir gewinnen damit zugleich einen Maßstab für die Kritik am Volksleben, die uns in Prophetie und Weisheit entgegentritt, für ihr Recht wie für ihre Grenzen. Das ist um so bedeutsamer als wir für die nachexilische Zeit nur sehr wenig Erzählungsmaterial besitzen, hier vielmehr stark auf beurteilende und nicht auf schildernde Quellen angewiesen sind.

b) Die Gründe.

α) Die volkliche Gespaltenheit.

Wichtiger als dieser vorläufige methodische Ertrag ist nun aber die andere Einsicht, daß es sich bei den herausgehobenen Erscheinungen des Volkslebens zum Teil nicht nur um allgemein menschliche oder gemeinorientalische Schwächen oder Stärken handelt, die überall und immer wieder in der Welt sich einstellen oder doch unter der Sonne des Ostens stets aufs neue sich entfalten. Vielmehr beruht die Buntheit der uns begegnenden Verhaltungsweise auch darauf, daß sich innerhalb des israelitischen Volkslebens mehrere Welten durchdringen. Diese Tatsache ist schicksalhaft mit der Stellung Palästinas als Durchgangsland der großen antiken Heer- und Handelsstraße gegeben, die Ägypten mit Asien verbindet und auf der angesichts der ungünstigen Gestaltung der palästinischen Küstenlinie auch der Verkehr vom Westen her über die syrischen oder ägyptischen Häfen das Land erreicht. Ein Blutzustrom verschiedenartiger Herkunft hat sich von den frühesten für uns greifbaren Zeiten an immer wieder in das Gebiet ergossen. Die Rätsel, welche die eigenartige, in Spuren aber auch an anderen Orten des Landes auftauchende, Kultur von *tlēlāt ghassūl* am Nordostende des Toten Meeres aufgibt, bekräftigen aufs deutlichste die schon durch sonstige Funde nahegelegte Tatsache, daß bereits in der Steinzeit Bevölkerungsschichten verschiedener Herkunft übereinander gelagert sind [29]. In geschichtlicher Zeit herrschen nach Ausweis namentlich der ältesten Ortsnamen, zum Teil aber auch ägyptischer Bilder, zwei Rassen in der Breite der Bevölkerung vor: die seit alters ansässige »vorderasiatische« (armenoide) und die erst allmählich, vor allem kurz nach Beginn des zweiten Jahrtausends, sich stärker durchsetzende »orientalische« (semitische) Rasse [30]. Dazu treten, wie eine Fülle von Personennamen belegt, im Gefolge der Hyksosherrschaft neue Adelsschichten nichtsemitischer Herkunft, unter denen ein stärkeres arisches Element neben einem bedeutsamen »subaräischen« (»hurrischen«) hervortritt. Die israelitische Einwanderung hat wohl — wie in Syrien [31] die aramäische — den »semitischen« Blutanteil verstärkt, die Lage aber nicht grundsätzlich geändert. Denn an die Stelle des Ausmordungsprogramms — falls es nicht überhaupt in seiner Zuspitzung ein Phantasieprodukt späterer Theoretiker ist, — trat unter dem Zwang der Ereignisse ein Nebeneinander mit allmählicher Verschmelzung. Für den wichtigsten Ort, der natürlich im VI. Jh. auch eine starke israelitische Bevölkerung enthielt, ist sich noch Ezechiel dieser Tatsache bewußt:

Du stammst und kommst her aus Kanaans Land;
dein Vater war der Amoriter
und deine Mutter eine Hetiterin [32].

Es ist unmöglich, bei dem einzelnen Glied eines solchen »Mischvolkes« den Blutanteil der verschiedenen über das Land hingefluteten Ströme zu ermitteln, zumal wenn (wie hier) der Verschmelzungsprozeß selbst Jahrhunderte oder noch länger zurückliegt und bestenfalls nur eine geringe Zahl authentischer Lebensäußerungen erreichbar ist. Aber die Bedeutung der Blutmischung selbst auch für das ethische Verhalten wird man um so weniger leugnen dürfen, als mit der Verschiedenheit der Rasse ja unmittelbare kulturelle Abweichungen — und das heißt zugleich Abweichungen in der Stellung zur Welt und zum Leben — gegeben sind. Was für den Hellenismus und sein Kunstempfinden jedem deutlich ist, der einmal den »Alexander«-Kopf von Besan neben die gewiß eindruckvolle, fast ein Jahrtausend ältere ägyptisierende Mekal-Stele gestellt hat [33], das gilt, wenngleich vielleicht in weniger sinnfälliger Form, auch für die älteren Zeiten: mit den Rassen sind ihre Lebensformen, sittliche, geistige, materielle, gewandert, aufrüttelnd durch den Wettbewerb, zersetzend für das sich ihnen hingebende Alte. Von dieser kulturellen Mannigfaltigkeit aus, die in der Blutmischung ihre Wurzel hat, erhebt sich die für Israels Religion und Ethos weithin bedeutsame Frage, wie weit seine starke Unbeständigkeit, sein ewiges Schwanken in der politischen und religiösen Haltung namentlich in dem stärker verkehrsdurchzogenen mittleren Landesteil mit Einschluß der Jezreel-Ebene in der Tatsache der Rassenmischung eine seiner Ursachen hat.

β) Der politische Wandel.

Zur Verschiedenheit des Volkstums tritt die Mannigfaltigkeit der einander ablösenden politischen Gebilde. Über der Vielheit der Sippen und Stämme erhebt sich in der frühesten für uns greifbaren Zeit nach der Landnahme nicht mehr als eine religiöse »Eidgenossenschaft«, am ehesten wohl der altgriechischen Amphiktyonie vergleichbar [34]. Anscheinend aus mehreren älteren analogen Gebilden zusammengewachsen, deren Bestand sich noch in dem eigenartigen Aufbau des Zwölfstämmeschemas spiegeln dürfte, duldet sie in ihrer Mitte zunächst neben dem Bundeskult die althergebrachten Kulte der einzelnen Sippen, Stämme und Stammgruppen [35]. Sie läßt außer den gemeinsamen Aktionen, namentlich gegen solche, die wider die Bundessatzung verstoßen, Raum für auch politisch sich auswirkende »Querverbindungen« zwischen einzelnen Sippenhäuptern der im Bunde vereinigten Stämme mit nicht zugehörigen Geschlechtern, vor allem wohl in der Form der sog. *beena*-Ehe, ja vielleicht sogar für die gleichzeitige Zugehörigkeit eines Bundesgliedes zu einer anderen Genossenschaft. Es liegt wenigstens nahe, die eigenartigen Verhältnisse im Süden damit zu erklären, daß Juda und Simeon sowohl einem »großjudäischen« Bunde als dem Zusammenschluß der »Zwölf« eingefügt waren [36]. Selbständige kriegerische Handlungen eines oder mehrerer Zugewandter nach außen in Angriff und Abwehr sind bei der losen Art des Zusammenschlusses gleichfalls nicht selten; es ist aber für den Charakter des Bundesgottes bedeutsam, daß sie in seinem Namen und nicht in dem Namen eines der alten Stammesgötter erfolgen [37]! Damit ist zugleich ein charismatisches, religiös-politisches Recken- und Führertum neben dem geordneten »Sprecher«, dem *nâśī*, des Bundes, und die Kriegerweihe des *nâzīr* ermöglicht und legitimiert. Auf Grund besonderer Askese und Gelübde vollbringt er »ekstatische« Heldentaten, mag auch der Übergang von solchen Berserkern national-religiösen Charakters zu asozialen Räuberhäuptlingen bisweilen fließend gewesen sein [38]. So gestattet die Unstarrheit des Bundes den vorhandenen lebendigen Kräften eine freie Entfaltung, bringt aber zugleich die Gefahr der Zersplitterung, der bundeswidrigen Absonderung, ja des Gegeneinanders der Bundesangehörigen mit sich. In »liebevollen« Tiervergleichen wirkt sich die gegenseitige Eifersucht der Stämme humorvoll und doch zugleich mit einer gewissen Bitterkeit aus:

Issachar ist ein knochiger Esel,
faul gelagert zwischen den Hürden!
Er sah, wie gut doch die Ruhe,
wie gar so lieblich sein Land,
neigt seinen Nacken den Lasten,
ja ward zum fronenden Knecht! [39]

Tiefer greift es, wenn ein Makel aus vergangenen Tagen in Lied und Tradition der Nachbarn festgehalten wird und die eigene Überlieferung des Stammes weithin verdeckt. Aus der Geschichte Benjamins kennen wir den Kampf der anderen wider ihn in der Fassung, die ihm die moralische Schuld zuspricht; die benjaminitische Darstellung seiner Glanzzeit unter Saul besitzen wir nicht mehr [40]. Was sich in dieser Weise literarisch auswirkt, gestaltet bei sich bietender Gelegenheit in blutigen Waffengängen die Geschichte selbst.

Solchen Auflockerungen gegenüber hatte das Einheitsbewußtsein einen um so schwereren Stand, als dem Recken im entscheidenden Augenblick angesichts der »absoluten Freiwilligkeit der Teilnahme« am »charismatischen Gefolgschaftskrieg« kein anderes Mittel zur Verfügung stand denn die geheimnisvolle Macht fluchbeladener Drohung [41]. Die Ungebundenheit beduinischen Lebens mag in der Übernahme magisch verwurzelter Bestimmungen über »Zurückstellungen« vom Heerbann nachwirken, die ihrem Gehalt nach deutlich in das Kulturland weisen:

Wer ein neues Haus gebaut, aber noch nicht geweiht hat, kehre heim,
daß er nicht im Kampfe falle und ein anderer es weihe!
Wer einen Weinberg gepflanzt, aber noch nicht für sich genutzt hat, kehre heim,
daß er nicht im Kampfe falle und ein anderer ihn für sich nutze!
Wer sich ein Weib anverlobt, es aber noch nicht genommen hat, kehre heim,
daß er nicht im Kampfe falle und ein anderer sie nehme!

Selbst die loser angehängte letzte Bestimmung ist nicht schon um deswillen notwendig beduinisch, weil sie nicht sicher im Kulturland verwurzelt ist:

Wer sich fürchtet und weichherzig ist, kehre heim,
daß ‚er' seine Brüder nicht weichherzig ‚mache' wie er es ist [42].

Ein gewisses »Ressentiment gegen die Macht«, gegen straffe staatliche Führung, von dem noch zu sprechen sein wird, hat hier seine Wurzel. Es mußte die in der Rassenmischung gegebene Erschwerung einer dauernden Gesamtstaatsbildung wie die stete revolutionäre Erschütterung des Nordstaates durch das Auftreten immer neuer Thronanwärter aus verschiedenen Landesteilen und Stammesgebieten noch steigern. Aber auch die gegenteilige Erscheinung, das auf den ersten Blick seltsam davon abstehende Umspanntsein durch eine religiöse Einheit und eine religiös bestimmte Terminologie findet hier seine Erklärung.

Es spiegelt sich am klarsten in der eigenartigen Verwendungsgeschichte des Israelnamens, in der Unausgeglichenheit des Sprachgebrauchs. Als Ehrenname des Patriarchen, auf den die Genealogie die »Zwölf« zurückführt, bezeichnet er das Bundesvolk als die aus Ägypten kommende Gemeinschaft:

Habe ich nicht Israel aus Ägyptenland geführt,
und die Philister aus Kreta und die Aramäer aus Kir?
Wie Trauben fand ich Israel in der Wüste,
eure Väter der Frühfeige gleich am Feigenbaum [43].

Daneben findet sich, und zwar nicht nur in der geschichtlichen Literatur, sondern auch bei denselben Propheten, die soeben zu Worte kamen, der engere Sprachgebrauch, welcher den Namen für das Nordreich (seit Saul) in Anspruch nimmt; der *'aelohē jiśrā'el* ist als Gott des alten eidgenössischen Zentrums am Gilgal bei Sichem der »Reichsgott« des Staates, dessen Mittelpunkt die Stadt bildet [44]. Dieser engere Sprachgebrauch hat aber das Einheitsbewußtsein nicht zerschlagen. Der Gott des Judäers Amos spricht von dem Norden als von »Israel mein Volk« und das Ziel seiner Geschichte ist die Wiederherstellung der Einheit, wie sie in der Davids-Zeit bestand. Der Ketzerstaat Jerobeams vergeht, die gottgesetzte Einheit wird neue Wirklichkeit [45]. Der Ephraimit Hosea scheint den alten Gesamtnamen als Bezeichnung eines der Teilstaaten zu vermeiden, seitdem sie im syrisch-ephraimitischen Kriege nach längerer Friedenszeit die Waffen gegeneinander kehrten [46]. Der judäische Reststaat nimmt nach 722 den alten Gesamtnamen für sich in Anspruch; sein Gott ist der »Heilige Israels« und »das Haus Israel« bereits bei Jesaja Parallelausdruck für »die Männer Judas« [47]. Aber darüber wird nicht vergessen, daß auch die Reste der Nordstämme zum Jahwebunde gehören. Der judäische Priester Jeremia redet von ihnen als den »abgewichenen Söhnen«, denen jetzt die Heimkehr ermöglicht wird, oder unter dem Bilde des treulosen Weibes, dessen Wiederannahme zur Frage steht. Jetzt hört man das Weinen und Klagen der »Kinder Israel«, einst aber wird Jahwe mit dem »Hause Israel« den neuen Bund schließen [48]. Umgekehrt hatte der nordisraelitische Sänger nach der Reichsteilung gebetet:

Höre, Jahwe, Judas Stimme,
bring ihn heim zu seinem Volke! [49]

Die Einheit des Bundesvolkes ist das Primäre und das Bleibende, die Spaltung das Sekundäre und Aufzuhebende!

Endlich hat auch eine wesentlich andere Gegebenheit hier eine ihrer Wurzeln: die weitgehende Prägung der israelitischen religiösen Terminologie vom Recht her [50] und damit die vor allem im Spätjudentum sich durchsetzende Verrechtlichung der Jahwereligion selbst. So sehr davor gewarnt werden muß, den »Bundes«gedanken sich in rechtlichen Kategorien erschöpfen zu lassen und sein Wesen in der Einhaltung vertraglicher Bestimmungen statt in der lebendigen Wirklichkeit einer Gemeinschaft zu erblicken, die Gott und »sein Volk« zu einer Einheit zusammenschließt [51], so wenig darf man übersehen, daß diese Gemeinschaft nach innen die Einhaltung bestimmter Rechtssätze fordert. Für den Schutz dieser Normen und ihrer Anwendung auf den konkreten Fall schafft sie in dem »Gottesurteil« und der rechtsbildenden »Befragung« des Gottes bestimmte religiös-rechtliche Institutionen. Auch ihre Abgrenzung nach außen vollzieht sie weitgehend in der Form religiöser und sittlicher Rechtssatzungen, deren Übertretung zur Ausstoßung aus dem Volke — später der Gemeinde — und damit zur Preisgabe an die Macht wirkungskräftigen

Fluches führt. Das urtümliche Ineinander von Religion und Recht bleibt hier mit innerer Notwendigkeit erhalten und ordnet die Religion der Sprache und der Denkstruktur des Rechtes um so stärker unter, je mehr ihre eigene innere Lebendigkeit nachläßt. Die Bundeserneuerung unter Josia sollte in einer Zeit, die seit einem Jahrhundert »viel zu schreiben« gewöhnt war, das religiöse Leben an das heilige Buch binden, darin das Recht Gottes verzeichnet stand und als unabänderliche Größe für alle Zeiten verfaßt bleiben sollte [52].

In der harten Wirklichkeit freilich erwies sich die Form der Amphiktyonie als viel zu schwach, in der entscheidenden Krise des gleichzeitigen Angriffs von der Küstenebene und von der Wüste her das Dasein, die Freiheit und die Lebenssicherheit der Bundesglieder oder des Bundes als solchen zu schützen. Vielmehr erwächst in der Stunde der schwersten militärisch-politischen Gefahr aus diesem »Zweckverband« [53] kraft des Bewußtseins eines religiösen Gemeinbesitzes und damit eines gemeinsamen Gegensatzes nach außen die politische Einheit unter ständiger militärischer Führung des Königs [54]. Der israelitische Nationalstaat des Saul stützt sich dabei vor allem auf den Bauernheerbann der freien waffenfähigen Männer. Nach der Katastrophe seines Herrschers schließt er sich mit dem judäischen Stammeskönigtum von Hebron zu einem Verbande zusammen, welcher nun den ganzen Umfang der alten »Eidgenossenschaft« umspannt, und darüber hinaus durch Eingliederung fremder Volksteile in Ost und West ein abgerundetes Territorialgebiet schafft. Der Kultus des Bundesgottes, in seinem kriegerischen Prestige durch die Befreiung von den Philistern und die Niederwerfung ostjordanischer Stämme gewaltig gesteigert, wird damit zu einer politischen Angelegenheit des Staates und seines Herrschers, zugleich aber zum Ausdruck des Rechtes dieses Gottes auf dieses Land. Denn in dem Tempelbau, der Jahwe unter die großen Götter einreiht, denen ein solches Gebäude zusteht und deren Macht sich vor allem in der Regenspendung auswirkt [55], lebt die Idee der Erscheinung des Gottes in dem ihm gehörigen Gebiet, aus dem er wohl fortziehen oder fortgeschleppt werden kann, das aber zugleich als sein Land den Anspruch erhebt, Mittelpunkt der Welt, ihr »Nabel« zu sein [56]. So bedeutet die staatliche Politisierung der Jahwereligion zugleich einen entscheidenden Schritt auf ihrem Wege zur Landesreligion. Das »Brüllen des Jahwe vom Zion her«, das »Wohnenlassen des Namens« an einem Ort, das »Verlassen« des Tempels durch den *kåḇoḏ* und das vergebliche Warten auf die Heimkehr Jahwes in den wiedererbauten Tempel — alle diese späteren Erscheinungen haben hier ihre Wurzel [57]. Zunächst freilich kam dieser Prozeß vor allem dem Königtum selbst zugute. Seine Verbindung mit der nationalen Kultreligion und dadurch zugleich mit dem Charismatikertum der Propheten steigert sein

Prestige in der festlichen Verherrlichung des jeweiligen Throninhabers als »Gottessohn« [58]. Sie war an sich dazu berufen, das religiöse Einheitsbewußtsein der alten Zeit mit den neuen politischen Formen zu verschmelzen und hat beide in der Tat für die messianische Eschatologie verknüpft. Denn wenngleich der Titel »König« (*maelaek*) weithin als Ehrenprädikat für Jahwe selbst vorbehalten bleibt [59] und daher für den Herrscher der Endzeit umschrieben oder durch den anderen des »Herzogs« (*mošel*) ersetzt wird [60], so verschwindet doch die Sache, das Königtum (des David) als selbstverständliche Staatsform der Zukunft erst in dem Verfassungsentwurf von Hes 40—48, nicht ohne bei Späteren je und dann wieder aufzutauchen [61]. Die Aufspaltung des Königtums in die beiden einander bekämpfenden Königtümer von Israel und Juda und das tatsächliche Bild, welches vor allem das nordisraelitische darbot, haben jedoch diesen Prozeß entscheidend gehemmt. Damit aber verliert hier auch der Staat seine Bedeutung als Träger der das Volk innerlich verbindenden Kräfte; die Pflichten, die er auferlegt, erscheinen weithin als willkürliche Lasten, das Handeln des Herrschers oft eher als Gefährdung denn als Förderung des Lebens. Ein politisches Ethos, das die Pflichten gegenüber dem Staat lebendig ergriffe und gestaltete, ist daher kaum entwickelt, soweit nicht die sakrale Weihe der Person des Herrschers ihm einen besonderen Schutz und bestimmte Privilegien verleiht, die der »Untertan« zu beachten hat [62]. Gleichwohl aber wirkt der Staat mit seinem Beamtentum und seinen Ansprüchen auf die Rechtspflege im Gegensatz zu der herkömmlichen Gerichtsbarkeit der Ältesten und der Priester, durch seine Inanspruchnahme der Wehrkraft des Volkes [62a] und durch seine wirtschaftlichen Anforderungen an die Steuerkraft, zumal in ungünstigen Erntejahren, endlich durch seine Regelung des Kultbetriebes an den maßgebenden Heiligtümern tief in das Volksleben und sein Ethos hinein [63]. Auch die sich von selbst ergebende Einfügung des israelitischen Staates in das System der vorderorientalischen Staaten überhaupt in Bündnis und Feindschaft, in connubium und commercium konnte nicht ohne Folgen bleiben. Eine Tendenz zur Vereinheitlichung der Lebensformen innerhalb des Staates durch den Einfluß zentraler Verwaltung und nach außen durch die Verbindung mit zum Teil kulturell und wirtschaftlich stärkeren Gebilden ist die unausweichliche, freilich von heftigen Reaktionen begleitete Folge.

Aber das staatliche Leben blieb Episode. Im Zusammenbruch der assyrischen und babylonischen Zeit bilden sich zwei neue Lebensformen heraus, die wiederum ein eigenes Ethos bedingen. Da ist die Diasporagemeinde im fremden Land, ein Typus, der bereits in der späteren Königszeit in Damaskus und Ägypten als Handels- und Militärkolonie nachweisbar ist [64]. Soweit die Weggeführten die

Schrecken des »Armeniertransportes« überleben und an den ihnen zugewiesenen Ansiedlungsplätzen seßhaft werden, sind auch sie hierherzustellen. Denn es gelang ihnen, trotz mannigfacher Unterdrückungen und Verfolgungen bei einem eigenständigen organisatorischen und geistigen Leben zu bleiben, ja auf für uns undurchsichtigen Wegen teilweise zu wirtschaftlicher Blüte zu gelangen [65]. In fremder Umgebung ganz auf die eigenen Kräfte angewiesen, galt es für sie, sich abzuschließen, die Eigenart zu bewahren, diejenigen Handlungen und Sitten zu pflegen, welche das Anderssein gegenüber der Umgebung betonen. Der Versuch, durch Verbergen des eigenen Wesens in einflußreiche Stellungen zu gelangen, mußte je und dann zu nicht geringerer Lebensgefahr für die Getarnten selbst werden als ein mannhaftes Sichbekennen zum eigenen Glauben und Volkstum [66]. Diese Richtung auf das Eigene aber steht in sichtbarer Spannung zu den Lebensbedingungen einer Zeit, in der — von den für den Einzelnen seltenen Gelegenheiten der Pilgerfahrt abgesehen — die Erfüllung der Kultgebote für die große Mehrzahl der entfernt Wohnenden praktisch unmöglich war, einer Zeit, in der im Rahmen des Weltreiches und im Gewand der herrschend gewordenen Weltsprache die fremde Geistigkeit mit Allgewalt einbrach, das Denken und Empfinden entscheidend umformend.

Etwas anders gestalten sich die Daseinsvoraussetzungen für die mutterländische Gemeinde. Durch gründliche Ausplünderung und Einziehung von Gütern geschwächt, der eigenen führenden Schicht beraubt und dafür zum Teil mit fremden Kolonisten durchsetzt, dem Steuerdruck und den Requisitionen der Okkupationsmacht ausgeliefert, hat auch sie unter der Fremdherrschaft kein leichtes Dasein. Aber die im Lande Zurückgebliebenen stehen doch noch im organischen Zusammenhang mit den alten Lebensgrundlagen und führen auch ihr kultisches Dasein fort. Oft genug geschieht das freilich, wie vor allem Tritojesaja und Maleachi erkennen lassen, in stark verwilderter Form und ohne entscheidende Widerstandskraft gegen fremde Einflüsse, die auch von den ersten Gruppen der Heimkehrenden nicht ausgeschaltet werden. Es kann sich nur in bescheidenem Rahmen und ohne den Glanz der einstigen Königstempel vollziehen [67], bis die Religionspolitik der Achämeniden mit ihrer Privilegierung der einheimischen Götter an ihren alten Kultstätten einen lebendigen Wiederaufschwung auch in Jerusalem (und in Sichem) gestattet [68]. Indem die Gemeinde die militärischen und politischen Fragen dem Perserreich überläßt, für dessen Herrscher sie opfert und betet, gewinnen die Bestimmungen des »Gesetzes des Himmelsgottes« für ihr kultisches Leben und das Verhalten der Gemeindeglieder sowohl untereinander als gegen Fremde eine um so überragendere Bedeutung. Ein jeder, der sich absondert von der Unreinheit der »Heiden«, um

Jahwe den Gott Israels zu suchen, wird daher ein bezeichnender Ausdruck für diejenigen Palästinenser, die sich an die aus Babylonien heimgekehrten »Orthodoxen« und ihr Gesetz anschließen und unterwerfen [69]. Einzelgebote werden dabei kräftig überbetont, Einzeldeutungen zur Grundlage bleibender Scheidungen, denn auch hier ist das ausschlaggebende Kennzeichen das Sichzurückziehenwollen, und in diesem Falle läßt es sich mit besserer Aussicht auf Erfolg durchführen. Die griechische Diaspora und das aramäischhebräische Mutterland treten in ihrem innersten Lebensgefühl und damit auch in ihrer ethischen Grundhaltung auseinander, so sehr Übergangsformen diesen Prozeß verdecken.

γ) Die wirtschaftlichen Gegensätze.

Die Verschiedenheit der Rasse wie der politisch-religiösen Organisation verbindet sich endlich mit der Mannigfaltigkeit der Wirtschaftsstufen, welche die geographische Gestaltung des Landes und seine klimatischen Bedingungen mit sich bringen. Wüste, Steppe und ackerbaufähiges Land grenzen hart aneinander und liegen in einem steten Ringen. Wer nach Osten oder Südosten von Jerusalem aus die Randhöhen des Kidrontales überschreitet, sieht sich in der Steppe, in der er auch heute im flimmernden Sommersonnenlicht den Mittagsdämon pfeilschießend schaut und die versuchliche Satansstimme hört:

Sprich, daß diese Steine Brot werden! [70]

Im Regenschatten des Gebirges gelegen bietet das Land östlich der Hauptwasserscheide dem Ackerbau nur selten eine Stätte. In der Steppenlandschaft südlich von Hebron halten die einsamen Säulen von *umm el-'amed* eine nicht nur archäologisch interessante Predigt von der Vergänglichkeit des Lebens und seiner religiös-künstlerischen Verklärung, wenn der Grundwasserspiegel nur um ein weniges sinkt oder vor allem wenn feindlicher Einfall die regelmäßige Feldbewässerung hindert [71]. Die verlassenen Städte des Jordangrabens, Zeugen einer dichten Besiedlung in sehr früher Zeit, berichten samt den Trümmern der einst kunstvoll geschmückten Synagogen nicht nur von viel Krieg und Kriegsgeschrei, von der Häufigkeit verheerender Erdbeben und von der tödlichen Wirkung der Malaria [72]. Sie sprechen dem Forscher, der nach dem Ethos ihrer Bewohner fragt, von viel Unsicherheit und Veränderlichkeit der Daseins- und Arbeitsbedingungen als allgemeinster Lebensvoraussetzung, der gegenüber es sich zu behaupten galt. Die Landnahme »Israels« im XIII. Jh. [73] vollzieht sich (wirtschaftsgeschichtlich angesehen) als ein Hineinwachsen halbbeduinischer Schichten in bäuerliche Verhältnisse. Auf die Bedeutung dieses Vorgangs für das Recht wird später einzugehen sein. Für jetzt kommt es darauf an, die menschlich-typologische Verschiedenheit dieser Gruppen sichtbar zu machen, während der Vollnomade hier zunächst beiseite bleiben kann. Mit begehrlichen Augen sieht er den Ertrag des Kulturlandes, die Oase, die es zu bebauen und zu bewachen gilt [74]. Aber er liebt seine Wüste mit ihrer Weite, die er mit seinen Kamelen durchstreift, und ihrer ungebändigten Freiheit. Als Verheißung an die werdende Mutter klingt es ihm in den Ohren:

Schwanger bist du, gebierst einen Sohn;
den nenn: »Gott wird erhören!« ...
Er aber wird sein dem Zebra gleich,
seine Hand wider alle, aller Hand wider ihn,
tanzt auf der Nase der Brüder! [75]

Für die Sozialgeschichte und damit für das Ethos des Kulturlandes hat er seine Bedeutung zunächst als der große Gegenspieler, mit dem man immer aufs neue zu ringen hat und dessen Lebenshaltung aus dem Gegensatz heraus ihren Einfluß geltend macht. Die Wüste bleibt auch der große Zufluchtsort für einzelne durch Familienzwistigkeiten oder Verschuldung wurzellos gewordene Elemente, die aus Not zu beduinischer Lebensweise zurückkehren und Häupter neuer, meist rasch vergehender »Stämme« werden [76]. Vor allem lebt das Beduinentum in den Ehrbegriffen und dem Mannestum einzelner Recken nach, deren Stärke sich nicht in schöpferischen Taten, sondern in der Gewaltsausübung als solcher, in einem unzähmbaren Freiheits- und Rachedurst entlädt [77]. Ihm gegenüber ist der Halbnomade mit seinen Kleinviehherden im Kampf ums Dasein weithin benachteiligt, solange er nicht unbestrittener Herr eines ausgedehnteren Gebietes ist [78]. Denn gering ist seine Marschgeschwindigkeit und damit seine Fluchtmöglichkeit, um so größer aber seine Abhängigkeit von Wasser und Weide. Durch Abmachungen mit den Grundherren des anbaufähigen Landes, vor allem über die Nutzung von Wegen und Quellen, von Brache und Nachwuchs, gilt es, das Leben zu sichern und dafür oft Wanderzüge über große Strecken hin in Kauf zu nehmen [79]. Streitigkeiten und Schlägereien sind dabei an der Tagesordnung und bringen — neben dem Fest der Schafschur und der »Heiligung« der Herde am Anfang des Jahres — Wechsel und Erregung in den ziemlich gleichmäßigen Pflichtenablauf dieser nirgends zur Ruhe gelangenden, in ewiger Unrast wandernden Scharen [80]. Treten sie — wohl gegen einen Anteil am Wurf der Herde — als Hirten in den Dienst eines Grundherren und damit zugleich in eine engere, gelegentlich durch Einheirat noch gefestigte Bindung an eine einzelne Familie [81] oder greifen sie gar allmählich in größeren oder kleineren Gruppen zum Pfluge, so verlieren sie mit der Seßhaftwerdung ihr eigenstes Wesen. Dennoch widerstehen nur wenige auf die Dauer (wie Jahrhunderte später die Nabatäer) den Lockungen der Bauernkultur, lehnen Haus und Weinstock ab und halten als »Sekte« inmitten des festgesiedelten Volkes die Erinnerung an die Vergangenheit lebendig und »verklären« sie zu einem »nomadischen Ideal« [82]. Doch unvergessen bleiben auch bei den Ansässigen die Schrecken der Wanderung auf langer Durststrecke im sengenden Schirokko und umlauert von gefährlichen Bestien, ja von fliegenden Feuerdrachen, von Azazel und dem Heer der Dämonen [83]. Für den einmal innerlich zum Bauern Gewordenen führt kein Weg mehr hinaus in die Freiheit der Wüste; er verwächst mit der Scholle, von der nur Gewalt und zwingende Not ihn zu lösen vermögen. Dem weisen Manne ist daher — sehr im Gegensatz zum Jahwisten — das Schicksal dessen, der die Wüste durchstreift, der Inbegriff des Schreckens! [84] Die genannten Gruppen, zu denen bis ins VIII. Jh. auch Teile des Stammes Simeon gehört zu haben scheinen [85], stellen aber innerhalb der israelitischen Volksgemeinschaft den lebendigen Protest gegen die »kananäische« »Verbürgerlichung« dar; bei allem »Reaktionären«, was ihnen anhaftet, bilden sie in ihrem nicht erstorbenen Freiheitssinn ein Element heilsamer Unruhe.

In anderer Haltung lebt der Bauer. Auch er ist in den Berggegenden, in denen die in den Jahwebund eingehenden Stämme schon seit langem heimisch waren [86] oder nun heimisch wurden, in aller Regel kein »reicher« Mann. Der dem Wald abgewonnene Boden [87] bietet weithin nur verhältnismäßig kleine zusammenhängende Ackerflächen. Kriegerische und rechtliche wie wirtschaftliche Nöte mindern neben den Launen des Klimas und dem Fraß der Tiere den Ertrag und gefährden sein Einbringen. Nur ein Viertel der Aussaat fällt auf guten Grund, und Dornen und Disteln trägt der Boden, den Gott verflucht hat. Kein »Vertrag« hält Steine und wilde Tiere, durch Hecken und Mauer mühsam abgewehrt, vom Garten fern. Der Regen verzieht, und mit dem Menschen leiden die Tiere des Feldes:

> Die Hinde auf der Auen
> gebiert und läßt's liegen,
> es gibt ja kein Gras!
> Wildesel stehen auf kahler Höh,
> schnappen nach Luft, dem Schakal gleich;
> ihre Augen brechen — es gibt ja kein Kraut! [88]

Da fliegen die Heuschrecken und die wilden Tiere, von keinem »Gottesbund« gehemmt, brechen ein, zu vernichten, was wuchs. So häufig entfacht Nachbars Torheit Feuer im sommerlich ausgedörrten Land, das alles verzehrt, daß das israelitische wie das hetitische Gesetz den Schadenersatz regeln muß:

Wenn jemand einen Acker oder einen Weinberg abbrennt und den von ihm angelegten Brand laufen läßt, so daß er ein fremdes Feld (mit) abbrennt, so soll er das Beste (vom Ertrag) seines Ackers und seines Weinberges als Ersatz geben.

Kommt Feuer aus und ergreift ein Dorngestrüpp und werden (weiter) Garbenhaufen oder Getreide auf dem Halm oder (überhaupt) ein Acker verzehrt, so soll der Brandleger den (einfachen) Brandschaden ersetzen.

Wenn jemand ein Feuer an sein Feld legt und es auf ein mit Frucht bestandenes Feld läßt und das Feld anzündet, so muß der, welcher es anzündet, das angezündete Feld nehmen und muß dem Herrn des Feldes ein gutes Feld geben, auch muß er es bewässern [89].

Noch häufiger raubt sich der Feind, (wie Israel selbst es vordem getan), das Vieh oder was harte Arbeit eines ganzen Jahres geschaffen:

So war es: So oft Israel gesät hatte, zog Midian herauf und Amalek und die Oststämme. Die zogen wider sie herauf und lagerten sich wider sie und vernichteten den Ertrag des Landes bis nach Gaza hinunter und ließen Israel keinen Lebensunterhalt, weder Schaf noch Rind noch Esel [90].

Der Eigenbesitz an Grund und Boden, in dessen Schoß er seine Toten unter dem eigenen Haus oder in erreichbarer Nähe birgt [91], gibt ihm zur Ortsgebundenheit ein Verwurzeltsein in Hab und Gut, das sich auch seelisch und sittlich auswirken muß. Der Einzelne lebt aus dem Zusammenhang mit denen, die vor ihm waren, den Brunnen gruben, den Acker entsteinten, Gott und Göttin gnädig stimmten, den Ertrag des Feldes zu steigern. Was war, wird sein im Kreislauf des Jahres, der des Bauern Leben in Zeiten verschiedenartiger Pflichten gliedert [92]; und was war, muß sein in Ritus und Brauchtum, soll der Segen der Erde nicht erlöschen. Denn Fluch ist es, vom Acker verbannt zu werden, wie Kain der Mörder einst fliehen mußte. Ärgere Strafe ists vollends, wenn das Land sich wandelt zur Wüste [93]. Im Land, da »Milch und Honig fließt« und des Himmels Regen manch harte Bewässerungsarbeit überflüssig macht, im »gelobten Land«. »von Dan bis Beersaba« in gutem Frieden

ein jeder von seinem Weinstock und seinem Feigenbaum zu essen
und aus seinem Brunnen zu trinken [94],

wird zum Ideal der im Ackerland Eingebürgerten. Das Jauchzen beim Einbringen guter Ernte tritt neben den Jubel beim Austeilen der Beute. Die alte Kampfesfreude weicht dem Traum, man werde dereinst aus Waffen Winzergeräte, ja Brennholz auf sieben Jahre zu machen vermögen [95]. Die Welt des Bauern ist eine so in sich gefestigte Daseinsform, daß sie die hineindringenden Halbnomaden wie in ihrem kulturellen Empfinden so auch religiös in ihren Bannkreis gezogen hat, von ihnen aber nur sehr allmählich im Innersten umgeformt ist. Baal und Astarte haben durch die Jahrhunderte hin dem Jahwe wie später dem Gotte der Christen und des Islam mit solchem Erfolge getrotzt, daß noch heute alter Fruchtbarkeitskultus in der Gestalt des *el-chadr* im Lande lebendig ist [96].

Als dritter Faktor ist endlich der Stadtbürger zu nennen. Wie zwischen Halbnomaden und Bauer, so sind auch zwischen Bauer und

Städter die Grenzen fließend. In der guten Jahreszeit leben auch solche in »Nachthütten im Gurkenfeld«, die sich Winters oder zu Zeiten feindlichen Einfalls hinter den schützenden Mauern wohlbewehrter Orte bergen. Königlicher Wille zur Sicherung des Landes schafft neue Burgen, stellt verfallene wieder her oder gliedert systematisch — wie vereinzelt schon vorher geschehen — kananäische feste Städte dem Gefüge des Staates ein [97]. Die Anziehungskraft des königlichen Hofes, das Einrücken in militärische Kommandostellen oder Beamtenposten, auch wohl wirtschaftliche oder persönliche Gründe von mancherlei Art veranlassen oder zwingen Angehörige der bäuerlichen Führerschicht zur Übersiedlung in die Hauptstadt oder eine der »Wagenstädte« und Vesten des Herrschers [98]. Damit verleihen sie diesen — auch dem volksfremden und staatsrechtlich nur lose angegliederten Jerusalem — eine steigende Bedeutung. Immerhin lagert in der Königszeit das Schwergewicht völkischen Lebens wenigstens in Juda noch soweit auf dem flachen Lande und in den Kleinstädten, daß man von einer Rivalität zwischen Jerusalem und Bethlehem sprechen kann [99]. Der Verlust Südjudäas und damit des Hauptgebietes der Kleinviehzüchter an die Edomiter in der neubabylonischen Zeit und die seit Nehemias Maßnahmen überragende Rolle Jerusalems als des zwangsbesiedelten und befestigten Kultzentrums [100] haben in der nachexilischen Zeit die Verstädterung des Volkes entscheidend gefördert. In der Diaspora mußte sie ohnehin aus anderen Gründen das weitverbreitete Schicksal sein! Die in den Städten herrschende Sozialordnung wird mit dem allen seit dem XI. Jh. in allmählich steigendem Maße auch in Israel heimisch. Sie schließt eine stärkere gewerbliche Arbeitsteilung in sich, welche die einzelnen Berufe straßenweise zusammenfaßt, vielleicht auch solche ansässig macht, die vordem durch Wanderarbeiter — die kenitischen Schmiede — im Umherziehen oder von fremden bez. halbblütigen Kräften bei besonderen Gelegenheiten vorübergehend ausgeübt wurden [101]. In ähnlicher Weise wirkt sie auf den Handel ein. In der älteren Zeit begegnet er als Karawanenhandel, durch Nichtisraeliten vermittelt. Durch ihn stand man in Verbindung mit der »Welt«, und einzelne »Fremde« blieben wohl auch auf diesem Wege im Lande hängen. Auslandsgeld, das »Silber des Durchwandernden«, gewinnt herrschenden Kurswert [102], und Gedanken kamen (wie mit den fremden Frauen an des Königs Hof) herein, und es mag sein, daß auch israelitische Anschauungen mit den Seefahrern und Goldsuchern der vorköniglichen und der königlichen Zeit in die Welt gewandert sind. Das Opfer der Seeleute, welche den Jahwe ob des Mordes an Jona gnädig stimmen wollen, mag als Beispiel dafür dienen, wie so etwas geschehen kann [103]. Ein typisch-israelitischer Beruf ist der Karawanen- und Seehandel jedoch nicht geworden; der erstgenannte scheint im wesentlichen in arabischer, der zweite in phönikischer Hand gelegen zu haben [104], während der im Lande selbst sich abspielende Hausierhandel bis in späte Zeiten als typisch kanaanäisch galt [105]. Die Stadtkultur schafft jedoch eine andere Form: den staatlich geregelten und vom Staat geschützten Stapelhandel mit Niederlassungen und »Kontoren« auch im Ausland [106]. Er verstärkt die Berührungen mit den »Fremden« und schafft ein Geldkapital, das bei steigenden Ansprüchen an die Bewaffnung allein die Möglichkeit zureichender Rüstung gewährt, darüber hinaus aber zinstragende Anlage sucht oder Grund und Boden an sich zieht. Durch diese in ihr sich auswirkende »Geldmacht« und die mit ihr verbundene (freie) Lohnarbeit [107] auch außerhalb der schon erwähnten Hüteverträge gewinnt die städtische Sozialordnung weithin gestaltende Kraft, positiv durch Umformung beduinischen und bäuerlichen Rechtes, negativ durch Weckung von »Abwehrreaktionen«, teilweise recht heftiger Art. So tiefgreifende Umgestaltungen wie die soeben skizzierten sind ja nicht möglich, ohne daß einzelne Elemente, wirtschaftlich entwurzelt oder durch persönliches Geschick — uneheliche Geburt, Blutrache, Verschuldung des Vaters, Teuerung — des festen Rückhaltes an ihrer Sippe beraubt, sich aus dem Volksverband lösen, aber nicht einzeln sich einem fremden Volkstum als Beisassen verpflichten, vielmehr (wie schon angedeutet) mit anderen »Leidensgenossen« verschiedenster Herkunft sich zu Banden zusammenschließen. Wen sie n i c h t plündern, der hat sich dankbar zu erweisen [108] Über feste Abmachungen mit einzelnen Grundherren, deren Schutz vor ihresgleichen sie übernehmen, oder mit einem politischen Führer, in dessen Dienst sie als seine Leibgarde (als »Krethi und Plethi«) treten [109], können sie dem Sozialgefüge wieder eingegliedert werden. Sie begegnen damit einer anderen Tendenz des Wirtschaftslebens, der Zunahme des Bedarfs an Arbeitskräften, der angesichts der furchtbaren orientalischen Kindersterblichkeit trotz hoher Geburtenziffern offenbar größer gewesen ist als die natürliche Volksvermehrung. Zu seiner Deckung stehen einmal die Kriegsgefangenen und Unterworfenen mit Einschluß der erbeuteten Mädchen zur Verfügung, sodann Fremde, die sich selbst auf Zeit oder dauernd in die Sklaverei verkaufen (*ḥabiru*), endlich angemietete oder von fremden »Unternehmern« ausgeliehene ausländische Lohnarbeiter, während die Übernahme freier Lohnarbeit durch den Volksgenossen das Problem nur verschiebt, aber keine neue Arbeitskraft schafft [110]. In dieser Lage, welche das Vorhandensein der erforderlichen Kräfte weithin von kriegerischen Erfolgen abhängig macht, ist es von besonderer Bedeutung, daß das »Kriegshandwerk« unter Schonung des Bauerntums auf die genannten Gruppen berufsmäßiger Prätorianer übergeht.

Diese soeben vorgeführte Gliederung des Sozialaufbaus (die

freilich in den Texten selbst nie mit der klaren Bewußtheit etwa des Rig-Liedes der Edda dargestellt ist!) läßt nun aber zugleich wesentliche Probleme auch des israelitischen Ethos deutlich werden: Wandertrieb und Seßhaftwerdung, Naturgebundenheit und Geldgebundenheit des Besitzes schließen im geschichtlichen Ablauf des israelitischen Volkslebens zugleich die Fragen der Abgrenzung gegen das Kananäertum oder der Öffnung gegen dasselbe, der religiösen »Treue« und Exklusivität oder der Assimilation und des Kompromisses, gelegentlich endlich auch die Schwierigkeiten in sich, die wir heute als »Generationenproblem« bezeichnen. Alte und neue Sitte, fremder und eigener Brauch treten in Widerstreit miteinander und verlangen nach Ausgleich oder radikaler Unterdrückung eines der beiden Faktoren.

2. Die Lehrmeister.

a) Die geistigen Führer.

α) Der Priester.

Von entscheidenderer Bedeutung aber als die Menschen, die aus der Sitte heraus handeln wie Herkommen oder außergewöhnliche Lage, Bindung oder Widerspruch sie anleitet und treibt, stehen die anderen, die in Weisung, Lehre und Erziehung das Tun und Lassen der »Brüder« und »Söhne« gestalten. In vorderster Linie steht der Priester, nachdem er einmal den Familienvater in der Bedienung des Gottes abgelöst hat [111], mit der Verhaltungsweise, die er am festlichen Tage beim Einzug der Prozession in das Heiligtum oder in Beichte und Urteilsspruch dem Laien anrät und auferlegt, wie er selbst sie in gesteigertem Maße übt oder doch üben sollte. Sein Streben ist (wenigstens der Aufgabe nach) darauf gerichtet, den Ritus korrekt zu vollziehen, den Kultort von aller Befleckung rein zu erhalten [112], damit nicht das Opfer entweiht werde und das Orakel verstumme. Wer den Bestimmungen, die der Gott geordnet hat, physisch oder »moralisch« nicht entspricht, kultisch gesprochen: wer »rein« und »unrein«, »heilig« und »profan« nicht »unterschieden« hat, den hat er auf Lebenszeit oder auf eine bestimmte Dauer vom Besuch des »Tempels« fernzuhalten oder zuvor bestimmten Reinigungen zu unterwerfen [113]. Als einer, mit dem sein Gott im »Friedensbund« steht, hat er die Aufgabe und das Vorrecht, »Sühne« zu schaffen und damit den »Frieden« zwischen Gott und dem Volk, wo er gestört ist, herzustellen [114]. Je lebendiger in der Exilszeit das Bewußtsein um die Sündenverfallenheit des Volkes ward, desto stärker mußte diese Seite des priesterlichen Dienstes in den Vordergrund treten. Der Priester weiß auch und hat es der Gemeinde zu künden, welche Abgaben und Opfer sein Gott von ihr fordert. Spendet doch der Gott, in dessen Haus er waltet, durch den Segen des Priesters die Gnadenfülle nur dem und bewahrt er doch vor dem Grimm durch des Priesters Fluch nur den, der ihm zuvor im »richtigen« Opfer, des Priesters Weisung gehorsam, gegeben hat:

Fürchte Gott,
ehre den Priester!
Gib ihnen ihr Teil,
wie geboten ist! [115]

Ein Bösewicht, des Todes schuldig, wer ohne Geschenk vor den König kommt; wieviel mehr wäre der der Strafe verfallen, wer mit leeren Händen oder unrein vor dem Gott erschiene! [116] In der Negation der Meidungen — in denen der Priester (und vollends der Hohepriester) sowohl hinsichtlich der Frauenwahl als des Weingenusses strengeren Maßstäben unterliegt als der Laie [117] — und in der Positivität des Kultgebotes tritt diese Doppelseitigkeit seines Unterweisens scharf heraus:

Meine Sabbathe haltet,
mein Heiligtum fürchtet:
Ich bin Jahwe! [118]

In beiden wirkt er in das Volksleben auf das stärkste hinein, den Ablauf des Jahres durch Sabbath und Neumond, durch Feste und Feiertag in einem bestimmten Rhythmus bannend, Abscheu und Furcht vor dieser oder jener Handlung kräftig unterstreichend, und das alles kraft göttlicher Autorität [119]. »Kultisches« und »Sittliches« steht dabei so friedlich nebeneinander, daß man bei der Zehntdarbringung (in Jerusalem) schwören kann:

»Ich habe das, was zu weihen ist, aus dem Hause entfernt
und habe es dem Leviten, dem Beisassen, dem Waisenkind und der Witwe gegeben
genau nach deinem Befehl, den du mir befahlst.
Ich habe deine Befehle weder (wissentlich) übertreten noch vergessen.
Ich habe davon nichts in einer Trauerzeit gegessen,
(nichts davon als ein Unreiner weggetan)
noch einem Toten davon gegeben.
Vielmehr habe ich der Stimme Jahwes, meines Gottes, gehorcht
und genau getan, wie du mir befohlen hast [120].

Analog begegnen im Dekalog das Verbot des Bilderdienstes und das Gebot des Sabbath neben den Verboten des Ehebruchs und des Diebstahls wie neben dem Gebot der Elternehrung, dessen positive Fassung uns noch zu beschäftigen haben wird [121]. In den übrigen Reihen des »apodiktisch formulierten Rechtes« und dem Lasterkatalog Ezechiels steht es grundsätzlich nicht anders [122].

Auch die Bekenntnisse des ägyptischen Toten vor den 42 Richtern und die babylonischen Bannlösungsformeln, die man beide schon längst zur geschichtlichen

Einreihung des Zehngebotes herangezogen hat [123], weisen die gleiche Spannweite der Forderungen auf. Die Götter und die Toten um ihre Gaben zu betrügen, die Vögel und die Fische ihrer heiligen Haine und Teiche zu fangen, wird vom Ägypter grundsätzlich nicht anders bewertet als Ehebruch, Mord durch eigene Tat oder Anstiftung, und als Vergehen, die nur ein geläutertes sittliches Empfinden als Schandtaten empfindet:

»Ich habe keinen Diener bei seinem Vorgesetzten schlecht gemacht ......
ich habe nicht hungern lassen,
ich habe nicht weinen gemacht ....
ich habe nicht die Milch vom Munde des Säuglings weggenommen,
ich habe nicht Ziegen von ihrem Kraut gejagt.«

Dem Babylonier aber liegen analog Raub und »Überschreiten der Grenzen der Wahrheit« in einer Ebene mit dem Entfernen eines aufgestellten Opfertisches. In dieser charakteristischen Verbindung hat das priesterliche Ethos das urtümliche Nichtgetrenntsein von »Ritus« und »Sittlichkeit« treu bewahrt, und die Eigenart der einzelnen Religionen zeigt sich weithin darin, welche konkreten Vorschriften je auf beiden Seiten, der »kultischen« und der »ethischen« begegnen und auf welche Seite die stärkeren Akzente fallen [124].

Eine deutlich sichtbare Linie geht jedoch innerhalb des israelitischen Priestertums auf eine Vorordnung des Ethischen vor dem Rituellen. Während die ältere Sagentradition für Jakob und Moses das Steinsalben und das Schuhausziehen als entscheidende Handlungen bei der Gottesbegegnung betont [125], antworten die drei auf uns gekommenen Einzugsliturgien der Laienfrage, wer die heilige Stätte betreten dürfe, mit sittlichen Gottesforderungen und lassen sie das rituelle Gebiet nur in allgemeinen Wendungen über »das Richtige« und die »Reinheit« mit umfaßt sein:

Wer unsträflich wandelt und »das Richtige« tut,
wer Wahrhaftiges »redet« in seinem Herzen;
,IV' wer seinem Nächsten nichts Böses antut,
seinem Nachbarn keine Schande anhängt,
wer den Verächtlichen verachtet,
aber die Jahwefürchtigen ehrt,
wer einen Schwur, der ihm Nachteil bringt, nicht ändert,
sein Geld nicht auf Zinsen ausleiht,
Bestechung gegen einen Unschuldigen nicht annimmt ....
Wer »reine« Hände hat und ein lauteres Herz,
seine Seele sich nicht kehren läßt zum »Trug« ....
Wer »richtig« wandelt und wahrhaftig redet,
wer sich weigert, für Lohn Gewalttat zu begehen,
wer seinen Händen wehrt, »Trinkgeld« zu nehmen,
seine Ohren hindert, Blut(rat) zu hören,
wer seine Augen schließt, daß er Böses nicht schaue,
der darf auf der Höhe (des Tempels) wohnen! [126]

Dem entspricht es, wenn innerhalb der Danklieder und der Gelübde in den

Klagelie dern das Opfer durch das glaubenweckende Bekenntnis vor der Gemeinde ersetzt und durch symbolische Fassung der Reinigungszeremonien die »magische« Sphäre innerhalb des Kultus eingeengt wird [127]. Selbst im Königskult, der seiner kananäischen Herkunft und späten Übernahme zufolge den magischen Ritualismus und die Opferfrömmigkeit an sich am leichtesten hätte bewahren können, führt die Eingliederung des Bundesgedankens in das Heilsorakel bisweilen zu einer Ablösung der unbedingten Heilszusage durch die konditionale, deren »Bedingungen« nicht ritueller Natur sind:

Halten deine Söhne meinen Bund
und meine Zeugnisse, so ich sie lehre,
sollen auch ihre Söhne auf immer
sitzen dürfen auf deinem Thron [128].

Das Wissen um solche Gottesforderung hat der Priester in aller Regel kraft der Tradition, auch dort, wo

nicht bestimmt ist, was man tun soll,

wo vielmehr die Weisung in der Anwendung der Gottesbefragung auf den konkreten Einzelfall sich spezialisiert oder abwandelt [129]. Denn auch bei solchen Gelegenheiten ist die Methodik, mit deren Hilfe die Entscheidung des Gottes herbeigeführt wird, überliefertes Gut. Das priesterliche (institutionelle) Charisma ist dabei nicht mit Notwendigkeit, aber in der Praxis doch überaus häufig erbliches Charisma oder wird zu einem solchen, so daß über Recht oder Nichtanrecht auf das Amt der genealogische Beweis wenigstens solange entscheidet, als nicht eine auch von der weltlichen Obrigkeit anerkannte, an traditionelle Formen gebundene göttliche Offenbarung die strittigen Fragen regelt [130]. Gerade die Geschichte des israelitischen Priestertums und der Priestergeschlechter der Eliden, Sadokiden, Leviten und Aaroniden ist des Zeuge. Dieses »Wissen« ist nicht einheitlich »systematisiert«, vielmehr besitzen die verschiedenen Priesterschaften der einzelnen Heiligtümer ihre eigenen Traditionen, die in den Abweichungen paralleler Stellen der im Pentateuch verarbeiteten Korpora nachwirken. Die Ausbreitung der levitischen Bewegung und ihr Erreichen des Kultmonopols in der deuteronomischen Reform hat dieser alten Mannigfaltigkeit gegenüber vereinheitlichend gewirkt. Mit diesem Gegründetsein auf eine Tradition ist die typische Versuchung des Priesters gegeben — und das AT belegt, wie wenig das israelitische Priestertum ihr entgangen ist —: der Mißbrauch des »Wissens« (nicht zum »tariflich« geregelten Lebensunterhalt, sondern) zur widerrechtlichen persönlichen Bereicherung [131]. Auch die in den Erzählungen sich spiegelnde Herabsetzung anderer Heiligtümer des eigenen Gottes samt ihren Priesterschaften geschieht wohl im Interesse der privilegierten und darum um so einträglicheren Stellung des eigenen Tempels und seines Herrn, — es sei ein Einzelner, ein Stamm oder der König, — dem der Tempel als »Eigenkirche« gehört und der daher den Priester ein- und absetzt, wie es ihm gutdünkt [132]. Der Levit, der seines Herrn Gottesbild gegen das Versprechen stiehlt, Priester eines ganzen Stammes zu werden, oder die bösen Söhne des Eli, die sich die besten Fleischstücke aus der Opfersuppe herausfischen und mit den Tempeldienerinnen die Nacht verbringen, die Jerusalemer endlich mit ihrer Nichtbezahlung der Tempelarbeiter und ihrer unrechtmäßigen Verwendung der Kollektengelder [133], stellen Typen dar, wie sie zu den bitteren Anklagen der prophetischen Schriften geführt haben, mag immerhin die Polemik auch hier manches vergröbert haben. Spricht doch die Tatsache, daß die Überlieferung selbst den Moses von dem Verdacht, die Laien übervorteilt zu haben, sich freischwören läßt, deutlich genug dafür, daß solche Fälle nicht nur seltene Ausnahmen waren [134]. Die Feindschaft der Heiligtümer und der Priesterschaften untereinander hat dafür gesorgt, dieses wenig »erbauliche« Material lebendig zu erhalten, die echten Legenden anderer heiliger Stätten jedoch zu vernichten, vor allem die Ursprungserzählung des Kultus auf dem Garizim [135]. Wo aber die Gottesstrafe über den unrechten Dienst nicht mehr ernst genommen und daher auch die dem Laien auferlegte Askese im eigenen Leben nicht mehr geübt wird, wie es Maleachi den Priestern seiner Tage vorhält, da ist der Weg nicht weit zum betrügerischen Unglauben, der auch im eigenen Gott nur noch den toten Götzen sieht, gerade gut genug, kraft der Dummheit der Massen den Priestern Nahrung zu sichern. In den Gestalten der babylonischen Belspfaffen haben die Daniellegenden diesen Typus unsterblich gemacht [136].

β) Der Prophet und der Weise.

Neben dem Priester stehen Prophet und Prophetin, weithin im Dienste des Heiligtumes, des Herrschers oder einiger Großer dazu berufen, die Zukunft zu künden und sie durch wirkungsvollen Spruch im Namen seines Gottes, durch »symbolhafte« Zauberhandlung oder in der ihm gegebenen Kraft wirkungsstarker Fürbitte zu gestalten [137]. Als Erbe des alten Sehers weiß er auch um Vergangenheit und Gegenwart und wird kraft dessen in alltäglichen Nöten (wie in der Beichtpraxis?) aufgesucht [138]. Doch wichtiger ist die Kunde, die er von dem Kommenden besitzt. Auch hier gibt es eine Technik, die man schulmäßig lernen und berufsmäßig ausüben [139], ein Charisma, das der »Vater« auf den »Sohn«, der Meister auf den Adepten vererben kann; die Schüler vermögen so »Wissen« zu gewinnen, das sie ihrem Meister melden [140]. Aber im Unterschied vom Priestertum steht neben der Gilde der Einzelne, der aktuelle Charismatiker. Für sein Bewußtsein ist schlechthin entscheidend, daß er ein Eingreifen seines Gottes in sein Dasein unbestreitbar erfahren hat, durch das er selbst in sein geschichtsgestaltendes Walten als dienendes Werkzeug hineingerissen wird. Ihm ist der Gott, den er geschaut, der ihn ohne Möglichkeit des Entrinnens gepackt, erkannt und vergewaltigt hat, das fressende Feuer, der furchtbare Wille, die rasende Eifersucht, die in verzehrender Heiligkeit alles ihm Feindliche niederwirft. In unerhörtem Macht- und Ehrwillen duldet sein Gott nichts Ragendhohes, nichts Eigenstarkes neben sich noch wird er es je dulden:

Erhaben ist Jahwe allein an jenem Tage [141].

Die »typische« Forderung ist damit gegeben: Gehorsam, Unterwerfung, Sichbeugen und Demut und zwar dies alles absolut und »stur«. Was Gott fordert, hat jeder zu erfüllen, ohne eigene Erwägungen und ohne Rücksicht auf mögliche Folgen, wie sie die »Furcht vor der Menge« dem Menschen, der »klein vor sich selbst ist«, wohl vor Augen stellt [142]. Auch der König ist von dem prophetischen Grundgesetz nicht ausgenommen, daß »das Hören«, das bedingungslose Lauschen auf den Jahwewillen, allen »heiligen« Handlungen vorangeht [143]. Gegeben ist damit zugleich aber die »typische« Versuchung, der auch das israelitische Prophetentum nicht entgangen ist: Man kann die Botschaft in den Dienst des eigenen Erwerbes stellen, demjenigen Heil künden und damit für den antiken Glauben an die »magische« Gewalt gottgegebenen Wortes Heil schaffen, der gut dafür zahlt:

Haben sie zu fressen / entbieten sie Heil!
Füllt ihnen wer nicht das Maul / entbieten sie Streit! [144]

Man kann von Gottes Wort und Willen reden und doch nichts künden, denn des eigenen Herzens Traum und Trug oder einen Spruch den man dem Rivalen »gestohlen«, kann versuchen, den Gottesspruch zu unterdrücken oder abzuändern [145]. Statt sich selbst mit Leib und Leben für das »Wort« zum Pfand zu geben ists angenehmer, die Worte klüglich so zu setzen, daß sie, wie immer die Zukunft sich gestaltet, als »eingetroffen« gelten dürfen; daher befürchtet der Laie, je unwahrscheinlicher der ihm gesagte Spruch ist, nicht immer ohne Grund, daß der Prophet ihn »belügt«, ihn in eine Hoffnung wiegt, die dann unerfüllt bleibt [146]. In dem allen offenbart sich eine große Versuchung, gefährlich und tödlich: man kann vom Laien den »Glauben« an den Propheten und seine Botschaft als den Weg zum »Bleiben« fordern [147] und zugleich dem eigenen Spruch mit einem tiefsten inneren Zweifel, mit einem — vielleicht dem eigenen Bewußtsein verborgenen — Nichternstnehmen gegenüberstehen, so daß die »Gottesnähe« für die konkrete Lebenshaltung unfruchtbar und der Prophet zu einem Sünder vor anderen wird [148].

Als seine Gegenspieler kennt der Prophet je und dann die Weisen, selbst wenn er von anderen gern als »Autorität« mit ihnen zusammengenannt wird, und obwohl die »Weisheit« in ihrer innerisraelitischen Geschichte auch prophetische Gedanken in weitem Umfang aufgenommen hat [149]. Gegenüber der Unbedingtheit des prophetischen Forderns und der Ungebrochenheit seines Gehorchenmüssens steht dort als leitendes Prinzip die »Erfahrung«. Aus dem, was das Volk in einzelnen Sprichworten niedergelegt, was die »Schule« allmählich an Lebenserkenntnis zusammengetragen, auch an fremdem Gute übernommen hat, formt sich die »Kette« der Weisungen und Warnungen, die zur Vermeidung unliebsamer Ereignisse zu kennen gut und nützlich ist. An der Hand solch guten Rates und geschickteinprägsamer Mahnung mag der »Sohn« dann selbst sein Schicksal entscheiden [150]. Der Blick auf die Gottheit — gemäß dem Zurücktreten der individuellen Gottesgestalten in der altorientalischen »Weisheit« tun wir gut, diese appellative Bezeichnung zu wählen — ist nicht das ausschlaggebende Motiv, wenigstens nicht in der älteren Zeit. Er dient vielmehr dazu, die üblen Folgen »törichten« Handelns und die segensreichen Wirkungen »weisen« Tuns noch sicherer zu begründen. Eine »typische« Versuchung als Kontrastparallele zu denen des Priesters oder des Propheten gibt es bei dieser Sachlage kaum; vielmehr splittert die Versuchung hier notwendig in eine Fülle von Einzelanfechtungen auf, Handlungen, vor denen man warnt, dennoch selbst zu begehen [151]. Nur dort, wo im Zuge der »Nationalisierung« der Weisheit die »Furcht Jahwes« und eng damit verbunden das »Gesetz« als konkreter Inhalt der Gottesforderung sich in den Vordergrund schieben [152], ergibt sich eine typische Versuchung: die »Furcht Jahwes« als bloßes Mittel der Lebenssicherung zu nutzen. Diese Gefahr jeder Vergeltungslehre, dem religiösen und sittlichen Verhalten den Charakter reinen Zweckhandelns aufzuprägen, hat keiner schärfer formuliert als der Satan des Hiob-Prologs:

»Wie? Fürchtet Hiob Gott umsonst?
Warst du es nicht, der immer ihn
        samt seinem Hausstand treu umhegt
        und aller seiner reichen Habe?
Hast seiner Hände Werk gesegnet,
        daß sein Besitz das Land erfüllt!
Doch strecke deine Hand nur aus,
        rühr nur an alles, was er hat,
Was gilt's? — Ins Antlitz flucht er dir!« [153]

Auch von der »Liebe« zu Jahwe, die (vom Deuteronomium her terminologisch beeinflußt) in der Weisheit erst spät neben der Furcht begegnet, und der Liebe zur Weisheit gilt sehr Ähnliches. »Denen, die ihn lieben«, gewährt Gott der Weisheit »vollen Chor«, und wer sie liebt, den behütet sie und dem füllt sie (wenigstens in der Theorie) die Schatzkammer mit größtem Gut [154].

b) Die Vorgeschichte der Autoritäten.

Diese Mehrschichtigkeit hat das ethische Leben Israels um so mehr in Bewegung gehalten, als sich in jeder der vorgeführten Strömungen auch fremde Einflüsse geltend machen, welche die Auseinandersetzung bereichern und verschärfen.

Für das Priestertum sind sie durch den engen Zusammenhang des israelitischen und des kananäischen Kultus von selbst gegeben. Schon seit längerem war durch den Vergleich mit dem Opfertarif von Marseille und analogen Texten die nahe Berührung beider Kultbereiche ersichtlich, und neueste Funde auf afrikanischem Boden haben die Verwandtschaft der israelitischen mit der karthagischen, dadurch aber mit der phönikischen Terminologie nur bestätigt [155]. Nur das konnte zweifelhaft erscheinen, ob der israelitische Gottesdienst unmittelbar auf die kananäische oder beide auf eine gemeinsame semitische Urwurzel zurückgehen [156]. Die *rās eš-šamrā*-Texte lassen kaum noch einen Zweifel übrig. Nicht nur die wichtigsten, aus dem Alten Testament bekannten Opferarten kehren in dem Ugarit des 14. vorchristlichen Jahrhunderts wieder, sondern auch die Kultsprache ist weithin die gleiche. Die namentlich in den zuerst gefundenen kultischen Tafeln erwähnten *'åšåm-*, *'iššae^h*, *kålīl-* und *šlåmīm*-Opfer samt der *tåmīm*-Forderung für die Opfertiere belegen die Identität des Systems in Handlung und Formel [157]. So kann es nicht wundernehmen, daß — abgesehen von Jahwe, dessen Auftauchen noch problematisch ist [158] — das Pantheon und die Mythologie der »volkstümlichen« Religion in Israel und in Ugarit einander entsprechen, soweit Jahwe die Kraft besessen hat, die kananäischen Gottheiten in sich aufzunehmen und sich selbst an ihre Stelle zu setzen.

Ich gebe ein für die Kultgeschichte bedeutsames Beispiel: Die israelitischen Heiligtumslegenden verraten durch ihren ausschließlichen Gebrauch des El- statt des Jahwenamens ihre Verwurzelung in älterer Tradition [159]. Solange nun *'El* als Einzelgott nur in aramäischen Inschriften des VI. Jh.s begegnete, konnte man den Namen für die älteren Zeiten wohl appellativ erklären [160]. Jetzt aber begegnet er in *rās eš-šamrā* als der »uralte König« (*mlk 'b snm*) [161], als der — freilich schon ein wenig bequem gewordene — oberste Weltenherr, religionswissenschaftlich gesprochen als »Hochgott«. Die in der Genesis durchscheinende El-Religion ist somit kein eigenartiger Besitz der »hebräischen Wanderstämme der Vorzeit« [162], vielmehr phönikisch-syrisches Gemeingut und erst sekundär durch Ba'al, Jahwe und andere Götter aus ihrer beherrschenden Stellung verdrängt.

Es sind damit sowohl die Kultstätten samt ihren Formen der Gottesverehrung weithin kananäisches Erbe, eine Tatsache, in der die spezifisch prophetische Kultpolemik eine ihrer Wurzeln hat [163]. Die Priesterschaft selbst aber, die an ihnen amtiert, ist wahrscheinlich anderer Herkunft. Der Zusammenhang, in dem ihr Name mit einem — freilich in sich nicht eindeutigen — minäischen sakralen

Terminus zu stehen scheint und die in der Tradition lebendige Verknüpfung des Moses mit midianitischem Priestertum weisen auf einen arabischen Ursprung des maßgebend gewordenen Priestergeschlechtes der Leviten [164]. Denn ist auch die Grundbedeutung »Priester« für das arabische *lu̯'n* bez. (fem.) *lu̯'tn* schwerlich aufrecht zu erhalten, so kann sich doch der Terminus im Laufe der Sprach- und Religionsgeschichte soweit verengt haben, daß er nicht mehr jede »Weihegabe«, sondern nur noch das dem Gotte (als Ersatz für die Erstgeburten?) »dargeliehene« Kultpersonal umfaßte. Der Kampf gegen den Stierkult läßt außerkananäisches [165], das aus der Jahwereligion nicht abzuleitende technische Losorakel außerjahwistisches Erbgut erkennen [166], das auch in der Fülle der Tabugebote sichtbar wird. Diese magischen Meidungen, Reinigungen und Weihungen haben von Haus aus mit dem inneren Leben des Jahweglaubens nichts zu tun; aber auch die sittlichen Vorschriften mit Einschluß der sozialkaritativen stellen weithin Erbgut dar [167]. Die Geschichte des israelitischen Priestertumes ist gebunden an die Tatsache, daß die Leviten früh zu einer jahwistischen Kampftruppe geworden und durch sie der an dem maßgebenden Jerusalemer Heiligtum geübte Kultus weitgehend »jahwisiert« worden ist [168].

Noch stärker gilt es für die *Prophetie*, daß in ihr eine vor- und außerisraelitische Bewegung ganz in den Dienst der Jahwereligion hineingezogen, zu deren recht eigentlichem Vorkämpfer und zukunftsstärkstem Träger geworden ist. Es war zunächst keineswegs selbstverständlich, daß sie, dem kleinasiatisch-syrischen Ekstatikertum nächstverwandt, sich in der großen politischen und geistigen Krise des XI. Jh.s mit dem Jahweglauben verband statt der bürgerlichen Verfehmung oder der religiösen Verurteilung zu verfallen. Einen armen Burschen aus ehrbarem Bauernhaus findet man nur mit unwilligem Staunen unter den tanzenden Derwischen. Man weiß von »Propheten des Baal« in der Zeit der Omriden; Gegner, die »durch den Baal prophezeien«, kennt Jeremia, und das *Ende* der Bewegung war tiefste Verachtung [169]. Aber im Rahmen der Kultentwicklung der Königszeit haben die prophetischen Scharen und Gilden ihre große Zeit gehabt, nicht unangefochten durch Zweifel an ihrer geistigen Gesundheit [170] und dennoch (wie schon angedeutet) von König und Volk neben anderen Wundermännern und Regenmachern [171] zu politischen und persönlichen Zwecken gern in Anspruch genommen. Auch die großen Einsamen, die sich gutes Teils in scharfem Gegensatz zu diesen Scharen wußten, haben es nicht hindern können, daß man sie mit dem gleichen Namen wie jene belegte, offenbar weil selbst ein Mann wie Baruch in dem Erleben und Verhalten seines Meisters einen *äußeren*, klar zu fassenden und auszusprechenden Unterschied zu Erleben und Verhalten seines Gegners Hananja nicht zu entdecken vermochte [172]. Die Weisheit endlich ist nichts anderes als die israelitische Spielform einer altorientalisch-internationalen geistigen wie kulturellen Bewegung größten Ausmaßes [173].

Mit diesen Zusammenhängen ist nun abermals gegeben, daß auch die ethischen Einzelvorschriften nicht notwendig von der Jahwereligion her geschaffen sind. Von den grundlegenden Geboten des Dekalogs betont ja schon Luther mit vollem Rechte:

».... also ist auch das nicht allein Mose Gesetz: du sollst nicht morden, ehebrechen, stehlen usw., sondern auch das natürliche Gesetz, in jedermanns Herz geschrieben« [174].

Je weiter aber die religionsgeschichtliche Forschung das vorderorientalische Material erschließt, desto deutlicher wird (wie bei der Erwähnung des Totenbuches und der Bannlösungsformeln schon gestreift), daß derartige Forderungen in längst vorisraelitischer Zeit sowohl als einzelne als auch in katechismusartigen Zusammenstellungen, als Beichtspiegel, als Mahnreihen, als Bekenntnisse in mannigfacher Verwendung begegnen. Jene »apodiktischen« Reihen des israelitischen Rechts tragen damit an sich kein israelitisches Gepräge, sondern könnten mit wesentlich dem gleichen Inhalt unter dem Namen eines anderen Gottes analog auch in anderen Religionen begegnen. Aber selbst Vorschriften und Gedanken, die man weithin für spezifisch israelitisch-prophetisch gehalten hat, haben ihre fremden Entsprechungen. Daß

Gehorsam besser als Opfer,

bedeutet keinen Wesenszug lediglich des prophetischen Ethos, sondern solches weiß auch der ausländische Weise [175], und als schlagwortartiger Satz läßt es sich auf verschiedenartige Sonderfälle anwenden. Die Fürsorge für die Armen und Notleidenden ist für den babylonischen König wie für den ägyptischen oder den phönikischen Großen Ehrensache [176]. Gleichwohl ist mit dieser Aufzeigung älterer Entsprechungen auch dort noch nichts Entscheidendes gesagt, wo eine Übernahme im Erbgang oder durch Entlehnung wahrscheinlich, ja sicher ist. Es darf nicht vergessen werden, daß sich unter derselben Bezeichnung etwas Verschiedenes verbergen kann, daß — um ein Beispiel zu nehmen — »Ehebruch« in der einen Kultur etwas anderes bedeutet als in jener. Die gröbere oder feinere Differenzierung der Tatbestandsmerkmale oder die Frage, wem die Begehung einer Handlung verboten ist, spielt keine geringere Rolle als die Stellung des einzelnen Verbotes im Gesamtrahmen des Ethos. Es kann einen beträchtlichen Unterschied ausmachen, ob etwa Diebstahl oder Ehebruch härter bestraft, ob der Mord mit der Waffe oder die »schwarze Kunst« schwerer geahndet, ob für eine Handlung eine unabdingbare

Sühne gefordert oder ob Ersatzleistungen zugelassen werden. Und endlich darf auch nicht außer acht gelassen werden, mit welcher Begründung das gleiche Verbot oder die analoge Verbotsreihe auftritt: ob ein individuelles Heilsstreben (Rettung im Totengericht!) oder das Wohl der Gesellschaft, ob Furcht oder Liebe zu dem fordernden Gott, ob die kategorische Gehorsamsforderung oder vernünftige Einsicht das Handeln beherrschen. Davon wird es auch weithin abhängen, ob die Rezeption unverändert oder mit starken Verschiebungen stattgefunden hat, bzw. welcher Art diese Umbildungen gewesen sind: Auswahl oder Erweiterung, Betonung oder Zurückdrängung der hinter der Vorschrift stehenden göttlichen »Autorität«, Rationalisierung und Versuch der inneren Gewinnung durch Überzeugung und Lohnaussicht oder apodiktisches Aussprechen mit strenger Strafandrohung. Es können zwei »Ethiken« in ihren Geboten und Verboten fast wörtlich übereinstimmen und dennoch in ihrem innersten Ethos grundverschieden sein. Die berühmte Streitfrage nach der Feindesliebe im Christentum und im Buddhismus kann da warnend und klärend wirken.

c) Wirkungsmöglichkeit und Wirkungsgrenzen.

Für das israelitische Ethos kommt aber ein letztes Moment erschwerend hinzu, und das ist die eigenartige Bedeutung der »Traditionsgebundenheit« in der israelitischen Literatur, die oben schon anzudeuten war [177]. Sie hat es mit sich gebracht, daß älteres Gut nie ganz abgestoßen ist, zugleich aber seine Weitergabe in einer gewissen Beweglichkeit der Einzelausformung erfolgte. Auch wo altes Erbgut oder fremder Zustrom das Ethos der Jahwereligion wesentlich mitgestaltet hat, ist es weder ganz unverändert geblieben noch völlig umgeschmolzen worden. Ein weithin entscheidendes Problem des israelitischen Ethos (wie der israelitischen Literatur- und Geistesgeschichte) ist damit klargestellt: die schöpferische Auseinandersetzung mit fremdem Gut in Übernahme und Angleichung, in Ablehnung und Wiederausspaltung, in Entscheidung dafür oder dawider, in Grenzziehung und Grenzüberwindung. »Entscheidung« und »Abgrenzung« werden so die Hauptmerkmale des israelitischen Ethos.

Von da aus fällt ein klärendes Licht auf einen eigenartigen Tatbestand, der tief in Gegenwartsfragen der Stellung zum AT hineinwirkt. Es ist wohl heute ziemlich allgemein anerkannt, daß das sittliche Verhalten sehr vieler Gestalten des AT in keiner Weise vorbildlich sein kann, mag man von einem spezifisch christlichen oder von einem bewußt politischen Empfinden aus zu ihnen Stellung nehmen. Und zwar geht es dabei nicht nur um Einzelhandlungen, um einmaliges Versagen, wie es überall unter Menschen begegnet —

auch die Sagas betrachtet keiner in jedem konkreten einzelnen Verhalten als vorbildlich! — sondern um gewisse Grundeinstellungen zu den Menschen und zu den Dingen, auch zu Gott selbst. Ich nenne in erster Linie jenen Hang zur Ausnützung der anderen, vor allem ihrer Notlage. Ob sich in der Josephsgeschichte soziale Entwicklungen Ägyptens spiegeln oder nicht, ist für die innere Einstellung des Erzählers gleichgültig. Für ihn ist der Getreideaufkauf, der zum Übergang allen Geldes, aller Herden und allen Grund und Bodens auf den Pharao führt, der Rat eines weisen Mannes, in dem der Gottesgeist ist [178]. In der Nähe der Herrscher, unter deren Gewalt man steht, tauchen deshalb immer wieder israelitisch-jüdische Männer auf, die sich ihnen etwa durch Traumdeuterei empfohlen haben — Joseph bei dem Pharao, »Daniel«, Nehemia und Mardochai am persischen Hof — und sie verwerten diese ihre »Beziehungen« zum Besten ihres Volkes. Wohin die Phantasie der Rachsucht sich dabei verlieren kann, zeigt der haßdurchglühte Wunschtraum des Esterbuches: im Zusammenspiel der jüdischen Königin mit dem jüdischen Ministerpräsidenten wird die königliche Vollmacht, die Juden zu retten, dazu mißbraucht, mit des Königs Siegel die Erlaubnis zu einem Pogrom der Juden an ihren »Feinden« zu erteilen und so der Proselytenmacherei einen kräftigen Auftrieb zu geben [179]. In den Gestalten derer, die so für ihr Volk sorgen, will der Erzähler natürlich Idealbilder darstellen, Menschen, wie sie in kluger Berechnung, in wilder Leidenschaft, in persönlichem Wagnis, aber auch in lebendiger Ausnützung jeden Vorteils nach seinem Herzen sind. Es sind dabei nicht alle Schriftsteller des utopischen Glaubens, daß dem »heidnischen« König gerade die Treue gegenüber dem jüdischen Ritual einen günstigen Eindruck machen oder Gott solchen Gehorsam sichtbar segnen werde [180]. Zu solcher Ausnutzung von Personen gehört auch die bekannte Lüge Abrahams, der zur Rettung seines Lebens sein Weib als seine Schwester in den Harem des Pharao bringen läßt. Die nicht minder bekannte Ausrede der Parallelerzählung, sie sei ja seine Halbschwester und die Aussage somit nicht ganz erlogen, macht die Sache nur übler [181]. Es ist christlicher Apologetik unwürdig, solche und ähnliche Dinge zu bemänteln oder abzuschwächen. Ganz abgesehen davon, daß solche »Entschuldigung« das Gegenteil von dem zu erreichen pflegt, was der Verteidiger erstrebt. Nur eine rückhaltlose Ehrlichkeit, welche das Unterchristliche auch dort und gerade dort unterchristlich nennt, wo selbst der Gottesglaube in seinen Bann gezogen ist und Gott als Schutzherr des »Frommen« bei unerfreulichen Manipulationen erscheint — nur eine solche Ehrlichkeit hat Anspruch darauf, auch dort gehört zu werden, wo sie die religiösen Werte des ATs und seinen Offenbarungsanspruch betont!

Mit der soeben geschilderten Ausnutzung ist ein starker Erwerbstrieb aufs engste verbunden. Die Strafe Labans für den Betrug an Jakob besteht darin, daß dieser durch geeignete Vorrichtungen den Herdenreichtum an sich bringt und schließlich mit den Töchtern und den Tieren das Weite sucht. Daß Rahel dabei die väterlichen Terafim heimlich mitgehen läßt und durch geschickte Vorspiegelungen der Auffindung durch den Vater entzieht, berichtet die alte Einzelerzählung ohne Mißfallen [182]. Grundlage des Reichtums ist ja nicht in erster Linie ein Barkapital, das man zinstragend ausleihen, bei Bedarf wieder einziehen oder durch Handel vermehren kann. In der älteren Zeit ruht er vielmehr auf dem Besitz von Herden und Sklaven, nach der Landnahme auf dem Besitz von Grund und Boden, daneben aber auf der Verfügung über zauberkräftige Dinge, die man zum Guten oder zum Bösen nützen kann. Ein Weib, das als »Herrin« eines Totengeistes, als *baʿalaṯ 'oḇ*, gilt, hat als solche selbst über den König Gewalt. Um des Besitzes willen mag man trotz des Kummers der eigenen Mutter den einzigen Sohn auf die gefährliche Reise schicken und es Gott überlassen, ihn gesund nach Hause zurückzubringen [183]. Auch die Frömmigkeit gewinnt ja weithin den Charakter der Besitzsicherung; wir werden davon ausführlich zu handeln haben. Der Lohngedanke, dessen Gefährlichkeit der Weise durchschaut ohne ihn doch ganz zerschlagen zu können, bringt solche Verzerrungen trotz aller Einsicht auch um deswillen notwendig mit sich, weil die fast durchgängige Innerweltlichkeit des Heilsgutes für das Volk wie für den Einzelnen die irdischen Dinge im weitesten Sinne als die Gaben erscheinen läßt, durch deren Besitz Gott dem Menschen seine Huld erweist und bekräftigt.

So gewiß demnach auch die Jahwereligion an diesen Anlagen des Volkscharakters ihren Anteil hat, so wenig erschöpfen sie ihr Wesen. Wir stehen vielmehr vor der Tatsache, daß ihr Kampf weithin nicht nur religiös, sondern auch ethisch gerade gegen die natürlichen Charaktereigenschaften des eigenen Volkes gerichtet ist. Die starke Dressur in sexueller Hinsicht, die nicht nur die Widernatürlichkeiten bekämpft, sondern das geschlechtliche Leben eines orientalischen Volkes als Ganzes in straffe Disziplinierung nimmt, ohne doch in Möncherei umzuschlagen, ist dafür ebenso kennzeichnend wie der Kampf der Propheten gegen eine auf dem Bundesgedanken sich aufbauende selbstsichere »Gerechtigkeit«, gegen eine auf kultische »Leistung« und göttliche Gegenleistung gestützte Frömmigkeit, oder wie das schon angedeutete Zerbrechen der »Vergeltung« und damit der Leistung als solcher in den entscheidenden Anfechtungen der Dichter und Weisen [184]. Dieses Ringen der Jahwereligion mit dem, was man einst gern als das »Semitische« oder »Jüdische« bezeichnete, offenbart die tiefste »Mehrschichtigkeit« des israelitischen Ethos [185].

Kapitel 2.

Kollektivismus und Individualismus.

1. Recht und Grenzen der Entgegensetzung.

a) Die Frage.

Die Frage nach dem ethischen Subjekt, das jene Entscheidung und Abgrenzung vorzunehmen hat, führt sofort auf eines der umstrittensten Probleme der alttestamentlichen Forschung, die gegenseitige Beziehung von Kollektivismus und Individualismus. Die weithin herrschende Meinung ging dahin, die ältere Zeit habe ganz oder doch überwiegend kollektiv empfunden und gedacht. Vor dem Gericht des Gottes wie des Königs trägt die Gesamtheit eines Lebensverbandes die Verantwortung für jedes ihrer Glieder; mit dem Frevler soll seine Familie samt allem was sein ist verbrannt werden[1]. Etwa seit dem VIII. Jh. sei dann diese feste Anschauung allmählich zersetzt, von Jeremia aber und vor allem von Ezechiel endgültig »überwunden« worden. Mit der Feststellung eines solchen geschichtlichen Vorganges verbindet sich ja immer wieder zugleich eine Wertung; die dem modernen abendländischen Individualismus und seiner Höchstschätzung der freien Persönlichkeit nahestehende Haltung erscheint als die »reinere«, die entgegengesetzte als die veraltete, eine Betrachtungsweise, die in den letzten Zeiten nicht unangefochten bleiben konnte.

Nun enthält die eben dargelegte Ansicht richtige Momente. Die große Sozialkrise der Assyrerzeit hat die alten organischen Verbände weithin aufgelöst und damit als Träger einer Verantwortung von selbst ausgeschaltet. Die starke Ausweitung des Weltbildes durch den Zusammenprall mit dem Weltreich — vergleichbar der Ausdehnung des Wissens um die bewohnte Welt im Zeitalter der Entdeckungen — bringt Erschütterungen mit sich, an deren Überwindung die Seele ihres Eigenlebens und ihrer Eigenkraft inne wird. Wem in zutiefst aufgewühlter Zeit prophetische Erlebnisse widerfahren, wird vollends in Zweifel und innere Kämpfe hineingestoßen, in denen nur ein ganz persönliches Überwältigtsein von der Wahrheit standhält, zumal wenn von anderen das Gegenteil der eigenen Botschaft mit dem gleichen Offenbarungsanspruch verkündet wird. Eine iranische Parallele zu solchen Nöten etwa des Jeremia im Zusammenstoß mit Ḥanania kann das Problem als solches deutlich machen:

> Das frage ich dich, sag es mir recht, o Herr: wer ist ein Wahrhaftiger unter denen, mit welchen ich mich bespreche, und wer ein Lügner? Welches von beiden (ist der Fall)? Bin entweder ich böse oder ist dieser böse, welcher als Lügner (der er ist) mich von meinem Heil abhalten will? Warum meint man von diesem nicht: der ist der Böse?[2]

Auch wer durch die prophetische Forderung aus aller Selbstverständlichkeit kultischen Handelns herausgerissen wird, sieht sich mit Gewalt zu persönlicher Entscheidung und Verantwortung gezwungen:

> Als den Klugen habe ich dich erkannt, o Weiser Herr, als er mit dem Guten Denken mich besuchte; seine Frage (war): Für wen willst du dich entscheiden? [3]

Eine solche Verantwortung, die zu einer Verantwortung für die innere Haltung (den »Glauben«) statt für das äußere Tun wird, führt mit innerer Notwendigkeit auch zu einer in immer neuen Anläufen versuchten Selbstbehauptung der Gottheit gegenüber.

Eine seelische Erlebniswelt von so persönlicher Eigenart kann weder an dem Rechte noch an dem Volksbewußtsein und seiner Spiegelung im Sprichwort spurlos vorübergehen. Auch die Gebetssprache kann ihren Einfluß nicht verleugnen. Sie nimmt die Heilszusage an das Volk und an den Charismatiker, vor allem an den Propheten, und damit Wendungen des alten Orakelstiles auf, überträgt aber diese hohen Aussagen von dem Sein Gottes »in unserer Mitte« und »mit« oder »bei« dem Auserwählten auf jedes Glied der Gemeinde. Den heiligen Formeln von Beersaba und Bethel, daß Jahwe »mit« dem Patriarchen sein will, und den analogen Worten über Moses und Josua entspricht nicht nur die Berufungsverheißung und Wieder-Annahme-Bestätigung an Jeremia, sondern auch die Gewißheit des einzelnen Frommen, daß sein Gott »mit ihm« und »sein Geheimnis bei den Redlichen« sei. Am deutlichsten aber spiegelt die Gebetssprache jene Wandlungen dort wieder, wo es um die Frage der Erhaltung der Gemeinde geht:

> El, du Gott der Geister alles Fleisches,
> willst du der ganzen Gemeinde zürnen,
> wenn ein einzelner Mann gesündigt hat? [4]

Was mit dem allen in der Assyrerzeit angehoben und sich bis in die nachexilische Zeit fortgesetzt hat, mußte in dieser erst recht eigentlich zur Entfaltung kommen. Die Schwierigkeiten der Gesetzeserfüllung vor allem in der Diaspora, die Aufspaltung der Gemeinde in die konservativ-orthodoxen Formen und die fremden Anregungen nachgebenden, dem Druck einer Paria-Situation nicht gewachsenen Spötter und Assimilanten, endlich das wiederholte Auftreten reformistischer Bewegungen von Esra bis zum »Lehrer der Gerechtigkeit« der Qumran-Schriften[4a] lockern das Volksgefüge immer aufs neue.

b) Der israelitische Begriff der Gemeinschaft.

Dennoch ist das genannte Schema zu einfach. Es verkennt zunächst, daß die Gemeinschaft und der Einzelne für das altisraelitische Bewußtsein nicht in dem Sinne Gegensätze sind, wie sie es für ein »liberales« Empfinden stets waren und sind[5]. Ihm ist Gemeinschaft weder die künstlich addierte Summe ihrer einzelnen Glieder noch eine für die Entfaltung der Einzelpersönlichkeit gefährliche Größe, deren Macht es einzugrenzen gilt und deren Interessen gegen die privaten Wünsche und Lebensnotwendigkeiten des Einzelnen abgewogen werden müssen. Vielmehr ist die Gemeinschaft in ihren verschiedenen Kreisen (Familie, Stamm, Volk) die natürliche Lebenssphäre jedes ihrer Glieder. Außerhalb ihres Bereichs ist der Einzelne rechtlos, machtlos, schutzlos, im »Elend«, es sei denn, daß ein Gott als sein »Schild« ihn schütze und ihn segne[6]. Gott selbst muß die Lebenserfahrung des Menschen aussprechen, der in der Arbeit am Acker und auf der Wacht vor Feinden und wilden Tieren steht:

> Es sei nicht gut, daß der Mensch allein sei!
> Ich will ihm eine Hilfe seinesgleichen (*'ezaer k^e^naeḡdō*) machen.

Der weise Mann bestätigt das:

> Zwei haben es besser als einer,
> weil sie guten Lohn bei ihrer Arbeit haben.
> Fallen sie, hilft einer seinem Gesellen auf,
> doch wehe dem Einen, der fällt,
> und kein Zweiter ist da, der ihm aufhilft.
> Liegen zwei beieinander, wird ihnen warm,
> doch ein Einzelner, wie kann er sich wärmen.
> Den Einen überwältigt der Feind,
> zwei trotzen ihm gut (*i̭a'am^e^ḏu naeḡdō*),
> und dreifacher Faden reißet nicht rasch.[7]

An Segen und Fluch der Gemeinschaft hat der Einzelne teil, er lebt in ihr, aus ihren Kräften, aus ihrer »Macht«, so daß er keiner Fürsprache bedarf, auch nicht der eines Propheten[8]. Er stirbt aber auch ihren Tod, unausweichlich, wenn nicht Gott ihn um seiner eigenen Rechtfertigung willen rettet. Der jetzt Lebende trägt in sich das ganze Erbe der Vergangenheit, und die Gestaltung der Zukunft der Gemeinschaft liegt in seiner Hand. Alle Worte, welche göttliches Tun oder menschliches Handeln als »gut« bezeichnen, sind dieser Struktur des Bewußtseins entsprechend von der Gemeinschaft her geprägt. Sie bewerten eine Haltung und ihre praktischen Auswirkungen darnach, ob sie den Pflichten gegen die Gemeinschaft entsprechen oder nicht, mag dabei stärker das rechtliche Moment oder die lebensmäßige Verbundenheit der Glieder der Gemeinschaft mitschwingen. So fest ist der innere Zusammenhalt des Volkes, daß Waffenhilfe an den Feind bei aller sonstigen »Loyalität« des Gefolgmannes nicht nur den philistäischen Großen unvorstellbar erscheint; ein »Bund« aber und ein »Eid« müssen gehalten werden, selbst wenn sie mit Fremden geschlossen sind[9]. Auch für die Beziehungen zwischen Gott und dem Volk gilt Analoges. Die göttliche Huld (*ḥaesaeḏ*) zeigt sich darin, daß er denen, mit denen er einen »Bund« hergestellt hat, in »verläßlicher«

Treue (*'aᵉmaeṯ*) stets Heil und Frieden (*šālōm*) als das ihnen, den Gliedern der im Bunde gestifteten Gemeinschaft, rechtmäßig »Zukommende« (*sᵉḏāḳāʰ*) beschert. Die menschliche *ḥaesaeḏ* — man kann dann kaum anders übersetzen als »Bundestreue« — bewährt sich in dem Bewahren und Beobachten (*šāmar*) der Gebote, die Gott auf Grund eben dieses seines Bundes gegeben hat. Wo dieser aber gebrochen ist, ist das der Gemeinschaft »Zukommende« die vernichtende Strafe, und die Bahn ist frei sogar für den Trug, der durch »ungute Gesetze« den Tod unausweichlich macht[10].

Damit sind auch inhaltlich für das israelitische Ethos bestimmte Festlegungen gegeben. Indem die Gemeinschaft die lebensbestimmende Größe bildet, ist für das menschliche Verhalten die »Solidarität« die selbstverständliche Grundvoraussetzung und sind die Ausdrücke, welche den Gruppengenossen bezeichnen, der Bruder (*'āḥ*), der Nachbar (*ḳārōḇ*), der Verwandte (*rea'*), wohl auch der »Stallgenosse« (*'allūp̄*) sittlich betont[11]. Gegen diese Menschen darf man mit Tat und Wort nichts unternehmen, auch gerade dann nicht, wenn sie schwächer sind. Der Freibeuter, der Dörfer seines eigenen Volkes ausplündert, würde sich bei ihm »gar sehr stinkend machen« und wäre dazu verurteilt, auf immer eines fremden Schutzherrn Sklave oder Lehnsmann zu sein. An einer rücksichtslosen Ausmordung fremder Ortschaften nimmt der Erzähler aus früh-königlicher Zeit keinen Anstoß, und es gibt Handlungen, zu denen der Herrscher eines volksfremden Vollstreckers bedarf[12]! Hingegen hat der im Lebenskampfe unterlegene »Bruder« Anspruch auf Schutz und Hilfe jedes anderen »Genossen«. Das ermordete Glied einer Sippe hat ein Recht darauf, gerächt zu werden, wenn es sein kann bis zur Vernichtung der feindlichen Sippe[13]. In Zeiten der Not gewinnt die Bruderschaft ganz von selbst karitativen Charakter, welcher an solche, die noch etwas haben, Ansprüche stellt. Wie der Wert des Beduinenscheichs nach seiner Freigebigkeit bemessen wird, so ist auch der König gehalten, nicht nur seinen Mannen Weinberge und Äcker zu geben, sondern auch

> vom Starken den Schwachen nicht entrechten zu lassen [14].

Indem der Bundesgott Glied der von ihm gestifteten Gemeinschaft ist, wird die Forderung der solidaren Karitas zum religiösen Gebot und tritt zugleich sein Handeln unter deren Grundgedanken.

c) Der Lebensanteil des Einzelnen an der Gemeinschaft.

α) Die Prägung sittlicher Normen von der Gemeinschaft her.

(Die Wahrhaftigkeit).

Ich versuche, diesen Sachverhalt, der uns später bei dem Problem der »Gerechtigkeit« ausführlich zu beschäftigen haben wird, an einem Beispiel zu verdeutlichen, das zugleich an eines der schwierigsten ethischen Probleme des AT. heranführt, an die »Wahrhaftigkeit« als sittliche Forderung. Die ältere Sage verurteilt eine Lüge nicht schon um ihrer selbst willen, sondern um der nachteiligen Folgen willen, die sie für einen Dritten hat, mit dem man in Gemeinschaft steht. An dem scheinbaren »Ausleihen« der goldenen und silbernen Gefäße von den Ägypterinnen als Repräsentanten des feindlichen Volkes nimmt der Jahwist keinen Anstoß, und es ist eine vergebliche Liebesmühe, ihm eine Haltung anzuexegesieren, die den Voraussetzungen des Gemeinschaftsdenkens seiner Tage widersprochen hätte. Da aber der Pharao dem Abraham Gutes getan hat, trifft den lügnerischen Ehemann die tadelnde Frage desselben Schriftstellers:

> Was hast du mir angetan? Warum hast du mir nicht kundgetan, daß sie dein Weib ist? Warum sagtest du gar: »Sie ist meine Schwester«, so daß ich sie zu meinem Weibe nahm!

Hätte Abimelech sich an Abraham vergangen, so möchte des Erzvaters Verhalten dem Elohisten verständlich sein; nun aber gilt es:

> Was habe ich an dir gesündigt, daß du über mich und über mein Reich eine so große Sünde gebracht hast? Du hast an mir gehandelt, wie man nicht handeln darf! [15]

Nicht die Tatsache des Betruges am blinden Vater als solche wird gerügt — die Anstiftung der Mutter bleibt außerhalb sittlicher Wertung — sondern die Schädigung Esaus durch Entziehung des Segens ist der Ansatzpunkt für den Fortgang der Erzählung:

> Esau ward Jakobs Feind um des Segens willen, mit dem ihn sein Vater gesegnet hatte.

Durch Übergabe eines »Segens« nach der Heimkehr wird die Übeltat der Vergangenheit ausgelöscht, und die ausweichende Antwort, die dem Bruder ein gar nicht beabsichtigtes Mitgehen in Aussicht stellt, bleibt ebenso ohne Tadel wie die »verschleiernde« Angabe des »Reisegrundes« durch Moses an seinen Schwiegervater [16]. Sie schädigen ja keinen! Auch vor Gericht kann mindestens ein Nebenton der Beurteilung auf den Folgen liegen, die eine Aussage hat. Es ist verboten, als »Lügenzeuge (*ʿeḏ šaeḳaer*), als ein »wider die Gemeinschaft verstoßender Zeuge (*ʿeḏ ḥāmās*) gegen seinen »Nächsten«, gegen seinen »Bruder« auszusagen [17]. Ein »Bösewicht« (*ʾīš bᵉliịịaʿal*) bringt einen anderen in Lebensgefahr, während ein

> wahrhaftiger Zeuge (*ʿeḏ ʾᵃᵉmaeṯ*) das Leben errettet. [18]

An einer falschen Aussage, die den Zedekia vor Lebensgefahr bewahrt, hat noch Jeremia keinen Anstoß genommen, und vollends dem feindlichen Könige gegenüber mag der Jahweprophet die bewußte Unwahrheit nutzen:

Geh, sage 'ihm' (dem Benhadad): »Du bleibst am Leben!«, obwohl Jahwe mir gezeigt hat, daß er gewißlich stirbt [19].

Freilich haben schon alte Abschreiber an dieser Handlungsweise Anstoß genommen und sie in ein

Geh, sage nicht ....

geändert!

Natürlich darf das eben Ausgeführte nicht überspitzt werden. Schon in der Gegenüberstellung des »wahrhaftigen« und des Lügenzeugen kommt ein anderer Wertmaßstab neben der Beurteilung nach den Folgen der Aussage für ein Glied der Gemeinschaft zum Ausdruck, ein anderes Prinzip, das gerade vom Gerichtswesen her sich sehr stark durchgesetzt hat: der Wirklichkeitsgehalt der Aussage. Er wird bezeichnet durch verschiedene Formen der Stämme *'mn* (»fest sein, wirklich sein, sich verwirklichen« im Gegensatz gegen das Trügerische und Nichtige) und *išr* (»gerade sein« im Gegensatz gegen das Krumme und Unebene) [20].

Wer wahrhaftig redet, meldet das »Richtige«,

während der Lügenzeuge »Lügen redet«, ja selbst ein »Trug ist« [21]. »Richtig« ist, was einer bestehenden Norm entspricht, das »volle« Maß und Gewicht im Gegensatz zur »Trugwage« [22]; die Norm für die Aussage aber ist das Geschehen selbst, auf das sie sich bezieht und mit dem sie sich zu decken hat. Die Übereinstimmung der Angaben über ihre Abstammung mit den Tatsachen sichert den Priesterfamilien die Zugehörigkeit zum Stande [23]. Wenn eine Aussage in genauer Untersuchung als »wahrhaftig«, d. h. als wirklichkeitsgetreu festgestellt ist [24], können die Richter »richtig« urteilen, vorausgesetzt, daß sie selbst

wahrhaftig sind und verbotenen Vorteil hassen [25],

d. h. vorausgesetzt, daß sie allein aus der gegebenen Wirklichkeit heraus und nicht nach eigenem Nutzen urteilen. Wo aber

keiner das »Richtige« kündet,
wird keiner »wahrhaftig« gerichtet [26].

Dann muß das Gottesurteil eingreifen:

Bei jeder Eigentumsanfechtung *(paešaʿ)* betr. eines Stieres oder Esels oder Schafes oder Mantels oder irgend einer verlorenen Sache, die einer wiederzuerkennen meint, soll die Sache der beiden vor *hå'aelohīm* kommen, und wen *hå'aelohīm* für den »Bösewicht« erklärt (d. h. für den, der objektiv falsch ausgesagt hat), der soll dem anderen das Doppelte erstatten [27].

Je häufiger falsche Aussage und Bestechung die Wahrheitsermittlung oder die Auswertung der gefundenen Wahrheit unmöglich machen, desto lebendiger ist das Sehnsuchtsbild des Endzeitherrschers geprägt, der das Verborgene kennt:

Er braucht nicht zu richten nach dem, was vor Augen ist,
nicht Urteil zu sprechen nach dem, was er hört,
sondern richtet die Niedrigen richtig (*b^eṣaeḏaeḳ*),
spricht redliches Urteil (*b^emīšōr*) den ‚Armen' im Lande ....
Das Richtige (*ṣaeḏaeḳ*) ist der Gurt seiner Lenden,
das Wahre (*'^aemunå^h*) der Gurt seiner Hüften.[28]

»Gerechtigkeit« wird zum Schutz des Armen! Wo vollends es von Gott ausgesagt wird, daß sein Wort redlich (*i̯åšār*) sei und

all sein Tun in Wahrhaftigkeit geschieht,

nähern sich »Huld« und »Wahrhaftigkeit« entscheidend an:

Jahwe, ‚bis zum' Himmel reicht deine Huld,
zu den Wolken deine Wahrhaftigkeit.[29]

Der Wirklichkeitsgehalt ist das Kennzeichen der Wahrheit auch im Blick auf die Zukunft. Wie Menschen, die einen Bund miteinander eingehen, sich eine »wahrhaftige Huld« zugeloben, deren Inhalt durch die Bundesbedingungen (oder die besondere Lage) festgelegt ist[30], so sind die »Hulderweisungen«, die Jahve im promissorischen Eid dem David zusagt, »wahrhaftige«, d. h. solche, die sich verwirklichen oder doch verwirklichen sollten:

Wo sind deine früheren Gnaden, Herr,
welche du David auf Grund
deiner Wahrhaftigkeit (*bae'^aemunåṯ^eḵå*) zuschworst?[31]

»Lüge« ist damit nicht nur eine Aussage über die Vergangenheit, die keinen Wirklichkeitsgehalt hat, sondern ebenso eine Zusage für die Zukunft, die nicht zur Wirklichkeit wird:

Gott ist nicht Mensch, daß er löge (*i̯ᵘīḵazzeḇ*),
kein Menschenkind, daß ihn etwas reute.
Spricht er etwa und täte es nicht,
redet er, und führt es nicht aus (*u̯^elo' i̯^eḳimaennu*)?[32]

So ist Jahwes Wahrhaftigkeit der der Welt zugewandte Ausdruck seines »Gottseins« selbst, in der konkreten Auswirkung nichts anderes als seine »Treue« und damit die innerste Kraft des »Bundes«[33]. Für den Israeliten wird demgemäß »Wahrhaftigkeit« zum Ausdruck seines »wirklichen« Stehens in der Gottesbeziehung der Jahwereligion. Ein »wahrhafter« Priester (*kohen nae'^aemån*) ist ein solcher, der den Willen Jahwes tut und dem Jahwe daher ein »sicheres, bleibendes« Haus (*bai̯it nae'^aemån!*) baut. Ein »wahrhafter« Prophet ist ein solcher, »mit« dem Jahwe ist, so daß von seinen Worten »keines zur Erde fällt«, im Gegensatz zu den »Lügen« (*kåzåḇ*) der falschen Propheten und der Hexen[34]. Dementsprechend ist für den Laien »Wahrhaftigkeit« synonymer Ausdruck nicht nur für das »Tun des Guten« oder das »richtige Richten«, sondern als spezifisch religiöser Ausdruck für das »Vertrauen auf Jahwe«, die »Furcht Jahwes« und das »Erkennen Jahwes«[35]. Während der Fromme anerkennt, daß Jahwes Gerichte »richtig« und seine Demütigungen »Wahrhaftigkeit sind«, zeigt sich das Fehlen der Wahrhaftigkeit wie im »Nichthören«, so im »Nichtannehmen« der Strafe; sie steht damit im Gegensatz zum »Ungehorsam«, zur Antastung des Jahwegesalbten oder zum »Nichtehren« des Gottes[36]. »Lüge« bezeichnet demgemäß nicht nur die aktuell unrichtige Aussage, vor allem wenn sie zur Schädigung des Bruders dient, sondern zugleich den grundsätzlichen Zusammenhang mit der Sphäre der jahwefeindlichen Welt des Zaubers, des Fluches und des Todes. Der fremde Gott als ihr Repräsentant kann daher selbst als »Lüge« (*kåzåḇ*) und »Trug« (*šaeḳaer*) bezeichnet werden:

> Ihr sprecht:
> Mit dem Tod paktierten wir,
> mit der Hölle halten wir's!
> Flutet Flut, uns faßt sie nicht:
> Unser Lager ist die »Lüge«,
> unsre Trutzburg ist der »Trug«! [37]

β) Der Schicksalsanteil des Einzelnen aufhebbar?

Was an diesem einen Beispiel zu zeigen war, stellt ein Grundgesetz des altisraelitischen Ethos dar: für unser Empfinden ganz »individuelle« Handlungsweisen sind und bleiben von der Gemeinschaft her und auf die Gemeinschaft hin bestimmt, die sowohl Gemeinschaft der Volksglieder untereinander als des Volkes mit dem Bundesgotte ist. An den Schicksalen dieser Gemeinschaft hat und behält der Einzelne vollen Anteil. Man mag über die »Gerechtigkeit« der Tatsache spotten, daß, weil

> die Väter saure Trauben aßen,
> der Kinder Zähne stumpf geworden[38].

Aber daß es wirklich so ist, bezweifelt das Hohnwort nicht. Auch die Gegenrede des Ezechiel hebt, so individualistisch sie geformt ist und soweit sie sich von dem Glauben der »Gegner« entfernt, den kollektiven Charakter der Erwartung nicht gänzlich auf. Bei dem »Sterben für die eigenen Sünden« handelt es sich nicht um jeden beliebigen Tod in jedem beliebigen Augenblick, sondern um den bestimmten Untergang in der geschichtlichen Stunde der nationalen Katastrophe, deren Folgen für den Einzelnen die mit Ezechiel etwa gleichzeitigen Erweiterungen der deuteronomischen Flüche in unerfreulicher, ans Perverse streifender Phantasie ausmalen[39]. Wer gerade an jenem Tage »bekehrt« dasteht, wird in dem allgemeinen Gericht verschont werden. Also selbst hier, wo die Gemeinschaft der Vergeltung in der Tat zerbrochen ist, steht das Volksschicksal als Sphäre, innerhalb deren sich das Geschick aller Regel nach erfüllt, im Hintergrunde. Von da aus ist es zu verstehen, daß die Termini der Heils- wie der großen Gerichtszeit immer wieder Kollektiv-Worte sind: der »Rest[39a]«, »Jerusalem«, »Haus Jakobs« (Joseph, Israel, Juda), ein Sprachgebrauch, welchem die volkstümliche Bezeichnung eines Stammes als »Haus« des Ahnherrn und die in der Kanzleisprache übliche eines Staates als »Haus« des regierenden oder eines früheren Herrschers vorgearbeitet haben [40]. »Persönliche« Vergeltung vollzieht sich damit hier als Ausgliederung aus dem Volksgeschick, eine Ausgliederung, die, wo sie in der Lebenswirklichkeit Tatsache wird, einer besonderen Begründung bedarf [41]. Die Zulassung zur Gemeinde ist, wo bei einzelnen Fremdstämmigen etwa der Wunsch zur Eingliederung bestünde, an bestimmte, volksmäßig-geschichtliche Grenzen gebunden. Dem apodiktischen Gesetz:

> Kein Ammoniter und kein Moabiter darf der Jahwegemeinde beitreten; selbst im 10. Glied darf ihrer keiner irgendwann der Jahwegemeinde beitreten! [42]

wird von späterer, vielleicht sehr junger Hand eine Begründung gegeben, welche an die Auszugssagen anknüpft, also die Nachfahren mit den Ahnen ineinssetzt. Auch die Tatsache, daß es innerhalb der Prophetie an Heilsverheißungen für den Propheten selbst fast ganz fehlt, findet hier ihre Erklärung. Wer der Gemeinschaft Unheil zu künden hat, wird selbst von diesem Unheil mit betroffen und gewinnt an kommendem Heil nur soviel Anteil als die »neue« Gemeinschaft der »Kinder«, der »Jünger«, die sich um ihn schart. Vielleicht kann das Abschiedswort, das Jeremia in Jahwes Namen dem Baruch zu sagen hat, das Gemeinte andeuten. Wenn das Volk leidet, hat der Einzelne keinen Anspruch auf Glück, auch wenn ihm dem Einzelnen das Leben bleibt:

> Was ich gebaut, das reiß' ich ein,
>   was ich gepflanzt, das reiß' ich aus. ,IV'
> Großes begehrst du — begehre es nicht.
> Denn siehe ich bringe Böses
>   über alles Fleisch!
> Nur dein Leben schenk ich dir,
>   an jedem Ort, dahin du kommst. [43]

Diese grundsätzliche und nie aufgehobene Struktur des israelitischen Gemeinschaftsgefühls muß man im Auge behalten, wenn man die Fragen nicht auf falsche Antithesen bringen will. Was man den »Individualismus« im AT nennen mag, ist mindestens zunächst eine Selbständigkeit im Rahmen einer Gemeinschaft, aber nicht ohne oder etwa gar gegen die Gemeinschaft.

2. Die Unmöglichkeit einer zeitlichen Scheidung.

a) Das Fortleben des Kollektivismus
(Das Geschichtsbewußtsein)

Kollektivismus und Individualismus sind im AT keine sich zu einem bestimmten Zeitpunkt ablösende Welten!

Man kann sich diese Tatsache am besten an der Verwendung einer geprägten Redewendung klarmachen. Grundlegend für das Volksbewußtsein ist die Rettung aus Ägypten:

»Ich, Jahve, bin dein Gott, der dich aus Ägyptenland,
aus dem Knechtshause herausgeführt hat«[44].

In zwei nordisraelitischen Texten klingt dieses Bekenntnis in seiner kollektiven, singularischen Fassung nach:

»Das sind deine Götter, Israel, die dich aus Ägyptenland herausgeführt haben«.

Höre, mein Volk, ich will dich unterweisen,
Israel, höre auf mich!
Du sollst keinen fremden Gott besitzen,
keinen Gott der Ferne anbeten!
Ich, Jahwe, bin dein Gott,
der dich aus Ägyptenland heraufgeführt hat![45].

Aber wie im Psalm der hymnische Eingang von dem Dichter pluralisch gestaltet ist, so lenkt auch Hosea in ähnlichem Zusammenhang dort, wo er den Bereich der geprägten Formel verläßt, in die Mehrzahl ein:

Ich, Jahwe, bin dein Gott
vom Lande Ägypten her.
Außer mir kanntest du keinen Gott,
keiner half dir denn ich!
Ich ‚weidete' dich in der Wüste,
im Lande des Durstes.
Als ich sie weidete, wurden sie satt,
doch als sie satt wurden, erhob sich ihr Herz![46]

Es gehört zu den Eigentümlichkeiten der prophetischen Sprache, daß sie — gewiß nicht ohne Ausnahmen! — die pluralische und damit die individualisierende Anrede bevorzugt, der persönlichen Erfahrung und Entscheidung entsprechend, von der schon die Rede war:

Ich führt' euch herauf
aus Ägyptenland.
Ich leitete euch in der Wüste
vierzig Jahre lang,
das Amoriterland zu erobern[47].

Vielmehr sind beide Grundhaltungen stärker durch die geistige Verschiedenheit der einzelnen Gruppen innerhalb des Volkes als durch einen zeitlichen Abstand bedingt. Die Schichten, in denen die individuelle Vergeltungslehre, an der man die Vorgänge am klarsten beobachten kann, ihre wesentlichen Vertreter und die kollektive ihre frühesten Kritiker gefunden hat, sind die am stärksten von fremder Kultur und Geistigkeit berührten Kreise. Es sind die Vertreter der internationalen, in ihrer pädagogischen Abzielung grundsätzlich auf den einzelnen »Sohn« ausgerichteten Weisheit. Menschen sind es zudem, die (soweit es sich um die spätere Zeit handelt), wohl zu einem recht erheblichen Teil gar nicht mehr im geschlossen siedelnden Volksverband, sondern in der Diaspora unter ganz neuen Bedingungen leben [48]. In jenen Kreisen der »Weisen« und der von ihnen abhängigen Dichter hat die individuelle Vergeltungslehre nach dem Exil so entscheidend geherrscht, daß sich deren tiefste Konflikte, die seelischen Nöte des Hiob und des Beters von Psalm 73, nicht zuletzt auch die Zweifel des Skeptikers Kohaelaet, gerade an der Unbedingtheit und Ausschließlichkeit ihres Geltungsanspruches entzündet haben. Kennt sie doch ein Beantworten der Frage nach dem Warum mit dem Hinweis auf die Sünden der Väter nicht mehr und wagt sie doch niemals ein Ausweichen in den Glauben an ein eigenes früheres Leben im Sinne der indischen Karmanlehre! Aber wiewohl sich die Sprache der Weisheit in der deuteronomischen »Predigt« der Welt des priesterlichen Rechtes und der Geschichtsdeutung bemächtigt hat, hat sie in beiden Sphären den in ihnen herrschenden Kollektivismus nicht verdrängen können. Vielmehr hat die von priesterlichen Kreisen in deuteronomischer Sprache vollzogene abschließende Formung des Zehngebotes die Vergeltung zum Bösen und noch stärker den Lohn zum Guten in kollektiver Fassung bewahrt und ist das Nebeneinander singularisch und pluralisch geformter Paränese ein wichtiger Hinweis auf literarische Schichtungen in den Einleitungs- und Ausleitungsstücken des deuteronomischen Korpus selbst [49]. Die Geschichtsbetrachtung aber hat bis in die späteste Zeit in ungebrochener Selbstverständlichkeit die andere Auffassung festgehalten, für welche das Volk Träger der Verantwortung ist, als Volk unter Verheißung und Gericht steht. Hat der Bund, den Jojada von Juda

> zwischen Jahwe und dem König und dem Volke schließt,

seinen Inhalt darin, daß

> sie zum Jahwevolk wurden,

und geschah es in dem analogen Bundesschluß unter Josia durch die Beteiligung »aller Ältesten von Jerusalem und Juda« an dem Staatsakt des Herrschers, daß

> das ganze Volk in den Bund eintrat [50],

so wiederholt sich das Gleiche, (wenn auch in einer durch die inneren Gegensätze aufgelockerten Form) in der feierlichen Neugründung der

Gemeinde in V. Jh.: Auch hier nehmen der persische Statthalter, die Fürsten, die Leviten, die Priester durch feierlich gesiegelte Bundesverpflichtung das Gesetz auf sich, und

der Rest des Volkes ... schließt sich seinen vornehmen Brüdern an
und tritt ein in den Fluch und Eid, zu wandeln im Gesetz Gottes,
das durch Moses, den Gottesknecht gegeben ist.

Damit ist für alle Zukunft der Gemeinde der Volksgedanke festgehalten, der in der Mischehengesetzgebung zum klaren Ausdruck kommt. Denn dies ist das erste der beschworenen Gesetze:

daß wir unsre Töchter den Völkern des Landes nicht geben
noch ihre Töchter unsern Söhnen nehmen [51].

Paulus ist nicht der Einzige, der in solchen Glaubensgedanken lebt, wenn er von der Verwerfung des Volkes für diese Weltzeit und seiner Begnadung an ihrem Ende redet.

Ist das Volk so als Ganzes Träger des von ihm übernommenen »Joches« des Gesetzes, so bedeutet das auch: in der Gesamtheit seiner Generationen. In der Passahnacht, die mit dem Stab in der Hand, in Wandertracht und »flüchtiger Hast« (*ḥippåzon*) verbracht wird, wächst die Schar der zum Mahle versammelten in jedem Jahre und in aller Welt mit jenen ersten Kultteilnehmern zu einer unlösbaren Einheit zusammen, die sie einst in Ägypten durchlebt haben. In analoger Grundhaltung läßt die deuteronomische Paränese den abschiednehmenden Moses nach 40 Jahren zu der neu herangewachsenen Generation sprechen:

Jahwe, unser Gott, hat am Horeb einen Bund mit uns geschlossen.
Nicht (allein) mit unsern Vätern hat Jahwe diesen Bund geschlossen,
sondern mit uns, die wir alle hier lebendig sind.
Von Angesicht zu Angesicht hat Jahwe mit euch ... gesprochen,
während ich damals zwischen Jahwe und euch stand,
euch das Jahwewort zu künden! [52]

In der prophetischen Bildersprache, vor allem in dem Bilde von der Ehe Jahwes mit dem Volke, dem er sich einst in der Wüste aufs neue »verloben« wird, und in der Ehebruchssymbolik des Jeremia und Ezechiel kommt ein analoges Denken zum Ausdruck [53]. Auch der Gebetssprache verleiht es ihre eigenartige Struktur und Stilfarbe, vor allem durch den Wechsel der Zeiten und Personen in der Sündenschilderung:

Unser Gott, großer, starker, furchtbarer Gott,
der bewahrt Bund und Huld:
Achte nicht gering die Not, die uns getroffen hat
an unsern Königen, Fürsten, Priestern, Propheten,
an unsern *Vätern* und *deinem ganzen Volk*
seit den Tagen der assyrischen Könige bis heute.

Du bist gerecht in allem, was *uns* trifft,
denn du hältst Treue, während *wir* sündigten,
und unsre Könige, Fürsten, Priester
und *unsre Väter* dein Gesetz nicht hielten.
In ihrem Reiche und bei allem reichen Gute,
das du ihnen gabst
in dem fetten und weiten Lande,
das du ihnen gabst,
dienten sie dir nicht,
kehrten nicht um von ihren Übeltaten.
Siehe:
wir sind heute Sklaven,
und in dem Lande, das du unsern Vätern gabst,
seine Frucht und sein Gut zu essen,
sind *wir heute Sklaven*
und sein reicher Ertrag gehört den Königen,
die du über uns gesetzt hast um unserer Sünden willen.[54]

In dieser kollektiven Haftung des Volkes, welche die gesamte spätjüdische Sünden- und Sühnelehre beherrscht, spiegelt sich zugleich ein Stück von Israels tiefster Sündenerfahrung. Es ist gewiß eine Paradoxie, aber zugleich eine nicht wegzuleugnende Gegebenheit seines (und nicht nur seines!) religiösen Lebens, daß es auf den Höhepunkten sein eigenes Sein als „Gnade", sein Widerspiel aber als von „außen" bedingt und dennoch als eigenste Schuld erfährt:

An dir allein hab' ich gesündigt,
getan, was vor dir böse ist ....
Schau: In Schuld bin ich gekreißt,
in Sünden gebar mich meine Mutter!
Schau, dunkele Wahrheit ‚erforscht' ich‘,
du lehrst mich verborgenes Wissen![55]

Damit ist die Schuld des Einzelnen nicht einem dualistisch-metaphysischen (»satanischen«) Zusammenhang eingegliedert, sondern »geschichtlich« dem unzerreißbaren Bande der Lebensreihe. Dann flüchtet die Verzweiflung am Heilsweg des eigenen Tuns nicht in den magischen Ritualismus, macht vielmehr das Wunderschaffen Gottes zum einzigen Hoffnungsgrunde und sucht zugleich wenigstens andeutend der menschlichen Sünde einen Wert für die Verherrlichung der göttlichen Gerechtigkeit zuzuschreiben. Eben diese fortlebenden »kollektiven« Gedanken, die sich aus der bitteren Erfahrung der perversa voluntas und ihrer »geschichtlichen« Deutung immer wieder erneuern, haben ihrerseits dazu beigetragen, eine Auflösung des Volkes in eine Reihe beziehungslos neben einander stehender Subjekte zu verhindern.

b) Die Anfänge des Individualismus

α) Die Jahwereligion als Wahlreligion.

Ist also der Kollektivismus mit dem VI. Jh. nicht ausgestorben, so ist auf der anderen Seite der Individualismus nicht erst im VIII. Jh. entstanden. Die Jahwereligion trug von früh an ein notwendig zum

Individualismus hinführendes Moment in sich: ihren Charakter als Wahlreligion. Der Ausdruck ist an sich mehrdeutig. Er bezeichnet in einem zwar vereinzelten, dafür in seiner Stellung als Zielpunkt der elohistischen Schicht um so bedeutsameren Fall die Anschauung, daß Israel Jahwe als seinen Gott »erwählt« habe [56], doch sind solche Gedanken für den inneren Gehalt der Jahwereligion keineswegs charakteristisch. Entscheidend ist für sie vielmehr stets das Bewußtsein, von Jahwe aus seinem freien Willen »erwählt« zu sein, und die deuteronomische Reflexion kann gerade diesen Zug sehr lebhaft unterstreichen. Jahwe schließt den »Bund« und wird den »neuen Bund« als seine Stiftung ins Dasein rufen [57]. Aber damit ist nicht ausgeschlossen, daß die konkrete Geschichte der Jahwereligion ein immer neues »Erwählen« Jahwes durch das Volk, ein Sichentscheiden für oder wider ihn in sich schloß. Der Schluß des Elohisten hat in seiner eben genannten Schilderung des Landtages zu Sichem einen sich immer wiederholenden Vorgang symbolisch in der Form eines einmaligen Aktes dargestellt! Die alten Stammeskulte bewahren ihren Lebensanspruch neben dem »Volksgott«, und in der Auseinandersetzung mit dem Kultsystem Palästinas, das der bäuerlichen Bevölkerung den Ertrag des Feldes und Gartens sicherte, begegnete immer aufs neue der Anreiz, diesem (kulturell überlegenen) System den Vorzug zu geben. Ähnliches gilt von den durch commercium und connubium nahegebrachten Beziehungen zu »heidnischen« Feiern, Orakelbefragungen, Totenbeschwörungen und dergleichen mehr, zumal wenn in der *beena*-Ehe der Mann als Einzelner (oft wider den Willen seiner Familie) der Sippe der Frau eingegliedert ward [58]. Auch das Prestige eines fremden Gottes als Heilgott mag ihm israelitische Verehrer zugeführt haben; und nicht ohne Grund wird man den Laien bei der Opferdarbringung die Beteiligung vor allem an Totenopfern haben abschwören lassen. Allerhand Gaukeleien, als »göttliche« Zeichen und Wunder ausgegeben, standen im Dienste »heidnischer« Propaganda, deren deuteronomische Schilderung schwerlich bloße Theorie ist [59]. Das beigebrachte Material genügt zu der Feststellung, daß die eigenartige Struktur der palästinischen Verhältnisse auch abgesehen von der prophetischen Verkündigung in mannigfachen Fällen eine individuelle »Entscheidung« erzwang, von der Notwendigkeit ganz abgesehen, beim Verlassen des dem Jahwe gehörigen Gebietes »fremden Göttern zu dienen« [60], und abgesehen von der versuchlichen Kraft, die von »heidnischen« Kulten der königlichen Frauen aus fremdem Volkstum für schwache Charaktere ausgehen mußte. Doch scheinen diese Ansätze einer Auflockerung der alten Kollektivgrößen sich in der älteren Zeit nur wenig ausgewirkt zu haben.

β) Das ältere Recht.

Tiefer reicht, soweit wir sehen können, der Einfluß des Rechtes. Zwar ist die älteste Gesetzesbestimmung, welche die Solidarhaftung ausdrücklich ausschließt, literarisch erst im VII. Jh. nachweisbar, während die geschichtliche Tradition die ausnahmsweise Anwendung eines solchen Grundsatzes bereits für den Anfang des VIII. Jh.s behauptet:

> Nicht sollen die Väter für die (Sünden der) Söhne hingerichtet werden,
> noch sollen die Söhne für die (Sünden der) Väter hingerichtet werden,
> jeder soll (vielmehr nur) für seine (eigene) Sünde hingerichtet werden [61].

Aber zwei Momente lassen doch daran zweifeln, daß der Grundsatz erst so jungen Ursprungs sei. Das assyrische Recht kennt seine teilweise Anwendung. Es stellt zwar die Frau noch völlig unter die Solidarhaftung für alle Schuld und Fehler ihres Mannes, mag die Hausgemeinschaft hergestellt sein oder nicht:

> Gesetzt, eine Frau wohnt im Hause ihres Vaters, ist aber nebst ihrer Mitgift [*nudunnu*, »Eheschenkung«] (in die Ehe) gegeben worden, mag sie nun in das Haus ihres Schwiegervaters genommen worden oder nicht genommen worden sein, so trägt sie die Schuld, Strafe und Buße ihres Gatten mit [62].

Den Mann (und die Kinder) aber befreit es ausdrücklich von der Verantwortung für Schuld und Fehle der Frau, der Mutter oder der Tochter:

> Gesetzt, eine Frau oder die Gattin eines Mannes oder die Tochter eines Mannes hat Frevelhaftes (besser: »Gotteslästerliches«) gesprochen oder Frechheit angenommen, so trägt jene Frau ihre Schuld. Ihrem Gatten, ihren Söhnen, ihren Töchtern darf man nicht nahetreten [63].

Sodann aber zeigt sich, daß ein analoges Prinzip unausgesprochen hinter den meisten Bestimmungen der älteren israelitischen Rechtssammlungen steht. Das Bundesbuch kennt sowohl in seinen »apodiktischen« als in seinen kasuistischen Bestimmungen keine Haftung der Familie für den Frevel des Einzelnen. Nicht nur bei zivilrechtlichem Schaden, etwa bei Verlust anvertrauten Viehs oder unvorsichtigem Abbrennen des Ackers oder dem Freiheitsverlust des zur Ersatzleistung wirtschaftlich unfähigen Diebes, sondern selbst bei den schwersten Kapitalverbrechen sind seine Strafbestimmungen rein individuell gehalten:

> Wer einen Menschen totschlägt, werde getötet!
> Wer seinen Vater und seine Mutter schlägt (!), werde getötet!
> Wer seinem Vater und seiner Mutter flucht, werde getötet! [64]

Die Talion kennt es in ausschließlich individueller Anwendung. An sich kann der Grundsatz des Gesetzes über den Schlag wider die Schwangere — ursprünglich wohl auf die Körperverletzung überhaupt gehend —

Du sollst geben Leben für Leben [65]

verschieden gedeutet werden. Als Befehl an den Sippenverband läßt er sich im Sinne des assyrischen »ein Leben voll ersetzen« verstehen und würde dann nichts darüber aussagen, welches Glied der Sippe, ob der Täter selbst oder ein beliebiges andere, dem geschädigten Verband überlassen werden soll, sei es zur Tötung, sei es als Ersatzarbeitskraft. Er enthält auch dann eine Einschränkung der »Rache«; nicht eine möglichst hohe Zahl, sondern nur je einer für je einen zu Schaden Gekommenen hat — im Gegensatz zu den viel weiter greifenden Blutracheforderungen, wie sie etwa die Sage von Lamek und den Kenitern, die Geschichte von den Gibeoniten berichtet — die »Buße« zu tragen. Aber wahrscheinlicher ist es, daß der Redaktor des Bundesbuches, welcher hier eine fremde Formel nutzt, das »Du« individuell von dem Täter verstanden hat. Wenigstens sind die umstehenden Sätze auf seine Person allein bezogen (»der Schlagende soll als unschuldig gelten«), und in einem ähnlich gelagerten Fall schließt der Wortlaut des überlieferten Textes die Heranziehung seiner Anverwandten gerade aus, sobald man die entscheidenden Worte »nach diesem Recht« dem Zusammenhang entsprechend mit der unmittelbar vorhergehenden Bestimmung verbindet, welche nur die Tötung »des Herrn« oder ein von ihm zu erlegendes Wergeld kennt:

Stößt er (der Stier) einen Sohn oder eine Tochter (eines Dritten), so soll *mit ihm* (dem Besitzer!) nach diesem Recht verfahren werden [66].

Die Gestellung der Ersatzarbeitskraft würde etwa durch Überlassung eines Sklaven erfolgen können. Die geschädigte Sippe hat ein größeres Interesse daran, daß der ihr zugefügte Nachteil durch eine Ersatzleistung positiv ausgeglichen wird, als daß die Sippe des »Schuldigen« ihrerseits einen dem angerichteten Schaden entsprechenden Nachteil erleidet. Der übergeordneten Gemeinschaft aber geht es darum, die durch die Tat hervorgerufene Befleckung als solche zu beseitigen. Dementsprechend kennt auch die Asylbestimmung des Bundesbuches, welche den nicht gewollten Totschlag dem (nach dem Verwandtschaftsgrad individuell feststehenden) Bluträcher entzieht, offensichtlich nur eine individuelle Sühne [67]. Von einer Haftung der Gemeinde für ein auf ihrem Grund und Boden begangenes Verbrechen weiß es vollends nichts.

Dies alles ist um so auffälliger, als andere Rechtssammlungen zum Teil gerade hier stark abweichen, und die Frage erhebt sich, wieweit wir es etwa in diesen Bestimmungen mit programmatischen Neuerungen des Bundesbuches zu tun haben, die vielleicht nicht durchgedrungen wären. Der Codex Ḫammurapi kennt die Unterstellung der Familienglieder des Schädigers unter die Talion für den Fall, daß die Frau oder Kinder des Geschädigten durch die

Schuld des Beklagten ums Leben gekommen sind, und zwar scheint diese die Blutrache einengende »Strafe« statt der Tötung des Schuldigen selbst als eine Milderung empfunden worden zu sein:

> Wenn ein Pfändling im Hause seines Pfandgläubigers durch Schlagen oder Schinden stirbt, ... wenn es ein Sohn des Bürgers war, so tötet man seinen Sohn ... Wenn ein Bürger eine Bürgerstochter geschlagen hat und sie (dadurch) ihre Leibesfrucht verlieren läßt ... wenn diese Frau stirbt, so tötet man seine Tochter ... Wenn ein Baumeister einem Bürger ein Haus gebaut, aber seine Arbeit nicht fest (genug) ausgeführt hat, das Haus, das er gebaut hat, eingestürzt ist und er (dadurch) den Hauseigentümer ums Leben bringt, so wird dieser Baumeister getötet; wenn er den Sohn des Hauseigentümers (dadurch) ums Leben bringt, so tötet man den Sohn dieses Baumeisters [68].

Bei dem Schlag gegen die Schwangere ist der Unterschied gegenüber dem Bundesbuch ohne weiteres klar; die beiden anderen Bestimmungen haben in ihm keine Analogie [69]. Nicht minder deutlich ist die Abweichung von dem assyrischen Recht, dessen Regelung wir für einen sexuellen Frevel, die Defloration der Unverlobten, zum Vergleich heranziehen können:

> Gesetzt, ein Mann hat eine Jungfrau, die noch nicht verlobt ist, verführt und beschlafen, so wird er sie sich um den (üblichen) Brautpreis zum Weib erwerben. Gesetzt, ihr Vater weigert sich, sie ihm zu geben, so muß er gleichwohl den (üblichen) Preis für eine jungfräuliche Braut zahlen.
>
> Gesetzt, die Tochter eines Mannes, welche Jungfrau ist ...... welche noch nicht verlobt ist ...... hat ein Mann inmitten der Stadt oder auf dem Felde oder in der Nacht auf einem Platze oder in einer Scheune oder bei einem Fest der Stadt — ein Mann hat mit Gewalt die Jungfrau gefaßt und sie beschlafen, so *kann der Vater der Jungfrau die Gattin des Beischläfers* der Jungfrau *nehmen* und sie zum Beschlafen geben. Ihrem Gatten braucht er sie nicht wiederzugeben, er kann sie nehmen ... *Gesetzt, eine Gattin von ihm ist nicht vorhanden*, so wird der Beischläfer das Dreifache(!) des Geldes des Preises der Jungfrau ihrem Vater geben. Ihr Beischläfer wird sie heiraten, darf sie nicht wegjagen. Gesetzt, ihr Vater will nicht, so wird er das Dreifache des Geldes für die Jungfrau in Empfang nehmen; seine Tochter kann er, wem er will, geben! [70]

Nur wenn der Verführer eidlich erhärtet, daß das Mädchen sich ihm »aus eigenem Antriebe ... hingegeben« hat, darf man »seiner Gattin nicht nahetreten« [71]. Wie sehr die individuelle Talion gerade für das Bundesbuch kennzeichnend ist, wird noch dadurch unterstrichen, daß wir in der übrigen ATlichen Literatur zwei Belege aus sehr verschiedenen Zeiten für die Anwendung der Talion auf die Ehefrau gerade bei Ehebruch des Mannes haben. Die Strafe des David — im Aufstand Absaloms vollstreckt — umschließt auch dieses:

> Siehe, ich lasse dir Unheil aus deinem Hause entstehen und nehme deine Weiber vor deinen Augen weg und gebe sie 'deinem' Nächsten, daß er deine Weiber vor dieser Sonne beschlafe!

Hiob aber schwört:

> Wenn mein Herz sich betört, einem Weibe zulieb
> an der Türe des Nächsten zu lauern,
> so werde mein Weib eines anderen Magd,
> daß Fremde sich über sie kauern! [72]

Die gleiche Erkenntnis des stark individualistischen Charakters des Bundesbuches vermittelt endlich ein Vergleich mit dem Deuteronomium. Die Fluchliturgie (von Sichem) muß vor allem für die von einem Unbekannten heimlich verübten schwersten Verbrechen (Blutschande, Sodomie, Mord) die kollektive Schuld durch das Amen der Gemeinde künstlich zerreißen und den Frevler der individuellen Gottesstrafe unterwerfen [73]. Voraussetzung ist, daß ohne diese Zeremonie der »Fluch« die Gesamtheit träfe. Analog muß in einem offenbar sehr altertümlichen, vom Dtn aufgenommenen Ritual für den Fall unaufgeklärten Mordes die der Stätte des Verbrechens am nächsten gelegene Stadt sich von dem Verbrechen freischwören [74]. Es bejaht also eine »Gesamtschuld« des (politischen) Lebensverbandes, wie sie für analoge Fälle auch das babylonische Recht — freilich in der Form wirtschaftlicher Ersatzpflicht — festhält:

> Wenn ein Bürger Raub begangen hat und gegriffen wird, so wird dieser Bürger getötet; wenn der Räuber nicht gegriffen wird, so gibt der beraubte Bürger das ihm abhanden gekommene Gut vor dem Gotte an, und *die Gemeinde sowie der Vorsteher, auf deren Grund und Gemarkung der Raub begangen wurde,* ersetzen ihm das abhanden gekommene Gut. Wenn es ein Leben ist (das dem Raube zum Opfer fiel), so zahlen die Gemeinde und der Vorsteher seinen Leuten eine Mine Silber [75],

und mit vollem Recht hat man als entferntere Parallele auch die Antwort des Königs von Dor auf die Beschwerde des Un-Amon herangezogen:

> Gehörte der Dieb zu meinem Lande und wäre er in dein Schiff gestiegen, um dein Silber zu stehlen, so würde ich es dir aus meiner Schatzkammer ersetzen, bis man den Namen deines Diebes ausfindig gemacht hätte! [76]

Das hetitische Recht endlich begrenzt die »Reichweite« der Verantwortung in räumlicher Hinsicht:

> Wenn ein Mann auf einem anderen Felde stirbt, so muß er (der Eigentümer des Feldes), wenn es ein freier Mann war, Feld, Haus, auch 1 Mine 20 Seqel Silber geben ..., wenn aber Feld des anderen nicht hergegeben wird, so darf er (der Rechtsnachfolger des Getöteten) hierhin 3 Meilen (weit), dorthin 3 Meilen (weit), welche Ortschaft auch immer daselbst gelegen ist, ebendiese (zur Zahlung) heranziehen; *wenn aber keine Ortschaft da ist,* dann muß er darauf verzichten [77].

γ) Die ältere Erzählungsliteratur.

Überblickt man den herausgestellten Tatbestand als Ganzes, so erkennt man deutlich, wie die individualistische Rechtsgestaltung des Bundesbuches — so gewiß es im weitem Umfang vorisraelitisches Gut darbietet — nicht nur damit erklärt werden kann, daß es fremdes Recht tradiert. Vielmehr bezeugt es eine individualistische Tendenz innerhalb des israelitischen Rechtslebens selbst. Diese Tatsache wird durch die andere bestätigt und unterstrichen, daß auch in der älteren Erzählungsliteratur individuelle und kollektive Gedanken nebeneinander herlaufen und sich gelegentlich höchst merkwürdig verschlingen. An sich wäre mit einem Dieb jeweils die ganze Familie, der er angehört, verloren; aber durch einen Eid kann der Hausvater die Verantwortung auf den Täter allein konzentrieren [78]. Auch kann der Bestohlene sich an den Schuldigen halten, die anderen aber freilassen, und zwar verrät bereits der Jahwistische Erzähler der Josephsgeschichte ein Empfinden dafür, daß nur eine solche Haltung wahrhaft »sittlich« sei:

> »Siehe, wir sind meinem Herrn als Knechte verfallen, wir samt dem, bei dem der Becher sich fand!« Er aber sprach: »Fern sei es von mir, derartiges zu tun! Der Mann (allein), bei dem sich der Becher fand, (nur) der sei mein Knecht! Ihr aber kehrt in Frieden heim!« [79]

Analoges gilt für die Aussagen von Gott und der Verantwortung vor ihm. Die theoforen Eigennamen der israelitischen Frühzeit und die Erzählungssubstanz der Genesissagen sprechen von Jahwes Wirken im Leben des Einzelnen auf Grund zeitig assimilierten vorjahwistischen Materials und vorjahwistischer Sitte [80]. Diese grundsätzliche Haltung, welche der Zusammenhang des Jahwisten mit frühen Stufen der israelitischen »Weisheit« verstärken sollte, schließt nun aber eine kollektive Gottesstrafe für ihn nicht aus. Das gilt nicht nur für Einzelfälle — um Saras willen läßt er Jahwe »den Pharao und sein Haus« schlagen [81] — sondern ungleich wichtiger ist die Formung der jahwistischen Urgeschichte von kollektiven Gedanken in »geschichtlicher« Wendung aus. Der Frevel des einen Weibes hat das Schicksal aller Weiber für alle Zeiten unter den Schmerz gestellt; daß der eine Mann sich verführen ließ, auch von der verbotenen Frucht zu essen, hat aller Männer Arbeit unter den Fluch der Vergeblichkeit gestellt, und die Gottfeindlichkeit der einen Schlange haben alle Schlangen mit elendem, todbedrohtem Dasein im Staube zu büßen. Wenn die Welt erfüllt ist von dem gegenseitigen Sich-nicht-Verstehen der Völker, so liegt der Grund in der Hybris einer längst vergangenen Generation [82]. Aber auch zum Guten mag die Gemeinschaft sich auswirken. Mit dem »gerecht befundenen« Noah werden sein Weib und seine Söhne und Schwiegertöchter aus der Flut gerettet, mit Lot, der seinen Gästen gegenüber alle Pflicht erfüllt, sein Weib und seine Töchter. Daß nicht die zukünftigen Tochtermänner gleich ihnen dem Verderben entgehen, ist ihre eigene Schuld, auch ihnen, die zu Lots Lebenskreis gehören, wird die Rettung angeboten. Ja, zehn Gerechte würden die ganze Stadt vor dem Verderben gerettet haben, da (für den Jahwisten) eine Wegraffung des »Gerechten mit dem Gottlosen« des »Richters aller Welt« unwürdig wäre! [83] Eine theologische Kritik an der kollektiven Vergeltung ist in diesem letzten Satze deutlich spürbar; sie ist aber noch gehemmt durch die »quantitative« Behandlung des Problems mit Hilfe der Zahl derer, die nicht »unschuldig« leiden dürfen, ohne Gottes Gerechtigkeit aufzuheben.

Dem Jahwisten nahe verwandt in der Geistesart wie in der schriftstellerischen Technik ist der Verfasser der in der altorientalischen Geschichtsschreibung einzig dastehenden Thronnachfolgegeschichte des David. Wie er Joab auf den Rat einer weisen Frau die Auslieferung des einen Aufrührers fordern (und durchsetzen) statt eine »Stadt und Mutter in Israel« zerstören und das »Erbe Jahwes« vernichten läßt, so behandelt er den Frevel des David an der Bathseba zunächst als ein individuelles Verbrechen, das seine rein individuelle Sühne in dem Tode des im Ehebruch gezeugten Kindes findet. Auf die Kunde von seinem Ende bricht daher David das Fasten ab und kehrt in das gewöhnliche kultische wie »bürgerliche« Leben zurück [84]. Zugleich aber zeigt der Gesamtaufbau des Erzählungswerks, daß für den Darsteller die Sünde Davids damit noch keineswegs gesühnt ist. Ohne (im Unterschied von den vergröbernden Ergänzern) [85] darüber viel Worte zu machen, gestaltet er durch die Anordnung und Auswahl des Stoffes die gesamte Geschichte des Herrschers im wirklichkeitsnahen Realismus der einzelnen Szenen als eine Geschichte der Strafe für dies eine Vergehen. In der Schändung der Tamar durch Ammon wiederholt sich die Zügellosigkeit des Vaters; sie führt zur Blutschuld Absaloms und löst damit die ganze Kette von Irrungen und Wirrungen aus, als deren letzte Nutznießer am Ende Bathseba und ihr Sohn Salomo das Feld beherrschen. Wer Ohren hat zu hören, vernimmt in diesem Aufriß die tragische Grundmelodie, die des Reiches Schicksal in den falschen Händen weiß. Mit unheimlicher Gewalt sind Volk und Staat von des Herrschers Sünde überschattet, wie er selbst von den Meintaten seiner Diener. Von der Furcht vor der Blutschuld, die Joab auf sich und damit auf seinen König geladen, wie von der Angst vor dem Fluch des Sim'ī wird David noch in seiner letzten Stunde gequält; der Herrscher hat zu büßen, was seine Großen getan, wenn er nicht selbst es ist, der ihre Schuld an ihnen heimsucht, sogar dann, wenn er sich von aller Gemeinsamkeit des Handeln in grausigem Fluche freigeschworen hat [86]. Hingegen übt eine andere, in ihrer literarischen Formung etwa gleichzeitige, Überlieferung von der Richter- und frühen Königszeit, das »Buch der Sühnungen«, an dem Leidenmüssen aller für die Sünde des Herrschers deutliche Kritik. Nicht als unausweichliche Notwendigkeit, wohl aber als Möglichkeit, unter den drei Strafen für die Volkszählung zur Wahl gestellt und von David erbeten, trifft die Seuche statt des persönlichen Verfolgtwerdens von einem Feinde das ganze Volk. Aber sobald das Unheil seinen Lauf begonnen, wird er (und mit ihm der Erzähler und der Hörer) der »Ungerechtigkeit« solcher »Strafe« inne:

»Siehe, ich war es, der sündigte; ich war es, der frevelte!
diese Herde aber, was hat sie getan?
Es richte sich doch deine (Gottes) Hand gegen mich und gegen mein Vaterhaus«.
Und Jahwe gereute das Böse [87].

3. Objektiv-magische und subjektive Schuld.

a) Das Wesen der objektiven Schuld.

Mit dem vorgeführten Material ist nun aber eine weitere Tatsache durchsichtig geworden. Die »kollektive Vergeltung« ist auf's engste mit den Vorstellungen einer »magischen« Befleckung verbunden, die vor allem durch sexuelle Frevel, durch den Bruch eines »willkürlich« von einem »heiligen Manne« oder durch eine »heilige« Sitte auf einen Gegenstand gelegten Tabu oder durch das zum »heiligen« Amt unfähig machende Blutvergießen selbst dann hervorgerufen wird, wenn es »berechtigt« ist [88]. Sie strahlt von dem mit ihr »Behafteten« auf alle aus, die mit ihm in Gemeinschaft stehen oder auch nur in Annäherung mit ihm kommen [89]. Die Gemeinschaft ist die Sphäre, innerhalb deren sich die ansteckende Gewalt des »Fluches« auswirkt. Sie hat sich daher vor jedem »Unreinen« streng zu hüten, indem sie »das Böse aus ihrer Mitte austilgt«. Das geschieht, wie schon gestreift, durch Steinigung des Befleckten, seiner Familie, seiner Habe, selbst seiner Leiche oder dadurch, daß sich die Gemeinde im feierlichen Spruch von dem unbekannten Täter einer argen Handlung lossagt [90], einen Verdächtigen dem Reinigungseid und Gottesurteil unterwirft, sich selbst aber von einem gegen die Gesamtheit bestehenden Verdacht freischwört oder rituell reinigt [91]. Die Gemeinschaft ist hier »kultische Gemeinschaft«, wenn man unter dem Begriff des Kultus auch die Handlungen, Weihungen und »Beichten« verstehen will, die einen magischen (»schwarzen«) Kreis des Unheils zerbrechen sollen. Die Gemeinschaft ist hier »Rechtsgemeinschaft«, wenn man unter dem Begriff der »Strafe« auch die Selbstschutzmaßnahmen verstehen will, durch welche sie sich vor dem »Frevler« sichert, der eine fluchbedrohte Handlung begangen hat [92]. Sie ist nicht notwendig »religiöse« Gemeinschaft, insofern weder der »Fluch« noch seine Abwehr an die Wirksamkeit eines »Gottes« gebunden ist. »Schuld« gibt es in dieser Sphäre als etwas Objektives, an keinen Willen Gebundenes. Sie kann in einer absichtlichen Übertretung bestehen, doch gehört ein solcher Vorsatz keineswegs zu ihrem Wesen, wird vielmehr angesichts der starken und lebendigen Furcht vor dem Tabu und den Folgen seiner Verletzung verhältnismäßig selten sein [93]. Das normale Verhalten wird durchaus dahin gehen, daß auch der Einzelne, der sich befleckt weiß, die Zeremonien an sich vornimmt und vornehmen läßt, die »Bußen« erlegt, die »Beichten« spricht und die »Segnungen« anstrebt, durch welche er von der Todesmacht befreit werden kann [94]. Der trotzige Sünder, der das Verderben kühn herausfordert, wird erst in einer Zeit häufiger, in der der Glaube an die Unausweichlichkeit der »Strafe« zersetzt ist.

Nun stirbt aber der Gedanke der objektiven Schuld keineswegs in dem Augenblicke ab, in dem dies ganze urtümlich-magische Denken dem Gottesglauben untergeordnet und damit zugleich in der Wandlung des »Gebotes« zur Willensäußerung eines persönlich fordernden Wesens innerlich umgestaltet wird. Von der Bedeutung der Tatsache, daß auch in der Jahwereligion eine Fülle von tabu-Geboten Heimatrecht gewonnen und dabei mannigfache, tiefgreifende Umformungen erfahren hat, wird für die innere Struktur des israelitischen Ethos noch ausführlich die Rede sein [95]. Die Welt des »Fluches« wird dabei identisch mit der Welt jahwefeindlicher Mächte, der Götzen, der »Nichtse«, der Dämonen, von der Jahwe strenge Scheidung fordert. Mit ihr liegt er im Streite; vor ihr schützt sein Kult den Frommen, der den rechten Gottesnamen kennt und anruft [96]. Gewiß weist die Jahweforderung über die Fernhaltung von jener Welt des »Zaubers« und des »Heidentums« hinaus eine starke inhaltliche Neuprägung auf, welche die besondere Färbung des alttestamentlichen Schuldgedankens bedingt. Ebenso gewiß mußte der Nachdruck, der innerhalb des AT auf dem fordernden Charakter des »eifersüchtigen« Gottes liegt, schon als solcher einen magischen Schuldgedanken mindestens einengen. Aber eine Bindung der »Schuld« an Bewußtsein und Willen ist damit noch nicht zwangsläufig gegeben. Es gibt hier vielmehr eine Schuld, die nicht magischen, aber auch nicht subjektiv-personalistischen, vielmehr schlechthin objektiven Charakter trägt. Selbst wenn der Gottlose durch den Propheten nicht gewarnt ist, muß er um seiner Sünde willen sterben [97]. Ein Heidenvolk, das gegen den Willen Jahwes zur alleinigen Anerkennung seines Gottseins und seines geschichtlichen Waltens handelt, verfällt dem Verderben, und Jesaja fragt gar nicht, wie ein Sanherib sich als »Axt« und »Säge« des für ihn lächerlichen Götzen von Jerusalem fühlen sollte. Wo menschlicher Hochmut das objektive

Gottesrecht verletzt, ist die Notwendigkeit der Strafe gegeben. Das gleiche gilt im deuterojesajanischen Werk für die andere zentrale Jahweforderung, das Gebot der Barmherzigkeit mit dem Schwachen und Elenden. Babylon hat die Greise unter den Exilierten hart bedrückt, und dafür singt der Dichter, des Sturzes der Chaldäertochter innerlichst gewiß, im voraus schon das Hohn- und Spottlied [98]!

Noch deutlicher ist dieser objektive Schuldcharakter vollends dort gewahrt, wo nicht nur in der oben dargestellten Weise die Schuldverflechtung der Generationen erfahren wird, sondern wo für den außenstehenden Beobachter oder für den Glauben des drohenden Propheten Menschen gegen ihren Willen in Sünden gestürzt werden. In innerer Folgerichtigkeit des Erlebens von Jahwes überragender Macht führt eine Wendung der theozentrischen Geschichtsbetrachtung auch die aktuelle Sünde auf Jahwes Willen zurück. Der Begriff der Gerechtigkeit Gottes, die ihn bindet, nicht ohne Sünde zu »strafen«, kann so formal gefaßt werden, daß Jahwe dort, wo er seinem Volke helfen will, die zur Vernichtung der Feinde notwendige Sünde derselben selbst hervorruft. Um Israel zu retten — das 400 Jahre in Ägypten sitzen muß, da das Sündenmaß der Kananäer noch nicht voll ist! — und um seine eigene Ehre zu wahren, verstockt er den Pharao, die Kananäer, den König Siḥon und schlägt sie dann [99]. Aber auch dort, wo er über das Volk oder den Einzelnen um einer vorhandenen Übertretung willen einen Unheilsbeschluß gefaßt hat, vermag er diese Sünde durch Versuchung oder Verstockung so zu steigern, daß das Gericht damit vollends unausweichlich gemacht wird [100]. Durch gutes Glück, dem allgemeinen Glauben das sichere Zeichen göttlichen Wohlgefallens, täuscht er die Gottlosen über ihre Gottesferne, um sie desto sicherer zu vernichten. Ja, er selbst hindert Israel, seine Wundertaten zu »verstehen« oder macht es gar durch »ungute« Gesetze zum Tode »unrein« und überliefert es so dem verdienten Verderben [101]! Das Gesetz, auf das Ezechiel dabei abzielt, die Forderung des Opfers menschlicher Erstgeburt, ist im heutigen Text der älteren Erzählungen und Rechtssammlungen meist mit der Auslösebestimmung für menschliche Erstgeburt verbunden. Dem Propheten aber war sie offensichtlich mindestens auch in einer Fassung ohne solche Einschränkung bekannt, wie sie noch das Bundesbuch in nicht ganz eindeutiger Formulierung darbietet:

Den erstgeborenen deiner Söhne sollst du mir geben [102].

Damit ist ein Gedanke berührt, der auch in der babylonischen und der griechischen Religion begegnet, daß nämlich die Gottheit den Menschen ihren Willen nicht nur vorenthält, sondern ihnen Trügerisches offenbart. Das »verwickelte Reden«, »Schlechtigkeit und Unredlichkeit« hat sie ihnen gegeben, sie »alles Böse gelehrt«. In der Pandora-Gestalt hat der griechische Mythos ein eindrucksvolles Symbol für das in die Irre leitende Walten der Götter geschaffen [103].

b) Die Subjektivierung der Schuld.

α) Das Wissensprinzip.

Dieser objektive Schuldbegriff wird aber von zwei Momenten her aufgelockert. Auf der einen Seite wird die »Sünde« im vollen Sinne bereits in vorisraelitischer Zeit an das Wissen um den Tatbestand gebunden, daß eine zu begehende Handlung ein Frevel sein würde [104]. Die ignorantia facti schließt die Straffälligkeit aus. Wieder müssen wir die anderen orientalischen Rechte zum Vergleich heranziehen, um die Eigenart des israelitischen deutlich zu machen. Bei Ehebruch und Kuppelei legt das assyrische Recht das Schwergewicht darauf, ob der Ehebrecher oder der Mann der Kupplerin gewußt haben, daß er es mit einer verheirateten Frau zu tun hat bzw. daß seine Frau eine solche im Hause versteckt hält. Gegebenenfalls müssen »Wissen« oder »Nichtwissen« im Gottesurteil festgestellt werden, da die Strafen in beiden Fällen sehr stark voneinander abweichen:

> Gesetzt, die Gattin eines Mannes hat ein anderer Mann, der nicht ihr Vater, nicht ihr Bruder, nicht ihr Sohn ist, zu sich kommen lassen (wörtlich: »eine Reise unternehmen lassen«) und *nicht gewußt*, daß sie die Gattin eines Mannes ist, so wird er das beschwören und 2 Talente Blei dem Gatten des Weibes geben. Gesetzt [er hat *gewußt*], daß [sie die Gattin eines Mannes ist], so wird er eine Nachprüfung gestatten, [schwören]: »Ich habe sie nicht beschlafen!« Und gesetzt, die Gattin des Mannes hat behauptet: »Er hat mich (doch) beschlafen!«, so wird der Mann, da er dem Manne Nachprüfung gestattet hat, zum Flusse gehen, ... Gesetzt, die Gattin eines Mannes hat die Gattin eines (anderen) Mannes in ihr Haus mitgenommen, sie einem Manne zum Beischlaf gegeben, und der Mann hat *gewußt*, daß sie die Gattin eines Mannes ist, so wird man ihm tun, wie einem, der die Gattin eines Mannes beschlafen hat ... Und gesetzt, die Gattin des Mannes hat *nichts gewußt* und das Weib ... hat überraschenderweise (oder: »unter Drohungen?«) einen Mann zu ihr hineingebracht, und er hat sie beschlafen, gesetzt, sie hat (dann) bei ihrem Herausgehen aus dem Hause gesagt, daß sie beschlafen worden ist, so wird man das Weib loslassen, sie bleibt straffrei. Den Beischläfer und die Kupplerin wird man töten [105].

Es ist für später zu Sagendes bedeutsam, daß die Einführung des »Wissensprinzips« in das israelitische Recht nicht im Eherecht, sondern bei den anderen oben genannten Hauptfällen der magischen Befleckung erfolgt. Bei unwissentlichem Tabubruch erzwingt »die Menge« nach dem »Buche der Sühnungen« die Auslösung des »Frevlers« durch einen Gefangenen oder ein Tier [106]. Bei einer »Blutschuld«, die einen Menschen dadurch trifft, daß sein Stier einen anderen zu Tode gestoßen hat, macht schon das Bundesbuch die Strafbarkeit in

Übereinstimmung mit dem Cod. Ḫammurapi von dem Nachweis (!) des Wissens um die Gefährlichkeit des betreffenden Tieres abhängig:

> Wenn ein Stier einen Mann oder eine Frau stößt, so daß sie sterben, so wird der Stier gesteinigt und sein Fleisch nicht gegessen; der Herr des Stieres ist straffrei. War aber der Stier schon seit längerem stößig und dies seinem Herrn (durch Zeugen ?) mitgeteilt, dieser aber hat ihn nicht (gehörig) gehütet, so daß er einen Mann oder eine Frau getötet hat, so wird der Stier gesteinigt und auch sein Herr getötet. Wird ihm aber ein Wergeld auferlegt, so gibt er ein Lösegeld für sein Leben genau gemäß dem, was ihm auferlegt wird.
>
> Wenn ein Rind bei seinem Hinziehen auf der Straße einen Bürger gestoßen hat und (dadurch) ums Leben bringt, so hat dieser (vor Gericht gebrachte) Rechtsfall keinen Klaganspruch. Wenn das Rind eines Bürgers stößig ist, als stößig es sein »Tor« ihm bekannt gegeben, er aber seine Hörner nicht gestutzt, sein Rind nicht festgebunden und dann dieses Rind einen Bürgerssohn gestoßen hat und (dadurch) ums Leben bringt, so gibt er ½ Mine Silber [107].

Hingegen fehlt in der (jüngeren) Bestimmung über die Erfolgshaftung bei dem Tod eines Stieres durch den Stoß eines anderen die Forderung einer nachweisbaren Mitteilung:

> War es bekannt, daß der Stier seit längerem stößig war und sein Herr hat ihn (gleichwohl) nicht (gehörig) gehütet, so erstatte er einen Stier für den Stier und das Aas sei sein [108].

Beim Tod eines Menschen hat also das israelitische Recht den Tabu-Charakter des »Mords« noch klar bewahrt: das Tier als »Mörder« ist unrein, daher zu töten und von jedem Gebrauch auszuscheiden. Es hat aber den Tabu-Charakter darin aufgelockert, daß der Übergang der Befleckung auf den Herrn sich nicht mehr automatisch vollzieht, sondern nur noch unter der Voraussetzung des Wissens!

Noch weiter geht die Auflockerung, wenn das »Nichtwissen« auch Gott gegenüber als Entschuldigungsgrund angeführt wird, wenn »verborgene Fehler« und »Jugendsünden« als etwas schier Unvermeidliches und darum Vergebbares gelten [109]. Doch oft genug versagt solche Berufung. Auch der vom Propheten nicht gewarnte Sünder ist, sahen wir schon, dem Gericht verfallen. Selbst auf die Fürbitte eines Jeremia:

> Ach, Herr Jahwe, schau,
> 'ihre' Propheten sagen ihnen:
> »Ihr werdet kein Schwert sehen,
> kein Hunger wird euch treffen,
> denn dauernden Frieden gebe ich euch hier!«

bestätigt zwar der Gottesspruch das Falschweissagen der Propheten wider Gottes Geheiß, bringt jedoch dem Volk keine Rettung:

> Trug künden die Propheten in meinem Namen,
> ich sandte sie nicht, gab ihnen keinen Auftrag,
> sprach nicht zu ihnen,

> so daß sie euch Trug künden und 'Götzenzauber'
> und ihres eigenen Herzens Wahn . . . .
> Aber das Volk, dem jene künden, wird hingeworfen auf Jerusalems Gassen
> durch Schwert und Hunger
> und keiner begräbt sie . . . . . [110]

Das Wissensmotiv hat sich also nicht durchgesetzt. Auch die Skepsis des Kohaelaet, wiewohl aufs tiefste von dem »Nichtwissenkönnen« des wahren Gotteswillens »unter der Sonne« durchdrungen, kommt zu keiner Entschuldigung menschlicher Sünde durch dies »Anderssein« Gottes!

β) Das Willensprinzip.

Nicht identisch mit dem Problem des Wissens ist die zweite Auflockerung des objektiven Schuldbegriffes in der Einführung des Willensproblems. Schuld im vollen Sinne ist nur dort, wo der Mensch die ihm bekannte Norm absichtlich verletzt. Wo keine Absicht im Spiele ist, bleibt der Verstoß als solcher zwar sühnebedürftig, aber seine Folgen sind geringer, ob es sich nun um »kultische« oder »sittliche« Verstöße handelt. Zwar werden die aus »Irrtum« (bišḡåḡå^h) begangenen Taten terminologisch und im Strafmaß erst spät von den »mit erhobener Hand« (b^eiâḏ råmå^h) vollbrachten unterschieden [111]. Aber die Sache selbst ist wiederum bereits vorisraelitisch und abermals sind es Ehebruch und Blutschuld, an denen das Problem lebendig wird. Die sofortige Tötung eines nächtlichen Einbrechers ist der Blutrache schon im Bundesbuch entzogen:

> Wird ein Dieb bei einem Einbruch betroffen und totgeschlagen, so entsteht an ihm keine Blutschuld. Ist jedoch die Sonne über ihm aufgegangen, so entsteht an ihm Blutschuld [112].

In analoger Weise schließen das assyrische und das hetitische Recht die Blutschuld aus, wenn der Ehemann den Ehebrecher in flagranti faßt und tötet, also bei ausgesprochenen Affekthandlungen [113].

Die Einführung des Willensprinzips bleibt jedoch nicht auf die beiden genannten »Verbrechen« beschränkt, sondern läßt die Frage nach der Absicht als solche stellen. Es ist möglich, daß schon die sumerischen Familiengesetze mit ihrer Unterscheidung von »Schlag« und »Stoß« (gegen eine Schwangere) auf eine Abgrenzung der gewollten von der ungewollten Tat abzielen:

> Gesetzt, (jemand) stößt die Tochter eines Mannes in die Seite, sie (aber) verliert ihre Leibesfrucht, so wird er 10 Seqel Silber darwägen. Gesetzt, (jemand) schlägt die Tochter eines Mannes, sie (aber) verliert ihre Leibesfrucht, so wird er ⅓ Mine Silber darwägen [114].

Sicherlich vollzieht sie der Codex Ḫammurapi wenigstens in einem deutlichen Ansatz, wenn er bei einer im Verlauf einer »Rollerei«

erfolgten Verletzung selbst für den Fall der Todesfolge die eidliche Versicherung zuläßt, nicht absichtlich geschlagen zu haben; wird dieser Schwur geleistet, so ist nur eine geringe Geldbuße zu leisten, während sonst — selbst bei mißlungener ärztlicher Operation! — jede Körperverletzung nach dem Erfolg und der sozialen Stellung des Verletzten — nicht nach der Absicht! — gestraft wird:

> Wenn ein Bürger einen Bürger in einer Balgerei schlägt und ihm eine Wunde beibringt, so schwört dieser Bürger: »Mit Wissen habe ich ihn nicht geschlagen«, doch bezahlt er die Rechnung des Arztes; wenn er infolge seines Zuschlagens stirbt, so schwört er und zahlt, wenn es ein Bürgerssohn ist, ½ Mine Silber; wenn es der Sohn eines Untergebenen ist, so zahlt er ⅓ Mine Silber [115].

Es bleibt freilich, wie noch einmal unterstrichen sei, im Cod. Ḫam. bei diesem einen Ansatz, der analog im hetitischen Recht wiederkehrt:

> Wenn jemand einen Mann oder eine Frau aus Zorn (?) erschlägt, so muß er diesen beisetzen(?), auch muß er 4 Personen geben, sei es Mannes- oder Frauenspersonen. Wenn jemand einen Sklaven oder eine Sklavin aus Zorn(?) erschlägt, so muß er diesen beisetzen(?), auch muß er 2 Personen geben ... Wenn jemand einen freien Mann oder eine Frau schwer verletzt und dieser dann stirbt, (wenn nur) seine Hand frevelt, so muß er diesen beisetzen(?), auch muß er 2 Personen geben .... Wenn jemand einen Sklaven oder eine Sklavin schwer verletzt und dieser dann stirbt, (wenn nur) seine Hand frevelt, so muß er diesen beisetzen(?), auch muß er eine Person geben [116].

Neben einem nicht zu übersehenden objektiven Merkmal, das die Blutschuld abschwächt — der Geschlagene ist nicht sofort tot — spielt das subjektive Moment die entscheidende Rolle: »die Hand«, nicht der ganze Mensch hat gefrevelt. Mit diesem hetitischen Gesetz berührt sich das Bundesbuch ziemlich eng, geht aber in der Berücksichtigung des subjektiven Momentes noch weiter:

> Wer einen Menschen totschlägt, werde getötet. Hat er ihm nicht aufgelauert, sondern Gott hat es seiner Hand widerfahren lassen, so weise ich dir einen Ort, dahin er fliehen kann. Wenn er aber freventlich an seinen Nächsten gehandelt hat, ihn mit Überlegung zu erschlagen, so reiße ihn von meinem Altar, ihn zu töten [117].

Die hier gegebene Übersetzung bietet nun freilich insofern kein ganz getreues Bild, als die durch »freventlich« handeln und »mit Überlegung« wiedergegebenen Termini nicht juristisch scharf geprägt sind. Sie umschreiben vielmehr den Tatbestand nur recht ungenau, ein Bild, das auch die jüngeren Fassungen des Asylrechts mit ihrem Versuch der Näherbestimmung durch »typische Fälle« bestätigen. Als solche bei Totschlag gelten etwa das Abspringen des Beilblattes vom Axtschaft oder das Werfen mit einem Stein von hinreichender Größe. Zugleich aber belegt die jüngste Variante die andere bedeutsame Tatsache, daß bei dieser schwersten aller Verfehlungen die Versubjektivierung der Schuld ihre Grenze gehabt hat: Der in die Freistadt Geflohene untersteht dem Gericht seiner Gemeinde, dem er vorgeführt wird — für den Fall seiner subjektiven Unschuld mit Schutz vor dem privaten Bluträcher —; die Gemeinde und das Land sind also von einer vorhandenen Blutschuld mitbetroffen, und das auch bei subjektiver Unschuld. Daher wird der Totschläger bei »Freispruch« keineswegs frei, darf vielmehr bis zum Tode des amtierenden Hohenpriesters — das heißt: bis zum Ablauf der bestehenden »Weltperiode« — die Freistadt nicht verlassen [118], auch nicht gegen Zahlung eines Wergeldes. Die ihm anhaftende »Schuld« muß zuvor durch das Ende des Zeitalters, dem sie angehört, selbst zu ihrem Ende gekommen sein:

Nehmt kein Lösegeld für das Leben eines Mörders!
Eine Todsünde hat er getan! Er werde getötet!
Nehmt kein Lösegeld für 'den, so' zu seiner Freistadt floh,
daß er in seine Heimat wiederkehre, ehe der 'Hohe'priester starb.
Schändet nicht das Land, darin ihr wohnet,
denn das Blut schändet das Land,
und für das Land gibt es keine Erlösung
von dem Blut, so darin vergossen,
es sei denn durch das Blut dessen, der es vergoß!
Verunreinigt das Land nicht,
darin ihr wohnt,
darin ich auch wohne,
denn ich bin Jahwe, der unter den Israelsöhnen wohnt! [119]

Ein ähnliches Heranziehen »typischer Fälle« zur Entscheidung der Willensfrage begegnet nun auch bei Ehebruch, freilich für das israelitische Recht mit einer sehr bemerkenswerten Einschränkung. Der Cod. Ḫam. kennt eine subjektive Abgrenzung noch nicht, begnügt sich vielmehr mit der objektiven Unterscheidung der vollzogenen von der noch nicht vollzogenen Ehe:

Wenn die Ehefrau eines Bürgers beim Zusammenruhen mit einem anderen Manne gegriffen wird, so bindet man sie (beide) und wirft sie ins Wasser; wenn der Herr der Ehefrau seiner Ehefrau das Leben schenken will, so schenkt auch der König seinem Knechte das Leben. Wenn ein Bürger die Ehefrau eines Bürgers, *die einen Mann (noch) nicht erkannt hat, und im Hause ihres Vaters wohnt*, vergewaltigt hat und in ihrem Schoße schläft, und man ihn (dabei) greift, so wird dieser Bürger getötet; diese Frau geht frei aus [120].

Der Mann gilt also im zweiten Fall als allein schuldig. Mit der Abgrenzung von gewollter und ungewollter Handlung (des weiblichen Partners) durch Rückgriff auf den typischen Fall geht vielmehr auch hier das hetitische Recht voran und fügt den Grundsatz in dubio pro reo hinzu:

Wenn ein Mann eine Frau *im Gebirge* ergreift, so ist es ein Verbrechen des Mannes, er muß sterben. Wenn er (sie) aber *im Hause* ergreift, so hat die Frau (auch) gesündigt, die Frau muß sterben. Wenn der Mann sie (die Ehebrecher) ertappt, findet seine Festnahme(?) nicht statt.

Nach Vollzug der Ehe kennt das israelitische Recht eine solche Unterscheidung nicht, sondern nur die Todesstrafe für beide Partner. Ist jedoch die Ehe noch nicht vollzogen, sondern nur durch die Verlobung »rechtlich« hergestellt, so entscheidet das Dtn dem hetitischen Recht analog, freilich in einer viel umständlicheren Sprache:

Wenn ein Mann betroffen wird, wie er eine Ehefrau beschläft, so sollen beide sterben, der Beischläfer und das Weib, und du sollst das Böse aus Israel ausrotten. Wenn ein Mann ein einem Manne verlobtes (noch) jungfräuliches Mädchen *in der Stadt* trifft und beschläft, so führt beide zum Tore ihrer Stadt hinaus und steinigt sie zu Tode, das Mädchen, weil es in der Stadt nicht geschrien, und den Mann, weil er das Weib eines anderen geschändet hat ... Wenn ein Mann ein verlobtes Mädchen *auf freiem Felde* trifft, sie packt und beschläft, so soll der Beischläfer allein sterben. Dem Mädchen sollt 'ihr' nichts tun; das Mädchen hat keine Todsünde begangen, vielmehr liegt der Fall so als wenn einer wider den anderen aufsteht und ihn erschlägt. Denn da er sie *auf freiem Felde* traf, hat die Verlobte (möglicherweise) geschrien, aber es war kein Retter da [121].

Der Mann ist also auf jeden Fall des Todes schuldig; auch die Wissensfrage wird für ihn garnicht gestellt.

Eine eigenartige Verbindung der beiden Momente, des Wissens und des Willens, zeigt hingegen das assyrische Recht gerade in der Beurteilung des Ehebruchs. Im Unterschied von der Strafbestimmung bei Vergewaltigung einer unverlobten Jungfrau [122] macht es bei der Störung einer vollzogenen Ehe weder die eben erwähnte Differenzierung von »Feld« (»Gebirge«) und »Stadt«, noch kennt es den Rigorismus des israelitischen Rechtes. Es muß daher andere Wege gehen, z. T. wiederum unter Heranziehung typischer Fälle. Der im Hintergrund aller Bestimmungen stehende Grundsatz, daß Ehebruch des Todes würdig ist [123], ist nur noch dann aufrecht erhalten, wenn die Initiative eindeutig durch Aufsuchen des Buhlen oder eines »verdächtigen« Ortes von der Frau ausgegangen oder wenn bei Vollzug des Ehebruchs im eigenen Hause die Entdeckung in flagranti erfolgt ist. Doch kann selbst im letzteren Falle der betrogene Ehemann eine körperliche Verstümmelung der Frau wählen oder beide straffrei lassen:

Gesetzt, die Gattin eines Mannes ist aus ihrem Hause fortgegangen und hat sich zu einem Manne, wo er wohnt, begeben, er hat sie beschlafen, *wissend*, daß sie die Gattin eines Mannes ist, so wird man den Mann und das Weib töten. Gesetzt ein Mann hat einen anderen bei seiner Gattin gefaßt, (es) ihm bewiesen, ihn überführt, so wird man beide töten. Eine Schuld von ihm (dem Betrogenen) besteht nicht. Gesetzt, sie sind beide gefaßt und entweder zum König oder zu den Richtern gebracht worden (Driver: he has taken and brought ...), man hat es ihm bewiesen, ihn überführt, gesetzt, der Gatte des Weibes tötet seine Gattin, so wird er auch den Ehebrecher (?) töten; gesetzt, er schneidet seiner Gattin die Nase ab, so wird er den Mann in einen Verschnittenen verwandeln und sein ganzes Gesicht wird man zerstören, und gesetzt, er läßt seine Gattin straffrei, so wird man auch den Mann straffrei lassen.

Ist hingegen das Weib an einem öffentlichen Platz vergewaltigt worden, so ist es straffrei und ebenso der Mann, wenn das Weib eingewilligt hat — volenti non fit iniuria! — oder wenn er nicht gewußt hat, daß er eine Verheiratete vor sich hatte:

Gesetzt, die Gattin eines Mannes ist auf dem Platze vorbeigegangen, ein Mann hat sie gefaßt, zu ihr gesagt: »Ich will dich beschlafen«. Sie hat sich, *nicht einwilligend* gewehrt, er (aber) hat sie mit Gewalt erfaßt und beschlafen, ... so wird man den Mann töten; eine Schuld der Frau besteht nicht. Gesetzt, die Gattin eines Mannes hat ein Mann entweder in einem Bordell oder auf dem Platze *wissend*, daß sie die Gattin eines Mannes ist, beschlafen, so wird man, wie der Mann seiner Gattin zu tun befiehlt, dem Beischläfer tun. Gesetzt, er hat sie *ohne* zu *wissen*, daß sie die Gattin eines Mannes ist, beschlafen, so ist der Beischläfer (straf)frei: ... Gesetzt, ein Mann hat die Gattin eines Mannes *ihrem Wunsche* entsprechend beschlafen, so besteht eine Verfehlung des Mannes nicht [124].

c) Der Schutz der Gesellschaft und der private Schadensausgleich.

Alle diese an Wissen und Willen ausgerichteten Bestimmungen haben nun bei genauerem Zusehen einen gemeinsamen Kern. Ihr Anliegen ist nicht der Schutz der Gemeinschaft vor dem magischen Fluch, sondern die Sicherung der Sippe oder des Einzelnen vor der »Eifersucht« des betrogenen oder verlassenen Ehemanns, namentlich aber vor der Blutrache, deren Bedeutung für das Aussterben ganzer Geschlechter kaum überschätzt werden kann:

Deine Magd hatte zwei Söhne. Die stritten miteinander auf dem Felde. Weil keiner da war, der zwischen ihnen schlichten konnte, 'schlug der eine seinen Bruder' tot. Nun steht die ganze Sippe wider deine Magd auf und fordert: »Gib den, der seinen Bruder erschlug, daß wir ihn um das Leben seines Bruders töten, den er umgebracht hat!« So 'wollen sie' auch den Erben vernichten und meinen Funken auslöschen, der noch verblieben ist, daß meinem Manne kein Name, gar nichts, bleibe auf Erden! ... Der König denke an Jahwe, deinen Gott, daß nicht der Bluträcher das Verderben vermehre und sie meinen Sohn nicht (auch noch) vernichten! [125]

Schon in der Blutrache als solcher ist ein dem magischen Schuldbegriff fremdes Prinzip, der Grundsatz des »Schadensausgleichs« wirksam und zwar zunächst in dem oben schon angedeuteten Sinne des »negativen Ausgleichs«. Zweck der Blutrache ist ja nicht, die durch Blutschuld befleckte Sippe des Mörders zu »entsündigen« und den Zorn der Gottheit von ihr abzuwenden, vielmehr die Befriedigung des Rachedurstes als solchen und die Herstellung des gestörten »Gleichgewichtes« der Sippen. Indem sie aber von einer über den streitenden Sippen stehenden völkischen, staatlichen oder religiösen Gemeinschaft geregelt wird, tritt sie zugleich in die Rolle einer diesen größeren Verband von Blutschuld befreienden Maßnahme [126] und bedarf dann ihrerseits der Eingrenzung, um eine die größere Einheit schädigende gegenseitige Ausmordung der kleineren Gemeinschaft hintanzuhalten. Der »negative« Schadensausgleich wird durch einen »positiven« (Wergeld!) ergänzt oder ersetzt. Die Blutschuld tritt damit — innerhalb des israelitischen Rechts unter den herausgearbeiteten Bedingungen des Fehlens von Wissen und Willen — in eine Linie mit Schädigungen eines Einzelnen oder einer Sippe, die nicht auf der Übertretung eines tabu-Gebotes ruhen und daher ohne Ansteckungsgefahr durch den Fluch sind. An ihnen hat die übergeordnete Gemeinschaft folglich auch nur das eine Interesse, eine friedliche Regelung — vor allem ohne Entstehung von Blutschuld! — zu ermöglichen. Solche Schädigungen können »individuell« ausgeglichen werden, doch ist eine Beteiligung der Sippen als Fordernde oder Gewährende je nach der Lage des Falles oder der bestehenden sozialen Struktur natürlich nicht ausgeschlossen. Die Festsetzung der Normen aber, nach denen der Ausgleich sich zu vollziehen hat, ist grundsätzlich Sache einer über den streitenden Parteien stehenden Autorität. Zu diesen Normen kann die Anerkennung der Privatrache innerhalb bestimmter Grenzen gehören, und gerade bei der israelitischen Blutrache ist das ja in weitem Umfang der Fall. Mit der magischen Schuld überhaupt tritt sie in der israelitischen Religion unter religiöse Beurteilung. Der Volksgott wacht über dem Blute, das, von Mörderhand vergossen, von der Erde zu ihm schreit, und »für Jahwe .. auf dem ‚Jahweberg'« werden die sieben Sauliden gepfählt, durch deren Hinrichtung die Blutrache der Gibeoniten an dem »Mann, der uns vertilgt und umgebracht hat« vollstreckt wird [127]. Die Ausführung der Rache aber bleibt dem privat dazu Berechtigten, dem *go'el*, überlassen. Die Asylie wird von der Gesamtheit eingerichtet, welche im Namen Gottes die einzelnen Städte mit dem Schutzcharakter ausstattet und die Bedingungen regelt, unter denen er wirksam wird. Hat aber der Mörder das Asyl zu Unrecht in Anspruch genommen, so liefert ihn das deuteronomische Gesetz durch die Hand der Ältesten seiner Heimatgemeinde dem Bluträcher aus, und das priesterliche Gesetz gibt ihn dem Bluträcher schutzlos preis, wenn er entweder überhaupt keinen Anspruch auf Asylie besitzt oder den Schutzort vorzeitig verlassen hat [128]. Daß diese Bestimmungen nicht freies Gedankengebilde Späterer ist, zeigt das Verhalten Davids in dem eben gestreiften Falle; mag der König, solange seine Macht noch nicht ausreichend bewährt ist, zu »schwach« (*rak̠*) sein, eine Blutrachepflicht anders als durch Fluchwort zu erfüllen, so hat er als Vertreter des nun durch Blutschuld befleckten Volksganzen die Vollmacht, den Schuldigen den Blutracheberechtigten auszuliefern — oder aber einen Schuldigen der Blutrache aus besonderen Gründen durch einen Schwur bei dem Gott zu entziehen:

> So wahr Jahwe lebt! Kein Haar deines Sohnes soll zur Erde fallen! [129]

Erkennt so das religiöse und staatliche Recht Israels die Privatrache der Sippe in Sachen der Tötung an, so überläßt das assyrische Recht in den angeführten und verwandten Gesetzen dem Ehemann die Bestimmung und (mindestens teilweise) die Ausführung der Strafe wider seine Ehefrau, engt aber seine Entscheidung bei Ehebruch dadurch ein, daß ihr Buhle (und die Kupplerin) nicht strenger behandelt werden dürfen als sie:

> Gesetzt, der Gatte des Weibes tut seiner beschlafenen Gattin nichts, so wird man dem Beischläfer und der Kupplerin nichts tun, sie straffrei lassen [130].

Analog muß er, wenn er bei einer wirtschaftlichen Durchstecherei darauf verzichtet, seiner Ehefrau die Ohren abzuschneiden, auch den beteiligten Sklaven bez. die mitschuldige Sklavin im Besitz dieses Gliedes lassen und auf Schadenersatz verzichten:

> Gesetzt, er hat seine Gattin ungestraft gelassen, ihr die Ohren nicht abgeschnitten, so wird man (sie auch) dem Sklaven und der Sklavin nicht abschneiden, das Gestohlene brauchen sie nicht zu ersetzen;

während, ist ein Freier beteiligt, der Hehler das corpus delicti herausgeben muß und der gleichen Strafe verfällt wie das Weib:

> Gesetzt, die Gattin eines Mannes, deren Gatte gesund ist, hat im Hause ihres Gatten gestohlen, (es) entweder einem Manne oder einer Frau oder irgend einem anderen gegeben, so wird (es) der Mann seiner Frau beweisen und (ihr) eine Strafe auferlegen und der Empfänger, der (es) aus der Hand der Gattin des Mannes empfangen hat, wird das Gestohlene (her)geben und man wird Strafe, wie der Mann seiner Gattin auferlegt hat, dem Empfänger auferlegen [131].

Bringt dabei das assyrische Recht durch die unbestimmte Konstruktion nur in verhüllter Form zum Ausdruck, daß und wieweit der Staat selbst mit seiner Strafgewalt an die Privatrache des Einzelnen gebunden ist, so redet der gleichfalls schon angeführte § 129 des Cod. Ḫam. ausdrücklich von dem König als dem mit seiner Strafgewalt an die Entscheidung des betrogenen Ehemannes Gebundenen, während das hetitische Recht im gleichen Fall ein uneingeschränktes Begnadigungsrecht des Königs kennt:

> Wenn er (der betrogene Ehemann) sie zum Tore des Palastes bringt und sagt: »Meine Ehefrau soll nicht sterben!« und er seine Ehefrau leben läßt, so muß er auch den Ehebrecher leben (?) lassen. ... Wenn er spricht: »Beide sollen sie sterben!« dann bekommen sie Strafe. Der König kann sie töten, der König kann sie auch leben lassen [132].

Es ist die private Kränkung und Schädigung des Ehemannes, die durch seine Privatrache ausgeglichen wird und die übergeordnete Gemeinschaft ist — trotz der grausamen Strafen des assyrischen Rechtes — in allen diesen Bestimmungen sichtlich bemüht, Leben zu erhalten, ohne doch die Sitte durch erzwungene Milde zu lockern. Wie bei der Ausdehnung der Talion auf die Ehefrau und bei der Einführung des Wissensprinzips weicht auch hier das israelitische Recht insofern ab, als es ein Hineinwirken des Schadensausgleiches und der Privatrache in die Verletzung einer vollzogenen

Ehe nicht kennt. Vielmehr steht hier der Ehebruch demjenigen Verbrechen gleich, das in allen altorientalischen Rechten unbedingt der öffentlichen Strafe verfällt, der Zauberei [133].

Wie stark beide Prinzipien, das magische und das »bürgerliche« des Schadensausgleichs, im israelitischen Recht mit einander ringen, zeigt das Kompromiß zwischen beiden beim Totschlag des eigenen Sklaven:

> Wenn ein Mann seinen (eigenen) Sklaven oder seine (eigene) Sklavin 'I' schlägt, so daß sie unter seiner Hand sterben, so soll die Blutrache an ihm vollstreckt werden. Lebt er (noch) ein bis zwei Tage, so soll die Blutrache nicht an ihm vollstreckt werden, denn er (der getötete Sklave) war sein »Geld« [134].

Man kann die zuletzt behandelten Tatsachen noch von einer anderen Seite her ins Auge fassen. Der Einzelne begegnet in diesen Gesetzen in einer eigenartigen Doppelstellung. Er ist Arbeitskraft und hat als solche (und namentlich im Kindesalter auch als verkäuflicher Besitz) seinen ganz bestimmten »Wert« für die Gemeinschaft, der er zugehört, als freier wehrtüchtiger Mann für seine Sippe, als Sklave oder als »verwertbare« (jungfräuliche) Tochter für den Hausherrn und Vater. Jede Beeinträchtigung dieses Wertes muß ausgeglichen werden, und zwar in Werten, die dem Verlust an Wehr-und Arbeitskraft entsprechen, sei es, daß die geschädigte Gemeinschaft einen geeigneten Ersatz erhält, sei es, daß die Sippe dessen, von dem der Schaden angerichtet ist, einen analogen Nachteil erleidet und dadurch der schon erwähnte »negative« Ausgleich erzielt wird. Diese Betrachtungsweise sieht den Einzelnen also nicht als isoliertes Wesen, sondern als Glied der Gemeinschaft. Der Einzelne ist aber zugleich Träger des »Blutes«, des »Lebens«, das unter einem — primitiv gesprochen — tabu, einem — religiös gesprochen — Gottesschutz und Gottesbefehl steht. Hier ist er wiederum nicht als isoliertes Wesen angeschaut, aber nun nicht primär in seinem soziologischen Zusammenhang, sondern als Träger einer überpersönlichen Potenz, die es vor Schaden zu bewahren gilt. Eine Verletzung dieser in ihm lebendigen »Kraft« oder dieses über ihm waltenden Willens einer höheren »Macht« kann nur durch eine von dem Träger des »Schutzes« geordnete Sühne geregelt werden:

> Wer das Blut eines Menschen vergießt,
> des Blut soll wieder durch Menschen vergossen werden,
> Denn nach Gottes Bild
> schuf Er den Menschen [135].

Damit ist gegeben, daß das israelitische Ichbewußtsein stets einen realistischen Charakter getragen hat; es ist in den wirtschaftlichen Notwendigkeiten verwurzelt und hat niemals die Tendenz des indischen Bewußtseins zur Auflösung des »Ich« in eine

Identitätsspekulation des »Das bist du« gekannt, wie ihm aller Zug zur Mystik fremd gewesen ist. Zugleich aber ist damit gegeben, daß das israelitische Ichbewußtsein stets religiöses Bewußtsein gewesen ist, das sich als von Gott geschaffen und geschützt gewußt hat. Das Erwachen zum Ichbewußtsein in diesem doppelten Sinne liegt vor den ältesten israelitischen Rechtstexten. Seine Entstehung ist an bestimmte wirtschaftliche Zustände wie an bestimmte religiöse Vorstellungen gebunden.

4. Zusammenfassung.

Aus dem angeführten Material ergibt sich nun ein Vierfaches:

1. Die beiden herausgestellten Prinzipien des ältesten israelitischen Rechtes sind vorisraelitischen Alters und außerisraelitischen Ursprungs. Weder entstammt die Scheu vor der magischen Befleckung den inneren Antrieben der Jahwereligion noch entspringt der individuelle Schadensausgleich in seiner »Umrechnung« von Menschen in Geld den soziologischen Grundlagen alter Stammeskultur. Während aber die magische Befleckung, zu dem primitiven Erbgut jeder Religion gehörig, in die »jahwistische« Kultur als »revival« der eigenen Vergangenheit wurzelhaft hineinragt, stellt der individuelle Schadensausgleich ein von außen kommendes, fremdes und der eigenen sozialen Stufe nicht gemäßes Element dar. So erklärt es sich, daß in den »apodiktischen« Reihen, die inhaltlich zum Teil dem Geiste der Jahwereligion näher stehen, der Gedanke des »Fluches« und damit das Interesse der Gemeinde kräftiger hervortritt als in den — wenigstens in ihrem heutigen Gefüge — stärker am privaten Interessenausgleich ausgerichteten kasuistischen Bestimmungen [136]. So erklärt es sich auch, daß die älteren Erzählungen weithin in der kollektiven Schuld verharren und daß der Gedanke der objektiven Schuld jene Zählebigkeit bewiesen hat, von der wir sprachen, während im älteren Recht aller Formung die individuelle Haftung als vorisraelitisches Erbgut durchschlägt. Das Auftauchen kollektiver Gedanken im Dtn stellt also ein Wiederlebendigwerden alten Gutes dar.

2. Indem das subjektive Verschuldensprinzip zur Vermeidung von Blutrache und Eifersuchtstaten auf die schwersten, fluchbedrohten Handlungen — Mord, Ehebruch — angewandt wird, ist der Einzelne nicht nur für den »Erfolg« (ex opere operato) haftendes Rechtssubjekt, sondern zugleich, nach seinem Wissen und Willen gefragt, für die inneren Gründe seines Handelns verantwortliches ethisches Subjekt. Wo die »Gemeinschaft« in analoger Weise dem Gott über ihr Wissen und ihren Willen Rechenschaft zu geben hat, wird sie aus einer unter einem Fluche stehenden zu einem durch ihre Entscheidung und ihre Abgrenzung gegen die Fluchwelt sich sichern-

den »Groß-Ich«. Wo damit die für den Einzelnen sich ergebende Wandlung in einer höheren Ebene auch an der Gemeinschaft sich vollzieht, wirkt die Subjektivierung der Verantwortung nicht gemeinschaftsauflösend, sondern gemeinschaftserhaltend. Hier liegt die Wurzel für die oben dargelegte Tatsache, daß die Entscheidung Israels als Volk für seinen Glauben dauernd grundlegend geblieben ist.

3. Welche Gemeinschaft sich vor dem Fluche sichert und welchem Gottesglauben das System alter Tabugebote eingegliedert ist, ist damit in seiner Wichtigkeit schon andeutend berührt. Tatsächlich hängt beides aufs engste miteinander zusammen. Unter den orientalischen Religionen ist die israelitische diejenige, welche der Magie am stärksten entgegengesetzt ist, vor allem in ihrem Schuldgedanken. Die Beziehungen des Schuldbewußtseins auf ihren persönlichen fordernden Gott ist, wie ich in anderem Zusammenhang gezeigt habe und wie sich auch im Fortgang dieser Arbeit aufdrängen wird, für ihr Wesen kennzeichnend [137]. Vor allem der babylonischen Religion gegenüber ist das israelitische Bewußtsein des Sichverfehlthabens an dem Gotte des Volkes im Gegensatz zu einem Sichverfallenfühlens unter dunkle Mächte deutlich faßbar. Hier mußten daher die im Wissen und Willen beschlossenen Momente zu besonderer Entfaltung kommen. Ich wiederhole: sie haben den objektiven Schuldcharakter nicht aufgehoben. Aber in keiner anderen orientalischen Religion ist »Schuld« etwas so Persönliches geworden wie hier. Und keine der orientalischen Religionen hat eine so starke Beziehung zur Geschichte und damit zum Volke [138]. Und eben aus demselben Grunde ist auch das Volk, das als solches weder im babylonischen, noch im assyrischen, noch im hetitischen Recht eine Rolle spielt, nirgends so dazu bestimmt, zum Groß-Ich in dem dargelegten Sinne zu werden wie in der israelitischen Religion. Der Personalismus des Jahweglaubens bedingt den ethischen Personalismus auch des Großichs des Volkes wie den ethischen Personalismus des Einzelnen.

4. Der Personalismus des Jahweglaubens ist aber nicht zu trennen von dem Glauben an die »Gerechtigkeit« Gottes, der gegen ein Leidenmüssen (subjektiv) Unschuldiger empfindlich zu werden beginnt, selbst wenn es sich »nur« um ungerechte Schläge gegen ein Tier handelt [139]. Der Versubjektivierung der Schuld in der Einführung des Wissens- und Willensproblems entspricht eine Versubjektivierung des »Interesses« sowohl des Erzählers als des Gesetzgebers. An die Stelle des Schutzes der Gemeinschaft vor der Befleckung durch den einen Unreinen schiebt sich der Schutz des einen Reinen vor dem Untergang in einem Verderben, das er nicht verschuldet hat. Das Problem der kollektiven und der individuellen Vergeltung mündet in die Theodizee

und das Wort des Hohenpriesters beginnt sich von fern vorzubereiten:

> Ihr bedenkt nicht, daß es für euch besser ist, wenn ein Mensch für das Volk stirbt als wenn das ganze Volk umkommt [140].

Doch kann von dieser Wendung der Frage hier noch nicht genauer die Rede sein.

Kapitel 3.

Die Gemeinschaft als ethisches Subjekt.

Das soeben thesenartig behauptete Subjektwerden gerade des Volkes bedarf nach mehreren Seiten hin der näheren Begründung und genaueren Ausführung. Die Tatsache selbst wird man nicht bezweifeln wollen, und es wird zunächst genügen, zur Herstellung des Zusammenhangs noch einmal an den Sprachgebrauch der Anrede an das Volk anzuknüpfen. In lebendiger Vergegenwärtigung seiner Einheit steht es als »Du« vor dem Auge des Gesetzgebers (wie bisweilen vor dem Propheten). Wo in einzelnen Versen des Bundesbuches ein »Ihr« der Anrede auftaucht, haben wir es mit sekundären Zusätzen oder Lehnstücken zu tun, die sich schon durch ihre abweichende Fassung als solche verraten [1]. Erst in einzelnen Varianten des deuteronomischen Gesetzes und in den jüngeren, im heutigen Rahmen enthaltenen Paränesen, begegnet die pluralische Anrede [2], wohl unter dem Einfluß der prophetischen Schelt- und Drohworte und in Übereinstimmung mit der fortschreitenden Individualisierung des ausgehenden VII. Jh.s. Den pluralischen Zusätzen des deuteronomischen Segens- und Fluchkapitels entspricht die pluralische Fassung des entsprechenden Abschlusses des etwas jüngeren Heiligkeitsgesetzes, das auch dekalogische Bestimmungen in die Mehrzahl umsetzt:

Meine Knechte sind die Israelsöhne,
meine Knechte, die ich aus Ägyptenland geführt habe,
ich, Jahwe, euer Gott!
Macht euch keine Götzen,
Schnitz- und Gußbild stellt nicht auf,
Bildmale errichtet nicht in euerm Land sie anzubeten,
ich, Jahwe, bin euer Gott!
Meine Sabbathe haltet,
mein Heiligtum fürchtet,
ich bin Jahwe! [3]

Aber noch in einem der jüngsten prophetischen Stücke tritt das »Du« des Volkes in der eschatologischen Mahnung hervor:

Gehe, mein Volk, in deine Kammern,
schließe hinter dir deine 'Tür',
verbirg dich eines Augenblickes Weile,
bis vorübergegangen der Grimm.
Denn siehe, Jahwe verläßt seinen Ort,
zu strafen die Schuld des, der auf Erden wohnt [4].

1. Die Familie.

a) Die Geschichte der Familie.

Deutlicher noch als durch diesen alten Sprachgebrauch wird der Subjektscharakter des Volkes durch den Vergleich mit anderen Kollektivgrößen. Das feste Lebenszentrum ist das »Vaterhaus«, das »vergessen« zu sollen selbst für die Königin auf dem Thron eine arge Zumutung darstellt [5]. Die patriarchale Familie (zu der natürlich auch die im Kriege erbeuteten oder durch Kauf bez. durch Eintreiben einer Schuldverpflichtung erworbenen Sklaven und Mägde gehören) [6] und mit ihr die volle eheherrliche Gewalt des männlichen Familienoberhauptes ist älter als die Jahwereligion. Als Anbetung des »Gottes der Väter« wird der religiöse Besitz der Stämme, an welchen sie anknüpft, beschrieben:

> Der Gott eurer Väter sendet mich zu euch. [7]

»Ich und meines Vaters Haus«, »du und deines Vaters Haus« gehören in der Gemeinschaft der Schuld und der Verantwortung unlösbar zusammen. Die Sünden der »Väter« werden an den Kindern bis ins dritte und vierte Glied heimgesucht. Für den völlig fehlenden analogen Sprachgebrauch mit »Mutter« bilden die gelegentliche poetische Identifikation von Stämmen mit weiblichen Wesen und die einmal begegnende Voranstellung der Mutter vor dem Vater in der Ehrfurchtsforderung nur einen schwachen Ersatz [8]. Für die Bildung dieser geläufigsten Wendungen sind somit die Zeiten, da die Geburt von der gleichen Mutter nicht nur unter den Kindern eines Vaters in der polygynen Ehe engere Gemeinschaft stiftet, sondern die Kinder verschiedener Väter unter Beteiligung der mütterlichen Sippe gegeneinander stellt, und da

> einer seinen Vater verläßt und seine Mutter,
> seinem Weibe zu folgen [9]

bereits vorbei. Auch in Juda, wo sich andere Rechtsformen wenigstens in Ausnahmefällen wohl am längsten erhalten haben, scheinen sie im Laufe des XI. Jh.s verschwunden zu sein. Doch lebt in der eigenartigen Doppelheit in der Bestimmung der Erstgeburt nach dem Vater oder nach der Mutter ein Rest der alten Sitte im Kultgesetz noch fort, und im Sklavengesetz hat das Interesse des Herrn an den Kindern einer ihm gehörigen, von ihm einem seiner *ʿibrī*-Sklaven zur Ehe gegebenen Magd die Bestimmung der Nachkommenschaft nach der Mutter statt nach dem Vater am Leben erhalten [10]. Die Vermutung hat viel für sich, daß die Preisgabe »matriarchaler« Eheformen, vor allem der sog. *beena*-Ehe, ein Stück bewußter Politik des David gewesen sei, um die mit ihr verbundene Stammesorganisation im Interesse der Volkseinheit entscheidend zu schwächen [11]. Der Terminus *mišpåhåʰ*, der diese Eheform bezeichnet zu haben scheint, ist damit früh zur Bezeichnung anderer, größerer oder kleinerer Verbände, freigeworden [11a].

Aber auch die unter dem männlichen Oberhaupt stehende Familie hat ihre eigene Geschichte. Bei der Ansiedlung in einem fremden Gebiet ist die geeignetste Familienorganisation die geschlossen wohnende Großfamilie fratriarchalen Charakters, und ihre Reste haben sich denn auch mindestens bis ins VII. Jh. deutlich erhalten [12]. Der Ruben der elohistischen Josephsgeschichte wohnt mit seinen Brüdern unter der Oberhoheit des Vaters, obwohl er selbst bereits Söhne hat. Das Dtn regelt den Besitz an der Witwe eines kinderlos im Rahmen der Großfamilie sterbenden Bruders, setzt dabei freilich voraus, daß nicht mehr als 2 Brüder beieinander wohnen, und bestätigt damit die hohe Sterblichkeitsquote jener Zeiten [13]. Aber Mißhelligkeiten, vor allem wohl Erbstreitigkeiten oder Nahrungsmangel bei wachsendem Viehstand und Verarmung des Bodens zersplittern den umfassenderen Verband [14] und machen die patriarchale Kleinfamilie zum entscheidenden Lebensorganismus. Einer der für das Sozialethos wichtigsten Begriffe, der des Waisenknaben (*i̯åṯōm*), ist ganz von ihr ausgeprägt; die wirtschaftlichen Schwierigkeiten der Witwen und Waisen beim Tode des Mannes haben in ihrem Sichdurchsetzen die entscheidende Wurzel [15]. Als ihre älteste Regelform begegnet in der jahwistischen Hagar-Erzählung in Übereinstimmung mit den Nuzi-Texten die monogame Ehe, gelockert nur durch die gesetzliche und tatsächliche Möglichkeit der Nebenehe mit der Leibmagd der Ehefrau für den Fall ihrer Kinderlosigkeit [16]. Sie folgt darin der Ehe des Cod. Ḫam, welche ebenfalls grundsätzlich monogamisch ist. Bei Kinderlosigkeit kann der Mann die Frau entlassen, aber

> er gibt ihr Geld in Höhe ihres Brautpreises, auch entschädigt er sie für die Mitgift, die sie vom Hause ihres Vaters mitgebracht hatte; dann kann er (sich) von ihr scheiden; wenn ein Brautpreis nicht vorhanden ist, so gibt er ihr 1 Mine Silber als Scheidegeld.

Nur bei Erkrankung der Frau an der *la'bu*-Krankheit oder falls die Frau als *nadītu* gebärunfähig (gemacht?) ist, ist eine Nebenehe zulässig, doch führt die *nadītu* selbst dem Manne ihre Magd zu und nur, falls diese unfruchtbar bleibt,

> kann dieser Bürger eine *šugîtu* nehmen, er läßt sie in sein Haus eintreten; diese *šugîtu* stellt sich (aber) der *nadītu* nicht gleich.

Ist die Frau liederlich, so darf der Mann, statt sich von ihr scheiden zu lassen,

> eine andere Frau nehmen, diese (erste) Frau bleibt in der Stellung einer Magd im Hause ihres Gatten wohnen [17].

Alle diese Bestimmungen haben aber nicht verhindert, daß das

Gesetz tatsächlich neben der »ersten Gemahlin« mit der »Magd, die ihm Kinder geboren hat« rechnet und ihre Erb- bzw. Freilassungsansprüche an den Mann dermaßen günstig für sie regelt, daß dieses »Verhältnis« der Ehe offensichtlich sehr nahekommt [18]. Analog verschwindet auch im AT die Monogamie schon sehr früh. Die stärkere Dezimierung der Männer durch Blutrache, Fehde und Krieg erzwingt den Übergang zur Polygynie, zumal die Zahl der Sterbefälle im Kindbett trotz der bestehenden »hygienischen« Verhältnisse gering gewesen und keine Verminderung des Frauenüberschusses bedeutet zu haben scheint [19]. Erst eine »gesittetere« Zeit gibt der Frau einen höheren Wert zurück und macht die monogame Ehe aufs neue zum tatsächlichen (wenngleich nicht rechtlichen) Regelfall. Aber auch in der Zeit überwiegender Polygynie ist die Willkür des Mannes in der Zahl seiner Frauen und in der Behandlung der Frau durch Ehekontrakte beschränkt gewesen, obschon die letzten Spuren einer auch nach vollzogener Ehe andauernden Macht des Vaters als Muntwalt der Frau etwa gleichzeitig mit den Resten der *beena*-Ehe verschwinden [20]. Die Frau ist — von den ganz geringen Resten der Raubehe abgesehen [21] — durch langen Dienst oder teures Brautgeld (*mohăr*) hart erworben [22], und sie ist durch die Macht des mit allem Sexuellen verbundenen Tabu dem Manne zugeordnet. Ist doch selbst die Kebse, soweit sie von ihrem Vater als Sklavin gekauft ist, im Bundesbuch nach erfolgter Beiwohnung vor Weiterverkauf oder Aushungerung geschützt, und trifft doch das Dtn für die im Krieg erbeutete eine analoge Regelung [23]. Die Ehescheidung — an sich in Übereinstimmung mit dem altorientalischen Recht und in seinen Formeln möglich — scheint bis zur großen Volkskrise der Assyrerzeit selten gewesen zu sein. Bis zum VIII. Jh. ist kein Fall bezeugt, auch nicht bei Gelegenheiten, bei denen man sie erwarten sollte [24]. Selbst eine ehebrecherische Kebse, die ihm (aus Furcht vor Strafe) entlaufen ist, holt ein Levit zurück und macht zu diesem Zweck eine nicht unbeträchtliche Reise [25]. Es mag sein, daß der Verlust des an die Familie der Frau gezahlten Brautpreises, von dessen Rückzahlung nie die Rede ist, abschreckend gewirkt hat, und die Polemik Maleachis gegen die Scheidungswut seiner Tage lehrt, daß auch religiöse Hemmungen im Spiele waren [26], so daß die Mischehenauflösung Esras und Nehemias um so radikaler erscheint. Wo vollends das Weib versucht, ein Scheidungsrecht für sich in Anspruch zu nehmen, wird sie nackt aus dem Hause gejagt und zwar ohne Rücksicht auf eine etwaige Verfehlung des Mannes, welche der babylonischen Ehefrau die Möglichkeit schafft, sich ihren ehelichen Pflichten zu entziehen und unter Mitnahme ihrer Mitgift ins Vaterhaus zurückzukehren:

Wenn eine Frau ihren Gatten verschmäht und »nicht wirst du mich (mehr) umfassen« sagt, so wird ihre Sache in ihrem »Tor« untersucht, und wenn sie ... keine

Schuld trägt, dagegen ihr Gatte außer Hauses zu gehen pflegte und sie allzu sehr erniedrigt hat, so trifft diese Frau keine Strafe; sie nimmt ihre Mitgift an sich und zieht ins Haus ihres Vaters [27].

b) »Ehre Vater und Mutter«.

In dieser patriarchalen Kleinfamilie stehen Vater und Mutter unter besonderem Schutz. Sie durch Schlag oder Fluch zu schädigen, ist, wie schon gesagt, unter allen Umständen und unter Ausschluß der bei Körperverletzung Fremder möglichen subjektiven Milderungsgründe des Todes würdig. Auch für die Weisheitsdichtung ist unrein, wer dem Vater flucht und die Mutter nicht segnet; ist des »Elends Gesell«, wer sie in ihrem Besitzrecht beeinträchtigt [28]. Die Ehe wie die Nebenehe des Vaters sind für den Sohn ebenso unantastbar wie seine Ehe für den Vater; es mag sein, daß in der wiederholten Betonung solcher Bestimmungen die Gefahren des Zusammenwohnens in der Großfamilie deren Bestand überdauert haben [29]. Des Vaters Ehre ist des Sohnes Ehre (*kåḇoḏ*), des Vaters Schande seine Schande [30]. Im Sohne lebt der Vater und sein »Name« fort. Auf ihn, den Erben, überträgt er sterbend seine Kraft, und es verdüstert seine letzte Stunde, daß er nicht weiß noch jemals in dem Land der Schatten wissen wird, wie sich seiner Kinder Zukunft gestaltet [31]. Es ist im Kern dem Denken des AT fremd, wenn Kohaelaet in der Egozentrität seines Empfindens den persönlichen Genuß von Reichtum und Macht dem Besitz von Kindern vorzieht:

Gibt Gott wem Reichtum, Güter, Macht,
daß nichts ihm mangelt, dessen er begehrt,
doch gibt Gott nicht die Macht, es zu genießen,
vielmehr ein Fremder ißt's — 's ist eitel, böses Leid.
Zeugt einer hundert Söhne, lebt manch Jahr,
daß 'zahlreich werden' seiner Jahre Tage,
doch kann er sich nicht sätt'gen von dem Gut,
nicht 'mal ein ehrlich Grab wird sein:
ich denke: besser als er hat's die Fehlgeburt! [32]

So ist und bleibt die patriarchale Familie die Sphäre, in der kraft der engen Verbundenheit ihrer Glieder die Mächte des Segens und Fluches sich in besonderem Maße auswirken:

Des Vaters Segen gründet die Wurzel fest,
der Mutter Fluch reißet die Pflanze aus [33].

Sie ist ein »Herd« des »Guten« wie des »Bösen« in einem anderen als dem moralischen Sinne, und auch sie und ihre Unantastbarkeit ist, wie die alten Tabugebote, unter den Schutz Jahwes getreten und dem Bereich seiner Forderungen eingegliedert [34]. Daher entscheidet sich an dem Verhalten eines Kindes zu »seinem Vater und seiner Mutter« des Volkes Schicksal:

»Ehre deinen Vater und deine Mutter,
damit deine Tage lang werden
auf dem Ackerboden, den Jahwe, dein Gott, dir gibt! [35]

Die Gleichstellung von Vater und Mutter in solchen Sprüchen und Geboten sollte davor warnen, die Lage der israelitischen Frau auf Grund des unbedingten Herrschaftsanspruches des Ehe»herrn« im Hause allzutraurig zu malen! Die besondere Bedeutung, welche die Verheißung und die positive Formung diesem Gebote verleihen, macht es wahrscheinlich, daß hier nicht nur eine »moralische« Ehrung im Sinne mancher Sätze der späteren Spruchweisheit gefordert ist, sondern daß es um den Schutz von Leib und Leben der arbeitsunfähig oder gar närrisch gewordenen »alten Leute« geht, die man nicht aus dem Hause jagen und nach deren Erbe man nicht vorzeitig trachten soll [36]. Angesichts der Schwierigkeiten, welchen die Witwe ausgesetzt ist, kommt dieser Gleichstellung der Mutter mit dem Vater in der Ehrfurchtsforderung eine umso größere Bedeutung zu.

Die »Ehre« der Eltern ist mit dem allen in religiösen Zusammenhängen verwurzelt. Zwar hat die deuteronomische Reform die schwerste Beeinträchtigung der »sakralen« Weihe des Vaters mit sich gebracht. Sie entzieht ihm (durch Aufhebung der Familie als opfernden Kultverband), die — freilich schon ohnehin durch die vordringende levitische Bewegung eingeengten — priesterlichen Funktionen, sogar bei dem für das einzelne Haus (ehedem) für den Schutz von Mensch und Tier wichtigsten Fest, dem Passah. Sie nimmt ihm zugleich endgültig das Recht zur Ernennung von »Eigenpriestern«, auch solcher levitischer Herkunft [37]! Sie bringt damit eine Entwicklung zum Abschluß, welche mit dem Aufgehen der »väterlichen Gottheiten«, (d. h. der in den einzelnen Familien und Sippen verehrten Götter des von ihnen einer Offenbarung gewürdigten Ahnherrn) im Gotte des Volkes angehoben hatte [38]. Aber zugleich legt die Reform die nach dem Wegfall der regelmäßigen lokalen Opferfeiern doppelt wichtige religiöse Belehrung und Erziehung in seine Hand [39], und sehr bald erwies sich zudem die Sitte Passah im Haus zu halten, als so zäh, daß ein Kompromiß dem *pater familias* gewisse religiöse Handlungen beim häuslichen Verspeisen des im Tempel geschlachteten Lammes zurückgab [40]. Auch in anderer Hinsicht engt zwar die deuteronomische Reform im Einklang mit der Auflockerung der alten organischen Lebensverbände in seiner Zeit die *patria potestas* ein. Sie entzieht dem Vater die Gewalt über Leben und Tod der Kinder, zwingt ihn zur Einwilligung in die Ehe einer nicht anderweit verlobten Tochter mit ihrem Verführer gegen Bezahlung des *mohår*, und beschränkt seine Willkür im Erbrecht [41]. Zugleich aber stellt sie seine Herrschaft im Hause durch ein nur in Fällen eigenen Verschuldens eingegrenztes Recht, die Frau zu verstoßen, sicher [42]. Die priesterliche Gesetzgebung ist der deuteronomischen darin gefolgt, indem sie in einem für das praktische Leben bedeutsamen Stück — der Frage der Weihungen und Enthaltungen — dem Mann bzw. dem Vater ein Recht zur sofortigen Aufhebung jedes von der Frau oder der Tochter abgelegten Gelübdes gab; nur wenn er von dieser Möglichkeit nicht am selben Tage, da er von der Sache hört, Gebrauch macht, ist es gültig [43]. Es ist ohne weiteres deutlich, welche Einschränkung priesterlicher Macht über die leichter beeinflußbare Frauenwelt eine solche Regel in sich schließt. Die Herrenstellung des *pater familias* in der Auswirkung solcher Rechtsregelung ist auch die selbstverständliche Voraussetzung der spätprophetischen Bildersprache, die innere Harmonie der Familie ein fester Zug des eschatologischen Hoffens [44], wie die Sicherstellung ihrer wirtschaftlichen Grundlage das Ziel noch der jüngsten Gesetzesschicht [45]. In der Lebenswirklichkeit mag freilich die Selbständigkeit und Bedeutung der Frau im Familienkreise größer gewesen sein als dem Gesetze entsprach, und es mag mancher israelitische Mann mit Sehnsucht nach einem königlichen Edikt Ausschau gehalten haben, das allem Pantoffelheldentum ein Ende setzen würde [46].

Bei allen Veränderungen also, die die Familie strukturell im Laufe der Jh.e erlitten hat, hat sie ihre Festigkeit und ihre Bedeutung als wichtigste Lebensform so sicher bewahrt, daß das Chronistische Werk die »Vaterhäuser« als die Urzellen hinstellt, aus denen sich der Volkskörper aufbaut [47]. Nur dort, wo die Alleinverehrung Jahwes in Frage gestellt ist, zerbricht auch ihre Solidarität; aber die Formulierung, mit der dem »Bruder« oder dem »Vater« das Vorgehen gegen das eigene Blut anbefohlen wird, kann abschließend die Festigkeit des Familiengefüges noch einmal deutlich machen:

> Verführt dich insgeheim dein Bruder, 'deines Vaters oder' deiner Mutter Sohn, dein Sohn oder deine Tochter, deine Lieblingsfrau oder dein Nachbar, den du liebst wie dich selbst: »Wir wollen hingehen und andern Göttern dienen, die dir wie deinen Vätern unbekannt sind ...!«, so sei nicht willig und gehorche ihm nicht! Sei nicht milde! Schone ihn nicht! Verbirg nicht (seine Schuld)! Vielmehr töte ihn! Deine Hand erhebe sich als erste wider ihn, ihn umzubringen, und darnach die Hand des ganzen Volkes! Steinige ihn zu Tode ..., daß ganz Israel es höre und sich fürchte, abermals so Böses in deiner Mitte zu tun! [48]

Der Gott ist nicht Glied der Familie, sondern steht im Lebenszusammenhang mit dem von ihm erwählten Volk; so endigt ihre Solidarität dort, wo der Gott es fordert.

2. Der Stamm.

a) Der Zerfall der Stammesorganisation.

Die eigenartige Stellung der Familie wird noch deutlicher, wenn wir die umfassendere Gruppe danebenhalten, den Stamm, wohl zum

Teil aus der Großfamilie und der Sippe hervorgewachsen oder auch wieder auf deren Größe zusammenschrumpfend. Derselbe »Stamm« kann daher bald als *mišpåḥåʰ* und bald als *šebaeṭ* bezeichnet werden [49], und an dem Leben heutiger arabischer Beduinen mag man beobachten, wie politische Ereignisse, Kriege, Blutrache, Not und innere Zwistigkeiten auf der einen Seite, die Festigkeit gemeinsamer Tradition, das *connubium* oder der Anschluß fremder Elemente auf der anderen zum Zerfall oder zum Anwachsen, ja zur Neubildung von Stämmen führen können [50]. In der wechselvollen Geschichte des israelitischen Stammes Manasse begegnen fast alle derartigen Möglichkeiten [51]. Die Stämme sind die Träger des Segens oder des Fluches, die der sterbende Ahnherr oder der todgeweihte »Prophet« auf sie gelegt haben [52]. Auf den Stämmen und den unter ihnen sich bildenden Gruppen ruht, wie schon betont, das Gefüge der ältesten religiösen Organisation und damit der ursprünglichste Zusammenhalt überhaupt [53]. Die Einwanderungsberichte und die älteren, ihrer heutigen Form nach freilich erst dem VII. Jh. entstammenden Ortslisten lassen die Stämme als solche die einzelnen Landschaften für ihre Großfamilien (*mišpåḥoṯ*) und Sippen in Besitz nehmen; der Stamm kann dementsprechend den Namen seines Siedlungsgebietes tragen [54], und die Stämme als solche gelten als Herren des Landes. Solange eine nur dünne Besiedlung als Grenze zwischen Stammesgebieten noch breitere Waldstreifen gestattete [55], und die Vermischung mit fremden Elementen selten war, konnte das Eigenleben und die Eigenart dieser kleineren Einheiten sich leichter erhalten als in den späteren Zeiten. »Alle Stämme Israels« handeln demgemäß in der innerpolitischen Krise des Amphiktyonenkrieges gegen Benjamin [56]; einzelne Stämme oder Stammgruppen, durch charismatische Führer zusammengerissen, schlagen die entscheidenden Behauptungsschlachten, vor allem den Kampf am Kison unter Barak und Debora. Durch ihre Ältesten haben sie das Königtum des Saul und des David an ihrem Teil geschaffen, aber die Stämme sind es auch, die in den Aufständen des Absalom und des Seba das Reichsgefüge aufs tiefste erschüttern [57].

Mit sicherer Hand hat freilich David bereits begonnen, ihre Stellung einzugrenzen. Mit der *beena*-Ehe hat er wohl eine Grundlage ihrer bisherigen Organisation angetastet [58]. Durch seine Leibwache hat er sich von dem guten Willen zur Heeresfolge unabhängig und gegen Aufstandsversuche stark gemacht, in der neuen Reichshauptstadt zudem einen an seine Person gebundenen Rückhalt jenseits aller Stammesansprüche geschaffen. Endlich hat die Eingliederung neu erworbenen Gebietes in das Reich statt in die Stammesgebiete ein Anwachsen der Stammesmacht durch diese Erwerbungen verhindert, das Reichsgefüge aber durch den Besitz von »Reichsland« gestärkt [59]. Infolgedessen tritt bereits bei dem Auseinanderbrechen der Doppelmonarchie das Handeln der Stämme als solcher zurück, zumal die Steuerreform des Salomo im Norden ihr Gefüge weiter aufgelockert zu haben scheint[59a]. So kann der ausgezeichnete, durchaus gesamtisraelitisch empfindende Bericht über die Reichstrennung zwar betonen, daß

dem Hause Davids nichts blieb denn der Stamm Juda allein[60],

aber als handelnd läßt er nicht die einzelnen Nordstämme auftreten, sondern spricht von »ganz Israel« oder der »Landsgemeinde« (*ʿeḏåʰ*)[61]. Wo die Stämme in der späteren Literatur begegnen, handelt es sich nicht mehr um politisch tätige, sondern um »ideelle« Größen, um die »Zwölf« als die Träger der Verheißung und der Heilszeit[62]. Die »Ältesten« erscheinen dann bald als ein den König beratendes Kollegium, eine Gerusie ohne klare verfassungsmäßige Stellung, nicht als Repräsentanten eines Stammes, bald als geborene Führer und Vertreter einer Ortschaft des flachen Landes gegenüber der Stadt oder endlich der »Gemeinden« im Exil und beim Wiederaufbau[63]. Demgemäß tritt auch die wechselseitige Verantwortung des Stammes und seines einzelnen Gliedes von der Königszeit an zurück. Weder die Auslosung der Stämme zur Ermittelung des Fluchverfallenen, der zur schon erwähnten Ausrottung der Sippe Akan geführt hat, noch der Krieg gegen Benjamin haben eine spätere Entsprechung[64]. Nur einmal taucht im Rahmen des Dtn in einem Abschnitt, der bei allem individualistischen Empfinden altes kollektives Gut an Bildern (Giftwurzel) und Wendungen (Hinraffen des Bewässerten mit dem Durstigen) nutzt, in einer offenbar fest geprägten Redensart die Verantwortung des Stammes für das Volksganze neben derjenigen des Einzelnen (»Mann oder Weib«) und der Großfamilie auf[65]. Die deuteronomistische Gesetzgebung selbst kennt dagegen, wie eben schon angedeutet, nur die Haftung der Ältesten des Ortes, nicht des Stammes für einen in deren Gebiet begangenen Frevel; ihnen überträgt sie die dem Vater entzogene Gewalt über Leben und Tod der ungeratenen Kinder, deren mögliche oder tatsächliche Verfehlung dieser um der erforderlichen Entsündigung der Gemeinschaft willen anzuzeigen hat[66]. Damit schiebt sich an die Stelle eines im wesentlichen blutmäßig gewachsenen ein stärker geographisch-politisch bestimmter Lebensverband, in dessen Rahmen die ursprüngliche Geschiedenheit des israelitischen und des kananäischen Elementes je länger je mehr sich verwischte und in dessen Wirtschaft und Recht das zweitgenannte sich weithin durchsetzte. Auch das Verbot einer Übertragung von Grundeigentum aus dem Besitz eines Stammes in den eines anderen ist zur Zeit seiner endgültigen Kodifizierung, in der die meisten Stämme längst zerschlagen waren, bestenfalls ein ferner Nachhall alter wirtschaftlicher Stammeseinheit. Wahrscheinlich aber ist es nicht minder theoretische Konstruktion als das auf keine geographische Gegebenheit Rücksicht nehmende Landverteilungsschema des »Ezechiel« [67].

b) Die Leviten.

Nur an *einer* Stelle hat das alte Stammeswesen eine größere Zähigkeit bewiesen, im *levitischen Priestertum*. Von Haus aus, wie oben schon besprochen, wahrscheinlich nordarabischen Ursprungs, begegnen die Leviten in Israel als Glieder eines Ordens, der Leute aus den einzelnen Stämmen aufnahm, sofern sie

> **zum Vater 'I' sprachen: »Ich sah ihn nie«**
> **die ihre Brüder nicht anblickten, ,ihre' Söhne nicht »kannten« [68].**

Im Laufe ihrer Ausbreitung haben sich ihnen wohl nicht nur Einzelne, die dann im Rahmen des Ordens als Ahnherrn einer Sippe gelten, durch solchen Austritt aus ihrem Sippenverband angeschlossen, sondern auch die Priesterschaften bestimmter Heiligtümer, denen dann gleichfalls ein nach dem Ort der Wirksamkeit des Geschlechtes benannter Ahnherr zugeschrieben ward [69]. Auf Grund der Namensähnlichkeit des Terminus *lu̯'(t)n* mit dem von *le'ā̊*^{h} abzuleitenden Hebräischen Gentilizium *leu̯ī* wurde diese sich in Israel ausbreitende Genossenschaft mit dem (in der Richterzeit?) zersprengten Stamm Levi identifiziert [70] und ihr auf solchem Wege Heimatrecht gesichert. Glieder des Jahwebundes sind also zur Zeit, da dieser Prozeß sich abspielte, noch deutlich die aus Großfamilien und Sippen bestehenden Stämme als solche, und *dieser* Stamm trägt nun neben dem Fluch des Ahnherrn, der sein weltliches Schicksal besiegelt hat, auch den »Segen«, der ihm die heiligen Lose zuspricht [71] und die Auszeichnung des besonderen Eigentums- und Dienstanspruches des Gottes wie seines Schutzes vor der Not [72]. Mit dem Privileg der Segensspendung und der Lehrerteilung als wesentlichem Inhalt des Sonderbundes zwischen Gott und diesem Stamm ist zugleich die starke Verantwortung für das Volksganze verbunden: Dem Bundesbrüchigen wird nicht nur die eigene Ausrüstung mit »Leben und Heil« entzogen, sondern der Gott »verflucht seine Segenssprüche«. Dadurch aber bringt er Unheil auch über die Gemeinde, deren Opfer er nicht anerkennt, wenn sie von den ungetreuen Priestern dargebracht werden [73]. Im Dienste des Gottes konnte solche Verantwortung freilich auch in einen starken Gegensatz gegen bestimmte Kulthandlungen anderer Priesterschaften bis zu blutiger Auseinandersetzung umschlagen, ja es konnte das Dreinfahren mit dem Schwert als besonderes Vorrecht dieses in seiner Amtssprache und seinem Geist militanten Ordens erscheinen [74].

3. Das Volk.

a) Volk und Gottesbund.

α) Die Terminologie.

Damit sind die Momente schon angedeutet, welche für das Auftreten des Volkes als des ethischen Subjektes entscheidend sind: der Gedanke der Erwählung und des Bundes, damit aber der Verantwortung vor dem erwählenden Gott. Der Erwählungs- und der Bundesgedanke — von der Wirklichkeit des »Bundes« als einer geschichtlichen Gegebenheit wird noch die Rede sein — sind dabei keine starren Größen von einheitlicher literarischer oder religiöser Prägung. Die Rettung aus Ägypten als die große grundlegende Tat des Gottes gipfelt für alle Zweige der pentateuchischen Tradition in einem feierlichen Akt, in dessen Ausmalung zwar die stärkste Verschiedenheit herrscht, als dessen Sinn aber ihnen allen die Herstellung einer engen Beziehung zwischen Gott und Volk feststeht. Darüber, daß es sich bei diesem »Bundesschluß« um einen Akt göttlicher »Wahl« handelt, der aus andern Völkern ohne äußeren Grund gerade dieses »erwählt«, sinnt erst die deuteronomische Schriftstellerei in Anknüpfung an den elohistischen Gedanken des »Eigentumes vor allen Völkern« (*s^e^gullâ^h^ mikkâl hâ'ammîm*) nach, wie sie ja auch die Beziehung Gottes zu dem heiligen Ort durch einen Wahlakt gegründet sein läßt [75]. Doch hebt die Beziehung zwischen Gott und Volk schon für den ältesten Faden des Pentateuchs nicht erst mit der — bei Propheten und Dichtern vielfach selbständig begegnenden — Auszugstradition an, sondern Kultstiftererzählungen verschiedenen Charakters werden durch ein genealogisches Schema untereinander und mit der Volkstradition so verbunden, daß die »Erwählung« bereits in der Gehorsamstat Abrahams verwirklicht erscheint. Denn indem der Jahwist die gesamte spätere Geschichte unter die Doppelverheißung stellt:

> Ich will dich zu einem großen Volke machen.
> Deinen Nachkommen will ich dieses Land geben [76],

liegen für ihn Volkstum und Landbesitz von Anfang an in der Erwählungsabsicht Gottes beschlossen, und gilt alles göttliche Handeln diesem einen als Leitstern erfaßten Ziel. So wenig solche Glaubensaussage als »wissenschaftlich« verbindliche Darstellung eines geschichtlichen Vorganges gelten kann, so wenig darf man sie beiseite schieben, wo man nach dem Verständnis der Geschichte durch die Menschen fragt, an denen sie sich vollzieht.

Bei dem allen mag es eine offene Frage bleiben, von welchem Zeitpunkt an man terminologisch von einem israelitischen »Volke« sprechen will. Keiner der beiden hebräischen Ausdrücke (*'am, goị*) deckt sich völlig mit unserm Begriff des »Volkes« [77]. Als kämpferische Gemeinschaft wehrfähiger Männer, durch einen Glauben und damit durch ein Recht zusammengeschlossen, begegnet uns das »Volk« der Landnahmezeit und erfüllt damit wesentliche Momente des Begriffes *'am*, während der Begriff des *goi* stärker und früher den Besitz von Grund und Boden als den militärischen Zusammenschluß betont. Rechnet man den Besitz gemeinsamen Blutes, gemeinsamer Sprache und gemeinsamer Geschichte auf gemeinsamem Boden zu den Kennzeichen des Volkstumes — und sie alle schwingen in beiden hebräischen Worten mit —, so wäre Israel frühestens in der davidischen Zeit ein „Volk" zu nennen. Denn seine Sprache ist ein abgewandeltes Kananäisch, ihm vor der Landnahme also fremd [78]. Das Bewußtsein gemeinsamen Blutes hat in der genealogischen Anordnung der drei »Patriarchen« mit Jakob, dem »Vater« der »Zwölf«, als dem Jüngsten im jahvistischen Werk seinen frühesten klar ausgeprägten Niederschlag gefunden. Zugleich ist aber in der Form der Herleitung der »Zwölf« von vier verschiedenen Müttern, von denen nur zwei untereinander als blutsverwandt gelten, die Erinnerung an bestehende Verschiedenheiten der Herkunft richtig bewahrt, wie ja die Überlieferung auch sonst von fremdem Blute in den breiten Massen wie in den führenden Schichten weiß [79]. Möglich geworden ist dies Schema erst, als die am spätesten in das Land eindringende Gruppe seinen religiösen Organisationen eingegliedert ward, sie zugleich seinem Gotte dienstbar machend: das »Haus Joseph«. Der »Landtag von Sichem«, auf dem dieser Zusammenschluß sich abspielt, bedeutet in der Tat einen entscheidenden Einschnitt [80], demgegenüber der Anschluß von *ḫabiru*-Gruppen unter Saul an Tragweite völlig zurücktritt [81]. Auch die Eingliederung der »kananäischen« Reste durch David (und Salomo) hat das Gefüge seinem Eigenbewußtsein nach nicht mehr verändert, so stark im einzelnen ihr Einfluß, vor allem in Wirtschaft und Recht gewesen sein mag. Im davidischen Reich ist eine Gemeinsamkeit der Geschichte möglich, die sich nicht in einzelnen Handlungen erschöpft; staatliche und volkliche Einheit wachsen aufs engste zusammen.

Gleichwohl aber läßt diese Auffassung ein für die altisraelitische Anschauung selbst weithin entscheidendes Moment außer acht oder betont es doch zu wenig: daß das »Volkstum« Israels nicht durch die genannten innerweltlichen Größen bestimmt wird, sondern durch die schöpferische Tat seines Gottes. Gewiß sind Blut, Sprache und Boden für den Glauben des AT so unaufgebbar wichtig, daß eine Grundhaltung, für welche Blut und Boden Lebenselemente und schlechthinnige Grundlagen alles Volkstums sind, nirgends sonst in der Antike so kräftig bezeugt ist wie gerade hier. Aber in dem Blut und dem Landbesitz [81a] begegnet ihm das Gotteshandeln, in welchem die Entstehung der Jahwereligion und die Volksordnung Israels aufs engste aneinander gebunden sind. Auch Drohung und Verheißung des Propheten setzen diese Größen als verantwortungsheischende Gaben voraus.

Die volksschöpferischen Kräfte des Jahweglaubens sind dabei älter als seine staatsbildnerische Wirkung. Wir kennen keine »israelitische« Gottesvorstellung, die ursprünglicher wäre als der Glaube an Jahwe den Bundesgott und den Kriegsgott. Jeder Bund von Stämmen untereinander und mit dem Gott ist nicht nur durch die Beiträge der Zugehörigen an das gemeinsame Heiligtum eine wirtschaftliche Macht, die sich auch politisch und militärisch auswirken kann und muß [82]. Sondern er ist vor allem dadurch, daß er eine Rechts- und eine Friedensgemeinschaft herstellt und die Energien der Zusammengeschlossenen — von besonderen Fällen abgesehen — nach außen ablenkt, eine um einen Gesamtnamen gescharte Institution [83] von volksbildender Kraft. Er regelt das Leben in bestimmten — zunächst vielleicht wenigen — Fragen der Sitte und des Brauchtums, schafft Gelegenheiten des Austausches geistiger wie materieller Güter, einen weiteren Rahmen für das connubium, damit aber der gegenseitigen Versippung und Hilfepflicht. Auf verwandtschaftliche Beziehungen führt das »Buch der Sühnungen« die Hilfe Sauls für die Jabesiten zurück [84]. Seine Hauptwirkung findet der »Bund« daher dort, wo der Bundesgott als Kriegsgott [85] nach außen — im Ausnahmefall freilich auch nach innen! — handelt. Der »heilige Krieg« gegen den Bundesbrüchigen ist Sache der Amphiktyonie, aber so eng ist Jahwe mit dem Kriege verbunden, daß auch kriegerische Unternehmungen einzelner Stämme oder Stammgruppen, selbst die Blutrachefehden dieser oder jener Sippe kraft des in ihnen wirksamen Elementes religiös-charismatischer Führung als Jahwekriege erscheinen und geführt werden [86]. Das religiös-rituelle Krieger-Tabu [87], die Bannforderung als Jahweforderung [88] und der Beuteanteil des Gottes [89], die in sehr urtümlichen Vorstellungen ihre Wurzel besitzen, sich aber mit großer Zähigkeit behauptet haben, sind dafür ebenso beweisend wie die fortdauernde Lenkung des Kampfes durch Seherspruch und Orakel in Jahwes Namen [90]. Betätigt sich der Bundesgott auch in Kämpfen, die nicht Bundesangelegenheit sind, so gewinnen sie zugleich eine Bedeutung für den Bundeskult und fördern den »Prozeß der Volkwerdung« [91]. Denn zwei Elemente volkbildender Kraft sind mit ihnen gegeben: Einmal der gemeinsame Gegensatz nach außen, religiös gestaltet als Gegensatz gegen andere Götter und die Vertreter einer »minderwertigen« sittlichen wie kultischen Haltung, politisch gestaltet als Gegensatz gegen Feinde, welche das Leben und die Freiheit bedrohen [92]. Indem das Palladium des Bundesgottes in die Philisterschlacht mitgenommen wird und verloren geht, sind »Religion« und »Volkstum« im entscheidenden Augenblick zu gemeinsamer Gefahr aneinander gebunden; die Legenden vom üblen Schicksal des Dagon spiegeln stärker das religiöse, das Bogenlied des David nach dem Tode des Saul lebendiger das »nationale« Moment in jenen Kämpfen und Nöten [93]. Sodann die gemeinsame »Tradition« von Ereignissen, in denen das grundlegende Eingreifen Gottes geglaubt wird, der Auszug aus Ägypten mit der Amalekiterschlacht und der Theophanie »des (Gottes) vom Sinai« [94]. Indem so das Walten Jahwes in erster Linie in der Geschichte gefunden wird, die es mit den Völkern und ihren Schicksalen zu tun hat, liegt in der Jahwereligion die Volkwerdung Israels notwendig beschlossen. Sie ist durch die Jahwereligion gefordert, bedingt und gestaltet [95].

Für das Eigenbewußtsein Israels ist das Volk in dem Augenblick der Erwählung und des Bundesschlusses und durch die Tatsache der Erwählung und des Bundesschlusses Wirklichkeit.

β) Volk und Land.

Das Gleiche gilt von dem Landbesitz. Nur auf Grund der Tatsache der Erwählung und des Bundesschlusses weiß sich Israel Herr des Landes. Der jahwistische Gedanke der Gottesverheißung färbt die Einwanderungsberichte. Sie leugnen jeden Anspruch eines anderen Gottes auf dieses Gebiet, wie ihn etwa ein Ägypter für seinen Amon erheben könnte:

»Sein ist das Meer, und sein ist der Libanon,
von dem er sagt: »Er ist mein!« [96]

Sie leugnen auch der Sache nach (wie später das Deuteronomium es formuliert) einen innerweltlich-geschichtlichen Besitzanspruch Israels auf

große und gute Städte, die du nicht gebaut hast,
Häuser, voll allen Gutes, damit du sie nicht gefüllt hast,
(in den Felsen) gehauene Brunnen, die du nicht gehauen hast,
Weinstöcke und Obstbäume, die du nicht gepflanzt hast [97].

Lassen sie doch die Eigenkraft und Eigentat Israels in der Eroberung vor den Gotteswundern stark in den Hintergrund treten. Das Spalten des Jordans, der mauernstürzende Hall der Posaunen, das Stillstehen von Sonne und Mond, kurz, ein ganzer Zauberapparat wird aufgeboten, um die Eroberung verständlich zu machen. Die Höchstschätzung der göttlichen Macht und das Bewußtsein eigenen Unvermögens reichen sich in eigenartiger Weise dabei die Hand, vor allem dort, wo das Deuteronomium den Eid an die Väter im Gegensatz zur eigenen Kleinheit des Volkes betont und zur Grundlage der Scheidung von den Vorbewohnern des Landes erhebt [98].

So fest steht das Bewußtsein um Volkstum und Landbesitz als Gottesstiftungen, daß je und dann das Geschick anderer Völker unter analogem Gesichtswinkel gesehen werden kann. Auch ihr Besitz und ihre Heimat sind ihnen von Jahwe zugeteilt und selbst gegen Israel geschützt. Das gilt zunächst von den nächstverwandten Völkern, den Moabitern, Edomitern und Ammonitern:

Jahwe, Israels Gott, vertrieb die Amurru vor seinem Volke Israel;
du aber willst es (wieder) vertreiben?
Ist's nicht so: Wen Kemos, dein Gott, vertreibt,
den beerbst du,
und wen Jahwe, unser Gott, vor uns vertreibt,
den beerben wir? [99]

Hebron ist den Kalebbitern durch einen Jahwespruch gegeben, auf den sie sich auch Israel gegenüber berufen können, allerdings für Verdienste um dies Volk. Das gleiche Bewußtsein tritt aber auch gegenüber ferner stehenden und feindlichen Nationen auf:

Führt' ich nicht Israel herauf
aus der Ägypter Land,
und die Philister von Kreta her
und Aram aus Kir? [100]

Auch ihre Volksreligion mag dann einmal als Jahwes Stiftung gelten:

Erhebe deine Augen nicht zum Himmel,
die Sonne, der Mond, die Sterne, das ganze Himmelsheer zu schauen,
die Jahwe, dein Gott, allen Völkern unter dem Himmel zugeteilt hat!
Euch aber nahm Jahwe, führte euch heraus aus dem Eisenofen, aus Ägypten,
daß ihr sein Eigentumsvolk wurdet, wie (ihr es) heute (seid) [101].

b) Das »heilige Volk«.

Seinen prägnantesten Ausdruck hat dies Bewußtsein Israels, als Volk Schöpfung Jahwes zu sein, in dem Terminus »heiliges Volk« und seinen Parallelen gewonnen. Vordeuteronomisch begegnet er, falls überhaupt, nur einmal, und zwar so, daß »das Eigentum aus allen Völkern« und das *goi̯ ḳåḏoš* sich gegenseitig näherbestimmen [102]: *Heilig* ist hier nicht ein analytisches Urteil über eine bestehende religiöse oder »ethische« Qualität, sondern bezeichnet das Volk als das von Jahwe auserwählte und durch diese seine Wahl ihm geweihte. Das Deuteronomium verbindet die gleiche Vorstellung mit dem Terminus des *'am ḳåḏoš*:

Ein *'am ḳåḏoš* bist du für Jahwe, deinen Gott;
dich hat er erwählt, daß du sein »Eigentumsvolk« vor allen Völkern auf Erden seist [103]

Nur durch diesen Akt der Erwählung, nicht durch irgendwelche im Voraus gegebenen empirischen Merkmale der Macht oder der Frömmigkeit, nur durch diesen Akt der Erwählung und die daraus fließende Verpflichtung ist für das Deuteronomium eine Sonderstellung Israels gegeben:

Jahwe wird dich erheben zu einem ihm heiligen Volk,
wie er dir geschworen hat,
wenn du die Gebote Jahwes, deines Gottes. hältst
und auf seinen Wegen wandelst.
Dann werden alle Völker der Erde sehen,

daß Jahwes Name über dich ausgerufen ist,
und werden sich vor dir fürchten.
Jahwe hat dich heute erklären lassen,
daß du sein Eigentumsvolk sein willst
wie er gesagt hat,
und daß du alle seine Gebote halten willst,
[und daß er dich machen will zum obersten aller Völker,
die er zu Ruhm, Preis und Ehre geschaffen hat,
und daß du ein dem Jahwe, deinem Gott, heiliges Volk werdest,
wie er gesagt hat] [104]

In der Verwendung des Parallelausdrucks »heiliger Same« in Beziehung auf das gegenwärtige Israel ohne eschatologischen Nebensinn, oder des Terminus »heiliger Bund« für die religiös-staatliche Gemeinschaft der makkabäischen Revolutionäre wirkt der deuteronomische Sprachgebrauch entscheidend nach [105], während die deuteronomische Wendung selbst nur selten wiederkehrt. Für ihren Sinngehalt hat man sich gegenwärtig zu halten, daß sie kein »moralisch«-qualitatives Urteil, sondern den göttlichen Erwählungsanspruch ausdrückt.

Dieses Bewußtsein um die Verankerung des Volkstumes nach seinem Bestand und nach seinen Aufgaben in der Schöpfertat des Gottes spiegelt sich nun auch in einer Reihe von Tatsachen der israelitischen Geschichte. Von hier aus erklärt sich die schon gestreifte Merkwürdigkeit, daß die staatliche Zerspaltung in zwei sich blutig befehdende Königreiche die Volkseinheit nicht hat sprengen können [106], von hier aus auch, daß die Frage der Eingliederung Fremder in das Volk ganz überwiegend unter religiösem Gesichtswinkel gesehen ist. Den in allen Minderheiten lebendigen Widerstand gegen ein connubium mit volksfremden »Ureinwohnern« zeigt die bei dem Jahwisten und im Priesterkodex lebendige Tradition gegenüber »Kananäern« (und »Hetitern«) — wohl nicht immer erfolgreich — am Werke [107]. Nur zum Schein läßt auch der Elohist die Jakobsöhne den Vorschlag machen, durch Übernahme der Beschneidung und connubium solle die in Sichem herrschende Sippe »Esel« mit ihnen »zu einem Volke werden« [108]. Diese grundsätzliche Ablehnung der Verschwägerung verschärft sich für die spätere Überlieferung von der Eroberungsperiode zu der religiös begründeten Forderung der Ausmordung sogar der weiblichen Bevölkerung eroberter palästinischer Städte [109]. Wo das Kriegsbeuterecht die Ehe mit einer Gefangenen regelt, geschieht es so, daß ihr »früheres« Leben durch eine Reihe magisch verwurzelter Riten zu Ende gebracht wird [110]. Eine solche Eingliederung einzelner Frauen ist in der patriarchalen Ehe mit ihrem starken Übergewicht des Mannes und in einer Zeit konsolidierten Volkstums möglich; daß aber von volksfremden Frauen, vor allem am Hofe, religiöse Versuchungen drohen, weiß und betont die Geschichtsschreibung wie die Prophetenlegende [111]. Eine Zeit neuer Daseinsgefährdung des Volkes mußte abermals zu schärferen Maßnahmen greifen, die auch die Weitherzigkeit der »bürgerlichen« Novelle nicht zu hindern vermochte [112].

Wichtiger aber ist die Frage der Eingliederung männlicher Elemente. Die Einheirat eines fremden Sklaven in die Familie seines Herrn wird eine seltene Ausnahme gebildet haben [113]. Über Aufnahme freier Männer entscheidet grundsätzlich der Volksgott selbst; seine Befragung darüber zu unterlassen kann nur zu Schwierigkeiten führen [114]. Er bestimmt durch Orakel und Gesetzesspruch die Völker, aus denen eine Aufnahme erfolgen darf, wie die dauernd ausgeschlossenen, und die Eingliederung erfolgt, wo sie geschieht, in der Form eines religiösen, durch einen Eid bei Jahwe gesicherten »Bundes« oder durch ein »Ausrufen des Namens Jahwes« über die Herzukommenden [115], wohl entsprechend der »Schenkung« einer eroberten Stadt an den Gott durch den assyrischen König [116]. In Übereinstimmung mit solcher Sitte scheint man in der Diaspora hier und da von dem Freier eines jüdischen Mädchens den Übertritt zum Judentum mit Namenswechsel gefordert zu haben [117]. Zugleich ermöglichte die späteste Prophetie nach dem Zusammenbruch des Staates und dem Sichansiedelnmüssen auch auf fremdem Boden die Aufnahme in das Volkstum für Andersblütige auf dem Wege des Anschlusses an die Religion:

> Nicht sage der Fremde, der sich zu Jahwe hält:
> »Sicher scheidet mich Jahwe von seinem Volk!« ...
> Die Fremden, die sich zu 'mir' halten, 'mir' zu dienen,
> 'meinen' Namen zu lieben, 'meine' Knechte zu sein,
> jeder, der den Sabbath vor Entweihung bewahrt,
> an meinem Bund festhält,
> die bring' ich auf meinen heiligen Berg,
> schaff' ihnen Freude in meinem Bethaus ...
> denn mein Haus soll ein Bethaus heißen
> für alle Völker! [118]

Wie eine solche »Bekehrung« unter dem Eindruck eines konkreten, als Wunder gedeuteten Geschehens vor sich gehen kann, stellt das Judithbuch nach dem Vorbild der Jethro-Erzählung an dem Beispiel des Achior dar:

> Als Achior alles sah, was der Gott Israels getan, wurde er sehr gläubig an Gott, ließ sich beschneiden und wurde zum Hause Israel hinzugetan bis zum heutigen Tag [119].

Das »Volk« wird sachlich zur religiösen Missionsgemeinde aus vielen Völkern, bewahrt aber für sein Eigenbewußtsein nicht nur grundsätzlich eine Vorzugsstellung der blutmäßig zu Israel gehörigen Glieder [119a], sondern die volkliche Struktur und den Anspruch, als Volk Träger der Verheißung zu sein. Die NTliche Gemeinde, welche die Blutzugehörigkeit zu Israel völlig abstreift, sich aber gleichwohl als das wahre Gottesvolk fühlt, zieht nur die letzte Folgerung aus dem eben dargestellten innerjüdischen Vorgang: der Volksbegriff wird von allen innerweltlichen Wesensmomenten entleert und auf das Moment der göttlichen Berufung und Erwählung bezogen, dabei aber gleichzeitig der volksmäßige Anspruch als Auswirkung eines von Anfang an in der Jahwereligion angelegten Wesenszuges festgehalten! Das »Volk« stellt für das israelitische Bewußtsein bei aller Betonung der oben herausgearbeiteten innerweltlichen Momente in seinem entscheidenden Kern keine politische oder natürliche Größe dar, vielmehr eine göttliche Neuschöpfung; außerhalb des »Bundes« gibt es kein israelitisches Volk. Dieser bildet vielmehr sowohl die Lebenssphäre als die entscheidende Grenze des Volkes. Jahwe schafft das Volk als religiöses Subjekt und zerschlägt es, wenn es die Bundessatzung entscheidend verletzt. Als Glied dieses Volkes kann der Einzelne der Hilfe und aller Gnade des Gottes gewiß sein, dem er sich daher mit der erweiterten Anrede: »Jahwe, du Gott Israels« naht [120]. Als Knecht eines israelitischen Herrn hat der Fremde Zugang zum Gott dieses Volkes [121]. Im Gebet für das Volk oder in der Mahnung an das Volk klingt das Flehen des Einzelnen aus [122]. Aber als Glied des Volkes stirbt der Einzelne den Tod des Volkes, wie schon ausgeführt. Der Einzelne trägt die Verantwortung für das Groß-Ich des Volkes, aber auch das Groß-Ich des Volkes als religiöses und ethisches Subjekt die Verantwortung für den Einzelnen.

c) Volk und Kultus.

α) Kultus und Erwählung.

Der soeben dargestellte Sachverhalt wird vielleicht noch klarer, wenn wir ihn an dem Beispiel des Kultus noch einmal zu verdeutlichen suchen. Der israelitische Kultus der ältesten Zeit weist, soweit wir sehen können, mehrere Schichten auf. Da ist der Gottesdienst der einzelnen Sippen und Stämme, den »Väterlichen Göttern« dargebracht, die nur allmählich mit Jahwe verschmolzen sind. Wem das Neumondopfer der Sippe des David in Bethlehem gegolten hat, wissen wir nicht; die verhältnismäßige Seltenheit der mit Jahwe gebildeten Eigennamen bis zu dieser Zeit läßt es zweifelhaft erscheinen, ob wirklich schon aller Kult in dieser Zeit »jahwisiert« war [123]. Die Aufsaugung dieser privaten Kulte dürfte im Zusammenhang mit der Ausbreitung der levitischen Bewegung und ihrem Eindringen in die »Eigenkapellen« stehen. Darüber steht der Kultus des Bundeskriegsgottes, den wir in seiner Wesensart und in seiner Wandlung zum politisch bestimmten Kultus des Landes und Staates zu erfassen versucht haben [124]. In seiner weiteren Geschichte ergibt sich nun das eigenartige Bild, daß die Bindung an das Land und an die Dynastie Episode blieb, hingegen die Bindung an das Volk sein Lebenselement ward. Hier liegt die große Bedeutung des Deuteronomiums und der von ihm abhängigen Übertragung des Erwählungsglaubens auf Jerusalem in der jüngeren Prophetie [125]. Es kennt keine naturhafte Bindung Jahwes an den Kultusort. Gerade in der Fiktion der Moserede, die von der heiligen Stätte nur als von einer zukünftig zu erwählenden sprechen kann, deren Name noch nicht einmal bekannt ist [126], kommt die souveräne Freiheit des Gottes zum lebendigen Ausdruck. Nur das wird gesagt, daß er im Gebiet »eines deiner Stämme«, im israelitischen Territorium liegen wird, in einem Lande also, dessen Bestimmung wiederum nur von Gott selbst in dem Eid an die Väter vorgenommen ist. Der geschichtliche Tatbestand — dessen Verknüpfung mit der Zeit und der Person des David nie vergessen worden ist, vielmehr in eigenartigen Ausformungen der alten Erzählungen selbst noch beim Chronisten nachklingt [127] — der geschichtliche Tatbestand, daß Jahwe seinen Tempel auf dem ihm »heiligen« Zion hat, findet durch die deuteronomische Betonung der »Wahl« Gottes seine Rechtfertigung aber zugleich seine Bedrohung: die »heilige Wohnung« des »Kriegsherrn Jahwe, der auf dem Berge Zion wohnt«, die er »gegründet hat« und der er »Schutz- und Schirmdach« sein will [128], kann er verwerfen, wie er sie erwählt hat:

Ich verwerfe diese Stadt, die ich erwählt hatte,
und das Haus, von dem ich gesagt: Dort sei mein Name! [129]

Dieser eine Kultus aber umfaßt das ganze Volk in allen seinen Familien, vereinigt sie zu gemeinsamer Feier, in deren Mitte das Gedenken an die Geschichte des Volkes stehen soll. Die Erinnerung an das gnädig abgewandte Sklavenlos in Ägypten läßt jetzt auch die Sklaven nicht allein der Teilnahme an der Sabbathruhe würdigen, sondern sie auch zur Feier des Passah und der anderen Memorialfeste, ja zu den Festschmäusen am Heiligtum überhaupt heranziehen! [130] Als lebendiger Ausdruck der Volksgemeinschaft vollzieht sich die heilige Handlung in solidarer Hilfe für den Armen und gemeinsamer Freude:

Halte das Wochenfest für Jahwe deinen Gott
'mit' freiwilligen Gaben deiner Hand, die du gibst
nach dem Segen, mit dem Jahwe dein Gott dich segnen wird.
Und sei fröhlich vor Jahwe, deinem Gott,
du, dein Sohn, deine Tochter, dein Knecht, deine Magd,
der Levit in deinen Toren,
der Beisasse, der Waisenknabe, die Witwe in deiner Mitte,
an dem Ort, den Jahwe dein Gott erwählen wird,
seinen Namen daselbst wohnen zu lassen! [131]

Nicht minder soll die einzige außerhalb des Tempels vorgenommene rituelle Handlung, die Sühnezeremonie bei Auffindung eines Ermordeten, dem Volke als solchem zugute kommen:

> Schaff Sühne deinem Volke Israel,
> das du, Jahwe, losgekauft hast! [132]

Wie auch die scharfen Strafen über den zum Abfall aufrufenden Propheten »ganz Israel« in Schrecken setzen sollen [133].

β) Das Volk als Subjekt und Objekt des Kultus.

Subjekt des Kultus ist dabei weder der König noch ein Priesterkollegium, welche ihn für sich und für das Volk darbrächten, sondern Subjekt des Kultus ist durchaus das feiernde Volk, selbst in den Handlungen seiner Familienhäupter, natürlich unter rituell geregelter Beteiligung der Priester. Geht der Laie mit den Erstlingsfrüchten zum heiligen Ort,

> so sollst du zu dem *Priester* kommen, der in jenen Tagen sein wird,
> und zu ihm sprechen:
> »Ich melde heute dem Jahwe, ‚meinem' Gott,
> daß ich in das Land gekommen bin,
> das Jahwe unsern Vätern geschworen hatte, es uns zu geben!«
> Dann soll der *Priester* den Korb aus deiner Hand nehmen
> und ihn vor dem Altar Jahwes, deines Gottes, niederstellen.
> *Du* aber sollst anheben und vor Jahwe, deinem Gotte, sprechen:
> »Ein verlumpter Aramäer war mein Vater.
> Der zog nach Ägypten hinab,
> lebte dort als Beisasse mit wenigen Mannen,
> und ward daselbst zu einem großen, starken und zahlreichen Volk« [134].

Volkwerdung und Landbesitz stehen damit im Mittelpunkt der heiligen Formeln eines Kultus, den das Volk selbst darbringt. In der Folgezeit ist der Subjektscharakter des Volkes im Gottesdienst wohl durch die stärkere Wertung des Priestertumes, vor allem im Ritual des großen Versöhnungstages, aber auch im Kultusprogramm des Ezechiel zurückgedrängt, aber doch insofern niemals erloschen, als auch der Priesterkodex kein priesterliches Geheimritual darstellt, das dem »Laien« den Sinn der Opferhandlungen und Riten vorenthielte. Das Volk vermag den Riten mit innerem Mitleben zu folgen; sie sind ihm bekannt als Gottesbefehle nicht an eine abgeschlossene Kaste, sondern an das Volk selbst in seiner Gesamtheit. Es genügt, auf die (mit kleinen Abweichungen) häufige Einleitungsformel zu verweisen:

> Jahwe rief Moses und sprach zu ihm (vom Versammlungszelt her):
> »Sage den Israelsöhnen und sprich zu ihnen ...« [135]

Analoges gilt von dem Volk als Objekt des Kultus. Es soll gewiß nicht verkannt oder unterschätzt werden, daß eine große Zahl kultischer Handlungen dem Zwecke dient, den Einzelnen aus Gefahren zu retten, der Gottheit für die an dem Einzelnen geschehene Rettung unter Vollzug seiner Gelübde zu danken und dem Einzelnen den »Segen« zuzuwenden. Auch die Tatsache, daß solche Handlungen weithin vor versammelter Gemeinde stattfinden, ändert ja nichts daran, daß ihr Ziel die Zuwendung der »Gnaden« an den Einzelnen ist. Aber darüber dürfen zwei wesentliche Tatsachen nicht übersehen werden: Einmal, daß die Höhepunkte des Kultus durchaus die Akte sind, in denen der Gott dem Volk seine Macht und Hilfe beschert. Im Feste der Bundeserneuerung am Neujahrstag eines jeden — oder jedes siebenten — Jahres wird ihm erneut das Gottesrecht auferlegt [136], und im großen Versöhnungsritus (des gleichen Tages?) werden seine Sünden in die Wüste weggeschafft und das Heiligtum von aller Befleckung gereinigt [137]. Ebenso ist in jedem Gottesdienst der feierlichste Augenblick gekommen, wenn dem versammelten Volk der Segen gespendet und jubelnd von dem Hymnus begrüßt wird [138]. Und sodann: Auch dort, wo die Sühnopfer der Reinigung des Einzelnen dienen, ist (selbst wo es nicht wie bei dem Priester ausdrücklich gesagt ist [139]) die Abzielung nicht lediglich auf sein privates Wohl gerichtet, sondern auf das »Heil« der Gesamtheit, die nicht durch ihn befleckt werden soll. Muß doch im anderen Fall ein »Unreiner«

ausgetilgt werden aus seinem Volk [140].

Der Einzelne trägt Verantwortung für das Volk, und das Volk stellt ihm in dem gottgeordneten Ritual die Mittel zur Verfügung, sich selbst und darin zugleich das Volk, über das seine Verfehlung den Gotteszorn herbeizuzwingen droht, zu retten.

d) Folgerungen.

α) Das völkische Ethos Israels.

Der Subjektscharakter des Volkes als Groß-Ich, wie wir ihn zu erarbeiten versucht haben, hat nun für das israelitische Ethos zwei sehr weitreichende Folgen:

1. Das israelitische Ethos ist völkisch-religiöses aber nicht völkisch-politisches Ethos. Das Tun des einzelnen findet seine Norm an dem Gotteswillen, von dessen Erfüllung oder Nichterfüllung das Schicksal des Volkes abhängt. Dieses Ergehen des Ganzen steht bei allen Mahnungen und allen Drohungen der spezifisch israelitischen Texte ausgesprochen oder unausgesprochen im Hintergrund. Der konkrete Inhalt der Verantwortung des einzelnen bestimmt sich dadurch, daß er dieser gottgesetzten Gesamtheit des

Gottesvolkes als Glied angehört. Nur in der »Weisheit« und ihren individualistischen, weithin »internationalen« Ratschlägen tritt das stark zurück. Wir haben davon später ausführlich zu handeln, für jetzt aber noch einmal zu unterstreichen, daß diese »völkische« Bedingtheit keine staatlich-politische ist. Wie die Propheten (und ihnen folgend das Deuteronomium) für das Verhalten des Staatsmannes keine politischen Normen erarbeitet, vielmehr »utopisch« Glauben und Gehorsam zu entscheidenden Gesichtspunkten erhoben haben [141], so hat auch die Geschichtsschreibung schon vor ihnen weithin für politische Spannungen und Motive wenig Sinn. Für den Verfasser der Thronfolgeerzählung, um nur ein besonders deutliches Beispiel herauszuheben, ist es der zugleich soziale und sexuelle Frevel des Herrschers, kein politisch verkehrtes Handeln, das sich in den Katastrophen der Aufstände auswirkt [142]. In dieser Weise konnte Geschichte geschrieben werden, weil die Verheißung und die Drohung primär nicht dem Staat, sondern dem Volk gilt, dem Staat aber überhaupt nicht als einer politischen Größe, sondern als einer Organisationsform des Bundesvolkes, und weil ebendarum die Entscheidung über seine Daseinsberechtigung nicht vom Politischen her fällt [142a]. Die Reichstrennung nach dem kurzen Sichbegegnen von Volkseinheit und Staatsverbundenheit wird damit notwendig stärker als eine religiöse denn als eine politische Last erfahren; ihre Aufhebung ist Gegenstand der »frommen« Sehnsucht und Verheißung [142b]. Jeder, der einmal versucht hat, die Geschichte Israels zwischen 1050 und 580 als politische Geschichte im modernen Sinne zu schreiben, kennt ja den Widerstand, den die Quellen solchem Bemühen entgegensetzen, und weiß um den Abstand, der seine Darstellung auch bei konservativster Behandlung der Einzelnachrichten von der eigenartigen Gesamtfarbe des ATlichen Bildes trennt. Wie anders wird der politische Historiker einen Mann wie Omri gegenüber dem kärglichen Annalenexzerpt bewerten, das die deuteronomische Schule allein übrig gelassen hat [143], und wieviel stärker wird er bei Josia die antiassyrischen Züge seiner nationalen Restaurationspolitik hervorkehren! Daß eine Erfüllung politischer Aufgaben im konkreten Augenblick — etwa die Schaffung eines wohlbefestigten Staatsmittelpunktes — eine Erfüllung nationalen Ethos' sei, ist dem deuteronomischen Schriftsteller nicht deutlich, tritt jedenfalls für ihn hinter dem Problem des Kultusortes gänzlich zurück. Wenn vollends die chronistische Geschichtsschreibung das Nordreich nur dort erwähnt, wo sie es als göttliche Zuchtrute für Juda sichtbar machen kann, im übrigen aber lediglich dieses als den von Gott gewollten Staat des David und als Träger der Verheißung behandelt, so folgt sie damit dem unbedingten Primat des Religiösen vor dem Politischen oder besser: dem Glauben, daß das wahre »politische« Ethos der religiöse Gehorsam sei. Was gegen den »Glauben« in diesem Sinne angeht, ist das Nichtseinsollende und damit das Nichterwähnenswerte.

In den gleichen Zusammenhang gehört es, daß und wie Jerusalem und der Zion in den Segenssprüchen und Gebeten des einzelnen begegnen. Man kann dem Frommen nichts Besseres wünschen, als daß man das Glück seiner Familie und das Heil der Stadt seines Gottes für alle Zukunft aneinanderbindet:

Jahwe segne dich vom Zion her,
daß du schaust Jerusalems Glück,
solange du lebst,
daß du schaust deiner Enkel Schar!
Heil über Israel![144]

Bruderschaftsgesinnung und Freude am Heiligtum inmitten der wohlbewehrten Stadt vereinigen sich in Appell und Gelübde:

Suchet Jerusalems Heil!
Heil deinen ‚Zelten',
Heil deinen Burgen,
Heil deiner Mauer!
Um meiner Brüder und Freunde willen
ruf' ich: »Heil dir!«
Um des Tempels unsres Gottes willen
such ich dein Glück![145]

Wie Israel im Lande so heimisch geworden, daß der Gedanke, unter »Mesek« und »Kedar« wohnen zu müssen ihm unerträglich ist[146], so ist Jerusalem, das als späterworbener Besitz keine altisraelitische Tradition besitzt, dennoch das Zentrum des Heimatgefühles geworden, das große Sehnsuchtsziel der Spätzeit. Weil es für das gottgeschaffene Volk das gottgestiftete Heiligtum birgt, da »Jahwe seinen Namen wohnen« und »sich finden« läßt, darum und nicht um seiner politischen oder wirtschaftlich-verkehrsgeographischen Bedeutung willen hat es die in der Davidzeit durch die Herrscherkunst des Königs erlangte Vormachtstellung gegenüber Sichem, der »ungekrönten Königin« des Landes für das Volksbewußtsein und die eschatologische Phantasie auch in den Zeiten des Zusammenbruchs behauptet, ja verstärkt und unangreifbar gemacht.

2. Das israelitische Ethos ist völkisch-praktisches, nicht zeitlos-theoretisches Ethos. Das Volk steht handelnd und leidend in der Geschichte[147]; im konkreten Geschehen hat sich einst, so sahen wir, für den Glauben Israels sein Gott geoffenbart und offenbart er sich immer aufs neue durch menschlich-geschichtliche Werkzeuge in Einzelbegebnissen und in größeren Zusammenhängen, die dadurch zur »Geschichte« werden, daß sie in ihrem Grund, Ablauf und Ziel vom Glauben aus gedeutet werden. In der Geschichte hat das Volk konkrete Entscheidungen von einmaliger Unwiderruflichkeit zu fällen, in denen die grundsätzliche Bindung an den Gotteswillen durch ihre Anwendung auf den gegebenen Einzelfall und die besondere Lage eine höchst praktische Bestimmtheit gewinnt. Dieses in dem Gedanken des Gottesvolkes gesetzte Hin und Her zwischen

dem grundlegenden religiösen Prinzip und der jeweiligen bestimmten geschichtlichen Einzelsituation bewahrt das israelitische Ethos davor, an Stelle lebendiger Bewegung theoretischen Charakter anzunehmen. Man kann aus den innerhalb des AT. berichteten ethischen Entscheidungen keine allgemeinen Prinzipien abstrahieren, ohne sich stets die konkrete Geschichtswirklichkeit vor Augen zu halten, in denen sie getroffen sind. Für den Angriff auf das AT. ist dies ebenso zu beachten wie für seine »Verteidigung«. Denn eben seine Orts- und Zeitgebundenheit ist die Wurzel der inneren Lebendigkeit seines Ethos, seines Pathos und seiner Freiheit von blutloser Abstraktion.

Man kann sich diesen untheoretischen Charakter des israelitischen Ethos vielleicht am besten klar machen, wenn man von der inneren Struktur eines Lebensgebietes ausgeht, das mit dem Ethos in lebendiger Wechselwirkung steht und seine Geschichte deutlich wiederspiegelt, von dem Recht. Das israelitische Recht entfaltet seine Sätze nicht auf Grund absoluter Normen, die allgemeine Gültigkeit beanspruchen, sondern wächst, wie schon angedeutet, immer aufs neue aus der konkreten Einzelentscheidung des Gottes in Orakel und Prophetenspruch hervor. Seine Entwicklungsrichtung läuft nicht auf eine Erarbeitung eines Systems von absoluten Grundsätzen hin, sondern auf die Anpassung einer geringen Anzahl meist negativ formulierter, sehr einfacher Sätze an eine sich stetig wandelnde kulturelle Wirklichkeit und auf eine sprachliche Umgestaltung je nach Wortwahl, Syntax und Stil der einzelnen Zeiten. Die verschiedenen Fassungen des Bilderverbotes, welche zunächst die Herstellung des einfachen Schnitzbildes (*paesael*) verwerfen, sodann aber diesem das metallgegossene Bild (*massek̲åʰ*) zur Seite stellen oder es durch dasselbe ersetzen [148], sind Zeugnisse für die erste, die Kleidung des Dekalogs in deuteronomisches Sprachgewand ist Beleg für die zweite Möglichkeit. Auch die Ergänzung apodiktischer »Worte« durch bedingt gestaltete Satzungen ist hier anzuführen, etwa die Einschränkung der Todesstrafe auf Mord durch die angehängte Asylbestimmung [149] oder die heutige Gestaltung des Altargesetzes:

> Einen Altar von Erde sollst du mir machen! ....
> Wenn du aber (aus irgend welchen Gründen dennoch) mir einen Altar von Steinen machst,
> dann sollst du (wenigstens) keine behauenen Steine nehmen! [150]

Analog stellt das israelitische Ethos keine allgemeingültige Tugendlehre auf und kennt in der älteren Zeit keine Tugendbezeichnung, sondern konkrete Einzelhaltungen, vor allem wiederum solche, vor denen es warnt. Wo sich eine Terminologie abstrakteren Charakters gebildet hat, schließen die einzelnen Ausdrücke in einer recht großen Spannweite dies Dreifache in sich: die Ausrichtung auf das Gottesvolk als die Sphäre, innerhalb deren die geforderte Haltung einzunehmen ist, den Glauben an das Gottgesetzte dieser Haltung und — als düsteren Hintergrund — die Überzeugung, daß die gegenteilige Haltung von Fluch undTod bedroht ist.

β) Wurzel und Grenzen.

Damit hängt es aufs engste zusammen, daß zum Verständnis sowohl der konkreten ethischen Entscheidung in der gegebenen Einzellage als zum Verständnis der abstrakteren Termini als weiterer Faktor die seelische Grundstruktur Israels heranzuziehen ist, von der aus die Reaktion auf die geschichtliche Wirklichkeit erfolgt. Ein stark voluntativer Grundzug verbindet sich, wie ich an anderer Stelle in dankbarer Weiterführung der Darlegungen von *Johannes Pedersen* zu zeigen versucht habe [151], mit einem lebendig-rationalen Fragen nach dem Warum des Geschehens, auch nach dem Warum des Gotteshandelns, wobei der Blick, zunächst wenigstens, durchaus von dem Einzeleindruck gefesselt bleibt, in dem jeweils das Ganze erfaßt erscheint. Diese Verbindung von starkem Willen und grübelndem Fragen mit einem kräftigen Impressionismus, eine Verbindung also ziemlich weit auseinanderliegender Haltungen, muß, zumal angesichts des zuletzt genannten Momentes, zu einer starken seelischen Labilität führen. Wieweit sich in dieser Eigenart die hinter dem Volkskörper liegende Rassemischung spiegelt, bleibt, wie gesagt, vorläufig im einzelnen unfaßbar. Diese seelische Labilität ist ungleich größer als etwa die eines modernen Abendländers, größer auch als die des mittelalterlichen Menschen, in dem germanisch-nordisches und christlich-mediterranes Erbe noch unausgeglichener miteinander ringen [152]. Sie zeigt sich nicht nur gegenüber dem ekstatischen Erleben, in welchem ein einziges Wort aus dem Hirten von Thekoa den Propheten formt, der seines Gottes Botschaft auf alle Gefahr Leibes und des Lebens kündet:

Geh, sprich den Spruch wider mein Volk Israel! [153]

Sie begegnet auch unter der Einwirkung anderer Anstöße. Wir haben Mühe, den David zu verstehen, der nach dem Siege über Absalom angesichts seines persönlichen Kummers die Aufgaben des Herrschers so völlig vergißt, daß ihn nur recht handgreifliche Mahnungen auf die Beine stellen [154]. Wir sind wohl auch geneigt, das Weinen und bußfertige Klagen Esras bei der Gesetzesmitteilung als unechtes Theater zu beurteilen [155]. Wir übersehen dabei nicht nur, daß der für den israelitischen Erzähler bestehende Zwang, seelische Stimmungen durch äußere Handlungen zum Ausdruck zu bringen [156], die Darstellung im Interesse der Deutlichkeit vergröbert, sondern auch, daß Gefühlsreaktionen hier »impressionistisch« in weiten Pendelausschlägen sich abspielen. Entscheidung und Bekehrung, um ein konkretes Beispiel zu nehmen, verlaufen dann nicht in einem allmählichen Reifeprozeß, sondern vollziehen sich stoßartig. Gewiß ist die Betrachtungsweise des Ezechiel, für den die Umkehr zum Guten wie zum Bösen in jedem Augenblick möglich ist [157], in ihrer Zeit nicht die einzige, und gewiß ist an ihr seine eigenartig konstruierende Geistesart, also ein persönlicher Zug, stark beteiligt; möglich aber ist sie nur von jener allgemeinen Labilität aus, von der wir handeln. Sie erleichtert zudem die Scheidung der Menschen in bestimmte Typen, den »Bruder«, dem im Überschwang der Gefühle alle Fürsorge gilt, und den »Feind«, dem sich die gesammelte Kraft des Hasses und der Rachsucht zuwendet. Die Schwarzweißtechnik der Psalmen und der Weisheit hat hier ihre Wurzel, die in der charakteristischen Art von Psalm 1 den »Gerechten« unter den Gottessegen stellt und mit ihm Gemeinschaft hält, im Gegensatz zum »Bösewicht«, von dem man sich als dem von Gott verfluchten Träger des Verderbens scheidet. Die Unbedingtheit, die der Gottesforderung als solcher eigen ist, muß diese Scheidung noch befördern. Für mittlere Haltungen und ethische Übergänge ist da kein Raum. Die Weisheitslehre mit ihren Ratschlägen eines Handelns, das »besser« ist als das entgegengesetzte, und die Skepsis eines Kohaelaet mit ihren Warnungen vor dem »allzusehr«[158] sind in ihrer Grundhaltung unisraelitisch.

An einem Punkte drängt nun freilich das israelitische Ethos über die völkische Umgrenzung stark hinaus. Wir können uns diesen Tatbestand wieder vom Recht her deutlich machen. Als praktisches Recht trifft es in einzelnen Fragen, vor allem in Schuld- und Zinsrecht, verschiedenartige Regelungen je nachdem, ob ein Israelit oder ein Nichtisraelit Subjekt, Partner oder auch Objekt eines Rechtsgeschäftes — etwa einer Darlehenshergabe — ist. Die Ausdehnung bestimmter Rechtsnormen auf Metöken muß daher besonders angeordnet werden [159]. Demgegenüber weiß aber die eschatologische Erwartung von einer — nicht erzwungenen, sondern freiwillig begehrten und übernommenen Übertragung des israelitischen Rechtes auf die Heidenvölker:

»Kommt, wir wollen hinauf zu Jahwes Berg,
zum Haus des Gottes Jakobs,
daß er uns unterweise in seinen Wegen,
daß wir wandeln auf seinen Pfaden.
Denn von Zion kommt die Weisung,
das Jahwewort von Jerusalem her!« [160]

Diese im Universalismus des prophetischen Gottesglaubens begründete Ausweitung hat ihre Entsprechung im Ethos dort, wo die grundlegenden Forderungen Jahwes als Gebote gelten, deren objektive Verletzung auch dann, wenn sie unbekannt sind, schuldhaften

Charakter trägt und das Gericht nach sich zieht [161]. Der Wille des einen Gottes ist für die Beurteilung jeglichen Verhaltens maßgebend, ganz gleichgültig, ob und welche Stellung der »Fremde« subjektiv zu ihnen einnimmt. Das eschatologische Ziel ist auch hier kein anderes als das eben gezeichnete, insofern »die Weisung« (*torā^h*) und »das Jahwewort« nicht nur das formale Recht, sondern stärker die sittlichen Haltungen umschreiben, die zum Gemeingut der Menschheit werden sollen.

Kapitel 4.

Die religöse Entscheidung und der „indirekte Weg" der Lebenssicherung.

1. Die Grenzlage Israels und ihre Wirkungen.

a) Die konkrete Lage.

Die konkrete Lage des israelitischen Volkes, in der sich sein Ethos als ein völkisch-religiöses und geschichtlich-praktisches gestaltet, ist aufs engste an die Eigenart des Landes gebunden, in der es seßhaft geworden ist, und nicht minder an die Formen, in denen das Heimischwerden sich vollzogen hat. Das Leben in dem »guten Lande« ist, wie wir schon sahen, immer aufs neue von den Schrecken der Verwüstung bedroht, und der Gang der Geschichte hat das Bewußtsein um diese Daseinsunsicherheit entscheidend verstärkt. Die um 1200 eingedrungenen Stämme — das »Haus Joseph« — haben die Erinnerung daran, in Palästina nicht uransässig zu sein, stets bewahrt und haben sie den schon länger im Lande weilenden Gruppen — den »Isaak«- und den »Lea«-Leuten [1] — aufgeprägt. Auch deren »Stammväter« werden in der genealogischen Unterordnung unter den »Fremdling« Abraham zu Gliedern eines von fern her gekommenen Geschlechtes, dessen Anspruch auf Heimatrecht in diesen Gebieten allein auf dem Gotteswillen und etwa noch auf der ihn verletzenden Sünde der »Kananäer« beruht [2]. Die Fremdling- und Wanderer-Symbolik der griechischen Bibel mit ihren Ausstrahlungen bis in unsere Gesangbuchs- und Gebetssprache bereitet sich vor [3]. Solch Fremdlingsbewußtsein muß ein Element der Unsicherheit in sich schließen, sobald der Gang der Geschichte die Durchsetzung dieser Gottesabsicht oder auch ihre Fortdauer als zweifelhaft erscheinen läßt. Die Schwierigkeiten des um 1000 noch nicht abgeschlossenen Prozesses der Landnahme, die harten Kämpfe gegen Philister, Aramäer und die kleinen Ostjordanstaaten, die durch das Auseinanderbrechen des Reiches vergrößerte Unterlegenheit gegenüber Ägypten, Assur und Babel, die ohne aktive Beteiligung der jüdischen Gemeinde erfolgte Einfügung in das persische und mit ihm in das griechische Reich — alle diese Tatsachen mußten in ihrer fast lückenlosen Aufeinanderfolge ein tiefgreifendes Gefühl des Bedrohtseins schaffen, es lebendig erhalten und in der Pariasituation der nachexilischen Zeit weiter verstärken. Die Ungunst des Bodens — auch in der Perserzeit ist die fruchtbare Westebene durch obrigkeitliche Weisung in fremder (sidonischer) Hand — und die Schwankungen des Klimas, das Ausbleiben des Regens, das Fliegen der Heuschrecken und der Einbruch der wilden Tiere dienen dazu, von der Naturseite her die Schwierigkeiten weiter zu steigern [4]. Für das Ethos mußte diese innere Unsicherheit um so weitreichendere Folgen haben, als der an die Geschichte gebundenen israelitischen Eigenart ein »Abreagieren« der »Furchtkomplexe« in einer großen Weltuntergangsdichtung nicht gegeben war [5]. An Stelle einer »Götterdämmerung« ist die von den Propheten bis in die persische Zeit angekündigte Not auch dort, wo sie mit mythischen Farben des Sintbrandes und der Höllenfahrt ausgemalt ist [6], in aller Regel eine drohend bevorstehende politische Katastrophe. Ihr Vorstellungsmaterial hat eine gute, noch nicht hinreichend ausgeschöpfte Parallele in den Flüchen der aramäischen Staatsverträge des VIII. Jh., die ihrerseits mit den schon im Sumerischen nachweisbaren Periodenschilderungen der Segens- und Fluchzeiten im Zusammenhang stehen [7]. Und selbst in der Apokalyptik behält die Erwartung des Endes in den Visionen von der abschließenden Zerschlagung der Weltreiche durch das Königtum Gottes und das Sultanat des »Volkes der Heiligen des Höchsten« [8] einen starken politischen Einschlag, der hier freilich in der Gesamtkonzeption mehr hinter dem Universal-Kosmologischen zurücktritt. Das Gefühl, am Leben bedroht zu sein, weitet sich also für das Volk nur sehr allmählich und nie restlos zu einer »Weltangst«, für die es kein Entrinnen aus der Katastrophe gibt, und es führt daher auch nicht zu fatalistischer Haltung, wie sie etwa die spätere »Gestirnreligion« kennzeichnet, und wie sie auch dem vorislamischen Arabertum nicht fremd gewesen ist [9]. Vielmehr verharrt das israelitische Gefühl, am Leben »bedroht« zu sein, in der völkischen und der politischen Sphäre und gibt dem Handeln dieses Ziel: das vorhandene Dasein des Volkes zu behaupten und den Untergang von ihm abzuwehren.

b) »Der direkte Weg«.

Eben dieser Aufgabe gegenüber wandelt sich das Handeln in entscheidender Weise, indem es je länger je mehr sein Ziel indirekt zu erreichen strebt. Der Bund der Stämme untereinander und mit dem Gott bindet das Schicksal der Amphiktyonie an die Einhaltung der Gebote, welche ihr »heiliges Recht« darstellen. Aber mag das immerhin geltender Glaube sein: ein aktives Handeln hat er nicht gehemmt, solange und soweit nicht theoretische Reflexionen sich seiner bemächtigten und die lebendige Tatkraft schwächten. Am Anfang steht vielmehr das tapfere Sicheinsetzen der Stämme und ihrer Recken in Kampf und Streit, mit Schwert und Zauberspruch im heiligen Krieg. Da klingen die alten Parolen:

> Hand ans Banner!
> Kampf für Jahwe
> wider Amalek auf immer!
> Das Schwert für Jahwe und für Gideon [10].

Da werden Debora und Barak zum Kampfe gerufen, und wird Jael gepriesen unter den Weibern, die den Sisera erschlug, und Simson, der den Philistern harten Tort getan, und in langer Liste werden die Heldentaten derer aufgezählt, die als »Helden Davids« in allen Kämpfen und Wirrnissen ihren Mann gestanden [11]. Da hören wir den Haudegen sein Inschalla sprechen:

> Ist Aram stärker als ich, mußt du mir helfen!
> Sind die Ammoniter stärker als du, komm ich dir zu Hilfe!
> Sei stark! Wir wollens wagen für unser Volk und unsern 'I' Gott!
> Und Jahve tue, was Er mag! [12]

Das religiöse Pathos, das in jenen Liedern und in solchem Bekenntnis mitschwingt, ist nicht zu überhören. Im Kriege kommt das Volk dem Gott »zu Hilfe«, und sein Krieg ist Jahwes Krieg [12a]. Selbst-Handeln und Frommsein liegen durchaus ineinander, und es mag ohne Tadel geschehen, daß der König, seiner göttlichen Sendung gewiß, im entscheidenden Augenblicke lieber die Feinde mit der Waffe schlägt als sich die Gunst der flüchtigen Stunde erst durch das Orakel bestätigen zu lassen [13]! Läßt doch auch die Prophetenlegende ihre Helden nicht nur in Gottesspruch und Fürbitte die Zukunft gestalten, sondern auch durch Anzettelung eines Militärputsches kräftig und wirksam dafür sorgen, daß sich der Gotteswille beizeiten und gründlich erfülle [14].

Es ist nicht nötig, die Beispiele für kraftbewußtes eigenes Tun zu mehren. Das Lebensideal eines starken, freien Volkes steht vor uns, das für sein gutes Recht und seinen Gott das Schwert im Streite führt. Und auch das muß, damit die folgenden Darlegungen kein falsches Bild entstehen lassen, noch hinzugefügt werden, daß solch aktives, direktes Schicksalgestalten und Unheilabwehren niemals ganz erloschen ist. Omri baut die Burg zu Samarien, Ahas sendet Boten zu Tiglatpileser. Der persische Statthalter Nehemia scheut sich nicht vor eigenhändigen Tätlichkeiten wider die in Mischehe

Lebenden. Judith erschlägt den Holofernes und Mattathias stürzt den syrischen Altar [15]. All das sind – beliebig zu vermehrende – Zeugnisse für ein Weiterleben der alten Haltung in Geschichte und Sage, in der Lebenswirklichkeit und in ihrem dichterischen Widerspiel, mag immerhin gerade die in der alten Zeit selbstverständliche religiöse Lebendigkeit dabei oft genug abgeklungen sein [15a].

c) Die religiöse Wurzel des indirekten Weges.

Aber auch dort, wo der direkte Weg kraftvoll beschritten wird, steht jenes Bewußtsein um das Land als das Gottesgeschenk im Hintergrund, das wir samt seinen Auswirkungen in der Sagenbildung schon kennengelernt haben [16]. Es ist nicht zu trennen von einer grundsätzlichen Haltung zum Leben und zur Geschichte, die sich in den Darstellungen der Vorgänge durch reflektierende Theologen in steter Steigerung beobachten läßt. Das Jahwistische Werk verherrlicht in Abraham, dem Träger der Verheißung, das Vorbild des Friedfertigen und des Glaubenden. In seiner Schilderung der Schilfmeerrettung läßt es einen Ton erstmalig anklingen, der in der späteren Literatur, vor allem der Chronistischen Geschichtsschreibung, herrschend werden sollte:

Fürchtet euch nicht! Seid standhaft, dann schaut ihr die Hilfe Jahwes, die er euch heute bereiten wird!...
Jahwe wird für euch kämpfen und ihr werdet ruhig dabeistehen! [17]

Ein verwandter Erzähler schildert Gideon als den Gottgehorsamen, der sein Heer nach der Gottesanweisung auf 300 Mann verkleinert:

Die Mannschaft ist noch zu groß!
Führe sie hinab zum Wasser, daß ich sie dort für dich sichte.
Von wem ich dir sage: »Der gehe mit dir«, der gehe mit dir.
Und jeder, von dem ich dir sage: »Der gehe nicht mit dir«, der gehe nicht! [18]

Das Zeichen aber, das berühmte Wasserlecken wie die Hunde, das dem heutigen Verständnis unüberwindliche Schwierigkeiten entgegensetzt, dürfte von dem Erzähler als ein völlig willkürliches gemeint gewesen sein: Gott bestimmt die Kampfschar, wie immer Er will. In der Legende von David und Goliath hat dieser Gegensatz von menschlicher Waffengewalt und göttlicher Hilfe seinen bildhaftesten Ausdruck gefunden:

Du kommst zu mir mit Schwert und Speer und Spieß!
Ich komme zu dir mit dem Namen des Kriegsherrn Jahwe,
des Gottes der Schlachtreihen von Israel, den du gehöhnt. [19]

Die elohistisch-deuteronomistische Geschichtsbetrachtung hat diesen Zug, der auch der Kultlyrik nicht fremd ist [20], in sehr bedeutsamer Weise weitergebildet. In ihrer Betonung der gottgesandten Hilfe ohne Verdienst des Volkes, ihrer schematisch-periodisierenden Verurteilung der Vergangenheit, ihrer Steigerung der Wunder weit über die in den alten Sagen berichteten hinaus und in ihrer Schätzung des Propheten als des Trägers der Fürbitte und der »Gottesmacht« steht sie in lebendigem Zusammenhang mit dem »Utopismus« der prophetischen Forderung nach alleiniger Anerkennung der Geschichtslenkung Jahwes[21]. Sie bereitet damit die Chronistische Darstellung vor, für welche die Kämpfe Judas mit seinen Feinden nicht mehr als irdische Schlachten geschlagen werden:

> »Fürchtet euch nicht und erschreckt nicht vor jener gewaltigen Streitmacht, denn die Schlacht ist nicht eure Aufgabe, sondern Gottes Aufgabe ... Nicht eure Aufgabe ist es, dort zu streiten, sondern ihr habt (nur) hinzutreten und dazustehen und den »Sieg« zu schauen, den Jahwe für euch, Jerusalem und Juda, (vollendet) hat. ... Glaubet an Jahwe, euren Gott, so habt ihr Bestand; glaubet an seine Propheten, so wirds euch gelingen!«[22]

Ihre Vollendung findet diese Linie einerseits in den pazifistischen Zukunftsgemälden der Prophetie, in denen ein vom harten Daseinskampf erschöpftes Volk von einer Welt träumt, in der es keinen Krieg und keine Kriegsgeräte mehr geben wird, vielmehr unter der endzeitlichen Segensherrschaft Gottes nur friedlichen Ackerbau und fröhliche Lese von unerhört reicher Fruchtbarkeit[23]. Und dieselbe grundsätzliche Haltung führt anderseits zum Wunderglauben der Märtyrerlegenden. Mag die Entscheidung für Jahwe in der konkreten Lage, in der sie zum Ungehorsam gegen ein Gebot des heidnischen Herrschers zwingt, das Leben bedrohen: Jahwe selbst sorgt durch Entsendung von Engeln und durch Lenkung des königlichen Herzens dafür, daß die Vernichtungsabsicht in um so größere Verehrung des »Helden« durch die zuvor Andersgläubigen umschlägt. Es ist der Gott des Daniel, dem die einem Darius in den Mund gelegte Aussage ungebrochen und ausschließlich gilt:

> Er ist der lebendige Gott,
> der in Ewigkeit bleibt,
> des Königtum nimmer vergeht,
> des Sultanat kein Ende hat!
> Er befreit, er rettet,
> er wirkt Zeichen und Wunder
> im Himmel wie auf Erden![24]

Allen diesen verschiedenen Ausformungen eignet die eine Erkenntnis: Unheilabwehren und Lebenssicherung gibt es nur auf dem »indirekten Wege«: durch die Erhaltung, Wiedergewinnung und Steigerung des göttlichen Wohlgefallens in der Erfüllung seines Willens. Das religiöse Pathos, das in dem alten Jahweglauben loderte, erscheint in neuer Gestalt, aber in sich nicht minder lebendig, indem die gottgestiftete Bindung des

Volkes (und durch das Volk vermittelt des Einzelnen) an seinen Gott als die einzige Lebensgrundlage heraustritt.

Das gilt zunächst insofern, als dieser Glaube an das von Gott selbst hergestellte Band sein Walten allem Dämonisch-Unberechenbaren, nur durch den Zauber zu Gestaltendem enthebt. An sich wohnt, aus uralt-»demokratischen« Gefühlen von der Wüstenzeit her, dem israelitischen Menschen ein »Ressentiment gegen die Macht« inne, das Macht und Recht in dauerndem gegenseitigen Sichausschließen sah, nicht nur Recht und Macht des Königs [25], sondern auch Recht und Gottesmacht. Immer wieder klingt durch die Worte Hiobs der Schrei hindurch, daß Gottes Übergewalt einen Rechtsstreit zwischen ihnen unmöglich erscheinen lasse, daß Recht nur zwischen Gleichgestellten möglich sei:

Gewiß! Ich weiß, so ist es stets!
Der Mensch gewönne Recht bei Gott?
Begehrte er mit Ihm zu streiten,
auf tausend gäb' Er nicht Bescheid!
Wär einer weise, stark an Kraft;
wer bliebe wider Ihn wohl heil?
Und packt Er einen, wer ruft: »Halt!«
wer sagt zu Ihm: »Was tust du da?«
Gott wendet niemals seinen Zorn,
Er, vor dem Rahabs Schar geduckt.
Wie sollte ich Ihm Antwort geben,
Die Worte wählen wider Ihn?
Bin ich ohn' Schuld — ich darf's nicht sagen,
muß für mein Recht um Gnade flehn. [26]

Die traurigen Erfahrungen, wie sie der Arme immer wieder durchzuleiden hatte, wirken sich aus, Erfahrungen, die der Weise in gute Ratschläge umsetzt [27] und die der Psalter nicht minder realistisch und naiv verherrlicht:

«Schau, Jahwes Gabe sind Söhne,
Lohn ist Leibesfrucht.
Wie Pfeile in Reckenhand
sind jugendstarke Söhne.
Heil dem,
des Köcher
ihrer voll ist!
'Der' wird nicht zu Schanden,
wenn 'er' rechtet
wider Feinde im Tor!« [28]

Ein Darlehen, das man einem Vornehmen gab, ist sicher verloren; aus einer Bürgschaft, die man für einen Höherstehenden leistete, wird man sicher in Anspruch genommen, und gegen einen Richter zu klagen ist vollends aussichtslos [29]. Nicht der Glaubenssatz, daß Glück und »Gerechtigkeit« im Kern miteinander identisch seien, sondern die »Despotie« des Starken herrscht im Leben und droht auch den Gottesglauben umzuformen: Je mächtiger Gott ist, desto größer ist die von ihm drohende Gefahr! Nur dann ist eine Sicherung gegen einen Mißbrauch seiner Übergewalt gegeben, wenn er sich selbst durch Eid und »Wort« an seine »Treue« bindet; das »gemeinschaftsmäßige« israelitische Denken und Empfinden hat die Möglichkeit, daran zu glauben.

Verwickelter als gegenüber dem Machtgedanken wird die Problematik des Bundesglaubens freilich dort, wo der ursemitische Gedanke des »gerechten Gottes« [30] in forensischer Anwendung zum weithin entscheidenden Geschichtsbegriff geworden ist. In der israelitischen Religion dient er nicht nur zur Lösung der Rätsel im Ergehen des eigenen Volkes, sondern ist in einem »gewaltigen Siegeszug der jahwistischen Ethik« zugleich zum Erklärungsprinzip des Schicksals der fremden Völker selbst dort geworden, wo Israels Ergehen gar nicht in Frage steht:

> Um dreier Moabiterfrevel,
> um ihrer vier will ich's nicht wenden,
> weil sie verbrannt zu Kalk und Staub
> des Edomiterkönigs Bein! [31]

Die innere Einheitlichkeit des jahwistisch-prophetischen Geschichtsbildes, das von der Urgeschichte der Menschheit bis zum Ende der Tage die Ganzheit des Geschehens als einen großen Zusammenhang umklammert, hat hier ihre Wurzel. Beschwört aber im Gefüge einer solchen Gesamtanschauung schon eine »objektive Schuld« (wie oben dargelegt) das Gericht herauf [32], so ist eine Lebenssicherung gegenüber der forensischen Gerechtigkeit Gottes nur dort gegeben, wo der Gotteswille bekannt und seine Übertretung damit vermeidbar geworden ist. Die Sphäre, innerhalb deren ein Volk, das im Kampf der Nationen seine eigene Schwäche fühlt, das in bäuerlicher Bindung an Acker und Garten nach Frieden und Naturverwandlung verlangt, sich gleichwohl geborgen fühlen kann, ist unter solchen Voraussetzungen der Umkreis einer zureichenden und zuverlässig übermittelten Offenbarung des göttlichen Willens [33]. Darum ist für Israels Glauben die Kundmachung des Gesetzes kein *opus alienum dei*, kein Unterstellen unter eine Todesmacht, sondern Heilstat Gottes zur Bewahrung des Lebens. An diesem Punkte steht Paulus [34] in grundsätzlichem Gegensatz zu dem Empfinden Israels.

Freilich nicht zu seiner Geschichte und seiner Erfahrung! Gegen irdische Feinde ist die Gotteshilfe mächtig. Wenn aber Jahwe selbst, zum Zorne wider sein Volk gereizt, ihm zum »Verräter« und zum »Feinde« wird, wer soll dann helfen? [34a] Je höher die Aussagen werden, die der Glaube von ihm als dem auch an »Gerechtigkeit« die anderen

Götter überragenden, ja als von dem »heiligen« Gotte zu machen weiß, desto furchtbarer wird die von ihm ausgehende Gefahr und desto bedeutsamer, aber auch tragischer wird die Entscheidung des Volkes. Alle Selbstverständlichkeit des Gottesschutzes, welche aus der erstaunten Frage:

Ist Jahwe nicht in unsrer Mitte?

die naive Folgerung ziehen will:

So trifft uns kein Unheil [35].

hat des Amos radikale Umkehr des Bundesgedankens im voraus zerschlagen. Nicht nur trifft Israel ein gleiches Schicksal wie Aramäer und Philister, die Jahwe auch in ihre jetzige Heimat gebracht hat, nun aber vernichtet; vielmehr ist seine Strafe eben darum, weil es das Bundesvolk ist, um so härter:

Nur euch hab ich erkannt von allen Nationen der Erde:
darum suche ich heim an euch alles, was ihr verschuldet. [36]

Nicht der Bund an sich, sondern nur der gehaltene Bund würde — auf die aktuelle Gegenwart gesehen — Lebenssicherung bedeuten; der gebrochene aber gefährdet das Dasein des Volkes an der Wurzel. Im gleichen Sinne führt das Auftreten eines Propheten wie jede Gottesoffenbarung eine Krisis herbei:

Mögen sie »hören«, mögen sie's lassen,
sie werden erkennen, daß ein Prophet in ihrer Mitte ist. [37]

Aber nicht nur über Israels Schicksal allein fällt für den Glauben des AT die »Entscheidung« je nach seiner Stellung zum Willen Jahwes. Vielmehr ist in der monotheistischen Zusammenordnung alles Geschehens in einem einheitlichen Vorgang zugleich für sein Weltbild das andere Moment mitgesetzt: daß sich die Geschichte überhaupt um Verhalten wie Ergehen dieses Volkes dreht. Das gilt zunächst in dem Sinne, daß Jahwe »Sünden« wider sein Volk entscheidend straft. Wie der Marduk der sogenannten Weidnerschen Chronik und verwandter Texte das Königtum von einer Stadt auf die andere überträgt, wenn sich sein Inhaber gegen Esagila und Babel vergangen, etwa die Weinspenden verschlechtert, eine Konkurrenzstadt gleichen Namens gegründet oder die Bewohner bedrückt hat [38], so erzwingen Grausamkeiten gegen Gilead oder Jerusalem den Untergang von Damask und Babel [39]. Es gilt aber auch in dem anderen Sinne, daß die fremden Völker, gleich den Gutäern derselben Chronik,

welche Gottesfurcht nicht kennen,
die Kultsatzungen und Vorschriften nicht richtig auszuführen wissen, [40]

als »Versuchung« und als Zuchtrute benutzt werden. Das geschieht mit Assur vor allem in der Botschaft Jesajas [41]. Man kann es vielleicht so ausdrücken: Das AT läßt die Sünde Israels für die andern die große geschichtliche Möglichkeit schaffen, als Werkzeug Jahwes in den

Mittelpunkt des Geschehens zu treten, eine Möglichkeit, der gegenüber sie sich zu bewähren haben — und versagen. Die Gerechtigkeit Jahwes auch den »Heiden« gegenüber läßt eine einseitige Beurteilung ihrer Geschichte im Lichte von Israels Sünde nicht zu [42]. Ihre eigene (objektive) Schuld, nicht nur eine »Bekehrung« Israels, oder ein von allem menschlichen Tun unabhängiger Gottesrat läßt sie (wieder) verworfen werden. Auch diese Gedanken aber heben die Tatsache nicht auf, daß die Erfüllung der Gottesforderung durch Israel für Israels Glauben weithin die Entscheidung über die Weltgeschichte in sich schließt und, insofern das Ziel und Ende der Geschichte eschatologischen Charakter annimmt, auch über den Hereinbruch der »letzten Zeit« [43].

Es geht ja gar nicht allein um der Menschen Schicksal, sondern zugleich um die Erfüllung oder Nichterfüllung von Gottes Plan. Seine Gedanken zerbrechen, wenn er Israel, statt von ihm »Vater« genannt zu werden und es vor aller Welt auszuzeichnen, zerschlagen muß, oder wenn sein Gericht über das Nordreich nicht einmal die arge Schwester Juda von gleichem Irrweg abhält, der jenes ins Verderben gerissen hat [44]. Es geht um Gottes Ehre, um seine Anbetung in der Welt, und mit Schauder erlebt man es als eine innere Gesetzmäßigkeit, daß die Entscheidung immer wieder gegen seinen Willen fällt:

Gut handeln könnt ihr nicht,
der Sünde Jünger. [45]

So führt die Hochspannung der Entscheidung zur Resignation, zur Erkenntnis der tatsächlichen Unerfüllbarkeit der Gottesforderung. Doch ist diese Erkenntnis der nüchternen Reflexion und dem pädagogischen Optimismus der Weisen verschlossen und allein dem Schauen prophetischer Gottesnähe gegeben.

d) Die Spaltung des Selbstbewußtseins.

Der geschilderte Sachverhalt erklärt damit zugleich jene innere Gespaltenheit des israelitischen Selbstbewußtseins, die bereits von anderen Gesichtspunkten her anzudeuten war [46]. Auf der einen Seite gehen von dem Bundesgedanken, der die notwendige Voraussetzung des »indirekten Weges« wie des Sündenbewußtseins bildet, starke, das Lebensgefühl des Volkes fördernde und erhöhende Kräfte aus. In dem Glauben, von Jahwe, einem mächtigen und furchtbaren Gotte, ja, von dem Schöpfer und Herrn der Welt auserwählt zu sein, wurzelt ein kräftiger Auftrieb auch des »politischen« Empfindens. Der Abgesang des Deboraliedes feiert den unwahrscheinlichen und dennoch Wirklichkeit gewordenen Sieg des Bauernheerbannes über die Streitwagenmacht der Kananäer mit dem Wunsche:

wie Morgensonne erstrahl, wer dich liebt! [47]

Von dort führt eine, im tiefsten Wesen einheitliche, die Geschichte des Gottesglaubens in sich schließende Entwicklung zu den großen Selbstprädikationen Deuterojesajas:

Du Israel, der du mein Knecht,
und Jakob, du, den ich erwählt, . . .
den ich genommen
von der Erden Enden,
aus ihren Fernen dich berufen,
zu dir gesprochen: »Sei mein Knecht!«
Ich wähle dich, verstoß dich nicht!
Darfst dich nicht fürchten, bin bei dir,
darfst dich nicht ängsten, bin dein Gott!
Ich stärke dich. Ich helfe dir,
ich halte dich mit meiner Hand voll Heil!
Schau, Schmach und Schande trifft
den, der dir grollt;
ganz null und nichtig wird,
wer mit dir streitet!
Suchst du den Widerpart,
findst ihn nicht mehr,
Wer dich bekriegt, ist nichtig,
ganz verloren! [48]

Die lebendige Wucht, mit der hier die jubelnde Begeisterung über die Macht des eigenen Gottes auch das national-politische Bewußtsein über eine in den umgebenden Stücken noch deutlicher spürbare Schwäche hinweg zu hoffnungsfreudiger Zukunftsschau begeistert, wird besonders eindrücklich, wenn man als Kontrastparallele etwa die lediglich kultisch-religiöse, in keiner Weise politisch-militärische Sonderstellung des der Isis verbundenen Volkes in den formal wie inhaltlich verwandten Selbstprädikationen der Göttin daneben hält:

Wenn die von den ersten Strahlen der aufgehenden Sonne beschienenen Aethiopier ‚Afrikas' und die in uralter Lehre erfahrenen Ägypter mich mit den ihnen eigenen Bräuchen verehren, nennen sie mich mit dem wahren Namen: »Königin Isis« [49]

Noch in dem Hymnus der Judith findet der vom Deboralied herüberhallende Klang sein spätes Echo.

Herr, du bist groß und prächtig,
wunderbar an Macht, unübertrefflich!
Dir diene die Schöpfung zumal,
denn du sprachst und sie traten ins Dasein,
du sandtest deinen Geist und er baute (sie) auf! ...
Wehe den Völkern, die sich wider mein Volk stellen,
der Allmächtige wird sie strafen am Tage seines Gerichts,
Feuer und Würmer in ihr Fleisch zu senden,
daß sie weinen vor Schmerzen in Ewigkeit! [50]

Das Dtn hat freilich auch hier in seiner Betonung des »heiligen« Volkes als des höchsten aller Völker eine theoretische Formulierung gefunden, durch welche eine

»Entpolitisierung« dieses Bewußtseins angebahnt ist, wie sie dem Geiste der Weisheit entspricht:

> Denn dies wird als eure Weisheit und Klugheit bei allen Völkern gelten, die alle diese Satzungen hören und sprechen werden: »Wahrlich dies große Volk ist eine weise und kluge Nation. Denn zu welchem großen Volke neigen sich die Götter so nahe wie Jahwe, unser Gott (zu uns), so oft wir ihn anrufen? Und welches große Volk hat so gerechte Satzungen und Rechtssprüche wie diese Weisung insgesamt, die ich euch heute vorlege? [51]

Zur religiösen Gefahr wird eine solche Steigerung des Selbstbewußtseins durch den Erwählungsglauben dort, wo der Gedanke, das wahre Gesetz zu besitzen, zu einem selbstzufriedenen »Ausruhen auf dem Gesetz« und damit zu einem angemaßten Rechtsanspruch auch Gott gegenüber führt [52], oder dort, wo die Deutung des »Gottesknechtes« auf das Volk dem Leiden Israels sühnende Bedeutung für die Sünden der Völker zuschreibt [53] und damit das eigene Abstandsgefühl von dem heiligen Gotte schwächt. Die Endvollendung erscheint dann ebensosehr als Verherrlichung des »Volkes der Heiligen des Höchsten« wie Gottes selbst, sei es, daß die Ablösung der Tierherrschaften durch das Weltensultanat Israels als des »Menschengleichen« verkündet, sei es, daß die Bekehrung der Heiden durch das Werk Israels als des »Lichtes der Heiden« erwartet wird [54].

Auf der anderen Seite aber macht sich unter diesem Hochgefühl eine entgegengesetzte seelische Strömung geltend. Die Hymnen Deuterojesajas heben sich ab von einem Hintergrund der Mutlosigkeit, der »Blindheit«, der »Taubheit« im Volke, wider die sie angehen, und nicht minder wirbt das Dtn, vor allem seine Rahmenstücke, in einer Zeit tiefer Erschütterungen für den Glauben [55]. Der Prophet — und wohl auch der »Prediger« der deuteronomischen Mahnreden — trägt sich selbst und seine Hörer über Zweifel und Anfechtungen hinweg, unter denen nicht nur die anderen leiden. Ist doch innerweltlich angesehen, Israel dem Spiel der Weltmächte trotz des Versuches von 609 — und durch sein Scheitern nur verstärkt — passiv preisgegeben, religiös gesprochen: ganz durch die souveräne Entscheidung bestimmt, die Jahwe zwischen Assur, Babel und Ägypten oder zwischen Nabunaid und Kyros treffen wird. Es wäre, wie noch einmal unterstrichen sei, ein bedauerlicher Mangel religiösen Verständnisses, die ungeheure Wucht und Kraft des Glaubens verkennen zu wollen, die es wagt — wie einst Jesaja hinter der furchtbaren Kriegsmaschine des assyrischen Heeres so jetzt — hinter dem Ringen des Persers um das babylonische Reich das Walten Jahwes zu sehen. Die *rās-šamrā*-Texte haben, wie oben schon gestreift, ein vertieftes Verständnis dafür erschlossen, was in der orientalischen Religionswelt der Besitz eines Tempels für das Ansehen eines Gottes bedeutet, und sie haben damit ein neues Licht auf die Versicherungen der

Herrscher geworfen, ihrem Landesgott ein »Haus« gebaut zu haben. Gilt es zuerst:

> Ba'al hat kein Haus wie die Götter
> und keinen Tempel wie die Söhne der Ašera!,

so ist es ein Euaggelion, eine *b^eśôrāh* für ihn, was die Jungfrau 'Anat ihm lachend meldet:

> Ich verkündige dir große Freude:
> Man gibt dir ein Haus wie deine Brüder (es haben)
> und einen heiligen Hof, wie deine Genossen ihn besitzen. [56]

Dies aber ist die Lage Jahwes seit 587: Sein Tempel ging in Flammen auf, und nur langsam gelingt es selbst nach dem »Restitutionsedikt« des Kyros, den Bau des Jahwe-Heiligtums in Gang zu bringen und zu vollenden [57]. Dennoch feiert ihn sein Prophet als den Gott! Daß Ihm gegenüber, der die Welt geschaffen, der alle Wunder gewirkt hat und wirken wird, für ein Mitschaffen des Volkes kein Raum bleibt, daß Ihm gegenüber alle menschliche Verursachung seines göttlichen Tuns einer rein theozentrischen Anschauung zu weichen hat, ist positiv von Seiner Größe her, nicht negativ von menschlicher Kleinheit her zu verstehen. Darum kann man sein ewiges Wort auch dort jubelnd feiern, wo es im Gegensatz zu der Vergänglichkeit alles irdischen Seins gesehen wird [58]. Aber wenn man die Stellung Israels zu den Völkern ins Auge faßt, so ist ein »Minderwertigkeitsgefühl« nicht zu verkennen, das nicht von der allgewaltigen Macht Gottes, sondern voll Angst von der überlegenen Macht der Nationen ringsum spricht. Das hebt schon leise an in den Kundschaftsberichten des jahwistischen Werkes, in der Ausmalung der »Riesen«, gegen die zu streiten nicht möglich sei. Um den Unterschied der inneren Haltung gegenüber einem Zeugnis prophetischen Glaubens lebendig zu erfassen, stelle man nebeneinander:

> Wir können nicht wider jenes Volk hinaufziehen,
> denn es ist stärker als wir ...
> Auch sahen wir dort die Riesen, die Anakiter,
> und wir dünkten uns Grashupfer
> und dünkten ihnen nicht anders

und:

> Ich aber vernichtete den Amurru vor 'euch' her,
> dessen Größe war wie der Zedern Größe,
> der da stark war wie die Eichen!
> Ich vernichtete seine Frucht droben
> und seine Wurzel drunten! [59]

Dient die von Jahwe überwundene Macht in ihrer Stärke für den prophetischen Glauben dazu, die göttliche Übergewalt um so allbezwingender erscheinen zu lassen, so schlägt die Angst leicht um in erbarmungslosen Hohn und Spott, wenn das Weltreich (durch andere!) einen Schlag erlitten hat. Das Spottlied verfolgt den gefallenen Feind, den König oder die »Jungfrau Babel«, indem es frühere stolze Worte zur Hervorhebung des Gegensatzes zitiert:

Du, der gedachte im Herzen:
»Will fahren gen Himmel,
über die Gottessterne zumal
erhöhn meinen Thron
auf den Ratsberg mich setzen
fern auf dem Safon!
Über Wolkenhöhen fahr ich auf,
gleiche dem Aeljon!«
Ha, fuhrst zur Hölle hinab,
in die Tiefe der Grube!
Wohl sprachst du: »Immer werd ich sein
Herrin auf ewig«!
Doch solcher Dinge dacht'st du nicht
und nicht des Endes! [60]

Nicht mehr stellen sie in der Weise der alten Spottsage dem fremden Tölpel den wackeren oder den listenreichen israelitischen Mann gegenüber [61]; nicht mehr verherrlichen sie, wie es das Deboralied durch Einführung der Mutter Siseras im Gegensatz zu seiner Mörderin tut, die rasche Tat, mag sie immerhin eine Meintat und wider die Sitte sein [62]. Sie preisen auch nicht in erster Linie den Gott, der den Gegner stürzte [63], sondern sie gewinnen ihr Leben und ihren Schwung aus dem breit ausgemalten traurigen Geschicke selbst. In solcher Weise reagieren sie die Furcht und den Schrecken ab, der Israel vor jenem beseelt hat und noch beseelt. Und dieses Minderwertigkeitsgefühl vollendet sich in der perversen Ausmalung der kommenden Sabbathfreude der »Frommen« an den Leichen der Übeltäter vor Jerusalems Toren wie in den blutrünstigen Pogromschilderungen des Esther-Buches [64]. In ihnen tobt sich derselbe ohnmächtige Haß aus, wie in dem grausigen Edomiterfluche der Exilszeit:

Heil jedem, der deine Kindlein packt
und zerschmeißt sie am »Felsen«! [65]

Es ist die Tragik der israelitischen Religion, daß die »Grenzlage« des Volkes mit ihrer Lebensunsicherheit, durch die Pariasituation unter der Fremdherrschaft noch gesteigert, sein Ethos an diesem Punkte innerlich betroffen hat. Dann spricht man nicht mehr von einer Heilsbedeutung Israels für die Welt, sondern die anderen Völker scheinen gerade gut genug, für Israel stellvertretend und sühnend in der Hölle zu sitzen. In der Belegstelle freilich, in der das Spätjudentum diesen Gedanken ausgesprochen findet, der Auslieferung von Ägypten an Kyros als Ersatz für das freizulassende Israel, hat er keine Stütze:

Ich, Jahve, dein Gott,
der Heilige Israels, dein Helfer,
gebe Ägypten als Lösgeld für dich,
Äthiopien um dich, und Saba.
Weil du wert geachtet bist vor mir,
geehrt, und weil ich dich liebe,
gebe ich 'Aram' an deiner Statt
und Völker für dein Leben! [66]

2. Die Entscheidung für Jahwe.

a) Ihr Umkreis und ihre Form.

Aus dem Gesagten ergibt sich nun mit Notwendigkeit, daß, mag der Inhalt der zur Entscheidung aufrufenden Gottesforderung mannigfach verschieden sein, ihr stets ein grundsätzliches Moment eignet: das Sichentscheiden für Jahwe wider andere Götter. Im Lande war ja, wie schon angedeutet, vor allem der israelitische Bauer immer aufs neue vor die Wahl zwischen Jahwe und den Gottheiten der palästinischen Ackerbau- und Fruchtbarkeitsreligion gestellt. Dabei mochte zeitweise die Kompromißhaltung überwiegen, die Jahwe selbst und seinen Kult in einem großen Assimilationsprozeß den kananäischen Gottesgestalten und ihrer Verehrung annäherte [67], oder es kam mindestens für einzelne Lebensgebiete zu einem »Wählen neuer Götter« und zu einem »Vergessen Jahwes« [68]. Dann »wußte« der Bauer nicht mehr (oder noch nicht?!), daß er Jahwe auch die Gaben des Ackers zu danken hatte [69]. Gegenüber solchem »Abfall« erschien den Vorkämpfern des nationalen Gottes als einziger Weg der Rettung die »Rückkehr zu Jahwe« [69a]. In noch stärkerem Maße aber bringen der staatliche Zusammenbruch, die Wegführung Tausender nach Assur und Babel, die straffere oder losere Eingliederung des Mutterlandes in die Provinzialverwaltung des Weltreiches oder das Leben in der Diaspora die Notwendigkeit mit sich, die Heidengötter und ihre Synthronoi trotz ihrer sichtbaren Überlegenheit dennoch abzulehnen und sich statt ihrer zu Jahwe zu bekennen. Je härter solch Widerstreit ward und je »unwahrscheinlicher« das »Gottsein« Jahwes erschien, desto grundsätzlicher mußte die Treue, die an ihm festhielt, den Unterschied zwischen ihm und den anderen darstellen. Mochte die Sprache Schwierigkeiten bereiten, es auszudrücken, daß jene Wesen für die anderen Völker echte Götter, für Israels Glauben aber »Nichtse« sind [70], der Sache nach mußte ihr Gottsein geleugnet und mußten Kennzeichen angegeben werden, an denen deutlich wurde, daß sie nur »Bilder«, nur »tot«, nur »stumm«, nur »Nichthelfer« sind [71].

In genialem Schweigen übergeht ein Amos ihre Existenz; sein Gott sendet Feuer in Hazaels Burg und in die Städte der Völker ringsum;

ihre Götter hält er keiner Erwähnung für wert [72], so wenig Jesaja von dem Gott von Damask oder dem Reichsgott von Assur redet. Solch Schweigen ist vielleicht kraftvoller als alle »monotheistischen« Bekenntnisse der Späteren, sogar als die schwungvollen Hymnen Deuterojesajas, dessen Spott über die heidnischen Bilderfabriken das Wesen der heidnischen Religion nicht genau genug trifft, um sie wirklich zu überwinden. So kindlich töricht, wie er es malt, stellt sich für den »Heiden« das Verhältnis von Gott und Bild in der Regel nicht dar [72a]. Auch der schon gestreifte Vorwurf der apokryphen Daniellegenden, die heidnische Religion sei nichts denn Priestertrug, erledigt die Frage mitnichten [73]. Der fremde Glaube und Gottesdienst bleibt als Macht bestehen und verlangt immer aufs neue Kampf und Entscheidung.

Solche Entscheidung vollzieht sich im Kult, welcher am höchsten Festtag des Jahres dem

Marduk ward König

des Weltreiches das energische

Jahve ward König

des Neujahrsrituals entgegenschallen läßt und ihn im liturgisch geregelten Bekenntnis als den »Höchsten Gott« und den »Gott des (Großen) Berges« feiert [74]. Solche kultische Entscheidung für Jahwe holt sein Orakel ein, da sie von ihm allein und nicht dem »Erhabenen Baal« von Ekron Hilfe und Schutz in allen Nöten erwartet [75]. Im Halten des Sabbaths [75a] und der Durchführung der Beschneidung hat sie ihren sinnenfälligsten Ausdruck gefunden, und selbst hinter der Ablehnung der »Frau Torheit«, der falschen Weisheit ist der kultische Gegensatz gegen die Religion der kananäischen Göttin verborgen [76].

Solche Entscheidung vollzieht sich nicht minder tiefgreifend in der Sitte, etwa der Namengebung, in welcher das Kind als Gabe von Jahwe und nicht als »Geschenk der Isis« gewußt oder ihm die Hilfe Jahwes (und nicht des Sin, der Ištar oder des Marduk) angewünscht wird. Selbst die Söhne des bösen *Sin-uballiṭ* führen jahwehaltige Namen und beweisen, daß nach einer Zeit laxen Verhaltens die Sitte sich im V. Jh. wieder befestigte [77]. Solche Entscheidung vollzieht sich in der politischen Haltung, welche im Vertrauen auf den Gottesspruch des Propheten sich weder auf den eigenen »Arm« und die eigene Rüstung noch auf ein Bündnis mit der heidnischen Weltmacht verläßt, die »sanft fließenden Wasser des Siloah« nicht verachtet [78], sondern bereit ist, sich das Lied zu eigen zu machen:

Assur soll uns nicht helfen mehr,
nicht wollen wir reiten auf Rossen,
nicht fürder sagen: »Unser Gott«
zum Werke unsrer Hände [79].

Solche Entscheidung vollzieht sich aber auch in der ethischen Haltung im engeren Sinne, insofern die »sittliche« Forderung Jahwes mit der Haltung anderer Kulte, insonderheit mit derjenigen der kananäischen Religion, keineswegs identisch ist. Kultus, Sitte und ethische Haltung aber verschmelzen zu der einen Gesamtgröße des Gesetzes, dessen Beobachtung trotz aller damit verbundenen Lebenserschwerungen ein steter Bekenntnisakt zu Jahwe als dem Gotte Israels wird [80], zu einem scharfen Trennungsstrich, der das Volk bewußt und gewollt von der Welt der Heiden draußen wie die »fromme« Gemeinde von den »Spöttern« im eigenen Volke absondert. Im Zusammenhang mit der »Abgrenzung« als zweitem ethischen Grundprinzip haben wir darauf zurückzukommen.

Dieser Mannigfaltigkeit der Lebensgebiete, auf denen die Entscheidung sich vollzog, entspricht auch die Verschiedenheit ihrer Form und ihrer Durchschlagskraft. Mit lebendiger Bewußtheit, aber verhalten im Ausdruck und auf dem indirekten Wege der Bestreitung ihrer Rechtsansprüche sucht das Jahwistische Werk den kananäischen Kulten die wesentlichsten Heiligtümer zu entwinden; schon in grauer Vorzeit ist es geschehen, daß Israels Väter den Altar am heiligen Baum von Sichem gebaut und den Stein von Bethel aufgerichtet, ihrem Gott und seiner Offenbarung zu Ehren [81]. Und dieser Gott der Patriarchen ist dem Schriftsteller kein anderer denn Jahwe allein! Auch die Übernahme von alten präjahvistischen Legenden und Riten in dem angedeuteten Assimilationsprozeß wird damit im Kerne eine Entscheidung für Jahwe! Mit stärkerer Betonung und klarerem Ausdruck sucht der Elohist die Absage an das Kananäertum und seine Magie, vor allem im Bereich der Zukunftsschau, durchzuführen:

Keinen Zauber seh 'ich', der Jakob könnt treffen,
kein Unheil schau 'ich', das Israel naht;
Jahve, sein Gott, Er ist ja mit ihm,
man jubelt dem »Könige« zu [82].

Was aber hier in die Form eines Spruches aus ferner Vergangenheit gehüllt ist, lodert in mächtiger Flamme, mit stärkster und bewußter Leidenschaftlichkeit in den Propheten- und Märtyrerlegenden empor und formt die Entscheidung in packendem Bilde der Gegenwart und jüngsten Vergangenheit zu Ruhm und Ehre des Gottes wie als Appell an die Glaubenstreue des Volkes. Das glaubenskämpferische Pathos des Gottesurteils vom Karmel sucht die Ausschließlichkeit des Jahwekultus — im Gegensatz zu einer toleranteren Haltung Davids? — an einem weithin ins Land blickenden Punkt durchzusetzen [83]. Die Daniellegenden — und trotz ihrer politischen Leidenschaftlichkeit des Hasses wie ihrer eigenartigen Verhüllung des Religiösen bis in den Sprachgebrauch hinein selbst die Esthernovelle — rufen zum Glauben an die lebensrettende Macht Jahwes. Und wenn in den politischen Dokumenten der Perserzeit wie in dem von ihnen beeinflußten Sprachgebrauch die Gleichheit Jahwes

des »Gottes von Himmel und Erde«, des »Himmelsgottes« [84]

und des Auramazda,

der »diese Erde schuf, der jenen Himmel schuf«,[85]

betont wird, ist auch eine solche Redeweise nicht ein Verzicht auf die Entscheidung für Jahwe, sondern wiederum eine andere Form derselben. Hinter ihr steht der Glaube, daß »Jahwe« der wahre Name des einen Gottes sei, zu dem man betet, wo man den »Einen« verehrt [86].

b) Die prophetische Entscheidung.

α) Ihre Schwierigkeit.

Mit dem Gesagten ist schon angedeutet, daß die Zeiten der größten Lebensgefährdung der Jahwereligion zugleich die Zeiten gewesen sind, in welchen ihr Entscheidungscharakter am bewußtesten erlebt und mit dem stärksten Pathos ausgesprochen wird: Die große politische (und soziale) Krise vom VIII. bis zum Anfang des VI. Jh.s und die — außerhalb unserer näheren Untersuchung liegende — Makkabäerzeit. In beiden Perioden ist die von dem Volk und den »Gläubigen« geforderte Entscheidung nicht nur eine »formale« Entscheidung für Jahwe als den lediglich dem Namen nach von anderen Göttern verschiedenen Gott, sondern »inhaltliche« Entscheidung für den ganz konkrete Forderungen stellenden, seinem »Wesen« nach über alle anderen Götter erhaben-heiligen, diesen seinen Willen in Israel offenbarenden Gott. Damit aber bleibt diese Entscheidung nicht nur eine nach außen gerichtete, in der es um Jahwe und die Heidengötter geht, sondern sie wird zu einer innerisraelitischen, insofern das »prophetische« Wissen um die konkrete Gottesforderung zu dem analogen »Wissen« anderer Kreise in Gegensatz und Spannung trat. An dem Beispiel der Sabbathentheiligung durch die makkabäischen Kämpfer, die nur so in der konkreten Welt ihr Dasein und damit das Leben ihres Glaubens retten konnten [87], wird dieser innerisraelitische Entscheidungscharakter vielleicht am deutlichsten, in den Leiden eines Jeremia vielleicht am schmerzlichsten fühlbar. Aus der allgemeinen Erschütterung des staatlich-völkischen Lebens, aus der Zersetzung der alten Sozialgebilde [88] flüchtet der auf sich selbst gestellte, in seiner Vereinzelung unsichere und sich bedroht fühlende Mensch zunächst keineswegs in die prophetische Verkündigung. Ist sie doch in ihrer eigenartigen Verbindung irrationalen Wissens um den Gotteswillen mit rationalem Nachdenken der inneren »Logik« göttlicher Strafgerechtigkeit zwar imstande, die Notwendigkeit der Katastrophe zu begründen, besitzt aber gerade darum nicht die Vollmacht, dem empirischen Volk und Staat ihrer Gegenwart die Rettung aus dem Verderben auch nur für den Fall der »Buße« zuzusichern. Mehr als ein:

vielleicht erbarmt sich
Jahwe der Scharen
des Rests von Joseph

vermag ein Amos der Mahnung:

Hasset das Böse,
liebet das Gute,
stellet her im Tore das Recht!

nicht hinzuzufügen [89]. Nicht minder »unpädagogisch« und für jede Auffassung der Propheten als wohlmeinender Bußprediger tödlich als dieses »vielleicht« ist die Botschaft von dem »Reste« als dem Empfänger des Heiles. Zumal die für den Propheten bestehende Unmöglichkeit, zu sagen, wer konkret zu diesem Rest gehören wird [90], mußte als schweres Hemmnis der Entscheidung für die prophetische Botschaft entgegenstehen. Sie mußte den schwankend gewordenen Menschen dorthin treiben, wo in der Welt priesterlicher Weihungen, Sühnungen und Riten größere Sicherheit solange winkte, bis die Geschichte selbst sich zu der prophetischen Drohung bekannte. Freilich bleibt auch die kultische Welt von der allgemeinen Erregung nicht unberührt; aus der Überreizung der seelischen Stimmung erwächst eine Steigerung des »Betriebes«, ein Wiederlebendigwerden und eine Hochschätzung ältester grausiger Darbringungen, wie sie auch in Assur im VII. Jh. in der — wohl einmaligen — Veranstaltung des Menschenopfers des »Ersatzkönigs« unter Asarhaddon ihre Parallele hat:

Womit soll ich Jahwe nahn,
vor dem hohen Gott mich bücken:
Soll ich Tiere ihm verbrennen:
zarte Kälber, feist und glatt,
oder mehr denn tausend Böcke
oder Öl im vollen Strom?
Oder gar mein Kind zur Sühnung,
Erstgebornen für die Schuld? [91]

Kaum minder groß als dieses Hemmnis ist die Erschwerung für die Entscheidung für die prophetische Verkündigung durch die konkrete geschichtliche Erscheinungsform des Prophetismus. Die Absonderlichkeiten, bisweilen Widerlichkeiten prophetischen Gebahrens und prophetischer Symbolhandlungen sind peinlich für den gesitteten »bürgerlichen« Menschen. Die Kraßheit prophetischer Redeweise namentlich eines Hosea, mit der nicht nur von menschlichen Gegnern, sondern auch von Gott gesprochen wird, ist für den »Gebildeten« wie für den »Frommen« gleich befremdend[92]. Und da ist nicht zuletzt die Spaltung der Prophetie in einander bitter befehdende Lager, deren jedes dem anderen vorwirft, ödleeren Trug des eigenen Herzens, haltlose Träume und bezahlte Botschaft zu verkünden [93]. Keine der verschiedenen Gruppen aber ist in der Lage, einen objektiven, allgemeingültigen, in der aktuellen Entscheidung jederzeit nutzbar zu machenden Maßstab für die Gültigkeit des eigenen und die Ungültigkeit des gegnerischen Wortes anzugeben. Mögen spätere Geschlechter, auf die Erfüllung eines Spruches rückschauend, zu einem Urteil fähig sein [94], die Gegenwart ist es angesichts der äußeren Gleichheit der Berufsbezeichnung, des psychologischen Erlebnisablaufes und der Art der Handlung nicht. Das Joch, das der eine »Prophet« in seines Gottes Namen auf seine Schulter legt, zerbricht der andere »Prophet« in dieses selben Gottes Auftrag [95]. Die schlechten Erfahrungen, die man mit einem Propheten gemacht hat, fallen allen zur Last, so daß man bei einem günstigen Wort mit der Möglichkeit der »Lüge« rechnet, weil in bestimmten Lagen der Prophet sie wirklich nutzt [96]. Immer aufs neue muß der Prophet zudem erleben, daß der von ihm verkündete Gottesspruch sich nicht erfüllt. Dann muß er widerrufen, was er zuvor verkündet, weil Gott seinen Ratschluß ändert [97]. Ja, so häufig bleiben namentlich seine Drohungen bloße Worte, daß nicht nur die anderen darüber höhnen, sondern auch der Prophet selbst anhebt, mit dieser Möglichkeit als dem Regelfall zu rechnen und daher lieber ganz darauf verzichten möchte, sie erst auszusprechen [98]. Auch die prophetische Tradition, auf welche sich Jeremia einmal beruft, wird von ihm nicht als ein ausnahmslos geltendes Kennzeichen hingestellt:

Die Propheten, die vor mir und vor dir gewesen sind,
haben 'wider' viele Lande und große Reiche Krieg, Unheil und Pest verkündet.
Ein Prophet, der Heil weissagt —
daran, daß sein Wort in Erfüllung geht,
wird man erkennen, daß Jahve solchen Propheten wirklich gesandt hat [99].

Kein Wunder kommt in solcher Zweifelslage dem Propheten zu Hilfe. Das Anerbieten von Jes 7 wird nur in der Legende wiederholt[100], und kein Prophet rühmt sich in seinem Selbstzeugnis einer Zaubertat, die er vollbracht hätte. Wohl aber weiß das Gesetz von »Zeichen« solcher Propheten, die zum Dienst fremder Götter aufrufen und die Glaubwürdigkeit ihres Wortes damit unterbauen:

Wenn in deiner Mitte ein Prophet oder ein Träumer auftritt und dir ein »Zeichen« oder »Wunder« anbietet, und das Zeichen oder Wunder, das er dir versprochen hat, trifft wirklich ein, indem er spricht:

»Wir wollen fremden Göttern folgen,
die du nicht kennst und ihnen dienen!«

so höre nicht auf die Worte dieses Propheten oder dieses »Träumers« .... [101].

Dem Propheten bleibt es dabei nicht erspart, eine Botschaft abzulehnen, zu der er selbst aus tiefstem Herzen sprechen möchte:

> Das werde wahr! So handle Jahwe!
> Jahwe bestätige dein »Wort«, das du geweissagt hast! [102]

Er muß Zeugnis geben wider das, was sein eignes Sehnen und fürbittendes Flehen erfüllt, wider das, was er verkünden würde, dürfte er dem Zug (prophetisch gesprochen »dem Trug«) des eigenen Herzens folgen, und was zugleich dem entspricht, was sein Volk in der Stunde der Gefahr an Stärkung und Ermutigung vom Gottesglauben her erwartet. Er darf nicht aus der »Sympathie« mit dem Volk heraus handeln und sprechen, sondern — will man die neuste Terminologie anwenden — allein aus der ihm aufgezwungenen »Sympathie« mit seinem Gott [103]. Lediglich die von außen gesehen stets völlig rätselhafte und auf keinem Wege beweisbare »Gewißheitsqualität«, welche dem »Worte« und seiner »Wahrheit« eigen ist [104], zwingt den Propheten zur Anerkennung der »Offenbarung« auch in solchen Sprüchen, die allem eigenen Hoffen, ja, selbst vorangegangener eigener Verkündigung widerstreiten. Der Inhalt des einzelnen »Wortes« legitimiert sich allein vor dem in dem Propheten lebendigen Gottesglauben, der dem an sich allzuoft mehrdeutigen Spruch und symbolischen Handeln Klarheit und Bestimmtheit verleiht. Weder das einzelne Wort, das sich ja oft nicht erfüllt, noch das einzelne »Wunder«, selbst, wo es »im Namen Jahwes« geschähe, hat die Kraft und die Vollmacht, den Glauben an das Reden und Handeln Jahwes durch den Propheten zu »beweisen«, wo nicht zuvor aus einem Gesamtverständnis der Geschichte von dem »Wunder« des Auszugs aus Ägypten und der Schöpfung her und aus einer Gesamterfahrung des strafenden oder begnadenden Gotteswillens eine bestimmte Richtung der Glaubenserkenntnis festgelegt ist. In einem dem Propheten selbst unbewußten Vorgang, der für ihn im Offenbarungserlebnis selbst beschlossen liegt, wird dabei der Weg der Deutung durch das grundlegende und tragende Gottesverständnis zwangsläufig bestimmt, und dort, wo dem »Wort« die klare Einsichtigkeit auch für den Propheten fehlt, wo ihm sein Sinn anfänglich verborgen bleibt, ist die Deutung nicht rational zu erarbeiten, sondern an ein neues enthüllendes Erlebnis gebunden.

Was einem Jesaja befohlen wird, erscheint völlig undurchsichtig: eine Lautgruppe soll er aufschreiben, die, wenn sie überhaupt einen Sinn hat, an den Namen des babylonischen Unterweltschiffers erinnern kann, und er soll sich die Schrift *(lᵉ)maher šålål håš baz* durch »zuverlässige Zeugen« bestätigen lassen. Selbst das ist zweifelhaft, ob man durch eine geistreiche aber willkürliche Textänderung das »Geheimnis« soweit lüften darf, daß der Prophet wenigstens erfährt, es handle sich um den Namen eines Kindes. Erst nach Monaten, nachdem ihm ein mit mantischen Gaben ausgestattetes Weib, das wohl zu seinen Frauen gezählt hat, einen Sohn geboren hat, erhält er die Erleuchtung: das, was er damals schreiben mußte, ist der Name dieses Kindes, und dieser Name schließt den Vernichtungswillen Jahwes über Ephraim und Damask in sich [105]. Das prophetische Erleben trägt sich selbst, mag die Gewißheit in einem Akt mit dem Wortempfang gegeben werden, oder mag sie — wie hier — in mehreren aufeinanderfolgenden oder auch durch Erfüllung eines Teiles des Spruches zustandekommen [106]. Von außen her kann lediglich eine nachträgliche Bestätigung erfolgen! Wenn endlich Jeremia ein Kennzeichen für das Nichtberufensein der anderen Propheten darin findet, daß sie im Ehebruch leben, so ist auch dieser Versuch einer Vergewisserung nichts anderes als ein Urteil aus dem Glauben heraus, daß eine bestimmte sittliche Haltung den Inhalt des Gotteswillens darstellt und daher sein Gott und die Sünde — diese Sünde zumal! — nicht nebeneinander bestehen [107]. Es bleibt bei alledem dem Volke nicht erspart, das Prophetenwort auch dort als Gotteswort hinnehmen zu müssen, wo es aller eigenen Hoffnung und allem eigenen Besitz widerstreitet: dem Glauben an die in dem Gottesbund als solchem gegebene selbstverständliche Lebenssicherung [108]. Es gilt zu glauben wider den Glauben, wider den Kultus, wider die heilige Übung und wider alle Rationalität. Mit einem Berechnen militärischer oder politischer Möglichkeiten und Wahrscheinlichkeiten hat der prophetische Glaube schlechterdings nichts zu tun; die Wirkungssphäre seines Gottes ist das »absolute Wunder« [109]. Der Prophet ist nicht töricht oder blind genug, die innerweltliche Macht des Großreiches und die Machtlosigkeit seines eigenen Volkes zu erkennen. Er weiß, daß Wagen und Rosse, scharfe Pfeile und gute Schwerter starke Waffen sind, und er kann daher den Sieg über sie nicht anders denn in negativen Wendungen beschreiben, die ihren Gegensatz gegen die obere Welt, nicht gegen ihren Widerpart hinieden betonen:

> Die Ägypter sind Gott und nicht Mensch,
> ihre Rosse sind Fleisch und nicht Geist.
> Assur fällt durch Nichtmannschwert,
> Nichtmenschenschwert soll ihn fressen! [110]

Es muß genug sein, daß der Prophet durch seine Person als Träger des Gotteswortes und die ihm Glaubenden,

> die Kinder, die Jahwe ihm gab,

für sein eigenes Bewußtsein und den um ihn gescharten Kreis

> zu Zeichen und Wundern / von Jahwe der Scharen / der auf dem Zion thront [111]

geworden ist. Der Entscheidungscharakter der Jahwereligion wird damit zur Entscheidung über den Offenbarungsanspruch des Propheten und er gipfelt in der Glaubensentscheidung über Inhalt und Ernst der sittlichen Norm, durch deren Erfüllung allein die Lebensbedrohung der großen Krise vermeidbar ist:

Es ist dir gesagt, Mensch, was gut ist,
und was Jahwe von dir fordert!
Nur dies: Recht tun, Treue halten,
demütig wandeln vor deinem Gott! [112]

β) Ihr Inhalt und ihre soziologische Bedingtheit.

Der Akzent liegt dabei durchaus auf dem »allein«. Wir haben bereits darzulegen gehabt, daß auch in priesterlichen Kreisen eine Vorordnung sittlicher vor den kultischen, rituellen Bestimmungen sich nachweisen läßt und nicht zuletzt durch prophetischen Einfluß vorwärtsgetragen ist [113]. In der Gesetzgebung des Dtn mit seinen beiden Polen: der Abzielung auf den rechten Kultus und auf die rechte soziale Haltung tritt eine gegenseitige Durchdringung ritueller und ethischer Forderungen ebenso deutlich hervor wie in der ausführlichsten Fassung des Katechismus des Ezechiel [114]:

Wer gerecht ist, Recht und Gerechtigkeit übt,
auf den Bergen nicht (heilige Mahle) ißt,
seine Augen nicht den Götzen des Hauses Israel zuwendet,
das Weib seines Nächsten nicht verunreinigt,
einer Menstruierenden sich nicht naht,
keinen bedrückt,
das 'Pfand des Pfandgebers' zurückgibt,
nicht Raub begeht,
dem Hungrigen sein Brot bricht,
den Nackten bekleidet,
auf Zins nicht ausleiht,
keinen Wucher übt,
seine Hand vom »Frevel« zurückhält,
redlichen Schiedsspruch fällt zwischen Volksgenossen [115],
in meinen Satzungen wandelt,
meine Rechte bewahrt, 'sie' treulich zu tun,
der ist ein Gerechter, bleibet am Leben.

Man darf auch nicht übersehen, daß eben diese Zwischenstufen religionsgeschichtlich die gewaltige Bedeutung gehabt haben, das Auseinanderbrechen von »Kultus« und »Ethos« und damit von »Religion« und »Sittlichkeit« in Israel zu verhindern. Die »Religion« war, wo immer und solange noch prophetischer Geist lebendig wirkte oder doch nachwirkte, vor dem Schicksal bewahrt, im äußeren Vollzug von Riten zu ersticken; und die »Sittlichkeit« blieb gleichzeitig in einer an sich möglichen Entwicklung zur Autonomie gehemmt. Die israelitische Religion wird in dieser Zusammenfassung von sittlichen und kultischen Normen im Gottesrecht auf einer der griechischen gegenüber urtümlicheren Stufe festgehalten und dem Ethos in seiner

Verbindung mit dem Kultus als der festen Lebensregelung die zwingende Kraft der Mahnung und Gewissenschärfung für jedes Glied des Volksganzen gegeben. So wenig ich also geneigt bin, die geschichtliche Tragweite solcher Zwischenstufen zu verkennen — für die Prophetie auf ihrem Höhepunkt gilt, daß ihr die »Entscheidung« *für* die sittliche Norm zugleich Entscheidung *wider* den Kultus, mindestens Gleichgültigkeit gegen ihn bedeutet.

Fragen wir aber nach den Gründen der eben dargelegten Haltung, so kann die Beobachtung weiterhelfen, daß die Prophetie zugleich eine eigenartige Konzentration der sittlichen Forderung selbst vollzieht. Sie steht — vor allem bei Hosea ist das deutlich greifbar — im lebendigen Zusammenhang mit der Tradition des »heiligen Rechtes«, wie sie im Dekalog und verwandten Texten ausgeformt war [116]. Aber die vielfach geäußerten Zweifel daran, ob den Propheten der Dekalog überhaupt bekannt gewesen sei, sind nur dadurch erklärlich, daß in ihrer Verkündigung eine zwar seinem Geiste nicht zuwiderlaufende, aber ihm gegenüber doch weithin eigenartige Forderung im Vordergrund steht: die soziale Gerechtigkeit [117]. Mitbestimmend dafür ist zweifellos, so wenig äußere Bedingtheiten letzte Entscheidungen bedeuten können, die Tatsache gewesen, daß die politische Krise seit dem VIII. Jh. zugleich eine sich ständig verschärfende soziale Krise war. In ihr steigerte sich das allgemeine Gefühl des Bedrohtseins für bestimmte Schichten und Klassen zur Unerträglichkeit.

Die Anfänge dieser Krise reichen freilich weit zurück. Es ist schon wiederholt darauf hingewiesen, daß die Landnahme für die israelitischen Stämme eine Zersetzung der alten herkömmlichen Lebensformen durch den Einfluß der ganz andersartigen Struktur der kananäischen Kultur mit sich brachte. Die urtümliche Gleichheit der Stammesgenossen lebte zwar in der Gleichheit des Anteils an der Kriegsbeute bis in die Königszeit hinein fort [118]. Solange im Kulturland durch Rodung ausreichender Siedlungsraum für die anwachsende Bevölkerung geschaffen werden konnte [119], solange durch die Eroberung nur weniger kananäischer Orte das Nebeneinanderleben mit »kananäischen« Elementen auf einzelne Sippen beschränkt blieb [120], mochte deren Einfluß in Wirtschaft und Recht gering sein, und konnten sich (vor allem bei den Südstämmen) Stammesorganisation und Familienverband als Sozialgruppen zunächst behaupten. Mit ihnen lebten Formen des kollektiven Grundbesitzes in mannigfachen Bestimmungen über seine Unverkäuflichkeit oder seinen Rückfall an die Sippe weiter [121], vor allem verbleiben von einem Auswanderer »herrenlos« zurückgelassene Grundstücke — nach Analogie des Anspruchs babylonischer Kriegsgefangener auf ihr Lehen — der Sippe und können von ihr nach der Rückkehr eingeklagt werden.

Es wird aber nicht immer genügend berücksichtigt, daß die Zeit der israelitischen Landnahme auch für die kananäische Wirtschaft eine Periode tiefgreifender Erschütterung darstellte [122]. Die Einfälle der *ḥabiru* in der El-Amarnazeit, die Kämpfe mit den Teraḥiten in Syrien, die sich irgendwie in der Keret-Legende spiegeln [123], der Einbruch des Stammes Benjamin und sodann des »Hauses Joseph«, die Ansiedlung der »Seevölker« in der Küstenebene gliedern das Land aus dem Gefüge des ägyptischen Reiches und damit nach Ausweis der archäologischen Funde auch aus dem Handel mit dem Westen aus [124]. Absatzwege für die Hauptprodukte des Landes werden damit abgeschnitten und das Wirtschaftsgefüge, das auf einem System von Fronen geruht zu haben scheint [125], wird aus den Angeln gehoben. Und das geschieht in einer Zeit, in der sich größte Umstellungen der Wirtschaft als solcher vorbereiten und durchsetzen: der Übergang von der Bronze- zur Eisenzeit und die damit eintretende Abhängigkeit des Landes von den eisenliefernden Gegenden bei gleichzeitiger Umstellung von der in Ägypten herrschenden Kupfer- auf die (babylonische) Silberwährung [125a]. Nennenswerte Eisenvorkommen finden sich im israelitischen Siedlungsgebiet nur an abgelegener Stelle im Ostjordanland im *miʿrad*, während die Lagerstätten im Libanon und (neben bis an den Tag anstehenden reichen Kupfervorkommen) in der Araba nur vorübergehend unter David-Salomo wie in der letzten Glückszeit um 750 im israelitischen Besitz waren [126]. Auf ihren Besitz zielt die Angriffspolitik wider Damask und Edom, zumal ja die Beherrschung der Araba zugleich die Handelsstraße nach Arabien und die Teilnahme am Überseehandel des persischen Golfes sichert [127]. Ob freilich die edomitischen Gruben bei *sabrah* allein für den israelitischen Bedarf ausreichten, mag zweifelhaft bleiben. Als Zahlungsmittel für das neue Metall und (seit der frühen Königszeit) die Streitwagenrosse und edlen Hölzer dienen in erster Linie Landesprodukte, vor allem das in Ägypten begehrte palästinische Öl, gelegentlich wohl auch einmal gefangene Wildtiere [128]. Dazu traten in guten Zeiten die Erträgnisse und Zölle des Durchgangshandels [129]. Wichtiger aber als alle diese Möglichkeiten eines Ausgleichs der Handelsbilanz scheint in weniger günstigen Perioden die »Ausfuhr« von Menschen, vor allem von Mädchen, gewesen zu sein. Es ist ein besonders trübes Kapitel antiker Wirtschaftsgeschichte des vorderen Orients, in das der letztgefundene El-Amarna-Brief mit seiner ägyptischen Bestellung auf 40 »fehlerfreie« Mädchen bei dem König von Gezer, die Verbote, in bestimmten Fällen eine Sklavin oder Kebse »einem fremden Volke zu verkaufen«, die Klagen über gelegentliche Ausraubungen ganzer Dörfer und über die Weitergabe der lebenden Beute an edomitische Weiterverkäufer und endlich die Zenonpapyri hineinschauen lassen [130]. Daß Salomo seine Pferdeimporte durch Sklavenlieferungen bezahlt [131] und daß derartiges sich immer wiederholt hat, ist sehr wahrscheinlich, und die Kolonie in Elephantine mag auf ähnliche Vorgänge zurückgehen [132]. Daneben soll der eigene Bedarf an Sklaven gedeckt werden, soweit er die offenbar systematisch gepflegte Aufzucht hausgeborener Sklavenkinder [133] übersteigt. So muß die Zeit der israelitischen Landnahme für Palästina als eine Periode wirtschaftlicher Unruhe und Unsicherheit gelten, doch scheinen die wesentlichsten Grundzüge des Systems Bestand gehabt zu haben: die Fronen bleiben auch den Israeliten gegenüber erhalten und werden von ihnen, wo sie die Oberhand gewinnen, gegen die vorgefundene Bevölkerung gekehrt. Sie werden später zur Grundlage der Staatswirtschaft gemacht, in welcher der Fronmeister (*'ašaer 'al hammås*) schon unter David und Salomo eine verhängnisvolle Rolle spielt [134]. Das Wirtschaftsrecht des Bundesbuches verrät bei aller Durchdringung mit israelitisch-jahwistischen Gedanken im einzelnen, von denen zu sprechen sein wird, nach Struktur, Stilform und weithin auch im Inhalt die Zusammenhänge mit dem gemeinorientalischen Recht, welche sicher durch kananäische Hand vermittelt sind.

Vor allem ist es ein Prinzip, das dabei auf die israelitische Wirtschaft tief umgestaltend wirken mußte: das Privateigentum am Grund und Boden, zumal auch hausbesitzende Fremde, wie der »Gatiter« Obed Edom und »Hetiter« Uria innerhalb »israelitischer« Siedlungen begegnen [135]. Das Bundesbuch kennt es bereits als selbstverständlich [136], und der Dekalog steht ihm darin gleich, falls man nicht nach Analogie des späteren nabatäischen Rechtes an Stelle des

Du sollst nicht begehren das Haus deines Nächsten

das im Hebräischen noch ähnlicher lautende

Du sollst kein Haus begehren

als ursprünglichen Text ansehen will [137]. Mit dem Privateigentum an Grund und Boden — mag es auch zunächst als Privateigentum der Sippe gelten und durch sittliches Bewußtsein wie rechtliche Vorschrift noch teilweise geschützt sein — ist grundsätzlich und rechtlich die Möglichkeit eines Verkaufes oder einer Verpfändung gegeben. Für die Entstehung eines königlichen »Krongutes« und die Schaffung großer Latifundien durch kapitalkräftige Schichten ist damit die Bahn eröffnet [138]. Die Folgen bleiben nicht aus. Eine von dem Könige und seinen Belehnungen abhängige Söldnerschicht mußte das ihr als »Lohn« zugeteilte Land (wohl auch außerhalb des eigenen Stammesgebietes gelegen) durch Pächter (oder Sklaven) bewirtschaften lassen [139]. So bildete sich aus den Verwaltern der Krongüter und diesen Pächtern eine Schicht wirtschaftlich nur halb selbständiger Existenzen, die im Falle der Mißernte in Schwierigkeiten geraten mußte [140]. Noch unter ihnen entstand eine wirtschaftlich verelendete Bevölkerung, deren einzigen Besitz das Hemd auf dem Leibe darstellt, deren Nahrungsvorrat nicht über den einzelnen Tag hinausreicht und deren einzige Handelsware bei hohen Steuerforderungen oder anderer Notlage die eigenen Kinder und die eigene Freiheit war [141]. Dieser Proletarisierung steht die einzelne Sippe ziemlich hilflos gegenüber. Je mehr die in den Städten aufgestapelte Kapitalmacht aus kananäischer in israelitische oder israelitisierte Hand gelangt, desto freier kann sie sich bewegen, zumal ja das sie schützende kananäische Recht weithin mit übernommen ist. Die prophetische Polemik gegen die reichen Städter und ihre Praktiken setzt voraus, daß sie zum eigenen Volk gehören! Das Nebeneinander der Natural- und Geldwirtschaft, das sich schon im Sprachgebrauch des Bundesbuches wie in der älteren Sage spiegelt, und wohl auch starke Schwankungen des Silberwertes verschärfen den Geldbedarf [142], den die in barem Geld aufzubringenden Tribut- und Soldzahlungen für den Herrscher, die zunehmende Polygynie und die häufiger werdende Scheidung mit den mehrfachen Aufwendungen des *mohår*, das Brautgeld, für den »Bürger« mit sich bringen. Staatlicher Steuerdruck und feindliche Tribute tun ein übriges, so daß der Hunger unter den angedrohten oder geschilderten Plagen eine sehr bemerkenswerte Rolle spielt; wird er doch häufig genug selbst vor Pest und Krieg genannt! Ein bewaffneter Widerstand gegen die Ausbeutung, wie er in den Anfängen des Königtums noch versucht ward, wurde je länger desto aussichtsloser, je mehr eine vollgültige Bewaffnung mit Panzer und Streitwagen einen dem Kleinbauern unerschwinglichen Kapitalbesitz voraussetzt und je mehr dem Könige eine Berufstruppe zu Gebote steht. Neben Militärputschen und Revolten der Prätorianer (»Knechte des Königs«) oder der Priester im Zusammenspiel mit der Tempelwache hören wir daher nur einmal von einem Aufstand des Landvolkes, und dieser hatte als Gegenschlag gegen eine Palastrevolution mehr gefühlsmäßige als wirtschaftliche Gründe [143]. Der geschilderte Verelendungsprozeß bildete den Hintergrund für die prophetische Eingrenzung der Gottesforderung auf die sittliche Bewährung und ihre sozialkaritative Abzielung. Als lebendige Menschen ihrer Tage stehen sie nicht neben dem Geschehen in ihrem Volke und nicht neben der aktuellen Not in dieser ihrer Zeit, sondern so sehr darinnen, daß Gottes Stimme und Gottes Wille ihnen nicht anders denn in engster Bindung an Not und Volk begegnet. Und doch ist die geschilderte Zuspitzung von diesen äußeren Verhältnissen her nicht in ihrem tiefsten Wesen zu erklären, insonderheit nicht die Wendung wider den Kult.

γ) Ihr religiöser Grund und ihr Verhältnis zum Recht.

Für die Aufhellung der innersten Gründe der prophetischen Haltung ist vielmehr die Weise bezeichnend, in welcher sie auf diesen Prozeß reagiert. Der Kampf der Propheten gegen die Ausbeutung der ärmeren Schichten, vor allem gegen das Bauernlegen, ist oft dargestellt. Er verbindet sich notwendig mit dem Kampf um gerechtes Gericht, denn immer wieder ist der wirtschaftlich Überlegene der im Gericht zugleich nur allzu leicht Obsiegende [144]. Ist in der altorientalischen Kultur, um ein Beispiel etwas weiter auszuführen, die Ackergrenze allezeit gefährdet, so daß sie durch den Fluch geschützt werden muß, so in noch höherem Maß der Acker der Witwe und das Feld des Waisenkindes und ihr Viehbesitz, der keinen Weidegrund mehr findet [145]. Die einfachste Versorgung der Witwe, ihren Übergang in den Besitz der nächsten männlichen Verwandten, hat ein verfeinertes sittliches Empfinden unmöglich gemacht, soweit es sich um den Vater oder um die Söhne des verstorbenen Gatten handelt [145a]. Eine Ehepflicht des Schwiegervaters im Rahmen des Levirats kennt im AT nur eine altertümliche Erzählung, eine Vererbung der Stiefmutter auf den Stiefsohn nur eine verstümmelte Notiz, während im übrigen die Sage wie das Gesetz solche Verbindungen streng verpönen [146].

Hingegen hat das hetitische Gesetz den Zusammenhang von Levirat und Erbrecht des Schwiegervaters noch bewahrt:

> Wenn ein Mann eine Frau nimmt, dann der Mann stirbt, so kann sein Bruder seine Ehefrau nehmen; dann kann sie sein Vater nehmen. Wenn dann auch der Vater stirbt, so kann ein Bruder von ihm, welche Frau er auch genommen hat, sie nehmen [147].

Auch das assyrische Recht läßt die Witwe nicht ohne weiteres gewaltfrei werden, sondern scheint gleichfalls ein Erbrecht des Schwiegervaters zu kennen, soweit der trümmerhafte Zustand des § 33 und des Schlusses von § 46 ein Urteil erlaubt:

> Gesetzt, eine Frau wohnt im Hause ihres Vaters, ihr Gatte aber ist gestorben, und ein Sohn von ihr ist vorhanden . . . *große Lücke* . . . und ihr Vater wird sie ihrem Schwiegervater zur Ehe geben. — Gesetzt, unter den Söhnen ihres Gatten ist einer, der sie heiraten will ... werden sie sie beköstigen [148].

Das solchen Bestimmungen gegenüber abweichende israelitische Empfinden hat sicherlich zum Zerfall der Großfamilie und dem Rückgang auch des Bruderlevirates beigetragen, damit aber die wirtschaftliche Stellung der Witwe stark geschwächt. Ein Erbrecht weiblicher Glieder an Grund und Boden besteht ja nur in besonderen Ausnahmefällen [149]. Die israelitische Witwe ist damit vermögensrechtlich schlechter daran als ihre babylonische Leidensgefährtin, da die israelitische Sitte zwar bei der Eheschließung Geschenke des Gatten oder des Vaters an die Braut kennt [150], jedoch in vorhellenistischer Zeit als »eisernen Bestand des den Frauen zustehenden Ehegutes« nur Nahrung, Kleidung und Öl, aber keinen urkundlich gesicherten und rechtlich geregelten Anspruch auf eine Ehegabe (*mattān*) oder auf einen Teil des Brautgeldes als Mitgift und vorbehaltenes Gut [151]. Sie war auch schlechter gestellt als die assyrische

Witwe, deren Wohnrecht bei ihren Kindern oder Stiefkindern gesetzlich festgelegt, und deren Wiederverheiratung, falls sie beim Tode ihres Mannes gewaltfrei wird, durch eine freiere Form der Eheschließung erleichtert ist:

> Gesetzt, ein Mann hat eine Witwe geheiratet, einen Vertrag nicht geschlossen, sie hat aber 2 Jahre in seinem Hause gewohnt, so ist sie Gattin, sie darf nicht hinausgehen. ... Gesetzt, eine Frau, deren Gatte gestorben ist, geht beim Tode ihres Gatten nicht aus ihrem Hause heraus, gesetzt, ihr Gatte hat ihr nichts verschrieben, so kann sie im Hause ihrer Kinder, wo es ihr gefällt, wohnen. Die Kinder ihres Gatten werden sie beköstigen, ihre Nahrung und ihr Getränk werden sie ihr wie bei einer jungen Frau, die sie lieben, festsetzen. Gesetzt, sie ist eine spätere Gattin, Kinder von ihr sind nicht vorhanden, so kann sie bei ihnen wohnen, in ihrer Gesamtheit werden sie sie beköstigen. Gesetzt, Kinder von ihr sind vorhanden, die Söhne der früheren Gattin willigen nicht ein sie zu beköstigen, so kann sie im Hause ihrer eigenen Kinder, wo es ihr gefällt, wohnen. Ihre eigenen Kinder werden sie beköstigen und Dienst für sie wird sie tun [152].

Auch für das Waisenkind trifft das assyrische Recht eine Schutzbestimmung, die dem israelitischen Rechte fehlt, indem sie ihm auf alle Fälle einen Anteil am väterlichen Erbe sichert, ihn aber auch von Schuldverpflichtungen des Stiefvaters ausnimmt:

> Gesetzt, eine Witwe ist in das Haus eines Mannes eingetreten und hat ihren Sohn, der noch genährt wird, mitgenommen, er ist in dem Haus dessen, der sie genommen hat, aufgewachsen und eine Urkunde über seine Sohnschaft ist nicht geschrieben, so bekommt er einen Anteil im Hause seines Erziehers nicht. Schuld braucht er nicht zu tragen. Im Hause seines Erzeugers bekommt er einen Anteil seinem Teile gemäß [153].

Möglich war wohl für die israelitische Witwe die Rückkehr in das Vaterhaus [154], aber wahrscheinlich verblieben die Kinder, wie es im heutigen Palästina üblich und anscheinend auch in der angeführten assyrischen Vorschrift für bereits Entwöhnte vorausgesetzt ist, der Sippe ihres Erzeugers, und hatten die eigenen Verwandten das Recht, sie durch eine neue Heirat »nutzbringend« zu verwerten. Wenn der älteste Sohn des Verstorbenen herangewachsen, das Erbe zu übernehmen, so lag es in seinem Belieben, die Mutter oder Stiefmutter bzw. die Stiefmütter zu versorgen; war er minderjährig, so war die Witwe für alle Ansprüche ihrer Söhne an das väterliche Erbe gegen etwaigen Zugriff männlicher Verwandten des Gatten auf den für sie als »Arme« oft aussichtslosen Rechtsweg angewiesen. Der ungünstigste Fall war sicherlich der, daß ein Sohn einer anderen Frau desselben Mannes das Erbe antrat [155].

Israel hat diese Zustände nicht geschaffen; auch die *ras-šamrā*-Texte bezeugen ja für Syrien eine besondere Notlage der Witwen und Waisen; sie bestätigen damit zugleich auch für Ugarit die Herrschaft eines Ideals, welches den ganzen Orient seit den ältesten Tagen durchzieht [156]. Gehört doch der Satz:

> Der Witwe und der Waise tut der Mächtige kein Unrecht! [157]

zu dem Inhalt des Vertrages, den Urukagina von Lagaš zu Beginn des 3. Jahrtausends mit seinem Gott Ningirsu als Grundlage einer tiefgreifenden Reform »geschlossen« hat und hat doch die Mahnung

»Quäle keine Witwe
verdränge keinen Mann von der Habe seines Vaters!«

ihre ebenso feste Stelle in der Lehre für Merikare, wie die Versicherung

»Ich war ein Vater des Armen, der für die Witwen sorgte«[158]

in der Idealbiographie des ägyptischen Großen des Mittleren Reiches. Mit der sozialen Ungleichheit des Kulturlandes wird ein analoges Streben in Israel heimisch.

Dem ursprünglichen Bundesbuch ist die besondere Erwähnung des Kampfes für die Witwen und Waisen wohl noch fremd gewesen, in den Zusätzen findet er sich schon früh[159]. Die Prophetie führt ihn um so tatkräftiger[160], aber ihre Grundlagen sind dabei religiös-gefühlsmäßig, nicht politisch-wirtschaftlicher Art. Da lodert die tiefe Empörung über ein Treiben, das die einen leiden läßt, damit die anderen in um so größerem Luxus leben können, so verzärtelt, daß die üppigen Weiber das Laufen verlernen[161]. Da regt sich das Mitleid mit der Mutter, die ihre Kinder von ihrer Seite weg in die Sklaverei gerissen sieht[162]. Aber da findet sich kein festes Programm sozialer Reform, revolutionärer Umwälzung oder politisch-wirtschaftlicher Repristination[162a]. Jesaja kämpft mit aller Leidenschaft gegen den »Lotterbuben« (*meʿolel*) als »Fronvogt« und gegen einzelne übermütige oder korrupte Beamte, gegen die Zusammenballung von Grund und Boden in wenigen Händen, gegen den Luxus der Frauen, gegen das ungehemmte Saufen der jeunesse dorée und gegen jede Art ungerechten Gerichtes. Aber weder denkt er daran, nun etwa für sich selbst den Weg der Machtergreifung von »Mekka nach Medina« zu gehen noch fordert er gar für die jetzt Unterdrückten die Führung des Staates, um durch ihre Leitung bessere Zustände herbeizuführen. Ganz im Gegenteil ist der revolutionäre Umsturz, in dem die jetzt politisch und religiös herrschende Schicht zugrundegeht, ein nationales Unglück und darum ein lebendiges Stück seiner Drohung:

»Dann drängen die Leute
einer den andern,
jeder den Nachbarn;
herfährt der Junge über den Alten,
der Ehrenrührige über den Ehrwürdigen.
Dann packt der jenen:
»Bei dir daheim hat's noch'nen Mantel!
Mensch, du mußt bei uns Richter werden!
Der Haufe da, den ordne schön!«
Der aber sagt dann:
»Bin kein Arzt,
hab daheim kein Brot,
hab keinen Mantel!

Des Volkes Richter?
Danke schön!«[163]

Das Problem ist unter dem Gesichtswinkel persönlicher Schuld und persönlicher Verpflichtung, nicht aber unter dem Gesichtswinkel eines soziologischen Vorganges gesehen, der zuvor umgestaltet werden müßte, ehe man seine Folgen beseitigen oder doch mildern kann.

In dieser Grundhaltung ist den Propheten des VIII. Jh. die ältere Gesetzgebung vorangegangen. Auch das Bundesbuch zeigt in seinem Schuld- und Pfandrecht ein lebendiges Mitleid mit jenen verelendeten Gruppen und bemüht sich, durch Appell an die Gläubiger die ärgsten Schäden zu mildern[164], aber es verrät kein wirtschaftliches und politisches Nachdenken über die Ursache der Katastrophe und kennt infolgedessen auch keinen Versuch einer grundlegenden Wandlung. Denn dort, wo das Bundesbuch ältere Sitte — Brache und Sabbath — sozialkaritativ umdeutet, hat es sicherlich vor allem durch Preisgabe der Brache an die Armen[165] — im einzelnen Not gelindert; diese selbst aber bestehen lassen. Demgegenüber versucht das Dtn (zwar nicht rückwärtsgreifend die Schwierigkeiten, die bereits bestehen, an der Wurzel zu fassen, wohl aber für die Zukunft) das Aufkommen neuer Verelendung durch vorausschauende organisatorische und wirtschaftliche Regelung hintanzuhalten. Den in ihren Heimatorten arbeitslos werdenden Priestern, soweit sie sich dem levitischen Orden eingegliedert haben (freilich — was gern übersehen wird — auch nur diesen!) sichert sie Beschäftigung und Brot in Jerusalem, und sie bewahrt sie zugleich mit den übrigen Armen durch Neuregelung der Zehntgesetzgebung vor äußerster Not. Dem freigelassenen Sklaven wird ein gewisser Bestand an Nahrungsmitteln mitgegeben, der ihm wenigstens für eine Übergangszeit eine selbständige Existenz ermöglicht[166]. Vor allem aber greift das Dtn entschlossen in das Schuldrecht hinein. Die Pfandauswahl wird dem Schuldner (nicht dem Gläubiger!) übertragen. Das Gebot, gepfändete Kleider vor Nacht zurückzugeben, wird durch das Verbot, das Gewand der Witwe zu pfänden, ergänzt. Durch diese Maßnahmen wird der brutalen Ausnutzung akuter Notlagen gewehrt, und durch das Zinsverbot, welches an Stelle der Warnung vor dem Wucher tritt[166a], wird eine bestehende Schuldenlast erträglich gestaltet. Selbst wenn sie durch Personalhaftung gesichert ist, soll sie nach der wahrscheinlicheren Deutung des nicht ganz klaren Wortlautes in jedem siebenten Jahr gestrichen, mindestens auf ein weiteres Jahr gestundet werden[167]. Ebenso wird der meist wohl durch Überschuldung notwendig gewordene »freiwillige« Sklavendienst eines »sich selbst verkaufenden« Bruders nach Analogie des *ḫabiru*-Privilegs im Bundesbuch auf sechs Jahre beschränkt[168]. Natürlich muß das Dtn für solche Neuerungen auf starken Widerstand rechnen, den es aber durch gutes Zureden zu überwinden hofft:

»Du sollst dein Herz nicht verhärten«
»hüte dich, daß in deinem Herzen kein Teufelsgedanke aufsteigt«
»laß es dir nicht hart erscheinen, ihn freizulassen«[169].

Noch bedeutsamer ist es, daß der Gesetzgeber selbst der resignierten — aber realistischen! — Meinung ist, daß alle seine Maßnahmen die Armut selbst nicht aus dem Lande bannen werden, so programmwidrig sie von seinem Grundgedanken des gottgesegneten Gottesvolkes aus sein mag:

Nie wird es an Armen im Lande fehlen;
darum befehle ich dir:
»Tue auf deine Hand deinem Bruder / deinem Bedürftigen / deinem Armen in deinem Lande!«[170]

So stark waren diese Widerstände, daß ein seiner Form nach jüngerer Entwurf z. T. wesentlich andere Wege gehen mußte[171]. Das Zinsverbot läßt er bestehen, hebt aber den Schuldnachlaß im siebenten Jahre auf und ersetzt die Sklavenfreilassung im jeweils siebenten Jahre durch eine Befreiung sämtlicher israelitischen Sklaven alle 50 Jahre und durch die Mahnung zu ihrer guten Behandlung in der Zwischenzeit. In das gleiche Jahr setzt er den entschädigungslosen Rückfall des verkauften ländlichen Grundbesitzes und engt darüber hinaus den Weiterverkauf ländlichen Bodens durch ein unbegrenztes, den Weiterverkauf städtischen Hausbesitzes durch ein begrenztes Rückkaufsrecht der Familie ein. Auch hier aber bleibt die nüchterne Erkenntnis bestehen, daß trotz solcher Maßnahmen die Verarmung des »Bruders« immer aufs neue Wirklichkeit wird.

Die etwa gleichzeitige und die jüngere Literatur bestätigen dieses Bild. Durch die Kämpfe des persischen Reiches gegen und um Ägypten, die Palästina zum Aufmarschgebiet der persischen Armee machen, durch die inneren Streitigkeiten der Jerusalemer Gemeinde um den Grundbesitzanspruch der Rückwanderer, durch Mißernten und Heuschreckenplagen werden die Kräfte der Gemeinde stark gelähmt[172]. Auch die nötigen Gehaltszahlungen und Bestechungssummen an die persischen Beamten werden nicht nur der Gemeinde in Elephantine Kopfschmerzen gemacht haben:

»hinsichtlich des Goldes haben wir unsern Boten (mündliche) Weisung erteilt!«[173]

Für den Wiederaufbau bedarf es geldlicher Zuwendungen der babylonischen Juden, die es verstanden haben, wirtschaftlich voranzukommen, und der Erstattung von Bau- und Opferkosten aus der persischen Staatskasse, die ihrerseits die Betätigung politischer Loyalität auch im kultischen Leben zur Voraussetzung hat[174]. Die Klagen der Dichtung, etwa der dritten Rede des Eliphaz, und der erschütternden Schilderung des Elends der von der Scholle vertriebenen Armen in der Antwort des Hiob zeigen überdies, wie sehr die Unterdrückung des Armen durch den Reichen trotz aller Mahnungen auch innerhalb der Gemeinde im Schwange blieb, vor allem bei solchen, welche die neue Lehre von dem jenseitigen Gericht entschlossen ablehnen [175]. Aber nur schwach klingt in der Prophetie der Perserzeit die alte Forderung nach, Witwen und Waisen zu schützen, und eine neue Bewegung von der Wucht und dem Pathos der vorexilischen Propheten hat sich nicht wieder zu ihren Gunsten erhoben [176].

Auf dem Hintergrund dieser vergeblichen gesetzgeberischen Versuche, des oft beklagten Wirtschaftselends Herr zu werden, wird erst recht deutlich, daß der innerste Grund für die prophetische Zuspitzung der Jahweforderung auf das (soziale) Ethos nicht in den äußeren Verhältnissen, auch nicht in einer mitleidvollen Humanität gelegen ist. Sie wächst aus dem Glauben empor, der die begründenden Sätze und Erweiterungen des Bundesbuches und des Heiligkeitsgesetzes beherrscht, daß Jahwe im besondereren Sinne der Gott der Armen sei [177] und die Wucht des prophetischen Erlebens hat — gewiß unter dem erschütternden Eindruck bestehender Not, aber vor allem — aus der Tiefe religiöser Erfahrung heraus gerade diesen Zug in den Vordergrund geschoben. Über diesen Vorgang wird in anderem Zusammenhang ausführlich zu handeln sein [178]. Es geht dem Propheten, wie jetzt schon vorausgreifend zu betonen ist, stets um seinen Gott, dessen Willen, dessen Gericht und um die »Umkehr« des Volkes zu ihm, die sich in der sozialen Gerechtigkeit auswirken soll, aber nicht um ein »Ideal« der Brüderlichkeit, das irgendwie neben dem Gotteswillen stünde [178a].

δ) Ihre soziale Differenzierung.

Mit dem Gesagten ist nun bereits gegeben, daß die prophetische Gottesforderung, für die es sich zu entscheiden gilt, nicht für alle Volksgenossen in der gleichen Weise »aktuell« ist. Diese Tatsache entspricht zugleich einer das ganze Ethos des AT durchgehenden Grundlinie. Gewiß sind die Grenzen zwischen »arm« und »reich« fließend. Dabei ist nicht nur an die zu allen Zeiten gegebenen Selbstverständlichkeiten zu denken, daß ein fleißiger Mensch sich heraufarbeiten und ein fauler zurückkommen kann. In der Unsicherheit der politischen und wirtschaftlichen Lage geschieht es immer wieder, daß der »Bogen des Starken zerbrochen wird«, daß der »Satte« sich um »ein Stück Brot verdingen muß«, daß Gott dem Reichen den Genuß seiner Habe verwehrt und ihm ein schreckliches Ende bereitet [179]. Aber solange der Arme arm ist, trifft ihn (bei allem Anteilhaben an dem Schicksal des Gottesvolkes, dessen Glied er ist, und bei allem Mitgestalten an dessen Los auf Grund der für alle verbindlichen kultischen und ethischen Grundgebote des Bundes) doch nicht die entscheidende Verantwortung. Maßgebend für Zorn und Gnade des Gottes, Glück und Unglück des Volkes ist vielmehr das Verhalten der führenden Schichten, des Königs, der »Fürsten«, der Priester, der Häupter der grundbesitzenden Sippen als der Ältesten und Richter. Wie auf dem direkten Wege der Schicksalsgestaltung ihr Wirken wie ihr Versagen von ungleich tiefergreifendem Einfluß ist als das der besitzlosen Gruppen — es sei denn, daß diese sich revolutionär erheben — so bleibt es auch auf dem indirekten. In diesem Sinne spiegelt die religiöse Ideologie die politische Wirklichkeit genau wieder und verrät ihre Verwurzelung in der konkreten Welt und ihren Lebensbedingungen. Das religiöse Verhalten des Herrschers, sein Gehorsam oder Ungehorsam gegen das Gottesrecht oder den aktuellen Prophetenspruch ziehen Verderben oder Heil für das Volk nach sich.

So schildert es etwa die Prophetenlegende an dem typischen Beispiel der Dürre unter Ahab, die mindestens für die heutige Komposition des Buches der Eliaserzählungen nicht von seinem Baalsdienst zu trennen ist. So malt es die deuteronomistische Geschichtsschreibung an dem Exempel des Manasse:

> Weil Manasse, der König von Juda, diese Greuel begangen hat — 'schlimmere' als vordem die Amoriter — und auch Juda mit seinen Götzen zur Sünde gebracht hat, darum spricht Jahwe, der Gott Israels, also: »Siehe, ich bringe Böses über Jerusalem und Juda, daß jedem, der es hört, beide Ohren gellen!«

So kann die Bekehrung des Josia die Hoffnung wenigstens auf ein Hinausschieben des Gerichtes wachrufen [180].

Die große Läuterung der zur Hure gewordenen »Treuenburg« ist durch die Sünden der *śårim* als der »Diebesgesellen« und ungerechten Richter herbeigezwungen [180a]. Weil des Volkes Führer Verführer, kann Jahwe sich der Jungmannschaft, der Witwen und Waisen nicht erbarmen. Mit den Priestern, welche die Lehre vergessen, muß das Volk, das sie falsch unterweisen, hungern und zugrundegehen, mit den Propheten, die sich zu Unrecht auf Gott berufen, die von ihnen verleitete Menge leiden. Die leitenden »Kreise«, und das sind nicht ausschließlich (Propheten!), aber überwiegend die grundbesitzenden und wohlhabenden Schichten — trifft in erster Linie der Appell des Gesetzgebers, die Kritik des Geschichtsschreibers (im weitesten Sinne) wie das Drohwort des Propheten. Es ist das Pathos ihres Ethos, daß von ihrer Haltung das Geschick des Volkes in erster Linie abhängt, und zwar, wie im Zusammenhang unserer Gedankenführung über den indirekten Weg noch einmal unterstrichen sei: von ihrer Haltung zu dem Gotteswillen. Geschichtlicher Realismus, der von dem Verhaftetsein des »Bürgers« unter das Volksschicksal weiß, das die regierenden Schichten zum Guten oder Bösen gestalten, und die religiöse Beurteilung des Geschehens von Gott her wirken, wie schon angedeutet, in dieser eigenartigen Haltung zusammen.

Vielleicht erklärt sich von hier aus die eigenartige Milde in der Beurteilung desjenigen Eigentumsvergehens, welches als das typische »Verbrechen« des hungernden Armen gelten kann, des Diebstahls [181], in einem Teil der israelitischen Tradition. Der Fluch des Jakob, durch welchen der, bei dem man Labans *t^erāpīm* finden würde, dem Tode preisgegeben wird, und die analoge Verwünschung der Brüder Josephs über den unbekannten Dieb des magischen Bechers lassen die Todesstrafe für Diebstahl wahrscheinlich erscheinen [182]. Freilich ist zu berücksichtigen, daß es sich in beiden Fällen um sakrale Dinge handelt, für die auch der Cod. Ḫam. eine (sofort zu behandelnde) Sonderbestimmung kennt. Zieht man aber den Fluch der Mutter Michas über den unbekannten Dieb ihrer 1100 Silberstücke oder das Todesurteil des David über den Reichen heran, der dem Armen das eine Schaf »genommen« hat, so wird man in der Tat für die ältere Zeit mit allgemeiner Geltung der Todesstrafe bei jedem Diebstahl rechnen dürfen. Dem entspricht es, daß der Dekalog samt seinen gesetzlichen oder prophetischen Nachklängen ihn unter das Gottesverbot stellt, und daß die spätere Prophetie wie die Weisheit ihn auf eine Stufe mit anderen schweren Verbrechen rücken [183]. Um so auffallender ist es, daß die auf uns gekommenen Fassungen des israelitischen Strafrechtes auf Diebstahl sehr viel geringere Bußen setzen als die anderen orientalischen Rechte. Wird er doch lediglich mit drei- bis fünffacher Wiedergutmachung des angerichteten Schadens gesühnt, eine Bestimmung, die sich im Nichtvermögensfall gewiß immer noch hart genug auswirken konnte:

> Hat einer einen Ochsen oder ein Schaf gestohlen, geschlachtet oder verkauft, so hat er fünf Ochsen für den Ochsen und vier Stück Kleinvieh für das Schaf zu erstatten. Besitzt er nichts, so wird er zum Ersatz für das von ihm Gestohlene verkauft. Wird das Gestohlene noch lebend in seinem Besitz angetroffen, so hat er, gleichviel, ob es sich um einen Ochsen, einen Esel oder ein Schaf handelt, je zwei Stück zu erstatten [184].

Demgegenüber fordert das hetitische Recht auch nach der im vorliegenden Text erfolgten Herabsetzung der Buße auf nicht die Hälfte der früher üblichen Leistungen immer noch einen sechs- bis fünfzehnfachen Ersatz:

> Wenn jemand ein Großrind stiehlt ... so mußte man früher 30 Rinder geben, jetzt braucht er nur 15 Rinder zu geben ... Wenn jemand ein Wollschaf oder einen Schafbock stiehlt, so mußte man früher 13 Schafe geben, jetzt braucht man nur 6 Schafe zu geben ...

Nur für den Fall, daß das Tier noch lebend angetroffen und von seinem Herrn zurückgenommen wird, besteht wohl derselbe Tarif wie in Israel:

> Wenn jemand ein Rind, ein Pferd, ein Maultier oder einen Esel stiehlt, sein Herr

es findet, es unversehrt an sich nimmt, so muß er ihm außerdem zwei dazu geben [185].

Noch bedeutend schärfer ist der Cod. Ḫam. Wo er eine Ersatzleistung kennt, fordert er (abgesehen von den ganz abseits stehenden Bestimmungen über den »Diebstahl« von Ackergerät, der wohl als Entleihung ohne Erlaubnis, aber auch ohne Aneignungsabsicht zu deuten ist [186]) zehn- bis dreißigfachen Ersatz:

> Wenn ein Bürger, sei es ein Rind, sei es ein Schaf, sei es einen Esel, sei es ein Schwein oder sei es ein Schiff gestohlen hat, gehört es dem Gotte oder gehört es dem Palaste, so gibt er das Dreißigfache davon; gehört es einem Untergebenen, so ersetzt er das Zehnfache davon; wenn der Dieb nichts zu geben hat, so wird er getötet [187].

Die Ersatzleistung ist aber in diesem Gesetze überhaupt ein Fremdkörper. Es tritt ja, wie der Wortlaut zeigt, im Nichtvermögensfalle Todesstrafe ein (nicht Befriedigung des Geschädigten durch Verkauf des Diebes zu seinen Gunsten! [188]), und soll doch der Dieb nicht nur bei besonders erschwerenden Umständen (Diebstahl bei Feuersbrunst [189]), sondern nach einer anderen Bestimmung bei Tempel- und Palastraub auch ohne erkennbare Abgrenzung gegen den eben angeführten Paragraphen unbedingt getötet werden:

> Wenn ein Bürger Besitz des Gottes oder Palastes gestohlen hat, so wird dieser Bürger getötet; auch wird, wer das Diebsgut aus seiner Hand angenommen hat, getötet [190].

In die gleiche Richtung weist die Schlußformel der Bestimmung über den Bürger, der

> sei es Silber, sei es Gold, sei es einen Knecht, sei es eine Magd, sei es ein Rind, sei es ein Schaf, sei es einen Esel oder sei es Sonstiges aus der Hand des Sohnes eines Bürgers oder des Knechtes eines Bürgers ohne Zeugen und vertragliche Abmachungen kauft oder auch zur Verwahrung angenommen hat, so ist dieser Bürger ein Dieb: er wird getötet [191].

Eben diese Schlußformel begegnet endlich in den (z. T. zu Ex 22 6 parallelen) Bestimmungen über den Kauf und Verkauf gestohlenen Gutes. Das abhanden gekommene, angeblich bei einem Dritten gefundene Gut wird durch Zeugen identifiziert; kann der Besitzer den rechtmäßig erfolgten Kauf nachweisen, so

> »ist der Verkäufer ein Dieb, er wird getötet«.

Kann er es jedoch nicht, so

> ist der Käufer ein Dieb, er wird getötet! [192]

Gegenüber solcher Bewertung des Diebstahls als Kapitalverbrechen ist er im israeltischen Strafrecht lediglich unter dem Gesichtswinkel privater Interessenschädigung gesehen und erscheint nicht unter den Verbrechen, welche die Gemeinschaft beflecken. Daher kann schon die an sich strengere Sage, wie wir sahen, an einer Tötung oder Versklavung der »Brüder« mit dem Diebe Anstoß nehmen und damit die »Ansteckungskraft« dieses Frevels durchbrechen, wie ja auch der Diebstahl im Lossagungsfluch der Gemeinde von unbekannten Frevlern fehlt [193]. Aus dem gleichen Grunde kann das israelitische Recht, wie gleichfalls dargestellt, die Blutschuld wenigstens für den Fall ausschließen, daß der einbrechende Dieb bei Nacht getötet wird, während Cod. Ḫam. bei Einbruch die unbedingte Todesstrafe kennt:

> Wenn ein Bürger in ein Haus (ein Loch) einbricht, so tötet man ihn angesichts dieses Loches und steckt ihn in die Höhlung [194].

Und darum schweigt endlich das israelitische Recht von einer Erstattungspflicht der Gemeinde bei Nichtermittlung des Täters, wie sie § 23 des Cod. Ḫam. regelt [195]. Hält man diese Regelungen neben die israelitische Beurteilung des Mordes, der Zauberei oder der sexuellen Verbrechen [196], so wird deutlich, daß die Haltung der älteren Sage und des Dekalogs sich gegenüber einer minder strengen und zugleich stärker individualistischen Bewertung nicht behauptet hat, welche selbst die Milde des hetitischen Reformgesetzes noch übertrifft. Nur sehr allmählich rückt dies typische Verbrechen des Armen in den erwähnten Ausläufern der Prophetie und der Weisheit wieder in die Reihe der schweren Vergehen [196a].

Hingegen werden an den Reichen höhere Anforderungen gestellt werden, denen gegenüber er freilich immer wieder versagt. Für die *śārîm* ist es eine Schande als »Diebsgesellen« dazustehen [197]. Sollten die Führenden doch kraft jener Mahnungen vor »Teufelsgedanken« in freiwilliger Selbstbeschränkung [198] auf eine Ausnutzung der Möglichkeiten Verzicht leisten, die ihnen in der Wirtschaft und vor Gericht durch das Hineinwachsen in die kananäische Kultur und die »Rezeption des kananäischen Rechtes« zugefallen waren. Sie sollten ihre Machtstellung im Interesse einer echten »Bruderschaftsgesinnung« selbst eingrenzen, anders ausgedrückt: die urtümliche »Solidarität« der Stammes- und Volksgenossen sollte sich, wie oben schon angedeutet, bei ihnen zu einer bewußten sittlichen Karitas entfalten, die es beschwören kann:

> Nie weigert ich der Schwachen Wunsch,
> ließ nie der Witwe Augen schmachten!
> Aß meinen Bissen nie allein,
> das Waisenkind aß stets davon!
> Nie konnt ich sehen Verkommnen ohne Rock,
> noch ohne Decke je den Armen;
> stets dankten seine Hüften mir
> wenn meiner Schafe Schur sie wärmte.
> Erhob ich wider den Gerechten je die Hand,
> wohl wissend, daß im Tor mir Hilfe würde,
> dann fall die Schulter mir vom Nacken,
> dann breche aus der Röhre mir der Arm! [199]

Solche Karität opfert dem andern nicht nur die Möglichkeit, durch Gewalt sein Recht zu beugen, sondern gibt darüber hinaus auch »wohlerworbene« Rechte auf. »Gerecht« sein heißt für sie, aus eigenem Willen Schranken des eigenen Rechtes anerkennen und die Schwächen des »Bruders« nicht zu seinem Schaden ausnutzen. Warnungen vor solchem Tun stehen daher in engster Verbindung mit anderen, die einer ungerechten Behandlung der Armen, vor allem falschem Gerichte wehren:

Verflucht, wer seines Nächsten Grenze verrückt,
verflucht, wer einen Blinden auf falschen Weg führt,
verflucht, wer das Recht des Beisassen, des Waisenknaben, der Witwe beugt!
Du sollst deinen Nächsten nicht bedrücken noch berauben.
Du sollst den Lohn des Tagelöhners nicht bis zum andern Morgen bei dir behalten.

Du sollst dem Tauben nicht fluchen
noch dem Blinden ein Hemmnis legen in den Weg,
sondern dich fürchten vor deinem Gott: ich bin Jahwe![200]

»Nicht gerecht« ist hingegen der Reiche, der seine Kapitalmacht zur Unterdrückung des Armen mißbraucht, statt dem Notleidenden zu helfen, ist der Herrscher, der despotisch Gut und Leben seiner Volksgenossen für die Befriedigung der Bedürfnisse des Hofes, des Krongutes und der Prätorianer an sich zieht. Sie verstoßen damit gegen den Geist der israelitischen Volksbruderschaft wie sie von der »Urzeit« an besteht, und in welche auch der Gott einbeschlossen ist [201]. Man wird nicht fehlgehen, wenn man in der weitverbreiteten Brutalität der Reichen einen Nachhall der volksfremden Adelsherrschaft sieht, die seit der Hyksoszeit das Schicksal des Landes für mehr als ein halbes Jahrtausend gewesen war. Ein Nachhall der Wehrlosigkeit des Armen solchen Bedrückungen gegenüber ist es, wenn er in eigenartiger Mischung von Gesetz und Mahnung bis in die deuteronomistische Paränese hinein seine Rechte nur dadurch zu wahren weiß, daß er den Reichen an diese Pflicht erinnert und (wenn der Reiche sich nicht mahnen läßt) im Fluch und Gebet die übernatürliche Strafe auf ihn herabruft [202]. In der Gottesverheißung für den Gehorsamen und in der Furcht vor der himmlischen Rache, die der Arme in Bewegung zu setzen vermag, liegt sein bester »Schutz« vor der Zuspitzung der sozialen Katastrophe.

Was soeben von den Armen auszuführen war, gilt weithin analog auch von der Frau. Das Ethos des AT ist spezifisch männlich. Der Mann trägt des Lebenskampfes Last. Er entscheidet mit der Waffe den Krieg, und keine größere Schmach gibt es für ihn, als von eines Weibes Hand zu fallen [203]. Wie den hetitischen Soldaten kein schwererer Fluch treffen kann als die Verwandlung in ein Weib:

Wie immer diese (beim Eid vorgezeigten Kleider) nicht einem Mann zugehören,
sondern Frauengewänder sind,
so sollen, wenn ... jemand diese Götterschwüre bricht ...,
diese Götterschwüre den Mann zu einem Weibe machen![204]

so betet das Spätjudentum:

Gelobt seist du, Jahwe, unser Gott, ewiger König,
daß du mich nicht als Weib geschaffen hast!

Eine Tat, wie Judith sie vollbracht, ist selbst in der Welt der Legende eine staunenerregende Ausnahme, und auch jene Gestalten sind nicht wesentlich häufiger, die gleich Debora, der »Mutter in Israel«, das Ringen der Völker durch Spruch und zauberstarkes Lied gestalten [204a]. Der Mann ist der Priester. Ein dem minäischen *lw't* entsprechendes Femininum kennt das Hebräische nicht, wohl aber (mantisch begabte) Frauen im »Dienste« des Kultus als Sängerinnen und Tänzerinnen, auch zur Gewinnung »prophetischer« Sprüche [205]. Solche Frauen konnten mit Beamten des Königs oder des Tempels oder auch anderweit verheiratet sein [206]. Der Mann ist Richter und König, mag die Königinmutter oder die Königin selbst, wenn sie wie Isebel oder Athalja die geistige Kraft dazu hatte, die Herrschaft tatsächlich oder gar in aller Form an sich reißen. Der Mann steht im Mittelpunkt der Sage. Seine Gefühle beim Opfergang des Kindes malt der Elohist [207], nicht der Mutter Qualen wie Aischylos das tut, und nur der griechische Text läßt das Weib des Hiob klagen:

> Siehe, verschwunden ist das Gedenken an dich von der Erde,
> die Söhne und Töchter meines Leibes Schmerzen und Wehen,
> um die ich mich vergeblich geplagt und erschöpft. [208]

Nur die anspruchslosere Novelle mag sich mit Frauen, gleich der gehorsamen Ruth oder der vielgewandten Esther befassen [209]. Vom Manne her sind die Ehe- und Frauensprüche der Weisheit entworfen: was das gute Weib ihm nutzt, das böse ihm schadet, in welche Gefahren der Ehebruch ihn stürzt [210]. Selbst, die Bewahrung der Reinheit der Tochter sieht Jesus Sirach in Analogie zu dem Nutzen, welchen der Herr von einer guten Behandlung seiner Haustiere haben kann, unter dem Gesichtswinkel des Vorteils für den Vater [211]. Er vergröbert damit den Gedanken des Gesetzes, daß die Unkeuschheit der Tochter dem Vater Schande bringt, einen Gedanken, der seiner starken Betonung der Verfügungsgewalt des Mannes über Frau und Tochter entspricht [212]. Des Mannes Sünden bringen Verderben über das Volk. Selbst wo das Weib ihn verführt hat, richtet sich die Tadelsfrage Gottes zuerst an ihn und um seinetwillen trifft den Acker der Fluch. Für seine Vergehen werden die Weiber zu Witwen, die Kinder zu Waisen; ziehen sie doch auch die Sünden der Weiber so unausweichlich nach sich, wie die in ihrem Unverstand verführten »kleinen Leute« entschuldbar sein mögen [213]. Es gehört zu den Kühnheiten eines Amos und eines Jesaja, daß sie den Weibern ihre eigenen Sünden zum tödlichen Verderben, ja zum Verderben des Staates werden lassen [214]. Die Lebenssicherheit der Frau — und vollends der Kinder, die nicht »gut und böse unterscheiden« können! [215] — liegt zum größten Teile in ihres Mannes Hand, und sie hat außerhalb der noch besonders zu behandelnden sexuellen Sphäre [216] keine »Entscheidung« über ihr eigenes Schicksal. Denn auch der Scheidung und damit erst recht der Not verfällt sie nach des Mannes Willkür, die das Gesetz nur in beschränktem Maße einengt [217]. Daß sie die Schuld an dem Mißfallen ihres Mannes trägt, setzen alle Texte als gegeben voraus und machen es zudem dem Mann durch die Unbestimmtheit ihrer Terminologie und das Fehlen einer nachprüfenden Instanz (außer bei Anklage auf Ehebruch) denkbar leicht, solche »Schuld« festzustellen. Sie kennen darum auch nicht die für die Frau verhältnismäßig günstige Regelung, welche das babylonische Recht für die kinderlos gebliebene, im übrigen aber »schuldlos« geschiedene Ehefrau trifft:

Wenn (sich) ein Bürger von seiner ersten Gemahlin, welche ihm keine Kinder geboren hat, scheiden will, so gibt er ihr Geld in Höhe ihres Brautpreises, auch entschädigt er sie für die Mitgift, die sie vom Hause ihres Vaters mitgebracht hatte; dann kann er (sich) von ihr scheiden. Wenn ein Brautpreis nicht vorhanden ist, so gibt er ihr 1 Mine Silber als Scheidegeld [218].

ε) Folgen und Schranken.

Damit ist für die ethische Weisung eine innerhalb des AT sehr spürbare Schranke errichtet. Sie kennt hier wohl Mahnungen und Bestimmungen für den besitzenden Mann, aber in aller Regel nur indirekte, vom Mann oder dem Herrn aus gesehene Ratschläge, wie für die Frau oder für den Armen, so vollends für den Sklaven. Ohne Sklaven ist die antike, auch die israelitische Wirtschaft nicht vorstellbar. Ihre terminologische Abgrenzung ist nicht ganz eindeutig durchgeführt, und es bestehen Übergangsmöglichkeiten aus dem Sklavenstand in die Freiheit und umgekehrt. Vom freien Lohnarbeiter, dem *śåkīr*, dem sein Herr den Tagesverdienst auszahlt, damit er seinen Lebensunterhalt davon bestreite, ist der Unfreie, der *ʿaebaed*, zwar scharf unterschieden [219], in den Begriffen des »Burschen«, des *naʿar*, und des »Dieners«, des *meśåret*, aber kann anscheinend sowohl freie Dienstbarkeit als unfreie Dienstpflicht enthalten sein [220]. Unklar bleibt auch, wieweit die Fronen, die auf einzelnen Orten lasten, den Angehörigen dieser Städte auch außerhalb der besonderen (sakralen) Dienstleistungen Zwang und Einschränkungen der Verfügungsgewalt über Leib, Kinder und Habe auferlegen; in der Liste der nachexilischen Gemeinde stehen die »Söhne der Sklaven Salomos«, d. h. die letzten Nachfahren der vom Könige zu Frondiensten herangezogenen kananäischen Orte neben den (dem Tempel) »Geschenkten« in der Reihe der anerkannten Geschlechter! [221] Das Besitzrecht des Herrn schließt menschliche Verbundenheit nicht aus [222]. Das Gesetz kann damit rechnen, daß der Sklave seinen Herrn »liebt« und die dauernde Dienstbarkeit einer Freilassung nach 6 Jahren vorzieht, bei der er das ihm von dem Herrn zugeteilte Weib und seine Kinder bei ihm zurücklassen muß. Eliezer erscheint als Abrahams Vertrauter, dem er nicht nur die Verwaltung seiner Habe übergeben, sondern dem er auch die wichtige Rolle des Brautwerbers übertragen kann, ohne daß die Sippe des Mädchens an ihm als Mittelsmann Anstoß nimmt [223]. Stirbt der Herr kinderlos, so kann ein im Hause geborener Sklave (ursprünglich vielleicht: ein Bastard des Herrn von einer Sklavin?) das Besitztum erben und erlangt dann wohl mit dem Eigentum (an Grund und Boden) die Freiheit und die Teilnahme an der Rechtsgemeinde [223a]. Dasselbe mag geschehen, wenn der Herr keinen Sohn, wohl aber eine Tochter hat; gibt er sie seinem Sklaven zum Weibe, so wird dieser damit Glied der Sippe und erhält seine Stellung im Geschlechtsregister der Familie selbst dann, wenn er Ausländer ist [224]. Je stärker aber die Polygynie sich durchsetzt, desto seltener sind solche Fälle geworden. Auch »humane« Züge wie die Ausdehnung der Sabbathruhe auf den Sklaven oder die Unterlassung der Sklavenmarkierung bei freiwilligem Erstverkauf des *ḥabiru* und die Anerkennung der natürlichen Menschenrechte der Sklavin [225], dürfen nicht dazu verführen, sein Los zu verharmlosen. Nicht umsonst kennen Gesetz, Erzählungsliteratur und Weisheit den entlaufenen Sklaven als typische Gestalt und gilt das Freikaufen eines den Heiden versklavten »Bruders« als besonders zu rühmende Tat. Menschendiebstahl und Verkauf oder Verpfändung des geraubten »Bruders« ist eine die Gemeinde belastende Todsünde [225a]. Nicht ohne Grund steht das israelitische Recht seit dem Dtn auf seiten des Flüchtlings, dem es Asyl gewährt, sehr im Gegensatz zum babylonischen, aber auch zu dem bereits sklavenfreundlicheren hetitischen Recht [226]! Die genannten Momente beweisen nur, daß der Rechtsunterschied nicht notwendig einen Unterschied der menschlichen Wertung in sich schließt.

In die gleiche Richtung weist es, daß auch die Großen des Reiches als »Sklaven des Königs« bezeichnet werden, obwohl es sich dabei mindestens zum Teil — etwa bei der Trauergesandtschaft des David an Hanun baen naḥaš [227] — um vollfreie Männer handelt. Von der Größe des Herrn fällt ein Strahl des Glanzes auf seine Diener, und »Gottesknecht« ist — wie im Babylonischen — ein Ehrentitel [228], ohne daß doch damit der Selbstbezeichnung als »Sklave« der »servile« Klang gänzlich genommen würde, etwa dort, wo sie sich mit der Eigenbenennung als »Hund« oder »Floh« verbindet [229]. Es ist sicherlich nicht ohne Bedeutung, daß die deuteronomische Sprache für die Verehrung Jahwes durch die Israeliten das Verbum *šrt* gebraucht, während sie für den »Dienst« an fremden Göttern den Stamm *'bd* verwendet [230]. Die ältere Sprache freilich macht diesen Unterschied nicht:

Wenn es euch mißfällt, dem Jahwe zu dienen (*la'ᵃbo̱d̠*)
so erwählt heute, wem ihr dienen wollt (*ta'ᵃbo̱d̠un*):
den Göttern, denen eure Väter jenseits des Stromes gedient haben (*'ăb̠'d̠ū*)
oder den Göttern der Amoriter, in deren Land ihr wohnt!
Ich aber und mein Haus, wir dienen (*na'ᵃbo̱d̠*) dem Jahwe [231].

Denn trotz allem bleibt des Sklaven Schicksal hart und so schwer seine Arbeit, daß seine Sehnsucht nach ein wenig Schatten dem elendesten Menschen zum Bilde seines Todessehnens wird [232]. Gleich dem Gefangenen, den der Fronvogt treibt, ist er und bleibt er auch bei dem »besten« Herrn Objekt des Willens anderer. Soll man ihn schlagen oder gut behandeln [233]? Des Herrn Nutzen entscheidet diese Frage: der direkte, daß er nicht etwa gar die einzige Arbeitskraft durch allzuschwere Mißhandlung oder durch des Knechtes Flucht verliert; der indirekte, daß er durch die Erfüllung sklavenfreundlicher Gesetze den Gottessegen sich erwirbt [234]. Wo sich die Weisheit unmittelbar mit dem Schicksal des Knechtes befaßt, legt sie nicht seine Pflichten dar, die er im Sklavenstande hat, sondern sie malt unter Benutzung des unsterblichen Motivs vom dummen Herrn und klugen Knecht [235] die Möglichkeiten, Freiheit und Reichtum zu gewinnen oder doch die Härten des Loses zu mildern:

Ein kluger Knecht gewinnt Gewalt über den liederlichen Sohn
und mitten unter Brüdern wird er (als einer von ihnen) Erbanteil haben [236].

Die Regel wird es freilich sein, daß er erst im Lande ohne Wiederkehr die Freiheit findet:

Ob klein, ob groß, dort sind sie gleich,
der Sklave frei von seinem Herrn! [237]

Für das Volksschicksal hat sein Tun jedenfalls keine Bedeutung.

Die soeben aufgezeigte Schranke reicht aber noch erheblich weiter. Das Ethos des AT weiß um die Berufspflicht des Richters zu gerechtem Gericht. Es geißelt die berufliche Untreue des Priesters und des Propheten, denen die Pflicht der ungetrübten Weitergabe des Gotteswillens und -wortes und der rechte »Dienst« obliegt. Es klagt um die ehrlose Flucht der Führer und der Garde vor dem Feind [238]. Man weiß auch, wie noch auszuführen sein wird, um die Keuschheitsforderung an die Frau und die Verpflichtung des Kaufmanns zu richtigem Gewicht und ehrlicher Waage [239]. Aber es gibt über solche allgemeinen Mahnungen zu Fleiß und Zuverlässigkeit [240] hinaus kein israelitisches Berufsethos für den schlichten »Bürger«, für den Bauern, für den Soldaten. So wenig die Weisheit Israels (wenigstens in der älteren Zeit) auf eine Berufsausbildung als »Schreiber« oder Priester abzielt [241], so wenig sucht sie andere Berufe in ihrer Eigenart und ihren eigentümlichen Anforderungen zu erfassen. Gleich der Prophetie sieht auch sie — um ein charakteristisches Beispiel zu geben — in dem Schaffen des Töpfers nichts als souveräne Willkür, die mit dem Material tun und lassen kann, was sie mag [242]. Es kann unklug sein, »unwirtschaftlich«, viele Mühe an die Herstellung eines Gegenstandes zu verschwenden, den man dann sofort wieder vernichtet [243]; daß es aber eine innere Bindung des »Schöpfers« an das Werk gibt, hat sie nicht erfaßt, und sie steht mit diesem Versagen nicht allein[243a]. Nur von solchem grundsätzlichen Mangel aus kann der Jahwist seinen Gott die Tiere in der Erwartung schaffen lassen, der Mensch werde ihrer eines als seinesgleichen anerkennen, ohne ihn für sein Empfinden durch die Schilderung eines solchen »verunglückten Experimentes« herabzusetzen[244]. Künstler wie »Schöpfer« mögen wohl – wie der Gott des Priesterkodex – in freudigem Stolz ihrem Werke eine gute Beurteilung zuerkennen[245]; sie sind ihm gegenüber an gar nichts gebunden und keiner darf nach ihren Absichten oder Gedanken fragen:

> Alle Menschen sind aus Ton (gemacht),
> und aus Erde ward Adam gebildet.
> In seiner Weisheit Fülle machte der Herr sie verschieden
> und gestaltete ihre Wege gar mannigfaltig:
> Die einen segnete und erhob er hoch,
> heiligte sie und zog sie zu sich.
> Die andern verfluchte und beugte er tief,
> warf sie mit Gewalt von ihrer Statt.
> Wie der Töpferton in des Meisters Hand,
> die all sein Geschick nach Belieben gestaltet,
> so sind die Menschen in des Schöpfers Hand,
> der ihnen vergilt, wie es ihm gut dünkt[246].

Nur einmal kleidet sich das Gefühl der Verbundenheit mit Gott, das auf seinem geschichtlichen Handeln ruht und den Schöpfungsglauben in den Heilsglauben eingegliedert hat[247], in dieses Bild und läßt dabei durch Verknüpfung mit dem Vaterbild ein Verständnis für die innere Beziehung von Meister und Werk ahnen:

> Und nun: Jahwe, du bist unser Vater,
> wir sind der Ton, du unser Bildner,
> deiner Hände Werk sind wir alle!
> Zürne, Jahwe, nicht so hart,
> behalt' uns nicht ewig die Schuld,
> schau doch darein, wir sind ja dein Volk![248]

Dasselbe Unvermögen, das ethische Moment in allem handwerklichen Schaffen zu erfassen, ist nicht unbeteiligt an dem Sprachgebrauch des Kohaelaet, welcher »Arbeit« und

> alle Mühe, damit man sich abmüht unter der Sonne[249]

mit dem gleichen Ausdruck bezeichnet, der anderwärts die Qualen des in die Fremde verkauften Sklaven, des schwer unter Sündenschuld, Krankheit oder bösem Fluche Leidenden kennzeichnet (*'åmål*). Dies geschieht, obwohl Kohaelaet etwas von der Freude am Ertrag der Arbeit (freilich nicht an dieser selbst!) weiß und darum auch die Weisheit in ihrer Unersättlichkeit und Nutzlosigkeit nicht höher wertet als sie[250].

Dieses Unvermögen ist endlich in dem grenzenlosen Hochmut des

»Weisen« wirksam, der mit dem Arbeitsethos auch das Arbeitslied verkümmern läßt:

> Wie kann weise werden, wer den Rinderstachel führt
> und einherstolziert mit dem Ochsenspieß,
> wer Rinder antreibt, mit Gesang sie lenkt
> und mit den Stieren seine Unterhaltung führt? [251]

Gewiß sind auch im Urteil des Weisen der Hirt und seinesgleichen, Siegelschneider, Töpfer, Schmiede notwendige und in ihrer Art nützliche Glieder der menschlichen Gesellschaft, die es sich bei Hitze und hartem Mühen sauer werden lassen:

> Ohne sie kann keine Stadt bestehen,
> und wo sie wohnen, hungern sie nicht.
> *Aber* (!) zur Beratung des Volkes werden sie nicht befragt,
> und in der Versammlung haben sie keinen Vorrang...
> Anders, wer sich der Gottesfurcht widmet
> und der Erforschung des Gesetzes des Höchsten [252].

Bei dem allen bleiben der Arme und das Weib, wie noch einmal unterstrichen werden muß, den allgemeinen Geboten des Bundes unterworfen und in ihrem Lebensschicksal an deren Erfüllung oder Nichterfüllung gebunden. Aber für das Schicksal des Volksganzen ist nicht ihre Haltung vorzugsweise entscheidend, sondern dieses wird grundlegend geformt durch die Stellung der führenden Schichten.

c) Die deuteronomische Entscheidung.

α) Ihre Form.

Die Vorzugsstellung, mit der die Prophetie die sittliche Haltung im Gegensatz gegen die kultischen Erfordernisse setzt[252a], ist aber nicht die einzige Möglichkeit, die aus dem Ineinander der großen Krise und der sozial-karitativen Motive des Jahweglaubens hervorwachsen konnte. Wo die Wucht des prophetischen Erlebens in seiner charakteristischen Eigenart und damit die Besonderheit prophetischen Gottesverhältnisses fehlt, muß auch das Ergebnis ein anderes sein. Von dieser Fragestellung aus angesehen wird das Deuteronomium (so gewiß auch in ihm prophetische Einflüsse spürbar sind) zu einem indirekten Beleg dafür, wie stark das zentral Religiöse die prophetische Entscheidung gestaltet hat. Der in die Hände der Leviten gelegte Opferdienst an dem einen Ort, den der Gott sich erwählt, steht im Gegensatz nicht nur zu dem Kult fremder Götter, sondern nicht minder im Gegensatz gegen andere Jahwekultstätten und ihre Priesterschaften. Die sozialen Gebote sind zum erheblichen Teil den Kultbestimmungen eingegliedert und damit zu einem Bestandteil der Reform gemacht [253]. Auch hier steht also Gottesgebot wider Gottesgebot, insofern auch die aufgehobenen Jahwekulte ihre von dem Volksgott sich herleitenden Vorschriften und Ordnungen besessen haben, und insofern das Ritual des nun zum alleinigen Tempel aufsteigenden Heiligtums nicht unverändert bleibt. In jeder einzelnen im Gesetz angeführten Kultbestimmung kann man ja die Wandlungen verfolgen, zu denen der übergeordnete Gedanke der Kultuszentralisation zwingt [254]; seine umgestaltende Kraft ist das Auswahlprinzip, nach dem die Kultbestimmungen geboten werden (und nicht ihre soziale oder ethische Bedeutung!) [255]. Auch hier wird eine entschlossene Entscheidung verlangt und von dieser Entscheidung Segen und Fluch, Leben und Tod des Volkes abhängig gemacht. Im Unterschied von der Prophetie wird nun aber der Versuch einer »dogmatischen« Begründung gewagt. Der Satz von der Einheit Jahwes:

Höre, Israel, Jahwe ist unser Gott,
Jahwe als einer [256]!

wird fortgeführt durch die Forderung der Ganzhingabe des Israeliten an ihn und dient als Unterbau des Gebotes, das den einen Kultusort setzt [257]. Dieser Einheitsgedanke hat zugleich seine politische Seite: gegenüber der Zerspaltung in die partikularen Staaten und ihre miteinander konkurrierenden Priesterschaften bedeutet die Konzentration des Kultes eine sichtbare Zusammenfassung des Volksganzen als des Gottesvolkes. Seine Schicksale in gefährdeter geschichtlicher Lage gegenüber stärkeren Gegnern werden für den Glauben des Gesetzgebers durch die Stellung zu diesem Gesetz und damit vor allem zu der dasselbe beherrschenden Kultforderung bestimmt. Nicht auf dem direkten Weg der militärischen Machtentfaltung, sondern auf dem indirekten der kultischen Gebotserfüllung unter Maßnahmen, die militärisch denkbar gefährlich sind (Zusammenziehung aller Waffenfähigen zu bestimmten Terminen an einem grenzfernen Ort!) [257a] soll allein der Bestand des Volkes gesichert werden. Das heißt aber, daß in der deuteronomischen »Entscheidung« als innerster Triebkraft ein Element enthalten ist, das sie mit der prophetischen Entscheidung aufs engste verbindet: der Glaube an die göttliche Hilfe als die einzige, zugleich aber um der »Treue« Gottes willen für den Frommen unerschütterlich sichere Grundlage des Volkes und jedes einzelnen seiner Glieder.

β) Ihre Wirkungen (Die heilige Urkunde).

Zugleich ist durch die deuteronomische Entscheidung ein durch das Bundesbuch vorbereitetes, aber in seiner charakteristischen Wendung neues Moment hinzugetreten: die Entscheidung für die Urkunde. Als Grundlage des neugeschlossenen Bundes zwischen Gott und Volk ist sie in Analogie der altorientalischen Verträge durch furchtbare Flüche gesichert, ihre strenge Beachtung unter nicht minder lebendige Segensverheißungen gestellt. Dieser Urkunde darf das Volk nichts hinzufügen noch etwas davon abstreichen — in der Praxis des Lebens ist freilich das erstere reichlich geschehen —:

> Was noch verborgen ist (*hannistårōt*), gehört Jahwe, unserm Gott.
> Was aber offenbart ist (*hanniglōt*), gehört uns und unsern Kindern
> auf immer,
> zu halten alle Worte dieses Gesetzes [258].

Das in »diesem Gesetzbuch« geschriebene Gebot, nicht ein himmelfernes oder von jenseits des Meeres herbeizuholendes, sind die Grundlage der Bekehrung und des Lebens:

> Jahwe wird sich abermals deiner freuen zum Guten,
> wie er sich deiner Väter gefreut hat,
> wenn du der Stimme Jahwes deines Gottes gehorchst,
> seine Satzungen und Gebote zu halten,
> 'die' in diesem Gesetzbuch geschrieben 'stehen',
> wenn du dich zu Jahwe deinem Gott bekehrst
> von ganzem Herzen und von ganzer Seele [259].

Im Sinne solchen Wertlegens auf die geschriebene Urkunde als Maßstab der Entscheidung hat der Akt von 622 in der weiteren Geschichte des israelitischen Gesetzes Schule gemacht, mag man nun im Gesetz des Ezra das »Heiligkeitsgesetz« oder den Pentateuch als Ganzes sehen [260]. Das Bedeutsame dabei ist nicht, daß kultische und ethische Elemente auch dort unter dem übergeordneten Gesichtspunkt des geforderten Gottesgehorsams zusammentreten, der inhaltlichen Struktur nach also die »deuteronomische« statt der »prophetischen« Entscheidung sich durchsetzt. Ausschlaggebend ist vielmehr, daß sich damit die aktuelle Forderung, die aus der Lage heraus gestaltend in die konkrete Not und Gefahr eingreift, durch die »Kanonisierung« des schriftlich niedergelegten Gotteswillens zu einer starren Größe wandelt, die nur noch auf dem Wege der Interpretation zur gegenwärtig nahen gemacht werden kann. Ein solches Sichfestlegen auf die Urkunde wird zudem immer das Bestreben wachrufen, den Nachdruck, mit dem sie die Glieder der Gemeinschaft verpflichtet, für alle grundsätzlich gleich zu gestalten. Mag von dem einen inhaltlich mehr gefordert werden als von dem anderen: seine verpflichtende Kraft als solche kennt formal keine Unterschiede der Volksgenossen, zumal ein erheblicher Teil der Gebote (in Weiterführung der altisraelitischen Gleichheit der Stammesgenossen untereinander und damit vor dem Bundesgott) wenigstens die freien Männer auch sachlich in gleicher Weise trifft. Weder die Opferpflicht am Heiligtum noch der Ablieferungszwang der Erstgeburten und Zehnten kennt eine Begrenzung oder Abstufung nach Besitzgrößen, und die Mitleidsforderung mit den Tieren gilt unbegrenzt für jedermann [261]. Die Unterweisung der Kinder im Gesetz durch den Hausvater, welche die Rahmenstücke fordern [262], unterstreicht diese Tatsache ebensogut wie die mit den Lehrmahnungen und den Paränesen des Opfergesetzes nächstverwandten deuteronomischen Erweiterungen des Dekalogs[263]. Seine verpflichtende Kraft kennt aber auch keine Abstufung der Gebote; wird doch die alte Schlußformel der Fluchzeremonie von Sichem jetzt auf das Korpus bezogen, dem dies liturgische Stück eingegliedert wird:

> Verflucht ist, wer nicht 'alle' Worte dieses Gesetzes hochhält,
> daß er sie tue!
> Und das ganze Volk spreche: »Amen!«[264]

Auch die Zusammenfassung der Substanz des Gesetzes in einzelne möglichst weitgespannte Formeln, die mit dem »Höre Israel« anhebt und sich im Heiligkeitsgesetz fortsetzt[265], kann die grundsätzliche Gleichwertigkeit der Gebote nicht aufheben; sie will nicht auswählen, sondern auf gemeinsame Nenner bringen und damit deuten. Entscheidung in dem deuteronomisch-gesetzlichen Sinne bedeutet demnach: Entscheidung für das gegebene Gesetz in einer sich möglicherweise wandelnden Auslegung. Je nachdem diese starrer oder milder ist, muß an ihr die Gemeinde sich aufspalten in die Strengen und in die Laxen, die immer wieder der Vorwurf treffen wird, durch ihre Haltung die Gemeinde selbst zu gefährden.

3. Die Entscheidung des Einzelnen.

a) Die Todesfurcht als Motiv der Entscheidung.

Streben nach Lebenssicherung ist aber nicht nur das innerste Anliegen des Volkes in seiner Geschichte, sondern zugleich das stärkste Motiv des Einzelnen, auch außerhalb der speziellen »sozialen« Probleme. Es beherrscht weithin Lehre und Haltung des »weisen Mannes«[266], ist aber notwendig das Streben nach einer Selbstbehauptung, die selbst immer wieder »von der ‚Wirklichkeit', vom ‚Tode' und vom ‚Schicksal' her Erschütterungen erfährt, die in ihrer Existenzbedrohung den Durchbruch zu neuen Haltungen erzwingen«[267]. Der Weise bringt darin aber lediglich auf einen mehr oder weniger klaren gedanklichen Ausdruck, was Gemeingut des israelitischen Lebensgefühles schlechthin ist. Die Einmaligkeit, die dem Menschenleben für den Glauben des vorderen Orients im Gegensatz zum indischen Denken (wie zu allen Gestalten der Wiederverkörperungslehre) eignet, läßt den Tod als das größte aller Übel erscheinen. Ihm gegenüber ist selbst ein Leben im Staatsgefängnis zur Hungerszeit oder ein Alter in Schwäche begehrenswert:

> Besser ein lebender Hund als ein toter Löwe[268]!

Hier gilt wirklich das dem Satan in den Mund gelegte Sprichwort:

> Haut um Haut! Was einer hat, läßt er ums Leben[269].

In tiefer Trauer spricht man von den Gelegenheiten, die der Urmensch, die Gilgameš, die Adapa versäumt haben, das »Leben« zu gewinnen! Es gibt kein Heil durch den Tod hindurch, das man erlangen könnte, keine Paradieseswonnen — freilich auch keine Höllenqualen für besondere Verbrecher! Zwar ist der Nachdruck, der auf die Frage des (rituell richtigen) Begräbnisses gelegt ist [270], ein Zeichen dafür, daß man von Unterschieden in der Welt dort drunten weiß, wie sie auch das Gilgameš-Epos kennt:

Der den Feuertod starb, sahst du den? — »Ja, ich sah:
an nächtlicher Schlafstatt ruht er,
reines Wasser trinkt er.«
Der getötet ist in der Schlacht, sahst du den? — »Ja, ich sah:
sein Vater und seine Mutter halten sein Haupt,
sein Weib ist gebeugt über ihn.«
Dessen Leichnam man in die Steppe warf, sahst du den? »Ja, ich sah:
sein Geist ist ruhelos in der Erde.«
Dessen Geist keinen Pfleger hat, sahst du den? — »Ja, ich sah:
die Rester im Topf, auf die Straße geworfene Bissen muß er essen« [271].

Auch andere Spuren innerhalb des AT weisen in die gleiche Richtung [272]. Aber diese Unterschiede treten im Bewußtsein völlig zurück vor dem großen Gemeinsamen des Todesschicksals. Darin steht das israelitische »Sicherungsstreben« gegen das ägyptische Sehnen nach Rettung im Totengericht wie gegen das urchristliche und islamische Heilsverlangen, mag immerhin die Ableitung des Terminus 'islam von dem uralten, im Koran auch eschatologisch verklärten Symbolwort *šålōm* nicht unbestritten sein [273]. Hier kann es sich nicht darum handeln, sich Jenseitswonnen zu sichern oder besondere Jenseitsschrecken zu bannen.

Dem israelitischen Ethos fehlt damit ein entscheidender Antrieb zur Ausbildung eines persönlichen Ethos, den der Wunsch nach Sicherstellung des diesseitigen Glückes nicht voll zu ersetzen vermag. Denn was die Idee der Verantwortung in der anderen Welt etwa für Ägypten bedeutet hat, kann man sich schon daran verdeutlichen, daß die wesentlichen ethischen Mahnungen (in Frage- oder Bekenntnisform) mit dem Totengericht in Beziehung stehen, — abgesehen natürlich von den Sprüchen der Weisen. So wenig der magische Einschlag verkannt werden darf, welcher den Jenseitsgedanken und -sicherungen des ägyptischen Menschen dauernd eigen, ja darin herrschend geblieben ist, so wenig darf das andere Moment unterschätzt werden: der Gedanke, daß über die Schicksalsgestaltung drüben das Verhalten zu einer Reihe ethischer Bestimmungen entscheidet, die von dem Gotte gegeben sind und deren Einhaltung von ihm überwacht wird [274]. Die sittliche Lebensleistung wird mindestens zu einem ausschlaggebenden Bestandteil der Lebensleistung überhaupt, und das Bild des jenen Normen gehorsamen Menschen gewinnt verpflichtende Geltung, so daß die »Idealbiographie« hier wie überall in analogen Fällen einen gewissen Einfluß auch auf das praktische Leben gehabt haben muß. Verhältnismäßig am nächsten steht dem AT das Babylonische. Auf jeden wartet das »Land ohne Wiederkehr« als schrecklicher Ort [275], in dem selbst Ištar all ihren Schmuck verlor, an dem der Todesgöttin Klage klingt:

Anstatt Brot esse ich Lehm,
anstatt Bier trinke ich trübes Wasser!
Weinen will ich über die Männer,
die ihre Gattinnen verlassen mußten.
Weinen will ich über die Frauen,
die vom Schoße ihrer Gatten gerissen wurden.
Weinen will ich über das zarte Kindlein,
das vor seiner Zeit weggerafft wurde [276].

Schrecklich ist, was der Geist des Toten zu künden hat, wenn ihm die Auffahrt ins Land der Lebenden als große Ausnahme gestattet wird, und schrecklicher ist, was der Überkühne schauen muß, der in Nergals Reich einzudringen gewagt hat [277].

Und dieses Grauen wirkt tief in das Leben hinein. Mit Bangen sieht der um kluge Lebensgestaltung ringende Mann die Nutzlosigkeit all seines Schaffens, dessen Ertrag vielleicht einem Minderwertigen zuteil wird. Aus solcher Möglichkeit heraus lernt er sein Mühen und seine Lebensarbeit hassen [278]. Mit religiösem Grauen spricht der Israelit von jener »Grube«, in der er von dem Gott des Lichtes und des Lebens geschieden sein wird [279]. Ein Gott, der niemals gestorben und dem man darum (wie kein Gottesleichenlied so) keinen Auferstehungshymnus singt, ist kein Gott, der als »erlöster Erlöser« Menschen die Auferstehung sichern kann. Er, der nicht selbst den Descensus ad inferos durchkämpft hat [280], steht jener Welt der Toten zu fern, als daß die Hoffnung auf Rettung aus ihrer Tiefe sich an ihn heften könnte. So groß ist zudem seine Macht, daß, wo er tötet und weil er tötet, jede Auferstehungshoffnung, die etwa auf andere Götter sich richten könnte, sinnlos wird. Einzelnen ist es in Israel gegeben gewesen, auch diese Schranke ein Stück zurückzuschieben oder niederzulegen. Sie wissen von der Entrückung eines Henoch und eines Elias zu sagen [281]. Sie geben Zeugnis von einem Glauben, der Jahwes Hand auch drunten herrschend weiß [282], und von einer Hoffnung auf ein Wiedererwecktwerden zu neuem Leben [283], wo und wann er will. Ja der Größten einer lebt in einer Gottesnähe, die alle Schrecken entmächtigt [284]. Aber sie sind innerhalb des AT ebenso Ausnahmen wie jene Verzweifelten, in denen die Todessehnsucht über die Todesangst triumphiert und die Lebensangst zum freiwilligen Ende führt [285]. Wo er vergeblich gearbeitet oder gar in der Nichterfüllung seines Spruches auch seine Ehre verloren hat, mag selbst ein Prophet bis zu der tragischen Bitte um das »Wegnehmen« des Lebens gelangen müssen, die mit dem harmonischen Ausklang im nunc dimittis nichts gemein hat [286]. Charakteristisch für das Ethos des AT ist aber durchaus das Überschattetsein des Denkens, Empfindens und Glaubens von dem Bewußtsein des Todes als des bittern Endes und damit die Lebenssicherung als Ziel des Sehnens.

Eine Sicherheit gegen den Tod und ein unmittelbares Angehen

gegen ihn gibt es nach allem Gesagten für den Israeliten nicht. Der Glaube an die Macht der Beschwörung, der Dämonenaustreibung und des Zaubers, einst in »Israel« nicht weniger mächtig als in Babylonien, ist durch den Kampf der Jahwe-Religion gegen dieses ganze Gebiet kultischer Betätigung im Innersten getroffen. Ein Ersatz in einer erfolgreichen rationalen Medizin war nicht vorhanden, da die im Bundesbuch in Übereinstimmung mit den übrigen orientalischen Rechten bezeugten Ansätze [287] in Israel nicht weiterentwickelt sind. Vielmehr läßt sich eine Feindseligkeit gegen den Arzt bis in die Septuaginta hinein verfolgen, die die Auferstehung für ihn leugnet [288]! Und wie der Krankheit — dem Pestgott, den der Sänger in Jahwes Gefolge einherreiten schaut, dem Würgeengel, den Jahwe sendet [289] —, ist der Einzelne den nationalen Katastrophen der Dürre, der Hungersnot, dem militärisch-politischen Zusammenbruch preisgegeben und in ihnen mitbetroffen, mag er immer hoffen, durch die notwendige Formel und rechtes Bekenntnis inmitten eines Sterbens von Zehntausenden beschützt zu bleiben! [290] Die Art antiker Kriegführung mit ihren Deportationen, ihren Ausmordungen und Sklavenjagden macht die Rettung des Einzelnen aus dem allgemeinen Untergang vollends unwahrscheinlich. Die Nachstellungen mächtiger Feinde, ihre Anklagen und Verleumdungen, tun ein Übriges vor allem dort, wo es sich um Arme handelt [291].

Aber vielleicht vermag der Einzelne die Grenze wenigstens hinauszurücken, an der das dunkle Schicksal ihm begegnet? Zunächst tut sich auch hier der direkte Weg auf. Durch Beachten von allerlei Lebensregeln aus der Zahl und nach der Art der gemein-orientalischen Weisheit kann der Mensch Gefahren von mancherlei Art vermeiden: die körperliche Zerrüttung durch Ausschweifung und die Prügel des betrogenen Ehemanns, den finanziellen Zusammenbruch durch verschwenderisches Leben, durch Schuldenmachen oder leichtsinniges Bürgen, den Zorn des Königs oder den üblen Eindruck auf die maßgebenden Leute durch Geschwätzigkeit, Einmischung in fremde Dinge oder auch durch Ungenügsamkeit [292]. In den »Aussageworten«, die in den älteren Spruchsammlungen weitaus überwiegen, ist in einer »practical, common-sense and purely secular form« von solchen Erfahrungen die Rede:

> Wer seinen Mund behütet, rettet sein Leben,
> wer das Maul aufreißt, den befällt Schrecken!

und wo Mahnwort Platz greift, geht es gern in der Negation einher:

> Wer Geheimnisse ausplaudert, läuft als Verleumder einher,
> wer ein Klatschmaul ist, dem sei nicht Freund.
> Mein Sohn, schwatze nicht übermäßig,
> bis du jedes Wort kundtust,
> das dir in den Sinn kommt [293].

Der Weise ist nicht zugleich der politisch oder wirtschaftlich Mächtige. Er lebt zudem in einer Welt, in der weder die Verleumdung als Waffe noch die »energische« Selbsthilfe eines Geschädigten ausgeschlossen sind, in der man selbst bei seinen Freunden und Geschäftsgenossen Treue und Redlichkeit keineswegs als selbstverständlich voraussetzen kann. In solcher Welt ist das Handeln gefährlicher als das Nichthandeln, als das »Nicht-Auffallen«, das Nichtberühren der Lebens- und Einflußsphäre mächtiger Persönlichkeiten. Die sich hier zeigende Passivität, welche bestimmte, aus den Tabu-Geboten herkommende Züge des israelitischen Ethos verstärkt [294], mußte sich dort noch steigern, wo die Möglichkeit der Schicksalsgestaltung auf dem direkten Wege unter dem zermalmenden Eindruck der göttlichen Übergewalt zusammenbricht. Der Mensch hat Gottes Schickungen zu tragen, die er weder ändern noch durchschauen kann:

Alles hat er (Gott) schön gemacht zu seiner Stunde,
nur daß er »Verhüllung« über ihr (der Menschen) Herz gebreitet hat,
so daß der Mensch das Tun nicht finden kann,
das Gott tut von Anfang bis zum Ende [295].

Nur dort, wo die private Lebenshaltung mit den in den guten Gaben sichtbaren Gottesabsichten zusammenfällt, wo also der Mensch die frohe Stunde, die ihm wird, genießt, kommt es für Kohaelaet zu einer positiven Lebenswertung, deren innere Entschlossenheit durch das Pathos der Todesdrohung im Reißen des silbernen Seiles und dem Zerklirren der goldenen Schale bedingt ist:

Wohlan! Mit Freuden iß dein Brot,
trink deinen Wein mit frohem Herzen:
Von Urzeit an freut Gott solch Tun . . .
Was möglich ist, was deine Kraft vermag,
das tu mit nimmermüder Hand,
denn nicht gibt's Wirken und Vollbringen
im Hades, wenn du ihn erreichst [296].

b) Die individuelle Vergeltungslehre.

α) Ihre Form

Aber nicht nur in diesem aufs höchste gesteigerten Abstandsbewußtsein des Menschen unter der Sonne vor Gott im Himmel, sondern auch dort mündet der — ohnehin nur für einen Teil der Fälle gangbare — direkte Weg in den indirekten ein, wo Gottes Walten rational zugänglich und von des Menschen Haltung her gestaltbar erscheint. Auch er kann sich unter Benutzung geprägter Wendungen in die Form des Aussagewortes kleiden:

Ein Greuel für Jahwe sind Lügenlippen,
wer Treue hält, gefällt ihm wohl [297].

Die individuelle Vergeltungslehre, von der hier etwas ausführlicher zu reden ist, löst den Einzelnen aus den Gefahren heraus, welche die Sünde der Väter nach älterem Glauben für ihn bedeutet hätte. Wie radikal das geschieht, zeigt die Tatsache, daß im Hiob die Möglichkeit seines Leidens um der Sünden anderer willen überhaupt nicht erwogen wird, und daß in der Weisheit der Appell zur Gebotserfüllung nur sehr selten mit dem Gedanken an das Schicksal der Kinder arbeitet, soweit es indirekt durch die Haltung des Vaters (nicht etwa direkt durch Erziehung) gestaltet wird. Wo es aber geschieht, steht zudem sichtbar das Interesse des »Klugen« selbst im Vordergrund:

> Wer sich redlich hält, der ist ein »Gerechter«;
> Heil seinen Kindern nach ihm!
> Den Enkeln vererbt der Gute sein Gut,
> dem »Gerechten« fällt zu, was der »Sünder« besitzt.
> In der Furcht Jahwes liegt »des Starken« Schutz,
> und Fluchtburg ist sie seinen Söhnen! [298]

Allerdings erscheint der Einzelne nun auch des Schutzes beraubt, den die Frömmigkeit der großen »Heiligen« seines Volkes bedeutet hatte [298a]. Diese indirekte Lebenserhaltung und Lebensförderung durch den Gottesgehorsam verleiht der persönlichen Haltung des Einzelnen eine Wucht in den ihm gezogenen Grenzen der ausschlaggebenden Bedeutung, die der »Volkssittlichkeit« vergleichbar ist. Sie enthüllt dabei zugleich die radikale Diesseitigkeit der ATlichen Hoffnung, die nur selten durchbrochen wird. Das Leben des Volkes wie das Leben des einzelnen ist nur durch den Herrn des Lebens und der Geschichte selbst zu sichern: das prägt dem Ethos des AT (im Gegensatz gegen das magische Schicksalgestalten) sein Pathos und seine Wucht, zugleich aber seine Grenze auf.

β) Die Stellung zur Armut.

Von da aus ist es nicht verwunderlich, daß wir auch im Leben des Einzelnen auf eine ähnliche Spaltung des Bewußtseins stoßen, wie sie sich uns für das Volksganze ergeben hat, vor allem bei den Schichten, die im besonderen Maße am Leben bedroht sind und sich zugleich als die besonderen Schützlinge ihres Gottes wissen: den Armen, Hilflosen, Kranken aller Art. Als Hort der »Bruderschaft« steht er ein für die Glieder des Bundes, welche durch die wirtschaftliche Entwicklung im Kulturlande hart geschädigt werden. Ein solcher Glaube widerstreitet an sich grundlegenden Voraussetzungen des israelitischen Lebensgefühles, kraft deren gerade der Lebenserfolg eines Menschen (das Wort in seinem weitesten Sinne genommen, von der Körperlichkeit bis zum Siege im Streite mit seinen Gegnern) offenbar macht, was an »Segen«, »Heil«, religiös gewendet, an »Frömmigkeit« und Gottesgeist, seine »Seele« erfüllt [299]. Der Arme ist für solche Anschauung *als Armer* zugleich der Verfluchte, der Unselige, religiös gesprochen »*lo'itti'el*«, der »Gottlose« [300].

Die Anfänge für den Umschwung, vor dem wir stehen, liegen im Dunkel. Der Jahwist verherrlicht in Abraham wohl den glaubend Friedfertigen, aber noch keineswegs den Armen, und bei der Flucht der Hagar macht es gerade der Vergleich mit der gefühlsweicheren elohistischen Parallele deutlich, daß für den Jahwisten der Nachdruck nicht auf der Not, sondern auf dem Trotz und Mute liegt. Die Nathansparabel, die zuerst den Armen und den Reichen einander so gegenüberstellt, daß die Sympathie des Erzählers sichtlich auf seiten des ersten ist, bietet noch keine religiöse Beurteilung; ihr ist mit einer gewissen Gefühlsreaktion zugunsten des Armen, die Davids Frevel unterstreicht, genug geschehen [301]. Auch die Königswerdung des Bauernburschen, der zwei Eselinnen suchte, oder des Jüngsten seiner Brüder darf hier nicht herangezogen werden. Sollen doch weder Saul noch David in solcher Übertragung beliebter Glücksmärchenzüge sozial herabgedrückt werden. Mit verwundertem Staunen fragt man bei einem Jüngling aus freiem Bauerngeschlecht:

Wie kommt Saul unter die Propheten? [302]

Endlich muß noch darauf abschließend hingewiesen werden, daß keiner der Propheten, so sehr sie für Arme und Elende streiten, seinerseits sich als arm und durch seine Armut als zum Propheten qualifiziert hingestellt hätte. Im Gegenteil betont Amos seine wirtschaftliche Unabhängigkeit mit Nachdruck, und für die Polemik Michas gegen die bezahlten Propheten wird ein ähnlicher Hintergrund anzunehmen sein: wirtschaftliches Angewiesensein auf den Ertrag der »Prophetie« bringt diese selbst in ihrer Reinheit in Gefahr [303]. Demgegenüber aber steht die schon gestreifte Tatsache, daß für eine jüngere Schicht im Bundesbuch das Gebet des Armen als solchen unabhängig von seiner religiösen Qualifikation als eine Bitte gilt, die Jahwe sicher erhört. Dadurch ist dem Armen ein Privileg im Verkehr mit dem Gott zugesprochen, das für andere eine bedrohliche Gefahr mit sich bringen kann [304]. Dem entspricht es, daß bei Jesaja wie bei Micha eine Gleichsetzung der Armen mit dem »Gottesvolk« terminologisch anhebt:

Jahwe hat Zion gegründet,
darinnen die Elenden sich bergen,
die sein Volk sind! [305]

Analog gilt es dem Dichter als Kennzeichen der »Narren«:

Dein Volk, Jahwe, zertreten sie,
bedrücken dein Erbe,
töten Witwe und Fremdling,
ermorden die Waisen,
sprechen: »Jahwe schaut's nicht,
nicht merkt es Jakobs Gott!« [306]

»Volk« und »Erbe« sind hier deutlich die in der folgenden Zeile genannten »Armen«. Dieser Sprachgebrauch setzt sich durch, wenn in den Psalmen die Begriffe »arm« und »fromm« so nahe aneinanderrücken, daß sie im synonymen Parallelismus miteinander wechseln können:

Neige, Jahwe, dein Ohr! Antworte mir!
Hilflos bin ich und arm!
Rette mein Leben, ich bin ja so fromm!
Hilf deinem Knecht, ‚II' der dir traut! [307]

Hier wird das Selbstbewußtsein von Menschen, die der weithin herrschenden Lehre um ihrer Lebenslage willen für minderwertig gelten, durch den Gedanken gewaltig gehoben, daß eben diese Lebenslage ihnen einen Vorzug vor anderen bei Gott einräumt, ja daß diese Lebenslage die Gewähr der religiös »richtigen« Haltung in sich trägt. Freilich ist die letztere Anschauung innerhalb des AT erst im allmählichen Werden. Abgesehen von der relativen Spärlichkeit des sicher für sie beizubringenden Materials zeigt sich das darin, daß freiwilliges Aufsuchen der Armut oder auch nur ein freiwilliges Verharren in der Armut innerhalb seiner Grenzen nicht nachweisbar ist. Es geht nicht an, das »nomadische Ideal« der Rekabiten [308] als eine Verherrlichung der Armutssituation anzusehen. Es ist vielmehr der sehnliche Wunsch des Armen, daß sein Gott für sein Recht eintritt, den Gottlosen straft und solch Eingreifen gerade dadurch betätigt, daß er ihm, dem jetzt von der Scholle Verdrängten, Eigentum an Grund und Boden der Heimat gibt:

Wen er segnet, den erhält das Land,
wen er verflucht, der wird vernichtet.
Die Gerechten erhalten das Land,
und wohnen auf immer darin.
Hoffe auf Jahwe,
achte auf seinen Weg,
so erhöht er dich, das Land zu besitzen,
daß du schaust die Vernichtung der Bösen! [309]

γ) Der Fremdling.

Ähnliches gilt für die Fremdlingschaft. Für die Ausbildung des Rechtes der Beisassen, die zunächst für unsere Frage heranzuziehen sind, ist es von besonderer Bedeutung gewesen, daß von Haus aus auch der Israelit in einem anderen als seinem eigenen Stamm als Beisasse, *ger*, galt [310]. Es gab also Menschen, welche der Jahwegenossenschaft angehörten, aber nicht dem Stammesverband und damit nicht der örtlichen Kultgemeinschaft, in denen sie sich aufhielten. Sie waren aber volle Glieder der Amphiktyonie, die sich ihrer gegen Bedrückungen durch den einzelnen Stamm anzunehmen vermochte, wenn sie sie anriefen [311]. Religiös gesprochen heißt das: sie genossen den Schutz des Bundesgottes und seines Rechtes, der (auch abgesehen von der Bundesexekution!) in der Form feierlichen Fluches gegen den Missetäter wirksamer zum Ausdruck kam als in den »unverbindlicheren« Ermahnungen des Bundesbuches und des Dtn [312]. In diesen Sammlungen ist dann aber, wie die Begründung mit der Not in Ägypten zeigt, der Rechtsschutz des *ger* ohne terminologische Abgrenzung von den stammesfremden Israeliten auf solche Menschen fremden Volkstums ausgedehnt, die in ein analoges Rechtsverhältnis zu einer israelitischen Gruppe oder zu einem einzelnen Schech treten [313]. Die *beena*-Ehe mag, auch wenn wir nur Beispiele für das Hinausheiraten von Israeliten besitzen, solche Beziehungen zu schaffen geholfen haben, zumal dort, wo es sich um Angehörige blutmäßig nahestehender Verbände, etwa um die Kalebiten, handelte [314]. Die Prätorianergarden der Könige haben Fremde angezogen, und wie Israeliten aus »politischen« oder aus wirtschaftlichen Gründen in die Fremde ziehen mußten [315], sind auch anderwärts »Mißliebige« oder aus der Not Flüchtende hereingekommen, um hier Schutz zu suchen [316]. Auch diese fremdvölkischen »Beisassen« werden — natürlich in allmählicher Ausgestaltung der für sie geltenden Satzungen — dem israelitischen Gesetz untergeordnet. An der Rechtsgemeinde haben sie keinen Anteil, wenn man die Empörung der Sodomiten über Lot als »typisch« auffassen darf [317]. Überhaupt sollte bei einer Auswertung der Formel

> Ein Recht sollt ihr haben,
> für den Fremdling wie für den Einheimischen gelte es! [318]

nicht übersehen werden, daß sie sich nicht auf das Recht schlechthin bezieht! Sie unterwirft den *ger* bestimmten strafrechtlichen und kultrechtlichen Regelungen bei Mord, Gotteslästerung, Blutgenuß, Passahfeier, *reaḥ niḥoaḥ*- und *ḥattå'ṭ*-Opfer, verlangt also den Verzicht auf seine heimische Religion. Seine positive Eingliederung in die Jahwereligion vollzieht sich dabei nur allmählich. Das Dtn und die deuteronomistischen Erweiterungen des Dekalogs lassen ihn an der Sabbathruhe und an den Erntefesten — nicht am Passah! — teilnehmen, befreien ihn aber noch von den rituellen Beschränkungen im Fleischgenuß [319]. Spätere Regelung unterwirft ihn der Verpflichtung zum Mazzenessen wie den Reinheitsbestimmungen des Heiligkeitsgesetzes [320]. Unter der Voraussetzung der Beschneidung wird ihm im Unterschied von dem »Gast«, dem *tōšåḇ* — mit dem er sonst gern zusammen genannt wird, um Israels Verhältnis zu Jahwe zu charakterisieren [321], — die Teilnahme am Passah gestattet [322]. Die Vergebung, welche der Priester durch das *ḥattå'ṭ*-Opfer beschafft, kommt auch ihm zugute [323]. Dieser Eingliederung in das Gesetz entspricht die Gleichstellung mit den israelitischen Armen in der Fürsorge, vor allem die Mitberücksichtigung am Drittjahrszehnten und (neben den »Gästen« und »Tagelöhnern«) am Wildwuchs des Sabbathjahres [324]. Jahwes Fürsorge umspannt sie ja in gleicher Liebe:

Jahwe, euer Gott, ist der Gott der Götter
und der Herr der Herren.
Er ist der große, der starke, der furchtbare Gott,
der keine Person ansieht noch Geschenk annimmt,
der da Recht schafft Waisen und Witwen
und die Beisassen liebt, ihnen Brot und Kleidung zu geben.
So sollt denn ihr die Beisassen lieben,
denn Beisassen wart ihr im Lande Ägypten [325].

Aus der Geschichte kann man den Gottesschutz für den *ger* ablesen; aber so wenig die religiöse Privilegierung der Armen zu einem freiwilligen Aufsuchen der Armutssituation führt, genau so wenig weckt diese Verklärung der Fremdlingslage irgendeine Sehnsucht, in sie zurückzukehren [325a]. Ausgeschlossen vom Anteil am Grund und Boden, den ihm erst ein »Spruch des Herrn Jahwe« im Zukunftsentwurf des Ezechiel zuzusprechen versucht [326], ist der *ger* der »Arme«, dessen Reichwerden einen argen Fluch für das Volk bedeutet:

Der Beisasse, der bei dir wohnt,
wird über dich erhöht, höher und höher,
Du aber mußt absteigen, tiefer und tiefer.
Dann leiht er dir, du aber nicht ihm,
er wird der Kopf und du der Schwanz [327],

eine Formulierung, die zugleich aufs deutlichste zeigt, wie das Kräfteverhältnis von Darlehensgeber und Kreditnehmer empfunden wird. Verschuldung kann es dahin kommen lassen, daß sich der Einzelne einem *ger* oder einem *tōšāḇ* verkaufen muß, doch soll dann die Familie ein jederzeit auszuübendes Rückkaufsrecht haben [328]. Es ist gerade die »miserable« Lage, in der sich der *ger* normalerweise befindet, welche die karitativen Antriebe der Jahwereligion zu seinen Gunsten in Bewegung setzt.

Die gleichen Kräfte sind auch — unter Beiseiteschiebung der Banngesetzgebung — dem Gefangenen und dem flüchtigen Sklaven gegenüber wirksam. Mit Stolz erzählt die Ahab-Kriegsgeschichte, daß die israelitischen Könige ihren Gefangenen gegenüber als »huldreich« galten (*malḵē ḥaesaeḏ*), und die Kriegsgesetze des Dtn sichern dem gefangenen Weibe unter Umbiegung alter magischer Bestimmungen ins »Humane« einen Rechtsanspruch gegen ihren Herrn [329]. Nach einem Monat »Trauerzeit« um die Eltern und erfolgter »Reinigung« durch Abschneiden der Haare und Nägel und durch Kleiderwechsel

sollst du zu ihr gehen, Herrenrecht an ihr üben, daß sie dein Weib werde. Gefällt sie dir (dabei) nicht, so laß sie nach ihrem Wunsche frei; aber verkaufen um Geld darfst du sie nicht. Weil du sie beschlafen hast, darfst du sie nicht hart behandeln [330].

Diese Regelung geht über die Bestimmung des assyrischen Gesetzes, welches für die Gefangenen die Möglichkeit des Aufstieges aus der Zahl der Konkubinen setzt, hinaus:

> Gesetzt, ein Mann will seine esirtu (eine Gefangene) »verhüllen«, so wird er 5 bis 6 seiner Genossen hinsetzen, sie vor ihnen verhüllen, also sprechen: »Diese ist meine Gattin«. So ist sie seine Gattin. Eine esirtu, die nicht vor den Leuten verhüllt worden ist, deren Gatte nicht gesagt hat: »Diese ist meine Gattin«, sie ist nicht Gattin, sie ist nur eine esirtu. Gesetzt, ein Mann ist gestorben, Söhne einer Gattin von ihm, die verhüllt ist, sind nicht vorhanden, so sind die Söhne der esräte (legitime) Söhne, sie bekommen einen Anteil [331].

Dem flüchtigen Sklaven wird ein — profanes — Asylrecht in einer Stadt seiner Wahl ohne Rücksicht darauf zugebilligt, ob er israelitischer oder fremder Herkunft ist [332].

δ) Die Gegensätze der Beurteilung.

So wirkt die Armutslage in sehr verschiedener Weise. Von außen gesehen ist sie — wie die Fremdlingssituation — »miserabel«; der Arme ist der »um Gottes willen« zu Schonende. Von innen gesehen, kann eben dieser Gedanke des Gottesschutzes das Selbstbewußtsein steigern und die eigene Not »vergolden«. Von außen gesehen ist der Arme zugleich der Verfluchte, der Sünder, der Gottlose. Von innen gesehen kann auch diese Beurteilung angeeignet, im Bußgebet zur religiösen Auswirkung gebracht oder aber im Erziehungsgedanken der »Leidenstheologie« überwunden werden [333]. Der Gottesfluch trifft gerade den, welchen Gott lieb hat und darum läutert. Leidlosigkeit und Reichtum sind dann kein Kennzeichen des Wohlgefallens, sondern des Aufgegebenseins, Armut und Krankheit kein Beleg für ein Verstoßensein, sondern der Arbeit Gottes an dem noch nicht Reinen [334]. Oder es kann von innen gesehen diese Beurteilung abgelehnt werden; dann führt der Gegensatz gegen die von außen kommende Beurteilung zum Kampf gegen Gott und zum Trotz gegen die Menschen, die den Armen in seiner Armut verachten, verhöhnen, ihn als den Verfluchten behandeln, eine Stimmung, die auch den Antworten Hiobs an seine Freunde nicht fremd ist [335]. Das Bewußtsein des Gottesschutzes kann dann solchen Haß nur steigern. In der Ausmalung der argen Schlechtigkeit der Reichen und der Bitte um ihre Vernichtung wirkt er sich aus. Es entsteht das Gegenstück zu der Feindschaft wider die Heiden, von der wir sprachen, ein Gegenstück, das noch schwerer zu ertragen ist, da die Rachegebete sich gegen Glieder des eigenen Volkes richten. Die besondere Notlage des »Armen« verschmilzt psychologisch mit der Anfechtung des »Leidenden« durch den Gedanken an seine »Feinde« schlechthin.

ε) Der Eudämonismus.

Je mehr aber so die aktuelle Not als das zu Beseitigende erscheint, desto entscheidender stellt der »indirekte Weg« den religiösen Charakter des israelitischen Ethos durch die Gefahr seiner Unterordnung unter praktisch-innerweltliche Zwecke in Frage. Daß der

Mensch sein Tun nach den möglichen Folgen gestaltet, ist dem israelitischen — wie jedem natürlichen — Bewußtsein so selbstverständlich, daß es auch seinen Gott nicht anders handelnd denkt. Er hat den Landmann gelehrt, zweckhaft zu arbeiten; sollte er selbst nicht ebenso vorgehen? [336] Sein höchster Zweck aber ist, wie schon einmal betont, sein Ruhm in der Welt [337]. Ganz naiv mahnt ihn daher das Klagelied:

Was nutzt mein Blut, daß ich fahre zur Grube;
preist dich der Staub, kündet er deine Treue? [338]

Hochgespannte Glaubensaussagen über die Geschichte des Volkes und die letzte Zeit schildern als Grund des Waltens Gottes seine Ehrliebe, die auch der Weltenherrscher nicht schmähen darf:

Die Ägypter haben gehört, daß du dies Volk mit großer Kraft aus ihrer Mitte heraufgeführt hast, und 'auch alle' Bewohner dieses Landes haben gehört,
daß du, Jahwe, inmitten dieses Volkes bist,
dem du, Jahwe, von Angesicht zu Angesicht erschienen bist,
über denen deine Wolke steht,
vor denen du hergehst in der Wolkensäule des Tages und in der Feuersäule des Nachts.

Wenn du nun dies Volk wie einen Mann tötest, so werden die Völker, welche die Kunde von dir gehört haben, sagen:
»Weil Jahwe unfähig war, dies Volk in das Land zu bringen, das er ihnen zugeschworen hat,
hat er sie in der Wüste umgebracht ...« [339]

Vollends dort, wo eine streng theozentrische Betrachtung sich durchgesetzt hat, erscheint dies zweckvolle Handeln Gottes um seiner Ehre willen als einziger Hoffnungsgrund für das Volk [340]. Zur religiösen Gefahr für das Ethos wird dies zweckhafte Denken, das Gottes Ehre steigert, aber dort, wo die Gottesbeziehung des Volkes oder des Einzelnen nicht mehr als höchster Eigenwert, sondern als Mittel zur Erreichung innerweltlicher Zwecke erscheint. Die »Echtheit« der Bußgebete ist dahin, wenn sie nur gesprochen werden, um durch sie Befreiung von Krankheit, Not und Feinden, auf die fast mehr geblickt wird denn auf Gott, zu erlangen [341]. Und der innerste religiöse Ernst der Entscheidung für das Gottesgesetz ist angetastet, wenn das in harter Zeit verzagte Volk in einem Buche, für welches der »Segen« durchaus irdische Züge (vor allem Landbesitz und gute Ernte) trägt, also aufgerufen wird:

Siehe, ich breite heute beides vor euch aus:
Segen und Fluch:
Den Segen, wenn ihr den Geboten Jahwes, eures Gottes, gehorcht,
den Fluch, wenn ihr den Geboten Jahwes, eures Gottes, nicht gehorcht [342].

Von dem Wissen des Hiobprologes um diese Trübungen, die mit der Vergeltungslehre und ihrer rationalen Schematisierung des Lebens untrennbar verbunden sind, war schon die Rede, doch auch die Mischna hat die Mahnung nicht vergessen:

> Gleicht nicht den Knechten, welche dem Herrn dienen,
> um Lohn zu erlangen, sondern gleicht den Knechten,
> welche dem Herrn ohne die Absicht dienen, Lohn zu erlangen,
> so wird Gottesfurcht über (in) euch sein [343].

Aber nur dort ist die Gefahr, von der wir sprechen, wirklich gebannt, wo auch der Einzelne für sich persönlich jene radikale Sündenerfahrung macht, die wir als Erfahrung des Volkes kennenlernten. Die Freundesreden des Hiob geben sie wieder, freilich in einer so allgemeinen, ausgeweiteten Form, so stark auf den »natürlichen« Abstand alles Geschaffenen von dem Schöpfer bezogen, daß sie für die konkrete Lebenserklärung des Einzelnen nichts mehr bedeutet:

> Wie wär »gerecht« ein Mensch vor Gott,
> wie wär rein, den ein Weib geboren!
> Sieh, selbst der Mond, 'er' strahlt nicht hell,
> die Sterne dünken ihm nicht klar! —
> Nun gar der Mensch, die Made klein,
> das Menschenkind, der schwache Wurm [344].

Zu voller Ernsthaftigkeit bricht solche Erkenntnis vielmehr nur dort durch, wo sie ganz persönlich als Erfahrung des Ich lebendig wird, das dem göttlichen Du gegenübersteht und sich ihm verschuldet weiß:

> Meine Sünden kenne ich,
> meine Schuld steht immer vor mir.
> An dir allein ward ich schuldig,
> tat, was vor dir böse ist,
> damit du gerecht bist in deinen 'Worten',
> rein in 'all' deinem Richten [345].

Wo das aber geschieht, ist es um die Lebenssicherung durch die Gebotserfüllung überhaupt geschehen und damit die Gefahr des Gottesdienstes um des äußeren Zweckes willen zerbrochen. Dann ist auch der »indirekte« Weg versperrt und das Leben nicht mehr auf eine menschliche, sondern allein auf die göttliche Entscheidung gegründet:

> Er handelt nicht mit uns nach unsern Sünden,
> vergilt uns nicht nach dem, was wir getan [346].

Überblickt man das bisher Erarbeitete, so ergeben sich, wenn ich recht sehe, für den Entscheidungscharakter des israelitischen Ethos im Zusammenhang mit seinen politischen und sozialen Voraussetzungen drei entscheidende Leitsätze:

1. Die »Grenzlage« Israels hat seinem Ethos ein eigenartiges Pathos verliehen, kraft dessen nicht nur das Schicksal des Volkes

oder die Selbstbehauptung wirtschaftlich schwacher Schichten oder die Lebensbehauptung des Einzelnen auf dem »indirekten Wege« des Gottesgehorsams zu sichern sind, sondern durch den Gehorsam Israels zugleich die Entscheidung über seines Gottes Geschichtsabsicht und Ehre fällt.

2. In dieser Wirkung der »Grenzlage« Israels spiegelt sich der stark realistische Charakter seines Ethos, der nicht im Widerstreit mit den religiösen Voraussetzungen des Volkes steht, vielmehr die Erwählung durch Jahwe als »Realität« in die Welt der äußeren Realitäten einstellt.

3. In diesem Realismus werden die gegebenen Wirklichkeiten des Landbesitzes (statt der Fremdlingschaft), der Macht gesicherten Eigentums (statt der Armut), der innerweltlichen Bedeutung von Wagen und Rossen (statt ihrer utopischen Verachtung) auch dort bejaht, wo der Glaube an die Macht oder die Milde Jahwes ihre Bedeutung relativiert oder dem gegenteiligen Zustand eine religiöse Weihe gibt. Die ethische Entscheidung ist stets zugleich Entscheidung für die Erhaltung des Lebens, für die Sicherung oder Gewinnung von Gesundheit, Reichtum und Macht. Sie ist diktiert von dem Mitleid mit der Elendslage anderer, aber nicht von einer Sehnsucht nach eigener Verelendung.

Kapitel 5.

Die Abgrenzung als religiöses und ethisches Prinzip.

Die Ausführungen, welche über die Stellung zu den Armen und den Fremdlingen zu machen waren, führen, wie in der Formel von dem »Glauben an die Macht und die Milde Jahwes« bereits angedeutet ist, auf ein anderes Hauptproblem: auf die inhaltliche Färbung des israelitischen Ethos durch seine konkrete geschichtliche Lage.

1. Die Gerechtigkeit als Vorbedingung des Segens.

a) Die Gerechtigkeit als Forderung an das Volk.

α) Die Gerechtigkeit im Gericht.

Jeder Anspruch auf ein Gebiet, zumal wenn er von einem landfremden Eindringling erhoben wird, kleidet sich in der altorientalischen Welt notwendig in die Form einer Aussage über die Besitzbetrauung durch den Gott, der über dies Gebiet verfügt [1]. Eine solche Aussage kann ohne weitergreifende Reflexion auf den geschichtlichen Tatbeständen selbst ruhen; der Gott verleiht den ihn verehrenden Menschen das Land, das sie in seinem Namen erobern und indem sie es erobern. Eine solche Aussage kann von einem tieferen »theologischen« Nachdenken getragen sein, indem sie das Recht des Gottes auf eine solche Handlung zu begründen sucht, sei es von der souveränen Macht des Schöpfers her, der mit seiner Welt und allen ihren Teilen machen kann, was ihm gefällt, sei es von seiner »Gerechtigkeit« her, die über die Vorbewohner ein hartes Gericht zu bringen hat [2]. Ein optimistisches Selbstvertrauen, das sich selbst für besser hält als die anderen, spricht sich in der zuletzt genannten Wendung des Gedankens aus, ein Selbstvertrauen, das nicht unerschüttert bleiben konnte. Wo so die »Gerechtigkeit« Gottes als Grundlage der Gewißheit um geschichtliches Heil erscheint, muß auf die entsprechende menschliche Verhaltungsweise ein besonderer Akzent fallen. J a h w e s »G e r e c h t i g k e i t« h i l f t d e m V o l k e, d a s i n s e i n e r M i t t e G e r e c h t i g k e i t ü b t, und zwar Gerechtigkeit zunächst v o r G e r i c h t. Dort ist sie von der sozialen Seite her bedroht, insofern der Reiche und Mächtige Mittel hat, den Richter zu beeinflussen, die dem Armen nicht zu Gebote stehen. Die Gefahr kann aber auch von den Massen der Armen kommen, die durch ihre Zahl imstande sind, einen nicht minder großen Druck auf Richter und Zeugen auszuüben. Bundesbuch und Heiligkeitsgesetz suchen daher Kapital und Zahl um der Gerechtigkeit willen in gleicher Weise auszuschalten:

> Du sollst kein falsches Gerücht aufbringen noch dich mit einem Bösewicht zusammentun, falsch auszusagen. Der Menge sollst du nicht folgen zum Bösen noch wider einen »Prozeßgegner« Zeugnis ablegen, (dabei) der Menge zu folgen, 'das Recht' zu beugen.
>
> Den Niedrigen sollst du in seinem Prozeß nicht begünstigen ... noch das Recht deines Armen in seinem Prozesse beugen ... Einen Unschuldigen, der in seinem Recht ist, sollst du nicht ums Leben bringen 'noch' einen freisprechen, der im Unrecht ist. Bestechung sollst du nicht annehmen, denn Bestechung macht Sehende blind und verkehrt die Sache derer, so im Recht sind.
>
> Im Gericht 'tue' kein Unrecht. Weder sollst du den Armen bevorzugen noch den Vornehmen begünstigen, sondern sollst deinen Volksgenossen gerecht richten [3].

Gegen die Verleumdung, die in Israel wie im alten Orient auch den rechtschaffenen Mann gefährden kann, sucht die deuteronomische Gesetzgebung Sicherungen einzubauen: kein Todesurteil darf auf Grund nur e i n e r Aussage gefällt werden. Der Zeuge, auf dessen Aussage hin die Verurteilung erfolgt, hat durch den ersten Steinwurf bei der Hinrichtung die »Blutschuld« auf sich zu nehmen, falls er den zum Tode Geführten zu Unrecht verdächtigt hat; er nimmt damit das volle »Prozeßrisiko« auf sich [4]. Gerechtes Handeln gegen Knechte und Wehrlose macht der Reinigungseid zur Vorbedingung der Gottesschau [5]. Für den Propheten gibt es keine Rettung ohne Erfüllung der Gottesforderung:

Das Recht lasset sprudeln wie Wasser,
Gerechtigkeit wie den Bach, der nimmer versiegt [6].

Vor Bestechung und falschem Zeugnis warnt eindringlich die Weisheit [7]. Durch diese starke »Penetranz der Wirkung«, welche der Forderung der Gerechtigkeit in allen israelitischen Literaturgruppen eigen ist, ist, wie schon angedeutet, der Richter als der Mann erwiesen, von dessen Erfüllung oder Nichterfüllung gerade dieses Gebotes das Volksschicksal weithin abhängt:

Wer den Schuldigen freispricht,
den Schuldlosen verurteilt —
ein Greuel für Jahve sind beide! [8],

Gerechtigkeit aber ist »Gottesweisheit« im Herzen des Herrschers [9]. So kann denn in dem großen Scheltwort des Jesaja über die Hure Jerusalem das ungerechte Gericht beherrschend im Mittelpunkt stehen und das Heil der Zukunft in der Einsetzung besserer Richter durch den Gott erblickt werden:

Geb dir deine Richter wie einst,
und gleich dem Beginn deine Rater;
Dann nennt man dich
»Rechtsstadt«, »Treuenburg« [10].

In der Bezeichnung »Sodomsrichter« für die in der Gegenwart des Propheten amtierenden Magistrate [11] ist die besondere Sünde Sodoms über dem ungerechten Gericht völlig in den Hintergrund getreten:

Lernt Gutes zu tun:
Suchet das Recht / bändigt den 'Frevler',
schafft Recht den Waisen / führet der Witwe Sache! [12]

Indem die Lebenssicherung sich Gott gegenüber an seine Gerechtigkeit anklammert, verleiht sie ihr diese starke Betontheit unter den Gottesforderungen, spielt sie aber auch gerade deshalb bei denjenigen Propheten, welche das kommende Unheil von der Strafgerechtigkeit ihres Gottes her begründen, eine so ausschlaggebende Rolle [13].

Nun schließt aber nach dem, was bereits auszuführen war, die Übung der Gerechtigkeit zugleich mannigfache Gefahren und Verzichte in sich. Die »Gewaltmenschen« und »auf Trug Sinnenden«

stellen Fallen dem, der Recht schafft im Tor,
hassen den, der Recht schafft im Tor,
verabscheuen den, der wahr aussagt [14].

Gewiß waren bei der allgemeinen Käuflichkeit die »Nebeneinnahmen«

aus der Bestechung oft gering genug; »für ein paar Sandalen«, ja, »um ein Stück Brot« spricht der Richter dem reichen Gläubiger den armen Schuldner zu [15]. Aber auf das Ganze gesehen, mag einer doch auf diesem Wege eher zu Reichtum kommen, als durch die »vielen Segenssprüche«, mit denen ein »zuverlässiger Mann« (*'īš 'aemūnōṯ*) bedacht wird:

> Ein zuverlässiger Mann gewinnt viel Segenssprüche;
> wer rasch Reichtum gewinnen will, bleibt nicht schuldlos.
> Die Person anzusehen, das ist nicht gut,
> um ein Stück Brot gerät einer in Sünde! [16]

β) Die Mildtätigkeit.

Mit der Ablehnung solchen Erwerbs wie mit dem Verzicht des Gläubigers auf rücksichtslose Geltendmachung seiner Pfand- und Zinsforderungen ist die Bahn bereits betreten, die von der »Gerechtigkeit« zur Mildtätigkeit gegenüber den Armen als entscheidender sittlicher Forderung hinüberführt. Als Umbiegung älterer »praktischer« Bestimmungen ins Humanitäre und Sozialkaritative ist sie uns in der Gesetzgebung schon entgegengetreten [17]. Der Schutz der Wehrlosen vor Gericht verlangt auch von dem Zeugen »Opfer«. Bringt er doch in der konkreten Situation »im Tor« auch ihn (wie die »Ältesten und Obersten«) in die Gefahr, den Zorn des »Mächtigen«, seiner Sippe, seiner Söhne auf sich zu ziehen und ihre »Jugendkraft« handgreiflich an sich zu erfahren [18]. Falls der Richter sich nicht überzeugen läßt oder die Sache, für rationale Urteilsgewinnung zu schwierig, durch ein Ordal entschieden werden muß, hat er abermals das Prozeßrisiko zu tragen:

> Wenn ein Frevelzeuge gegen einen Menschen auftritt, eine Übertretung gegen ihn auszusagen, dann sollen die Prozeßgegner vor Jahwe treten ... und die Richter sollen genau forschen. Ist der Zeuge ein Lügenzeuge, der Falsches gegen seinen Volksgenossen ausgesagt hat, so sollt ihr ihm tun, wie er seinem Volksgenossen zu tun gedachte, und du sollst das Böse aus deiner Mitte austilgen [19].

Analog gilt ja auch im Babylonischen das Gesetz:

> Wenn ein Bürger vor Gericht zu falschem Zeugnis aufgetreten ist, die Aussage aber, die er gemacht hat, nicht beweist, so wird dieser Bürger, wenn dieses Gericht ein Halsgericht (*dīn napištim*) ist, getötet; wenn er zum Zeugnis über Getreide oder Geld aufgetreten ist, so lädt er sich die jeweilige Strafe dieses Rechtsstreites auf [20].

Dieser Grundsatz tritt auch dann (bei Anklage auf Zauberei) in Kraft, wenn das Gottesurteil den Beschuldigten freispricht (»wenn der Fluß diesen Bürger reinigt und er heil davon kommt«), oder wenn ein Kläger sein Eigentum an einer bei dem Beschuldigten vorgefundenen, ihm (dem Kläger) angeblich gestohlenen Sache nicht beweisen kann [21].

Es ist also sicherlich gefahrloser, eine Anzeige, zu der man zu Schutze eines von heimlichem Fluche Bedrohten verpflichtet wäre, nicht zu erstatten und den anderen ungewarnt zugrunde gehen zu lassen [22]. Ja, selbst der Eid an sich, den der Zeuge (nach Ausweis des Elephantine-Papyri) vielfach als assertorischen Zeugeneid schwören muß [23], kann »Strafen« und Plagen auch dann mit sich bringen, wenn er richtig und mit aller Vorsicht geschworen ist [24]. Wer die unheimliche Macht des Fluches — und Eid ist Fluch — in Bewegung setzt, verfällt ihr. So sind Richter wie Zeugen nicht ohne eigene Gefahr Schützer des Armen, und Gerechtigkeit ist ein Wagnis, dessen man sich rühmen mag:

Den Armen schützt' ich vor dem ‚Dränger',
Das Waisenkind, ‚dem' keiner half.
Mich segnet, wer sonst wär verkommen,
das Herz der Witwe macht' ich froh!
Gerechtigkeit (*ṣaedaeḳ*) — mein Feierkleid!
Mein Schmuck, mein Mantel und mein Helm — mein Recht!
Dem Blinden war ich offnes Auge,
dem Lahmen diente ich als Fuß!
Ein Vater war ich stets den Armen,
des Fremdlings Sache prüft' ich gut,
des Bösen Backe zu zerschlagen;
den Raub riß ich aus seinem Maul [25].

Je mehr die Pariasituation des Judentums ihm die eigene Gerichtsbarkeit entzog und sie den heidnischen Herrenvölkern übertrug, desto mehr mußte sich der schon angedeutete und im Eid des Hiob deutlich vorgezeichnete Prozeß vollenden: die »Gerechtigkeit« im Gericht überläßt ihre zentrale Stellung unter den Gottesforderungen sachlich und terminologisch der Mildtätigkeit als solcher. Die *ṣeḏåḳåh*, welche die »Sünden sühnt, wie Wasser das Feuer löscht« [26], wird bei Jesus Sirach noch stärker als in dem eben angeführten Bekenntnis des Hiob zur Fürsorge für die Darbenden und zur Erhörung der Bitte des Armen. Nur am Ende der längeren Aufzählung begegnet das richterliche Motiv:

Neige dem Armen dein Ohr,
gib ihm den Friedenskuß in Demut.
Hilf dem Bedrängten vor seinem Bedränger,
laß dich's nicht verdrießen, in gerechter Sache (*bemi špåṭ ịošaer*) zu richten.
Sei den Waisenkindern wie ein Vater,
und der Witwe Schutzherr wie ihr Mann,
daß Gott dich nenne seinen Sohn,
dich gnädig vom Verderben errette [27].

Gewiß sind auch der außerisraelitischen Weisheit solche Klänge nicht fremd:

Gib Brot zu essen, gib Wein zu trinken,
wer um Almosen bittet, den bekleide und ehre.
Dessen freut sich sein Gott über ihn,
das gefällt Šamaš, er vergilt es mit Gutem!
Schaff Hilfe, tu Gutes immer und ewig,
die Magd im Hause überbürde nicht! [28]

Entscheidend für das Ethos des Alten Testaments in seinen Ausläufern ist aber, daß diese Forderung der Mildtätigkeit und des Almosengebens nicht nur als eine neben anderen, sondern als die schlechthin beherrschende begegnet. Erscheint es doch als Kennzeichen des »Gerechten«, daß er

gütig ist und gibt,
allzeit gütig ist und ausleiht [29],

während der Frevler seinen Bissen »allein ißt«, dafür aber der Gottesstrafe verfällt [30]. Spätestens in der Zeit des Jesus Sirach erscheint sie allein gleichwertig neben Kultus und Gesetz:

Auf drei Dingen steht die Welt:
auf dem Gesetz / und auf dem Kult / und auf den Erweisungen von Milde[31].

b) Die Gerechtigkeit Jahwes.

Es ist aber wiederum nicht nur die sozialgeschichtliche Lage, welche diese Erfüllung der Forderung der Gerechtigkeit mit karitativem Geiste nach sich gezogen hat, sondern sie steht zugleich in Wechselwirkung mit der Geschichte des israelitischen Gottesglaubens, der sein Wesen als Glaube an den Bundesgott nie verleugnen kann. Wir hatten oben schon zu beobachten, daß der Stamm *ṣdḳ* häufig in paralleler Stellung zu den Stämmen *jšr* und *'mn* begegnet [32]. Wahrhaftigkeit und Zuverlässigkeit traten uns aber nicht als abstrakte ethische Prinzipien entgegen, vielmehr von Gott ausgesagt, in engstem Zusammenhang mit dem Bundesgedanken. Analog ist auch »Gerechtigkeit« ein Handeln aus der gegebenen Verbundenheit von Gott und Volk und ihren konkreten geschichtlichen Bedingungen heraus. Selbst außerhalb Israels ordnet der Gedanke des »gerechten Gottes«, der in den semitischen Religionen bis in die Zeit der Stammeskulte zurückreicht, das göttliche Handeln nicht primär der Wechselbeziehung von Schuld und Strafe, von Guttat und Lohn unter, sondern betont vor allem das Eintreten des Gottes für die Menschengruppe, mit der er verbunden ist [33].

α) Die richterliche Gerechtigkeit.

Das spiegelt sich sofort in der Norm, nach der das göttliche Urteil erfolgt. Auch der Gott heißt ja zunächst gleich dem irdischen Richter »gerecht«, sofern sich sein Spruch über »schuldig« und »unschuldig« im Ordal oder darüber hinaus in dem gesamten Lebensschicksal des Menschen mit dem deckt, was der von ihm »gerichtete« Mensch in Wirklichkeit getan oder unterlassen hat. Es ist nicht nötig, aus der Gebetssprache des Psalters, aus der prophetischen Verkündigung oder auch aus der »Weisheit« Belege dafür beizubringen. Er »rechtfertigt« (*hiṣdīḳ*) den »Angeklagten«, wenn sich die wider ihn erhobene Anklage als falsch erweist; die Freisprechungsformel lautet demgemäß

ṣaddīḳ 'attå »du bist gerecht«[34],

die Anerkenntnis des besseren Rechtes des Obsiegenden durch den Unterliegenden — vielleicht im Einklang mit assyrischen Formeln —

ṣaddīḳ 'attå mimmaennī »du bist gerechter als ich« ![35]

Allein schon dadurch, daß das Hebräische kein dem griechischen Alpha privativum oder unserm deutschen »un« vergleichbare Verneinung[36] kennt, vielmehr Gegensatzpaare durch zwei positive Ausdrücke wiedergibt[37], gewinnt gerade in dem göttlichen Urteil die Kennzeichnung des im Einzelfall Schuldlosen den umfassenderen Sinn einer grundsätzlichen »Gerechterklärung«. Sie bringt nicht nur zum Ausdruck, daß die Einzelaussage, etwa der im Gottesurteil bestätigte Reinigungseid, der »Wirklichkeit« entspricht und das Einzeltun der »Norm« gemäß ist, welche für dasselbe besteht. Sondern sie fällt auch ein Urteil über das Ganze der Lebenshaltung, zumal die hebräischen Worte stärker den Erfolg einer Handlung als diese selbst betonen[38]. Von der ganz aktuellen Fassung der »Gerechtigkeit« in der Freischwörung von bestimmter Anklage[39] führt der Weg damit zu allgemeineren Wendungen, für welche die »Gerechtigkeit« mit der »Reinheit der Hände« und dem »Halten der Wege Jahwes« an sich identisch wird:

Jahwe handele an mir nach meiner Gerechtigkeit (*k^eṣiḏḳī*),
er vergelte mir nach der Reinheit meiner Hände,
denn ich bewahre die Worte Jahwes,
handele nicht als ein Bösewicht (*lo' råšaʿti*) gegen meinen Gott;
sondern alle seine Rechte habe ich vor Augen
und seine Satzungen werfe ich nicht von mir.
Ich war rechtschaffen vor ihm,
hütete mich ‚wohl' vor Verschuldungen,
sodaß Jahwe mir vergalt nach meiner Gerechtigkeit,
nach der Reinheit meiner Hände vor seinen Augen[40].

Umfassender wird die dem göttlichen Urteil zugrundeliegende Norm, identisch letztlich mit der Heiligkeit des Gottes selbst, der in eine Lebensbeziehung zu dem Volk getreten ist, in eine Lebensbeziehung, welche die einzelnen Glieder des Volkes zu einer verpflichtenden Gemeinschaft zusammenschließt. Der Satz

Ihr sollt heilig sein,
denn ich, Jahwe euer Gott, bin heilig!

faßt eine Fülle teils kultischer, teils allgemein sittlicher, speziell humaner und karitativer Bestimmungen zusammen. In ihrem Rahmen leitet die Warnung:

Tue kein Unrecht im Gericht; ziehe weder den Geringen vor noch nimm die Partei des Großen. Richte deinen Volksgenossen richtig (*b^e^ṣaed̲aeḳ*)!

von den Schutzvorschriften für die Tagelöhner, die Blinden und Lahmen über die Verbote der Verleumdung, des Hasses und der Rachsucht zu der ganz allgemeinen Mahnung hin:

Liebe deinen Nächsten wie dich selbst;
ich bin Jahwe! [41]

β) Die Gerechtigkeit als Bundestreue.

Würde sich aber die göttliche Gerechtigkeit in diesem richterlichen Urteil auf Grund der umfassenden Norm erschöpfen, so wäre sie, wie noch einmal mit allem Nachdruck betont werden muß, für das tiefere Lebensverständnis prophetischer, aber auch weiser Männer, keine lebenbewahrende, sondern eine todbringende Größe [42]. Je gewaltiger die Heiligkeit Gottes erfahren wird, desto mehr schließt die Gottesnähe für sie die Katastrophe in sich. In dem Gottesnamen »Jahwe« klingt ihnen bei aller Vertrautheit mit dem Gotte des Volkes, der sich in der Erwählung und der Geschichte als solcher manifestiert hat, ein »eifernder« Klang mit, am deutlichsten vernehmbar vielleicht in der Schlußformel ezechielischer Drohungen:

Sie sollen erfahren, daß ich Jahwe bin! [43]

Je näher ihr Volk diesem Gotte ist, desto schwerer das Gericht, dem sie es ausgesetzt wissen, sobald sie die Erfahrung der versklavenden Sündenmacht durchleben mußten, von der oben die Rede war. Von ihr aus ließ die umfassende Beziehung des »Gerechtseins« auf die gesamte Lebenshaltung nur Raum für die Verzweiflung vor Jahwes Hoheit, an die noch einmal angeknüpft werden muß:

War je ein Mensch vor Gott »gerecht«,
ein Mann rein vor dem Schöpfer sein?
Der auch nicht seinen Dienern traut,
den Engeln Tadel nicht erspart!
Nun gar, der in dem Lehmhaus wohnt,
das auf den Staub gegründet steht!
Was ist der Mensch, daß rein er wär,
»gerecht«, der von dem Weib geboren?
Sieh, seinen Heil'gen traut er nicht,
die Engel sind nicht rein vor ihm! [44]

Nur dadurch kann die »Gerechtigkeit« Jahwes Lebensgrundlage

sein, daß auch in ihr — wie bei der menschlichen »Gerechtigkeit« [45] — die forensische Schematisierung den Begriff nicht erschöpft. Auch für Jahwe ist die »Wirklichkeit«, der er als ihr Schöpfer Rechnung trägt, nicht nur das konkrete Verhalten des Menschen, ist die »Norm«, an die er sich selbst bindet, nicht nur die formale Entsprechung von menschlicher Schuld und göttlicher Strafe. Vielmehr ist die »Wirklichkeit« und die »Norm« für ihn gegeben durch die von ihm vollzogene Erwählung des Volkes und die Verpfändung seines Wortes und Eides für Israels Heil. Wie »Huld« und »Wahrhaftigkeit« einander nahegekommen sind, so wird auch »das Richtige« mit beiden identisch, wird zur »Treue«, die Israel das ihm auf Grund des Bundes »Zukommende« gibt:

Jahwe wirkt das »Richtige« (*ṣᵉḏåḵoṯ*)
das Recht (*mišpåṭīm*) für alle Unterdrückten,
ließ Mose seine Wege wissen,
die Israelsöhne seine Taten.
Barmherzig und gnädig ist Jahwe,
langsam im Zorn, an Hulden reich (*raḇ ḥaesaeḏ*) [46].

In diesem Sprachgebrauch ist das für Gott »Normgemäße«: sein Eintreten für sein Volk. Das schwierige Problem taucht damit auf, wie denn nun seine Gerechtigkeit in diesem Sinne sich zu der »forensischen« Gerechtigkeit den »Heiden« gegenüber verhalte. Ohne den Terminus zu gebrauchen, wagt der Elohist die Aussage, die Besitzergreifung des Landes durch Israel habe zurückstehen müssen, solange keine hinreichende Verschuldung der Amurru ihre Unterdrückung rechtfertigte; die forensische Gerechtigkeit ihnen gegenüber hat also für ihn den Vorrang vor der Gerechtigkeit als Bundeserfüllung [47]. Eine grundsätzliche Klärung oder theoretische Erfassung des hier bestehenden Problems ist innerhalb des Alten Testaments nicht gewonnen, nicht nur auf Grund seiner undogmatischen Denkart überhaupt, sondern vor allem wohl um deswillen, weil das »Recht« des Volkes und die ihm gebührende »Gerechtigkeit« Gottes immer wieder gefühlsbetont im karitativen Sinne der Fürsorge für die am Leben bedrohte Nation begegnen.

Es ist für später zu Sagendes erforderlich, diese Angleichung der »Gerechtigkeit« an die in der Bundestreue sich bewährende »Huld« in ihrer Geschichte ein Stück zu verfolgen. Sie begegnet bereits im Deboralied, das die *ṣiḏḵoṯ i̯ahu̯aeʰ* auf dem breit ausgemalten dunklen Hintergrund der jüngsten Vergangenheit der Unterdrückung und des Abfalls sowohl in dem jetzt errungenen Sieg als in den Heilstaten der mosaischen Zeit erblickt [48]. Ebenso waren es für das Geschichtsverständnis des Micha »richtige Taten Jahwes«, wenn er den Fluch des Bileam in Segen wandelte und dem Volke den Weg über den Jordan »von Sittim bis zum Gilgal« bahnte [48a]. Der klassische Vertreter dieser Gleichsetzung ist charakteristischerweise Deuterojesaja, der Prophet, welcher das Volk als das geknechtet-schwache, das »arme« vor sich sieht, und nun alle karitativen Antriebe in unsre Begriffe einströmen läßt. Natürlich kennt auch er *ṣaeḏaeḳ* als Terminus für die »richtige« (vor allem die eindeutigklare) Aussage:

Nicht sprach ich verhüllt
an dunkelem Ort,
sagt' nicht Jakobs Söhnen:
»Sucht mich umsonst!«
Ich, Jahwe,
spreche klar (*ṣaeḏaeḳ*),
künde Wahres (*mešårīm*)! [49]

Ist aber schon hier der Sinn des *ṣaeḏaeḳ* zugleich von dem Gegensatz gegen das »umsonst« her bestimmt, so ist damit der Weg zu der umfassenderen Bedeutung betreten. Jahwes *ṣeḏåḳåh* bezeichnet das »Heil«, die »Rettung«, die stärker ist, als alle Bedrängnis:

Fürchte dich nicht! Ich bin ja mit dir!
Schau nicht ängstlich drein! Ich bin ja dein Gott!
Ich mache dich stark, ich helfe dir auch,
ich stütze dich mit siegreicher Hand (*bīmīn ṣiḏḳi*)! [50]

Solch »richtiges« Handeln Gottes muß sich im Widerstreit der Völker nach außen richten:

Der Waffe, wider dich geschmiedet, soll's mißlingen.
Die Zunge, die dich hart verleumdet, strafe Lügen!
Das ist das Los der Knechte Jahwes,
ihr »Sieg« (*ṣiḏḳåṯåm*), den ich ihnen geschenkt! [51]

Es muß aber auch — in unweigerlicher Durchsetzung eines uranfänglichen Gottesratschlusses — die Widerstände im Volke selbst überwinden:

So hört auf mich,
ihr trotzigen Leute,
die ihr fern seid vom »Recht« (*ṣeḏåḳåh*):
»Nah bring ich mein »Heil« (*ṣiḏḳåṯī*), nimmer ist's fern,
meine Hilfe wird nimmer verziehen;
für Zion spende ich Hilfe,
für Israel leuchte mein Licht!« [52]

Für den einen Gott Deuterojesajas kommt dies »Heil« nicht nur Israel zu, sondern — und darin ist das vorhin herausgearbeitete Problem als solches aufgehoben! — auch zu den Völkern, der deutlichste Beweis, wie stark der Stamm *ṣdḳ* mit dem neuen Inhalt gesättigt ist:

Sammelt euch! Auf! Naht euch zumal,
aus den »Heiden« entronnen,
die ohn' es zu wissen getragen

das Holz ihrer Götzen,
die töricht zu Göttern gebetet,
so niemals geholfen!
Sagt an, tut es kund,
ja ratschlagt fein:
»Wer ließ es von uran vernehmen,
tat kund von Beginn?
War ich's nicht, Jahwe
außer welchem kein Gott,
kein sieghafter Gott (*'el ṣaddīḳ*), kein Helfer
denn ich?
Kehrt euch zu mir, laßt euch retten,
ihr Enden der Welt!
Denn ich bin Gott,
kein anderer sonst,
schwur bei mir selbst;
mein Mund kündet »Heil« (*ṣᵉdåḳåʰ*),
untrüglich Wort:
»Jedes Knie soll sich beugen vor mir,
jede Zunge soll schwören bei mir!
Nur bei Jahwe, ‚soll man sagen',
find' »Heil« (*ṣᵉdåḳōṯ*) ich und Kraft!« [53]

Vor allem in den Verheißungen an Kyros und an den ihn in den Glaubensgedanken des Dichter-Propheten als Heilsmittler ablösenden »Gottesknecht« ist diese Wendung des Begriffs sichtbar, am schärfsten wohl in den Zusagen an den Heidenkönig, der Jahwe nicht kennt, aber dennoch von ihm berufen und damit in den Heilsplan des »Bundes« eingegliedert ist [54].

Mit diesen Entschränkungen, die sie aus dem Zusammenklang des Richterspruches mit der Wirklichkeit von »Schuld« und »Unschuld« herausheben, verliert die »Gerechtigkeit« zugleich ihre Stellung als Grundlage eines »anthropozentrischen« Geschichts- und Lebensbildes. Denn nun erfüllt, wie schon angedeutet, die sündenvergebende Gnade und die Fürsorge für den vom Tode Bedrohten das Wort:

Barmherzig ist Jahwe, »gerecht« (*ṣaddiḳ*)
ein Erbarmer ist er, unser Gott! [55]

Im Gottesglauben selbst ist damit unter dem Einfluß des Bundes- und Gemeinschaftsgedankens die gleiche Wendung der »Gerechtigkeit« ins Karitative vollzogen, die sich uns als Ergebnis der sozialgeschichtlichen Entwicklung aufgedrängt hatte. Nur daß die karitative Ausweitung der »Gerechtigkeit« auf das Heil der Heiden im Bereich der menschlichen Verhaltungsweisen kein Gegenstück gefunden hat. Wer keinen »richtigen«, geschichtlich im Bundesverhältnis verankerten »Anteil in Jerusalem« hat, ist von der Mitarbeit am Mauerbau und damit vom Heimatrecht in der Stadt des »Himmelsgottes« ausgeschlossen [56]. Der Fremde bleibt, soweit er nicht in das gesetzlich geregelte Verhältnis des Beisassen aufgenommen ist, von den sozialen Schutzmaßnahmen zugunsten des Armen ausgeschlossen. Nur weil ihm z. B. der Vorteil zinsloser Kreditgewährung versagt ist, kann die Darlehnshingabe an andere Völker als Parallele zur Herrschaft über sie verheißen werden:

Jahwe wird dir seinen guten Speicher (den Himmel) auftun,
Regen für dein Land zur rechten Zeit zu geben,
jedes Werk deiner Hände zu segnen,
so daß du große Völker beleihst,
aber nicht von ihnen entleihst.
Dann macht dich Jahwe zum Kopf und nimmer zum Schwanz... [57]

Jenes Ressentiment mengt sich ein, von dem oben zu sprechen war, und hält die Humanitätsforderung in den Grenzen der Volksbruderschaft, eine Tatsache, die man nicht überspitzen, aber auch nicht in apologetischem Interesse leugnen sollte. Und nicht minder muß die andere Tatsache betont werden, daß jene Entschränkungen weder die Strafgerechtigkeit Jahwes aus dem Glauben des Alten Testaments gebannt noch die Forderung der menschlichen »Gerechtigkeit« im forensischen wie im karitativen Sinn um ihren Ernst gebracht haben. Zu gewaltig war das religiöse Pathos der prophetischen Verkündigung von der »Ungerechtigkeit« als der Wurzel des staatlichen und völkischen Unheils, und zu furchtbar die Bestätigung ihrer Drohung durch die Geschichte! Jahwes »Gerechtigkeit« als von ihm ausgehendes »Heil« bleibt überwiegend eine Hoffnung *wider* das »Zukommende«. Die »Anrechnung« des Glaubens »zur Gerechtigkeit« ist für den Urbestand der Erzählung kein analytisches Urteil, das die Tat des »Gerechtseins« als Gegebenheit feststellt, sondern ist ein voluntativer Akt göttlicher Gnade [58].

2. Die Abgrenzung als Grundlage der Gerechtigkeit.

a) Die kultische Abgrenzung.

Der Gedanke der göttlichen Gerechtigkeit in ihrer »forensischen Schematisierung« als geschichtsgestaltender Macht mußte nun aber weiterhin dazu führen, die eigene »israelitische« Haltung ganz konkret als »gottgewollt« gegen das Tun und Lassen anderer Völker abzuheben, mit denen man im Widerstreit um Land und Zukunft stand. Diese Abgrenzung ist primär religiös-kultisch bestimmt; sie schließt die Verehrung der fremden Götter aus. Ihr Dienst war für die elohistische Periodisierung der Geschichte solange ohne Tadel, als nicht Jahwe durch die »Ergreifung« (*låkaḥ*) Abrahams und die »Sendung« (*šålaḥ*) des Moses und Aron sich als der »Gott Israels« bezeugt hatte [59].

Im Gegensatz dazu betont die deuteronomische Paränese, sie seien den Vätern unbekannt gewesen und sollten deshalb auch der Gegenwart unbekannt sein [60]. Sie schärft folgerichtig das »Anderssein« vor allem im Bereich des kultisch-zeremoniellen Betriebes ein. Den heiligen Pfahl und den heiligen Stein überantwortet sie dem Bann und mit ihnen das bunte Treiben »unter jedem grünen Baum« voll sinnlicher Ausschweifungen am heiligen Ort. Nicht nur die Person des angebeteten Gottes, sondern auch die Art der Anbetung und der Gaben bilden den Gegensatz, aller Assimilation an den Kultus des Kulturlandes zum Trotz:

Wenn Jahwe die Völker vor dir her vernichtet,
zu denen du kommst, sie zu beerben,
und du sie beerbt hast und in ihrem Lande wohnst,
Hüte dich! Laß dich nicht verführen, ihnen zu folgen,
nach ihren Göttern zu fragen:
»Wie dienten diese Völker ihren Göttern?
Ich will auch also handeln!«
Du sollst dem Jahwe, deinem Gott, nicht auf solche Weise dienen,
sondern genau das, was Jahwe ein Greuel ist,
was er haßt, taten sie ihren Göttern,
daß sie gar ihre Söhne und Töchter ihren Göttern
im Feuer verbrannten! [61]

Zeremonielle Dinge sind es auch, welche sich in der endgültigen Ausformung des »Gesetzes« am stärksten durchgesetzt haben: Der Sabbath faßt das jüdische Leben in einen bestimmten, den anderen Völkern fremden Rhythmus und hebt es durch seine Gliederung von dem Ablauf des Daseins in der »profanen« Welt charakteristisch ab, ein Vorgang, der nicht ohne erhebliche organisatorische und wirtschaftliche Schwierigkeiten durchzuführen war. Die Beschneidung bindet den israelitischen Mann für die Dauer seines Lebens sichtbar an Volk und Gemeinde, während ihm die Tätowierung, wiewohl auch sie in alter Zeit als Jahwezeichen begegnet, um ihres Zusammenhanges mit dem Totenkult willen verboten war. Bestimmte Speisegebote schließen die Gemeinschaft mit anderen in engste Grenzen ein, wie noch die junge Christenheit erleben sollte! [62]

Um so bedeutsamer ist es bei dieser Sachlage, daß neben den Fragen der bildlichen oder bildlosen Verehrung des Gottes und des Kindesopfers, von denen später die Rede sein muß, unter den kultisch-zeremoniellen Vorschriften eine begegnet, die in die Welt der Sittlichkeit hineinführt, die Ablehnung der sexuellen Orgiastik im Kult [62a]. Auch bei den Verboten der »sakralen Prostitution« handelt es sich zunächst um einen kultischen Gegensatz, um den Kampf wider die Göttin neben Jahwe, um diesen Streit, dessen ganze Erbitterung wir desto besser verstehen, je mehr das Material der jüngsten Grabungen erschlossen wird. Die Fürsprechgöttin, die auf der (ägyptisierenden) Stele von Balu'a den (moabitischen?) König vor den Gott geleitet, die üppige »mykenische« Fruchtbarkeitsgöttin von *rās eš-šamrā* oder die Aphrodite Parakyptusa, welche auf den samarischen Elfenbeinen wie auf den Parallelstücken von Nimrud und Arslan Tash zum Fenster hinausäugt [63], mögen in ihrer Beweiskraft dadurch beeinträchtigt erscheinen, daß alle diese Stücke fremden Einfluß zeigen, nicht rein »kananäischen« Charakter tragen [64]. Sie unterstreichen aber nur, was die prophetische Polemik gegen die von der Verehrung der Göttin nicht zu trennende sakrale Ausschweifung des Fruchtbarkeitskultus, was die Warnung der »Weisheit« vor der als »Torheit« maskierten Astarte, was die prophetische Symbolsprache mit ihrer Anwendung des Ehe- und des Dirnenbildes auf Jahwes Beziehung zu Israel und was endlich die Tempelsteuerliste von Elephantine mit ihrer Anführung zweier weiblicher — nicht ägyptischer! — Gottheiten neben Jahwe in Übereinstimmung mit den älteren Funden an »Astarte«-Bildern nahelegen: die tiefgreifende Bedeutung der Verehrung der »Göttin« im Lande, welche mit der großen kretisch-minoischen Mutter- und Lebensgöttin wurzelhaft identisch ist [65]. Das sich aus diesen Zeugnissen ergebende Bild würde die Deutung des dreischiffigen Gebäudes auf dem *tell en-naṣbe* und der s. Zt. schon von Schumacher angeschnittenen sog. »Tempelburg« vom *tell el-mutesellim* als Astarte-Tempel unanfechtbar erscheinen lassen, wenn sie aus anderen Gründen sicherer stünde als es bisher der Fall ist [66]. Die 1936f. veröffentlichten Texte aus *rās eš-šamrā* endlich zeigen in immer stärkerem Maße, wie beherrschend die Stellung der Göttin in der Mythologie und der religiösen Fantasie des vorisraelitischen Syriens gewesen ist. Der Flug der Anat nach den Jordanquellen und die Freudenbotschaft von der Geburt des von Alijan Baal gezeugten Jungstieres, welche sie verkündet, nicht minder aber das heilige Mahl, das sie dem Baal vor seinem Aufstieg auf den Götterberg bereiten läßt und mit ihren Sprüchen begleitet, lassen sie jetzt eine noch bedeutsamere Rolle spielen als in den früher veröffentlichten Stücken [67]. Dieser ganzen Verflechtung religiöser und erotischer Momente im kananäischen Ackerbaukult tritt in der genuinen Jahwereligion eine an Poesie sicher ärmere und damit kulturell unentwickeltere [68], auch den Bedürfnissen des Bauerntums fernerstehende, dafür aber in herber Männlichkeit [69] stärkere Gesamtanschauung entgegen. Ihr Kriegs- und Rechtsgott sollte sich auf die Dauer als der trotz allem überlegene Gegner erweisen! Was die priesterliche Gesetzgebung nach mannigfachen Kompromissen der älteren Zeit [70] und im Gegensatz zu auffallend laxen Wendungen auch noch der späten Enderwartung [71] durchgeführt hat, entspricht dem wahren Wesen des Jahweglaubens. Ihm ist die Hingabe eines Mädchens in das Dirnentum nicht Weihung zum sakralen Dienst als »Heilige (*ḳ^eḏešâh*), sondern »Entweihung« (*ḥll*), und der Ertrag einer solchen Preisgabe keine heilige Steuer, die man etwa im Gelübde dem Tempel zueignen darf, sondern unreines Geld und dem Gotte ein Greuel:

Du darfst deine Tochter nicht dadurch entweihen, daß du sie zur Hure machst, damit nicht das Land zur Hure und des Lasters voll werde. Weihdirnen soll es unter den Töchtern Israel nicht geben noch Weihbuben unter den Söhnen Israel. Aus keinerlei Gelübde bringe Hurenlohn oder Hundegeld in das Haus Jahwes, deines Gottes, denn beides ist für Jahwe, deinen Gott, ein Greuel! [72]

Eine Priestertochter, die sich prostituieren würde, vermehrt damit nicht die »Heiligkeit«, sondern »entweiht« ihren Vater, wie ja auch die Ehe einer Deflorierten (*h^alâlâh*) den Priester oder Hohenpriester entheiligen würde [73].

b) Die Abgrenzung im sexuellen Ethos.

α) Der Schutz der Unverlobten und der Ehe.

Diese Abgrenzung gegen das Kananäertum in sexuellen Dingen wirkt aber auch in das Recht und in die profane Lebenswirklichkeit hinein. Natürlich war im alten Israel wie anderswo das Leben selbst ungebundener, als das Recht es vorschreibt. Die Unbefangenheit, mit der im Hohenlied von den vorehelichen erotischen Erlebnissen des jungen Paares oder in der älteren Erzählung von dem Nächtigen der Kundschafter bei einer kananäischen Dirne und dem ihr geleisteten Eide [74] oder auch von dem Besuch des Simson bei der gazäischen Hure [75] gesprochen wird, ist des Zeuge. Die Beurteilung der rechtlichen Regelung kann daher in zutreffender Weise nur durch den Vergleich mit den übrigen altorientalischen Gesetzen erfolgen. Wie seine Umwelt sieht Israel die Fragen des Ehelebens sehr stark unter wirtschaftlichen Gesichtspunkten an und betrachtet dabei die Frau weithin als »Eigentum« des Mannes [76]. In Übereinstimmung mit dem assyrischen Gesetz sucht das Bundesbuch bei der Verführung einer Unverlobten durch einen Heiratsfähigen die finanziellen Interessen ihres Vaters sicherzustellen, fordert aber nur den einfachen (statt des dreifachen) *mohâr* und spricht kein Scheidungsverbot aus. Der quellen- und geistesverwandte Abschnitt des Deuteronomiums steht dem Assyrischen sogar noch näher, indem er die spätere Scheidung verbietet und dem Vater die feste Summe von 50 Silberstücken zuerkennt [77]. Dieser Betrag beläuft sich auf das Fünffache des Auslösungspreises für ein Mädchen der in der Regel betroffenen Altersklasse unter 20 Jahren; er liegt um zwei Drittel über dem Sklavenpreis des Bundesbuches und entspricht dem Scheidegeld, das der babylonische Ehemann der kinderlosen Frau zu zahlen hat, falls er keinen *mohâr* für sie aufgewandt hat [78]. Auch die Bestimmung über den Verkehr mit einer Unfreien, die sich im Besitz eines Dritten befindet, ist offensichtlich von der Absicht beherrscht, den Eigentumsanspruch ihres Herrn sicherzustellen. Die Todesstrafe wird ausdrücklich ausgeschlossen; der

Verführer hat zwar das übliche Loskaufgeld zu erlegen, die »Magd« verbleibt aber gleichwohl im Besitz ihres Herrn, nach einer verbreiteten Deutung des nicht ganz durchsichtigen Wortlautes auch dann, wenn der Verkehr nicht ohne Folgen geblieben ist[78a]. Doch treten diese besitzrechtlichen Auffassungen im Reinigungseid des Hiob hinter der Ablehnung selbst des (begehrlichen) Anschauens einer *beṯûlâh* zurück[79], und der Weg ist beschritten, der Jahrhunderte später zur Ethik der Bergpredigt und ihrem Rigorismus der Gesinnung hinleiten sollte.

Erfolgt also die Eingrenzung außerehelichen Verkehrs mit einer Unverlobten überwiegend von der wirtschaftlichen (nicht der kriminalrechtlichen[80]) Seite her, so setzt von dem Augenblick an, in dem das Mädchen durch die Zahlung des *mohår* in die Munt des Mannes gelangt ist, für das israelitische Recht eine andere Betrachtungsweise ein. Auch wenn die Ehe noch nicht vollzogen ist, ist die Verführung einer Unberührten für den Mann unter allen Umständen, für das Mädchen, falls es sich nicht wenigstens möglicherweise gewehrt hat, Ehebruch und mit dem Tode des oder der Schuldigen zu sühnen[81]. Zur Erklärung dieses Tatbestandes ist daran zu erinnern, daß das ganze Gebiet des Geschlechtlichen innerhalb des Alten Orients von magischen Gedanken umgeben ist[82]. Durch die »Verlobung« ist die »Braut« mit dieser Sphäre in Berührung gekommen und somit tabuiert. Eine längere Verlobungszeit mag wie im heutigen Palästina meist in der Tatsache begründet sein, daß die »Braut« für den Vollzug der Ehe noch zu jung ist und von ihren Verwandten gern durch einen (Knoten-)Zauber auch von dem eigenen Manne ferngehalten wird[83]. Derartige Gedankengänge sind für uns recht fremdartig; sie beherrschen aber neben den dargestellten privatwirtschaftlichen das israelitische Eherecht. Gerade von ihrer Unterordnung unter den Jahweglauben ist die strengere Ehedisziplin Israels gegenüber seiner Umwelt bestimmt.

Von dieser Doppelheit in der Stellungnahme aus wird zunächst die eigenartige Bestimmung über einen bis zum Vollzug der Ehe unentdeckt gebliebenen und daher seinem Zeitpunkt nach (vor der Verlobung?) nicht mehr nachweisbaren früheren »Fehltritt« des Mädchens durchsichtig. Die einer solchen »Torheit« (*neḇâlâh*) überführte Frau wird der Steinigung vor der Tür ihres Vaterhauses überantwortet[84]. Ihre Unkeuschheit ist dabei durch die analoge Schlußformel (»Du sollst das Böse aus deiner Mitte tilgen«) dem Ehebruch, von dem das Gesetz unmittelbar darauf redet, als gemeinschaftsbefleckendes Vergehen zur Seite gestellt. Auch die Tatsache, daß das Prozeßrisiko des anklagenden Ehemannes geringer ist als dem sonstigen Grundsatz der hier vorliegenden Quelle entspricht[85], weist darauf hin, daß ein öffentliches Interesse an der Aufdeckung des Frevels besteht; statt des Lebens hat er eine Geldbuße verwirkt. Aber das Gesamtinteresse ist doch nicht allein herrschend. Wie der Eingang der Gesamtbestimmung zeigt, besteht nur ein Anzeigerecht, keine Anzeigepflicht:

Gesetzt jemand heiratet ein Weib, geht zu ihr ein, gewinnt aber einen »Haß« gegen sie, erhebt harte Klage gegen sie, bereitet ihr einen üblen Ruf (*šem ra'*)..[86]

Der Vater jedes Mädchens muß mit der öffentlich über sein Haus gebrachten Schande rechnen, falls er etwa von einem Fehltritt seiner Tochter weiß, sie aber gleichwohl als »Jungfrau« an den Mann zu bringen versuchen wollte.

Noch deutlicher kommt die israelitische Auffassung des Ehebruches als eines die Gemeinschaft gefährdenden Vergehens in anderen Zusammenhängen zum Ausdruck: Das jus talionis ist, wie wir sahen, im Recht — anders in der Wirklichkeit des Volkslebens! — auf den Ehebruch nicht ausgedehnt, und die Willensfrage spielt bei seiner Beurteilung, soweit es sich um eine vollzogene Ehe handelt, keine Rolle [87]. Der Dekalog verbietet ihn unmittelbar nach dem Mord und vor dem Diebstahl. Der älteren Sage ist er ein von Gott gestraftes, der jüngeren ein von ihm verhindertes Verbrechen, für das freilich infolge des alten Objektivismus des Rechtes nur der tatsächliche, nicht auch der intellektuelle Urheber zu büßen hat. Er gilt als todwürdiges Vergehen, obwohl das Leben des Ehemannes für das Bewußtsein des Erzählers der Unverletztlichkeit der Ehe an Wert kaum nachsteht [88]. Das Gottesurteil ermittelt auf Antrag des von Eifersucht geplagten Ehemannes, ob sein Weib schuldig ist, und zwar diesmal sogar ohne irgend ein Prozeßrisiko des anzeigenden Gatten. Für ihn bedeutet die Auslieferung der Verdächtigen an das Ordal dieselbe Lossagung von einem Befleckten und ihn Befleckenden wie das Amen der Gemeinde ihre Scheidung von den unter dem Fluch stehenden unbekannten Frevlern:

Der Mann befreit sich von Schuld, jene Frau trägt ihre Schuld [89].

Diese Bestimmung ist für das Weib härter als die analoge babylonische Vorschrift, welche bei Verdacht nur des Ehemannes den einfachen Reinigungseid und nur bei übler Nachrede Dritter das Gottesurteil kennt:

Wenn die Ehefrau eines Bürgers von ihrem Gatten bezichtigt, beim Liegen mit einem anderen Manne aber nicht ergriffen worden ist, so schwört sie bei dem Gotte und kehrt zu ihrem Hause zurück. Wenn über die Ehefrau eines Bürgers der Finger ausgestreckt worden ist, sie aber beim Liegen mit einem anderen Manne nicht gegriffen wird, so taucht sie ihrem Gatten zuliebe in den Fluß [90].

Ein Recht auf Ehebruch bei wirtschaftlicher Notlage der Frau kennt das israelitische Recht demzufolge nicht, abermals im Unterschied vom babylonischen Recht:

Wenn ein Bürger Kriegsbeute geworden, in seinem Hause aber zu essen (noch) vorhanden ist, [so hält] seine Eh[efrau... und ihre Habe in Ob]hut (??); [ins Haus eines anderen] tritt sie [nicht] ein; [wenn] diese Frau... ins Haus eines anderen eintritt, so weist man es dieser Frau nach und wirft sie ins Wasser. Wenn ein Bürger Kriegsbeute geworden und in seinem Hause nichts (mehr) zu essen vorhanden ist, so darf seine Ehefrau in das Haus eines anderen eintreten; diese Frau trifft keine Strafe.

Gebiert sie dem »anderen« Kinder, so folgen diese bei der Rückkehr des ersten Mannes ihrem Vater, während die Frau zu jenem zurückkehrt. Ist jedoch der Mann aus freien Stücken fortgegangen und die Frau

> ins Haus eines anderen eingetreten, so kehrt, wenn dieser Bürger zurückgekommen ist und seine Ehefrau greift, weil er seine Stadt verschmäht hat und geflohen ist, das Weib des Flüchtlings zu ihrem Gatten nicht zurück [91].

Das assyrische Recht ist demgegenüber zwar bestrebt, die Unverletzlichkeit der Ehe zu wahren und steht in dieser Tendenz dem israelitischen näher. Für das Weib des Kriegsgefangenen, das vor dem Weggang ihres Mannes »in die Ehe gegeben« war, besteht eine Treuepflicht von 2 Jahren, während deren Familie und Staat für sie zu sorgen haben und nach deren Ablauf sie durch eine geordnete Toterklärung ihres Mannes zu neuer Verheiratung frei wird. Für den Fall seiner späteren Rückkehr gilt dieselbe Bestimmung wie im Cod. Ḫam. Für das Weib eines ortsabwesenden Zivilisten, die nicht im Hause ihres Gatten wohnt, beträgt die Treuepflicht mindestens 5 Jahre, ohne Anspruch auf staatliche Versorgung. Bei späterer Rückkehr kann er ihre Rückgabe — und zwar gegen Stellung einer Ersatzfrau — nur verlangen, wenn er an der Fristüberschreitung nachweislich unschuldig ist. Aber auch das assyrische Recht macht eine Konzession, die deutlich zeigt, daß es den Ehebruch privatrechtlich, nicht als »öffentliches« Verbrechen behandelt: Hat die Zivilistenfrau die 5 Jahre nicht abgewartet, sondern ist vorher eine neue Ehe eingegangen, die Folgen gehabt hat,

> so kann ihr Gatte, wenn er wiederkommt, weil sie die (Zeit der) Verpflichtung nicht gewartet hat (*aššum riksa la tuqaiûni*; Driver: *because she has not respected the marriage-contract*) und sich hat heiraten lassen (Driver: *but has been married*), selbige und auch ihre Kinder nehmen [92].

Der Nachdruck liegt im Assyrischen auf den wirtschaftlichen Problemen!

Auch das ist kennzeichnend, daß dem israelitischen Recht eine Analogie zu der hetitischen Bestimmung fehlt:

> Wenn einer Sklavin oder einer Hure ein Vater und sein Sohn beiwohnen, so findet Strafverfolgung nicht statt [93].

Vielmehr ist die Kebse des Vaters schon für den Jakobsegen tabu, eine Haltung, die in der priesterlichen Gesetzgebung und in der Prophetie lebendig herrscht. Es ist für Amos eine der Ursachen des Verderbens:

> Ein Mann und sein eigener Vater gehen zur selben Dirne
> damit sie entheiligen meinen heiligen Namen! [94]

Daß aber diese in den herausgearbeiteten Grenzen strenge Beurteilung sexueller Zuchtlosigkeit wirklich als spezifisch israelitisch empfunden wurde, zeigt die geprägte Wendung

> So etwas soll in Israel nicht geschehen; tue solche Torheit (*neḇâlâh*) in Israel nicht! [95],

mit welcher in der Ammon-Thamar-Erzählung (nicht die Geschwisterehe, sondern) die voreheliche Verführung abgewiesen wird. Ihr terminologischer Zusammenhang mit dem oben herangezogenen Dtn 22₂₀ spricht dafür, daß wir auch in diesem eine spezifisch israelitische, in der privatrechtlich denkenden Quelle des Bundesbuches wie des Deuteronomiums hingegen altkananäisches Erbgut vor uns haben. In die gleiche Richtung weist es, daß die »unehrliche« Herkunft der Ammoniter und Moabiter vom Jahwisten als Verunglimpfung jener erzählt ist, daß sie aber in der außerisrealitischen Originalfassung der Sage wahrscheinlich mit demselben Stolz auf die alle Hindernisse bezwingende Schlauheit der Ahnfrau berichtet ward, den die Juda-Thamar-Erzählung noch im überlieferten Wortlaut verrät [96].

β) Die Abweisung der Perversität.

Von da aus kann es nicht wundernehmen, daß die Abgrenzung gegen die Kananäer dort noch schärfer vollzogen wird, wo es sich um widernatürliche Verirrungen handelt. Die Päderastie wird in eufemistischer Umschreibung als spezifisch kananäisch dargestellt und mit dem Fluch belegt, der Kanaan dauernd unter seine Brüder versklavt [97]. Für Jahwe ist sie ein »Greuel«, und ihre Übung ist »Torheit«, die an beiden Partnern mit dem Tode gestraft wird [98]. Die Talion, welche das assyrische Recht auch bei diesem Frevel kennt, ist dem israelitischen Gesetz hier ebenso fremd wie die Talion bei Ehebruch [99].

Der herausgestellte Unterschied im sexuellen Ethos ist um so beachtenswerter, als er das einzige sittliche Anderssein Israels darstellt, das in der älteren Zeit mit voller Bewußtheit erfaßt und terminologisch — eben durch *nebålåh* — zum Ausdruck gebracht ist. Auch ist dieser Widerspruch gegen die geschlechtliche Ausschweifung dauernd lebendig geblieben. Für Jeremia beweist es das Nichtberufensein seiner Gegner, daß sie

> eine »Torheit« in Israel getan und mit ihren Nachbarsfrauen die Ehe gebrochen haben [100].

Noch das judenchristliche Aposteldekret rechnet die Enthaltung von »Unzucht« unter die Mindestforderungen des Gemeinschaftslebens. Den Blutschänder übergibt Paulus dem Satan. Die Damaskusschrift betrachtet schon die legitime Polygynie als Hurerei, wie sie für die Pastoralbriefe zum Bischofsamt untauglich macht [101]. Die bereits gestreifte Verherrlichung der Milde Israels bei der Gefangenenbehandlung ist ja selbst in der Ahabserzählung durch das Banngebot eingeengt; sie setzt später ein und reicht trotz jener »humanen« Züge in den Kriegsgesetzen des Deuteronomiums nicht entfernt so tief [102]. Analog läßt es ja der griechische Dichter seinen Agamemnon von Kassandra sprechen:

> Das Auge Gottes sieht vom Himmel auf den Herrn,
> der milde seine Macht gebraucht, und segnet ihn [103].

Die Charakterisierung des Kananäers als des Mannes mit der »Trugwage« steht vollends, wie wir sahen, in der älteren Zeit so isoliert da, daß vollends diese Abgrenzung gegenüber der herausgearbeiteten stark zurückbleibt [104].

γ) Die Freude an der Geschlechtlichkeit.

Umso bedeutsamer ist es nun, daß diese Abgrenzung in der sexuellen Sphäre wohl dazu geführt hat, die alte Tabuierung der geschlechtlichen Erlebnisse aufrechtzuerhalten [105], daß sie aber nirgends in Mißtrauen gegen die Geschlechtlichkeit als solche und ihre normale Betätigung umschlägt. Vielmehr hat sich das israelitische

Ethos stets eine starke natürliche Freude am Eros bewahrt. Trübe Erfahrungen, die der und jener mit einem bösen Weibe gemacht hat, können daran nichts ändern. Selbst Kohaelaet, wenngleich wie an allem Genusse so auch an den Wonnen einer Zeit irre geworden, in der er Mädchen über Mädchen, »die Wonne der Menschenkinder« sein eigen nannte, muß doch das »Weib, das du lieb hast« neben Brot, Wein und Feiertag als Gottesgabe preisen, die der Mensch genießen soll [106]. Das Einsamsitzen ohne Weib ist für Jeremia nicht leichter als für Ezechiel seines Weibes Tod, bei dem ihm zu weinen verwehrt ward [107]. In volkstümlicher Natürlichkeit, aber doch nicht unberührt vom großen Strom der kunstvollen Liebeslyrik seiner Zeit [108], nicht prunkend mit Waffenschmuck und Feierkleid, sondern des Leibes unverhüllte Schönheit kündend, preist das Hohelied die Vorzüge des Bräutigams und der Braut in ihren eigenen Worten [109]. In frohem Tone malt es, was die beiden, die jetzt als König und Königin gefeiert werden, bereits miteinander erlebt haben und was sie noch erleben wollen: Der Liebe unbesiegliche, göttliche Flamme:

> Wie das Siegel leg mich an dein Herz,
> der Spange gleich um deinen Arm.
> Stark wie der Tod ist ja die Liebe,
> hart wie der Hades Eifersucht.
> »Ihre Funken — helle Feuerfunken
> und ‚ihre' Flamme, Jahwes' Flamme.
> Auch groß Gewässer löscht sie nicht,
> und Ströme schwemmen sie nicht fort.
> Gäb einer alles, was ‚er' hat,
> um Liebe, wer verachtet ihn? [110]

Und es ist der Liebe Trieb an sich, der so hoch gefeiert wird. Von erhofftem Kindersegen ist — im Unterschied von unverzärtelten Segenssprüchen bei Brautfahrt und Hochzeit [111] — hier nicht die Rede. Er ist das selbstverständliche Ziel der Ehe, und mit hohem Jubel wird das Kind, zumal wenn es ein Junge ist, der später dem Vater wacker zur Seite stehen kann, begrüßt [112]. Bei der Geburt eines Mädchens mag die Freude allerdings gedämpfter gewesen sein, und es gehört zu Hiobs »Segen«, daß er sieben Söhne und (nur) drei Töchter hat! [113] Aber selbst in der Zeit uneingeschränkter patria potestas ist kein Fall der im Griechentum so häufigen Aussetzung eines neugeborenen Kindes, auch nicht eines Mädchens, überliefert [114]. Eine Frau, die keinem Kind das Leben schenkt, steht unter Gottes Zorn und sie zu lieben ist ein seltsam Ding [115]. Gebet, »Medizin« und Zauber werden beide eingesetzt, ihr »Elend« und ihre »Schmach« zu wenden [116]. Einer Strafbestimmung gegen die Abtreibung, wie das assyrische Gesetz sie (aus religiösen Gründen?) in barbarischer Strenge kennt [117], bedarf das israelitische Recht nicht. Kastration und konzeptionsverhütende Praktiken sind streng verpönt [118]. Das Motiv, das in so vielen Religionen zum Wunsch nach einem Sohn zwingt, die Notwendigkeit der Totenopfer, lebt in dem Wunsch, den »Namen« zu erhalten, zwar nur gebrochen fort [119], aber die Freude der Eltern am Kinde ist aus starker Natürlichkeit des Empfindens wie aus wirtschaftlichen Erwägungen [120] heraus nicht geringer. Sie äußert sich in der schon früh nachweisbaren Auslösung des Erstgeborenen von der Opferung an die Gottheit [121], und nicht minder später in der Beurteilung des Kindesopfers als eines heidnischen Greuels [122], wie in der bitteren Klage, wenn der Tod den »einzigen, geliebten Sohn« dahinrafft:

»Nicht aufs Feld, nicht hinaus,
Feindes Schwert, Grauen umher!
Nimm den Sack, sink zu Boden,
Leichenlied um's einzig Kind!
Plötzlich kommt unser Mörder
Tochter meines Volkes!« [123]

Sie bildet mit dem allen die genaue Parallele zur Ehrfurchtsforderung der Kinder gegenüber ihren Eltern, die schon darzustellen war. Wie stark aber neben der Sicherung des Nachwuchses der Trieb als solcher als eine selbstverständliche Lebensäußerung gilt, zeigt sich an der Bestimmung, daß der von ihrem Vater verkauften (nicht der im Handel erworbenen [123a] oder im Hause aufgezogenen!) Sklavin ein Anspruch auf seine Befriedigung zuerkannt wird, dessen Nichterfüllung ihr das Recht auf Freilassung gibt:

Wenn er (der Herr) sich eine andere (neben der ihm als Konkubine dienenden Sklavin) nimmt, so darf er es ihr an Nahrung, Kleidung und Beiwohnung nicht fehlen lassen. Gewährt er ihr diese drei Dinge nicht, so kann sie unentgeltlich fortgehen; ein Lösegeld ist nicht fällig [124].

Doch das Weib ist ja für das AT nicht nur Genossin des Bettes, nicht nur Mutter der Kinder, sondern neben Triebbefriedigung und der Kraft, Leben zu gebären, steht die Unterstützung bei der Arbeit und Hantierung des Mannes. Und zwar besingen nicht erst das »Lob der Tugendsamen Hausfrau« und der nüchtern-verständige Jesus Sirach dieses Gehilfin-Sein [125]. Vielmehr ist schon der vom Jahwisten benutzten Schöpfungsgeschichte allein das Weib dem Manne die »ihm gleiche Hilfe«, mag selbst der Gott das erst lernen müssen [126].

δ) Die Zweifel am Segen der Geschlechtlichkeit.

Nur der Versuchungsgeschichte des Jahwisten, dieses großen einsamen Grüblers, sind Zweifel am Segen der Geschlechtlichkeit gekommen. Durch den Frevel hat der Mensch das »Wissen um gut und böse«, das die Kraft, Leben zu zeugen in sich schließt [127], erlangt, aber es ist ihm vergiftet durch das Gewissen, welches durch die Sünde wachgerufen wird. Es ist der Unsegen des Weibes, daß sie nicht loskommt vom Manne, der sie hineinzwingt in immer neue Schmerzen der Schwangerschaft [128]. Trotz neuerlicher Bestreitung ist die Frage nicht abzuweisen, ob nicht der Jahwist — im Unterschied von seinem Material — bereits in dem Sichnichtzufriedengeben des Mannes mit der »Hilfe« der ihm von seinem Gott zugeführten Tiere einen ersten Trotz und Frevel, damit aber in der Schaffung des Weibes die erste Strafe gesehen hat [129]. Für den Schriftsteller, der selbst in der patriarchal geordneten Welt daheim ist, müßte der Spruch, daß der Mann seine Sippe um seines Weibes willen verläßt, einen harten Klang haben. Nur unter der gemachten Voraussetzung trifft ihn, der in der Verführungsgeschichte — sehr im Gegensatz zur sonstigen Denkart des alten Israel [130] — eine recht untergeordnete Rolle spielt, die volle Schwere der Strafe mit Recht. Erst von ihr aus gewinnt auch der Anschluß der Kain-Erzählung seine volle Wucht: der erste Sohn, der aus des Weibes Schoße kommt, ist der erste Mörder! Doch mag es sich mit dieser Deutung verhalten, wie immer es will: auf jeden Fall steht der Jahwist mit seiner gebrochenen Haltung zur Geschlechtlichkeit in der älteren Zeit ganz allein. Erst bei Jesus Sirach ist ein Widerhall seines Pessimismus zu vernehmen, während Kohaelaet wohl den Fluch über den Acker, aber nicht den Unsegen über das Weib aufklingen läßt [131]. Gebete, in denen die Brautleute vor Eingehen der Ehe jede »Fleischeslust« — die ihnen ohne weiteres »böse Lust« ist — abschwören, sind von dem Buche Tobit nicht bezeugt [132], und das Judith-Ideal der Witwe, die nach ihres Mannes Tod keine zweite Ehe eingeht, ist noch dem Buche Rut völlig unbekannt [133].

ε) Die Stellung zur Arbeit als Kontrastparallele.

Man kann sich die Eigenart des israelitischen Sexualethos noch von einer anderen Seite her deutlich machen. Wir werden später davon zu sprechen haben, in welcher Doppelheit das AT dem »Gottgleichsein« gegenübersteht: das »Gottgleichseinwollen« als Wurzel des Frevels und das »Gottgleichseinsollen« als »heiliges Ziel« [134]. Der Mensch soll handeln wie Gott handelt! Was im Himmel geschieht, vollzieht sich auch auf Erden; das Urbild droben und das Abbild drunten entsprechen einander.

Ich verfolge diesen Gedanken zunächst, um einen sicheren Vergleichspunkt zu haben, für den in der Versuchungsgeschichte neben der Geschlechtlichkeit behandelten Lebenskreis, für die Arbeit [135]. Sie ist für das AT in aller Regel eine Selbstverständlichkeit, über die nicht reflektiert wird. Wie das nächtliche Brüllen für die jungen Löwen, ist das tägliche Werk vom Sonnenaufgang bis zum Abend für den Menschen kennzeichnend [136]. Er muß arbeiten, um leben zu können; von seiner Arbeit ist alle Kultur genau so abhängig wie vom Regen des Himmels! [137] Es gehört aber zur unvermeidlichen Tragik des Daseins, daß Bauer und Handwerker nur allzu oft nicht »ihrer Hände Ertrag« essen dürfen, sondern daß Feinde von außen oder

Wucherer des eigenen Volkes ihn darum betrügen [138]. Die Erziehung stellt sich in Israel wie im alten Orient überhaupt auf den Erfahrungssatz ein, daß der Fleißige voran- und der Faule zurückkommt, auch wenn er in der Wirklichkeit immer wieder nicht stimmt [139]. Dann mag man mit dem Jahwisten die Schuld bei dem Menschen suchen, der als Gottesstrafe den Fluch über den Acker heraufbeschworen hat [140]. Nicht die Arbeit ist ihm Fluch, sondern die vergebliche Arbeit, die immer wieder ansetzt und immer wieder erfolglos bleibt, so wie der Kampf zwischen Mensch und Schlange nie ein Ende findet. Das Leben vergeht mit allem, worauf der Mensch »stolz« sein mag und fliegt davon; nichts bleibt als Qual und — Nichts! [141] Oder man mag mit Kohaelaet die Schuld bei Gott suchen, der dem Menschen kein Ziel seines Werkes zeigt, so wie Sonne, Wind und Wasser nie zur Vollendung ihres Weges kommen [142]. Also nicht das Arbeitenmüssen ist zum Problem geworden, das man durch positive oder negative Bewertung lösen könnte; es ist die grundlegende Lebenstatsache, die gegeben ist von Anfang an, vom Bebauen und Bewachen des Gartens im Paradies [143], und gegeben sein wird bis ans Ende der Tage:

Solange die Erde steht,
soll Säen und Ernten,
soll Frost und Hitze,
soll Sommer und Winter,
soll Tag und Nacht
nimmer vergehen! [144]

Nicht die Arbeit ist das Problem, sondern — die Ruhe! Warum gebietet Gott dies Feiern am 7. Tage? Der ursprüngliche Dekalog hat keinen Grund dafür. Nur für das Mitfeiern des Sklaven und der Magd weist die deuteronomistische Erweiterung auf das Sklavenleben in Ägypten mit seiner Ruhesehnsucht hin [145]. Der Priesterkodex hingegen und die von ihm abhängige Textgestalt will die Ursache nennen: die Ruhe Gottes am 7. Tage nach vollendeter Schöpfung [146]. Gott ist ein schaffender, wirkender, arbeitender Gott —

Mein Vater wirket bisher,
und ich wirke auch! [147]

und der von ihm geschaffene Mensch ist ein wirkendes, arbeitendes Wesen, dessen Ruhe genau so weit reicht, wie Gottes Ruhe.

3) Zeugung und Gottebenbildlichkeit.

Dieser in sich geschlossene Zusammenhang, der auch durch die Lebensenttäuschungen nicht zerrissen wird, läßt nun die Eigenart der Stellung zum sexuellen Problem um so deutlicher heraustreten. In der volkstümlichen Jahwereligion wäre eine genaue Entsprechung beider Gedankenkreise das Gegebene: in der lebenschaffenden Zeugung wird der Mensch »wie einer von uns«, wird er »wie Gott« [148]. Der prophetische Glaube schon des Jahwisten aber kennt seinen Jahwe nicht als den sexuell starken Gott. Er steht damit (wie schon angedeutet) nach rückwärts im Zusammenhang mit den älteren Vorstellungen von dem Kriegs- und Rechtsgott und ist zugleich im besonderen Maße der Vorläufer Muhammeds:

Im Namen Gottes des barmherzigen Erbarmers!
Sprich: Allah ist einer, der ewige Gott!
Er hat nicht gezeugt,
noch ist er gezeugt,
noch ist ihm einer gleich [149].

Auch der Gott des Priesterkodex ist — wie der Gott des Lichtes, der nur im Lichte wirkt und wie der Gott ohne Tod, so auch — der Gott ohne zeugende Geschlechtlichkeit. Er schafft durch sein Wort, das auch der Mutter Erde Weisung gibt hervorzubringen, was der Gott verlangt. Man darf den Gegensatz zwischen dem schaffenden Gott und der gebärenden Mutter Erde, deren »Kinder« Lebenskraft in sich tragen, nicht übersehen und um solcher Unachtsamkeit willen bei den aus der Erde hervorgegangenen Tieren den »Segen« vermissen. Sie haben gleich den Pflanzen die Fähigkeit, fruchtbar zu sein und sich zu mehren. Die anderen aber, so das Meer und die Himmelsluft erfüllen, und der Mensch, den der Gott ganz unmittelbar ins Dasein stellt, sie bedürfen des Spruches, der sie ihnen verleiht [150]! Die Kraft, Leben zu zeugen, ist damit deutlich nicht von Gottes Ebenbild umspannt, das vielmehr im Herrsein über die gottgeschaffene Welt besteht [151]. Sie zu betätigen heißt nicht: Gott gleich werden, heißt aber auch nicht: wider Gott freveln, ist vielmehr Gottes Schöpferwille über Mensch und Tier. In dieser Doppelseitigkeit ist beides enthalten: Bejahung des allen mystischen Schimmers entkleideten, natürlich-menschlichen Triebes als Gottesgabe und Gottessegen und seine Unterstellung unter den Gotteswillen. Damit aber ist die Möglichkeit gegeben, die beiden großen Theologen, den Jahwisten und den Priesterkodex in einer letzten Gemeinsamkeit zusammenzuschauen. Denn auch für den Jahwisten ist das Fruchtbarwerden des Menschen in diesem Äon Gottesordnung, wenn auch durch den Fluch hindurch, und gerade er verhöhnt den Glauben an die Gottgleichheit in der Zeugung. Man spürt die bittere Ironie.

Da wurden ihrer beiden Augen aufgetan,
und sie erkannten, daß — sie nackt waren! [152]

Darin wird noch deutlicher als es der der realen Welt viel optimistisch-ungebrochener gegenüberstehende Priesterkodex nacherleben und zum Ausdruck bringen konnte, daß Unterstellung unter den Gotteswillen zugleich bedeutet: Unterstellung unter die Gottesschranke, die den Schöpfer trennt von dem Geschöpf. Die »Abgrenzung« als ethisches Prinzip wird kraft der realistischen Stellung zu Welt und Leben zugleich zur Abgrenzung Gottes von dem Menschen.

c) Die Abgrenzung im politischen Handeln.

Allen diesen Einzelbeobachtungen, die uns scheinbar von der antikananäischen Abgrenzung des israelitischen Ethos weggeführt haben, liegt nun aber ein gemeinsamer Tatbestand zugrunde: Eine geschichtlich gegebene Wirklichkeit, das »Anderssein« der Sitte einer »jungen«, auch ethisch noch unverbrauchten Bevölkerung gegenüber einer im Kulturland bereits degenerierten, erscheint als notwendig, gottgeordnet, und damit als ein »Bessersein«. Der analoge Grundsatz wirkt sich in der politischen Sphäre aus. Die Einwanderungsberichte und die El-Amarna-Briefe zeigen uns für Palästina in der zweiten Hälfte des II. Jahrtausends eine doppelte Form staatlichen Lebens: den Stadtstaat unter Führung eines Königs oder unter der Herrschaft einer Adelsfamilie [153]. Ein sie zusammenfassender politischer Zusammenschluß wird nur in Notzeiten zur Abwehr besonderer Gefahren erreicht [154].

Auch die zwischen ihnen bestehenden religiösen Organisationen [155] können eine nennenswerte politische Bedeutung schwerlich besessen haben, da die Ägypter, soweit die erzählenden Texte und die von ihnen einzelnen palästinischen Göttern errichteten Male erkennen lassen, nie mit ihnen rechnen. In rein privatem Interesse errichtet *Pa-ra-em-hab* dem

Mkl, dem großen Gott

von *bēsān* eine Stele, nämlich für seinen Vater *Amen-em-apt*,

> daß er dir gebe Leben, Reichtum und Gesundheit, gutes Ansehen, Ehre und Liebe, einen glücklichen Mund, einen Aufenthalt in seinem Tempel, bis du erreichst einen verehrenswürdigen Stand in Frieden [156].

Analog ist das in Form und Stil nächstverwandte,

> zugunsten des königlichen Schreibers und Wächters der Schatzkammer *Mami*

gesetzte Monument dem Seth des Sapuna geweiht [157], ohne eine Andeutung einer weitergreifenden politischen Bedeutung des Gottes im Rahmen eines größeren Kultverbandes. Zu politischer Bedeutung kommen die im Lande bestehenden amphiktyonischen Verbände vielmehr erst dadurch, daß sie durch das ihnen beitretende »Haus Joseph« mit dem militanten Geiste des Jahweglaubens erfüllt und ihm dienstbar gemacht werden [158].

Hingegen weisen die Philister unter ihren »Tyrannen« einen festen politisch-militärischen Verband auf, vielleicht mit einem der von ihnen im Lande vorgefundenen und usurpierten Götter, dem Dagon, als in mehreren Städten verehrten Bundesgotte [159].

Diesem monarchischen System bringt das, wie wir sahen, ganz andersartig organisierte Israel zunächst nichts als Hohn entgegen. Nur wer nichts Nützliches zu leisten weiß, ist gut genug, über den anderen zu »schweben« und sie dabei in Gefahr zu bringen. Feuer geht aus vom Dornbusch und frißt die Toren, die sich in seinem Schatten bergen wollen [160]. Aber die harte Not läßt den Spott verklingen und erzwingt die Übernahme der strafferen Form staatlich-königlicher Führung [161]. Damit ist mehr geändert als die bisherige Gestalt der Organisation. Denn mit der kananäischen Institution dringt zugleich ein neues religiöses Moment herein: die Göttlichkeit des Königs, wie immer man sie im einzelnen verstehen mag. Als Gottessohn durch Zeugung oder durch Adoption erscheint der Herrscher in gleicher Weise als Träger des Gotteswillens und der Gotteskraft. Nur den grüßt unter den Himmlischen der Königsjubel, der sich durch das Wunder als künftiger Drachensieger ausweist [162], und nur den setzen sie auf den leeren Bergesthron,

der zu herrschen versteht [163].

Analog sprechen Ritual und Volksmund dem israelitischen Herrscher, der sich in feierlichem Krönungsakt zur Rechten Gottes gesetzt und selbst als Gott angeredet wird, dessen Thron ewig besteht [164], die Gabe zu:

wie ein Gottesengel zu wissen alles, was auf Erden geschieht (und)
Gutes wie Böses zu verstehen [165].

Er ist dem Gott näher als andere Menschen es sind, von ihm erwählt und mit seinem Geiste begabt, kraft dessen er den Widersacher durch den bloßen Hauch seines Mundes vernichtet [166].

Aber auch gegen diese (für die Messianologie so unendlich folgenreiche) Assimilation kananäisch-orientalischen Lebens setzt die spezifisch israelitische Reaktion ein.

Ihre »dogmatische« Seite, die Umgestaltung durch den Glauben an das Allein-Gottsein Jahwes und das Bewußtsein des Abstandes des Herrschers von Ihm haben wir hier nicht abermals zu verfolgen. Sie mündet in ein Kompromiß, das in der Forderung der Unverletzlichkeit des Königs und im Gedanken des Bundes Jahwes mit ihm [166a] seine »göttliche« Qualifikation anerkennt, aber in der Formung der Überlieferung und in der kultischen Sprache den Primat der Erwählung des Volkes und des Bundes mit dem Volke in der Einheit seiner Zwölf Stämme festhält [167]. Dieses Kompromiß läßt zwar die Termini und heiligen Formeln des Königskultus bestehen, enthebt sie aber durch die starke Betonung der Bedingtheit der Gnadenzusagen [168] dem Physischen und macht den König — in der Theorie! — durch seine Unterordnung unter den souveränen Gotteswillen zum »frömmsten« Menschen. Damit ist ein wesentlicher Teil des Königskultus, die von dem König vollzogenen Fruchtbarkeitsriten, mindestens in den Hintergrund gedrängt. Das Kompromiß stellt ihn in Kontrast zum stolzen Assyrerkönig, über den Jesaja sich entsetzt, oder zu dem Nebukadnezar der Daniellegenden, der die »große Babel« durch seine eigene Kraft zu seinen eigenen Ehren gebaut hat [169]. Darin spiegelt sich die religiöse Hochschätzung der Demut, die wir als Spezifikum des prophetischen Erlebens schon kennen lernten und später noch genauer zu beschreiben haben werden [170]. Was uns angeht, ist vielmehr die ethisch-politische Reaktion gegen das von außen kommende Königtum.

Die israelitische Reaktion gegen das orientalische Königtum ist selbst in den Strömungen spürbar, welche die Institution politisch bejahen. Neben der Wahl durch den Gott steht die Wahl durch das Volk, die Anerkennung durch die Ältesten, deren Gerichtshoheit sich lange neben der königlichen Rechtsprechung behauptet [171]. Die Volksrechte begrenzen die religiöse Verklärung. Könige zu salben, ohne den Willen Jahwes durch Orakel oder Prophetenspruch einzuholen, erscheint für jeden, der in den alten Kategorien der charismatischen Volksführung denkt, notwendig als Sünde [172]. Eine Schilderung, wie sie der Bericht von Salomos Thronbesteigung über die Vorgänge bei der Abdankung Davids entwirft, mußte von diesen Voraussetzungen aus bei aller Zurückhaltung des Verfassers als Polemik wirken: der Prophet nicht als Träger eines Gottesspruchs, sondern hineinverstrickt in ein dunkles Intrigenspiel! Aber Könige zu salben ohne des Volkes Willen ist Torheit, wie Rehabeam zu seinem Schrecken erfuhr [172a]. Wo endlich von den Radikalen das Königtum als solches abgelehnt wird, tritt als innerstes Motiv die Abgrenzung gegen die anderen Völker und ihre Sitten hervor. Weil die anderen Völker ringsumher Könige haben, gerade darum ist es für Israel eine Sünde, diese Staatsform seinerseits zu übernehmen. Der Wunsch:

»Nun setze uns einen König ein, der uns richte, wie alle Völker ihn besitzen«

zieht (trotz seiner Legitimierung in Dtn 17, 14!) für den prophetischen Erzähler als Gottesantwort die Aussage nach sich:

»Mich haben sie verworfen, daß ich nicht König über sie sei.« [173]

Wieder begegnet ein in den semitischen Religionen geläufiger Gedanke, das Herrschertum des Stammes- oder Volksgottes, in eigenartiger Zuspitzung [174]. Das Königtum dieses Gottes gewinnt nicht nur eine Exklusivität gegenüber anderen Göttern, die über die Formen des monarchischen Polytheismus hinausgreift [175], sondern auch gegenüber menschlicher Führerschaft.

Das Alter dieser Wendung ist (wie schon gestreift) umstritten, da der Gideonspruch

»Ich will nicht über euch herrschen,
und mein Sohn soll nicht über euch herrschen,
Jahwe soll über euch herrschen« [176]

eine neuerliche Verteidigung seiner Authentizität gefunden hat. Die ältesten Berichte über die Entstehung des Königtums und vor allem das großartigste Stück altisraelitischer Literatur, die Erzählung von Davids Thronnachfolge, ja selbst der Text, bei dem man einen grundsätzlichen Widerspruch am ehesten erwarten müßte, die Schilderung des Landtages von Sichem, auf dem das Reich des David auseinanderbrach, wissen von einem solchen nichts. Der alte, von Saul und gegenüber seinen Angehörigen gebrauchte Titel des *nāgīd*, des von dem Gotte »Gekennzeichneten« charismatischen Führers (Nord-)Israels, wird wohl noch gelegentlich genutzt, wenn die göttliche Beglaubigung Jerobeams (und Ba'ša's) in Anknüpfung an frühere Sprüche betont werden soll [177]. Im übrigen aber wird sowohl im Gottesspruch als im erzählenden Bericht der Königstitel mit Nachdruck auf ihn angewandt [178]. Die Zerschlagung der Personal-Union beider Staaten führt nicht zu einer grundsätzlichen Reaktion gegen das Königtum als solches, läßt es vielmehr kraft göttlicher Legitimation auf den neuen Mann übergehen. Auch die Haltung der Elia-Elisa-Erzählungen ist noch die gleiche: der regierende Herrscher — Ahab zumal — wird um seiner Sünden willen mit aller Schärfe abgelehnt, aber die ganz untheoretische Aktualität des prophetischen Wortes, das völlig aus der Stunde an die Stunde ergeht, läßt eine Ausweitung des Gegensatzes auf die Institution nicht aufkommen [179]. Es wird dabei zu bleiben haben, daß die üblen Erfahrungen, die man mit dem Königtum zu machen hatte, zuvor nötig waren, die alten »demokratischen« Instinkte der Stämme samt dem angeborenen Ressentiment gegen die Macht wieder so hoch emporlodern zu lassen. Um so charakteristischer für die innerste Haltung des israelitischen Ethos ist es, daß die Ablehnung des Königtums sich gerade in diese Form gekleidet hat, daß auch hier die Tendenz, sich abzugrenzen und zu unterscheiden, sich durchsetzt. Sie hat der Saul-Tradition das letzte Gepräge gegeben [180] und sie lebt fort in der Vermeidung des Königtitels im Neubau-Entwurf des Ezechiel wie in seiner Zurückdrängung für den eschatologischen Herrscher [181].

Diese Richtung auf das »Anderssein« wirkt sich aber nicht nur nach innen, sondern noch kräftiger nach außen hin aus. Von der Aussonderung der »Gemeinde« der Spätzeit durch die Speisegebote und die sonstigen Reinheitsvorschriften, von den Hemmungen, welche die Gesetzesbeobachtung dem Strenggläubigen im geschäftlichen und beruflichen Leben auferlegt, war schon die Rede [182]. In dieser Aussonderung liegt eine der Wurzeln des antiken »Antisemitismus« beschlossen. Das religiös tolerante »Heidentum« mußte notwendig aus dem Andersseinwollen des Judentums das wegwerfende Urteil des Schlechterseins der anderen heraushören, und es antwortete auf solche Herabsetzung mit der Abwehrreaktion des Hasses. Es deutete seinerseits die Fremdartigkeit des Judentums als ein Schlechtersein und sagte den sich absperrenden Gruppen — genau wie später den Christen und ihren eucharistischen Mahlen — allerhand religiöse (und sexuelle) Greuel nach, unter denen der angebliche Eselskult noch einer der harmloseren ist. Eine solche Stimmung der Umwelt verschärfte rückwirkend die Pariasituation der jüdischen Gemeinde und steigerte ihrerseits jene Haßgefühle, über die das Nötige oben bereits gesagt ist [183]. Für die ATliche Zeit spielen diese Dinge nur eine verhältnismäßig untergeordnete Rolle; sie setzen erst gegen ihr Ende hin ein. Für die Entwicklung innerhalb des AT ist es von größerer Bedeutung, daß das »Anderssein« nicht nur einem Teil der Kämpfe wider andere Völker den Charakter des Religionskrieges aufprägt, sondern daß es auch die grundsätzliche Haltung in der Außenpolitik überhaupt bestimmt. Die prophetische, in erster Linie die jesajanische Glaubensforderung verlangt ja nicht nur blindes Vertrauen zur Macht Jahwes wider andere Götter, sondern stellt den eigenen Gott als »Gottheit« schlechthin und damit als »Geist« der irdischen Welt als »Mensch« und damit als »Fleisch« gegenüber. Als »Gott« gebietet er über die Welt der »Nichtmenschen«, der »Nichtmannen«, d. h. bei dem begriffsteigernden Charakter der hebräischen Negation über die Recken, die übermenschliche Macht besitzen [184]. Das Gotteshandeln entscheidet die Geschichte, und darum gilt es, sich mit der »heidnischen« Macht, mit dem »Tode«, mit der »Hölle« in keinerlei Bündnis noch Pakt einzulassen [185]. Wir haben hier nicht die uns naheliegende, aber nach den inneren Voraussetzungen des Prophetismus nichtssagende Frage zu stellen, ob etwa die Haltung des Jesaja in der Panik über die syrisch-efraimitische Mobilmachung des Jahres 735, seine Warnung vor dem Bündnis mit Assur, politisch weitschauend gewesen sei. Wir wissen nicht genug über die militärisch-politische Lage des assyrischen Reiches in den kritischen Wochen oder über die etwaigen Erwägungen Tiglatpilesers, um mit fröhlicher Sicherheit behaupten zu können, der Großkönig habe aus eigenem Interesse auch ohne Bündnis mit Ahaz raschestens eingreifen müssen — und nur schnellstes Handeln konnte Jerusalem retten! Mit derselben »Gewißheit« könnte man heute behaupten, es habe den Zielen des Weltreichs am besten gedient, wenn die syrischen Kleinstaaten sich recht gründlich die Köpfe einschlugen, ihre Mauern gegenseitig brachen und ihre Vesten zerstörten! [186] Wie das »Anderssein« nach innen den Widerstand gegen eine allgemein-orientalische Herrschaftsform, die bei aller Schwäche und aller Degeneration für den Bestand und die Kultur des Volkes Großes geleistet hatte, in sich schloß, so nach außen gegen eine Form der Politik, die (nicht nur) in der antiken Welt so selbstverständlich ist, daß man für ihre Ablehnung den Ausdruck »utopisch« nicht verwerfen sollte. Nur muß man sich dabei gegenwärtig halten, daß dieses Beiseiteschieben aller Politik der Bündnisse und der heidnischen Waffenhilfe nie prinzipiell ausgesprochen ist; der Aktualitätscharakter des prophetischen Erlebens läßt es dazu so wenig kommen wie etwa zu einer grundsätzlichen, theoretischen Verwerfung des Haltens von Rossen und des Ansammelns von Waffen und Gold im Schatzhaus des Herrschers [187]. Das Hineingestelltsein in die einzelne ganz konkrete Stunde mit ihren nur ihr selbst, unwiderruflich aber auch unwiederholbar, eigenen Bedingtheiten läßt die Ausgestaltung einer »Lehre« nicht zu. Um so bedeutsamer ist es, daß entgegen aller natürlichen Tendenz auf Angleichung der politischen Formen an diejenigen der gesamten Umwelt sich der prophetische Gegensatz wider sie immer aufs neue geltend macht [188]. In den konkreten irdischen Gegebenheiten, in denen Macht Macht ist und bleibt, in denen nach bestimmten »Spielregeln« internationalen Verkehrs gehandelt wird, und Entscheidungen nach den Prinzipien der größten Stärke wie des geringsten Widerstandes fallen, bedarf die Anwendung der vorhandenen politischen, militärischen, wirtschaftlichen und diplomatischen Mittel durch Herrscher und Volk wahrlich keiner Begründung. Sie ist das einfach Selbstverständliche, und nur eine Auffassung, für welche das Natürliche das Verbotene ist, kann sich über einen Herrscher entrüsten, der sie nutzt. Aber genau dies ist die Meinung der Propheten, daß vieles, was für andere natürlich ist, ihrem Volk um seines im Gottesbunde beschlossenen Andersseins willen verwehrt und damit wider sein Wesen als »Gottesvolk« gerichtet sei. Daß sie damit einer bestimmten Politik eine andere entgegenstellten, die in religiösem Gewande doch auch wieder in das weltliche Geschehen eingriff, ungewollt den Zielen bald der einen und bald der anderen Macht dienend, blieb ihnen verborgen. Sie wollten Gott dienen und damit ihrem Volke, weder Assur noch Ägypten noch irgend einem Fremdvolke sonst. Ihre Zeitgenossen aber sahen die Wirkung, nicht die Intention. Die judäischen Großen behandeln Jeremia als Landesverräter, und Nebukadnezar schenkt ihm die Freiheit [189]. Sie irren beide, sofern man auf seine Absicht und sein Prophetentum schaut; er steht in keines Herrn Sold. Aber sie können sich beide auf die Wirkung seines Wortes berufen; seine Botschaft von der den Babyloniern geschenkten Weltherrschaft muß die Abwehr gegen den Großkönig schwächen, auch dadurch, daß sie im Rücken des babylonischen Heeres eine Aufstandsbewegung der Exulanten verhindert [190]. Es ist die Ehre und die Tragik des Religiösen dort, wo es am lebendigsten ist, daß es in dieser unsrer Welt sich niemals auswirken kann, ohne gestaltend auch in Lebensgebiete hineinzugreifen, die es gerade nicht formen will. Wieviel mehr müssen Mahnungen, die vor einem politischen System »um Gottes willen« warnen und sich damit in die politische Ebene begeben, selbst zu politischen Sätzen werden! Aufgabe des kritischen Historikers wird es sein müssen, politische Absicht und ungewollte politische Wirkung auseinanderzuhalten und damit ein gerechtes religiöses Urteil zu ermöglichen [191].

d) Der Begriff des »Unterscheidens«.

Diese Tendenz zur Abgrenzung und Unterscheidung hat endlich dazu geführt, daß der Begriff des Unterscheidens selbst innerhalb des religiösen Ethos Israels der weithin herrschende geworden ist. Wie die Gemeinde als Ganzes sich abgrenzt gegen jeden, dem von seiner Geburt her ein Makel der Unreinheit anhaftet, so hat der Priester bei der Wahl seines Weibes sich vor jeder Befleckung zu hüten, die von einem anderen auf sie übergegangen sein könnte [192]. Seine Aufgabe ist es ja, den Unterschied zwischen »heilig« und »profan«, zwischen »rein« und »unrein« für sich selbst aus dem Schatz der Überlieferung zu erkennen und das Volk in diesem Unterschied zu unterweisen [193].

Eine solche Erkenntnis setzt nicht nur rationale Klarheit und Nüchternheit voraus, um derentwillen ihm das Trinken von Wein verwehrt ist, der ihn zudem vielleicht mit einem anderen Gotte in Berührung brächte [194]. Sie fordert vielmehr vor allem die eigne unbeeinträchtigte Heiligkeit. Das Unheilige besitzt eine befleckende Macht, die stärker ist als die reinigende Macht des Heiligen. Während die mittelalterliche Legende den »Schelm zu Bergen« durch die heiligende Macht der Kaiserin, mit der er unerkannt getanzt hat, frei und ehrlich werden läßt, betont Haggai in entscheidungsvoller Stunde die überragende Macht des Unreinen, schließt die im Lande ansässige Bevölkerung von dem Tempelbau der Heimkehrer aus und legt so den Grund zu dem Sichauseinanderentwickeln der Jerusalemer und der Sichemiten [195]. Auch der Laie muß um seiner selbst und um der »Gemeinde« willen wissen, wodurch er sich verunreinigen würde und welche Mittel ihm zu Gebote stehen, eine eingetretene Befleckung zu beenden. Analog ist die Gemeinde, wie nur noch einmal kurz zusammengefaßt zu werden braucht, zu unterweisen, durch welche Formeln sie sich gegen einen unbekannten Täter abgrenzen, durch welche »Strafe« sie einen bekannten »Sünder« ausscheiden und wie sie Unreinheit selbst durch Opfer oder magische Übertragung beseitigen kann [196].

3. Die Tabugebote als Mittel der Abgrenzung und der irrationale Gehorsam.

Bei all diesen Vorstellungen und Riten stehen wir vor einer eigenartigen inneren Gegensätzlichkeit des israelitischen religiösen Ethos. Seine Tendenz geht, wie deutlich geworden sein dürfte, durchaus darauf hin, das Volk als Ganzes und seine priesterlichen Vertreter im besonderen von der profanen Welt zu unterscheiden, mit dem Gedanken des heiligen Gottesvolkes praktischen Ernst zu machen. Die Mittel aber, die dazu benutzt werden, sind weithin alles andere als spezifisch israelitisch [197]. Sie sind vielmehr in der Welt urtümlicher Tabugefühle daheim, in denen ja auch der Unterschied von heilig und profan selbst verwurzelt ist, und in der vielfach gerade die sexuellen Dinge eine besonders umfassende Rolle spielen [198]. Gegenüber dem kananäischen und arabischen Kultus [199] hat die Jahwereligion in ihrer oben geschilderten Ablehnung der Verflechtung des »Heiligen« und des »Sexuellen« ältestes Erbgut bewahrt und aus den ihr eigenen Kräften religiös sublimiert.

Dies Hereinragen der rituellen Abgrenzungen in die Religion Israels brachte notwendig für sein Ethos eine schwere Gefahr mit sich, und die oben besprochene Unsicherheit in der Assyrerkrise mußte sie noch steigern [200]: die Gefahr, durch magische Surrogate die Erfüllung der »sittlichen« Gebote zu ergänzen, wenn nicht zu ersetzen. Denn magische Befleckung und magische Sühne gehören untrennbar zusammen. Der Ägypter vermag sich vor den Gefahren des Totengerichts durch die Einsetzung des Skarabäus an die Stelle des sündigen Herzens zu sichern und durch die Kenntnis der heiligen »Aufstiegsformeln« und ihre Mitgabe ins Grab ein glückliches Jenseitsschicksal, gefeit gegen alle Schrecknisse, zu gewinnen. Der Babylonier hat die Möglichkeit, durch die Bannlösungsriten nicht nur fremden Zauberzwang der Hexen und Dämonen, sondern auch den Fluch der eigenen Verfehlung zu zerbrechen. Analog kann der Israelit nach der siegreich gebliebenen Theorie wenigstens für unbeabsichtigte

Befleckungen rituelle Sühnungen beschaffen. Darüber hinaus lehrt die im Priesterkodex scharf betonte Ausschließung gewollter Sünden von diesem Heilsweg seine noch weitere Anwendung im volkstümlichen Glauben [201]. Solcher Unterordnung des Ethos unter den magischen Ritualismus galt der Kampf der Propheten wie auch weithin derjenige des Deuteronomiums, so deutlich sich beide in der Frage nach der alleinigen Geltung der ethischen Forderung unterscheiden. Es darf aber bei aller Betonung des Gegensatzes nicht übersehen werden, daß auch die magischen Sicherungen und Weisungen das gleiche Ziel verfolgen wie ihre Gegenspieler: das Volk als Gottesvolk wider die jahwefeindliche Welt ringsum und in seiner eigenen Mitte abzugrenzen.

a) Der irrationale Gehorsam und das Gesetz.

α) Die Historisierung der Gebote.

Damit aber kehrt die oben offen gelassene Frage nach der Exklusivität der ethischen Forderung in der Prophetie und in ihr das Problem des Schwergewichtes des Ethos in der israelitischen Gottesforderung überhaupt mit verstärkter Wucht zurück. Mit einer Betonung der äußeren Tatsachen, welche das soziale Pathos der prophetischen Forderung begründen können, ist es ja, wie wir sahen, nicht grundsätzlich gelöst [202]. Näher kommen wir seiner Beantwortung, wenn wir nach dem sachlichen (nicht nach dem geschichtlichen) Wege forschen, auf dem die Tabugebote in der Jahwereligion heimisch geworden sind. Von den beiden an sich möglichen Wegen der inneren Eingliederung des übernommenen oder überkommenen Gutes ist die israelitische Religion denjenigen der Historisierung, nicht den rationaler Vergewisserung gegangen. Die Gebote gelten als von Jahwe in einem ganz bestimmten Augenblick der Geschichte unter ganz konkreten Umständen durch einen konkreten Mittler geoffenbart [202a]. Darauf beruht ihre Autorität und darauf ganz allein. Eine rationale Vergewisserung um die alten magischen Gebote wird nicht versucht. Man kennt für sie — mit Recht — keine »philosophische« Ableitung aus dem »Wesen« oder den Lebensbedingungen des Menschen, man reflektiert auch nicht auf ihr notwendiges Hervorwachsen aus dem inneren Wesen Gottes. Sie sind einfach vorhanden als gottgegebene Regeln, von ihm dem Volke verordnet. Es gibt ihnen gegenüber kein Verstehen, es gibt ihnen gegenüber nur ein Gehorchen. »Der Vernunftlosigkeit des Besitzes entspricht die Vernunftlosigkeit des Dienens, es ist ein abstrakter Gehorsam, der keine Innerlichkeit in Ansehung der Bestimmtheit in sich zu haben braucht, da es eine abstrakte Berechtigung ist. Weil Gott absolute Macht ist, so sind die Handlungen an sich unbestimmt und deswegen ganz äußerlich, willkürlich bestimmt [203].« So prägt die Übernahme der alten Tabugebote in die israelitische Religion und ihre Verbindung mit der Tendenz zur Unterscheidung dem israelitischen Ethos den »Gehorsam« als solchen als zentrale sittliche Notwendigkeit auf. Wir mögen heute vom Standpunkt moderner Hygiene hinter den Geboten der Waschung und Reinigung eine sanitäre Förderung der Volksgesundheit erkennen und uns verdeutlichen, wie solche Gebote, die — wie auch die Sabbathruhe — einen günstigen Einfluß auf Leben und Arbeitsfähigkeit gehabt haben, ihre Bedeutung im »Kampf ums Dasein« behaupten und steigern konnten. Wird doch Lebenshemmung als Zeichen göttlichen Zornes, Lebenssteigerung als Beweis seiner Huld erlebt. Vor einer Ableitung aus rationalen Erwägungen dieser Art sollte aber schon die Erkenntnis bewahren, daß andere, mit jenen Wasserreinigungen auf einer Stufe stehenden Zeremonien einen sanitären Nutzen nicht haben oder (wie die Betonung der Reinheit von Brunnen und Zisterne, in die ein Aas gefallen ist) geradezu antihygienisch wirken [204]. Wir mögen heute als Soziologen hinter einer Gesetzesauswahl gleich dem Dekalog eine große gesellschaftsbiologische Notwendigkeit sehen, die Tatsache, daß gerade diejenigen Gebote für das Verhalten gegen den »Bruder« ausgewählt sind, durch deren Beachtung allein ein geordnetes Leben menschlicher Gemeinschaft im Rahmen religiös bestimmten Volkstumes möglich ist. Wo sie gehalten werden, wird weder durch direkte Handlung noch durch Mißbrauch des Rechtes noch durch Mißbrauch der Gotteskräfte gegen Glieder der eigenen Gruppe eine innere Friedlosigkeit erzeugt und die Gruppe aufgesprengt. Wir mögen heute die einzelnen Gesetzeskorpora als Ausdruck staatlicher oder wirtschaftlicher Notwendigkeit einer bestimmten Zeit an einem bestimmten Punkte sozialgeschichtlicher Entwicklung verstehen, ja geradezu aus dem Corpus auf die ihm zugrundeliegende Lage der betreffenden »Gesellschaft« zurückschließen. Wir haben uns bei dem allem deutlich zu halten, daß alle solche Erwägungen für das alte Israel niemals bestanden haben. Dies innerweltlich-rationale Bedingtsein hat sich stets nur in einem unbewußten Prozeß abgespielt, während für das Bewußtsein selbst nur der Anspruch des Gesetzes maßgebend war, Gottesgebote von absoluter Geltungsforderung zu weisen. Nicht weil etwa der Mord unmittelbar gemeinschaftsgefährdend ist, ist er verboten, sondern weil er den Zorn des Gottes weckt und insofern mittelbar auch die Gemeinschaft in Gefahr bringt, als er in eben diesem Gotteszorn das Volk dem Gericht überliefert.

Der Irrationalismus des Gehorsams ist nun um so bedeutsamer, weil an sich dem israelitischen Denken ein sehr stark rationaler Zug eigen ist [205]. In der prophetischen Geschichtsdeutung macht er sich in der Begründung geltend, welche das Scheltwort dem göttlichen Drohwort hinzufügt, eine Begründung, die in aller Regel auf die Sünde des Volkes zurückgreift und häufig genug die Form der Strafe und die

Art der Schuld nach dem Gesetz der Talion aneinanderbindet [206]. Aber der Inhalt der Gottesforderung, um deren Nichterfüllung willen das Unheil kommt und kommen muß, wird davon nicht betroffen! Insofern die Weisheit die innerweltlichen, »naturgesetzlichen« Folgen verkehrten Handelns auf Grund der Erfahrung malt, vor ihnen warnt und sie auszuschalten sucht, trägt auch sie dem vernünftigen Überlegen Rechnung und stützt sich auf die Fähigkeit zu ruhig-sachlichem Abwägen von Nutzen und Schaden. Aber zugleich ist deutlich spürbar, wie weit sie damit von der Grundhaltung der priesterlichen Gesetze wie der prophetischen Imperative absteht [207]. Die Weitergabe beider mag pädagogisch die Antriebe zu ihrer Erfüllung, die »Furcht« wie die »Liebe«, den »Lohn« wie die »Vergeltung« so lebendig als möglich unterstreichen; auch mag die Ausformung die Gebote so einprägsam und verständlich heraustreten lassen, daß dem Einzelnen wie der Gemeinde kein Zweifel an ihrem Sinn und ihrem Ernst bleiben kann. Mit dem allen wird die Vernunft aufgerufen, den Weg des Gehorsams zu gehen. Aber grundsätzlich handelt es sich dabei lediglich um Hilfen und psychologische Erleichterungen, die einmal gegebene Größe anzueignen. Das Gesetz selbst aber bewahrt in seiner Gründung auf einen geschichtlichen Akt seinen prärationalen Charakter. Indem in der Weisheit das »Gesetz« an Stelle der einzelnen praktisch-vernünftigen Ratschläge immer mehr zum Inhalt der Weisheit wird [208], schiebt es auch dort die »rationalen« Erwägungen in den Hintergrund. In der Gesetzgebung hat Jahwe nach Maßstäben gehandelt, für deren innere Logik man weder eine rationale noch eine mystische Vergewisserung begehrt.

»Alle diese Dinge werden getan, weil sie geboten sind«;

warum sie aber geboten sind, das bleibt in der Regel im Dunkeln:

Was hat ein Tag vor dem andern voraus,
kommt doch jedes Tages Licht im Jahr von der Sonne!
Durch die Weisheit des Herrn wurden sie unterschieden,
und mannigfach schuf er Feiern und Feste;
die einen erhöhte und heiligte er,
und andere stellte er in der (All-)Tage Reihe! ....
Und so schaue an alle Werke des Höchsten:
je zwei und zwei, stets eines wider das andere! [208a]

Damit ist in der Geschichte des Kultus selbst ein außerordentlich wichtiger Einschnitt gewonnen. Nicht nur in der israelitischen Religion sind die Tabu-Gebote dem Gottesglauben in der Weise untergeordnet, daß sie als Vorschriften eines Gottes gelten, der sie als Mittel der Reinhaltung, der Entsündigung und der Heilsgewinnung geoffenbart hat [209]. Im Umkreis der altorientalischen Religionen ist dieser Tatbestand umfassend mit Recht betont und für die Aufhellung des Sündengefühls fruchtbar gemacht worden [209a].

Entscheidend für die israelitische Religion ist dabei die Tatsache, daß hier der Idee nach der Kultbetrieb zwar die magischen Riten ihrer Form und äußeren Gestalt nach beibehalten, sie aber auf den Gehalt gesehen ihres urtümlich-magischen Charakters entkleidet hat. Sein Vollzug ist Ausführung eines Gottesbefehls und darum »Entscheidung« für diesen Gott und »Abgrenzung« der Gemeinde nach außen. Nicht um der magischen Qualität des Wassers oder der hygienischen Vorzüge des Öls willen werden die Riten vollstreckt, nicht als ein magisches Ritual steht der Priesterkodex seinem Eigenbewußtsein nach in der Geschichte des Kultus. Auch steht für eben diesen Willen des Gesetzgebers das Opfer nicht neben dem Gehorsam, noch weniger an Stelle des Gehorsams, sondern seine Darbringung ist Ausdruck des Gehorsams, und nur das Glied der Gemeinde darf ihn unterlassen, das der tiefsten Überzeugung lebt, daß sein Gott diese Gebote nicht gegeben und eben darum ihre Erfüllung auch nicht Ausdruck des Gehorsams sein kann[210].

β) Die Terminologie für Sünde.

Von dem Gesagten aus erklärt sich ein gut Stück der religiösen und ethischen Terminologie des AT. Am deutlichsten tritt der Gehorsamscharakter seines Ethos darin zutage, daß das Wort »hören« zugleich weithin das »Gehorchen« in sich schließt:

Alles, was Jahwe gesagt hat, wollen wir tun und
»hören« (*na'^{a}śae^{h} u̯^{e}nišma'*)[211].

Umgekehrt ist das »Nichthören« gleichbedeutend mit dem »Nichtwollen«:

Mein Volk hat nicht auf meine Stimme »gehört«
und Israel war mir gegenüber nicht »willig« (*lo' 'åḇå^{h}*)[212]

Auch die übrigen Ausdrücke für »Sünde«[213] kreisen bei aller inneren Vielfältigkeit ihres Bildcharakters und bei aller Abschleifung, der zufolge sie weithin synonym gebraucht werden, von Haus aus in verschiedener Abstufung um diese beiden Momente: um das intellektuelle Nichtwissen des Gotteswillens und das Sichauflehnen gegen ihn. Man kann »irren«, indem man, ohne es zu wissen, eine Norm verletzt; wehe aber, wenn solch »Irren« leichtfertig herbeigeführt ist und nun den Empfang neuen Gotteswortes und damit das Fällen einer gerechten Entscheidung im Gericht unmöglich macht:

Auch jene »irren« (*šåḡū*) durch den Wein,
taumeln durch starken Trank!
Prophet und Priester
»irren« durch starken Trank,
sind wirr durch den Wein!
Sie taumeln durch starken Trank,
»irren« im Schauen (*šåḡū båro'ae^{h}*),
taumeln beim Rechtsspruch![214]

Von ähnlicher Struktur ist der Begriff der »Verfehlung« und sein Gegenstück, die »Umkehr« [215]. Wer den rechten Weg »verfehlt« (*ḥåṭå'*), muß auf Grund der (prophetischen) Warnung »kehrtmachen« (*šūḇ*), damit er am Leben bleibt [216], denn ein »Verharren« (*lo' šūḇ*) auf »bösem Wege« wird für ihn zur »Verfehlung« (*leḥaṭṭå'ṯ*), die Gott an ihm und seinem Hause straft. »Gemäß seinen Verfehlungen« schlägt er ja jeden, der nicht »willig ist zu hören« und ihm damit »als Feind entgegentritt« (*hålak̠ [be]ḥaerī[']*) [217]. Solch Irrtum und solche »Verfehlung« können darin bestehen, daß einer unwissentlich oder wider besseres Wissen ihm anvertraute oder gefundene oder tabuierte Gegenstände veruntreut (*må'al*) [218]. Dann ist es geboten, das unrechte Gut (mit Aufschlag) zurückzuerstatten (*hešīḇ 'aeṯ haggezelåh*) [219], wie man bei anderen Verfehlungen eine versäumte Pflicht »nachzuholen« und eine Schuld (*'åuōn*) »abzuzahlen« hat:

> Dann muß das Land seine Sabbathe nachholen (*tirṣaeh 'aeṯ šabbeṯoṯaehå*), solange es wüst liegt und ihr im Lande eurer Feinde schmachtet. Dann ruht das Land und holt (so) seine Sabbathe nach. ... Das Land wird von ihm (dem Volk) verlassen sein und seine Sabbathe nachholen, während es ohne sie wüste liegt und sie ihre Schuld abtragen (*ẓirṣū 'aeṯ 'auōnåm*), um deswillen weil sie meine Satzungen verachtet haben und ihre Seele meine Befehle verworfen hat [220].

Wird eine Schuld von Gott »zugerechnet« (*ḥåšaḇ*), so ist der Täter mit ihr »belastet« und muß sie »tragen« [221], es sei denn, daß ein anderer es für ihn tut [222] oder daß Gott ihm die »Schuld vergibt« (*sålaḥ*) [223] und ihn damit »aus der Grube« und »der Faust der Not« »freikauft« (*gå'al*) [224]. Denn gleich dem Tod und der Hölle erscheinen diese Größen als persönliche Mächte, in deren Hörigkeit der Einzelne oder das Volk durch seine Verschuldung »verkauft« ist, auch ohne daß der wahre »Herr« die Einwilligung zu solcher Preisgabe seines Eigentums gegeben hätte. Der Ursprung des Begriffs aus der Handelssprache ist hier noch deutlich spürbar, obwohl das Wort in rein profaner Bedeutung nicht mehr begegnet [224a].

Deutlicher aber als in allen diesen Ausdrücken erscheint der spezifisch ATliche Sündenbegriff in demjenigen Worte, welches ihr Wesen als Bestreitung des Herren- und Eigentumsrechtes Gottes, als Aufruhr wider ihn bezeichnet in dem Worte *paeša'*:

> Höre, Himmel! Lausche, Erde! Jahwe redet:
> Söhne bracht' ich groß,
> 'Töchter' zog ich auf,
> sie empören sich wider mich (*påše'ū ḇī*)!
> Es kennt der Ochs seinen Eigner,
> der Esel die Krippe seines Herrn.
> Israel ahnt es nicht!
> Mein Volk ist ohne Vernunft! [225]

Ungehorsam ist »Torheit« nicht insofern der »Narr« nicht verkennt, warum Gott dies oder jenes fordert, sondern sofern er in aussichtslosem Widerstand gegen den Willen des Übermächtigen angeht [226]. »Die Furcht Jahwes ist der Anfang der Weisheit« nicht als ein kluges Einsichtgewinnen in die inneren Gründe der göttlichen Gesetzgebung, sondern es ist das Zeichen eines »klugen und verständigen Volkes in den Augen der Völker«, die Gebote zu halten und darnach zu tun. Auch wenn die Gottesforderungen als »gerecht« bezeichnet werden — z. B. in der Fortsetzung der soeben berührten Stelle aus den deuteronomischen Paränesen [227], — so ist das nicht zu verstehen als ein analytisches Urteil, welches die Gebote an einem an und für sich bestehenden Maßstab mißt, sondern als eine Aussage, welche sie als von dem »gerechten« Gotte gegeben bezeichnet, »gerecht« in dem oben dargelegten umfassenden Sinne.

γ) Der Optimismus des Gesetzes und sein Stil.

Hinter diesem Sprachgebrauch steht freilich zugleich noch ein anderes Moment, der Optimismus, von dem das israelitische Ethos weithin beherrscht ist [228]. Wer das Gesetz hört, hat damit auch die Fähigkeit, es zu erfüllen, ein Optimismus, der in eigenartiger Spannung zu jenen verzweifelten Stimmungen steht, von denen wir bereits gesprochen haben [229]. Der Gehorsam setzt lediglich die Tatsache der »Offenbarung« des Gebotes, die Weitergabe dieser Offenbarung in Lehre und Unterweisung, voraus! Der Gesetzgeber mag, wie wir sahen, wohl als Kenner der »Geschäftstüchtigkeit« seines Volkes mit Versuchen rechnen, vor allen den Spezialforderungen sich zu entziehen und dabei Vorschriften zum Schutze des Armen in ihr Gegenteil verkehren [230]. Er mag dann drohen oder bitten: bei dem allen handelt es sich nicht um die Notwendigkeit, einen grundsätzlichen Widerstand oder Hemmungen zu beseitigen, die mit innerer Notwendigkeit gegenüber der Aneignung der Gottesforderung bestünden. Auch die häufigen Mahnungen zu »schlagfertiger« Erziehung des Sohnes in der Weisheit haben mit einer Erkenntnis absoluter Widerspenstigkeit nichts zu tun, rechnen vielmehr durchaus mit einem guten Erfolg dieser äußeren Mittel! [231] Demgemäß fehlten zwar — vor allem im Zusammenhang mit jenen tief pessimistischen Aussagen — die Bitten um eine Bewahrung vor Sünde und um den Geist als Träger eines gottgeschaffenen neuen Lebens keineswegs, konnten aber diese Stimmen für die Gesamthaltung nicht typisch werden [232]. Mit dem ersten Entsetzen über die Katastrophe von 587 verklang auch die Verzweiflung, welche als einzigen Grund der Hoffnung das neue Schöpfungswunder Gottes um seiner Ehrliebe und Bundestreue willen kannte [233]. In jener Zeit tiefsten Aufgewühltseins ist auch der Beter von Psalm 51 dazu gelangt, an Stelle eigener

Kraft das »reine Herz« und den »gewissen Sinn« als Gaben Gottes zu erflehen; aber nicht lange darnach, vielleicht noch vor der Vollendung des Serubabel-Tempels, sicher aber vor dem Mauerbau des Nehemia, hat ein anderer die Darbringung der Opfer in den Mittelpunkt seiner Erwartung gerückt [234]. Eine grundsätzliche Erfassung des Ethos als Auswirkung des gottgestifteten Lebens ist dem AT nicht geschenkt worden. Es weiß um den göttlichen Heilswillen. Es leitet Gesetz und Vergebung der Gesetzesübertretung aus dem im »Bunde« geschichtsgestaltend und geschichtsmächtig sich betätigenden Entschlusse seines Gottes her, das Reich seiner Ehre so zu bauen, daß »aller Welt Enden« darin ihre »Rettung« finden [235]. Es weiß auch von einer erziehenden und warnenden Pädagogik Gottes, der durch die Sprache der geschichtlichen Ereignisse oder durch gewalttätiges Hineingreifen in das Leben des Einzelnen, vor allem des Propheten, den Menschen von falschem Wege zurückreißt [235a]. Darüber hinaus erlebt der Prophet seine Aufgabe, seine Bewährung in seinem »Beruf« und sein Beigottbleiben in der Stunde der Versuchung und Anfechtung als seines Gottes Wirken an ihm:

> Kehrst du heim, laß ich dich heimkehren,
> mir darfst du dienen!
> Sprichst du Rechtes nur, ganz ohne Falsch,
> mein Mund darfst du sein! [236]

Ja, auch einzelnen »Laien« ist es als Erfahrung ihres Lebens deutlich geworden, daß ihr Frommsein »Gnade« ist:

> Ich bleibe stets bei dir,
> denn du hältst mich bei meiner Rechten! [237]

In diesem Sinne bereitet es die zentrale Stelle des Heiles im Glauben des NT vor. Indem aber das Geben des Gesetzes als das Zentrum des göttlichen Heilswaltens erscheint, dessen Erfüllung doch stets mindestens fraglich ist, und indem die letzte Entscheidung über Segen oder Unsegen damit in Menschenhand gelegt erscheint, ist zugleich der tiefste Gegensatz zwischen beiden Testamenten aufgedeckt. Dem Ethos, das allein von dem Sichauswirken von Gnade und Geist in Glauben und Leben weiß, steht das Ethos des Gehorsams gegenüber, das nur in der Erwartung der endzeitlichen Ausgießung des Geistes über sich selbst hinauswächst [238]. Dann schafft Gott selbst den Gehorsam, den er fordert.

Nicht minder spiegelt sich der thetische Charakter der Gehorsamsforderung im Stil des Gesetzes. Um seinetwillen können die Sammlungen weithin auf eine »systematische« Anordnung der von ihnen gebrachten Stoffe verzichten. Wer von anderen — vor allem von modernen — Gesetzbüchern her an den Pentateuch herantritt oder wer ihn mit allgemeinen rechts- oder religionswissenschaftlichen

Kategorien zu bewältigen sucht (z. B. mit der grundlegenden Unterscheidung von *jus* und *fas*), steht ja immer wieder ziemlich hilflos vor dieser Aneinanderreihung oft weit auseinanderliegender Rechtsmaterien. Gewiß sind — vor allem in den Ritualtexten — einzelne Gebiete durch Gliederung in Ober- und Unterfall geordnet und in möglichster Vollständigkeit erfaßt [239]. Ebenso sicher ist, daß ein Teil der heutigen (modern gesprochen) »Unordnung« sekundär ist, durch Aneinanderreihung ehedem selbständiger kleiner Sammlungen entstanden. Aber eben die Tatsache, daß die abschließende Redaktion gemäß dem Gesetz der Traditionsgebundenheit sie in dieser Form belassen und auf eine stilistisch vereinheitlichende und sachlich gruppierende Neuordnung verzichtet hat, ist für unsern Zusammenhang beweisend. Sie hat die ihr vorliegenden Korpora gemäß dem Aufbau der älteren Erzählungswerke in die Gesetzgebung am Sinai hineinverumständet und dabei lieber Widersprüche in Einzelheiten in Kauf genommen als daß sie mit neugestaltender Hand einzugreifen unternommen hätte.

b) Der irrationale Gehorsam und die Prophetie.

Nicht minder deutlich kommt der thetische Gehorsamscharakter des israelitischen Ethos endlich in der Form der prophetischen Kultpolemik zutage. Wo der Prophet einen Teil des zu seiner Zeit gültigen heiligen Rechtes abstößt, kann er seinen Widerspruch nur »geschichtlich«, nicht sachlich gestalten:

Habt ihr mir Opfer und Gabe
gebracht in der Wüste
vierzig Jahre,
Haus Israel!
»Was soll mir eurer Opfer Menge?«
so spricht Jahwe!
»Ich habe satt der Widder Brennen,
der Schafe Fett!
Der Farren und der Böcke Blut
begehr ich nicht!
Kommt ihr, mein Angesicht zu schauen
'wer lehrt' euch das?'« [240]

Wo ihm »weise Leute« das geschriebene Gesetz vorhalten, muß folgerichtig Jeremia die Urkunde für eine »Fälschung, für ein Erzeugnis des Lügengriffels der Schriftgelehrten« erklären, mag man die Aussage nun auf das — durch Prophetenspruch legitimierte — Deuteronomium selbst oder auf Zusätze zu seinem Text oder auf unbekannte Gesetze (etwa nach Art der Hes 20 25 vorausgesetzten) beziehen [241]. Diese Bestreitung des göttlichen Ursprungs hat ihre bezeichnende Parallele in der gegenseitigen Bekämpfung einander widersprechender Propheten. »Lüge«, »Trug des eigenen Herzens«, »Nichtgesandtsein«

sind die Schlagworte, die dort allein möglich sind, wo es (wie wir sahen) keine rationale Vergewisserung um den Offenbarungsanspruch seines »Wortes« gibt [242]. Weil das »Gesetz« darin dem Prophetenspruch gleichsteht, daß auch seine Geltung sich vor keinem »vernünftigen« Maßstab zu rechtfertigen vermag, sondern allein auf seinem »Gesagtsein« ruht, eben darum muß auch die Polemik gegen seine Sätze ganz analog gehalten sein. Wo aber ein Gebot besonders eingeschärft werden soll, muß auch dies zunächst wenigstens auf »geschichtlichem« Wege geschehen. So findet die in ihrer betonten Zuspitzung spezifisch israelitische Forderung des bildlosen Kultus ihre — wenn auch nicht ausschließlich! — »geschichtliche« Begründung:

> Bei euerm Leben! Hütet euch wohl! Als Jahwe mit euch am Horeb mitten aus dem Feuer heraus redete, saht ihr keine Gestalt! Bringt euch nicht ins Verderben! Macht euch kein Bild, keine Bildgestalt, kein Abbild, es sei männlich oder weiblich ...... [243]

Es gibt für diesen Glauben kein Wissen um Gottes Willen, es sei denn durch die in der Geschichte geschehene oder geschehende Offenbarung, und Luthers Satz trifft die Meinung des Gesetzes über sich selbst:

> Wo jemand etwas tut, da Gottes Wort nicht zuvor aufgegeben ist, das gilt vor Gott nicht und ist verloren ... Denn er will und kann's nicht leiden, daß die Seinen etwas vornehmen zu tun, das er nicht befohlen hat, es sei wie gut es immer sein kann. Denn Gehorsam ist aller Werk Adel und Güte, der an Gottes Worten hanget [244].

»Gut« und »Böse« sind für das AT keine für sich bestehenden Normen, sondern von Gott her bestimmt. Was Gott fordert, ist damit »gut«; was Gott verbietet oder nicht fordert, ist damit böse. Die Gehorsamsethik ist »theonome« Ethik und damit vom Menschen aus »heteronome« Ethik im strengen Sinne!

Wiederum ist es die Versuchungsgeschichte des Jahwisten, an der man sich diesen Sachverhalt am deutlichsten klarmachen kann. Das Gottesverbot — mag es um seine innergöttliche Begründung stehen, wie immer es mag — ergeht an den Menschen ohne jede Motivierung. Gott spricht es aus und damit ist es gültig. Seine Erfüllung wird dem Menschen nicht dadurch erleichtert, daß ihm ein Blick in das »Warum« verstattet wurde, sondern allein durch die Todesdrohung soll er zum Gehorsam angehalten werden. Demgemäß knüpft auch die Versuchung nicht an den Inhalt des Verbotes an, sondern zieht sein tatsächliches Ergangensein und den Ernst der Drohung in Zweifel, an deren Stelle eine Verheißung tritt:

> Hat Gott wirklich und wahrhaftig gesagt: »Von keinem Baum im Garten dürft ihr essen«? ... Ihr werdet ganz gewiß nicht sterben, sondern Gott weiß, daß an dem Tage, an dem ihr davon eßt, eure Augen aufgetan werden und ihr sein werdet wie Gott, wissend um gut und böse [245].

Die Drohung ist für die Schlange also Bluff und »Lüge«, und mit ihrer verbindlichen Kraft fällt für das Weib auch die Verbindlichkeit des Gebotes selbst. Ist für den babylonischen Frommen das göttliche Urteil über »gut« und »böse« nicht identisch mit dem, was für menschliches Bewußtsein und Gewissen gut oder böse heißt [246], so ist für den Jahwisten das, was wir »Gewissen« nennen, eine von »vernünftigen« Erwägungen gänzlich unabhängige Größe. Es regt sich, sobald das Gebot übertreten und das Bewußtsein der Gottesnähe gleichwohl lebendig ist. In seiner Beichte — denn das ist der Text — bringt er durch das »Hören« der Schritte Gottes im Gegensatz zum »Hören auf die Stimme des Weibes« diesen Kontrast zu erschütterndem Ausdruck. Furcht und Wunsch, sich zu verbergen, werden wach, sobald der »Sünder« Gottes Kommen spürt. Aber das Gewissen regt sich als Innewerden eines »positiven« Sichverfehlens gegen Gott, (nicht als Bewußtsein um das Begehen einer »natürlichen« Sünde), eines Tuns, das »allein darum Sünde wird, daß es durch das Gesetz verboten ist« [247].

Konnten die magischen Tabu-Gebote in der israelitischen Religion somit um deswillen heimisch werden und bleiben, weil ihrer prärationalen Herkunft der »abstrakte« Charakter des Gehorsams entspricht, so ist nun wohl auch die Wurzel des prophetischen Widerspruches gegen den Kultus aufgedeckt: Es ist die innere Beziehungslosigkeit, in der er zu dem Wesen des Gottes steht, der in der Seele der Propheten lebt und dessen »Wort« in ihnen mit jener geheimnisvollen, nicht zu begründenden oder abzuleitenden Gewißheit um seinen »Offenbarungscharakter« Gestalt gewinnt [248]. Die voluntaristische Eigenart des prophetischen Erlebens, der aller mystischen Wonne des Ingottversinkens feindliche Personalismus seiner Gotteserfahrung läßt den Propheten die Jahweforderung im tätigen Gestalten des Daseins erfahren. Mag es für den Zwangscharakter des Erlebens in der älteren Prophetie bedenklich sein, vom »Gehorsam« etwa des Amos gegenüber dem an ihn ergehenden Wort zu sprechen: [249] was ihm aufgetragen wird, ist höchste Aktivität im Verhältnis zu den anderen, denen er das Wort zu bezeugen hat, eine Aktivität, die sich in den Forderungen, Drohungen, Verheißungen auf sie als Subjekte wie als Objekte überträgt. Wie ihm die prophetische Erfahrung nicht für ihn selbst, vielmehr für die »Brüder« gegeben ist, an die sie ihn verantwortlich bindet, so fordert auch das ihm aufgegebene Wort von den anderen eine Bewährung im tätigen Leben untereinander, in der Wirklichkeit des völkischen Daseins, seiner Gemeinschaftsbildungen, seiner Nöte und seiner Aufgabe. Aus dem prophetischen Erleben selbst erwächst die stärkste Nötigung, die ethische Haltung gegenüber den magischen und kultischen Geboten entscheidend zu privilegieren. Auch für die Privilegierung gerade der sozialkaritativen Satzungen in der Verlebendigung des Glaubens an Jahwe als den Gott der Armen ist damit der Boden bereitet [250].

c) Reduktion und Konzentration des Ethos.

So trägt das israelitische Ethos aus der Tendenz zur Abgrenzung heraus weithin den Charakter der Reduktion und der Konzentration, und zwar in stärkerem Maße, als daß es selbst ein schöpferisches Prinzip darstellte. Es war ja schon wiederholt darauf hinzuweisen, daß selbst zentrale Forderungen des israelitischen Ethos ihre Parallelen im ganzen Umkreis des Orientes haben. Gilt dies von der »Gerechtigkeit« und der Fürsorge für die Witwen und Waisen [251], so natürlich erst recht für die »bürgerliche« Moralität der Weisheit mit ihren Mahnungen zur Ehrbarkeit, Zucht und vorsichtigem Verhalten. Um derentwillen ist ein Buch wie der Jesus Sirach auch heute noch in manchen Kreisen unserer bürgerlich-christlichen Restgemeinden gern gelesen. Für das Ethos des AT ist oft entscheidender, was es nicht fordert als was es verlangt.

Die Reduktion, von der zu sprechen ist, läßt sich zunächst innerhalb der kultischen Bestimmungen nachweisen. Eine Fülle von Dingen, die in den anderen orientalischen Religionen geboten sind, begegnet hier als verboten. Das gilt nicht nur von dem Essen bestimmter Tiere, etwa des Schweines, dessen Verbot wohl darauf zurückgeht, daß es sich um ein in der kananäischen Religion heiliges Tier handelt [252]. Bei derartigen Verboten bleibt ja das System als solches unangetastet und nur eine Einzelheit tritt unter ein anderes Vorzeichen. Das gilt auch nicht nur von der Abstoßung bestimmter Gruppen von heiligen Handlungen wie der sakralen Prostitution, deren innere Spannung zur tiefsten Eigenart der israelitischen Religion nach dem oben Gesagten einleuchtend sein dürfte. Neben ihr wäre vor allem die Verwerfung der mit dem Totengericht oder dem Dämonenzauber verknüpften Ritualien zu nennen, eine Verwerfung, in der sich die Konzentration des Ethos auf eine Gottesgestalt von höchster Lebendigkeit vollzieht und durch welche zugleich die Wucht seiner Forderungen für dieses Leben gesteigert wird [253]. Ausschlaggebend ist auch solche für das priesterliche Ethos bezeichnende Reduktion noch nicht, so gewiß in ihr der inhaltliche Zusammenhang von Gottesglaube und Ethos bereits sichtbar wird, insofern auch sie, wie wir sahen, die Gleichwertigkeit der in verschiedenen Ebenen liegenden Gottesforderungen grundsätzlich bestehen und damit die innere Durchdringung des überkommenen Gutes von einem einheitlichen Prinzip aus vermissen läßt. Entscheidend ist vielmehr jene prophetische Reduktion, kraft deren die kultischen Bestimmungen überhaupt abgestoßen werden und die

»sittlichen« Forderungen unter starker Voranstellung der Karität als der einzige Gotteswille heraustreten! Ihre klassische Formulierung aus Mi 6, durch ihr »Es ist dir gesagt« zugleich den Gehorsamsanspruch der Offenbarung betonend, ist oben schon im Wortlaut geboten! [254]

Eben diese Formulierung läßt noch ein anderes, mit der Reduktion im engsten Zusammenhang stehendes Streben erkennen, den Wunsch, den wesentlichen Gehalt des Ethos in knappester Zusammenfassung von höchster Einprägsamkeit darzubieten. Solche Konzentration kann versucht werden auf dem Wege der Auswahl, die aus der Fülle geltender Bestimmungen die als die wichtigsten empfundenen katechismusartig zusammenstellt. Das geschieht in den Belehrungen, die der Priester den Festpilgern zuteil werden läßt, ehe sie den heiligen Ort betreten dürfen [255], und in den Beichtfragen, durch die der irgendwie vom Unheil betroffene Laie zu der Erkenntnis der Verfehlungen gebracht werden soll, die gerade sein Unheil verschuldet haben.

Der auch für die prophetische Drohung und den inneren Zusammenhang des vom Propheten dem Gottesspruch hinzugefügten Scheltwortes mit diesem selbst weithin entscheidende Leitsatz freilich, die Gleichheit von Strafe und Sünde als Ausweitung der Talion, ist nur in griechischer Fassung überliefert:

Womit einer sündigt, damit wird er gestraft [256].

Die Konzentration kann aber auch so geschehen, daß die ganze Fülle der Einzelinhalte auf ein letztes Prinzip zurückgeführt wird, ein Vorgang, der im Volkssprichwort seine formale, von der »Weisheit« inhaltlich abgelehnte Vorstufe hat:

Du darfst nicht sagen:
Wie er mir tat,
tu ich ihm wieder,
vergelte jedem Mann sein Tun! [257]

Das NTliche Ethos hat dieses Streben von dem ATlichen geerbt und zugleich die entscheidende Formulierung der »Liebe zum Nächsten« wie »zu dir selbst« (freilich ohne das begründende ἐγώ εἰμι κύριος »Ich bin Jahwe«) übernommen und mit der Gottesliebe verbunden [258] Nicht minder charakteristisch ist der andere Satz von dem Gleichseinsollen an Heiligkeit, der innerhalb des NT weitergebildet ist:

»Ihr sollt vollkommen sein, wie euer Vater im Himmel vollkommen ist« [258a].

Mit diesen beiden Wendungen ist das Auswahlprinzip deutlich genug gekennzeichnet. Es ist gegeben durch den spezifischen Charakter Jahwes und durch seine spezifische Funktion als Bundesgott, die die innere Einheit des Volkes als des Bundesvolkes zu ihrem Korrelat hat. Eine Annäherung an die »Goldene Regel« ist freilich erst (unter babylonischem Vorbild?) in nachkanonischer Zeit erreicht [259]. Somit ergibt sich für die Geschichte des israelitischen Ethos ein vierter Leitsatz:

4. Die »Grenzlage« Israels hat seinem Ethos den Charakter der Abgrenzung und der Reduktion aufgeprägt, die nicht nur tatsächlich vorhandene, in der verschiedenen Kulturhöhe verwurzelte Unterschiede der israelitischen von der kananäischen Religion als Gottesforderungen verabsolutiert, sondern zugleich diese Reduktion von dem spezifischen Charakter Jahwes als des Bundesgottes aus bestimmt.

Abschluß.

Gottesglaube und Ethos.

Die soeben behandelten Fragen haben uns bereits an das letzte und weithin entscheidende Problem herangeführt, von dem aus auch die bisherigen Darlegungen ihre Bestätigung erfahren müssen, an den inhaltlichen Zusammenhang von Ethos und Gottesglauben. Und zwar geht es nunmehr genauer um die Frage, in welcher Weise die Gottesgebote für das Verständnis des AT auch von Gott aus gesehen rein willkürlich erscheinen, oder wieweit sie im inneren Zusammenhang mit dem stehen, was dem Glauben des AT als inneres Wesen Gottes lebendig gegenwärtig ist. Es kann sich dabei nicht darum handeln, die Geschichte der israelitischen Religion oder die Strukturanalyse ihrer Frömmigkeit zu wiederholen. Es wird vielmehr geraten sein, von dem Vergleich mit einer Religion auszugehen, deren Ethos manches Verwandte zeigt, dann aber gerade im Entscheidenden, in der Theonomie, ganz andere Wege eingeschlagen hat, mit der griechischen Religion. Es lebt nicht nur in beiden das gleiche Bangen vor der Befleckung mit den unheimlichen Mächten des Fluches und der Sünde. Hier wie dort hat es (wie auch anderwärts) der urtümlichen Strafe den Charakter einer Sicherung der Gemeinschaft vor der Berührung mit dem unheilbringenden Gifte aufgeprägt [1]. Es lebt in beiden nicht nur die gleiche Furcht vor Stolz und Übermut als derjenigen Haltung des Menschen, die ihn der Rache der Götter unrettbar ausliefert. Daß Agamemnon, von Klytaimnestra verführt, wider besseres Wissen und eigenes Empfinden dennoch den Purpurteppich betritt, der allein den Göttern vorbehalten ist, rechtfertigt die Verwirklichung des alten Fluches an ihm und hebt das Gericht über ihn aus der magischen in die religiöse Sphäre [2]. Daß der Glanzstern, der Sohn der Morgenröte, sich auf den Thron des Höchsten Gottes setzen wollte, hat seinen Höllensturz nach sich gezogen, der Stolz des Assyrers auf eigene Leistung seinen Untergang herbeigezogen [3]. An »jenem Tage« wird es geschehen, daß Jahwe alles zerschlägt, was hoch und erhaben ist in der Welt:

»Tag des Jahwe Zebaoth
über alles, was hoch und erhaben,
über alles, was ragend und ‚groß‘:
Alle Libanonzedern,
alle Basanseichen,
Alle Bergesgipfel,
alle ragenden Höhen,
Alle stolzen Türme,
alle festen Mauern,
Alle Tarsisschiffe,
alle Luxuskähne.
Stolz der Menschen beugt sich,
Manneshochmut sinket,
Erhaben ist Jahwe allein
an jenem Tage!« [4]

Diese Furcht vor Hybris und, eng damit verbunden, vor dem Neide der Götter stellt wiederum ein Element dar, welches nicht nur dem prophetischen Erleben der überweltlichen Gottesmacht in ihrem Eindringen auf den Menschen eigen, sondern beiden Religionen mit den anderen gleicher Kulturstufe weithin gemeinsam ist. Jenes Ressentiment gegen die Macht als solche lebt darin auf, das überall dort sich einstellen mußte, wo urtümliche Gemeinschaftsformen durch tyrannische Ausnutzung der neu aufkommenden Macht einzelner Persönlichkeiten innerlich zerbrochen wurden. Von der damit gegebenen politischen und sozialen Krisis her werden hier wie dort verwandte Einzelforderungen erhoben. Das Ethos eines Hesiod und eines Amos stehen in der Betonung der Gerechtigkeit gegen den Armen und Schwachen einander so nahe, daß man beide mit Recht darin einander parallelisiert hat [5].

Es lebt vielmehr in beiden Religionen über dieses gemeinsame Erbgut und die Analogie der seelischen Reaktion auf die Zersetzung des alten Soziallebens hinaus eine Gemeinsamkeit der Entwicklungstendenz; sie ist zwar wiederum nicht nur ihnen beiden gemeinsam, hat aber trotz aller rassischer Verschiedenheit eine Erscheinung wie das hellenistische Judentum und die »Hellenisierung des semitischen Monotheismus« in der Septuaginta ermöglicht. Man kann sie vielleicht am besten als die Tendenz zur »Humanisierung des höchsten Gottes« bezeichnen. Darin hat die griechische religiöse Kunst ihr Unvergänglichstes geleistet, daß sie in dem Zeus von Olympia die innere Hoheit dieses ihres Gottes durch seine Verklärung in der Gestalt des erhabensten Menschen sichtbar macht [6], so wie es das Unsterbliche an dem Werke des Michelangelo ist, alle Macht und Hoheit des Schöpfergottes in das Gesicht eines alten Mannes und in die Straffheit seines ausgestreckten Armes hineinzulegen. Für die israelitische Religion war diese Humanisierung des Gottes stark erschwert, vielleicht schon von kananäischem Erbgut her. Es muß jedenfalls auffallen, daß bei den palästinischen Ausgrabungen neben der Fülle von Astartefiguren bisher nur verschwindend wenige kananäische Baalbilder gefunden sind. In erster Linie wären die vergoldeten Bronzestatuetten von *rās eš-šamrā* und *minet el-beida* zu nennen, deren Bewaffnung nach der ihrerseits stark ägyptisierenden Kalksteinstele des »Baal mit dem Blitz« zu ergänzen sein dürfte [7]. Die meisten übrigen auf uns gekommenen Darstellungen aus *bēsan*, *baluʿa* und *rās eš-šamrā* sind noch stärker ägyptisch beeinflußt, z. T. geradezu von Ägyptern dargebrachte Dedikationen an die syrischen Gottheiten [8]. Es mag also im Kananäischen ein gewisses Widerstreben geherrscht haben, den Hauptgott bildlich darzustellen [9], so wie der älteste Buddhismus es vermieden hat, den Heiligen selbst abzubilden und statt dessen nur das Symbol und seine Fußspur auf uns hat kommen lassen. Innerhalb der israelitischen Religion verbindet sich die Ablehnung des Gottesbildes, die sich freilich nach Ausweis der immer erneuten Verbote nur mühsam durchgesetzt hat [10], aufs engste mit dem Schöpfungsgedanken als Ausdruck der Weltüberlegenheit Jahwes. Auf die entrüstete Frage:

Wem wollt ihr Gott, Gott selbst vergleichen
und welches Bild ihm ordnen zu?

läßt der Dichterprophet, bei dem sich die Linien am deutlichsten verschlingen, nicht nur einen ironischen Hinweis auf den Fabrikationsvorgang des Bildes folgen, sondern vor allem das Bekenntnis zu dem Thronen seines Gottes in der Höhe und zu seiner alleinigen Macht:

»Wem wollt ihr mich nachbilden,
daß ich ihm gleiche?« Der Heilige fragt's.
Erhebt doch zum Himmel die Augen!
Schaut, wer schuf jene?
Der führt nach der Zahl ihre Schar,
ruft jeden von ihnen bei Namen,
Dem Großen an Macht,
dem ‚Starken' an Kraft,
bleibt keiner zurück! [11]

In der älteren Zeit scheint ein anderes Motiv mitgewirkt zu haben. Es muß auffallen und sollte bei Spekulationen über den religiösen und geistigen Gehalt des Dekalogs nicht vergessen werden, daß der Wortlaut des Verbotes in erster Linie das Tierbild ausschließt. Das Bilderverbot gehört also auch in den Kampf wider den Theriomorphismus hinein, der uns sofort zu beschäftigen haben wird; es entstammt einer Zeit, der das Tierbild anstößig wurde, die aber die künstlerische Beherrschung der Menschengestalt noch nicht erreicht hatte [12]. Wo aber so dem Künstler die höchste ästhetische Aufgabe verwehrt war, konnten auch die geringeren nicht gelöst werden, selbst wenn das Verbot nicht auf jede Herstellung eines Bildes, sondern nur auf diejenige eines Kultbildes zielt [13]. Das Fehlen des künstlerischen Werkethos, von dem oben zu sprechen war [14], und das Bilderverbot ergänzen einander.

Bei dieser Sachlage kann sich die Tendenz zur Humanisierung

Jahwes, soweit das ästhetische Gebiet in Frage steht, nur darin auswirken, daß je länger je mehr die wilden und grausigen Bilder, in denen er bei den Propheten als gefährliches Raubtier begegnet, zurücktreten und dem Bilde des Vaters den Platz räumen, der verzeiht statt zu strafen [15]. Sie greift damit bereits weit über das Ästhetische hinaus in das Ethos selbst und gewinnt karitativen Charakter. Durch jene Reduktion, von der zu sprechen war [16], erlangen die den beiden Religionen gemeinsamen Forderungen des Mitleids mit den Armen und Elenden im AT eine zentralere Bedeutung als im Griechentum. »Human« sein heißt nun (in tiefster Übereinstimmung mit der »Gerechtigkeit« und der »Wahrheit«) vor allem: auf eine Ausnutzung eigener Rechte, von Gott ausgesagt: auf die eifersüchtige Wahrung seines Herrenanspruches in Gericht, Strafe und Rache zu verzichten. Darin besteht für Hosea Jahwes menschenüberlegene Heiligkeit, daß er nicht vernichtet, wo menschlicher Eifer es tun würde [17].

So ist das Verhalten gegen das Volk und darüber hinaus gegen die Menschen die Sphäre, in der sich die israelitische Humanisierung Jahwes vollzieht und vollendet. Im Verhalten gegen die Menschen liegt seine Sittlichkeit beschlossen — nicht im Verhalten gegen andere Götter! Das heißt aber: Jahwes eigene Sittlichkeit und die von ihm geforderte menschliche Sittlichkeit bewegen sich in der gleichen Sphäre! Im Griechentum hat weder die künstlerische Verklärung noch das tiefe Ethos der Tragödie — gerade zufolge der Bindung der Tragödie an den mythischen Stoff! — eine »Vermenschlichung« der Götter zerbrochen, an welcher ihre Göttlichkeit zunichte werden mußte:

»Tun Götter 'Schändliches', sind sie nicht Götter!« [18]

Vor dem verfeinerten ethischen Empfinden vermögen die Götter sich nicht zu rechtfertigen; das Ethos muß sich von dem Glauben lösen und autonom auf eigene Füße stellen. Die antimythologische Grundhaltung des Jahweglaubens, die von der praktischen Alleingeltung des Gottes in der Volksgemeinde nicht zu trennen ist, hat diese Entwicklung in Israel verhindert, das Aneinandergebundenbleiben von Religion und Ethos in dem inneren Gleichklang von göttlicher »Heiligkeit« und menschlicher Sittlichkeit ermöglicht, der das AT charakterisiert. Dieser Gleichklang ist es, der im wurzelhaften Zusammenhang mit dem »philosophischen« Gehalt seines bildlosen Monotheismus durch seine Humanitätsforderung dem Ethos des AT trotz aller »untersittlichen« Züge sowohl im menschlichen Verhalten als im Gottesbild, von denen zu sprechen war, den Weg in die hellenistisch-abendländische Welt gebahnt und die immer erneute Anknüpfung christlicher Sittlichkeit an seine Forderungen hervorgerufen hat. Liegt also der letzte Unterschied der griechischen und der

ATlichen Religion in dem verschiedenen Verständnis der Humanität Gottes, die doch beide suchen, beschlossen, so werden wir damit auf das Problem des Anthropomorphismus Gottes geführt.

Die Geschichte des Anthropomorphismus Gottes in Theologie und Philosophie ist eine Leidensgeschichte [19]. Man mag ihn angesichts der nun einmal gegebenen Anlage des menschlichen Geistes für unvermeidbar halten, man mag ihn mit dem griechischen Philosophen verspotten oder mit der elohistischen Schicht des Pentateuch religiös beiseite schieben: dennoch lebt in den beiden großen Weltreligionen des Buddhismus und des Christentumes der unerschütterliche Glaube, daß in dem konkreten geschichtlichen Menschen als dem Stifter, Heiland und Erlöser die höchste Gottesoffenbarung in Menschengestalt gegeben und unüberbietbare Wirklichkeit geworden ist [20]. Wer den Menschen Jesus von Nazareth sieht, sieht nicht nur für die Johanneische Frömmigkeit den Vater [21]. Weder für die älteste griechische noch für die israelitische Religion aber bildet die Menschengestaltigkeit Gottes eine Selbstverständlichkeit [22].

Für die kananäische Religion läßt sich von prähistorischen Zeiten an bis mindestens in die XVIII. ägyptische Dynastie hinein die Verehrung der Schlangengottheit aufzeigen [23]. Der Übergang von der theriomorphen in die durch das Tier noch begleitete Göttin wird sich angesichts der Verschiedenheit namentlich der Fundstücke von *bēsan* (Schlange mit weiblichen Brüsten, XVIII. Dyn.) [24] und *tell beit mirsim* (Göttin von Schlange umwunden; Schicht D = spätere Hyksoszeit) [25] nicht in einem für das ganze Land einheitlichen Prozeß darstellen. Durch die *rās eš-šamrā*-Texte, durch außerpalästinische literarische Parallelen, aber auch durch ein Siegel vom *tell fari* ist zudem der Kampf des menschengestaltigen gegen den schlangengestaltigen Gott als mythologisches, in erster Linie kosmogonisches, Motiv der kananäischen Religion bezeugt [26], eine Tatsache, von der aus auf die Versuchungsgeschichte in Gen 3 Licht fällt [27]. Neben der Schlangengottheit dürfte ein Löwengott gestanden haben. Die unmittelbaren archäologischen Funde scheinen uns hier freilich im Stich zu lassen, da die Deutung des Löwen auf dem prachtvollen Basaltrelief von *bēsan* als Nergal nicht unbestritten ist [28]; auch die *rās eš-šamrā*-Texte schweigen bisher. Wir können seine Existenz daher einstweilen nur indirekt aus syrischen Funden [29] und aus dem Sprachgebrauch israelitischer wie ägyptischer Texte erschließen, haben dabei aber zu beachten, daß innerhalb der israelitischen der heidnisch-theriomorphe Ursprung solcher Bilder bereits verklungen war [30]. Mit größerer Sicherheit ist endlich, zumal nach dem bereits oben angeführten Material aus *rās eš-šamrā*, der Stiergott zu nennen, ohne den auch der israelitische Stierkultus in Dan und Bethel trotz der immer wieder versuchten Verknüpfung mit Ägypten schwer zu erklären wäre [31]. Daß man diese Stiere allgemein als Tragtiere des unsichtbar über ihnen stehenden Gottes nach Art der Postamente assyrischer und kleinasiatischer Darstellungen aufgefaßt hat, ist nicht sicher zu widerlegen, aber doch recht unwahrscheinlich. Die heilige Formel legt mindestens für die volkstümlich vertretene Frömmigkeit die Auffassung der Stiere als Bilder Jahwes nahe [32].

Damit fällt nun auf die Anthropomorphismen in der älteren israelitischen Erzählungsliteratur [33] ein eigenartiger Akzent; sie sind nicht nur als volkstümliche Reste älterer Religionsstufen aufzufassen, sondern sie gewinnen einen bewußt polemischen Klang, der sich auch in der Schöpfungserzählung des Jahwisten geltend macht.

Der Mensch, der seinen Gott nur in Menschengestalt zu schauen vermag, ist derselbe, der sich selbst entscheidend von dem Tier geschieden weiß. Mag sein Gott ihm, für den es nicht gut ist allein zu sein, die Tiere als Hilfe zuordnen, er selbst weiß, daß nur das Fleisch von seinem Fleisch, daß nur das Bein von seinem Bein, daß nur die Männin, die vom Manne genommen ist, für ihn die rechte Hilfe bildet [34]. Spätere Dichter und Grübler setzen diese Linie folgerichtig fort, wenn ihnen das Absinken in tierische Unvernunft als härteste Strafe und Gottesferne erscheint [35] und die Schicksalsgleichheit zwischen Mensch und Tier im Tod zur schweren Zweifelsfrage wird [36]. Ist aber der Mensch zum Bewußtsein seines Andersseins gegenüber dem Tiere erwacht, und sieht er sich selbst auf Gottes Seite gegenüber dem Tier, so ist damit für das Ethos wiederum eine scharfe Abgrenzung gegeben. Jede sexuelle Vermischung mit dem Tiere wird zur besonders argen Sünde [37]. Das Tier selbst aber, dessen Gleichwertigkeit in manchen Vorschriften des Rechtes und in dem Gedanken eines eschatologischen Bundes mit ihm noch im Hintergrunde sichtbar bleibt [38], ist Gegenstand der »Humanitätsforderung«. Das Haustier, das des Schutzes und der Fürsorge des Menschen bedarf, muß von dem, der ein »gerechter« Mensch sein will, gehegt werden [39]. Selbst Feindschaft der menschlichen Besitzer untereinander darf die Mitleidsforderung dem Tier gegenüber nicht außer Kraft setzen [40]. Die Fürsorge Gottes für die Tiere gilt ja als ein wirksames Motiv, seine Hilfe in Zeiten der Dürre und des Mißwuchses anzurufen [41]. Nicht nur um der Kinder, sondern auch um der vielen Tiere willen hat er für den Verfasser der Jonalegende Ninive, die große Stadt, verschont [42]. Umspannt doch auch der eschatologische Friedensbund nicht nur die Haustiere, sondern schließt die wilden, selbst die Schlange mit ein! [43] Das Tier ist Gottesschöpfung in diesem Äon und ist als solches in seine letzte Vollendung einbezogen. Die eschatologische Welt ist für das israelitische Lebensgefühl weithin nichts anderes, als diese Welt in ihrer — durch Gott und seine Herrschaft — »humanisierten« Form. Realistische Bejahung des gegebenen Daseins und Sehnsucht nach Überwindung seiner Unsicherheit wirken lebendig zusammen.

Nimmt so der Mensch eine Mittelstellung ein zwischen dem Tier und dem Gott, der sie beide geschaffen, so erwächst damit als seine spezifische Aufgabe Gott gegenüber das Sichfügen in dieses »Geschöpfsein«, die Anerkennung der »oberen Grenze«, das Nichtseinwollen wie Gott. Schöpfer sein heißt in jener eigenartigen Stellung des Künstlers zu seinem Werke, die wir kennen lernten: Herr sein über das Gestaltete [44]; Gestaltetsein heißt unter einer Herrschaft stehen.

Gott verfügt über seine Welt, und seinem Willen haben sich ihre Bewohner zu beugen. Nach dem, was soeben über die Hybris zu sagen war, können wir uns hier mit diesem Hinweis begnügen, und auch das darf hier nur angedeutet werden, daß das »Kreaturgefühl« des AT in scharfem Gegensatz gegen die magische Sicherung des Lebens steht. Die Frucht des Baumes könnte vor dem Tod bewahren, aber den Engel hat Gott schützend davorgestellt! Die Ehe mit den Göttersöhnen gibt den Kindern der Menschentöchter Heldenstärke, aber Jahwe begrenzt ihre Lebenszeit auf 120 Jahre![45] Worauf vielmehr in unserm jetzigen Zusammenhang der Nachdruck zu legen ist, sind die späteren Versuche, dieser Eingrenzung des Menschen in die Schranken des Kreaturbewußtseins einen theologischen Ausdruck zu geben. Im Terminus »Bild Gottes«, mit dem der Priesterkodex die Stellung des Menschen in der Schöpfung beschreibt[46], ist für ihn beides enthalten, die Gleichheit und der Abstand. In dem vielumstrittenen Plural

»Wir wollen Menschen machen nach unserem Bilde
gemäß unserer Ähnlichkeit[47]«

blickt eine mythologische Vorstufe des heutigen Textes noch durch, die der sechsten Tafel des Weltordnungsliedes verwandt gewesen ist:

»Als Marduk das Wort der Götter hörte,
begehrt er Kunstvolles zu schaffen.
Aufgetanen Mundes spricht er zu Ea,
was er in seinem Herzen erdacht hat, den Ratschluß gibt er:
»Blut will ich binden, Gebein entstehen lassen,
Aufstellen will ich Lulla, ‚Mensch' sei sein Name.
Erschaffen will ich Lulla, den Menschen!
Es sollen ihm auferlegt werden die Götterdienste,
sie (die Götter) sollen befriedigt sein.
Weiter will ich die Wege der Götter künstlich gestalten.
Übereinstimmend seien sie geehrt, doch in zwei Teile geteilt!«
Es antwortete ihm Ea, indem er zu ihm das Wort sprach,
zur Beruhigung der Götter erzählte er ihm einen Plan:
»Es soll hingegeben werden einer, ihr Bruder!
Er soll vernichtet werden, die Menschen sollen gebildet werden!
Es sollen sich versammeln die großen Götter,
Jener soll hingegeben werden, sie (aber) sollen bestehen bleiben!«
Marduk versammelte die großen Götter,
freundlich entbietend, Weisung gebend.
Aufgetanen Mundes beordert er die Götter,
zu den Anunnaki spricht der König das Wort:
»Feststehendes fürwahr haben wir euch früher verkündet,
Feststehendes werde ich schwören, einen Eid bei mir[48].«

Dazu bestimmt, kultischer Diener der Götter zu sein, trägt der Mensch göttliches Blut in seinen Adern. Gegenüber diesem Zug, den auch assyrische Varianten des Schöpfungsmythus aufweisen, bezeichnet der Terminus »Bild Gottes« im AT zugleich den Abstand: Der Mensch ist nicht göttlichen Blutes! Auch hat der Ausdruck offensichtlich seine ursprüngliche Beziehung auf den Leib — die er in einer Vorstufe gehabt haben muß — im Priesterkodex verloren. Nicht bildet der Mann den Leib des Gottes, noch das Weib den Leib der Göttin ab; vielmehr hat Gott beide, Mann und Weib, nach seinem Bilde geschaffen, daß sie Herren sein sollen in der gottgeschaffenen Welt. »Bild Gottes« sein heißt für den Menschen, wie wir schon sahen, Gottes Wesir sein. Die Pflanzen sind ihm vom Anbeginn und die Tiere in diesem Äon zur Nahrung gegeben, während er selbst unter dem Schutze Gottes steht, der sein Blut von jedem fordern wird, der es vergießt [49].

Die ethischen Folgen dieses »Theomorphismus des Menschen« sind nicht zu verkennen. Wir sprachen von der Lebensunsicherheit, in die Israel sich gestellt weiß, und dem Gegengewicht, das es in dem Bundesgedanken besitzt, in dem Bewußtsein, das Volk des großen einen Gottes zu sein [50]. Hier scheinen wir ein zweites Gegengewicht gegen die Lebensfurcht und das Minderwertigkeitsbewußtsein zu gewinnen: das stolze Gefühl, in der Welt zum Herrscher berufen zu sein, und das nicht als politische Größe des Volkes, sondern als Mensch in der umfassenden Größe der Menschheit. Hat der Jahwist zuerst den Gedanken einer einheitlichen Weltgeschichte als der Offenbarungssphäre göttlichen Gerichtes über die Sünde gedacht, so ist auch in dem Gedanken des Gottesbildes eine universale Auffassung gegeben, die irgendwie zu einer Erfassung menschheitlicher Aufgaben als gottgesetzter Pflichten hindrängen mußte. In der Tat sehen wir im Priesterkodex den Bundesgedanken ausgeweitet auf die außerisraelitische Welt; auch mit ihr hat Gott einen »Bund aufgerichtet«, der eben in dem Herrsein über die Tiere sein Wesen und in dem Blutverbot sein spezifisches Gesetz hat. Und bei seinem jüngeren Zeitgenossen, bei Deuterojesaia, steigt der Gedanke der Weltmission als einer Aufgabe empor, die Israel und dem Gottesknecht gesetzt ist [51]. Es ist jedoch zu beobachten, daß dies Bewußtsein um menschheitliche Aufgaben innerhalb des ethischen Bewußtseins des AT nur eine sehr geringe Rolle gespielt hat. Die Sphäre, in der sich das ethische Handeln zu bewähren hat, bleibt eingegrenzt — im wesentlichen wenigstens — auf das eigene Volk und seine Glieder, denen gegenüber der nicht als Beisasse in ein festes Rechtsverhältnis getretene Fremde auch außerhalb der Sphäre religiöser Bindungen und Privilegien verharrt.

Auch nach anderer Richtung setzen die in dem Gedanken des Gottesbildes gegebenen Ansätze ethischer Ausweitung sich nicht durch. Ist der Mensch das Bild Gottes, so sind damit folgerichtig nicht nur die nationalen, sondern auch die sozialen Unterschiede getroffen. Der Reinigungseid des Hiob zieht den in der Tat notwendigen Schluß, daß die Gleichheit des Schöpfers und des Schöpfungsaktes die Gleichheit des Geschöpfes fordert, konkret gesprochen die rechtliche Gleichheit von Herr, Sklave und Sklavin [52]. Aber es bleibt bei dieser einen Aussage. Die Gleichheit der im Jahwebunde stehenden freien Volksglieder ist zwar gegenüber der ständischen Rechtsabstufung des babylonischen Rechtes eine Eigenart der israelitischen Gesetze. Sie erscheint aber so selbstverständlich, daß sie keiner besonderen Begründung bedarf. Aber ebenso selbstverständlich ist die Ungleichheit gegenüber dem Sklaven. Diese Gegebenheit des Herr- oder Sklavenseins ist stärker und beherrschender als die ethischen Folgerungen, die aus einem religiösen Gedanken hätten hervorgehen müssen, wenn die Gesetze logisch-rationaler Folgerichtigkeit das religiöse Leben und seine Auswirkungen beherrschten. So gewiß sich in dem Ethos Israels die realistische Gegebenheit der konkreten Welt mit den religiösen Grundgedanken seines Glaubens zu einer inneren Einheit verbindet, so gewiß haben nicht alle religiösen Gedanken die gleiche Durchschlagskraft und haben sie nicht alle die Gewalt, sich gegenüber der äußeren Welt durchzusetzen.

Damit aber stehen wir nunmehr vor der letzten Entscheidung. Die Einzigkeit Jahwes bestimmt für den Glauben des AT sein Verhalten gegen die Menschen (nicht gegen andere Götter) als Sphäre seiner Sittlichkeit. In dieser Sphäre ist er der Herr, der nach orientalischem Recht über des Menschen Leben und Tod (wie der Mensch über das Leben der Tiere) verfügt. Und das ist seine Humanität, daß er diese Gewalt eingrenzt und sich selbst an Regel und Richtschnur bindet, wie er dem Menschen Regel und Richtschnur seines Handelns auferlegt.

Das spiegelt sich vor allem darin, daß der Priesterkodex aus dem jahwistischen Werk die Sintflutgeschichte aufnimmt, die Begnadung Noahs aber ohne Veranlassung durch menschliches Opfer sich vollziehen und das Ganze in dem Gesetze einer neuen Weltperiode gipfeln läßt, in dem eben jenes Verbot des Blutvergießens die entsprechende Rolle spielt [53].

Die Form, in der dieser »Verzicht« Gottes, dieses Sich-selbst-Schranken-Setzen sich vollzieht, ist, wie eben gesagt, der Bundesschluß. Der Glaube an einen »Bund« zwischen dem Gott und seinen Verehrern ist älter als die israelitische Religion, ist aber in ihr und in ihr allein zum tragenden Glaubensgedanken geworden [54]. Ihr Gott ist der Gott des Bundes. Indem aber der Bundesschluß für sie nicht eine Aussage, sondern die Aussage über ihren Gott bedeutet, die stärker als alle anderen sein Wesen bezeichnet, vollzieht sich die »ethische Schematisierung« des Gottesglaubens vom Gebiet des Rechtes her. Das Walten Jahwes wird des Launisch-Willkürlichen entkleidet, wird in eine rational verständliche Norm gefaßt. Diese Norm erscheint dabei nicht als etwas außer ihm Bestehendes und ihn Beherrschendes, sondern als selbstverständliche Regel seines Tuns, bis auch sie, wie alles menschliche Bild und alle menschliche Analogie, vor dem entscheidenden Erleben göttlicher Überweltlichkeit zerbricht. In der beherrschenden Stellung der (eidlichen) Selbstbindung Jahwes an den »Bund« wird zugleich deutlich, daß die »humanen«, die sozialkaritativen Forderungen nicht »zufällige«, willkürliche Normen darstellen, sondern daß sie im lebendigen Zusammenhang mit dem zentralen Inhalt des alttestamentlichen Glaubens stehen. Vom »Bunde« her gestaltet sich die Forderung an den Einzelnen. Seine Aufgabe und die besonderen Probleme seines Handelns entscheiden sich an der Tatsache, daß er in dieser Gemeinschaft als der sein Dasein umschließenden Wirklichkeit darinsteht. Sie zwingt ihn zu immer neuer Entscheidung und begrenzt im positiven wie im negativen Sinne sein Tun. Sie differenziert es auch je nach den Menschen, an denen er handelt, danach, ob sie Glieder des Gottesvolkes sind oder nicht. Vom Bunde aus gestaltet sich die Forderung an das Volk: Bejahung des Bundes in der Gehorsamsentscheidung für den Gott. Und vom Bunde her gestaltet sich der Inhalt dieser Forderung: Bejahung des Bundes als einer geordneten Gemeinschaft von Brüdern. Die göttliche »Humanität« ist ihrem Wesen nach weithin identisch mit dem, was wir über die ethischen Forderungen an die Reichen und Mächtigen uns erarbeitet haben. Von hier aus wird noch einmal bestätigt, wie stark das israelitische Lebensgefühl die konkreten Gegebenheiten von Macht und Herrschaft bejaht, wie lebendig es ihre Eingrenzung innerhalb des Bundesbereiches als ethische Aufgabe erfaßt und in dem allen der Eigenart seines Gottesglaubens lebendigen Ausdruck verleiht. Gott ist für ATlichen Glauben der Herr und das erste Glied eines von ihm gestifteten sozialen Verbandes!

In dieser Bestimmung der Humanität des Schöpfers und seiner »humanen« Forderungen zielt das AT in all seiner religiösen und ethischen Begrenztheit im letzten hin auf die Inkarnation des »Vaters« in dem Christus als dem »Bruder«, als dem Bringer des »neuen Gebotes« der Liebe »untereinander«. Und seine humanen Forderungen erscheinen — wiederum in allen ihren Schranken und Hemmungen — nicht als ein fremdes, »heteronomes« Gesetz, sondern als Gebote, in denen mit dem Wesen Gottes auch das menschliche Wesen als sein Abbild zum Ausdruck kommt. In diesem Sinne wiederhole ich meine Frage [55], ob nicht Luthers Gedanke, die Geltung des Dekalogs in der Christenheit ruhe auf seiner Identität mit dem »natürlichen Gesetz«, auf die Prophetie auszudehnen sei, daß in ihrem sozialkaritativen Ethos in der Form einer rein theonomen und partikularen Satzung in Wahrheit ein Grundverhältnis menschlichen Lebens sich verwirklicht.

ANMERKUNGEN

Kapitel I.

Zu Seite 1.

1 Vgl. etwa Ex 20 24ff. (s. u. S. 90) 21 12ff. und dazu meine Althebr. Literatur, Potsdam 1934, S. 74ff. sowie F. Horst, Gottes Recht, München 1961, S. 260f.; zur »Traditionsgebundenheit« des Rechtes auch E. Dhorme, L'évolution religieuse d'Israël, Brüssel 1937, S. 33ff., zu Parallelen: B. Kilian, Apodiktisches und Kasuistisches Recht im Licht ägypt. Analogien, BZ, N. F. 7 (1963), S. 185ff.

Zu Seite 2.

2 Vgl. Geschichten und Geschichte, Gütersloh 1964, S. 23.108. *3* Vgl. früher R. H. Kennett, Ancient Hebrew social life and custom as indicated in law, custom and metaphor, London 1933, und jetzt vor allem R. de Vaux, Das AT und seine Lebensordnungen, Freiburg I 1960, II 1962. *4* Dtn 21 15ff. (II Chr 11 21 f.), zum doppelten Erbanteil auch II Reg 2 9. Zum strafweisen Entzug des Erstgeburtsrechtes vgl. Gen (35 22) 49 3f. I Chr 5 1, zum Verkauf durch den Bevorrechtigten Gen 25 31 f., zur Möglichkeit der Enterbung auf dem Umweg über die Erbeinsetzung der Mutter in Ugarit A. Alt, Kl. Schr. III, München 1959, S. 150f. Im babylonischen (Cod. Ḫam § 165 ANET S. 173, vgl. G. R. Driver-J. C. Miles, Bab. Laws, Oxford I 1952 S. 345 II 1955 S. 63) und assyrischen Recht (B § 1, 0 § 4 ANET S. 185. 188, vgl. E. F. Weidner, AfO 12 [1937] S. 54) ist die Verfügungsgewalt des Vaters eingeschränkt, doch lassen Thronfolgefragen (vgl. W. von Soden, AO 37 ½, Leipzig 1937, S. 29) an einer Bindung des Erbes an den Erstgeborenen im Semitentum überhaupt zweifeln, ohne daß doch eine Ultimogenitur, für die Gen 44 f. Mal 1 2f sprechen könnten, als urtümlich nachweisbar wäre (I Sam 16 12), vgl. de Vaux a. a. O. I S. 79 und zum Erbrecht im ganzen auch R. Patai, Sex and family life in the Bible and the Middle East, Garden City (NY), 1959, S. 219ff., auch die Festsetzung eines doppelten Erbanteils für einen Adoptierten in Archives royales de Mari VIII, ed. G. Boyer, Paris 1957, Nr. 1 und dazu H. W. F. Saggs, JSS 5 (1960) S. 413f. Zur engeren Zusammengehörigkeit der Söhne einer Mutter im Rahmen auch der patriarchalen Familie vgl. die Bezeichnung Josephs als »Bruder« Benjamins Gen 42 38 40 20 oder als »seiner Mutter Sohn« Gen 43 29, auch Jdc 9 3 und A. Margolius, Mutter u. Kind im altbibl. Schrifttum, Berlin 1936 S. 14 sowie unten S. 68 u. S. 167[86]. *5* Vgl. Gen 27 5ff. 21 10 (s. u. S. 72[36]), auch Jdc 11 2f. (s. u. S. 14[76]). *6* Vgl. Ex 21 15. 17 Lev 20 9 Dtn 27 16 (Prov 20 20 30 11) Sir 42 9ff. (Gen 34 2 u. 25ff.; auch 22 21ff.). *7* Vgl. Gen 27 3 u. 14. *8* Vgl. Gen 29 23 38 12ff. I Sam 25 13ff. *9* Vgl. Jos 2 1ff. (klassische Parallelen vgl. bei H. Windisch, ZAW 37 [1917/18] 188ff. und G. Hölscher, ZAW 38 [1919/20] S. 54ff., zum Sozialstatus der Dirnen im Kananäertum auch W. F. Albright, BASOR 86 [1942] S. 29[9]. Zu beachten ist ferner, daß sich die *'iššå^h zonå^h* [nicht *ḳ^edešå^h*] ganz als Glied ihrer Familie fühlt, für die sie sorgt (Jos 2 12. 18 6 22f. 25 [vgl. H. Schaeffer, Hebrew tribal economy, Leipzig 1922 S. 56ff.]), und daß die Ehe mit ihr nur dem Priester verwehrt ist: Lev 21 7. Ein ihr geschworener Eid wird von Jahve selbst als bindender anerkannt denn sein Banngebot: Jos 6 17. 22ff. *10* Vgl. z. B. Gen 18 10 24 14 I Reg 17 12

II 4 8ff. 13 Hi 31 32 (Hebr 13 2) *11* Vgl. zum Gastrecht C. H. Gordon, HUCA 26 (1955), S. 70ff. und z. B. Gen 19 8 Jdc 19 24 (u. u. S. 130, zu sexuellen Gastwünschen auch Patai a. a. O. S. 138ff.). Zu Gastrecht und Blutrache als Resten beduinischen Lebens S. Nystroem, Beduinentum und Jahwismus, Lund 1946, S. 24ff.

Zu Seite 3.

12 Jdc 5 24ff. (frei); zur Opferung des Fahrgastes vgl. Jon 1 15, zur »Rache« am Gast II Sam 13 28f., im weiteren Sinne auch II Sam 3 20. 27 (heimtückisch vollstreckte Blutrache). Am deutlichsten wird der Gefühlsgehalt von Jdc 5 24ff. durch Vergleich mit der Reaktion der Atossa auf die Botenkunde von Salamis: die Klage über die dämonische Verführung des Xerxes durch den στυγνὸς δαίμων zur τιμωρία Marathon (Aisch., Persai 472 Weil). *13* Vgl. I Sam 18 1ff. 29 20 30 (dazu J. Finkel, JBL 55 [1936], S. 133ff. und die »Entlassung« der Mutter um der Schuld der Kinder willen Jes 50 1) II Sam 15 13ff. I Reg 1 5ff. 15ff. Prov 19 6. *14* Vgl. II Chr 26 16 und zum Zusammenhalt von Tochter und Schwiegersohn gegen den Vater der Frau u. S. 70[20] zu I Sam 19 11ff. *15* Zur Abhängigkeit des Priestertums vom König vgl. nur I Reg 2 26ff. (umgekehrt II Reg 10 9ff.) und dazu Material bei A. Wendel, Säkularisierung in Israels Kultur, Gütersloh 1934, S. 293ff. (auch u. S. 22[131]), für die Propheten etwa I Reg 1 11ff. 11 29ff. 19 15ff. Mich 3 5; zum Thema Priester und Prophet O. Plöger, ZAW 63 (1951), S. 157ff.; E. O. James, Das Priestertum, Wesen und Funktion, Wiesbaden o. J. und A. C. Welch, Prophet and Priest in Old Israel, Oxford 1953. Für die Generäle vgl. II Sam 3 27ff. (s. u. S. 51) I Reg 16 9. 16 II 9 13. *16* Vgl. II Sam 14 20 Sach 12 8 und als Kontrast I Sam 15 17ff. (dazu A. Weiser, ZAW 54 [1936] S. 1ff.) I Reg 16 9 Hos 7 5 Jer 38 24ff. Prov 31 4ff. *17* Vgl. Sam II 1 19ff. 21 10ff. (und dazu A. S. Kapelrud, ZAW 67 (1955), S. 198ff. und Stud. in the History of Religions [Suppl. to Numen IV] 1959, S. 294ff.), auch Sir 25 1 und die Gleichstellung des »Freundes, der dir gleich ist« (*re'ᵃkå 'ᵃšaer kᵉnap̄šᵉkå*) mit den nächsten Verwandten (Dtn 13 7), oder des (treuen) Gefolgsmannes mit dem »Gottesengel« (II Sam 29 9 𝔐 [gegen 𝔊^B]). *18* Vgl. nur Hi 6 15 Ps 44 6ff., namentlich 10 (55 13ff.). *19* Vgl. den Eid Ps 7 5 (s. u. S. 157[39]), auch die Versicherung Jer 17 16 und die Frage 18 20. Zum Reinigungseid vgl. F. Horst, a. a. O. S. 294.

Zu Seite 4.

20 Vgl. Ex 34 6 Dtn 7 9 Jes 49 7 Ps 57 11 u. dazu u. S. 38 u. S. 156ff. *21* Ps 79 10; zur (Drohung mit der) Schadenfreude anderer Ps 35 19 Prov 1 26 5 14 (und dazu B. Gemser, Sprüche Salomos, Tübingen 1937, S. 29) 11 10, zum Begriff der »Ehre« im AT vgl. vor allem J. Pedersen, Israel I. II., London 1926, S. 213ff., zur »Ehre« Jahves als Motiv der Vergebung W. Eichrodt, Theologie des AT II. III., Stuttgart und Göttingen, [4]1961, S. 331f., zum Verhältnis der »Bundestreue« zum *kåbod* B. Stein, Der Begriff kebod Jahweh und seine Bedeutung für die alttestl. Gotteserkenntnis, Emsdetten 1939, S. 127f., 331, zum »Eigennutz« des Gottes auch u. S. 149[338]. Als Parallele vgl. den Schutz des ägyptischen Königsnamens bei S. Schott, Stud. Gen. 6, 1953, S. 278ff. *22* Vgl. z. B. Ps 22 7f. 44 14. *23* Vgl. Jes 56 5 u. s. u. S. 171[118]. *24* Vgl. Hi 16 18f. 19 21ff. und dazu Apoxysmata (BZAW 81), Berlin 1961, S. 161ff. *25* Vgl. Hi 7 17ff. 10 3ff. 13ff. 14 13a und die Formulierung von M. Br. Crook, The cruel God. Job's search for the meaning of suffering, Boston 1959, S. 167: Man must take evil in his stride: it is not the ultimate, either in God's intention or in human situation. *26* Hi 13 15f.; vgl. dazu Apoxysm. S. 158 und zu dem in Hi 3 wiederklingenden »Liebeslied auf den Tod« auch das »Gespräch des Lebensmüden mit seiner Seele« (Lit. Apoxysm. S. 144[88]). *27* Vgl.

Gen 4 23ff. Jdc 5 28 und zum Spottlied Althebr. Literatur, S. 24f. *28* Vgl. Gen 16 11f. (s. u. S. 14): 21 15ff. Jes 66 13 (und dazu mein »Gott und Mensch[2]«, S. 185[1], auch die Zusammenstellung der »menschlichen Typen« wenigstens für einen Schriftsteller — Deuterojesaja — bei L. KÖHLER, BZAW 37 [1923], S. 130ff.) und sein »geistiges Bild des Hebräers« in: Der hebräische Mensch, Tübingen 1953, S. 101ff.

Zu Seite 5.

29 Zum Befund in der Neanderthalerzeit vgl. A. RUST, Bonner Jahrbücher Beih. VIII (1958/59) S. 290ff., zu *tlēlāt ghassūl* den Ausgrabungsbericht A. MALLON, R. KOEPPEL, R. NEUVILLE, Teleilät Ghassūl I (Compte rendu des fouilles de l'Institut Biblique Pontifical 1929—1932), Rom 1934 und dazu A. BEA, BZAW 66 (1936) S. 1ff.; zur Fortsetzung der Grabung bisher R. NORTH, CBQ 22 (1960) S. 292ff., zum Befund in Jericho vor allem K. M. KENYON, Archaeology in the Holy Land, London 1960, S. 39ff. und PEQ 88 (1956) S. 69ff. sowie die wichtigen Gleichungen *ghassūl IV = tepe gawra VI = tell billa V* (E. A. SPEISER, Excavations at Tepe Gawra I, Philadelphia 1935, S. 149, 159[2]) und *ghassūl III/IV = Jericho VIII* (J. KAPLAN, BASOR 159 [1960] S. 32ff.). Zu den geschichtlichen Fragen nenne ich ein für allemal R. KITTEL, Geschichte des Volkes Israel, Gotha I[5.6] 1923, II[6] 1925, Stuttgart III 1 1927, 2 1929, A. T. OLMSTEAD, History of Palestine and Syria, New York 1931 (dazu die ergänzende Besprechung von W. F. ALBRIGHT, JQR 24 [1934], S. 363ff.), C. H. GORDON, The world of the O. T., Garden City, 1958, M. NOTH, Geschichte Israels[4], Göttingen 1959 und J. BRIGHT, A History of Israel, Philadelphia (Pa) o. J.; zur Perserzeit K. GALLING, Syrien in der Politik der Achämeniden bis 448 v. Chr. [AO 36, 3/4], Leipzig 1937; zum Archäologischen: C. WATZINGER, Denkmäler Palästinas, Leipzig, I 1933, II 1935 K. GALLING, Biblisches Reallexikon (BRL), Tübingen 1937 und G. E. WRIGHT, Biblische Archäologie, Göttingen 1958, und dazu ZAW 70 (1958) S. 167ff. Weitere Lit. bei BRIGHT, S. 456f.

Zu Seite 6.

30 So nach A. ALT, AO 34, 4, Leipzig 1936, S. 8ff. (= Kl. Schr. III, München 1959, S. 20ff.), während nach dem heutigen Stand der Forschung das zeitliche Verhältnis umzukehren ist: Der »orientalische« Typ besitzt »original prevalence over the whole semitic area«, während der »armenoide« erst im 2. Jahrtausend vordringt. So S. MOSCATI, Ancient Semitic Civilisations, London 1957, S. 33, zur Fragestellung auch seine Predecessori d'Israele, Roma 1956, *passim*. *31* Zum älteren Namenmaterial vgl. vor allem A. GUSTAVS, ZDPV 50 (1927), S. 1ff.; 51 (1928), S. 169ff., auch M. D. MIRONOV, Act. Or. 11 (1933), S. 171ff.; zum Problem der Ḫurriter von Älteren A. GOETZE, Hethiter, Churriter und Assyrer, Oslo 1936, S. 101ff., und W. VON SODEN, AO 37, 1/2 (1937) S. 14ff., andererseits A. UNGNAD, Subartu, Berlin 1936, S. 130ff. (und dazu W. VON SODEN, Geistige Arbeit 4 (1937), Heft 5, S. 10). Zum neueren Namenmaterial für *Alalakh* D. J. WISEMAN, The A. Tablets, London 1953, S. 9ff., für Kültepe J. LEWY, HUCA 32 (1961), S. 31ff. (MAR, TU = *amurrû* Esels-Karawanisten), für Mari M. NOTH, Geschichte und AT (BHTh 16: Festschr. ALT), Tübingen 1953, S. 127ff. und A. ALT, Kl. Schr. III, S. 78ff., für die Hurriter jetzt auch H. EYBERS, OT Werkgemeenskap in S.-Afrika (1959), S. 6ff. — Zur Frage arischen Einschlages nach H. SCHMOEKEL, Die ersten Arier im Alten Orient, Leipzig 1938, vor allem S. 37ff., jetzt R. HAUSCHILD, FF 35, 1961, S. 243ff., zu indischen Termini in Nuzi auch H. KRONASSER, WZKM 53, 1957, S. 181ff. *32* Hes 16 3 (vgl. Sach 9 7); das Ausmordungsprogramm vgl. (Num 21 3) Dtn 7 1ff. 20 16ff., zum Hebräischen als Mischsprache D. W. THOMAS, Record and

Revelation, Oxford 1938, S. 374ff. *33* Zum Vergleich beider Stücke vgl. H. THIERSCH, NGGW 1932, I, S. 52ff., in der Deutung abweichend WATZINGER II, S. 21, zur Mekalstele (ANEP 487) auch u. S. 175[156].

Zu Seite 7.

34 Grundlegend M. NOTH, Das System der zwölf Stämme Israels (BWANT IV 1) Stuttgart 1930, doch vgl. auch K.-H. BERNHARDT, Gott und Bild, Berlin 1956, S. 134ff. und zum gegenwärtigen Stand s. Geschichten und Geschichte S. 180 sowie u. S. 175. *35* Grundlegend A. ALT, Der Gott der Väter (BWANT III 12) Stuttgart 1929, S. 63ff. (= Kl. Schr. I, 1953, S. 58ff.), zum Kult der galiläischen Stämme auf dem Tabor vgl. Dtn 33 18f. und dazu O. EISSFELDT, ARW 31 (1934), S. 15. *36* Vgl. M. NOTH, a. a. O. S. 108, auch A. ALT, Die Staatenbildung der Israeliten in Palästina, Leipzig 1930, S. 50 (= Kl. Schr. I. 1953, S. 40) und dazu K. MÖHLENBRINK, ZAW 52 (1934), S. 195ff.; zu Jdc 19—21 s. u. S. 74; zur *beena*-Ehe Jdc 8 31 9 1ff. und dazu F. HORST, RGG II^3, Sp. 316 u. S. 68f. *37* S. u. S. 79, zum Terminus *nåśi'* (weltlicher Scheich? priesterliche Funktion?) vgl. nach M. NOTH a. a. O. S. 151ff. und meiner Bemerkung ZAW 55 (1937) S. 309f. J. VAN DER PLOEG, RB 57 (1950), S. 47ff. (unter Hinweis auf das Vorkommen auch bei Fremden Gen 17 20 Jos 13 21) und R. DE VAUX a. a. O. I. S. 26. Unter den Vokalisierungs- und Deutungsvorschlägen des Namens *Jhwh* erscheint mir die von D. N. FREEDMAN, JBL 79 (1960), S. 151ff. vertretene trotz N. WALKER, ebenda S. 277 (und ZAW 70 [1958], S. 262ff.), am wahrscheinlichsten. Zu der umfassenden Materialdarbietung (mit Einschluß des *hu'h'* von 1QS VIII 13) von M. REISEL, The mysterious name of Y. H. W. H., Assen 1957, (Stud. Semitica Neerlandica II) kann ich leider nur dem Urteil von H. H. ROWLEY, Bibl. Or. 14, 1957, S. 247, folgen. *38* Vgl. Jdc 9 4 11 1ff. *39* Vgl. Gen 49 14f.; zum Esel als dem dummen Tier vgl. auch Num 22 21ff.: Selbst eine Eselin ist klüger als ein heidnischer Seher! (Anders E. TÄUBLER, Bibl. Studien, Tübingen 1958, S. 109f., vor allem 110 Anm. 1.) Im Besitz des Königs wird der Esel als Streitwagentier durch das Pferd verdrängt, das darum beliebter Importartikel wird (vgl. Dtn 17 16), doch vgl. noch Sach 9 6. Zum Pferd im alten Orient vgl. A. SALONEN, Hippologica accadica, Ann. Ac. Sc. Fennica, 100, 1955, auch u. S. 14 Anm. 79 und Geschichten und Geschichte S. 29 sowie als typisch Cant 1 9 (zum Text jetzt W. RUDOLPH, Komm. z. St.).

Zu Seite 8.

40 Vgl. zum Problem der benjaminischen Stammestradition Althebr. Lit., S. 106 und die antibenjaminitische Begründung des Amphiktyonenkrieges in Jdc 19ff. (s. u. S. 74[56]). Mein Kollege MÖHLENBRINK machte mich s. Zt. darauf aufmerksam, daß der Eifer, mit dem das Judäertum des Achan in Jos 7 betont ist, solcher Stammespolemik entstammt. Die Annahme, die Namensgleichheit der *b^{e}nē j^{e}mīnī* (*b^{e}nē binjåmīn*), der »Brüder« der *b^{e}nē jiśrå'ēl* (Jdc 20 13) mit den im Mari des 18. Jhdts. begegnenden halbnomadischen *binū jamina* (TUR-MEŠ, lies *mārū j.*) sei »kaum zufällig« (vgl. W. RÖLLIG, RGG IV^3 [1960], Sp. 746), ist nicht sicher beweisbar, da die Bezeichnung des »israelitischen« Stammes als »die Südlichen« vom Standort des ihnen nächstverwandten (s. o. S. 14) Stammes Joseph gewonnen sein kann (s. u. S. 74[55]). — Zu blutigen Stammesfehden auf Grund von Eifersüchteleien hinsichtlich der Ehre (und Beute?) der Kämpfe und Raubzüge vgl. Jdc 8 1ff. 12 1ff. [Zu allen den Stamm Benjamin betreffenden Ausführungen vgl. jetzt KL.-D. SCHUNCK, Benjamin, Untersuchungen zur Entstehung und Geschichte eines israelit. Stammes, BZAW 86, 1963.] *41* Vgl. z. B. Jdc 5 23 12 4ff. I Sam 11 7. *42* Vgl. Dtn 20 5ff. 8 (Jdc 7 3) und als Parallele die Drohung mit dem Tode des Hauserbauers im Irramythos (S. N. KRAMER, Mythologies of the Ancient World, Garden City [NY], 1961, S. 131; IV 99ff. bei F. GÖSSMANN, Das Era-Epos, Würzburg 1956, S. 30f.). Zur (indirekten) Herleitung aus dem Beduinentum vgl. (nach M. WEBER, Gesammelte Beiträge zur Religionssoziologie III: Das antike Judentum, Tübingen 1921, S. 16, 52 gegen F. SCHWALLY, Semitische Kriegsaltertümer I, Leipzig 1901, S. 74ff.) NYSTROEM, a. a. O. S. 168ff.; zum »magischen« Hintergrund vgl. mit anderer Begründung auch W. CASPARI, Die Gottesgemeinde vom Sinai und das nachmalige Volk Israel (BFchr Th 27, 1), Gütersloh 1922, S. 22ff., und jetzt J. FICHTNER, Festschr. Baumgärtel (Erlanger Forschungen A 10), 1959, S. 24ff., zur ugaritischen Parallele in 1 Keret W. HERRMANN, ZAW 70, 1958, S. 215ff.

Zu Seite 9.

43 Am 9 7 Hos 9 10. Zu Israel als Eigennamen (in Ugarit) vgl. CH. VIROLLEAUD CRAIBL 1956, S. 64f. (auch E. VOGT, Bibl. 38, 1957, S. 375), zum Sprachgebrauch von *jiśrå'el* als Bezeichnung für die Gesamtheit der Zwölf L. ROST, Israel bei den Propheten, BWANT IV 19, Stuttgart 1937, und G. A. DANELL, Studies in the name of Israel in the OT, Diss. Uppsala 1946, zur »großisraelitischen Idee« in der Zeit der Reichstrennung K. GALLING, Die Erwählungstraditionen Israels (BZAW 48), Gießen 1928, S. 74ff. Zu den Philistern vgl. jetzt H. DONNER, RGG V³ Sp. 339ff. (mit Lit. auch G. E. WRIGHT, BiblArch 22 (1959), S. 54ff. und J. C. GREENFIELD, Interpr. Dict. III (1962), S. 791ff., auch meine älteren Ausführungen PJB 23 (1927), S. 52ff., die jetzt durch den Nachweis der Zusammenhänge Israels mit der „westlichen" Welt im 2. Jahrtaus. durch C. A. GORDON, VT, Suppl. 9 (1963), S. 19ff. neu aktualisiert werden. *44* Vgl. M. NOTH, a. a. O. (1930), S. 93ff. in Weiterführung der Nachweisungen C. STEUERNAGELS, BZAW 27 (1914), S. 329ff., und auch die »Israeliten« in den Städten Judas« I Reg 12 17 in Spannung zu *kol jiśrå'el* ebenda in 1. *45* Vgl. Am 7 15 9 11; ob *bēṯ ja'ḳōḇ* Am 9 8 »Israel« und »Juda« umfaßt, ist bei einem Zusatz schwer zu entscheiden. *46* Vgl. den Gebrauch von »Ephraim« Hos 5 8 und dazu ROST S. 105ff. *47* Vgl. Jes 5 7. *48* Vgl. Jer 3 1. 21ff. 31 31ff. (wo *ue'aeṯ bēṯ i̯ehūḏåh* zu streichen ist); die Echtheit von 3 6ff. ist stark umstritten. Auch im Dtn bezeichnet »Israel« das »Volk in seinem Verhältnis zu Jahwe«, vgl. A. R. HULST, Oudt. Stud. IX (1951) S. 103. *49* Vgl. Dtn 33 7 und dazu H.-J. KITTEL, Die Stammessprüche Israels (Diss. Kirchliche Hochsch. Berlin 1959), S. 48f. Das Bewußtsein um das »Unnatürliche« eines Bruderkrieges spiegelt sich auch II Sam 2 26 (im Gegensatz zu einer Aktion der Amphiktyonie Jdc 21 3). *50* Vgl. die grundsätzlichen Bemerkungen von G. QUELL, ThWNT 2 (1935), S. 176ff., auch meine Bemerkungen Geschichten und Geschichte S. 74ff. sowie F. HORST, Gottes Recht S. 288f. in Auseinandersetzung mit KL. KOCH, ZThK 52 (1955), S. 1ff. *51* Vgl. (nach J. PEDERSEN, a. a. O. S. 279ff. 348ff.) meinem Art. »Bund« RGG I³ Sp. 1512ff. und die umfassende (als Grundlage für die Behandlung des »Patto Nuovo« in Is. 40—66 dienende) Erörterung durch St. PORÚBČAN, Anal. Bibl. 8 (1958) S. 7ff. — Material zum Gottesurteil bietet H. NOTTARP, Gottesurteil, Bamberg 1949, und vgl. auch Apoxysm. S. 46ff.

Zu Seite 10.

52 Zur Bedeutung des heiligen Rechtsbuches vgl. (H. DUHM, Verkehr Gottes mit den Menschen im AT, Tübg. 1926, S. 134ff. und) u. S. 136ff. *53* Zu diesem Terminus vgl. K. MÖHLENBRINK, Entstehung des Judentums, Hamburg 1936, S. 19. *54* Vgl. vor allem A. ALT, Kl. Schr. II, S. 1ff., auch W. CASPARI, Tronbesteigungen und Tronfolge der isr. Könige, Leiden 1917 (vor allem Problem der Erblichkeit), und K. GALLING,

Die israelitische Staatsverfassung in ihrer vorderorientalischen Umwelt (AO 28, 3/4), Leipzig, 1929; und Geschichten und Geschichte S. 123ff., zum Heerwesen Sauls auch u. S. 18[109]. *55* Vgl. meine Bemerkungen, Die Mehrdeutigkeit der Geschichte als Problem der prophetischen Theologie (NGGW V N. F. 1), 1936, S. 20[2] auf Grund von *ras eš-šamrā* Text II AB V, 87ff. (= 51 V 87ff. bei C. H. Gordon, Ugaritic Manual [Anal. Or. 25], Rom 1955 S. 142, Übersetzung Ugaritic Literature, Rom 1949, S. 33, G. R. Driver, Canaanite Myths and Legends [OTS. III], Edinburgh 1956, S. 96ff.: Baal II, V 25ff.). *56* Material bei E. Klamroth, Lade und Tempel, Gütersloh, o. J., S. 41ff. Zu II Sam 6 5ff. vgl. jetzt A. Caquot, VT Suppl. 9 (1963) S. 213ff. *57* Vgl. Dtn 12 21 u. ö. Am 1 2 Hes 11 22f. (Jes 64 1ff. Sach 8 3) Mal 3 1 u. 24. Die Anonymität des Kultortes in Dtn 12 ermöglicht die Antithese Jerusalem/Garizim als Anbetungsort, z. B. in Joh 4 20.

Zu Seite 11.

58 Zur Gottessohnschaft des israelitischen Königs vgl. nach A. R. Johnson bei S. H. Hooke, The Labyrinth, London 1935, S. 77ff. und meinen Ausführungen »Gott und Mensch«[2], S. 173ff. (wo ein Hinweis auf die Betonung des Adoptianismus im Babylonischen durch Th. Paffrath, MVAG 21 (1917), S. 157ff. nicht hätte fehlen sollen) sowie in Numen, Suppl. IV, 1959, S. 302ff. und FF 35, 1961, S. 119ff., vor allem die umfassende Auseinandersetzung mit den Uppsalensern durch Ch. Hauret, R ScRel 33 (1959) S. 321ff., durch K.-H. Bernhardt, Das Problem der altorientalischen Königsideologie im AT (VT Suppl. VIII) Leiden 1961, und auch G. Cooke, ZAW 73, 1961, S. 202ff. Zu beachten ist auch Keret von Sidon als »Sohn des El«; vgl. bereits Ch. Virolleaud, La légende de Keret, roi des Sidoniens (Bibl. du Serv. des Ant. de Syrie 22), Paris 1936, S. 7 auf Grund der Bezeichnung des El des *ṯr abh* [der »Stier«, der sein Vater ist], I 41. 59 (Driver a. a. O. S. 28ff. 1. Keret I 41 II 6) und vgl. J. Gray, The KRT-Text in the Literature of Ras Schamra, Leiden 1955, S. 30f., zum Stiergott s. u. S. 27[165] u. S. 198. *59* Ausnahmen Jes 32 1 Jer 23 5 Hes 37 22 u. 24 (vgl. G. Fohrer, Komm. z. St., auch zu 21 30ff.), Sach 9 9. Zu beachten ist auch der Gebrauch von *mlk(wt)* in Qumran. Abgesehen von den Zitaten in CD VII 14 (= Am 5 26) XX 16 (= Hos 3 4) begegnet der Titel für die Heidenkönige (1 QpH IV 2 1QM I 4 u. ö.), für die Könige Israels (David 4QPB 2. 4., »unsere Könige« 1QM XI 3 und vgl. die *mlkwt* Israels 1QM XII 16 XIX 7f., 1QS^{b} V 21), von Jahve, dem *mlk hkbwd* (1QM XII 8 XX 1) bzw. *nkbdjm* (1QH X 8), dem *mlk hmlkjm* (4QM^{a} 13), dem die *mlkwt* des *kbwd* zugesprochen wird (1QM XII, 7). Auf den *qhl* wird CD VII 16 die Amosstelle 9 11 »aktualisierend« (so A. S. van der Woude, Die messianischen Vorstellungen der Gemeinde von Qumrân, Assen 1957, S. 173) übertragen; eschatologisch aber begegnet das »Königtum« nur in der segnenden Erhebung des Priesters in den *hjkl mlkwt* und unter die »Angesichtsengel« (*ml'kj pnjm*) in 1QS^{b} IV 25f. Sonst wird in Qumran der Terminus »König(tum)« für die Heilsträger der Endzeit vermieden! — Als Anregung zum Bild des thronenden Jahve in Jes 6 1 bedarf es jetzt nicht mehr eines assyrischen Königsbildes, seit die Grabung der Universität Rom auf Ramet Rahel ein judäisches Königsbild zutage gefördert hat, vgl. (S. Moscati), Il Colle di Rachele, Rom 1960, Frontispiz, zu Vorstellungselementen aus Israel vorköniglicher Zeit in Jes 6 vgl. A. Alt, Kl. Schr. I, S. 353ff. *60* Vgl. Mi 5 1, auch H. Gressmann, Der Messias, Göttingen 1929, S. 243 zu Jes 9 6, dessen Konjektur *w^{e} limšol* für *ulšālōm* sich freilich so wenig durchgesetzt hat, daß sie weder von O. Kaiser, ATD XVII, 1960, S. 91, noch bei G. Fohrer, Komm. I, S. 124 besprochen wird. *61* Vor allem im ursprünglichen Text von Sach 6 10ff.; vgl. auch Jes 61 1ff. Hag 2 23 (Sach 4 11ff.). *62* Vgl. I Sam (10 27) 24 7 26 11 II 1 14; eng verwandt mit dem Königstabu ist der Gedanke des »Bundes« zwischen Gott und Herrscher II Sam 23 5 Jer 33 20ff. (Königsbund und Weltordnung!) Ps 89 4. 40 (u. dazu nach H. GUNKEL, Komm. S. 393) vor allem G. W. AHLSTROEM, Ps 89, Lund 1959, S. 48ff., zum »Bund« mit David auch L. ROST, ThLZ 72, 1947, Sp. 129ff. *62*a Vgl. schon I Sam 14 52. Zu beachten ist jedoch, daß nach den Darlegungen von E. JUNGE, Der Wiederaufbau des Heerwesens des Reiches Juda unter Josia (BWANT IV, 23), Stuttgart 1937 die Inanspruchnahme des Heerbannes gegenüber den Söldnern ständig zurückgeht, bis Josia ihn zu neuem Leben erweckt. Auch Dtn 17 16a hätte sich als Gegensatz gegen die mit Streitwagen kämpfenden Söldnertruppen dafür heranziehen lassen. *63* Zu den Lasten des Königtums vgl. I Sam 8 10ff., zur Inanspruchnahme der Wehrkraft schon I Sam 14 52; zum Ganzen K. GALLING, Staatsverfassung S. 37ff. Für die Kultgeschichte ist daran zu erinnern, daß die Tradition die Organisation der Tempelmusik mit dem Königtum verbindet (vgl. I Chr 25 1ff.); die Kapelle, die zum Bestande des Hofpersonals gehört (Tribut des Hiskia, AOTB I² 354 ANET 288), und der »Domchor« entsprechen einander. Zur Musik in Ägypten (und Vorderasien), für die ägyptische Beamte am Hof Davids (vgl. R. DE VAUX, RB 48 [1939], S. 394ff.) das Bindeglied gebildet haben mögen, vgl. H. HICKMANN, ZDMG 111 (1961), S. 23ff. Daß schon vor David im Kult gesungen worden ist, braucht hoffentlich nicht besonders betont zu werden. — Zum Gesang gehört der Tanz, zu dessen Stellung im Kult G. VAN DER LEEUW, Vom Heiligen in der Kunst, Gütersloh 1957, S. 47ff. genannt sei, zum Tanz im Ägyptischen E. BRUNNER-TRAUT, Aegypt. Forschungen 6, 1938, zum Tanz im Judentum vgl. C. ANDRESEN, ZKG 72 (1961), S. 231ff. *64* Vgl. I Reg 20 34 Jer 44 1ff., auch die Gemeinde in Elephantine (s. u. S. 164) und dazu A. CAUSSE, Les Dispersés d'Israël, Paris 1929. Will man Hes 14 1ff. als Urform der Synagoge ansprechen (so A. G. HEBERT, ChQR 283 [1946], S. 10), so ist dabei der eigenartige vom Propheten angewandte, der Rechtssprache entnommene Stil seiner Antwort auf die Frage der Ältesten, den W. ZIMMERLI, Komm. z. St. klar herausgearbeitet hat und zu dem ich in der synagogalen Praxis keine genauere Parallele kenne, nicht zu übersehen.

Zu Seite 12.

65 Zur Geschichte der Exulanten vgl. außer CAUSSE noch E. KLAMROTH, Die jüdischen Exulanten in Babylonien (BWAT 10), Leipzig 1912. Der Annahme A. ALTS (Procksch-Festschr. 1934, S. 9ff. = Kl. Schr. II S. 319ff.), die deportierten »Oberschichten« seien von den Assyrern (nicht auch den Babyloniern!) jeweils an ihrem neuen Siedlungsort als privilegierte »Oberschicht« angesetzt worden, fehlt bisher die quellenmäßige Grundlage, die ihr auch die auf ALTS Annahme fußende Untersuchung von E. WÜRTHWEIN, BWANT IV, 17 (1936), S. 57ff. nicht gegeben hat. Für die von mir vertretene Auffassung sprechen die assyrischen Bilder von Gefangenentransporten. *66* Vgl. Est 4 10ff. Dan 3 8ff. 6 10ff. *67* Vgl. Hag 2 3 Esr 3 12. *68* Mit Recht betont GALLING, Syrien, S. 33ff. den politischen Hintergrund der Maßnahmen der Achämeniden; allerdings liegt auch in seinen Sätzen: »Kyros geht es um die Wiedergutmachung der Götterlästerungen. Die Sakrilegien der Neubabylonier beschwören die Rache der Götter herauf« ein religiöses Moment enthalten: die Anerkennung des Gottseins der Götter der anderen Völker des Reiches (vgl. auch Esr 7 12ff.). Wie sich diese Anerkennung zum Auramazda-Glauben verhält, bleibt auch heute noch zu klären. — Daß naturgemäß militärische Gründe — die Sicherung der für die Beherrschung Ägyptens unentbehrlichen Depots in der palästinischen Küstenebene durch eine Befriedung der Jerusalemer — mitgesprochen haben, ist nicht zu verkennen. Die Entwicklung des Judentums »du groupe ethnique à la communauté religieuse« (A. CAUSSE, Paris 1937) durch das Proselytentum (*gerîm* schon in Babylonien Hes 14 7?) schließt ja nicht aus, daß selbst noch im 2. Jhdt. a. C. Seleukos IV πάντες οἱ ἐκ τοῦ ἔθνους an die »väterlichen Gesetze« bindet (Jos., Ant. XII, 142), daß umgekehrt Antiochos IV. den Jerusalemern von Staats wegen die ἐξουσία (!) gibt, nach den heidnischen Sitten zu leben (I Macc 1 13) und das antiochenische Bürgerrecht zu erwerben (II Macc 4 9), während Demetrios II sie wieder als ἔθνος und den Simon sowohl als Hohenpriester als auch als ἡγούμενος anerkennt (I Macc 13 36ff.). Auch die Schaffung (besser die Privilegierung) des (seit alters üblichen) Kultus auf dem Garizim erfolgt im Zusammenhang mit der politischen Trennung der Provinzen Samaria und Judäa (vgl. A. ALT, PJB 31 [1935], S. 105f. = Kl. Schr. II, S. 356f. auch meine Bemerkungen, RGG V² [1931], Sp. 99ff.); zum wirtschaftlichen Druck der Okkupationsmacht etwa Neh 9 36f. (s. u. S. 44) oder die Schilderung des Zuges des Holofernes Jud 2f.

Zu Seite 13.

69 Vgl. Esr 6 21; zum Gebet für den Perserkönig 6 10; zum »Gesetz des Himmelsgottes« 7 12ff.; zum Klima vgl. vor allem CH. C. MCCOWN, Climate and Religion in Palestine (Journal of Religion VII, 1927, S. 520ff.). *70* Ps 91 5 Mt 4 3. Zum »Mittagsdämon« vgl. R. CAILLOIS, RHR 1937: 115, S. 142ff.; 116, S. 54ff. 143ff.; eine moderne Parallele s. bei W. BAUMGARTNER, Zum AT und seiner Umwelt, Leiden 1959, S. 365. *71* Vgl. A. E. MADER, Altchristliche Basiliken und Lokaltraditionen in Südjudäa, Paderborn 1918, Taf. VA u. S. 210ff.; zum Negeb im Ganzen N. GLUECK, BA 22, 1959, S. 82ff. (Würdigung durch G. E. WRIGHT ebenda S. 98ff.), BASOR 155 (1959), S. 2ff. und HUCA 32 (1961), S. 11ff. (andere Wertung von Einzelheiten PH. MAYERSON, BASOR 153 [1959], S. 19ff., 160 [1960], S. 27ff.), auch W. ZIMMERLI, ZDPV 75 (1959), S. 141ff. Analoge Vorgänge in der syrischen Steppe nordwestlich Palmyra vgl. bei D. SCHLUMBERGER, JDAI 50 (1935) S. 631ff., zum »extremen Schwanken zwischen Besiedlung und Verödung« im Ostjordanland die grundlegenden Forschungen von N. GLUECK, AASOR XIV (1934) 1. ff. (Moab), XV (1935) 1ff. (Edom) [und dazu A. ALT, ZDPV 59 (1936), S. 163ff. PJB 36 (1940), S. 29ff. = Kl. Schr. I, S. 203ff.] XXV—XXVIII (1951). In der Negeb-Bewässerung liegt eine der großen Aufgaben des Staates Israel, vgl. z. B. L. F. R. WILLIAMS, Fischer-Bücherei 288 (1959), S. 76. *72* Zum Jordangraben vgl. W. F. ALBRIGHT, The archaeology of Palestine and the Bible, New York 1932, S. 132ff.; zu den Synagogen E. L. SUKENIK, Ancient synagogues in Palestine and Greece, London 1934; The Ancient synagogue of El-Ḫammeh, Jerusalem 1935 (= JPOS 15 [1935], S. 101ff.); zu den Bildern in der Synagoge von Dura-Europos (Final Report VIII, 1: C. H. KRAELING, The Synagogue, New Haven 1956) vgl. vor allem H.-L. HEMPEL, ZAW 69, 1957, S. 115ff., auch meine Bemerkungen ebenda S. 234ff. und NAWG 1961 S. 373 (Lit.), zum Alter der Synagoge (entstanden zwischen 622 und 586?) J. MORGENSTERN, Festschr. della Vida II (1956), S. 192ff. *73* Die Datierung der Landnahme ist abhängig einmal von der Beziehung des »Israel« der Merneptah-Stele (ANET Sp. 376ff., GALLING, Textbuch S. 34) auf das (noch nicht seßhafte?) »Volk«, sodann von der Deutung des archäologisch nachweisbaren Rückganges der materiellen Kultur im Lande unter Zerstörung wichtigster Orte als Wirkung der israelitischen Einwanderung (so vor allem W. F. ALBRIGHT, bereits BASOR 56 (1934), S. 11f., weitere Lit. bei F. MAASS, BZAW 77 [1958], S. 113 Anm. 35 im Zusammenhang seiner Untersuchung über Hazor), endlich von der Annahme eines allmählichen (kampflosen) Einsickerns in die »freien Gebiete zwischen den Städten« als dem

»ersten Stadium« der Besitzergreifung (so vor allem A. ALT, PJB 35 [1939], S. 23 = Kl. Schr. I S. 139, dem NOTH, Geschichte Israels S. 67 im wesentlichen folgt).

Zu Seite 14.

74 Zum Grundsätzlichen vgl. die o. Anm. 11 zu Seite 2 genannte Arbeit von S. NYSTROEM, ferner L. ČERNÝ, The day of Yahweh and relevant problems (Práce z vědeckých ústavů 53), Prag 1948, S. 85ff., und A. HALDAR, The notion of the desert in Sumero-Accadian and West-Semitic religions (UUÅ 1950:3), vor allem S. 35ff. (Ugarit) und S. 43ff. (AT). Ob in Gen 2 8ff. die Worte *le‘obdāh ulšomrāh* 15 zu einem Nebenstrang der Erzählung gehören (so J. BEGRICH, ZAW 50 [1932] S. 109f. und S. MOWINCKEL, The two sources of the predeuteronomic primeval history (JE) in Gen 1—11, Oslo 1937, S. 19) oder Glosse sind (so K. BUDDE, BZAW 60 [1932], S. 21), spielt für ihr Kulturbewußtsein keine Rolle; mir ist beides unsicher. Zur Regenspendung vgl. von Älteren E. DHORME, a. a. O. S. 189ff. im Zusammenhang einer Behandlung der »heiligen Wasser« sowie jetzt die Auseinandersetzung über Jahve oder Baal als ihren Urheber bei PH. REYMOND, L'eau, sa vie, et sa signification dans l'AT (Suppl. VI VT), Leiden 1958, S. 41ff. *75* Gen 16 11f. Kontrast: Gen 27 39f.; auch Hi 24 5 Thren 5 9 und u. S. 89. Zum Problem vgl. außer NYSTROEM auch L'antica Società Beduina, ed. FR. GABRIELI, Rom 1959, und J.-R. KUPPER, Les Nomades en Mésopotamie au temps des rois de Mari, Paris 1957. — Seit der ersten Aufl. dieses Buches hat sich die Frage des Beduinenwesens in der Zeit vor der Landnahme wesentlich dadurch verschoben, daß um die Mitte des zweiten Jahrtausends nicht mit Kamel- sondern mit Eselnomadismus zu rechnen ist (so W. F. ALBRIGHT, jetzt BASOR 163 [1961], S. 36ff. im Gefolge von R. WALZ und W. G. LAMBERT [so S. 38 Anm. 9]), so daß die Erwähnungen des Kamels bei J (Gen 12 16 u. ö.) als Anachronismen zu werten sein würden. Dem entspricht es, daß das Kamel dem israelitischen Gesetz als unrein gilt (Lev 11 4 Dtn 14 7). Das im Text über den Ehr- und Rachebegriff des Beduinen Gesagte ist, soweit es die Zeit nach der Landnahme betrifft, von dieser Verschiebung unberührt, da wir in Jdc 6 5 (Gegensatz gegen den Esel in 4) 7 12 (Gegensatz gegen das Gerstenbrot in 13) 8 21 eindeutige Zeugnisse für das Auftreten der Kamelnomaden an der Grenze »Israels« im 12. Jhdt. haben *76* Vgl. Jdc 11 2f. I Sam 22 1f. (die »Brüder und das ganze Vaterhaus« des David als Kern einer sich neu bildenden Gruppe) und dazu arabische Parallelen bei E. BRÄUNLICH, Islamica 6 (1934), S. 204ff. *77* Vgl. die Taten des Simson und dazu J. PEDERSEN, a. a. O., S. 222ff.; zu Nachwirkungen beduinischer Sprache vgl. J. GARSTANG, The heritage of Solomon, London 1934, S. 153, zum Recht s. o. S. 8. *78* Vgl. vor allem M. WEBER, a. a. O. S. 59ff., zum grundsätzlichen Gegensatz des Halbnomaden und des Bauern nach TH. H. ROBINSON, ET 45 (1934) S. 264ff.; 294ff. namentlich V. MAAG, Text, Wortschatz und Begriffswelt des Buches Amos, Leiden 1951, S. 177ff. *79* Zur Fluchtmöglichkeit vgl. Jer 25 35, zur Schwierigkeit der Wasserversorgung Num 20 17. 19 21 22 Dtn 2 6, vgl. DE VAUX II, S. 45ff. u. u. Anm. 87; zur Transhumanz M. WEBER a. a. O. S. 44f., L. ROST, ZDPV 66 (1943) und darnach M. NOTH, GI (s. Reg. s. v. Weidewechsel). Straßenbauten, wie sie Dtn 2 6 voraussetzt, werden durch das Aufkommen des pferdegezogenen Wagens erforderlich (so W. F. ALBRIGHT, BASOR 163, S. 43; sein Vorkommen vgl. Idrimi-Stele, ed. S. SMITH, London 1949, Zeile 13, Pferde im Besitz (nur) der *mariannu* in Alalakh bei WISEMAN, a. a. O. Nr. 329 S. 94). Zum Terminus Ḫapiru (im Kulturland ohne eigenen Grundbesitz zeltende »staubbedeckte« Nomaden ?) vgl. R. BORGER, ZDPV 74 (1958), S. 121ff. (anders W. F. ALBRIGHT, BASOR 163 [1961], S. 53f.), als Besitzer eines Pferdes in Nuzi M. P. GRAY, HUCA 29 (1958) S. 151[96] (S. 135ff.

das gesamte Material); zur Geschichte des Problems E. HÄUSLER, Sklaven und Personen minderen Rechts im AT (Diss. phil. Köln 1956, S. 62ff.) u. s. u. S. 68[10]. *80* Vgl. zu den Streitigkeiten: Gen 13 6f. 21 25 26 15. 18 Jer 6 3 12 10; zur Schafschur Sam I 25 7 II 13 23; zur »Heiligung« der Herde am Passah außer J. PEDERSEN, Israel III/IV, Kopenhagen 1934, S. 301ff., ZAW 52 (1934), S. 161ff. *81* Vgl. Jakobs Schicksal Gen 29 2—31 6; auch die Wendung *'īš . . 'åḥim . . gerō* Dtn 1 16. Wie die grundbesitzende Familie erhält auch der Gott als der Herr des Bodens seinen Anteil am darauf entstehenden Leben: die Erstgeburt, die bei dem Menschen und bei dem für die Wandernden wichtigsten Tier, dem Esel (!), abgelöst werden darf (Ex 13 13. 15 34 20), doch s. u. S. 54 Anm. 102. Der erste Schritt zur Seßhaftwerdung ist der Erwerb einer Grabstätte (Gen 23 4).

Zu Seite 15.

82 Vgl. zu den Rekabiten Jer 35 6f. und die Nabatäischen Vorschriften bei Diodor IX, 94 Fischer V 146 sowie dazu meine Schrift: Mystik und Alkoholekstase, Hamburg 1926, S. 15f. Analoge sarazenische Vorschriften berichtet Ammian XIV 4, 31; verwandte arabische Probleme (Seßhaftmachung der Wahhabiten) vgl. bei R. HARTMANN, ZDMG 78 (1924), S. 211f. Zum »nomadischen Ideal« vgl. K. BUDDE, Preuß. Jahrbücher 85 (1896), S. 57ff., auch J. W. FLIGHT, JBL 42 (1923), S. 158ff. Ob auch Gen 11 1ff. durch die Übersetzung von *migdål* mit »Burg« statt mit »Turm« hier als Zeugnis der Ablehnung des Wohnens in der befestigten Stadt statt des beduinischen Lebens im Zelt einzureihen ist, ist mir trotz der Zustimmung E. SELLINS, ZDMG 91 (1937) S. 370ff. zu den Darlegungen von O. E. RAVN, ebenda 352ff. zweifelhaft geblieben. Nichts zu tun mit einer Ablehnung der Kultur hat die Gründung von Qumran (»intra kos Engadda«, vgl. E. M. LAPEROOUSAZ, RB 69 (1962), S. 369ff., da die Sektierer an der Ain Fešha Feld- bzw. Gartenbau getrieben (vgl. z. B. R. DE VAUX, L'Archéologie et les Manuscrits de la Mer Morte, Schweich Lectures 1959, London 1961, S. 67ff.), bei ihren Mahlen Wein getrunken (*tīrōš* 1QS VI 4ff. S[a] II 17ff.) und Gruppen an verschiedenen »Orten« (*måqōm* 1QS VI 3 u. ö.) gehabt haben, wobei man trotz des Zitates aus Dtn 32 33 (*ḥ[a]maṯ tannīnim jēnåm*) in CD VIII 9 XIX 22 den *tīrōš* schwerlich entalkoholisieren darf. *83* Vgl. Gen 21 15f. (Num 21 6 Dtn 8 15) Jes 30 6 34 11ff. Lev 16 8 (21f. 26). *84* Ihm ist der in dem *midbår* hausende »Auswürfling« (zum Terminus vgl. [K. POSTL bei] H. PLISCHKE, Von Cooper zu Karl May. Eine Geschichte des völkerkundlichen Reise- und Abenteuerromans, Düsseldorf 1951, S. 38) der gesetzlos Handelnde: Hi 24 2ff. und s. u. S. 89. *85* Vgl. I Chr 4 38ff. und dazu A. ALT, JPOS 15 (1935), S. 301ff. = Kl. Schr. III, S. 416ff. *86* Zum Problem vgl. W. C. GRAHAM and H. G. MAY, Culture and Conscience, Chicago 1936, S. 68ff., auch W. RUDOLPH, BZAW 68 (1938), S. 250ff. und jetzt z. B. J. BRIGHT, A History of Israel, Philadelphia o. J. (1959), S. 123: »We cannot doubt, that Israel absorbed kindred people already present in the land, who had participated in neither exodus nor conquest«. Die Auffassung der Keret-Legende als »historische Sage«, die Asser und Sebulon im Palästina des 14./13. Jhdts. (Lit. s. bei GRAY a. a. O. S. 1f.) und der *'išṛṯ* Gordon 124 19 als »Frauen von Asser« (VIROLLEAUD) hat sich nicht durchgesetzt. Vgl. jetzt A. S. KAPELRUD, IDB IV (1962), S. 731, auch DRIVER, Canaanite Myths and Legends, S. 134 zu *išry(t)*. — Wieweit man die im Lande ansässigen, mit den zuletzt eindringenden, in Gilgal bei Sichem in die Zwölferamphiktyonie eintretenden Stämme bereits als »israelitisch« bezeichnen will (so NOTH, GI S. 67ff.), ist eine rein terminologische Frage. *87* Vgl. Jos 17 15. 18. Voraussetzung für das Siedeln an Stellen ohne eigene zureichende Quellen ist das Anlegen von Zisternen, das im Lande schon in die letzte vorisraelitische Zeit hinaufreicht (vgl. K. Galling, BRL 535f.), oder das komplizierte Durchgraben bis zum unterirdischen Wasserspiegel, vgl. J. B. Pritchard, The Water System of Gibeon, Philadelphia (Pa) 1961; auch: Gibeon, where the sun stood still, Princeton 1962, S. 68 u. Abb. 6. 34ff. Eine analoge ägyptische Anlage s. bei P. Montet, Tanis, Paris 1942, S. 70f., Abb. 13. *88* Jer 14 5f.; vgl. Gen 3 18 Jes 5 5 Ez 34 25 Hos 2 20 Hi 5 23 Mt 13 8.

Zu Seite 16.

89 Ex 22 4f.; het. Ges. II, 6 (AOTB I², S. 429 Ebeling, ANET 193 Goetze; J. Friedrich, Doc. Mon. O. A. VII 1959, S. 63). Böswillige Brandstiftung auf dem Acker Jdc 15 4ff. II Sam 14 30; zur Heuschrecke vgl. z. B. Dtn 28 38 Am 7 1ff. Joel 1 4; Wurmfraß Dtn 28 39 *90* Jdc 6 3; vgl. Dtn 23 5 3 7 (20 14) I Chr 7 21. Analoge Zustände im türkischen und englischen Palästina schildert J. Baratz, Siedler am Jordan, Göttingen o. J. *passim*. *91* Zum Begräbnis im Haus vgl. I Sam 25 1 (28 1) I Reg 2 34 und dazu A. Lods, RHPR 16 (1936), S. 125ff.; andere bronzezeitliche Sitten vgl. z. B. für tell el far'ah bei R. de Vaux, RB 69 (1962), S. 239ff. Auch in der Heiligkeit des Herdes hat das Haus (wie im Fundamentopfer) »sakrale« Reste bewahrt, vgl. van der Leeuw a. a. O. S. 208f. — Die ältesten palästinischen Häuser bereits im neolithischen Jericho bei K. M. Kenyon, Archaeology in the Holy Land, London 1960, S. 48 (pre-pottery level!) *92* Vgl. vor allem die »Bauernpraktik« von Gezer aus der Zeit um 1000 ANEP 272 (mit Lit. S. 280), ANET S. 320 (Albright), seitdem auch D. Diringer, The story of the Aleph Beth (Popular Jew. Libr.), London 1958, S. 67f., Taf. IV und W. Wirgin, Eretz-Israel 6 (1960), S. 9ff. (mir nur aus ZAW 73 [1961], S. 235 bekannt). Zu den Buchstabenformen auch G. R. Driver. Semitic writing (Schweich Lect. 1944), London 1948 (s. Reg). *93* Vgl. Gen 4 11. 14 Hos 2 14, auch Prov 21 29 und Jes 7 15. Die Deutung von Dickmilch und Honig hier als »Speise des Nomadenlandes, zu dem Juda werden soll« (O. Procksch, Komm. S. 123) wird (gegen andere) jetzt wieder von W. Eichrodt, Theol. I⁵, 1957, S. 326⁵⁷, G. Fohrer (Komm. s. 103f.) und O. Kaiser (Komm. S. 75f.) erneuert. Hingegen hat Hes die traditionelle »paradiesmythologische« Deutung der Wendung, wie sie sich in der deuteronomistischen Sprache verfestigt hatte, aufgenommen, vgl. 20 6 und dazu W. Zimmerli, Komm. S. 444f., während er umgekehrt 21 32 den vielfach (auch 4Q patr. bl; J. M. Allegro, JBL 75, 1956, S. 174ff. Z. 1ff.) messianisch gedeuteten Judaspruch Gen 49 10 in eine Unheilsdrohung verkehrt (vgl. W. L. Moran, Bibl. 39, 1958, S. 405ff., dem Zimmerli S. 495 in Auseinandersetzung mit anderen nicht ohne Zögern folgt). *94* Jes 36 16 = II Reg 18 31 vgl. I Reg 5 5 und als Beispiel des alten Weinbaus den Befund in Gibeon J. B. Pritchard, BA 23 (1960), S. 26, zum »Ackerbauideal« der israelitischen Weisheit als Nachwirkung eines »alten Bauernideals« (Verherrlichung des Ackerbaus als des »von Gott eingesetzten Berufes« im Gegensatz gegen Handel, Leihen und Bürgen) vgl. G. Boström, Proverbiastudien (LUÅ, N. F. 1, Bd. 30, 3), Lund 1935, S. 53ff. — Grundsätzliches zum Verhältnis von Hirten und Feldbauern vgl. bei R. Thurnwald, Grundfragen menschlicher Gesellung, Berlin 1957, S. 91f. *95* Vgl. Jes 2 4 9 2 Ps 126 16, auch Gen 49 10ff., dessen Erfüllung den Frieden voraussetzt. — Natürlich ist dieses Ruhebedürfnis des Bauern — vgl. dazu A. Bertholet, Altes Testament und Kriegsfrömmigkeit, Tübingen 1917, S. 19ff. — nur ein Moment in der Entstehung der pazifistischen Eschatologie; vgl. »Gott und Mensch²«, S. 114ff., auch u. S. 97. *96* Vgl. Cl. Kopp, Elias und Christentum auf dem Karmel, Paderborn 1929, S. 68ff.; zu Fruchtbarkeitssymbolen vgl. W. Wirgin and S. Mandel, The History of Coins and Symbols in Ancient Israel, New York 1958, S. 162ff., zum Fruchtbarkeitskult auch u. S. 106f.

Zu Seite 17.

97 Vgl. die Liste II Chr 11 5ff.; zu den Wagenstädten und Festungen auch E. JUNGE, a. a. O., Stuttgart 1937, S. 12ff., doch gehören die berühmten Ställe in Megiddo nicht in die Zeit Salomos, sondern des Ahab, vgl. Y. YADIN, BA 23 (1960), S. 68. *98* Vgl. I Reg 2 36 und zur staatsrechtlichen Stellung Jerusalems A. ALT, Staatenbildung, S. 55ff. = Kl. Schr. II 45ff.; zum Gegensatz zwischen Jerusalem und den vollfreien judäischen Stammesangehörigen, dem *ʿam hå'åraeṣ*, vgl. namentlich II Reg 11 20 und die Analysen des Begriffs bei E. WÜRTHWEIN, BWANT IV, 17 (1936), und bei R. DE VAUX, Lebensordnungen II, S. 119ff. (Gegensatz gegen Jerusalem, insofern es Sitz des Königs und seiner Beamten ist). *99* Zum Gegensatz Jerusalem/Bethlehem vgl. Mich 4 9—5 5 nach A. ALT, Interpret. S. Mowinckel missae 1955, S. 15 = Kl. Schr. III, S. 375f., anders datiert u. a. H. TH. ROBINSON, Eißfeldt's Handbuch 14^2, 1954, S. 141ff., andere Gegensatzbildung (aus Bethlehem, nicht vom Himmel) G. VON RAD, Theol. II, S. 325. *100* Vgl. Neh 7 4f. 11 1f. *101* Vgl. Jer 37 21 (und dazu A. BERTHOLET, Kulturgeschichte Israels, Göttingen 1919, S. 158), ferner Jdc 4 17. 21 5 24. 26 (und dazu R. EISLER, Monde oriental 23 [1929], S. 48ff.) I Reg 7 13ff. oder die im Baubericht des Nehemia mitbenutzte Gildenliste Neh 3 8ff. Dabei erscheint das Weben als typisches Handwerk der Dirnen; vgl. die *pištē haʿeṣ* der Rahel (Jos 2 6), den Webstuhl der Delila (Jdc 16 13ff., s. auch u. S. 165[75]) und die Jerusalemer Kedeschen, die den πέπλος der Astarte weben (II Reg 23 7; zur Deutung H. THIERSCH, Ependytes u. Ephod, Stuttgart 1936, S. 113[3]). War auch der »königliche Harem . . . eine leistungsfähige Fabrik in der Textilbranche«? (so W. CASPARI, Aufkommen und Krise des israel. Königtums unter David, Berlin 1909, S. 33, doch s. u. S. 116[128]); wie auch im Babylonischen die Weberei in den Händen der Frauen liegt, vgl. z. B. I. MENDELSOHN, BASOR 89 (1943), S. 26. Die straßenweise Zusammenfassung der einzelnen Handwerke wird bestätigt durch die Aufdeckung der »commercial quarter«, z. B. in Gibeon (vgl. J. B. PRITCHARD, BA 23 [1960], S. 23ff.) oder auf dem *tell ed dwēr* (J. L. STARKEY, PEFQuSt 68 [1936], S. 188f. mit Taf. VI, 3, auch die »street of shops« bei O. TUFNELL, Lachish III, London 1953, S. 56). Die Tatsache, daß die städtische Lebensform nicht ursprünglich »israelitisch« gewesen, sondern erst nach der Landnahme und nicht in einem Zug rezipiert ist, spiegelt sich auch in der Ablehnung der die Anlegung von Magazinen erfordernden Getreidespekulation Prov 11 25, vielleicht auch in der Warnung vor falschem Maß und Gewicht Prov 11 1 20 10. 23 (Gegensatz 16 11). Vgl. Jerusalem (!) als Handelsplatz Hes 26 2 u. s. Anm. 105. *102* Vgl. Gen 23 16 *kaesaep̄ ʿoḇer lassoḥer* (II Reg 12 5 ohne *lassoḥer*) und dazu A. BERTHOLET, Die Stellung des Israeliten und Juden zu den Fremden, Freiburg 1896, S. 2ff. 23. In vorpersischer Zeit wird der *kaesaep̄* gewogen, vgl. DE VAUX, Lebensordnungen II, S. 332ff. Zum Karawanenhandel vgl. Gen 37 25. 28 und den o. Anm. 75 genannten Aufsatz von ALBRIGHT und den älteren Hinweis von M. GUTTMANN, HUCA 3 (1926), S. 5 auf das Fehlen jeden Hinweises auf Karawanenberaubung im AT. *103* Vgl. Jon 1 16, auch (Gen 49 13) Dtn 33 18 Jdc 5 17 I Reg 9 26ff. (22 49). Sollte der Sippenname *paḥaṯ-mōʾåḇ* Esr 2 6 u. ö. belegen, daß eines ihrer Glieder (unter David? unter den Omriden?) die Statthalterwürde über Moab besessen habe, so wäre auch damit ein Weg zur Verbreitung israelitischer Vorstellungen gewiesen.

Zu Seite 18.

104 Vgl. Gen 37 25. 28 I Reg 9 26ff. Jes 21 13f. Hi 6 19 und dazu einerseits J. A. MONTGOMERY, Arabia and the Bible, Philadelphia 1934, S. 175ff., andrerseits O. EISSFELDT, Philister und Phönizier (AO 34, 3) 1936, zum Grundsätzlichen auch W. F. AL-

BRIGHT, Die Religion Israels, München 1956, S. 148ff. ***105*** *K^ena'an(i)* (zum Begriff vgl. B. MAISLER, BASOR 102 [1946], S. 7ff.) = »Händler«, vielleicht zuerst Hos 12 8 (zum Text vgl. H. W. WOLFF, Komm. z. St. und den Parallelismus *'am k^ena'an* || *n^etilē kaesaep̄* Zeph 1 11 bez. *'aeraeṣ k^ena'an* || *'ir rok^elīm* Ez 17 4 [16 29 ?]), sonst nur in den späten Stellen Jes 23 8 Sach 14 21 Hi 40 30 Prov 31 24. — Der fremde Kaufmann ist zugleich der mißtrauisch angesehene *'iš tår*, der »Spion« (I Reg 10 15). Daß das Exil nicht einfach einen Wandel der Einstellung zum Handel bedeutet, betont BOSTRÖM, a. a. O. S. 80ff. mit Recht. Es gibt vor dem Exil, wie B. im Gefolge M. WEBERS ausführt, Israeliten, welche Handelsgeschäfte treiben (vgl. Jes 2 6f.!), und es lebt das »Ackerbauideal« auch nach dem Exil kräftig fort, so daß der Handel lange überwiegend in fremder Hand bleibt. ***106*** Vgl. I Reg 20 34 (Neh 13 66); zur königlichen Förderung des Handels vgl. W. F. ALBRIGHT, Rel., a. a. O. Die Ophirfahrt Salomos ist eher als Raubzug in ein Land mit starker Goldanreicherung zu verstehen; so R. HENNIG, Terrae incognitae I, Leiden 1936, S. 24ff. Zum Strukturwandel der Städte in der Königszeit (vgl. Jerusalem als Handelsplatz Hes 26 2) vgl. E. NEUFELD, HUCA 31 (1960) S. 36ff., speziell zum Steigen der Bodenpreise auf Grund ihres Wachstums S. 42. ***107*** S. u. S. 131f. ***108*** Vgl. Jdc 11 1f. I Sam 25 7 (heutige Parallelen bei E. BRÄUNLICH, a. a. O., S. 82f.) II 13 34.37 II Reg 4 1 8 1. ***109*** Ansätze dieser (später in barem) Geld zu entlohnenden (vgl. noch II Chr 25 9) Landsknechtsscharen vgl. schon Jdc 9 3 (s. o. S. 2[4]); wahrscheinlich hat auch Saul eine teilweise volksfremde Leibwache gehabt (vgl. I Sam 14 52) und neben dem (reduzierten) Bauernheerbann (vgl. I Sam 13 2) eingesetzt; vgl. E. JUNGE, a. a. O., S. 8. Zu Davids »dreißig Helden« vgl. K. ELLIGER, PJB 31 (1935), S. 29ff., A. ALT, Kl. Schr. III, S. 351 und die Liste der Volksfremden in Davids »Stab« bei A. BERTHOLET, Stellung der Israeliten, S. 39. ***110*** Vgl. I Reg 7 13ff. 9 20ff. 27ff. Dtn 21 10ff. Num 31 11. 18. 26 Jdc 5 30, als Parallele auch die 20 Sidonier, die unter Assurbanipal am Persischen Golf Schiffe bauen sollten (Brief 38 bei R. H. PFEIFFER, State letters of Assyria, New Haven 1935 = Harper 795). Zur Sklaverei vgl. DE VAUX, Lebensordnungen II, S. 132ff., während G. KEHNSCHERPER, Die Stellung der Bibel und der alten christlichen Kirche zur Sklaverei, Halle/S. 1957 in der Behandlung alttestl. Texte (z. B. in der Außerachtlassung des »Ich habe meinen Herrn [dich] lieb« Ex 21 5 Dtn 15 16) bisweilen etwas willkürlich verfährt. Genaueres zur Sklaverei mit Einschluß der *ḫabiru* s. u. S. 131ff., auch 116[130] (Mädchenhandel). Die Sklavin hat dabei doppelten Wert eines Sklaven im Vertrag Idrimi: Pillia (bei WISEMAN, Alal. Tabl. 3 S. 31), zu Sklaven als gelernten Arbeitern vgl. I. MENDELSOHN, BASOR 87 (1943), S. 25ff., zu ihrem Übergang in den Status des »freien Proletariers« dens. BASOR 83 (1941), S. 36ff. zu Ex 21 5f. Dtn 15 16f. (. . . they prefred bondage with economic security to liberty with economic insecurity). ***110a*** Vgl. vor allem E. JUNGE a. a. O., S. 12ff.

Zu Seite 19.

111 Vgl. zu diesem Problem E. DHORME, RHR 108 (1933) S. 113ff., vor allem seine Auswertung der an einen Leviten (s. u. S. 27) gerichteten Wendung »Vater und Priester« Jdc 17 10 18 19. Zu beachten ist, daß eine entsprechende Wendung »Mutter und Priesterin« fehlt, vielmehr das AT nur den männlichen Priester kennt. Dasselbe gilt für die Traumdeutung (Joseph, Daniel), vgl. das altorientalische (Ugarit GORDON, Manual, S. 263 Nr. 634) Material bei A. L. OPPENHEIM, The interpretation of dreams in the Anc. Near East, Philadelphia 1956 (vor allem S. 211. 221f.) und bei A. CAQUOT, in Sources Orientales II, 1959, S. 103ff., auch die Träume in Gen.-Apokr. XIX 14ff.

XX 22 (edd. N. Avigad and Y. Yadin, Jerusalem 1956). Priester als Traumdeuter: Ezechiel, Exagoge 83 ff. (Wienecke S. 9). Nachträgliche Deutung durch den Träumer: LXX—Esth 1 1d ff. 10 3b ff. Weitere Lit. u. S. 30[178]. *112* Zum Priesterspruch vgl. Althebr. Lit. S. 69 ff., zu »rein« und »unrein« als Inhalt der *tōrå^h* vgl. z. B. Hagg 2 11 ff.; grundsätzlich J. Begrich, BZAW 66 (1936), S. 63 ff.; zur Beseitigung von Fehlern beim Vollzug des Rituals Lev 4 3 ff. mit seiner assyrischen Parallele KART 38, bearbeitet von E. Ebeling, MAOG V, 3 (1931), 45 ff. Zum Priestertabu im allgemeinen vgl. A. C. James, Taboo among ancient Hebrews, Diss. Hist. Rel. Philadelphia 1925, S. 40 ff.; zur Übertragung auf die Gemeinde von Qumran vor allem 1QS[a]: Lev 22 16 (zum Grundsätzlichen J. Maier, ZAW 72, 1960, S. 151 ff. und meine Ausführungen: Texte von Q., S. 352 ff.); zur Verunreinigung des Heiligtums Lev 15 31 20 3 22 3 Num 19 13. 20 Hes 22 26 23 39 (43 9). Voraussetzung des »Segens« ist bei dem allen die Einhaltung der priesterlichen Tabuierungen bei den kultischen Funktionen wie im persönlichen Verhalten, vgl. Mal 1 6—2 9 und dazu G. J. Botterweck, Bibel und Leben 1 (1960), S. 100 ff. Auch die Betrunkenheit des Hohenpriesters Simon (I Macc 16 16) wirkt nicht gerade erbaulich; sie schafft die Gelegenheit zu seiner Ermordung. *113* Als Nachwirkung von Lev 10 10 Hes 44 22 f. vgl. I Cor 11 29. [Führt das διακρίνειν des Paulus statt des διαστέλλειν der LXX auf einen von dieser unabhängigen griechischen Text, auf den auch ὁ δρασσόμενος τοὺς σοφοὺς ἐν τῇ πανουργίᾳ αὐτῶν I Cor 3 19 gegen ὁ καταλαμβάνων σοφοὺς ἐν τῇ φρονήσει Hi 5 13 LXX hinweisen könnte? Durch die Auffindung eines griechischen, der LXX gegenüber selbständigen Textes des Dodekapropheton in einer Unziale des 1. Jhdt.s p. C. in einer Höhle des Wadi Murabbaʿât (vgl. die Lit. bei F. M. Cross, jr., The ancient library of Qumran and modern biblical studies, Garden City, NY, 1958, S. 21, Anm. 35) und durch Abweichungen im LXX-Text in Fragmenten aus Lev Num aus 4Q (vgl. P. W. Skehan, Suppl. VT IV, 1957, S. 155 ff.) wird diese Frage noch dringender, als sie 1938 war]. Zu den Reinigungen vgl. vor allem Lev 12 4 ff. 13 1—14 57 und dazu noch immer J. Döller, AA VII 2—3 (Münster 1917) S. 10 ff., 77 ff. u. u. S. 52. *114* Vgl. die allerdings späte, sachlich die Ausrichtung des Kultus auf den Sühnegedanken seit Ezechiel gut wiedergebende Zusammenfassung der *k^{e}hunå^h* Num 25 12 f.; zur Furcht vor Unreinheit auch II Chr 23 19 und zur Bedeutung des *ṭåme'* für den Priester J. Begrich, BZAW 66, 71; um ihretwillen darf er weder eine Prostituierte heiraten noch seine Tochter diesem Gewerbe zuführen (Lev 21 7. 9 und vgl. R. Patai, Sex and family life in the Bible and the Middle East, Garden City (NY.), 1959, S. 246). Wie verheerend ein Versagen des Hohenpriesters gegenüber den an ihn zu stellenden Anforderungen sich auswirken kann, zeigt die Entstehung der Sekte von Qumran gemäß 1QpHab.

Zu Seite 20.

115 Sir 7 31; vgl. 32 10 ff. Prov 3 9 f., ferner Dtn 10 8 21 5 27 12 I Sam (1 17) 2 20 I Chr 23 13. 15 ff. — Zur Wichtigkeit des Opfers beachte seinen Vorrang vor der Arbeitsruhe am Sabbath Num 28 9 (Mt 12 5). *116* Vgl. Sam I 10 27 11 13 16 20 II 14 15: Ex 23 15 34 20 Dtn 16 16 Sir 32 6 und Ps 15 1 *par.* (s. u. Anm. 126). *117* Vgl. Lev 10 9 21 7 Hes 44 27 ff.; vgl. Lev 21 13 f. (Hoherpriester). *118* Lev 19 30 (= 26 2; s. u. S. 67). *119* Daß göttliche Autorität die Grundlage alles israelitischen Kultus sei, ist die in den Einführungsformeln aller rituellen Bestimmungen vom Bundesbuch bis zu den Nachträgen von P sich spiegelnde und z. B. in den Märtyrererzählungen der Makkabäerzeit lebendige Glaubensvoraussetzung, die von der religionsgeschichtlichen Fragestellung nach vor- und außerisraelitischen Elementen in seinem Gottesdienst (vgl. z. B. W.

Eichrodt, Theol. I, S. 55ff.) ganz unbetroffen ist. Die Geltung des Kultus läßt sich innerhalb des AT nur im konkreten Fall durch Leugnung der hinter ihm stehenden Offenbarung bestreiten (vgl. Jer 8 8). Gott offenbart sich für den Glauben des AT auch im kultischen Gesetz und seinen Forderungen (vgl. L. Köhler, Theologie d. AT^3, Tübingen 1953, S. 92ff.), die darum nicht unter das Stichwort von der »Selbsterlösung des Menschen« gestellt werden sollten (vgl. ZAW 54 [1936], S. 294f. u. s. u. S. 114f.). *120* Dtn 26 13ff. *121* S. u. S. 72. Daß diese Verknüpfung von Religion und Sittlichkeit eine spezifische Leistung des Moses sei, ist ein religionsgeschichtlich unhaltbares Vorurteil. Es gibt keine urtümliche »Religion« ohne »sittliche« Forderungen und keine urtümliche »Sittlichkeit« ohne religiöse Begründung, mögen die Formen beider unserem Empfinden oft recht fern stehen. Nicht die Verbindung beider, sondern ihr allmähliches Sichlösen voneinander ist das Thema der Geschichte; s. u. S. 113ff. *122* Vgl. Hes 18 5ff. (s. u. S. 114) und die Übersicht bei A. Alt, Die Ursprünge des israelitischen Rechtes (BSGW 86, 1), Leipzig 1934 S. 56 = Kl. Schr. I, S. 320. Zu beachten ist auch, daß der im Liebesgebot Lev 19 18 (s. u. S. 158) zusammengefaßte Katalog den gleichen Charakter aufweist.

Zu Seite 21.

123 Vgl. namentlich R. Kittel I S. 445ff.; die im folgenden angeführte Antwort auf die Totenrichterfragen (Totenbuch Kap. 125) ist übersetzt AOTB I^2, S. 10ff. (Ranke), ANET, S. 34ff. (Wilson), die babylonischen Beschwörungstafeln ebenda S. 324ff. (Ebeling). *124* Zum Problem vgl. meine Ausführungen Z. syst. Th. 10 (1932) S. 170ff. (= Apoxysm. S. 263ff.); für Babyl. G. Widengren, The Accadian and Hebrew psalms of lamentation as religious documents, Stockholm 1937, S. 145ff., anders W. von Soden, ZDMG 89 (1935), S. 142ff. Heranzuziehen ist auch der von von Soden bei A. Falkenstein-W. von Soden, Sumerische und Akkadische Hymnen und Gebete Zürich-Stuttgart 1953, S. 272f. behandelte Text KAR 39 und 45 und die von Falkenstein ebenda S. 214f. gebotene Beschwörung gegen den Dämon Samana, unter dessen Schandtaten ebenfalls Magisches (Verhinderung von Menstruation und Potenz) neben Sozialem (Raub von Säuglingsnahrung, Behinderung von sakralen und profanen Prostituierten) steht. *125* Gen 28 18 Ex 3 5 (Jos 5 15); wie lebendig die Szene am Dornbusch und bei Jericho vorgestellt wurde, zeigt die Westwand in Dura-Europos; vgl. C. H. Kraeling, a. a. O. Taf. XXIV, auch H.-L. Hempel, a. a. O. S. 116f. *126* Ps 15 2ff. 24 4 Jes 23 15ff. Zur Verbindung mit dem »Beichtspiegel« K. Galling, ZAW 47 (1929), S. 120ff., zur Verbindung des Rituellen mit dem Sittlichen auch R. Press, ZAW 70 (1958) S. 183f.

Zu Seite 22.

127 Vgl. z. B. Ps 51 9 (Jer 4 14). *128* Ps 132 12. Vgl. G. Fohrer, ZAW 71 (1959), S. 12[25] (»Königsprotokoll«). *129* Vgl. Num 15 34; zum Problem auch Althebr. Lit. S. 71. *130* Zur Annahme eines der amtierenden Familie nicht angehörenden »Priesterlehrlings« in der älteren Zeit vgl. I Sam 2 11f., auch die Verwendung des Ausdrucks *naʿar* für Josua Ex 33 11 und dazu O. Eissfeldt, Hexateuchsynopse, Leipzig 1922, S. 52. Zum genealogischen Beweis vgl. Esr 2 6ff. Neh 7 63ff. (I Macc 14 41), zur Levitenfrage u. S. 76. *131* Vgl. den Vorwurf Mi 3 11, auch 1Qp Hab VIII 9ff. IX 4ff.; das Material zu den Priestereinkünften vgl. bei A. Wendel, Säkularisierung, S. 290ff. 296ff. Der Priester erhält schon früh neben den Naturalien (vgl. noch II Chr 13 9!) auch Geld (Jdc 17 10), später außerdem Geldablösungen für *'âšâm*- und *ḥaṭṭâ't*-Opfer (II Reg 12 17).

Hingegen sind die Gelegenheiten, sich Grund und Boden auf dem Wege des Gelübdes zuschieben zu lassen, durch die Einlösungsmöglichkeit mit $^1/_5$ der Zehntenwerte bis zum Jobeljahr bei Erbgut und durch den unbedingten Rückfall an die vorberechtigte Sippe bei gekauftem Gut stark — und segensreich! — eingeschränkt (Lev 27 16ff.; vgl. dazu N. North, Sociology of the Bibl. Jubilee, Rom 1954, S. 158ff., zu Bestrebungen im babylonischen Recht, die Ansammlung starker Vermögen der Toten Hand zu verhindern, vgl. meine Ausführungen Z. syst. Th. 8 [1929], S. 378f.).

Zu Seite 23.

132 Vgl. Jdc 17 12 18 19 II Sam 8 18 (20 26) Reg I 2 27. 35 (4 4) 12 31 13 33 II 10 11 (»Alle, die übrig waren vom Hause Ahabs . . . und alle seine Großen, seine Vertrauten und seine Priester«) auch von Rad, Theol. I, S. 247f. *133* Vgl. Jdc 18 19 I Sam 2 22 II Reg 12 5ff.; vielleicht handelt es sich bei der zweiten Stelle ursprünglich um Polemik gegen eine fremde Priesterschaft (Verbindung des Namens *ʿeli* mit dem kanaanäischen Gott *ʿal*); vgl. H. S. Nyberg, ZDMG 90 (1936) S.* 8*. Auch die Kontrolle der Leviten durch die Priester bei der Einsammlung von Zehnten und Steuern (Neh 10 38 13 13) wird ihren Grund gehabt haben, vielleicht denselben, welcher die Laien zur Einstellung der Abgaben bewogen hat (Neh 13 10ff.). *134* Vgl. Num 16 15 und dazu die Parallelfrage des »Richters« Samuel I Sam 12 3 samt der Anklage gegen seine »Söhne« I Sam 8 3; zur prophetischen Polemik vgl. z. B. Am 2 8 Jes 28 7, zur Faulheit der Leviten II Chr 24 5ff. *135* Vgl. Althebr. Lit. S. 90f. und als Beispiel einer Parodie etwa den gestohlenen Gott aus gestohlenem Silber Jdc 17 2f. 18 20; nach außen gerichtet im Spott über Dagon I Sam 5 3ff. und der bildlichen Darstellung an der Westwand von Dura-Europos (Kraeling a. a. O. Taf. XIX, darnach O. Eissfeldt, FF 31 (1957), S. 244, Abb. 8; zur Gestalt der Lade auf diesen Fresken C. Wendel, Der Thoraschrein im Altertum, Halle 1950, S. 8ff.). Ist die Lade Jahves leerer »Marchepied« (vgl. R. de Vaux, MUStJB XXXVII, 6, 1961), so wird der Spott in der Darstellung des von seinem Piedestal gestürzten Dagon nur um so beißender. *136* Vgl. Num 16 1ff. Mal 2 1ff. Bel zu Babel 18ff. Ob auch hinter Num 12 1ff. sich Machtkämpfe von Priestergruppen verbergen, kann dahingestellt bleiben; vgl. eine Bestreitung bei W. Rudolph, BZAW 68, S. 73. *137* Zum Prophetismus vgl. die Forschungsberichte von G. Fohrer, ThR 19 (1951), S. 277ff., 20 (1952), S. 193ff. 295ff., 28 (1962), S. 1ff. und H. W. Wolff, EvTh 15 (1955), S. 446ff. Zur Dienstleistung am Hof vgl. G. von Rad ZAW 51 (1933), S. 109ff. und (spez. zu I Reg 22 6ff.) E. Haller, Charisma und Ekstasis, München 1960, im Kult A. R. Johnson, The cultic prophet in Anc. Israel, Cardiff 1944 (und dazu u. a. G. Quell, ThLZ 81 [1956] Sp. 401ff.), im Dienste Großer (II Sam 24 11) Neh 6 7. 12ff., zum Propheten als Wundertäter »Gott und Mensch[2]« S. 95ff., auch W. Eichrodt, Theol I[5], S. 212, II/III[4], S. 111 Anm. 87, zum altisraelitischen Zauber E. Dhorme, Evol. S. 227ff., auch O. Eissfeldt, Kl. Schr. I, Tübingen 1962, S. 150ff. (zur »Glaubwürdigkeit« der Wundererzählungen C. J. Mullo Weir, Annual Leeds Univ. Orient. Soc. I, 1958/59, S. 25ff.); zu den Symbolhandlungen A. van den Born, De symbolische handelingen der oud-testamentische profeten, Utrecht 1935 und G. Fohrer, Die symbolischen Handlungen der Propheten, Zürich 1953. Zum religionsgeschichtlichen Vergleich: H. H. Rowley, Prophecy and Religion in ancient China and Israel, London 1956, auch das heutige Material bei K. Schlosser, Propheten in Afrika, Braunschweig 1949 und: Zeitschr. für Ethnologie 75 (1950), S. 60ff., zur »primitiven« Vorgeschichte M. Eliade, Der Schamanismus, Zürich 1957. Prophetin: (Ex 15 20 Jdc 4 4) II Reg 22 14 Jes 8 3 Neh 6 14. Vielleicht dienen auch die Ex 38 8 erwähnten Spiegel den am Heiligtum beschäftigten Weibern zur Gewinnung von ekstatischen Inspirationen (vgl. H. JUNKER, Theologie und Glaube 21 [1929], S. 68ff.). *138* Vgl. vor allem I. Sam 9 6 (ägyptische Orakelparallelen vgl. bei A. ERMAN, Religion der Ägypter, Berlin 1934, S. 155 und als Gegensatz II Reg 4 27); zur Beichtpraxis vgl. Aussagen wie Mi 3 8 und den Jes 5 8ff. benutzten Grundsatz der »spiegelnden Strafe« (s. u. S. 182f. 193 und Mehrdeutigkeit S. 31). *139* Vgl. neben J. LINDBLOM, Prophetismen i Israel, Stockholm 1934, S. 130ff. und meinem: Gott und Mensch[2], S. 100f., vor allem A. HALDAR, Associations of Cult Prophets among the Ancient Semites, Uppsala 1945, S. 118ff. *140* Vgl. II Reg 2 3. 5. 15; zur »Vorgeschichte« u. S. 27 Anm. 169.

Zu Seite 24.

141 Jes 2 11. Zu der Tatsache, daß die Berufungstermini *låḳaḥ, iåḏa'* (vgl. E. BAUMANN, ZAW 28 [1908], S. 32ff.), *påṭåh* (Ex 22 15 Jer 20 7) wie *ḳin'åh* (vgl. F. KÜCHLER, ZAW 28 [1908], S. 42ff.) sexuellen Sinn haben können oder gehabt haben, vgl. u. S. 169[97]; zum Charakter des prophetischen Erlebens als eines »Fremdheitserlebnisses« vgl. neben meinen Ausführungen in »Berufung und Bekehrung«, Stuttgart 1935, S. 3ff. (= Beer-Festschrift S. 43ff.), auch Apoxysmata S. 298ff. (= JThSt 40 [1939], S. 124ff.) vor allem die Betonung der Erfahrung einer »Partnerschaft« zwischen Gott und dem Propheten, symbolisiert unter dem Bild der Umarmung und Vereinigung und damit als Grundlage der Betrachtung der Geschichte Israels unter dem »symbolisme conjugal« bei A. NEHER, L'essence du prophétisme, Paris 1955, S. 101ff. 247ff., auch die Gegenüberstellung von »Gott« und »Mund« Ex 4 15f. und die Gegenüberstellung von einer Offenbarung *päh 'äl päh* (Num 12 7) und Traum im Gegensatz z. B. zu der politischen Hochwertung des Traumes in den Berichten über die Thronbesteigung des Hattušiliš III, vgl. G. FURLANI, La Religione degli Hittiti, Bologna 1936, S. 154ff. auf Grund der Texte bei A. GOETZE, MVAeG 29 (1924), vor allem I 13ff. III 1ff. IV 7. 19. *142* Vgl. I Sam 15 17ff. und A. WEISER, ZAW 54 (1936) S. 7ff., auch H. W. HERTZBERG, ATD 10, 1956, S. 98: »Opfern und Bannen ist eben nicht das Gleiche«. *143* Zu I Sam 15 22 s. u. S. 28. *144* Mi 3 5ff.; zur Bezahlung des Propheten vgl. Num 22 18 (I Sam 9 7) Reg I 13 8 14 3 II (4 42) 5 5. 15f. 22 Mi 3 11 (Hes 13 29); zur analogen Frage im Koran vgl. AHRENS, Muhammed als Religionsstifter (Abh. f. d. Kunde des Morgenlandes 19 4) Leipzig 1935, S. 143. *145* Vgl. z. B. Jer 14 14 20 9 23 16. 25ff. und die Hes 3 17ff. (33 7ff.) vorausgesetzte Möglichkeit, dem Betroffenen den Gottesspruch vorzuenthalten; Parallelen aus anderen Religionskreisen bringt W. BAUMGARTNER, ThLZ 61 (1936) S. 123. *146* Vgl. I Reg 22 28 II Reg 4 16; zur Lüge des Propheten auch 8 10 und unten S. 36f. 111. *147* Vgl. die — im letzten Kern von Jesaja abhängige — Formel II Chr 20 20. *148* Vgl. Z. syst. Th. 10 (1932), S. 194ff. (= Apoxysm. S. 282ff.). Zur Frage des »Unglaubens« in Num 20 vgl. W. RUDOLPH a. a. O. S. 84ff., auch A. S. KAPELRUD, JBL 76 (1957), S. 242.

Zu Seite 25.

149 Vgl. Jes 5 21 29 14 Jer [8 8ff.] 18 18 und zur Gemeinsamkeit des Ideengutes nach A. DRUBBEL, Biblica 17 (1936), S. 45ff. 407ff. namentlich J. LINDBLOM, Suppl. VT III (1955), S. 192ff. und R. B. Y. SCOTT, JBL 80 (1961), S. 1ff. *150* Zu dieser Charakteristik der älteren Weisheit vgl. W. ZIMMERLI, ZAW 51 (1933), S. 177ff., vor allem S. 182f. und meine Ausführungen BZAW 77 (1958), S. 63ff. Die »pädagogische« Tendenz der israelitischen Erzählungsliteratur vom Jahwisten an über den Elohisten zu den Einleitungsreden des Dtn sollte einmal auf ihren Zusammenhang mit der Weisheit untersucht werden! *151* Vgl. mutatis mutandis I Cor 9 27. *152* Vgl. zu diesem Prozeß J. FICHTNER, Die altorientalische Weisheit in ihrer israelitisch-jüdischen Ausprägung, BZAW 62, Gießen 1933 und unten S. 108, speziell bei Jes. Sir: E. G. BAUCKMANN, ZAW 72 (1960), S. 47ff., zur Naturweisheit H. RICHTER, ZAW 70 (1958), S. 1ff. nach A. ALT, Kl. Schr. II, S. 90ff., zur Weisheit im allgemeinen nach W. BAUMGARTNER, ThR, N. F. 5 (1933), S. 259ff. und: Israelitische und altorientalische Weisheit, Tübingen 1933, jetzt H. GESE, Lehre und Wirklichkeit in der alten Weisheit, Tübingen 1958. *153* Hi 1 9ff. und vgl. den (wirtschaftlichen) Erfolg des alten Tobias als Folge seiner Frömmigkeit Tob 1 13f. *154* Zu »Furcht« und »Liebe« vgl. vor allem Sir (2 15ff.) 7 29f. und dazu R. SANDER, Furcht und Liebe im palästinischen Judentum, BWANT IV, 16 Stuttgart 1935, S. 25ff.; zum grundsätzlichen Verhältnis von »Furcht« und »Liebe« auch B. J. BAMBERGER, HUCA 6 (1929), S. 39ff. und zum allgemeinen Sprachgebrauch von *'åhab* C. WIENER, Recherches sur l'amour pour Dieu dans l'Anc. Test., Paris 1957 (mit reicher Literatur), zum Sichdurchsetzen im Dtn W. ZIMMERLI, RGG IV³ Sp. 364, zur Vermeidung des Terminus *ḥaesaed* außer in Hos 6 4. 6 Jer 2 2, E. JACOB, Suppl. VT VII (1960), S. 50 Anm. 2, zu *'åhab* bei den Propheten J. ZIEGLER, Die Liebe Gottes bei den Propheten, AA XI, 3 (1930), S. 14ff. Zur Liebe zur »Weisheit« vgl. Sir 1 10 (ἐχορήγησεν) Prov 4 6 8 21; ägyptische Sprüche über die Liebe zu »Gott« aus der Zeit vom 10.—7. Jhdt. bei E. DRIOTON, Anal. Bibl. 12 (1959), S. 57ff. — Zur Vorbereitung der »Herz-Jesu«-Verehrung im AT vgl. auch die Aufsätze von J. KAHMANN und R. CRIADO in: Cor Jesu (edd. A. Bea u. a.), Freiburg 1959, S. 347ff. 411ff.

Zu Seite 26.

155 Vgl. die älteren Quellen bei R. DUSSAUD, Les origines cananéennes du sacrifice israélite, Paris 1921; zu den Inschriften von Ngaus vgl. O. EISSFELDT, Molk als Opferbegriff im Punischen und Hebräischen und das Ende des Gottes Moloch (Beiträge zur Religionsgesch. des Altertums III), Halle 1935, auch A. ALT, ZAW 52 (1934), S. 303ff. (= Kl. Schr. I S. 341ff.) und jetzt H. CAZELLES, Dict. de la Bible, Suppl. V, 1957, S. 1337ff. *156* Vgl. die Auseinandersetzung mit DUSSAUD durch A. LODS, RHPR 8 (1928), S. 399ff. Für die engere Zusammengehörigkeit des israelitischen mit dem kananäischen Kult spricht die Tatsache, daß die in den Mythen und Legenden sichtbare Verwandtschaft zwischen Ugarit und Homer (vgl. C. H. GORDON, The world of the OT, Garden City 1958, S. 101ff.) in der im semitischen Bereich nur bei den »Westkananäern und Phöniziern« auf der einen, bei den Griechen auf der anderen Seite begegnenden Sitte des Brandopfers zutage tritt, vgl. L. ROST, BZAW 77 (1958), S. 177ff. und zum nieverlöschenden Altarfeuer (Lev 6 1ff.) J. MORGENSTERN, The fire upon the altar, Leiden 1963. *157* Vgl. noch immer R. DUSSAUD, Découv. S. 109ff. (Belege für *dbḥ* = hebr. *zbḥ* bei E. DHORME, Evol. S. 202f.), jetzt aber z. B. J. GRAY, ZAW 62 (1950), S. 207ff. und R. DE VAUX, Lebensordn. II S. 288f.). *158* Zurückhaltend von Anfang an H. BAUER, ZAW 51 (1933), S. 92ff., auch R. DE VAUX, RB 46 (1937), S. 552ff., positiver jetzt C. H. GORDON, Manual S. 272 (zu *'nt* X IV 14, vgl. G. R. DRIVER, Canaanite Myths and Legends, Edinburgh 1956, S. 12 Anm. 4 zu S. 74f.), doch vgl. auch die Zweifel bei E. JACOB, Theologie de l'Anc. Test., Neuchâtel 1955, S. 38f. Zu den übrigen Gottheiten von *rās eš-šamrā* vgl. R. DUSSAUD, a. a. O., S. 65ff., das ältere Material auch bei H. BAUER, ZAW 51 (1933) S. 81ff.; 53 (1935), S. 54ff. oder bei J. W. JACK, OTS I (1935), S. 13ff., zum *El* außer den Darlegungen von B. BALSCHEIT, BZAW 69 (1938), S. 49ff. die einander ergänzenden Arbeiten von O. EISSFELDT, El im ugaritischen Pantheon, Berlin

1951 und M. H. POPE, El in the Ugaritic Texts, Suppl. VT II, 1955. *159* Vgl. z. B. Gen 28 16f. und dazu Althebr. Lit. S. 14, grundsätzlich O. EISSFELDT, JSS 1 (1956), S. 25ff. *160* Zu den älteren Belegen (vgl. W. GRAF BAUDISSIN, Kyrios als Gottesname im Judentum und seine Stellung in der Religionsgeschichte (ed. O. EISSFELDT) III, 1929, S. 11[2]) trat 1930 die Stele von Sudschin; vgl. S. RONZEVALLE, Mél. Univ. St. Joseph, XV, 7, Beirut 1931, S. 237ff. und jetzt A. DUPONT-SOMMER, Les Inscriptions araméennes de Sfiré, Paris 1958, S. 34f. (zu I A 11 *wqdm'l w'ljn*). *161* GORDON, Manual 49 I 8 (= DRIVER, Baal III I 8), 51 IV 24 (= DRIVER, Baal II IV 24), 2 Aqhat VI 49 (DRIVER 48),*'nt* IX III 24 (DRIVER, Baal VI, S. 74). Mein Kollege COLPE macht mich darauf aufmerksam, daß *šnm* in GORDON [1 3. (6) 2 26] 107 4 neben *ṯkmn* als Glied eines Paares parallel zu *'il w'aṯrt* (5) neben z. B. *šlm'il* (8) in einer *mpḫrt bn'il* (3) begegnet. Schwerlich zu Recht faßt J. AISTLEITNER, Die mythologischen und kultischen Texte aus Ras Schamra (jeweils z. St.) *šnm* als Angabe eines Gebäudeteils. Eine Darstellung des El bietet die von C. F.-A. SCHAEFFER, Syria 18 (1937), S. 128ff. Taf. XVII veröffentlichte und seitdem öfter (z. B. ANEP Nr. 493 oder bei EISSFELDT, El, Titelbild) reproduzierte Kalksteinstele aus Ugarit. S. auch u. S. 196 Anm. 9. *162* Mit Recht betont W. EICHRODT, Theol. I[5]. S. 110ff. für diese den in ihrem El-Glauben latenten Gegensatz zum spezifisch kananäischen Baal und den darin lebendigen »Zug zum Sozialen und Historischen« (S. 112). *163* S. u. S. 189.

Zu Seite 27.

164 1938 verwies ich auf H. SCHMÖKEL, JBL 52 (1933), S. 212ff., auch W. EICHRODT, Theol. I, Leipzig 1933, S. 209, E. DHORME, Evol. S. 226f. und von Älteren namentlich G. B. GRAY, Sacrifice in the OT, Oxford 1925, S. 239ff., doch auch auf die Skepsis von H. GRIMME, Muséon 37 (1924), S. 169ff. und H. GRESSMANN, ZAW 43 (1925), S. 155f.; zum Leviten als Ersatz für die Erstgeburten auf Num 3 12 und für eine etymologische Erklärung des Stammes *lu̯'* auf H. TH. GASTER, JThSt 38 (1937), S. 250f. Auch heute wird der Zusammenhang mit dem min. *lwj'* vertreten z. B. von W. EICHRODT, a. a. O. I[5], S. 264ff., aber dabei die Möglichkeit einer Umkehrung der Abhängigkeit erwogen (DE VAUX, Lebensordn. II, S. 206). Wo von ihm abgesehen wird, erhebt sich naturgemäß die Frage nach dem Verhältnis des priesterlichen zum weltlichen (in seiner Existenz von J. HOFTIJZER, NedTTs 14 [1960], S. 241ff. geleugneten) Stamme Levi, den E. NIELSEN, Shechem, Kopenhagen 1955, S. 283, wenigstens aus Gen 34 entfernen möchte. Besonders hervorzuheben ist die These von A. ALT, Kl. Schr. II, S. 306ff., für den, z. T. in Auseinandersetzung mit W. F. ALBRIGHT (A. Marx Jub. Vol. 1950, S. 66, vgl. auch Ginzberg Jub. Vol., 1945, S. 49ff.), auf Grund der von ihm in die Zeit des Josia datierten Listen Jos 21 8ff. Chron I 6 39ff. II 11 5ff. der nicht mit Grundbesitz an Ackerland sondern »andres versorgte« (Kl. Schr. III, S. 349, vgl. die »den Leviten vorbehaltene Viehweide« ebenda II, S. 314) Stamm keine politische Größe mehr (II S. 88) war, sondern der Träger »einer ständigen und darum von vornherein erblich gedachten Betrauung . . . mit einer . . . nur diesem (Menschenkreis) zukommenden Funktion im Gesamtleben des Volkes« (II, S. 133). Mit Simeon am Konflikt um Sichem beteiligt, hat sich der Stamm in seine »alten Weidegründe« (PJB 35 [1939] S. 28 = Kl. Schr. I, S. 143) im Süden (Kadeš) zurückgezogen, ohne daß A. sich darüber ausspräche, wie es nach seiner Meinung zu jener Betrauung und zur Umsiedlung nach Südjudäa (ohne Grundbesitz) gekommen wäre. Auch das wird nicht recht klar, wie seine Herleitung des Dtn, das in 18 1ff. wie in der ältesten (singularischen) Umrahmung (z. B. 10 8 *lšrt[w]*) die Aussonderung des Stammes Levi zum »Dienste« kennt, aus der wieder israelitisch besiedelten assyrischen Provinz »Samaria« sich mit der Tatsache verträgt, daß Josia deren Priester für so ketzerisch gehalten hat, daß er sie samt und sonders abschlachtet (II Reg 23 20). (Hingegen stellt B. MAZAR, Suppl. VT VII, 1960, S. 193ff. im Zusammenhang mit älteren ägyptischen Regelungen die Listen der [Priester- und] Levitenstädte in Lv 25 Num 35 in die Zeit Salomos). Wir haben auf das Problem der Leviten zurückzukommen (s. u. S. 76), jedoch schon hier zu betonen, daß wie die Abrahams- (Gen 22 2), so die Keretlegende (Keret I II 23, DRIVER a. a. O. S. 30) den *pater familias* (s. o. S. 19 Anm. 111) als den Opfernden, im übrigen aber die Ugarittexte den *rb khnm* nur als den den »heiligen« Text Diktierenden (Baal I VI 18 DRIVER 114 = GORDON Text 62, 54f.), und zwar synonym mit *rb nqdm* bieten, wozu GORDON 113 weiter *qdšm* parallel steht, während bei dem sonstigen Vorkommen der *khnm* (s. das Reg. bei GORDON) deren Funktionen nicht erkennbar sind. Soviel ist also sicher, daß das levitische Priestertum keine kananäische Vorgeschichte gehabt hat. Doch hätte 1938 stärker als geschehen herausgearbeitet werden sollen, daß die nicht kananäische Organisationsform (ein Priestertum für eine Mehrzahl oder die Gesamtheit der Kultstätten eines Gottes) und die sofort zu besprechende antikananäische Grundhaltung sich eben nur auf die Leviten, nicht aber auf die Gesamtheit des israelitischen Priestertums beziehen. ***165*** Zum kananäischen Stierkult vgl. außer dem von L. MALTEN, JDAI 43 (1928), S. 117ff. beigebrachten älteren Material aus Ugarit die Bezeichnung des El als *šor* (Belege bei O. EISSFELDT a. a. O., S. 29f. oder bei TH. H. GASTER, Thespis, New York 1950, S. 162) oder die »Liebe« des Alijan Baal zu Kuh und Jungkuh GORDON Text 67 V 18 (= DRIVER Baal I* V 18, S. 106f.), zu der auch der Jungstier zu vergleichen ist, zu dem Anat ihre Augen erhebt und dem sie einen Jungstier gebären soll (Baal IV II 27f. III 2f. DRIVER S. 116f. = GORDON Text 76 II 27f. III 2f.). — Aus der Liste der »israelitischen« Stierbilder ist jetzt die Terrakotte aus der Sammlung Ustinow zu streichen, vgl. M. WEIPPERT, ZDPV 77 (1961), S. 93ff. ***166*** Zum altorientalischen Losorakel vgl. A. LODS, Mélanges Maspero I (Mém. Inst. Franç. du Caire 66), 1934, S. 91ff., H. THIERSCH, Ependytes und Ephod, Stuttgart 1936, S. 131ff. dazu auch W. EICHRODT, I^5 S. 64 Anm. 73, die sich auf Ugarit Baal I* *i* 5 *'epdk* (DRIVER S. 103: thy robe, GORDON 67 I 5, Lit. S. 38 unübersetzt) bezieht. ***167*** Zum »magischen« Erbgut vgl. Z. syst. Th. 10 (1932), S. 164ff. (Apoxysm. S. 258ff.) u. s. u. S. 181ff., zum »sittlichen« u. S. 192. ***168*** Vgl. Ex 32 25ff.; zum Zeitpunkt der »Levitisierung« verwies ich 1938 auf S. MOWINCKEL, RHPR 9 (1929), S. 209 und Act. Or. 8 (1930), S. 271, hätte aber nicht übersehen dürfen, daß »Jahvisierung« nicht gleich »Levitisierung« ist, auch nicht in Jerusalem, wo der Kult an der »Hofkirche« der Davididen selbstverständlich Jahvekult war, der zunächst (durch Ebjathar) von seiner »vielleicht tatsächlich« (so A. WENDEL, RGG II^3 Sp. 423) levitischen, vielleicht aber auch ursprünglich kananäischen (s. o. Anm. 133) und bei der »Jahvisierung« von Silo mit einem ahronidischen Stammbaum versehenen Priesterfamilie zelebriert wird (II Sam 8 17), soweit nicht der erst I Chron 5 33f. 6 37f. künstlich levitisierte Ṣadoq und (vorübergehend?; vgl. H. W. HERTZBERG, ATD 10, S. 236) die Söhne Davids sich mit ihm in den Dienst teilten. Seit der Absetzung des E. ist durch Ṣ. ein nichtlevitisches Priestergeschlecht im Besitz der »Stelle«. An den Ortsheiligtümern aber ist erst recht der Kult zwar dem Namen nach jahvistisch, seinen Riten (sakrale Prostitution als Fruchtbarkeitszauber usw.) so stark im Kulturland verwurzelt, daß er nichts mit einer der Tradition nach gerade nicht im Stierdienst tätigen Priesterschaft zu tun hat. Die Jahvisierung der alten Kultstätten — vielleicht mit Ausnahme von Silo — ist von ihrer Levitisierung zu trennen. Die letztere kann man selbst 622 nur unter der Voraussetzung als abgeschlossen ansehen,

wenn man die »Priester« II Reg 23 8 f. mit den *hkhnjm hlwjm* Dtn 18 1 ff. generell gleichsetzt. Die Leviten haben gewiß zur Jahvisierung des Kultus in dem bis auf David
»heidnischen« Jerusalem Entscheidendes beigetragen (vielleicht auch zur Jahvisierung
von Silo), aber es gilt auch das Umgekehrte, daß der Jerusalemer (und vielleicht auch
der silonitische) Jahvekult zur Levitisierung der amtierenden Priestergeschlechter des
(Eli und des) Ṣadoq geholfen haben. — Zum Stier als Opfermaterie vgl. die prachtvolle
Darstellung in Mari bei A. Parrot, Mission Archéologique de M., II, Paris 1958, S. 20,
Abb. 18.   *169* Seit 1938 ist die Frage der außerisraelitischen Herkunft des Prophetismus von zwei Seiten her noch brennender geworden. Einmal durch die genauere Untersuchung des ägyptischen (G. Lanczkowski, Altägyptischer P., Wiesbaden 1960, vgl.
auch ZAW 70, 1958, S. 31 ff.), vor allem aber durch die Rolle, die Propheten (des Dagan
und des Hadad) in Mari (vgl. vor allem M. Noth, Ges. Stud. zum AT, München 1957,
S. 142 ff. 230 ff.) spielen. Denn wenn auch die Kluft von mehr als einem halben Jahrtausend zwischen den Mari-Texten und den frühesten israelitischen Belegen nicht
übersehen werden sollte und wenn auch die Beziehungen zwischen Mari und den
Benjaminiten und damit den Israeliten weniger direkt sein mögen als vielfach an-
genommen (s. o. Anm. 40), auch eine terminologische Gleichheit nicht besteht (Mari:
muḫḫum), so haben wir es doch in Mari mit einer »westsemitischen« und daher der
israelitischen im weiteren Sinne »verwandten« Bevölkerungsschicht zu tun, bei der
über solche Allgemeinheiten hinaus eine rituelle Parallele, nämlich (wie z. B. in Jer 34 18)
für das Schließen eines Bundes eine Tiertötung bezeugt ist (Noth a. a. O., S. 142 ff.).
Ein solches »höheres«, in die Staatsgeschäfte eingreifendes, im AT am frühesten durch
Nathan (II Sam 7 2 f. 4 ff. 12 1 ff.) oder Gad (II Sam 24 11 ff. vgl. von Rad, Theol II, S. 24 f.),
der als »Seher« (*ḥozeh*) Davids (s. o. Anm. 137) bezeichnet wird, belegtes Prophetentum
ist von dem im Text allein berücksichtigten zu unterscheiden, ist aber mit hoher Wahr-
scheinlichkeit ebensowenig wie das »ekstatische« eine genuin israelitische Erscheinung.
Zum letzteren vgl. I Sam 10 11 f. 19 24 I Reg 18 19 ff. Jer 2 8 23 13 Sach 13 2 ff.   *170* Vgl.
Hos 9 7 und die Zusammenstellung in Jer 29 26.   *171* Vgl. die Untersuchung der einzelnen Termini bei E. Dhorme, RHR 108 (1933), S. 119 ff.

Zu Seite 28.

    172 Zu beachten ist vor allem der Sprachgebrauch in Jer 28: »Da sprach der
»Prophet« Jeremia zu dem »Propheten« Ḥananja« (5 u. ö.; s. u. S. 111). Darauf beruht
die Schwierigkeit, die mit den gleichen Termini bezeichneten »wahren« und »falschen«
Propheten zu scheiden, vgl. G. Quell, Wahre und falsche P., Gütersloh 1952, E. Oss-
wald, Falsche Prophetie, Tübingen 1962, auch die Statistik bei S. Cohen, HUCA 32,
1961, S. 176 Anm. 4).   *173* Vgl. außer der Anm. 152 genannten Literatur und Althebr.
Lit. S. 49 ff. jetzt die knappen, aber eindringenden Einleitungen von H. Ringgren zu
Prov. und — gerade durch das Abheben der individuellen Besonderheiten sehr in-
struktiv! — von W. Zimmerli zu Qoh. (ATD 16, 1 [1962] S. 3 ff. 127 ff.).   *174* W. A.
18, 80 unter Berufung auf Rm 2.   *175* I Sam 15 22; vgl. Ps 50 23 Prov (15 8) 21 3. (27)
und dazu eine ägyptische Parallele bei H. Gressmann, Israels Spruchweisheit im
Rahmen der Völkerdichtung, Berlin 1925, S. 44 f., eine akkadische bei L. Dürr, Erziehungswesen (MVAeG 36, 2), Leipzig 1932, S. 78, zur Sache auch A. Weiser, ZAW 54
(1936), S. 10 f. und oben Anm. 142.   *176* Zu dem für Ägypten und Babylonien seit
langem bekannten Material (vgl. z. B. H. Gressmann, Der Messias, Göttingen 1929,
S. 17 f.) tritt sowohl die Verherrlichung der »Gerechtigkeit« des Danel z. B. in II
Aqh V 7 f. (vgl. I I 23 f.) *ịdn dn 'almnt ịšpṭ špṭ ịtm* (weitere Gordon, Man., S. 182 [vgl.

S. 179] = DRIVER S. 52f. mit Hinweis auf Dtn 10 18 Jes 1 17 Ps 68 6 [vgl. S. 58f.], weitere Belege in den Reg. bei GORDON und DRIVER s. v. *'lmnt*. — Die Frage, ob das von der Witwe ausgesagte *škr tškr* in Keret I II 44f. sich auf deren kultische Trunkenheit bezieht [vgl. J. GRAY, The KRT-Text S. 35], lasse ich dahingestellt) als auch — neben anderen sumerischen Texten — vor allem die Nanše-Hymne bei S. N. KRAMER, From the tablets of Sumer, Indian Hills 1956, S. 97ff.

Zu Seite 29.

177 S. o. S. 2.

Zu Seite 30.

178 Vgl. Gen 48 13ff. 41 38ff.; zum »historischen« Gehalt der Josephsgeschichten vgl. nach H. GRESSMANN, Eucharisterion f. H. GUNKEL I (1923), S. 29f. jetzt vor allem J. VERGOTE, Joseph en Égypte, Löwen 1959 und aus der durch dieses Werk ausgelösten Debatte vor allem S. MORENZ, ThLZ 84 (1959) Sp. 401ff., O. EISSFELDT, OLZ 55 (1960), Sp. 39ff. und S. HERMANN, ThLZ 85 (1960) Sp. 827ff. — Die Rolle des Joseph als ausländischer Traumdeuter spielt Idrimi sieben Jahre lang als Vogelflug- und Eingeweideschauer bei den *ḫabiru* (Z. 27ff., ed. S. SMITH a. a. O., S. 16), zur Siebenjahr-Periode in Gen 41 26 u. ö. und bei Idrimi vgl. W. F. ALBRIGHT, BASOR 118 (1950), S. 20. Zur Traumdeutung vgl. P. H. ESSER. De wereld der Dromen, Kampen 1962, im AT E. L. EHRLICH, BZAW 73, 1953 u. W. RICHTER, BZ, N. F. 7, 1963, S. 202ff. *179* Vgl. Est 8 8ff. 17, auch die mehr als 300 unter Ptolemaios Philopator angeblich von den Orthodoxen umgebrachten abtrünnigen Juden in III Macc 7 15. *180* Vgl. Tob 1 12ff. Dan 1 11f. *181* Vgl. Gen 12 10ff. 20 12 und u. s. S. 36; zur Beurteilung vgl. auch die heute noch beherzigenswerten Sätze von F. C. BADÈ, Hebrew moral development (University of California Chronicle 13), 1911, S. 57f.

Zu Seite 31.

182 Vgl. Gen 30 37ff. 31 1ff. 19 u. 30ff.; zur rechtlichen Bedeutung dieses Diebstahls vgl. die u. S. 126[182] genannte Literatur. *183* Vgl. I Sam 28 7ff. Tob 5 24ff. *184* S. o. S. 25 und unten S. 100f. 150. *185* Vgl. aus der Fülle der diesen Fragen gewidmeten Broschürenliteratur L. DÜRR, Das Unsemitische und Übersemitische in der semitischen alttestamentlichen Religion (Bonner Zeitschrift f. Theol. u. Seelsorge, 1931, S. 1ff.).

Kapitel II.

Zu Seite 32.

1 Vgl. Jos 7 15; zum folgenden auch meine Ausführungen »Gott und Mensch²« S. 133ff. 189ff. — Zu beachten ist auch die Beobachtung von R. SMEND, Erzählung des Hexateuch, Berlin 1912, S. 262f., daß Dtn den Tod des Moses noch mit dem Zorn Jahwes über das Volk, P hingegen mit persönlicher Schuld begründet (Dtn 3 26: Num 20 1ff.; vgl. dazu W. RUDOLPH, a. a. O. S. 160.). Es ist nur folgerichtig, wenn die die Tabuierung verhängende Gesamtheit durch ihre legitimierten Delegierten ein einzelnes, der Ausrottung an sich verfallenes Opfer durch einen Eid bei dem Gotte, dem die Tabuierung gilt, ausnehmen kann: Jos 2 12, oder daß Jahve selbst durch eine Heilstat den »Schuldigen« von der Tabuierung ausgenommen hat (I Sam 14 45). *2* Yasna 44, 12; H. LOMMEL, NGGW III N. F. 1, 3 (1934), S. 83.

Zu Seite 33.

3 Yasna 43, 9; Lommel, ebenda, S. 71. Ich setze zum Vergleich aus H. H. Schaeders Übersetzung von Gatha 43, 5—16 (Corolla, L. Curtius zum 60. Geburtstag dargebracht, Stuttgart 1937, S. 194f.) die gleichen Zeilen hierher:

»Als Fördernden erkannte ich, Weiser Herr, dich,
Als er mir nahte mit dem Guten Sinne.
Er fragte mich: Wem willst du dich entscheiden?«

(Die andere Ableitung des *oīvīduyē* und Übersetzung mit »Wem wünschest du deine Verehrung zu widmen?« durch H. S. Nyberg, Die Religionen des Alten Iran, Leipzig 1938, S. 213. 460 ergibt keinen anderen Grundsinn.) *4* Num 16 22; vgl. die analoge Fragestellung Abrahams in Gen 18 20ff. und zu ihrer grundsätzlichen Bedeutung D. Daube, Studies in Biblical Law, Cambridge 1947, S. 155ff.; zum Recht Dtn 24 16 II Reg 14 6 (s. u. S. 46), zum Sprichwort Hes 18 2 (s. u. S. 39). Zu den »Mit«-Formeln vgl. *ʿimmånuʾel* Jes 7 14 (Ps 46 8. 12); *huʾ i̯ihi̯aeʰ ʿimmåḵ* bzw. *ʾitteḵå ʾåni* Dtn 31 8 Jer 1 8 15 20 (Jes 43 5) [*ʾaehi̯aeʰ ʿimmeḵå* bzw. *hinneʰ ʾanōḵi ʿimmåḵ* Gen 26 3 28 15 Ex 3 12]; *ʾattå ʿimmåḏi* Ps 23 4; *ʾaeṯ i̯ešårīm sōḏō* Prov 3 32 (vgl. Ps 25 14). Zu vergleichen sind auch die »Für-Formeln« (Ex 14 14 Dtn 1 30 Jos 10 14. 42 23 10) und die Verheißung des »In-die-Hand-Gebens« der Feinde durch Jahve (Jos 2 24 u. ö., die Belege bei G. von Rad, Der Heilige Krieg im alten Israel³, Göttingen 1958, S. 7ff.). Gerade in der Ausnahmesituation des (Heiligen) Krieges wird die Gemeinschaftsbindung der Tat des Einzelnen — und zumal des Verantwortlichen (s. o. Anm. 175)! — zugleich schicksalsentscheidend, vgl. K. Koch, Zeitschr. Ev. Ethik 1961, S. 72ff. *4*a Zum Begriff des *jaḥaḏ*, der »Einung«, in den Qumrantexten vgl. vor allem J. Maier, ZAW 72 (1960), S. 148ff., doch ist auch das Auseinandergehen der verschiedenen Bezeichnungen (*rabbīm, ʿeṣåʰ ʿeḏāʰ*, vgl. meine »Texte« S. 335ff.) zu beachten. Es ist richtig beobachtet, daß das Selbstverständnis der Qumran-Leute von priesterlichen Tabuierungen her bestimmt ist, das sie von dem *profanum vulgus*, zu dem die sündigen Priester (vgl. den *hakkōhen håråšåʿ ʾašär niqråʾ ʿal šem håʾämäṯ* 1Qp Hab VIII 8f. zu Hab 2 6!) gehören, scheidet. Wieweit sie nach dem Verschwinden der nicht legitimierten hasmonäischen Hohenpriester den Anschluß an Jerusalem wieder gefunden haben, wissen wir nicht sicher (vgl. meine »Texte« S. 350). Hervorzuheben ist aber, daß die »korporative Persönlichkeit«, von der sofort in Anm. 5 die Rede sein wird, weder auf den »Lehrer« gegenüber dem *jaḥaḏ*, noch auf diesen gegenüber dem Volk angewandt ist, hier vielmehr wirklich, wie seinerzeit im Text auf Grund allein der Damaskusschrift (CD) formuliert, das Volksgefüge durch die sektenhafte Absplitterung (und deren eigene Scheidung in mehrere Gruppen) gelockert worden ist. *5* Vgl. H. W. Robinson, BZAW 66 (1936), S. 49ff., auch O. Eissfeldt, Der Gottesknecht bei Deuterojesaja, Halle 1933, S. 19ff. (mit weiterer Literatur) und B. Balscheit, BZAW 69 (1938) S. 4ff., vor allem aber jetzt (neben H. G. May, HUCA 32, 1961, S. 107ff.) J. de Fraine, Adam et son lignage (Museum Lessianum, Section Biblique No. 2), 1959, der mit Recht hervorhebt, daß die Idee der »korporativen Persönlichkeit« selbst schon »une estime particulière pour l'individu« (S. 220) voraussetzt, kraft deren der einzelne (der »Vater«, der König, der Prophet und — würde ich hinzufügen: — der Priester, mit dessen Tod eine Periode der Tabuierung endet, Num 35 25) zugleich die Gemeinschaft ist, die in ihm inkorporiert ist. — Parallele Probleme für Ägypten zeigen W. Wolf, Individuum und Gemeinschaft in der ägypt. Kultur (Leipz. Ägypt. Stud. 1), Glückstadt 1935 (zu seiner Behandlung der Kunst vgl. freilich H. Kees, NGGW, Jahresber. 1935/36, S. 49ff.), auch A. de Buck, Het typische en het individueele bij de Egyptenaren, Leiden 1929.

Zu Seite 34.

6 Vgl. Gen 12 1ff. 15 1. *7* Gen 2 18 (s. u. S. 171 u. S. 199), Koh 4 9ff. *8* Vgl. II Reg 4 13. *9* Daher müssen die Gibeoniten trotz ihres Schwindels am Leben bleiben (Jos 9 20: I Sam 21 1f.); vgl. ferner Jos 6 25 Jdc 1 25 I Sam 29 3ff.: Hes 17 12ff. und die Erschwerung der Blutschuld durch die Tötung eines ὅμαιμος Aischyl. Eumen. 605 Wil. ed. min. 228. Zu den im folgenden behandelten Begriffen vgl. H. Fuchs, Das ATliche Begriffsverhältnis von Gerechtigkeit (ṣedeq) und Gnade (chesed) in Prophetie und Dichtung (CuW 3 [1927], 101ff. 149ff.); N. Glueck, BZAW 47 (1927) und (auf J. Pedersens Forschungen fußend) K. H. Fahlgren, *Ṣedāḳā*, Diss. theol. Uppsala 1932 (und s. u. S. 156ff.); zur älteren Literatur auch W. Kokemüller, Die Gerechtigkeit Gottes in den Psalmen, Diss. theol. Jena 1936. Zur verschiedenen Abtönung der Begriffe, deren genaue Erfassung auch durch ihre Bestimmung als »Verhältnisbegriff« nicht überflüssig wird, vgl. etwa Hos 2 21, dessen Paarbildung einerseits *ṣaed̲aeḳ* und *mišpåṭ*, anderseits *ḥaesaed̲* und *raḥ*^{a}*mim* zusammenfaßt, und dazu nach F. Nötscher, AA VI, 1 (1915) S. 103 u. J. Ziegler, AA XI, 3 (1930) S. 32 jetzt H. W. Wolff, Komm. S. 64 in Auseinandersetzung auch mit K. Koch, ZThK 52, 1955, S. 2 und H. J. Stoebe, VT 2, 1952, S. 244ff. Vgl. auch die Definition von J. Kahmann, Cor Jesu, I. Comm. »Haurietis aquas«, 1959, S. 352f.

Zu Seite 35.

10 Vgl. Hes 20 25 und dazu u. S. 54. *11* Eine Untersuchung der parallelen Ausdrücke würde auch hier fruchtbar sein, kann an dieser Stelle jedoch nicht gegeben werden; vgl. zu *'åḥ* J. Zobel, Der bildliche Gebrauch der Verwandtschaftsnamen im Hebräischen, Diss. phil. Halle 1932, S. 35ff. und die Tatsache, daß die Anrede als »Brüder« an Nichtverwandte »meist nicht in ganz reiner Absicht gebraucht wird« (I. Lande, Formelhafte Wendungen der Umgangssprache im AT, Diss. Phil., Zürich 1949 = Leiden 1949, S. 24). Wieweit der weitere Gebrauch von *'åḥ* für die ἀδελφοί Jesu im NT in Frage kommt (vgl. J. Blinzler, Trierer Theol. Zeitschr. 67 (1958), S. 129ff. 224ff.), muß hier unerörtert bleiben. — Zu beachten ist, daß auch die Tatsache, daß ein *rea'* bezahlte Lohnarbeit übernimmt (vgl. Jer 22 13 [Ex 22 14, doch vgl. P. Heinisch, Komm. z. St.], auch Dtn 24 14 [Lev 19 13 ?]), nichts an seiner grundsätzlichen Stellung ändert. Freie Lohnarbeit und Sklavendienst sind scharf zu unterscheiden; vgl. u. S. 131f. Zum Verhältnis von *rea'* und *re'ä*^{h} (z. B. II Sam 16 16f.) vgl. R. de Vaux, Lebensordn. I., S. 199f.; zur Bedeutung von *'allup̄* dens. ebenda S. 25 (und u. S. 69[11a]). *12* Vgl. Sam I 22 17f. 27 11f. (31 4: II 1 9f.). Die Wirklichkeit setzt sich freilich auch hier oft genug über das »Ideal« hinweg; vgl. die Brüdermassenmorde im Interesse der Befestigung der eigenen Herrschaft Jdc 9 5 II Chr 21 4. Ägyptische Parallelen zu I Sam 27 12 bietet A. Erman, Die Literatur der Ägypter, Leipzig 1923, S. 126[3]. *13* Vgl. II Sam 21 5 und zur Blutrache im allgemeinen u. S. 47. *14* Vgl. Sam I 22 7 (und als Kontrast II 8 14). Altorient. Parallelen seit Urukagina (s. u. S. 120f.) bietet vor allem Cod. Ham. I 37ff. XXIV r. 59f. (ANET S. 164. 178 Th. J. Meek und vgl. dazu Driver-Miles The Babylonian Laws II [1960], S. 284) mit seinen Nachwirkungen bis in die Gesetzgebung des Darius (A. T. Olmstead, AJSL 51 [1935], S. 247ff.); zum Grundsätzlichen u. S. 128f.

Zu Seite 36.

15 Gen 12 18. 16 J; 20 9 E; auch das Gen.-Apokr. von Qumran (ed. N. Avigad and Y. Yadin, Jerusalem 1956) behält die Lüge Abrahams bei, die zur »objektiven«

Verschuldung des Pharao geführt hat, weist ihm aber eine gewisse Mitschuld zu, indem es ihn Sara *b'wns* in seinen Harem bringen läßt (XX 11). Zur analogen Isaak-Szene Gen 25 6ff. vgl. die Erklärung Luthers: »Wir haben nicht ym synn die lieben heiligen zu entschuldigen, das sie nye gesundiget haben« (WA 24, S. 461, 17ff.). Wo Wahrheit einen Bruder gefährdet, wird sie getadelt (Gen 43 6). Zur Lebensbewahrung wird eine »Tarnung« sogar von Jahve angeraten, vgl. (Ex 3 18) I Sam 16 2. Daß er selbst nicht »lügt«, bezieht sich auf die Zukunft, in der er seine Worte erfüllt (Num 23 19 I Sam 15 29, anders das Fehlen des δόλος bei Bel nach dem Königswort Bel et Draco 18; zum Mißtrauen auch gegen Jahves »Wahrhaftigkeit« s. u. S. 156). Zum Entleihen der Gefäße vgl. Ex(3 22) 11 2 12 35, vielleicht auch Sap. Sal 10 20. Zur »Verfehlung« (*ḥåṭå^h*) als Verstoß gegen ein Gemeinschaftsverhältnis vgl. auch R. Knierim, Stud. z. isr. Rechts- und Kultusgeschichte, Diss. theol. Heidelberg 1957, S. 42ff. In dem sprachlichen (und sachlichen) Fehlen des Gegenstücks zur negativen Bewertung des »Friedensbruches«, der »Dankbarkeit« (vgl. F. Buhl, BZAW 33 [1918], S. 71ff.), wurzelt die Schwierigkeit, das sog. »Danklied« gegen den Hymnus abzugrenzen, und der Wiedergabe von *tōḏå^h* durch »Dankopfer«, vgl. F. Mand, ZAW 70 (1958), S. 185ff. in kritischer Weiterführung von C. Westermann, Das Loben Gottes in den Psalmen, Göttingen 1954. Hingegen hat der griechisch empfindende Josephus, Ant. II 42, Niese I 67 die Antwort des Joseph Gen 38 8^b. 9^a wohl als Ablehnung der Undankbarkeit gegen den Herrn verstanden; so H. Sprödowsky, Die Hellenisierung der Geschichte von Joseph in Ägypten bei Flavius Josephus, Diss. phil. Greifswald 1937, S. 73 Anm. 45, der auch mit Recht darauf aufmerksam macht, daß Jos. die religiöse Begründung der Weigerung seines Namensvetters (Gen 39 9^b) streicht, da sie gegen seine Annäherung der Erzählung an den hellenistischen Roman verstoßen würde (S. 72f.; zur Frage auch M. Braun, Griechischer Roman und hellenistische Geschichtsschreibung, Frankfurter Studien zur Religion und Kultur der Antike VI, Frankfurt 1934, S. 35ff.). ***16*** Gen 27 41; vgl. 33 11 Ex 4 18. Die Frage, ob in Rt 4 5 eine halbe Unwahrheit des Boaz vorliegt und ohne Tadel bleibt (vgl. W. Rudolph, Komm. zum AT XVII 1—3, Gütersloh 1962, z. St.), muß angesichts der Schwierigkeit der Rechtslage hier unerörtert bleiben. Verschleierung des Reisegrundes durch Jahwe angeraten I Sam 16 2. ***17*** Vgl. Ex 20 16 23 1 (*šemaʿ šåu̯'*) Dtn 5 20 (*ʿeḏ šåu̯'*) 19 18 Ps 27 12 35 11 und zum Parallelismus von *šu̯u̯* (sic!) und *šḳr* auch 1QpHab X 10. 11f., zum Gegensatz *ṣdḳ*: (*ršʿ u̯*) *šḳr* 1QS IV 9, zum Zusammenhang der genannten Termini mit dem Zauberwesen vgl. S. Mowinckel, Psalmen-Stud. I (Oslo 1921) speziell zu *ḥåmås* S. 27f., zu *šåu̯'* S. 55f. ***18*** Prov 14 25; vgl. als Kontrast 25 13 (?) und I Reg 21 10. 13 (Hi 15 31 ist der Gegensatz *h'mi̯n*:*šu̯* (sic!) textlich unsicher). Weitere Belege zum Lügenzeugen vgl. Prov 12 17 (s. Anm. 21) 14 5. 25 (*i̯åp̄iaḥ keẓåḇīm*) 19 5. 9. 28 (*ʿeḏ belijjaʿal*) 21 28 (*ʿeḏ keẓåḇīm*) 25 18, und zur grundsätzlichen Beurteilung der Lüge: the end, in such cases, justifying the means, S. A. B. Mercer, AThR 1 (1918), S. 36.

Zu Seite 37.

19 II Reg 8 10 (lies *lō* statt *lo'*) und vgl. Jer 38 24ff. Es ist für die politische Spannung zwischen Juda und Israel bezeichnend, daß die Lüge, durch welche ein nordisraelitischer Prophet seinen gegen Bethel und seinen Altar auftretenden »Amtsbruder« ins Verderben lockt, ohne Tadel bleibt (I Reg 13 18); dieser gilt offenbar als »Landesfeind«, dem gegenüber jedes Mittel recht ist. Zur Lüge des Propheten o. S. 24. ***20*** Zum Stamme *'mn* vgl. nach G. Quell, ThWNT I (1933), S. 233ff. auch ThBl 16 (1937), Sp. 228ff. u. A. Weiser, Beer-Festschr. S. 88ff. u. BZAW 66 (1936), S. 210ff., vor allem J. C. C. van Dorssen, De derivata van de Stam אמן in het Hebreeuwsch van het OT, Diss. phil. Amsterdam 1951, auch E. Pfeiffer, ZAW 71, 1959, S. 151ff. u. St. Porúbčan, Riv. Bibl. 8, 1960, S. 324ff. Vgl. auch die *šni̯ ʿi̯di̯m n'mni̯m* CD IX 23 (*ru̯ʿh n'mn* 1Q34 3 II 8) und als Parallele zu dem umstrittenen *'mntm bmu̯rh ḥṣdḳ* 1QpHab VIII, 2f. (J. Maier, Die Texte vom Toten Meer II, München 1960, S. 146 zu A. Dupont-Sommer, Les écrits esséniens découverts près de la Mer Morte, Paris 1959, S. 275) *lu̯' h'mi̯nu̯ bbri̯t 'l* bzw. *bḥu̯ḳḳi̯* [*'l*] II, 4. 15. Zu *i̯šr* vgl. etwa Jes 40 4^{b} *u̯^{e}hå̄i̯å^{h} hae'åḳob l^{e}mīšōr*. Ein »gerader« Weg führt zum Ziele: Ps 107 7 Esr 8 21. Seinen sittlichen und religiösen Inhalt gewinnt *i̯åšår* von der Näherbestimmung her, in wessen »Augen« ein Verhalten »richtig« ist, ob in den Augen Gottes (vgl. z. B. Dtn 6 18, auch 1 QS I 2: *ḥṭu̯b u̯hi̯šr lpni̯u̯*) oder in denen eines Menschen (vgl. z. B. Dtn 12 8, auch CD III 6), dann mit negativem Vorzeichen. *21* Prov 12 17 *i̯åpīaḥ 'ae$^{}$mūnå^{h} i̯aggīd ṣaedaeḳ u̯^{e}ʿed š^{e}ḳårīm mirmå^{h}*; vgl. 6 19 *i̯åpīaḥ k^{e}zåbīm ʿed šåḳaer*. *22* Vgl. Dtn 25 15 (*'aebaen* [bez. *'epå^{h}*] *š^{e}lemå^{h} u̯åṣaedaeḳ*); Prov 11 1 (Gegensatz: *mo'znē mirmå^{h}*: *'aebaen š^{e}lemå^{h}*; vgl. Lev 19 36). *23 bae'^{ae}munåti̯åm* Chr I 9 22 II 31 18: »auf Grund ihrer wahrheitsgemäßen Aussage« (wurden sie als heilig anerkannt); vgl. das anfängliche Benanntwerden des (späteren) »argen Priesters« *ʿl šm h'mt* (1QpHab VIII 9), das heißt doch wohl seine (des Alkimos?) Prüfung und die Anerkennung seiner Legitimität als »richtig« durch die συναγωγὴ γραμματέων, die zusammengetreten war ἐκζητῆσαι δίκαια und feststellt: Ἄνθρωπος ἱερεὺς ἐκ σπέρματος Ααρων ἦλθεν ἐν ταῖς δυνάμεσιν (I Mcc 7 12. 14), auch II Reg 12 16 *bae'^{ae}mūnå^{h} ʿośīm hem* »auf Grund der als wahrheitsgemäß geltenden Angaben (auf Treu und Glauben) handelten sie«; zum Gegensatz s. o. S. 23. *24* Dtn 13 15 17 4 *u̯^{e}hinne^{h} '^{ae}maet nåkōn haddåbår*; vgl. 22 20. *25* Ex 18 21 *'anšē '^{ae}maet śon^{e}'ē båṣaʿ*; vgl. auch Prov 28 20 den Gegensatz des *'īš '^{ae}mūnōt* zum *'åṣ l^{e}haʿ^{a}šir*. *26* Jes 59 4 *'ēn ḳore' b^{e}ṣaedaeḳ u̯^{e}'ēn mišpåṭ bae'^{ae}mūnå^{h}*, vgl. auch Jer 9 2. *27* Ex 22 8 (l. mit Sam *iaršiʿaennū*); vgl. zu *paešaʿ* L. Koehler, ZAW 46 (1928), S. 213ff., G. von Rad, Theol. I S. 262 (»Rebellion«), II S. 162 (»Aufsage des Gehorsamsverhältnisses«), auch 2 Aqht VI 43f. (Gordon Manual, S. 183) den Parallelismus *pšʿ :gan* (hebr. *gå'ōn*), und s. u. S. 186f.

Zu Seite 38.

28 Jes 11 3^{b}. 4^{a}. 5; und vgl. dazu die Definition des babyl. *mišarum* durch P. Koschaker, ZA 43 (1936), 220: *mišarum* ist »jedes von dem Gedanken der sozialen Gerechtigkeit getragene Gesetz, wobei die Beziehung auf ein Einzelgesetz überwiegt, weiterhin aber auch die Rechtsordnung überhaupt, sofern sie dieses Ideal erstrebt. Daher erscheint typisch als Aufgabe des *mišarum* der Schutz des Schwachen, der Waise, der Witwe«. *29* Ps 33 4: *i̯åšår d^{e}bar i̯hu̯h u̯^{e}kål maʿ^{a}śehū bae'^{ae}mūnå^{h}* (vgl. Jes 45 19 u. S. 160) Ps 36 6 *i̯hu̯h ʿad' šåmai̯im ḥasdaeḳå '^{ae}mūnåt^{e}ḳå ʿad š^{e}ḥåḳim*; zum Zusammenklang von *ṣaedaeḳ*, *'^{ae}maet*, *'^{ae}mūnå^{h}*, *ḥaesaed* und *raḥ^{a}mim* vgl. auch Ps 40 10ff. *30* Vgl. Jos 2 14 II Sam 2 6. *31* Ps 89 50; vgl. Jes 55 3 (*ḥasdē dåūid hannae'^{ae}månim* und das »Feststellen« (*heḳim*), d. h. Ausführen des Wortes, das Wirklichkeit werden soll II Sam 7 25. 28. *32* Num 23 19. Vgl. dazu die schöne Charakteristik des Gotteswortes bei N. Soederblom, Der lebendige Gott in Zeugnissen der Religionsgeschichte, München 1942, S. 295. Anders das Bekenntnis des Königs zu Bel, bei ihm gebe es keinen δόλος (Bel et Draco 18 und als Gegensatz den δόλος der Priester 19). *33* Auch im altorientalischen Suzeränitätsvertrag, in dem der Mächtigere sowohl den Vertragspartner als die Vertragsklauseln festlegt und nach dessen »Modell« die alttestl. *b^{e}rit* weithin geformt ist (vgl. J. Begrich, ZAW 60, 1944, S. 1ff., auch meinen Art. Bund II

RGG I³ Sp. 1513ff.), ist auch der Mächtigere zur Einhaltung der Vertragstreue verpflichtet (vgl. in den Sfiré-Inschr. I B24 [und dazu A. DUPONT-SOMMER, Les inscriptions des Sfiré, Paris 1958, S. 77] III B5f.) und gegenteiliges Handeln führt zu herber Klage wie Ps 89 40. *34* Vgl. I Sam 2 35 3 19 II Reg 4 16 Hes 13 19, auch Jer 43 2 *šaeḳaer 'attåh medabber*. Literatur zum falschen Prophetentum s. o. S. 28 Anm. 172. Zu beachten ist das Weiterwirken des Sprachgebrauches in den *nbj'j kzb*, von deren Mund »dein Volk« Gott sucht (1QH IV 16, vgl. dazu die *mljsj kzb* = *ḥwzj rmjh*, welche das Gesetz »verändern« 1QH IV 10), auch den *mtjp kzb*, gegen dessen Rotte der Gotteszorn entbrannt ist (CD VIII 13 XIX 26, vgl. Mich 2 11 und den *'jš hlṣwn* [vgl. die *'anšē lāṣōn* Jes 28 14], der »Lügenwasser träufeln ließ« CD I 15 und wohl identisch ist mit dem *'jš hkzb* 1QpHab II 2 u. ö.).

Zu Seite 39.

35 Vgl. etwa Jer 5 1 Hos 2 22 Sach 8 16 Ps 37 3 II Chr 19 9. *36* Vgl. I Sam 26 13 Jer 7 28 Ps 4 3 119 75, zum »Normgemäßen« des Gerichtes als Kennzeichen des *'el 'aemūnåh* auch Dtn 32 4. *37* Jes 28 15 (s. auch u. S. 106[71]). Die Verbindung mit dem fremden Gott wird ja auch dort, wo der eigene nicht aufgegeben wird, in der Anrufung beider beim Bündniseid — G. FOHRER macht Komm. II S. 57 mit Recht darauf aufmerksam — in einer Realität vollzogen, die mehr ist als eine »dogmatische« Gleichstellung. Wer *laššaeḳaer* schwört, kommt nicht nur selbst mit der Todeswelt in Verbindung, sondern zieht auch den Gott, bei dessen Namen er schwört, in sie hinein; vgl. Lev 19 12. *38* Hes 18 2. Mit Recht betont MAY, The Interpreter's Bible, VI, 1956, S. 158, daß es sich in Hes 18 um ein Problem der Theodizee handelt, daß hier mehr der von der gesetzlichen und »weisen« Literatur beeinflußte »legalistic logician« als der Prophet rede (S. 111). Mit W. ZIMMERLI, Komm. S. 407 aus formgeschichtlichen Erwägungen die Zusage des »Lebens« in Hes 18 von der Konkretheit der Situation zu lösen und einen Heilszuspruch darin zu finden, der nach Analogie von Ps 73 25f. »geradezu antithetisch gegen alle äußere Segnung gestellt werden kann«, ist m. E. durch die situationsgebundene Konkretheit des »Todes« bis hin zu der Feststellung, daß die den »Gottlosen« totschlagenden Feinde als die ein Gottesurteil vollstreckenden keine Blutschuld trifft (vgl. die Hinweise auf Lev 20 S. 410f.), unwahrscheinlich. [Nachtrag: Es ist schade, daß H. GRAF REVENTLOW, BZAW 82 (1962), S. 108ff. zwar mit Recht die Konkretheit der Situation betont, die die Aufzählung der todbringenden Vergehen von der analogen in der »Bundesfestverkündigung« abhebt, dann aber diese Konkretheit in eine solche der theoretischen Diskussion über das Hohnwort 18 2 verlegt, die, »auch wenn die Erkenntnisformel hier nicht steht«, dennoch die »Situation des Erweiswortes« sei, statt in die reale Lage des staatlichen Zusammenbruchs mit der weitgehenden Ausmordung der Jerusalemer.] Zur Gemeinsamkeit des Familienschicksals um der Schuld des Mannes willen vgl. u. S. 130f., zur Ausmordung des »Hauses« Jerobeams vgl. I Reg 15 29, des »Hauses« des Ahab II Reg 9 8. *39* Vgl. etwa Dtn 28 53ff. 56f. Fluchmaterial aus dem deutschen Aberglauben mit Zitaten aus dem Neuen (nicht dem Alten!) Testament vgl. bei J. HAMPP, Veröffentlichungen des Staatl. Amts für Denkmalspflege Stuttgart C 1 (Stuttg. 1961), zum Grundsätzlichen im AT auch H. G. MAY, Individual responsibility and retribution, HUCA 32 (1961), S. 107ff. *39a* Zur Einbettung des Schicksals des einzelnen in das der größeren Gemeinschaft im »Rest« als militärisch-politischer Größe vgl. W. E. MÜLLER, Die Vorstellung vom Rest im AT, Diss. theol. Leipzig 1939, S. 30[2] (und darnach G. VON RAD, Theol. II, S. 34ff.).

Zu Seite 40.

40 Vgl. *bēṯ leu̯i* Ex 2 1, *bēṯ šå’ūl*: *bēṯ ḏåu̯iḏ* II Sam 3 6, die assyrische Bezeichnung *bît ḫumrî* für Israel oder den Sprachgebrauch in Amarna-Br. 116 66 189 10 f. Kn. *41* Vgl. Hes 14 21 (die notorische Schlechtigkeit einzelner 586 nach Babylonien Deportierter soll den Exulanten von 597 die Verworfenheit Jerusalems und damit die Gerechtigkeit Gottes in der Zerstörung der Stadt *ad oculos* demonstrieren) und beachte den in 9 3 ff. aufgebotenen Wunderapparat, durch den die vom Schreiberengel mit dem rettenden Kreuzeszeichen (taw) Gezeichneten allein dem Verderben entrissen werden. Zum tatsächlichen Hergang bei der Einnahme der Stadt vgl. M. Noth, ZDPV 74 (1958), S. 133 ff. *42* Dtn 23 4; auf die Begründung in 23 5 f. nimmt Neh 13 23 keinen Bezug, hat aber das Gesetz selbst gekannt (kein Vorgehen gegen edomitische Weiber nach 23 8; vgl. meine Schichten des Dtn S. 232 f.) und »sinngemäß« ausgeweitet (Ausdehnung auf die Philister). *43* Jer 45 4 f. Dem gleichen Geist der Solidarität entstammt die Ablehnung einer Ausgliederung und die Mitübernahme des Volksschicksals durch die Fürbitte des Moses Ex 32 32; auch der Glaubensgedanke eines stellvertretenden Leidens des Gottesknechtes hat hier eine seiner Wurzeln (s. u. S. 103). Zur Bildung einer prophetischen Gemeinschaft höherer Ordnung vgl. namentlich Jes 8 16 und dazu »Gott und Mensch^2« S. 135 ff., auch Mtth 12 49 f. par. — Als eine solche von Gott »aufgerichtete« Gemeinschaft von »Verständigen« und »Weisen« wissen sich die »alten Kämpfer« von CD VI 2 ff., die darum von Gott mit dem Ehrennamen der »Fürsten« (in Erfüllung von Num 21 18) genannt werden, während sonst in Qumran die Vorzugsstellung der Priester und die Hochwertung des heiligen Buches eine Laienschülerschaft des »Lehrers« nicht hat aufkommen lassen, vgl. meine Ausführungen in: Qumran-Probleme, Berlin 1963, S. 193 ff.

Zu Seite 41.

44 Ex 20 2. *45* I Reg 12 28 (s. u. S. 198) Ps 81 9 ff.; zum nordisraelitischen Ursprung von Ps 81 vgl. A. C. Welch, ET 38 (1927), S. 455 ff., aber auch die Zweifel von H.-J. Kraus, Komm. S. 565. *46* Hos 13 4 ff. *47* Am 2 10. — Eine Ausnahme bilden die Zion-Sprüche Jes 1 22 ff. 29 1 ff., die ihrerseits für Deuterojesaja grundlegend sind: 40 9 ff. u. ö. Das spätere Gesetz formuliert pluralisch Lev 25 55 26 13 (s. u. S. 132[228]).

Zu Seite 42.

48 Zum Problem »Weisheit und Diaspora« vgl. vor allem A. Causse, RHPR 15 (1935), S. 503 ff. = Groupe ethn. S. 284 ff.; vgl. auch Mél. Cumont II (1937), S. 525 ff. — Gegenüber der »israelitisch-jahwistischen Interpretation der Weisheitslehre« (so G. Fohrer, ZAW 73 [1961], S. 20) bedeutet die Haltung der gegenüber der Vergeltungslehre Kritischen bei allem verbleibenden Einfluß nicht einen Rückgang auf die ältere gemeinorientalische, etwa die Naturweisheit (vgl. H. Richter, ZAW 70, 1958, S. 1 ff. in Weiterführung von A. Alt, Kl. Schr. II 1953, S. 90 ff. auf Grund von I Reg 5 13), vielmehr erhält diese einen neuen Sinn im Glauben an das freie Handeln Jahves (vgl. H. Gese, Lehre und Wirklichkeit in der alten Weisheit, Tübingen 1958, namentlich S. 49 f.). Sie wurzelt stattdessen in spezifisch israelitischen »Erlebnissen«, auf die H. H. Rowley, BJRL 41 (1958) mit Recht aufmerksam gemacht hat. — Zur Herleitung und Datierung des Hiob-Buches vgl. die außergewöhnlich umfassende Darstellung aller Probleme durch C. Kuhl, Th R N. F. 21 (1953), S. 163 ff. 257 ff., 22 (1954), S. 261 ff. mit dem Ergebnis, der Autor sei ein »gebildeter und weitgereister Mann«, wohl aus Palästina stammend, gewesen (so RGG III^3, 1959, Sp. 360, vgl. schon G. Hölscher,

Komm. S. 7f.). Doch bleibt m. E. seine Herleitung aus der ägyptischen Diaspora erwägenswert (vgl. P. Humbert, zuletzt Opuscules, Neuchâtel 1958, S. 206 und meine Andeutungen in: Wahrheit und Glaube [Festschr. E. Hirsch], 1963, S. 134ff.). *49* Zur kollektiven Vergeltung vgl. Dtn 5 9f. (und als [theoretische] Ausläufer Est 9 13f. Dan 6 23 Mt 18 25); zur Individualisierung der Strafe im Gegensatz zum Lohn Dtn 7 9f., zur singularischen und pluralischen Anrede s. auch u. S. 67. *50* II Reg 11 17 (zum Text vgl. BHK[3]) 23 3. Zum israelitischen Begriff des »Volkes« sowohl als *ʿåm* als auch als *gōj* vgl. A. Speiser, JBL 79 (1960), S. 157ff.

Zu Seite 43.

51 Neh 10 29f. 31. (Älteres Ex 34 16 Dtn 7 3 Jdc 3 4). — Zum Kollektivismus der Chronik vgl. von Rad, BWANT IV, 3 (1930), S. 12f. *52* Dtn 5 2f. Vgl. 29 13f. Ex 12 11 Am 3 1; zu den, den deuteronomischen analogen, Gedanken in der Geschichtsbetrachtung Hoseas H. W. Wolff, Komm. S. 48f. Gegenüber allen Aktualisierungen des Auszugs und des Bundesschlusses in der Identität der Generationen ist aber die Tatsache festzuhalten, daß für das israelitische Geschichtsbewußtsein die »Erlösung« (rédemption) am Anfang der Geschichte steht (vgl. E. Jacob, Suppl. VT VII, 1960, S. 43). Die Durchbrechung der Einheit der Generationen begegnet als Wunsch Jes 39 8 (nur die Späteren sollen büßen, was Hiskia getan hat!) oder als Zusage II Reg 23 20: Josia soll nicht büßen, was die Väter getan. *53* Vgl. Hos 2 21 Jer 3 6ff. Hes 23 2ff. (Übertragung auf Jerusalem: 16 4ff.; zum literarischen Zusammenhang von Hos 2 und Hes 16 W. Zimmerli, Komm. S. 345f., zum Ehebild D. Buzy, Vivre et penser III (1943/44), S. 77ff.

Zu Seite 44.

54 Neh 9 32ff.; vgl. Dan 9 7ff. *55* Ps 51 6. 8f., vgl. auch Hi 4 17 und zur spätjüdischen Sündenlehre vor allem A. Büchler, Studies in sin and atonement in the rabbinic Literature, Oxford 1928 u. s. u. S. 150.

Zu Seite 45.

56 Jos 24 14ff. (dessen Zugehörigkeit zu E M. Noth, Komm[2]. S. 15f. freilich bestreitet, das aber auch für ihn dem vordeuteronomischen Material zugehört); vgl. dazu die Kontrastparallele in Jdc 5 8 10 14 und L. Köhler, Bibl. Theologie, Tübingen 1936, S. 64f. — Balscheit weist a. a. O. S. 17, darauf hin, daß auch das »Du sollst mir keine anderen Götter entgegenstellen« des Dekalogs »die Bindung des Volkes an solche andern Götter als menschliche Willkür« im Gegensatz gegen die göttliche Setzung ansieht. [Mit Recht betont G. E. Mendenhall (BiblArch 25, [1962] S. 66ff.), daß das die »Stämme« zusammenbindende Element weder biologischer noch wirtschaftlicher Natur war, sondern der Jahveglaube einer Gruppe, die zunächst im Ost- dann aber auch im Westjordanland militärische Erfolge, vor allem auch in der Niederwerfung von Stadtkönigtümern, erzielte und nun »einheimische« Elemente »by conversion« israelisierte, allerdings so, daß sie ihre »own traditions, poetry, historical narrativs and customs« beibehielten und die ältere Jahvereligion als eine Art »ökumenische« Bewegung (S. 86) einen weiten Spielraum für das religiöse und ethische Weiterleben der Traditionen der Einzel»stämme« ließ. Ich lasse die Frage unerörtert, wieweit das Bild des älteren Israel als einer »catholic religion in the best sense of the term« nicht doch etwas gar zu modern gezeichnet ist.] *57* Vgl. vor allem Dtn 7 7ff., auch »Gott und Mensch[2]«, S. 162ff., vor allem aber die Behandlung dieses *locus classicus* bei Th. C. Vriezen. Die Erwählung Israels im AT, Zürich 1953, S. 51ff. in Herausarbeitung des Spezifischen des »Erwählungs«-Glaubens gegenüber anderen Ausprägungen des Bewußtseins, Jahves »Volk« zu sein und mit ihm im Bunde zu stehen, in Auseinandersetzung z. B. mit H. H. ROWLEY, The Biblical Doctrine of Election, London 1950 (vor allem S. 45 mit der Parallelisierung der Erwählung des »Volkes« und der Propheten, ROWLEY S. 108ff.) oder mit W. STÄRK ZAW 55, 1937, S. 1ff. — Zeile 14 v. o. sollte es jetzt statt »Der Schluß des Elohisten« vorsichtiger heißen: »Die vordeuteronomische Schilderung des Landtags in Sichem«, wobei darauf zu verweisen wäre, daß die deuteronomische Darstellung des gleichen Vorganges in Jos 23 11f. den Gedanken der »Wahl« Jahwes (*båḥar*) durch das Volk vermeidet und statt dessen vom Bundesbruch spricht (16). ***58*** Vgl. Jdc 14 2ff. (und S. 68. 70). Kontrast: das »Nehmen« (*låḳaḥ* Gen 24 37, *kånå^h^* Rt 4 5 = *låḳaḥ* 13!) und das »Wiederentreißen« der sauer verdienten Frau durch die väterliche Sippe (*gåzal* Gen 31 31, zum Fehlen der dem *låḳaḥ* entsprechenden Bezeichnung des Ehemannes als »Herrn« der Frau im Ugaritischen vgl. A. VAN SELMS, Marriage and family life in Ugaritic Literature, London 1954, S. 63 Anm. 120f.). Das »Nehmen« der Frau bedeutet eine zu kompensierende Schwächung ihrer väterlichen Sippe, sie selbst aber ist »Privateigentum« ihres *ba'al* (zum Alter des Privateigentums überhaupt vgl. W. NIPPOLD, Die Anfänge des Eigentums bei den Naturvölkern und die Entstehung des Privateigentums, 's-Gravenhage 1954) und steht anderen Sippenangehörigen gerade nicht zur Verfügung, auch nicht in der Großfamilie. ***59*** II Reg 1 2. Kontrast 5 3 20 8 Dtn 26 14 13 2ff. und dazu meine Abhandlung: Heilung als Symbol und Wirklichkeit im biblischen Schrifttum (=NAWG, Phil.-Hist. Kl. Nr. 3), Göttingen 1958, S. 271ff. ***60*** I Sam 26 19. — Zur »Entscheidung« s. u. S. 106ff.

Zu Seite 46.

61 Dtn 24 16, vgl. II Reg 14 6 und das rabbinische Material bei S. RAPPAPORT, REJ 94 (1933), S. 29ff. ***62*** Ass. Ges. § 32 (AOTB I² S. 416 Ebeling = ANET 182 TH. J. MEEK: *she shall be liable for the debts, misdemeanors, and crimes of her husband*). Der Text — *nudunuša tadnat* — ist schwerlich in Ordnung; E. will *adi nuduniša tadnat* herstellen, während DRIVER, bei G. R. DRIVER-J. C. MILES, The Assyrian Laws, Oxford 1935, S. 473 *nudunuša* als Subjekt faßt und S. 401 übersetzt: *If a woman is still dwelling in her father's house and* (?) *her settled property has been given* (*to her*), *whether* ...; vgl. die Erörterung aller Möglichkeiten ebenda S. 198ff. Zum Ausgleich für einen Ermordeten muß der Mörder in einer assyr. Urkunde seine Frau, seinen Bruder oder seinen Sohn hingeben: ANET S. 221 (TH. J. MEEK). ***63*** Assyr. Ges. § 2 (ebenda S. 412). — DRIVER übersetzt a. a. O. S. 381 . . . *has uttered blasphemy or spoken sedition* und verweist S. 458 zu *šillatu* auf seinen Nachweis der Bedeutungsgleichheit mit **šillå^h^* Dan 3 29 JThSt 31 (1930), S. 282f. In den sog. Neu-Babylonischen Gesetzen (AOTB I² S. 422f. = ANET S. 197) verhindert der nach dem ausdrücklichen Zeugnis des Schreibers fehlende Schluß des § 7 die Feststellung, ob die Schadensersatzforderung gegen eine *amiltum* bei bestimmten Holzfreveln (vgl. DRIVER-MILES, Bab. Laws II, S. 327) sich auch auf ihren Ehemann, falls ein solcher vorhanden ist (*amiltu^m^* als Ehefrau ebenda § 13), erstreckt oder nicht. ***64*** Ex 21 12 (s. u. S. 58) 15. 17; zum individualistischen Charakter des Bb schon M. LÖHR, BZAW 10 (1906), S. 15 und A. LODS, Israel, Paris 1930, S. 556. In dieser Hinsicht besteht kein Unterschied zwischen dem apodiktischen und dem kasuistischen Recht des Bb, doch hätte in der ersten Auflage nicht übersehen werden sollen, daß auch die Flüche in Dtn 27 15ff. und die sakralrechtlichen Bestimmungen im Heiligkeitsgesetz (vgl. jetzt H. GRAF REVENTLOW, Das Heiligkeitsgesetz, Neukirchen 1961 und dazu G. FOHRER, ZAW 73, 1961, S. 336f.) — so gewiß sie wie der Dekalog (vgl. meine Ausführungen: Festgabe W. KOEPP, 1955, S. 11ff. [maschinenschriftlich]) für eine bestimmte Gemeinschaft und innerhalb ihrer Grenzen gelten — individualistisch formuliert sind und die Sippe des Täters nur indirekt durch die Ausstrahlung der Fluchkraft auf alle mit ihm in Berührung Kommenden (vgl. Apoxysmata S. 37ff.) oder durch Verlust einer Arbeitskraft oder einer gegen Brautgeld wegzugebenden Jungfrau (Dtn 22 13ff.) betreffen. Schädigung der Sippe durch Jahves Eingreifen: Ex 22 23.

Zu Seite 47.

65 Ex 21 23 (Lev 24 18. 20 Dtn 19 21); vgl. dazu A. ALT, ZAW 52 (1934), S. 303ff. = Kl. Schr. I S. 341ff. und meine Randbemerkung ebenda 53 (1935), S. 292f. (zu Xoeph. [sic!] 309ff.). — Zur Behandlung der Talion in der älteren Literatur vgl. J. WEISMANN, Festschrift für A. WACH, Leipzig 1913, S. 1ff., der den privatrechtlichen Charakter (S. 35) der Talion in Spannung zu der nicht dem einzelnen, sondern der Gemeinschaft zustehenden Blutrache (S. 53) betont, zum Verhältnis von *retaliation* (*restitution*) zur *compensation* vgl. vor allem D. DAUBE, Studies in Biblical Law, Cambridge 1947, S. 102ff. (z. T. in Auseinandersetzung mit H. F. JOLOWICZ, Cambridge Legal Essays [Festschr. für Bond, Buckland und Kenny], Cambridge 1926, S. 207f.), auch The NT and Rabbinic Judaism, London 1956, S. 247ff. Zum Problem der kollektiven oder individuellen Blutrache im Bundesbuch vgl. auch H. CAZELLES, a. a. O. S. 119. ***66*** Ex 21 31. Zu beachten ist auch, daß die in literarisch jüngerem Zusammenhang stehende Fassung der Talion (Lev 24 19ff.) das »Schade um Schade, Auge um Auge ... « eindeutig individuell versteht. Weitergreifende Blutrache vgl. Gen 4 15. 23 II Sam 21 5f. und dazu E. MERZ, Die Blutrache bei den Israeliten (BWAT I, 20), Leipzig 1916, vor allem S. 11 zum »negativen Ersatz«. — Ist die Formel ursprünglich ein Befehl an den Sippenverband (vgl. *kol mišpåḥåh* II Sam 14 7), so würde sich das von R. DUSSAUD auf Grund der Kaingeschichte behauptete Fehlen der Blutrache innerhalb des Sippenverbandes (Orig. S. 14, vgl. auch WEISMANN, S. 42; bei den heutigen Arabern T. E. LAWRENCE, Aufstand in der Wüste [Fischer 177], 1957, S. 47) erklären, doch ist die Eingrenzung des *kol mōṣeʾō* auf die Fremden nicht völlig sicher. Für die Verwurzelung der Blutrache in der übergeordneten Gemeinschaft spricht auch, daß im Suzeränitätsvertrag der Schwächere zur Blutrache im Falle der Ermordung seines Oberherrn, zu dem ihn der Vertrag in einen Bund gesetzt hat, verpflichtet ist (Sfiré III 11f., *nḳm* wie hebr. Num 31 2 u. ö., DUPONT-SOMMER, a. a. O. S. 128). Zu Blutrache und Wergeld im englischen Palästina vgl. J. BARATZ, a. a. O. S. 153ff. ***67*** Vgl. Ex 21 13ff.; der individuellen Festlegung des Bluträchers (und dem Zusammenhang von Blutrachepflicht und Erbrecht; vgl. W. E. STAPLES, AJSL 54 [1937], S. 62ff.) entspricht die soziale Abstufung der Kompensation für körperliche Schädigungen. Sie bezieht sich nicht nur auf den Unterschied der Folgen je nach dem, ob ein Freier oder der eigene Sklave betroffen ist (Ex 21 26f.: Freilassung = Verlust eines Auges oder eines Zahnes!), sondern in der streng abgestuften babylonischen Gesellschaft auch auf die unterschiedliche soziale Stellung des geschädigten Freien (vgl. vor allem Cod. Ham. § 195ff. ANET S. 175 und die juristische Behandlung unter Beiziehung des Vergleichsmaterials bei DRIVER-MILES, Bab. Laws I S. 406ff.) oder seiner Tochter (§ 209ff. »Strangely enough« [DRIVER-MILES S. 413] richtet sich der Tarif nach dem Stand des Vaters und nicht des Ehemanns, analog Assyr. Ges. § 21 ANET S. 181 *mârat awīli*, aber *aššat awīli* § 50f. ANET S. 184f. im Gegensatz zur Dirne. Zur Terminologie vgl. auch § 1f. der sumerischen Familiengesetze, in denen dieselbe Bezeichnung für die durch Schlag abortierende »Frau« wie in § 6f. für die verführte Unverheiratete gebraucht wird und dazu B. MEISSNER, Babylonien und Assyrien I, Heidelberg 1920, S. 150f.). Die Aufbringung des Wergeldes, dessen Höhe in den altorientalischen Gesetzen erheblich differiert (vgl. E. SZLECHTER, Les Lois d'Ešnunna, Paris 1954, S. 120 zu Ešn § 42ff. [ANET S. 163 A. GOETZE] im Vergleich mit Cod. Ham. 203ff.), durch den einzelnen (Ex 21 19. 30 22 8. [10]. 13), so daß im Falle wirtschaftlicher Zahlungsunmöglichkeit »Straf«verschärfung eintritt (Ex 22 2), hat ihr Gegenstück in der Verpflichtung des einzelnen zur Zahlung des *mōhår* (s. Anm. 70). Dem entspricht es, daß der einzelne Anspruch auf einen Sohn hat, der seinen Namen fortsetzt (Gen 38 8 Dtn 25 5), so daß schon in der ältesten uns erreichbaren Überlieferung also der israelitische Bruderlevirat nicht mehr rein sippenrechtlich zu verstehen ist; zum Problem vgl. K. H. RENGSTORF, Jebamot (Gießner Mischna III, 1), Gießen 1929, S. 15ff. im Vergleich mit Assyr. Ges. 30f. ANET S. 182. Unbetroffen von der Möglichkeit, in gewissen Fällen die *retaliation* im Tod des (indirekt) Schuldigen durch eine auszuhandelnde, im Falle des Geschädigtseins eines Sklaven oder einer Sklavin tariflich geregelte Zahlung (Ex 21 29 f.) zu kompensieren, ist im Bb. der Vollzug der Steinigung an dem den Tod verursachenden Ochsen (32, zur Tierstrafe vgl. die haggadischen Parallelen bei V. APTOWITZER, HUCA 3 [1926], S. 117ff.). — Zur Asylie s. u. 58f., zum Schadensausgleich auch S. 61ff. und zur Gesamtheit dieser Probleme auch J. B. PRITCHARD, Archaeology and the OT, Princeton 1958, S. 206ff., spez. S. 221ff.; zur Ablehnung der Talion neben dem »Meineid« vgl. Prov 24 28 f.

Zu Seite 48.

68 Cod. Ḫam. § 116. 209f. (EILERS S. 31. 46. 48, ANET S. 170. 175f.); vgl. auch M. MÜHL, Untersuchungen zur altorientalischen und althellenischen Gesetzgebung (Klio, N. F., Beih. 16), Leipzig 1933, S. 36[3]. Zur Frau (des Schuldners [auch nach Erlöschen der Schuld?, so SZLECHTER a. a. O. S. 128]) als Pfändling vgl. Ešn § 24 ANET S. 162 und in Mari G. BOYER, Arch. Royales de M. VIII, 1957, Text 31 und dazu H. W. F. SAGGS, JSS 5, 1960, S. 415. *69* Auch Dtn 22 8 stimmt nicht mit § 229ff. überein, da es nicht von schlechter Arbeit des Baumeisters redet; anders A. JIRKU, Altorient. Komm. z. AT, Leipzig 1923, S. 121. *70* Ex 22 15 (vgl. Gen 34 12): Assyr. Ges. § 54 (DRIVER-MILES § 55; AOTB I² 421 Ebeling = ANET S. 185). — Ob der *mōhår*, das »Brautgeld«, noch der volle Gegenwert (»Preis«) für das Mädchen gewesen ist oder zu einer geringen, mehr symbolischen Zahlung geworden war, ist für unseren Zusammenhang unerheblich. Der Tarifunterschied gegenüber dem assyrischen (1:3) spricht hinsichtlich des israelitischen Rechtes für die erstgenannte Möglichkeit. Der sonst nach Dtn 22 29 sich ergebende Brautpreis von $16^2/_3$ šekel würde nur wenig über die Hälfte des üblichen Sklavenpreises (Ex 21 32) liegen; s. u. S. 119f. und vgl. die Behandlung der Frage bei DRIVER-MILES, Assyr. Laws, S. 155ff. 191ff. Zur umständlichen Umschreibung der Jungfräulichkeit vgl. Gen 24 16: *b^eṯûlåh u̯^eʾîš loʾi̯^eḏåʿåh*; zu »Stadt« und »Feld« s. u. S. 60. *71* Vgl. § 55 (ebenda); zur Einwilligung s. auch u. S. 61.

Zu Seite 49.

72 II Sam 12 11 (16 23) Hi 31 9 f. Zur sog. »spiegelnden Strafe« vgl. D. DAUBE, Bibl. Laws, S. 192. — Nicht mit der Talion zu verwechseln sind Drohungen mit der Schändung der Frau (bei feindlicher Eroberung) als (nichtspiegelnde!) Strafe für irgendwelche religiöse Vergehen des Mannes, z. B. Am 7 17. *73* Dtn 27 15ff. (s. u. S. 129); beachte das *bassåṯaer* 27 24. Daß solche Frevel, wenn der Sünder bekannt ist, auch von der menschlichen Gerichtsbarkeit abgeurteilt werden können, zeigen die entsprechenden Paragraphen der übrigen altorientalischen Rechte; in Dtn 27 handelt es sich um den Fall, daß der Frevler unbekannt ist, seine Schuld also die »Gemeinde« unausweichlich befleckt, wenn sie sich nicht von ihm lossagt. Eine moderne arabische Parallele s. u. S. 127[193]. ***74*** Vgl. Dtn 21 1ff. und zur Deutung vor allem H. J. ELHORST, ZAW 39 (1921), S. 58ff. — 21 8 s. u. S. 86. ***75*** Cod. Ḫam. § 22ff. EILERS 19f. ANET S. 167. ***76*** Vgl. ANET S. 26 (J. A. WILSON), auch GALLING, Textbuch S. 37 und JIRKU, a. a. O. S. 119f. ***77*** Hetit. Recht IV, 6 (AO 23 2, S. 6[6]); vgl. dazu F. A. PUUKKO, Stud. Or. I (1925), S. 131. Andere Übersetzung jetzt bei E. NEUFELD, The Hittite Laws, London 1951, S. 59: »If a man dies in another's field, if (it is) a free man, he shall give a field, a house and one maneh and twenty shekels of silver, if (it is) a woman, he shall give three manehs of silver. If there is no field belonging to another within three leagues this way and three leagues that way, whatever hamlet shall be met with therein, he takes them. If there is no hamlet, he shall go empty-handed«; zur Sache S. 135 mit Verweis auf Cod. Ḫam. 23f. (vgl. DRIVER-MILES I, S. 109f., II, S. 159f.) und Dtn 21 1ff. Vgl. auch V. KOROŠEK, Arch. Or. 18 (1950), S. 187ff.

Zu Seite 50.

78 Vgl. Jos 7 24 Ex 31 32 und dazu D. DAUBE, Tijdschrift voor Rechtsgeschiedenis 15 (1936), S. 48ff. ***79*** Gen 44 16f. Vgl. zur »Becher«-Wahrsagung durch Joseph F. CUNEN, Rev Sc Rel 33 (1959), S. 396ff. ***80*** Vgl. Gott und Mensch², S. 192ff. Zum Zusammenhang des Jahvisten, spez. der Josephsgeschichte mit der »Weisheit« vgl. seitdem G. VON RAD, VT Suppl. 1 (1953), S. 120ff. = Ges. Stud. z. AT, 1958, S. 272ff. ***81*** Vgl. Gen 12 17, Nachwirkung 20 17 (f.), auch o. S. 36[15]. Auch Num 16 27. 33 sterben die Frauen und Kinder mit den Sündern, und vgl. o. S. 39[38]. ***82*** Vgl. Gen 3 14ff. (s. u. S. 130), u. 11 1f.

Zu Seite 51.

83 Vgl. Gen 7 7 (die [nicht zwingend begründete, aber beliebte] Konjektur von A. DILLMANN, Komm⁵. [1886] z. St., *u̯ᵉḵol bēṯō* statt *ūḇånåi̯u̯ u̯ᵉ'ištō unšē bånåi̯u̯* zu lesen, ändert an der Sache nichts) 18 23ff. 19 12ff. (auch die späte(?) Formel Num 16 22 o. S. 33). Der Elohist geht einen Schritt weiter, indem er durch den e i n e n, den Gott schützt, einem *ʿam råḇ* das Leben erhalten läßt (Gen 50 20). ***84*** II Sam 20 19ff. 12 20ff. ***85*** Vgl. II Sam 12 7ᵇff. 11 und dazu L. ROST, Die Überlieferung von der Thronnachfolge Davids (BWANT, III, 6), Stuttgart 1926, S. 92ff., zum ganzen des Abschnitts auch Althebr. Lit., S. 96. ***86*** Vgl. (II Sam 3 28ff.) I Reg 2 5ff. und die Parallele, die nach dem Nachweis von A. CHRISTENSEN, Les gestes des Rois dans les traditions de l'Iran, Paris 1936, S. 126ff., zwischen I Reg 2 1ff., Xenophon, Kyrop. VII, 5, 72ff. VIII, 7, 6ff. (Gemoll ed. maior 373ff. 439ff.) und den sassanidischen *andarz* besteht. Durch I Reg 2 dürfte sichergestellt sein, daß die iranischen »Königstestamente« auf eine altorientalisch-vorpersische Literaturform zurückgehen, die im AT auch in den »Abschiedsreden des politischen Führers« durchscheint, auf die O. EISSFELDT, Einleitung in das AT², Tübingen 1956, S. 14 hingewiesen hat. Überhaupt ist das Bild des iranischen *roi modèle* (CHRISTENSEN S. 74ff.) von dem altorientalischen Königsideal nicht zu trennen. Nicht als »Privatmann«, sondern als König unterstellt sich Oidipus dem gleichen Fluch wie den Täter, falls er ihn wissentlich (ἐμοῦ συνειδότος; s. u. S. 55[105]) nicht strafen, sondern in seinem Hause dulden sollte: Oid. Tyr. 250f. (ed. Dindorf-Mekler S. 115, Parallelen Apoxysm. S. 39 = ZDMG 79, 1925, S. 31).

Zu Seite 52.

87 II Sam 24 17. 16 aβ. Daß die Redewendung *bī ʾadonī* »auf mich komme, Herr ... « eine solche persönliche Schuldübernahme im Gegensatz zur kollektiven in sich schließt, erscheint mir trotz L. KOEHLER, ZAW 36 (1916), S. 26 wahrscheinlich; *bīʾanī ʾadonī haeʿåuōn* I Sam 25 24 hat sicher diesen Sinn. *88* Vgl. Gen 12 17 Jos 7 11 I Sam 14 24ff. 15 21 25 33. Zur Gleichordnung von Ehebruch und Mord vgl. auch Hes 16 38 und die Bezeichnung des Kindesopfers an andere Götter als Ehebruch (Hes 23 37ff.), zur »unbewußten Sünde« auch das ἄκων Soph. Oid. Kolon., S. 962ff. (s. Anm. 93). *89* Vgl. meine Ausführungen ZDMG 79 (1925), S. 29ff. = Apoxysm. S. 37ff., auch »Gott und Mensch[2]«, S. 142f. und 320 (Nachtr. zu 6[2]). *90* Vgl. das »Austilgen« Dtn 13 6 17 7. 12 19 13. 19 21 21 22 21 f. 24 24 7; das »Abschneiden« (Stamm *krt*) »vom Volke« (Gen 17 14) Lev 19 8 20 17 Num 9 13 15 30 f. (und zu beiden Wendungen J. MORGENSTERN, HUCA 7 [1930], S. 141ff., 8/9 [1931/2], S. 33ff., zu *krt* auch D. DAUBE, Lenel-Festschr. S. 249ff.), ferner Dtn 21 22ff. (Joh 19 31; griech. Parallelen ZDMG 79 [1925], S. 31[6] = Apoxysm. S. 40[44]) 29 17 f. Jos 7 15 24 (𝔊 scheint zu individualisieren!) (Jdc 15 6); zur Lossagung durch das *ʾåmen* (Dtn 27 15ff.) s. o. S. 49[73]. *91* Hi 31 5ff. Ps 7 4ff. (Lit.: »Gott und Mensch[2]«, S. 7[3], auch Apoxys. S. 162[113] u. u. S. 157. Hingegen möchte F. HORST, Ev. Theol. 17 (1957), S. 369 Hi 31 vom Reinigungseid unterscheiden und der kultischen Abrenuntiation zurechnen), Lev 16 1ff. (Lit.: Gott und Mensch[2] S. 157[5] u. S. 323, zur Frage des Alters des Versöhnungstages — Zugehörigkeit zum Zeltfestkreis? — vgl. H.-J. KRAUS, Gottesdienst in Israel, München 1954, S. 95f.), Dtn 21 1ff. (s. o. S. 49). Zur rituellen Reinheit in Qumran vgl. 1QM VII 3ff. IX 7ff. (NAWG a. a. O. S. 306f.) 1QS VI 24ff., zur Scheidung von »rein« und »unrein« auch CD VI 17 XII 20 und dazu H. BRAUN, Spätjüdisch-häretischer und frühchristlicher Radikalismus, I, Tübingen 1957, S. 29[5], auch NAWG a. a. O. S. 348. *92* Zum »Selbstschutz« ZsystTh 10 (1932), S. 164[2] = Apoxysm. 249[5].

Zu Seite 53.

93 Zu den tötenden Folgen eines Bruches der tabu-Regeln vgl. J. W. HAUER, Die Religionen I, Stuttgart 1923, S. 147ff. unter Hinweis u. a. auf II Sam 6 10. Der »schlimme Tod« enthüllt den Zustand des aus der *Unio magica* Ausgegliedertseins des von ihm Betroffenen, des »schlechten Manneskeims« in ihm (C. H. RATSCHOW, Magie und Religion, Gütersloh 1947, S. 50ff.). Von da aus ist das Unheil auch über den verständlich, der die Taburegeln ἄκων (Oid. Kol. 964, Dindorf-Mekler S. 192) gebrochen hat: es macht einen bestehenden Zustand der »Heillosigkeit« sichtbar, so daß man gut täte, in solchen Fällen gar nicht oder höchstens, wie im Text von 1938, von »Strafe« nur in Anführungszeichen zu sprechen. Zur Nichtunterscheidung von »Sünde« und »Strafe« im »alttestamentlichen Denken« vgl. jetzt auch G. VON RAD, Theol. I, S. 264f. *94* Zu den Reinigungszeremonien des israelitischen Kultus vgl. z. B. Lev 14 4ff. Num 19 2ff., auch o. S. 19[112]. *95* S. u. S. 181ff. *96* Vgl. z. B. Ps 91 und dazu N. M. NICOLSKIJ, BZAW 46 (1927), S. 14ff., auch »Gott und Mensch[2]« S. 237f., zum »dämonischen« Charakter der drohenden Gefahren auch H.-J. KRAUS, Komm. S. 638. Wer den »Namen« seines Gottes mit dieser Fluchtwelt — für deren Bedeutung auch A. PARROT, Malédictions et violations des tombes, Paris 1939 heranzuziehen ist — in Zusammenhang bringt, begeht damit ein qualifiziertes Verbrechen; vgl. Ex 20 7 Dtn 5 11. *97* Hes 3 18 33 (6). 8, s. o. S. 24[145]. Zum Sprachgebrauch von *ʿåuon* »Schuld« (s. u. S. 186) ist zu beachten, daß das Gewarntsein in 3 18 33 8 nicht zum Wortbegriff gehört, er vielmehr mit dem der »Bosheit« (*rišʿåh*) und des bösen »Weges« identisch ist; anders L. KÖHLER,

Theologie S. 158. Somit ist MOWINCKELS Exegese von Lev 19 17b (ZAW 55 [1937], S. 227): »Du sollst nicht Schuld auf ihn laden, (indem du ihn nicht vor dem Bösen warnst)« zwar sprachlich möglich (vgl. *nś' ʿal* Gen 31 17), aber unwahrscheinlich, da *nś' ʿå̄uōn* bzw. *ḥeṭ'* term. techn. für das Tragen der Schuld durch den Schuldigen darstellt.

Zu Seite 54.

98 Jes 10 5ff. (vgl. als assyr. Parallele das Gebet des Tukulti-Ninurta AOTB I², S. 263f. Ebeling) 47 6 (Sach 1 15) *99* Vgl. Gen 15 16 (s. u. S. 101) Ex 4 21 u. ö. 14 4 Dtn 2 30 Jos 11 20 und dazu »Gott und Mensch²«, S. 122f. *100* Dtn (8 2) 13 4 Jos 23 13 Jdc 2 3 I Sam 2 25 24 17ff. Jes 6 9f. (29 9) 63 24ff. Hes 3 24ff. 14 9 auch das πνεῦμα πλανήσεως Psal Sal 8 14 als Strafe der ἁμαρτία ἣν ἐποίησαν ὑπὲρ τὰ ἔθνη (13). Der Unglaube, auf den die Prophetie stößt, erscheint damit als Auswirkung einer vorangegangenen Sünde des Volkes, nicht des Propheten (anders Aisch. Agamn. 1212!). — Zur Versuchung (als Demütigung und damit als gnädiges Walten Gottes) vgl. A. SOMMER, Der Begriff der Versuchung im AT und Judentum, Diss. theol. prot. Breslau 1935, S. 9. Zur Versuchung auch J. H. KORN, Πειρασμός. Die Versuchung des Gläubigen in der griechischen Bibel, 1937, zur Verstockung F. HESSE, Das Verstockungsproblem im AT, (BZAW 74) Berlin 1955, zu Jes 6 9f. G. VON RAD, Theol. II, S. 162ff., der in Jdc 9 23 Sam I 16 14 18 10 19 9 II 17 14 I Reg 12 15 »Präludien« der jesajanischen Aussage findet. *101* Vgl. Ps 73 18ff. Dtn 29 3 Hes 20 25f. — Individualisiert: Wem Gott zürnt, den läßt er den Verführungen des »fremden Weibes« verfallen (Prov 22 14). *102* Ex 22 28 (gegen 13 2. 13b 34 19f.; vgl. Hes 23 37ff.). Daß »wiewohl der Wortlaut für die menschliche Erstgeburt ausdrücklich genau dasselbe Verfahren anordnet wie für die tierische ... doch auch hier gewiß an eine Lösung der menschlichen Erstgeburt durch ein Tier gedacht« sei (so O. EISSFELDT, Molk, S. 54, neueres Material zum Gotte *mlk* bei W. F. ALBRIGHT, Archaeology and the religion of Israel, Baltimore 1946, S. 162f.), ist unerweislich. Zur Terminologie s. u. S. 68[10], zu den Voraussetzungen von Hes 20 vgl. auch R. H. KENNETT, The church of Israel (ed. ST. A. COOK), Cambridge 1933, S. 47 auch W. ZIMMERLI, Komm. S. 449f., zur Sache unten S. 171. — Zur Parallele Agamemnon: Jephtha in der Opferung der Tochter vgl. jetzt C. A. GORDON, V. T., Suppl. 9 (1963) S. 19[1].

Zu Seite 55.

103 Vgl. den sog. babyl. Kohelet 276ff. (B. MEISSNER, Babylonien und Assyrien II, Heidelberg 1925, S. 432; ANET S. 438ff. (R.H.PFEIFFER), ferner die trügerische Beruhigung Marduks durch Irra, um ihn zum Verlassen Esagila's zu veranlassen (S. N. KRAMER, Mythologies S. 129f., auch GOESSMANN, a. a. O. S. 12ff.), Hesiod, Erga 53ff. (Rzach² 55) und dazu H. TÜRCK, Pandora u. Eva, Weimar 1931, S. 11f., aber auch das Empfinden für den solchen Zusammenhängen sich auftuenden Pflichtenkonflikt bei Aischylos, Agamemnon (150ff.) 206ff.:

βαρεῖα μὲν κὴρ τὸ μὴ πιθέσθαι,
βαρεῖα δ' εἰ τέκνον δαίξω δόμων ἄγαλμα,
μιαίνων παρθενοσφάγοισιν
ῥείθροις πατρώιους χέρας πέλας βωμοῦ, τί τῶνδ' ἄνευ κακῶν;

(Wil. ed. min. 119; vgl. das ἄξια δράσας ἄξια πάσχων 1526, ebenda 160). Gegen diese Heranziehung der babylonischen und griechischen Parallelen hat HESSE a. a. O. S. 44[4] im Gefolge von Eichrodt, Theol. II/III, S. 268[24] und H. Thielicke, Schuld und Schicksal 1935 S. 18ff. Einspruch erhoben. Allein bei der Verstockung des Pharao und des Sichon handelt es sich zwar um ein Handeln Jahves unter »heilsgeschichtliche(m) Aspekt«, aber diese Tatsache ändert nichts an der anderen, daß die »Sünde« der »Heiden«, deren Strafe die Bahn für die Freilassung Israels und die Landnahme freimacht, eben durch die Verstockung durch Jahve selbst beschafft wird. Das »Heil« Israels setzt das »Unheil« der Heiden voraus, das in ihrem Tun seine »sittliche« Begründung finden soll. Von Reflektion über »gewisse sittliche Normen«, (die) »allen Völkern bekannt und für alle gültig sind« und durch deren Verletzung die »Voraussetzung« für die Gerichtsdrohungen wider sie beruhen sollen, findet sich in den Sprüchen wider Pharao, Siḥon usw. keine Spur! Was der Pharao tut, indem er eine Gruppe von Staatssklaven festhält, oder Siḥon, indem er sein Gebiet Wanderhorden — so müssen die Israeliten ihm erscheinen — verschließt, verstößt gegen keine sittliche Norm, sondern ist eine politische und militärische Maßnahme, die in den gegebenen Verhältnissen ihren guten Grund hat und erst dadurch zur »Schuld« wird, daß sie dem den Heiden notwendig unbekannten »Heils«-Willen Jahves für sein Volk widerstreitet. Auch eine Verschiedenheit des griechischen und des ATlichen »Schuldbegriffs« ändert nichts daran, daß das πιθέσθαι gegenüber dem Spruch des μάντις unausweichlich die »Befleckung« durch den Kindesmord in sich schließt. *104* Im folgenden sind bei der Erörterung von Wissen und Willen die strengeren und entwickelteren Unterscheidungen des römischen oder des kanonischen Rechtes außer Betracht zu lassen; es handelt sich um erste tastende Versuche einer terminologisch und begrifflich noch unsicheren Gesetzgebung. Vgl. jedoch zum »Wissen« als Erfordernis der Straffälligkeit auch die koranischen (und christlichen) Parallelen bei K. Ahrens, a. a. O. S. 125; zum assyrischen Recht Driver-Miles, S. 371ff. *105* Assyr. Ges. § 22f. (AOTB I², S. 414, Ebeling; ANET S. 181f. Th. J. Meek). Zu § 23 s. auch u. S. 63, zu *ki pigi* »unter Drohung« vgl. Th. Bauer, ZA 40 (1931), S. 252f., dem Driver-Miles, a. a. O. S. (76), 467 folgen. — § 24 regelt die Bestrafung oder Nichtbestrafung des Ehemannes der Kupplerin, je nachdem er von dem Aufenthalt einer ihrem Manne entlaufenen Ehefrau unter seinem Dache gewußt hat oder nicht. Wenn er den Frevler wissentlich (o. S. 51[86]) unter seinem Dache duldet, will Oidipus dem Fluch verfallen sein, den er, ohne es zu wissen (οὐκ εἰδέναι 745, ebenda S. 130) gegen sich selbst gesprochen hat, und zu dessen Vollstreckung er in dem Augenblick gezwungen ist, in dem durch den Spruch des Teiresias und das Zeugnis des Hirten sein Nichtwissen um die Person des von ihm am Kreuzweg Erschlagenen sich in schreckliches Wissen wandelt. *106* Vgl. I Sam 14 45; durch die Mitteilung der Norm (z. B. das Lehren des Gesetzes; vgl. Esr 7 25f. u. u. S. 187[231]) wächst die Schuldhaftigkeit, ja entsteht die Möglichkeit der »Sünde« im strengen Sinne (vgl. Joh 15 22 und dazu Z. syst. Th. 10 [1932], S. 183 = Apoxysm. S. 274).

Zu Seite 56.

107 Ex 21 28ff. (zur Fortsetzung 21 31 s. o. S. 47): Cod. Ḫam. § 250f. Eilers 50; ANET S. 176. Analoges gilt in den Gesetzen des Ešnunna für die Behandlung des Herrn eines bissigen Hundes (§ 56f.). Auch hier ist die »offizielle« Mitteilung durch das »Tor« (Z. 140 *ba-ab-tum* mit Szlechter a. a. O. S. 32 herzustellen, vgl. ANET S. 163 A. Goetze: the authorities, zum Terminus Eilers S. 80, auch Drivers-Miles, Bab. Laws II, S. 263) erforderlich, während den Wortlaut von Ex 21 29 *hūʿaḏ biḇʿâlâu* eine private Mitteilung als ausreichend zulassen würde. — Zum Tierprozeß vgl. K. von Amira, Mitteilungen des Inst. für Österr. Gesch. 12 (1891), S. 545ff. (vor allem S. 574), auch V. Apto-

WITZER, HUCA 3 (1926), S. 117ff. und M.-L. HENRY, Das Tier im religiösen Bewußtsein des alttl. Menschen, Tübingen 1958, S. 16f., zum Grundsätzlichen auch J. B. PRITCHARD Arch. S. 218. ***108*** Ex 21 36, zum Text vgl. D. DAUBE, ZAW 50 (1932), S. 153, doch ist *noda'* 21 36 schwerlich ein »Fortschritt« gegenüber *hū'ad* 21 29 (gegen S. 159[53]). ***109*** Vgl. Ps 19 13 Hi 13 26, auch ἀγνοῶν I Tim 1 13 (vgl. Lk 23 34 Act 17 30).

Zu Seite 57.

110 Jer 14 13f. 15f. Analoge Grundanschauung in I Reg 13 18: Der von einem »Kollegen« unter lügenhafter Berufung auf einen Engel zum Ungehorsam verführte Prophet (s. o. S. 37[19]) muß um dieses Ungehorsams willen sterben! — Zum »Nichtwissen« des Propheten als gelegentliche Entschuldigung für ihn selbst vgl. Num 22 34: Bileam hat »gesündigt«, weil er von dem Willen des Engels nichts wußte (*ḥåtå'ṯi kī lo' jåda'ti*), aber der Engel gibt sich mit dem Versprechen der »Besserung« zufrieden und straft nicht. ***111*** Das Material bei E. SELLIN, Theol. d. AT², Leipzig 1936, S. 70f.; zu beachten ist die erklärende Umschreibung von *bišgågåh* durch *biltī da'at* Jos 20 3 (> 𝔊 BA): 5 (»unvorsätzlich«, »unwissentlich«; vgl. M. DAVID, Oudtest. Stud. IX, 1951, S. 30ff., vor allem S. 31²), zur Sache auch M. NOTH, Komm.², S. 120, zum Gegensatz von *šggh* und *bjd rmh* 1QS IX 1 (auch 4QS^d^), wo P. GUILBERT bei J. CARMIGNAC et P. G., I, Paris 1961, S. 59[44] nach Num 15 30 *bjd rmh* durch *insolemment* (DUPONT-SOMMER z. St. wohl richtiger *délibérément*) wiedergeben möchte. Der mangelnde Vorsatz steht dem »Nichthassen« gleich. — Ps 19 13 bringt den etwa synonymen Terminus *š^e^gī'åh*. ***112*** Ex 22 1f. ***113*** Vgl. vor allem Het. Ges. § 197 ANET 196 (A. GOETZE) und dazu E. NEUFELD The Hittite Laws a. a. O. S. 194 unter Berufung (Anm. 111) u. a. auf Ass. Ges. § 15 (zur Deutung M. SAN NICOLO, RLAss II, 1936, S. 300). Der von ihm gleichfalls beigezogene § 129 Cod. Ḫam. regelt indes den Fall, daß der betrogene Ehemann nicht *ab irato* handelt, sondern seinem Weib das Leben läßt. Der Grundsatz der Gleichbehandlung der beiden Schuldigen zwingt in diesem Fall den nunmehr zuständigen König, auch den Ehebrecher nicht hinrichten zu lassen, vgl. DRIVER-MILES a. a. O. I S. 281f. u. u. S. 63[131f.]. ***114*** § 1. 2 (AOTB I² S. 411, Ebeling = § 18f. ST. LANGDON, JRAS 1920, S. 508); zur Sache vgl. B. MEISSNER, Babyl. Assyr. I. 1920, S. 150, zur Bedeutung des »Wergeldes« und ähnlicher Zahlungen für die Entstehung wirtschaftlicher Verschuldung R. THURNWALD, Die menschliche Gesellschaft IV, Berlin 1935, S. 208. Hingegen kann bei schuldlosem Verlust eines Depositums der Verwahrer sich durch einen Eid, der die *diligentia quam suis* beschwört (Ešn. § 37 ANET S. 163 und vgl. dazu SZLECHTER a. a. O. S. 84f.) oder dadurch, daß er sich einem Gottesurteil unterwirft (Ex 22 6ff., zur Bedeutung von *hå'^ä^lohīm* vgl. O. LORETZ, Bibl. 41 [1960], S. 167ff., auch F. CH. FENSHAM, JBL 78 [1959], S. 160f.; Cod. Ḫam. § 125 fordert kein Gottesurteil, vgl. DRIVER-MILES, a. a. O. I S. 239) von der Ersatzpflicht befreien, so daß aus dem Depositenrecht keine Verschuldung erwächst. Zum israelitischen Gesetz über das Verschwinden eines Depositums als des primitivsten unter den altorientalischen vgl. PRITCHARD, Arch. S. 226f.

Zu Seite 58.

115 § 206/8 Eilers S. 46 = ANET S. 175 (vgl. DRIVER-MILES Bab. Laws I S. 412, die Anm. 7 zu bab. *ina îdû* auch griech. ἐκ προνοίας heranziehen). Hingegen beträgt die Strafe bei mißlungener Operation: Handabschneiden (§ 218) oder Ersatz des Sklaven an seinen Herrn (§ 219). Zur Behandlung des Arztes vgl. auch meine Ausführungen NAWG 1958 S. 241f. ***116*** § 1—4 (mit Paralleltexten) ANET S. 189, zur rechtlichen

Eigenart vgl. NEUFELD, a. a. O., S. 129. *117* Ex 21 12ff. (s. o. S. 46); weitere Parallele bei F. PUUKKO, a. a. O., S. 129; zur Asylie vgl. N. M. NICOLSKIJ, ZAW 48 (1930), S. 146ff., M. LÖHR, SKGG VII, 3 (1930) und R. DE VAUX, Lebensordn. I. S. 259, zu den Asylstädten auch W. F. ALBRIGHT, Die Religion Israels im Lichte der archäologischen Ausgrabungen, München 1956, S. 136ff. — Von den hebr. Termini begegnet das mit »auflauern« wiedergegebene *ṣåd̲åh* in I Sam 24 12 in der durch den Mantelzipfel bewiesenen Versicherung Davids, daß er »dem Leben« (wörtl. »der Seele«) Sauls nicht aufgelauert hat, »es wegzunehmen«, das mit »Überlegung« wiedergegebene *ʿormåh* in Jos 9 4 für die »List« der Gibeoniten, mit der sie ihr Leben retten. In der Weisheitsliteratur ist sie eng mit der »Weisheit« selbst verbunden (Prov 1 4 u. ö., in Hi 5 13 mit negativem Vorzeichen). Auch für das mit »freventlich« übersetzte *i̯åzid̲* liegt der Akzent nicht auf der Intention, sondern auf der Selbstherrlichkeit, mit der die Israeliten sich über Jahves Befehle (bei der Landnahme) hinwegsetzen (Dtn 1 43 17 13 [vgl. *bᵉzåd̲ōn* 12] Neh 9 16. 29), mit der ein Prophet nicht Geoffenbartes redet (Dtn 18 20) oder ein junger Mensch seinen kindisch gewordenen Vater verachtet (Sir 3 16). Der Gegensatz zu *zåd̲ōn* ist die *ḳålōn* (Prov 11 2). *Zåd̲ōn* eignet den *zed̲īm*, den Gegnern des Jeremia (43 2), den Heiden (Jes 13 11 Jer 49 16 = Ob 3), den hoffärtigen Gottlosen und Gesetzesverächtern (Ps 19 14 86 14 119 21 u. ö. Mal 3 15. 19 [Sir 12 5]). Keiner der Termini hat also spezifisch juristische Bedeutung. Die umfassende Bedeutung der Termini lebt fort in 1QS IV 10, wo der *ru̯b ʾu̯lh* zugeschrieben werden *kn'ṭ zdu̯n mʿśi̯ tu̯ʿbh bru̯ḥ zu̯nt . . . u̯ʿrmt ru̯ʿ*.

Zu Seite 59.

118 Typische Fälle: Dtn 19 4ff. und (verfeinert) Num 35 16ff. (in der Erzählung über die Ausführung Jos 20 1ff. weggelassen); zur Verbindung von Gerichtsbarkeit der — durch die Blutschuld! — befleckten Gemeinde und der privaten Blutrache (Num 35 26ff. Jos 20 6) s. u. S. 62f.; abweichend von E. MERZ, a. a. O., S. 132ff. und N. M. NICOLSKIJ, ZAW 48 (1930), S. 166, sehe ich in der richtenden *ʿed̲åʰ* die Heimatgemeinde des Totschlägers, in die er nach dem Tode des Hohenpriesters zurückkehren darf (*ʾael ʾaeraeṣ ʾᵃḥuzzåt̲ō* Num 35 28; *ʾael ʿirō u̯eʾael bēt̲ō u̯eʾael håʿir ʾᵃšaer nås miššåm* Jos 20 6). Typische Fälle im sumerischen Recht vgl. bei P. KOSCHAKER, Zeitschr. Savigny-Stiftg., Rom. Abt. 41 (1920), S. 285. Präzedenz-Fall: S. N. KRAMER. From the Tablets of Sumer, Indian Hills 1956, S. 52ff. *119* Num 35 31ff. und vgl. dazu M. GREENBERG, JBL 78 (1959), S. 125ff., zu Anspielungen auf die Asylie in den Psalmen G. PIDOUX, Festschr. W. Vischer, 1960, S. 191ff. (namentlich in den Termini *miśgåb̲* und *maḥśäʰ*). *120* § 129f. Eilers S. 33f. = ANET S. 171, s. Anm. 113. Die Frage nach dem Vollzug der »Ehe« spielt ihre Rolle schon bei dem Frauenraub der sumerischen Gesetze, die A. JIRKU a. a. O. S. 98 zu Ex 22 15f. heranzieht (s. auch u. S. 70[21]).

Zu Seite 60.

121 Dtn 22 22ff. (s. u. S. 166): Het. Ges. II 97 (AOTB I², S. 430 Ebeling = ANET S. 196 Goetze, vgl. NEUFELD, a. a. O., S. 194). *122* Zu § 54f. s. o. S. 48. Dem Versuch, den Befehl Jahves an Hosea, eine *ʾešät zᵉnūnīm* zu ehelichen (Hos 1 2), dadurch abzumildern, daß man für das VIII. Jhdt. in (Nord)israel einen »Fertilitätsritus« (H. W. WOLFF, Komm. S. 13 nach BOSTRÖM, Proverbia-Studien), einen »Einbruch eines kananäischen Sexualritus in Israel« ansetzt und Gomer zu einer »modernen Durchschnittsisraelitin« macht, hat W. RUDOLPH, ZAW 75 (1963), S. 65ff. hoffentlich ein Ende gemacht. Der Gott des AT ist nun einmal ein »harter« Gott, der von seinen Dienern mehr fordert, als was jeder »Bürger« ohnehin zu leisten hatte! *123* Zur

Todesstrafe als normaler Sühne für Ehebruch vgl. (Gen 38 24 [zur Keuschheitsforderung an die Witwe II Sam 14 2 u. s. u. S. 166[83]] Lev 20 10 Hes 16 40 23 46 f., die Susanna-Legende u.) M. Mühl, a. a. O., S. 33; Abweichungen: vgl. den von C. H. Gordon, ZAW 54 (1936), S. 227ff. für Hos 2 4 f. herangezogenen Kontrakt sowie diese Hoseastelle selbst (dazu H. W. Wolff z. St.), ferner Jdc 19 2 (s. u. S. 70 u. 120[54]) II Sam 12 10 Jer 3 8 (5 7 f. 23 10). Die für Ehebruch (vgl. auch Lev 20 10) und andere schwerste (religiöse) Vergehen vorgesehene Todesstrafe durch Steinigung (Lev 24 16 Dtn 17 7 21 21) scheint freilich in der späteren Zeit zunehmend außer Gebrauch gekommen zu sein (vgl. B. Gemser, Eißf. Handb. I 16, 1937 zu Prov 5 14 und von den von ihm genannten Stellen Sir 42 11), doch zeigt Act 7 56 ff., daß sie bei Gotteslästerung noch vollzogen wurde. — Die juristische Bedeutung des Bekenntnisses II Sam 12 13 betont R. Knierim, a. a. O., S. 18[1] mit Recht; übersehen hat er, daß Gott und Mensch[2] S. 259 der prophetische Geist für *diese* Stelle nicht herangezogen ist.

Zu Seite 61.

124 § 13. 15. 12. 16 (AOTB I² S. 413 Ebeling = ANET S. 181 Meek, vgl. Gen 34 17); zu § 22ff. s. o. S. 55; zur »Einwilligung« auch § 55 o. S. 48. *125* II Sam 14 6 f. 11; den Schluß der Erzählung s. u. S. 63. — Zum Schadensausgleich durch Tötung eines oder mehrerer Familienmitglieder vgl. Gen 42 37 und dazu D. Daube, Bibl. Law, S. 15.

Zu Seite 62.

126 Vgl. vor allem II Sam 21 1 ff. (o. S. 3[17]); zum Prinzip der restoration vgl. auch J. Pedersen, Israel I. II, S. 378ff. *127* Vgl. Gen 4 10 (II Macc 8 2 ff.) II Sam 21 5 f. *128* Vgl. Dtn 19 12 Num 35 19. 26; zum Begriff des *go'el* vgl. A. R. Johnson, VT Suppl. 1 (1953), S. 67ff. Schlägt der König seinen Rivalen tot, ist von Aufsuchen des Asyls keine Rede, und vor der Blutrache schafft er sich durch Ausmordung von dessen Familie Sicherheit, womöglich verbrämt durch einen Gottesspruch (I Reg 15 29 f.).

Zu Seite 63.

129 II Sam 14 11b; Schwäche des Königs II Sam 3 39. auch 19 14: 20 9 f. 23! *130* Ass. Ges. § 23 (AOTB I² S. 414f. Ebeling = ANET S. 182 Meek), zum Zusammenhang des Paragraphen s. o. S. 55. — Mit Recht weist F. Horst, Gottes Recht, München, 1961, S. 275f. darauf hin, daß der Verzicht auf die Privatrache bei Ehebruch und seine Sühnung durch die »Gemeinde« in Israel auf relativ sehr früher Stufe begegnet. Tritt die Bedeutung des Ehebruchs als gemeinschaftsbefleckend zurück, so liegt mit dem Verzicht auf die Todesstrafe (s. Anm. 123!) die privatrechtliche Regelung, die durch ein *kopaer*, eine Sühnezahlung (zur Bedeutung von *kippaer* vgl. Th. C. Vriezen, Theol. S. 245 Anm. 3, auch S. Lyonnet, Verbum Dom. 37 [1959], S. 336ff. Wie häufig im AT — Belege bei von Rad, Theol. I, S. 269 Anm. 185 — ist auch in Qumran Jahve derjenige, welcher das *kippaer* und damit das Vergeben vollzieht, vgl. 1QS II 8 u. ö., während Prov 6 35 der Ehemann das Subjekt sein soll, das um des *kopaer* willen das *kippaer* bewilligt!) vollzogen oder verweigert wird, im Bereich des Möglichen (und damit die Zuhälterei!). Zum Ehebruch als gemeinschaftsbefleckend s. S. 167. *131* Ass. Ges. § 3 (ebenda S. 412 bzw. 180). Ist der Hehler ein Sklave oder eine Sklavin, werden der Frau wie dem Hehler (der Hehlerin) Nase und Ohren abgeschnitten — oder aber weder der Frau noch dem Hehler (der Hehlerin): § 4. Zum Grundsatz der Gleichbehandlung von Schuldigen vgl. o. S. 57[113]. *132* Het. Ges. II 98 (ebenda S. 430 bzw. 196), vgl. dazu Neufeld S. 160f. — Dies hetitische Gesetz bringt insofern eine Abweichung vom Grundsatz der Gleichbehandlung, als es für den Fall der »Begnadigung« der Frau durch den Betrogenen dem Ehebrecher zwar das Leben läßt, aber eine (Sklaven-? vgl. J. Friedrich-H. Zimmern, AO 23, 2 (1922), S. 31[6]) Marke an seinem Kopf anbringen läßt. Ich hätte die fraglichen Worte »he shall mark his head« (Goetze, Neufeld) 1938 nicht auslassen dürfen. — Zu Cod. Ḫam. § 129 s. o. S. 59.

Zu Seite 64.

133 Vgl. (Cod. Ḫam. § 2) Assyr. Ges. § 47. — Ex 22 17 Lev 20 27 Dtn 18 10 f. Diese Gleichstellung scheint mir entscheidend für die in Anm. 130 vertretene Auffassung des Ehebruchs zu sprechen. Dazu, daß im AT die Tabugebote zu Jahve-Forderungen geworden sind, s. u. S. 181ff., zu diesem Vorgang bei der Zauberei vgl. vorläufig Dtn 18 12 (Jes 8 19) und den Gegensatz I Sam 28 6 f.: 9. *134* Ex 21 20 f., zur Begründung *kî kaspō hû'* vgl. B. Gemser, VT Suppl. 1 (1953), S. 56. *135* Gen 9 6; zum Schöpfungsgedanken s. u. S. 199ff.

Zu Seite 65.

136 Zu diesem Unterschied vgl. A. Alt, BSGW 86 (1934), 1 = Kl. Schr. I, S. 278ff., aber auch meine Einschränkungen OLZ 38 (1935), S. 298ff. Die apodiktische Form ist an sich kein Beweis für israelitischen Ursprung einzelner »Worte« oder Wortreihen, doch trägt die in den einzelnen Reihen getroffene Auswahl tatsächlich weithin »jahwistischen« Charakter. In die gleiche Richtung weist es, wenn Jos 7 15 eine wohl dem alten Amphiktyonierecht angehörige Formel (s. S. 52[90]) in einem kollektiven Zusammenhang steht.

Zu Seite 66.

137 Vgl. Gott und Mensch[2] S. 255ff. *138* Vgl. AT und Geschichte, Gütersloh 1930, S. 51ff. und jetzt Geschichte und Geschichten S. 61ff. *139* S. o. S. 51 zu Gen 18 23ff. und Num 22 28ff.

Zu Seite 67.

140 Joh 11 50.

Kapitel III.

1 Vgl. die Komm. zu Ex 22 20b. 21-23. 24b. 30. 23 9b. 13, auch H. G. Mitchell, JBL 18 (1899), S. 63f. H. Cazelles, Etudes sur le Code d'alliance (Paris 1946), S. 107 u. o. S. 42. *2* Vgl. zum Zusammenhang mit anderen stilistischen Erscheinungen G. von Rad, Das Gottesvolk im Deuteronomium (BWANT III, 11), Stuttgart 1929, S. 66 und meine Ausführungen in: Suppl. IV to Numen (1959), S. 303f. *3* Lev 25 55—26 2 (Zur Verschiedenheit der Auszugstradition bei den Propheten und im Gesetz vgl. H. Lubsczyk, Erfurter Theol. Stud. 11 [1963]). *4* Jes 26 20 f.

Zu Seite 68.

5 Vgl. Ps 45 11; zur Geschichte der israelitischen Familie vgl .nach H. Schaeffer, Legislation, S. 1ff., auch seinem älteren Werk Hebrew tribal economy S. 11ff. B. M. Bellas, 'Ο 'Ισραηλιτικὸς γάμος, Athen 1935 und jetzt de Vaux, Lebensordn. I, S. 45ff. *6* Zur Erwerbung der Sklaven vgl. W. Lauterbach, Der Arbeiter in Recht und Rechtspraxis des AT und des alten Orients (Diss. theol. Heidelberg 1936), S. 5ff. und vor allem de Vaux ebenda S. 132ff. (Literatur S. 347f.); eine Ausnahmestellung hat die Leibmagd der Ehefrau, über die diese und nicht der *ba'al* (der Ehe»herr«) verfügt (vgl. Gen 16 6 24 59 29 24. 29). Zu allen Fragen der Ehe und des Eherechtes vgl. die Sammlung älterer Ansichten bei A. Eberharter, AA V 1—2 (1914), die Darlegung der gesetzlichen Bestimmungen über die Frau in den verschiedenen Lebenslagen durch E. M. Mac Donald, The position of women as reflected in Semitic codes of law (Univ. of Toronto Stud., Oriental Series), Toronto 1931, die Anm. 5 genannten Ausführungen von de Vaux, weiter E. Neufeld, Ancient Hebrew Marriage Laws, London 1944, die eingleisigen Ausführungen von A. Gelin, La passage de la polygamie à la monogamie, Mélanges Podechard, Lyon 1945, S. 135ff. und vor allem R. Patai, Sex and Family Life in the Bible and the Middle East, Garden City 1959. Welche Stellung im konkreten Einzelfall eine *'išša*^{h} *ḡ*^{e}*dolå*^{h} erlangen konnte, zeigt II Reg 4 8. *7* Ex 3 13. Vgl. zum folgenden II Sam (3 29) 14 9 Jdc 14 15 u. ö., ferner Jos 7 (15) 24 f. (s. o. S. 52[90]) und Ex 20 5 (Dtn 24 16; s. o. S. 46) Hes 18 2 (s. o. S. 39). *8* Vgl. das »Haus ihrer (bzw. meiner) Mutter« Gen 24 28 Cant 8 7; zur Gleichsetzung von Stämmen mit weiblichen Wesen (Naphthali *'ajjålå*^{h} *š*^{e}*lūḥå*^{h} Gen 49 21.) L. B. Paton, Biblical World, N. S. 36 (1910), S. 27; zur Voranstellung der Mutter Lev 19 3 (und dazu F. Dornseiff, ZAW 55 [1937], S. 129) 21 2 f. Zu beachten ist aber, daß Lev 21 2 f. den Sohn vor die Tochter und den Bruder vor die Schwester stellen. Die kürzeren Fassungen Lev 21 11 (Oberpriester!) Hes 44 25 stellen den Vater vor die Mutter. Beide sind wohl jünger als Lev 21 2 f.; vgl. S. Küchler, Das Heiligkeitsgesetz, Diss. theol. Königsberg 1929, S. 35ff. *9* Gen 2 24. Die Zusammengehörigkeit der Kinder einer Mutter s. o. S. 2[4]. Zu beachten ist das Nebeneinander der Namengebung durch den Vater Gen 4 26 J 5 3. 29 P und durch die Mutter Gen 4 1. 25 J (das Material vollständig bei S. Herner, BZAW 41 [1925], S. 137ff., vgl. auch die Tabelle bei E. Cross, Biblical World N. S. 36 [1910], S. 407ff. sowie die Aufgliederung auf die Pentateuchquellen und die abweichende Erklärung bei W. Plautz, ZAW 74 [1962], S. 13ff. Beschneidung durch die Mutter Ex 4 25 f. Die Unsicherheit der Punktation in Jes 7 14: *u̯*^{e}*ḳårå'ṯ* = 𝔊ℵ καλέσει (durch die Mutter) oder *u̯*^{e}*ḳårå'ṯå* 𝔊$^{B + al.}$ ΑΣΘ καλέσεις (durch Ahaz als den Vater) neben dem *u̯*^{e}*ḳårå'* 1QIs^{a} (so zu punktieren? Impersonale = καλέσουσι Mtth 1 23?, vgl. meine Ausführungen NAWG 1949, S. 431 Anm. 62, auch ZDMG 101 [1951] S. 166) kann hier nicht besprochen werden. Zu beachten ist ferner, daß die in Todesnot erfolgte Namengebung durch die Mutter Gen 35 17 f. (I Sam 4 20 f.) vom Vater, wenn möglich, sofort korrigiert wird und daher als Parallele zu Jes 7 14 (vgl. G. Fohrer, Das Buch Jesaja I, Zürich-Stuttgart 1960, S. 103[57]) problematisch ist. Zur »matrilokalen« neben der »patrilokalen« Ehe vgl. D. R. Mace, Hebrew Marriage, London 1953, S. 28f., zum altorientalischen Hintergrund der israelitischen »Besuchsehe« vgl. E. Ring, Israels Rechtsleben im Lichte der neuentdeckten assyrischen und hethitischen Rechtsurkunden, Stockholm und Leipzig 1926, S. 13ff., und dagegen Driver-Miles, a. a. O., S. 137ff. Die Wendung *bo' 'ael* (od. *'al*) *'iššå*^{h} und die Erwähnung des »Zeltes der Mutter«, das die Schwiegertochter erhält (Gen 24 67), darf man kaum zu den Resten des Matriarchats stellen (vgl. Plautz, a. a. O., S. 15ff., anders F. Buhl, Die sozialen Verhältnisse der Israeliten, Berlin 1899, S. 28). Auch die Bezeichnung des Abišai und Joab als »Söhne der Ṣeruja« (I Sam 26 6) ist nicht eindeutig. *10* Zum Sprachgebrauch von *b*^{e}*ḵōr* (meist — bei E stets — nach dem Vater, anders Ex 11 5 J zur Bezeichnung des unehelichen (?) Kindes der Sklavin neben dem Erstgeborenen des Pharaos) und *paeṭaer raeḥaem* (naturgemäß nach der Mutter) vgl. ZAW 54 (1936), S. 311ff.; der Unterschied, der hier zwischen J und E obwaltet, hätte im »etwas größeren Spielraum« der patriarchalen Namengebung durch den Vater bei E seine Entsprechung. Zur Bestimmung des Sklavenkindes nach der Mutter vgl. Ex 21 4; in Dtn 15 12 fehlt eine entsprechende Regelung, doch vgl. die Bezeichnung der unter den Söhnen der Mibtaḥja geteilten Sklaven als Söhne »ihrer Mutter Tebo, der Sklavin« in Pap. Eleph. 28 Cowl. Zu den *ʿiḇrīm* s. o. S. 18 und u. S. 122. *11* Vgl. J. Morgenstern, ZAW 47 (1929), S. 91ff., 49 (1931), S. 46ff.; Kritik an seinen Belegen vgl. bei Mace, a. a. O., S. 76ff., zum Problem als solchem und der Herleitung der beena-Ehe aus dem vorsemitischen Kanaan vgl. Plautz, a. a. O., S. 18ff. — Ein Mitglied meines Seminars wollte im Sommer 1936 das Fehlen des Mannes der gefangenen *ʾiššåh* (nicht *betūlåh*!) neben Vater und Mutter in Dtn 21 13 damit erklären, daß die Urgestalt des Gesetzes noch matriarchale Eheformen, der heutige Text aber die patriarchale Familie (*uḇʿaltåh*) voraussetzt. Auch weise ich darauf hin, daß neben der Wendung »zu seinen Vätern versammelt werden« einmal das »Grab meines Vaters *und meiner Mutter*« begegnet (II Sam 19 38; Zeit Davids!).

Zu Seite 69.

11 a Zwar würde diese Vermutung, die auch bei B. Luther, ZAW 21 (1901), S. 1ff. spürbare Schwierigkeit, Begriff und Umfang der *mišpåḥåh* scharf zu umreißen (Etymologie bei E. Dhorme, Evol. 267[8]; zur Bedeutungsunsicherheit der Termini für die Stammuntergruppen bei den heutigen Beduinen vgl. E. Bräunlich, a. a. O., S. 78ff.), erklären können, aber angesichts des Fehlens eines zweifelsfreien Beleges für *mišpåḥåh* = *beena*-Ehe erhalte ich sie nicht mehr aufrecht, sondern sehe in der *mišpåḥåh* von Anfang an ein Mittelglied zwischen der patriarchalen Familie (*bēṯ ʾåḇ*, vgl. z. B. Gen 24 38) und dem Stamm, die Großfamilie bzw. die »Sippe«. Der patriarchale Charakter der Familie wird noch dadurch unterstrichen, daß der Sohn einer Nebenfrau (*pilaegaeš* Jdc 8 31) zwar als »Bruder« der »legitimen« Söhne seines Vaters bezeichnet wird (Jdc 9 5), aber offenbar nicht zu seiner *mišpåḥåh* zählt, von der *mišpåḥåh* seiner Mutter jedoch als von deren »Vaterhaus« (*mišpaḥaṯ bēṯ ʾaḇi ʾimmō* Jdc 9 1) gesprochen wird. Ob eine *m.* tausend waffenfähige männliche Glieder umfaßt haben kann, so daß *ʾallūp̄* mit *ʾaelaep̄* zusammengestellt werden könnte (so de Vaux, s. o. S. 25), muß zweifelhaft bleiben. Daß Eheformen, in denen die Frau nicht unter die Munt des Mannes tritt (als Form der Witwenversorgung), auch heute in Palästina nicht ausgestorben sind, zeigen die von Fr. H. Jaussen, RB 7 (1910), S. 237ff. bei Beduinen, im Kulturland von A. Granqvist, Marriage conditions in a Palestinian village II (Soc. Scient. Fennica, Comment. Hum. Litt. VI, 8), Helsingfors 1935, S. 312ff. beobachteten Fälle des sog. *jōz mitsarreb*, des »besuchenden Gatten«. Zur Frage des Vorkommens der muntfreien Ehe unter den Göttern von Ugarit vgl. A. van Selms, Marriage and Family Life in Ugaritic Literature, London 1954, S. 64ff. *12* Zum Fratriarchat als einer altorientalischen Familienform des II. Jts. vgl. P. Koschaker, ZA 41 (1933), S. 1ff.; zur Anwendung des Begriffs auf ATliches Namenmaterial und Gesetzesbestimmungen C. H. Gordon (RB 44 [1935], 37 u.) JBL 54 (1935), S. 223ff., zum Vergleich der *mišpåḥåh* mit der griechischen Fratrie auch B. Luther, S. 10 im Anschluß an E. Meyer und C. Grüneisen, Der Ahnenkultus und die Urreligion Israels, Halle 1910, S. 247ff., der mit Recht auf die Verbindung der Begriffe *mišpåḥåh* und »Bruder« I Sam 20 29 verweist, zu römischen Parallelen W. R. Smith, Religion of the Semites[3], ed. St. A. Cook, London 1927, S. 276[1]. Zur Großfamilie vgl. Dtn 25 5, auch die Kommentare von H. Gunkel (Göttingen 1926) oder auch H.-J. Kraus (Neukirchen 1960), der den Terminus freilich vermeidet, zu Ps 133 1. Vergleichsmaterial bei E. Hermann, Die Eheformen der Urindogermanen (NGGW III, N. F. 1 2 [1934]), S. 36ff. *13* Vgl. Gen 42 37 (auch das Ausscheiden Judas aus der Großfamilie Gen 38 1 ist wohl von dem Redaktor der Gesamtkomposition als nur vorübergehend gedacht; vgl. 37 26: 43 3. 8)

Dtn 25 5ff. (und zum Terminus *jāšab jaḥdāju* J. MITTELMANN. Der altisraelitische Levirat, Leiden 1934, S. 30f., zur Leviratsehe auch u. S. 119). *14* Vgl. Gen 13 6ff. Jdc 11 1ff. Daß auch die Kleinheit der Häuser, wie sie bei den Ausgrabungen in den palästinischen Städten zutage gekommen sind, relativ kleine Familien voraussetzen, betont DE VAUX, a. a. O., I, S. 50f. mit Recht. Der Übergang zur Stadtsiedlung mag mit der Bodenverarmung Hand in Hand gegangen sein. *15* Vgl. M. DAVID, Vorm en wezen van de huwelijkssluiting naar de oudoostersche rechtsopvatting, Leiden 1934, S. 26[24] unter Berufung auf Thr 5 3. Zur Wortbedeutung vgl. ferner L. KÖHLER, Alttest. Wortforschung, Zürich 1930, S. 13f. auch Klmw 13 (ANET² S. 501 Rosenthal) und s. u. S. 119ff. *16* Vgl. Gen 16 2 30 3; zu den Nuzi-Texten vgl. E. A. SPEISER, AASOR 10 (1928/29), S. 22, auch C. H. GORDON, RB 44 (1935), S. 35 u. ZA 43 (1936), S. 159f. — Die Nebenehe mit der Leibmagd und die »Adoption« von deren Kindern durch die »Herrin« und deren dadurch als Regel begründetes Erbrecht (Gen 21 10; hingegen erhalten Kinder der *pilaegaeš* »Gaben« [*mattānot*] ihres Vaters und werden aus dem Familienverband »entlassen« Gen 25 6) ist um so bedeutsamer, als das israelitische Recht und die israelitische Sitte eine Adoption oder Arrogation blutfremder Kinder nicht kennt (anders in Mari, s. o. S. 2[4]). Die israelitische Familie ist grundsätzlich Blutsverband: daher kann der Großvater den Enkel adoptieren; vgl. Gen 48 8ff. [50 23]. Die anderen, von C. H. GORDON, JPOS 15 (1935), S. 30 im Gefolge SPEISERS namhaft gemachten Fälle — die Adoption Eliezers durch Abraham und Jakobs durch Laban (s. u. S. 126[182]) — sind nicht eindeutig. *17* Cod. Ḫam. § 138f. 145 141 (Eilers S. 35f. ANET S. 172); zur *lab'u*-Krankheit vgl. § 148, zu den Klassen der »Priesterinnen« (*šugītu* »Laienpriesterin«, *nadītu* »Ordenspriesterin«) vgl. B. LANDSBERGER, AfO 10 (1935), S. 145ff. und die Diskussion DRIVER-MILES, Bab. Laws I (1952), S. 364ff. 371ff. Gemeinsam allen diesen israelitischen Regelungen ist das Ziel der Ehe: die Kinderzeugung. (Daher die Frühehe, so MACE, a. a. O., S. 143f.; zum Problem Polygamie: Kinderzahl S. 124ff.). Die kinderreiche Ehe des Hiob gilt offensichtlich als monogam (*'ištō* 2 9); wie freilich die zweite Zehnkinderserie ihm zuteilgeworden sein soll, fragt der Erzähler nicht, und darf man über ihn hinaus nicht fragen. Für die Datierung ist zu beachten, daß das für den Fall, daß kein Sohn vorhanden ist, in Num 27 4ff. vorgesehene Erbrecht der Töchter ohne diese Klausel — freilich als ausnahmsweise um ihrer Schönheit willen gewährt — berichtet wird.

Zu Seite 70.

18 Cod. Ḫam. § 170ff. (Eilers S. 40 ANET S. 173), zum Nebeneinander von Monogamie und Konkubinat im griechischen Recht vgl. W. ERDMANN, Die Ehe im alten Griechenland (Münchner Beiträge zur Papyrusforschung und antiken Rechtsgeschichte, 20), München 1934, S. 103ff. *19* Ältester Beleg der Polygynie: Das Lamech-Lied Gen 4 23f. Zur Gebärfähigkeit vgl. Ex 1 19, aber auch Gen 35 16. Ziemlich häufig hingegen scheinen nach Ausweis der Bildersprache und der prophetischen Drohungen Fehlgeburten gewesen zu sein; vgl. gleiche Beobachtungen für Assyrien bei E. EBELING, MAOG 5, 3 (1931), S. 3f. Zu beachten ist auch, daß sich bei aller Minderschätzung der Töchter gegenüber den Söhnen kein Fall von Tötung eines neugeborenen Mädchens nachweisen läßt (s. u. S. 170). Das Leben als solches ist »heilig«! *19* a Vgl. A. GELIN, Mélanges E. Podechard, Lyon 1945, S. 135ff. Vor allem das sog. »Lob der tugendsamen Hausfrau« Prov 31 10ff. setzt die Monogamie voraus. Weiteres DE VAUX, a. a. O., I S. 54f., W. PLAUTZ, ZAW 75 (1963) S. 1ff.; zur Monogamie in Qumran u. s. u. S. 170. *20* Zum Ehekontrakt (als religiöser Zeremonie) vgl. Gen 31 50ff.

Hingegen wird in Alalakh der Ehekontrakt vor dem König geschlossen, vgl. D. J. Wiseman, a.a.O., Nr. 91f. S. 54f. Trotz geschlossenen Kontraktes bleibt im Einzelfall der Vater im 11./10. Jahrhundert Muntwalt auch der Verheirateten Jdc 15 2 Sam I 25 44 II 3 15 (der Verlobten I Sam 18 19). Umgekehrt: Zusammenhalten des Weibes mit dem Mann gegen ihren Vater vgl. I Sam 19 11ff. *21* Vgl. Num 31 18. 35 (Kriegsbeute) Jdc 21 6ff.; hingegen ist die Beziehung von Dtn 20 14 auf die Raubehe (so A. Alt, RLV III [1925], S. 24) statt auf die Versklavung zweifelhaft. *22* Vgl. Gen 29 20. 27 Jos 15 16 (= Jdc 1 12) I Sam 17 25: Gen 34 12. Dabei ist zu beachten, daß schon im Bundesbuch der *mohår* von dem Einzelnen aufzubringen, die Frau also als sein »Privateigentum« — nicht als Sippenbesitz, an dem die Sippenglieder Anteil hätten — aufgefaßt ist; s. o. S. 47[67]. Was der Mann (neben der Geburt des Erben!) von der Frau als Gegenleistung erwartet, lehrt Gen 24 14: Dienstwilligkeit gegenüber Mensch und Tier! Ausgleich eben für diese »Arbeitskraft« und für die Kinder, die die Familie des Vaters, nicht der Mutter verstärken, ist das Brautgeld, vgl. Patai, a. a. O., S. 56. Der »Bruder« der Braut, an den im Brooklyn Pap. VII (E. G. Kraeling, The Brooklyn Museum Aramaic Papyri, New Haven 1953 S. 201ff., kommentiert S. 53) der *mhr* (Z. 4) gezahlt wird, ist nicht der leibliche Bruder, sondern der Sohn des Mädchenhändlers, in dessen Besitz die »Braut« gewesen ist (vgl. meine Bemerkungen ZAW 65, 1953, S. 292). Der Text scheidet also für »normale« Familienverhältnisse aus! Die Höhe des Brautgeldes kann im Einzelfall ausgehandelt werden (Gen 34 11f.) oder auch tariflich geregelt sein (Dtn 22 29 vgl. Ex 22 15f.), soweit die Besonderheit der Lage einen Rückschluß auf die allgemeine Sitte zuläßt. Auch II Sam 16 21f. ist zu exzeptionell, um ein Erbrecht des Sohnes an den *pilaḡšē 'åḇ* als allgemeine Regel zu belegen. *23* Vgl. Ex 21 7ff. (und dazu S. 171) Dtn 21 10ff. *24* Zur Scheidungsformel in Hos 2 4 vgl. (nach I. Benzinger, Hebr. Archäologie[3] Leipzig 1927 S. 118) das altorientalische Material bei C. Kuhl, ZAW 52 (1934), S. 102ff. und C. H. Gordon, ZAW 54 (1936), S. 277ff. (liest *'omeråh lo' 'išī 'attå* statt *hī' lo' 'išti*). Im römischen Palästina ist sie nicht mehr im Gebrauch, vgl. den Scheidungsbrief Mur. 19 (P. Benoit, J. T. Milik and R. de Vaux, Les Grottes de Murabbaʿât, Oxford 1961, S. 104ff.), ihren Zusammenhang mit der »negierten Bundesformel« zeigt Hos 1 9 (vgl. H. W. Wolff, Komm. S. 39). Zum Unterlassen der Scheidung, auch wenn sie »berechtigt« gewesen wäre, vgl. II Sam 6 20. Häufiger ist die Scheidung bei den Beduinen; vgl. G. Jacob, Studien in arab. Dichtern III, Berlin 1895, S. 54. *25* Vgl. Jdc 19 2ff.; s. u. S. 120[154]. *26* Vgl. Mal 2 14ff. Die Forderung des Propheten kommt, soweit der unsichere Text ein Urteil erlaubt, der Monogamie nahe, während in den »bürgerlichen« Verhältnissen, die sich im Dtn spiegeln, die Bigamie herrschend gewesen zu sein scheint (21 15ff.), gegen die sich wohl das *'aeḥåḏ* Mal 2 15 richtet. — Vgl. auch Ehe/Gottesbund Prov 2 17 und die Ehe als Symbol für den Bund Jahves mit dem Volk Hes 16 8.

Zu Seite 71.

27 Cod. Ḫam. § 142 (Eilers 35f. ANET S. 172); ist der Mann schuldlos, wird das Weib getötet (§ 143). Israel: vgl. Hos 2 4ff. In Mur 19 8 (21) wird der Frau ihre Mitgift bei der »Entlassung« mit auf den Weg gegeben, sicherlich kein Anreiz zur Scheidung! Zur Rückgabe des Brautgeldes im Cod. Ḫam. durch den liederlichen Mann (nur in diesem Fall!) s. Anm. 17 und u. S. 131[218]. *28* Vgl. Ex 21 15. 17 (s. o. S. 46) Lev 20 9 (Dtn 27 16) Hes 22 7 Prov 20 20 30 11 28 24; zum »Elend« (*mašḥīṯ*) vgl. J. Pedersen, Israel I. II, S. 519 (zu Dan 10 8). Zu beachten ist bei dem allen, daß durch die Ehrung der »Mutter« die übliche Behandlung anderer Weiber des Vaters nach dessen Tode nicht ausgeschlossen ist, zumal die Witwenversorgung durch Ehe mit dem Stiefsohn unmöglich ist; s. Anm. 29 und unten S. 119ff. Man kann also aus der »Ehrung« der Mutter, die ihre ägyptischen und babylonischen Parallelen in Weisheits- und Bannlösungstexten hat, oder der Sonderstellung der »Königinmutter« (vgl. I Reg 15 13) nicht ohne weiteres auf die Einschätzung der Frau als solcher schließen, eine Spannung, über die eine eingehende Untersuchung von W. THREDE (Berliner Theol. Diss. 1939) leider ungedruckt bleiben mußte. Zur Stellung der Mutter im Gesetz von Ešnunna KORNFELD, RB 57 (1950) S. 99f. *29* Vgl. Lev 18 6ff. 20 11ff. Dtn 27 20 Hes 22 10f. und zu den Gefahren der Großfamilie E. HERMANN, a. a. O., S. 39f. *30* Sir 3 10f.; vgl. Prov 17 6b (vgl. auch B. STEIN, a. a. O. S. 326). *31* Vgl. Gen 27 23 48 14ff. Dtn 25 6 Hi 14 21 Sir 30 4. *32* Koh 6 2f., analoger Gedanke zur Begründung der Strafe an dem Frevler selbst Hi 21 21. Noch schlimmer freilich ist es, *n'rį šu'* und *m'ḥrįt zdun* zu haben (Sir 16 1ff.). *33* Sir 3 9. *34* Vor allem Sir 3 2ff. und den Ehrennamen »Mutter in Israel« Jdc 5 7 (II Sam 20 19; o. S. 51).

Zu Seite *72*.

35 Ex 20 12 par. Zur Deutung auf das Volk vgl. L. DÜRR, Die Wertung des Lebens im AT, Münster 1926, S. 23ff. — Zur Frage der Ursprünglichkeit der positiven Fassung vgl. H. SCHMIDT, Euchar. f. H. Gunkel I (1923), S. 80f. *36* Vgl. Prov 19 26 20 21 30 17 Sir 3 12f. 7 27f. (23 14). Das natürliche Gegenstück zur Ehrfurchtsforderung auch gegenüber der Mutter ist die Mutterliebe, die zwar (der allgemeinen Zurückhaltung gegenüber den Gefühlen der Frau entsprechend [s. u. S. 130]) nur selten, aber gelegentlich doch deutlich charakterisiert wird: als Nichtansehenkönnen des Todes des Kindes Gen 21 16 (I Reg 3 26ff.), als Rettungsversuch des bedrohten Kindes Ex 2 2ff., als Schutz der Leichen der Kinder vor den Tieren II Sam 21 10ff. (s. o. S. 3), als Nichtvergessenkönnen (Jes 49 15) und Trösten des Kindes durch die Mutter (Jes 66 13; vgl. die Freude der Mutter über ihr Kind als Symbol der Gottesfürsorge für den Beter in 1 QH IX 35f.), auch als »Affenliebe«, die selbst den Trug nutzt, um den Lieblingssohn voranzubringen (Gen 27 6ff.; s. o. S. 36), oder es nicht mit ansehen kann, daß der Sohn der Kebse Anteil am Erbe hat (Gen 21 10). Die erste Form ist in Gen 21 mit mehr Sympathie gezeichnet als die letzte, gegen die der Vater — freilich vergeblich — anzugehen versucht. Aufs Ganze des ATs gesehen ist das Material aus dem angegebenen Grunde dürftig. Der Ehrfurchtsforderung auch für die Mutter entspricht es, daß in der Zeit des Abschlusses des Bundesbuches die Blutrache für ein Weib angesichts der Gleichstellung von Mann und Weib (Ex 21 28), von Sohn und Tochter (Ex 21 31) und von Knecht und Magd (Ex 21 20. 26. 27. 32), vor allem aber nach der ausdrücklichen Beziehung der Talion auf eine Schädigung einer Frau (Ex 21 23) derjenigen für einen Mann gleich gewesen sein muß. Es ist aber fraglich, ob nicht hinter der Alleinerwähnung des *'îš* in Ex 21 12 eine Zeit steht, in der allein die Tötung eines Mannes Blutschuld bedeutete. Ob nicht gerade die Fälle, in denen ein Weib getötet worden war, die Ursache zur Ablösung der Blutrache (s. o. S. 46. 53) durch das Wergeld gewesen sind? Auch Aisch. Eumen. 640. 739f. scheinen ein ähnliches Empfinden widerzuspiegeln, trotz des ἄνδρα κτανούσης in 740 (Wil. ed. min. 232). Vor einer rechtlichen Überschätzung der Nebeneinanderstellung von Vater und Mutter ist freilich auch die Eigentümlichkeit der hebräischen Sprache zu berücksichtigen, Ganzheiten — hier: die »Eltern« — durch ihre Teile auszudrücken: Himmel und Erde (»die Welt«), Licht und Finsternis, Abend und Morgen (»der Tag«), Mann und Weib (»der Mensch« Gen 1 1. 5. 27). Für die Wertung der Töchter zu beachten ist auch, daß in den Ehekontrakten Mur. 20f. (a. a. O. 109ff., zu 20 auch I. A. BIRNBAUM, The Bar

Menashe marriage deed, Istanbul 1962) das Wohnrecht der Töchter und die Versorgung der Witwe durch die gemeinsamen Söhne ausdrücklich gesichert sind. *37* Vgl. A. CAUSSE, RHPR 13 (1933), S. 289ff. = Groupe ethn. S. 144ff.; zur Bestimmung der »Religionszugehörigkeit« des »Hauses« durch den pater familias Jos 24 15, zur Bestellung von Eigenpriestern Jdc 17 5. 10. *38* Zum »Gott der Väter« vgl. die oben S. 7[35] genannte Schrift von A. ALT und C. STEUERNAGEL, Festschrift Gg. Beer, Stuttgart 1935, S. 62ff. Zu beachten ist auch die durch den Parallelismus *'el šaddai* || *'el 'åbikå* Gen 49 25 bezeugte Identifikation des »Väterlichen Gottes« mit dem »Gott der Flur«, der seinerseits mit Jahwe gleichgesetzt ist; assyrische Parallelen bringt J. LEWY, RHR 110 (1934), S. 50ff. *'Ēl šaddai* (nicht »Gott des Berges«, sondern) »Gott der Flur« (vgl. *'ṯrt šd* in einem Verwaltungstext aus Ugarit) begründet M. WEIPPERT, ZDMG 111 (1961), S. 42ff. *39* Zu Dtn 6 7. 20ff. 11 19 vgl. L. DÜRR, Das Erziehungswesen im AT und im antiken Orient (MVAeG 36, 2), Leipzig 1932, S. 107, auch CAUSSE, a. a. O., S. 17 = Groupe ethn. S. 131. Der pater familias läßt sich daher auch selbst im Gesetz unterweisen Neh 8 13. *40* Zum Kompromißcharakter des späteren Passah vgl. M. N. NICOLSKIJ, ZAW 45 (1927), S. 248ff. Zur Ansetzung einer Zentralisation des Passah am »amphiktyonischen« Heiligtum im Zusammenhang mit der Landnahme (H.-J. KRAUS, EvTh 18 (1958), S. 54ff.) reicht das doch wohl redaktionelle Stück Jos 5 10ff. schwerlich aus. *41* Vgl. Dtn 21 15ff. 18f. 22 13ff. 28f. (gegen Ex 22 16). Weiteres »Gott und Mensch[2]« S. 170ff., o. S. 2[4] u. u. S. 130f. Zum Erbrecht auch der Kinder der Konkubine vgl. Gen 21 10 Jdc 11 1f.

Zu Seite 73.

42 Dtn 24 1ff.: 22 19. 29 gegen Ex 22 16. In der Praxis hat die Frau als mater familias (vgl. z. B. I Sam 25 14ff.), vor allem in der Diaspora, gleichwohl eine freiere Stellung namentlich im Wirtschaftlichen besessen, vgl. CAUSSE, ebenda 14 (1934), S. 291[17] = Groupe ethn. S. 189[4] auf Grund von Prov 31 10ff. und der Pap. Eleph, die wenigstens in einem Falle die Beteiligung der Mutter an der Eheschließung ihrer Tochter kennt (vgl. KRAELING, a. a. O., S. 53). Zur freieren Stellung der Frau vgl. auch G. BEER, Die soziale und religiöse Stellung der Frau im isr. Altertum, Tübingen 1919, S. 21ff. und ihre Beteiligung an dem *ḳåhål* Neh 8 2 (nicht im Tempel!). *43* Vgl. Num 30 4ff. und dazu A. WENDEL, Isr.-jüd. Gelübde, Berlin 1931, S. 23ff. Von besonderer Wichtigkeit ist dies Gesetz angesichts der durch Prov 7 14 bezeugten Möglichkeit »aphroditischer« Gelübde; vgl. G. BOSTRÖM, a. a. O. S. 104ff.; zu unbedachten Weihungen auch Prov 20 25. *44* Vgl. Mal 1 6ff. (und dazu »Gott und Mensch[2]«, S. 178). 3 24. *45* Vgl. Lev 25 8ff. und dazu s. u. S. 123. *46* Vgl. Est 1 20ff. (zum Text von 22 vgl. H. JUNKER, BZAW 66 [1936] S. 173), auch den mit gutem Humor geschriebenen Artikel H. GUNKELS, »Hausvater in Israel« RGG[1] 2 (1910), Sp. 1889f. sowie Prov. 19 13 neben 14. *47* Vgl. etwa die Funktion der »Häupter der Vaterhäuser« in Lev 1 5 u. ö. oder der »Fürsten der Geschlechter« (»Vaterhäuser«) bei dem Zug der Simeoniten unter Hiskia I Chr 4 38ff. (s. o. S. 15). *48* Dtn 13 7ff.

Zu Seite 74.

49 Vgl. die Bezeichnung Dans als *mišpåḥåh* Jdc 13 2 18 2. 11 und beachte dazu die Reihenfolge in Dtn 29 17, *'iš 'ō 'iššåh 'ō mišpåḥåh 'ō šebaeṭ*, für welche offensichtlich *mišpåḥåh* die kleinere, *šebaeṭ* die umfassendere Größe ist (ebenso Jos 7 14 I Sam 9 21 10 21), während Jdc 18 19 die unscharfe Folge *bēṯ 'īš 'aeḥåd* — *šebaeṭ* — *mišpåḥåh* begegnet. — Andere Stammesbezeichnung: *maṭṭaeh*, speziell bei P gebraucht von Dan (Ex 31 6 u. ö. Lev 24 11 Num 13 12 34 22 *maṭṭeh benē dån*) Jos 21 23), Juda (Ex 31 2), Manasse (Jos 13 29 neben *šeḇaeṭ*) und »allen Stämmen« (Num 1 4); zur Unsicherheit der Terminologie auch N. C. WOLF, JBL 65 (1946), S. 45ff.; zur Krise des Stammeslebens durch das Aufkommen der »royal-urban society« E. NEUFELD, HUCA 31 (1960), S. 31ff. *50* Vgl. E. BRÄUHLICH, a. a. O., S. 68ff. 182ff.; ein einzelnes Beispiel (die *Beni Hassan*) bei J. GARSTANG, a. a. O., S. 45f. *51* Vgl. A. BERGMAN, JPOS 16 (1936), S. 224ff. *52* Vgl. Gen 49 Dtn 33. *53* S. o. S. 7f. *54* Vgl. Gilead statt Gad Jdc 5 17 (11 1) und dazu J. PEDERSEN, Israel I. II. S. 32, auch die Bemerkung von J. BRIGHT, History of Isr., Philadelphia (1959) S. 143 über das »Korrespondieren« von »tribal and territorial designations«. Zu I Reg 4 19 vgl. M. NOTH, GI² S. 195 Anm. 2. Vgl. ferner die Wanderung der Daniten Jdc 18 1ff.; zu den Listen in Jos 15ff. vgl. (nach W. RUDOLPH, BZAW 68, S. 218ff.) die erschöpfende Behandlung bei M. NOTH, Komm.² S. 85ff., zum Kollektiveigentum der *ʿammim* (Jos 17 14 Jer 32,7ff 37 12) H. SCHMIDT, Das Bodenrecht im Verfassungsentwurf des Esra, Halle 1932, S. 18f., endlich den Plan Hes 47 21ff. *55* Vgl. A. SAARISALO, The boundary between Issachar and Naphtali (Annales Acad. Scient. Fenn. B XXI, 3) Helsingfors 1927, S. 131 (auch M. NOTH, a. a. O., S. 117) und K. ELLIGER, ZDPV 53 (1930), S. 274ff. (für die Grenze von Ephraim und Manasse). *56* Jdc 20 2 21 3. 15 u. ö. und dazu O. EISSFELDT, Beer-Festschr. 1935, S. 19ff. (u. u. S. 169⁹⁸). Ich hatte s. Zeit in Auseinandersetzung mit W. F. ALBRIGHT, BASOR 58, 1935, S. 10ff. die Annahme vertreten, Benjamin sei sechzig bis hundert Jahre vor »Ephraim« eingewandert, also nicht im Lande von ihm abgespalten (ZAW 53, 1935, S. 202), und gegen die abweichende Ansetzung von B. LUTHER, a. a. O., S. 40 (auf Grund der Tatsache, daß der Benjaminit Šimʿi zum »Hause Joseph« rechnet II Sam 19 21) geltend gemacht, hier stehe »das ganze Haus Joseph« deutlich im staatsrechtlichen Sinne für »ganz Israel«. Nach dem heutigen Stand (s. o. S. 8⁴⁰) ist meine Ansetzung nur unter der Voraussetzung aufrechtzuerhalten, der israelitische Stamm sei mit den *binū jamīna* von Mari identisch, eine Annahme, die sich m. E. nicht sicher begründen läßt. Im anderen Fall müßte der Name »die Südlichen« doch wohl vom Standpunkt des »Hauses Joseph« nach der Landnahme entstanden sein, und der Name des Stammes vor der Landnahme wäre unbekannt. Ich gebe zu erwägen, ob nicht der Name »Israel« an ihm gehaftet hat und sekundär auf die Amphiktyonie übertragen wäre. Er wäre dann in den »benjaminitischen« Traditionen mit Josua als Zentralfigur ursprünglich, nicht redaktionell. Auch unter dieser Voraussetzung ist meine These haltbar. Wie dem aber auch sei: keinesfalls vermag ich mit E. TÄUBLER, Biblische Studien, Tübingen 1958, S. 294 Jdc 19—21 für »späte religiös-pragmatische Legendenbildung« zu halten — so sehr auch am »Raub der Sabinerinnen« eine fast humoristische Ausschmückung mitgewirkt hat —, insonderheit sehe ich mit M. NOTH, GI² S. 91 in Jdc 20 26f. (Lade in Bethel) eine »geschichtlich zutreffende Nachricht«. Vgl. auch Geschichte und Geschichten S. 136 und u. S. 78. *57* Vgl. Sam I 10 19ff. II 2 4 5 1 15 10 19 10. 12 (20 14). — Einen ostjordanischen Stammeskampf in der Zeit Sauls kennt noch I Chr 5 10 (phantastische Ausschmückung 5 18ff.). *58* S. o. S. 68. — Auch die Gliederung des Heeres in »Haufen« zu fünfzig, hundert oder tausend Mann und die Bestimmung ihrer Führer nach persönlichem Verdienst um den Herrscher muß in derselben Richtung wirken; vgl. Sam (I 8 12) II 18 1f. (Reg II 1 9ff.) und dazu schon J. M. P. SMITH, AJSL 10 (1906), S. 253. *59* Vgl. II Sam 15 18; zur Sache A. ALT, Staatenbildung, S. 54ff. 70f., zu Jerusalem auch ZDMG 79 (1925) S. 14ff. (= Kl. Schriften II S. 4ff. 59, III S. 254ff.).

Zu Seite 75.

*59*a Sebulon scheint in Issachar (I Reg 4 17), Dan in Naphthali (15) aufgegangen zu sein. Vgl. ferner die Gaubezeichnung »Gebirge Ephraim« (8) und (ostjordanisch)

»Mahanaim« (14) sowie die Gleichstellung der aus den kananäischen Stadtstaaten, die dem »Reich« integriert waren, mit den Stammesgauen und dazu A. ALT, Kl. Schr. II S. 76ff. und M. NOTH, GI[2] S. 195. ***60*** Reg I 12 20; vgl. II 17 18, auch die Trennung als schwerste Katastrophe Jes 7 14. ***61*** I Reg 12 1. 20; *kol-ḳ^{e}hal jiśråʾel* 12 3 fehlt in LXX vor Origenes. Die Bezeichnung Benjamins als *šeḇaeṭ* in 21 ist in dem Prophetenwort 23 ebenso wenig wiederholt wie in II Chron 11 1 *bēṯ j^{e}hūḏå^{h} ūḇinjåmin.* ***62*** Vgl. z. B. I Reg 18 31 Jes 49 6 Hes 45 8 u. ö. Sach 9 1; Ausnahme Hos 5 9 (Mich 6 9 ?). ***63*** Vgl. I Reg 12 6, ferner die *ziḳnē håʿir hahuʾ* in den o. S. 49 bez. S. 72 behandelten Stellen Dtn 21 4. 15. 18, auch die *śårē håʿir w^{e}hazz^{e}ḳenim* II Reg 10 1 (vgl. 5), die *ziḳnē håʾåraeṣ* Jer 26 19, die *ziḳnē haggolå^{h}* Jer 29 1 und die *ziḳnē jiśråʾel* Hes 14 1; neben ihnen stehen Jer 29 1 die Priester, welche in Elephantine neben Jechonja die Gemeinde leiten. ***64*** Zu beachten ist, daß bei keiner der Revolutionen im Nordreich die Stämme oder ein einzelner Stamm handeln. Selbst eine Angabe der stammesmäßigen Herkunft findet sich nur bei Baʿšaʿ (»aus dem Hause Issachar« I Reg 15 27), aber auch hier unter Vermeidung der Bezeichnung »Stamm« und ohne Angabe, ob dies »Haus« sich an dem Putsch als solches beteiligt habe. Handelnd sind vielmehr in erster Linie Teile des Heerbannes, die *śårē haḥajil* II Reg 9 5, bzw. der Prätorianer wie der »Dritte Mann auf dem (königlichen) Streitwagen«, der *šåliš* des Herrschers (II Reg 15 25), die vielleicht landsmannschaftlich gegliedert waren (fünfzig *mibb^{e}nē gilʿåḏim* ebenda.) In gleicher Richtung wirkt die Gründung des »Stadtstaates Samaria« durch Omri (I Reg 16 24, vgl. A. ALT, Kl. Schr. III, S. 258ff.) in Analogie zur Politik Davids hinsichtlich Jerusalems. Eine gewisse Sonderstellung scheint Benjamin eingenommen zu haben, das ja als einziger »Stamm« neben Juda bei dem Davidshaus geblieben war, deshalb der Katastrophe von 722 entgangen ist und beim Wiederaufbau nach dem Exil eine Eigenrolle spielt (Esr 1 5 u. ö.). Wie das »Land B.« als Heimat des Jeremia für ihn seine Bedeutung hat (z. B. 32 8), so stehen auch in 1 QM I 2 die »Söhne Benjamin« neben den »Söhnen Levi« und den »Söhnen Juda« in der *gōlat b^{e}nē ʾōr.* Ob man freilich durch Röm 11 1 auf die Jahrhunderte überdauernde Geschlechterregister Benjamins schließen darf oder eher an mündliche Familientraditionen zu denken hat, erscheint mir zweifelhaft. Erleichtert wird ein solches Zurücktreten der Stämme (vgl. auch J. PEDERSEN Israel I/II S. 33ff.) auch dadurch, daß das Gesetz keine »tribal endogamy« (MACE, a. a. O., S. 146f.), sondern nur ein Eheverbot außerhalb des Volksverbandes aus religiösen Gründen kennt (Ex 34 15 Dtn 7 3 vgl. Jdc 3 6 14 3 I Reg 11 2; s. u. S. 82[109]). ***65*** Vgl. Dtn 29 17 (s. o. S. 74[49]). ***66*** Vgl. abermals Dtn 21 1ff. 21 18ff. 22 13ff. (und dazu u. S. 166f.).

Zu Seite 76.

67 Vgl. Num 36 3ff. Hes 48 1ff. — Auch durch Verlegung des Heiligtums in das Zentrum des Landes, nach Sichem (so C. MACKAY, Ch. Q. R. 119 (1935), S. 173ff.), wird das Schema nicht lebensnäher. ***68*** Dtn 33 9; vgl. S. LEHMING, ZAW 73 (1961), S. 74ff., ferner den »Leviten aus Juda« Jdc 17 9, die wahrscheinliche Beheimatung der den »Leviten« eingegliederten Priestersippe Eleazar in Ephraim (vgl. Jos 24 33 und dazu K. MÖHLENBRINK, ZAW 52 [1934], S. 216f.) u. o. S. 27. — Die dort herausgearbeitete Problemlage ergab, daß die »Leviten« keine kananäische Vorgeschichte gehabt haben, wodurch eine »arabische« nicht ausgeschlossen ist, und daß die Herkunft aus dem Süden wahrscheinlich ist (vgl. auch die Ortsbezeichnungen *wr/lw* und *ngb r(l)wj* in ägyptischen Listen bei S. YEIVIN, Tarbiz 30 (1960/61) S. 1ff.), wahrscheinlich auch der ursprüngliche »Ordenscharakter« einer Priestergruppe, in die die Reste eines weltlichen

Stammes Levi (auf Grund Namensähnlichkeit?) integriert wären. Bei aller, auch von E. Nielsen, Shechem, Copenhagen 1954, S. 264 betonten, verbleibenden Unsicherheit will mir scheinen, daß die »ständig und darum von vornherein als erblich gedachte Betrauung einer nicht mit Grundbesitz versorgten« Menschengruppe mit einer nur ihr »zukommenden Funktion im Gesamtleben des Volkes« (Zitate aus A. Alt s. o. 27[164]) zweierlei voraussetzt: 1. Eine sich in Ex 32 spiegelnde Krise innerhalb des israelitischen Priestertums der Einwanderungszeit (speziell des Stammes Juda?), in der eine dem kanaäischen Stierkult widerstrebende Gruppe sich (in blutiger Auseinandersetzung?) gegen ihre »Brüder« stellte und, darin siegreich, eben jene »Betrauung« erkämpfte, von der die Rede war. 2. Die Festigkeit des Stammessystems zur Zeit dieser Vorgänge, sei es, daß sie durch Aufnahme der Reste des weltlichen Stammes, sei es, daß sie durch die Tatsache, daß eine andere Existenzform als die des »Stammes« unbekannt war, als solcher angesehen und in das Stammessystem aufgenommen wurden. Ich halte aber auch heute das Auftauchen eines von Haus aus beduinisch-nordarabischen Priestertumes, das sich in der vorkananäischen Zeit der Gruppe der Jahveverehrer angeschlossen und in einem bestimmten Augenblick seiner Geschichte entscheidend gehandelt hat, für möglich, eine Annahme, die auch den Nichtübergang zum Ackerbau, sondern das Verharren auf den »Viehweiden« erklären würde, hingegen den Umweg über einen weltlichen Stamm Levi nicht für gesichert. Wie dem aber auch sei: der Satz von einer im levitischen Priestertum sich manifestierenden »Zähigkeit« des Stammeswesens besteht so oder so zu Recht. *69* Zu dem Auftauchen eines »lokal gebundenen Elementes« (*liḇnī* > Ortsnamen *liḇnā*^{h}, *ḥaeḇrōnī* > Ortsnamen *ḥaeḇrōn*) neben einem personal gebundenen in Num 26 58 vgl. K. Möhlenbrink, ebenda, S. 193ff.; weitere Literatur zum Levitenproblem ebenda, S. 184[2] und jetzt bei G. Fohrer, RGG IV[3] (1960), Sp. 337. Eine ähnliche Anschauung vgl. bei L. Watermann, JAOS 57 (1937), S. 375ff.: Nur ein Teil der Leviten folgt dem Moses und wird daher *mūšī* genannt; vor David haben sie die örtlichen Priesterschaften von Libna und Hebron mit dem Jahwekult »okuliert«. *70* Zum Untergang des weltlichen Stammes Levi vgl. M. Noth, System S. 28ff., vor allem S. 34[1] und GI[2] S. 69f. *71* Vgl. Gen 49 5ff. Dtn 33 8ff. *72* Voll ausgeformt Num 3 5ff. 8 14ff.; vgl. Dtn 12 19 14 27. *73* Vgl. Dtn 10 8 21 5 Mal 2 5ff. (Neh 13 29). *74* Vgl. Ex 32 25ff. Num 25 7ff. (Dtn 33 11). Zu den militärischen Termini der levitischen Sprache (*mišmaeraeṯ* »Wache« Num 1 53 3 28 u. ö.; *bå' laṣṣåḇå'* »zum Dienst antreten« Num 4 3) vgl. L. Steinberger, Der Bedeutungswechsel des Wortes Levit. Entwicklung aus einer Milizformation zu einer Priesterkaste, Berlin 1936, S. 15, dessen Aufriß freilich auf völlig willkürlichen Textkonjekturen ruht; zu einer Einzelfrage der »levitischen« Vorrechte J. Hänel, ZAW 55 (1937), S. 46ff.

Zu Seite 77.

75 Vgl. Dtn 7 6ff. (14 21): Ex 19 5 Deut 12 5 u. ö. Zu beachten ist auch die Deutung der Rettung aus Ägypten als »Versuch Gottes«, »sich ein Volk zu nehmen« (*låḳaḥaṯ lō goį̈*) Dtn 4 34 in sprachlicher Analogie zum »Nehmen« eines Weibes (z. B. Gen 4 19 *ụaį̈į̈iḳḳaḥ lō . . .* *š*^{e}*ṯē nåšim*, vgl. *ḥry bty iqḥ aš'rb ǵlmt ḥẓry* Keret 203ff. Gordon S. 186). Für die Problematik des Erwählungsglaubens vgl. neben den Bibl. Theol. H. H. Rowley, The Biblical Doctrine of Election, London 1950 und Th. C. Vriezen, Die Erwählung Israels nach dem AT, Zürich 1953. K. Galling, BZAW 48 (1928), W. Staerk, ZAW 55 (1937), S. 1ff. vor allem K. Koch, ZAW 67 (1955), S. 205ff., der mit Recht auf die Patriarchen-Erzählungen zurückweist. Die Wahl »Israels« ist deutlich abgesetzt von der Zuteilung der Völker an die einzelnen *b*^{e}*nē 'el(īm)* durch den *'äliǫn* in dem aus 4Q erhaltenen Text von Dtn 32 8 (ed. P. W. SKEHAN, BASOR 136, S. 12ff.), die im heutigen Text durch die Änderung in *b^enē iśrā'el* und die damit bewirkte Gleichsetzung des »Höchsten« mit Jahwe verdeckt ist (vgl. auch ZAW 52 [1934] S. 280[1] und H. WILDBERGER, Jahwes Eigentumsvolk, Zürich 1960, S. 5[1]). — Zum »Bund« vgl. meine Artikel »Bund, religionsgeschichtl.« und »Bund im AT« in RGG I[3] 1957 Sp. 1512ff., auch K. BALTZER, Das Bundesformular, Neukirchen 1960. *76* Gen 12 2. 7; zur Ideologie des Jahwisten vgl. Althebr. Literatur. S. 113ff. Der Satz des Textes, daß für den Jahvisten alles göttliche Handeln der Erfüllung der Doppelverheißung gilt, hat sein Recht im Kontrast des von der Urgeschichte wachsenden Verderbens gegenüber der nun beginnenden Geschichte des »Segens«, mit dem »alle Völker sich segnen« sollen. *77* Vgl. zum folgenden L. ROST, Procksch-Festschrift 1934, S. 125ff.; zur Vorgeschichte des Begriffes *'am* auch E. DHORME, Evol. 271f., zur Differenzierung beider Begriffe E. A. SPEISER, JBL 79 (1960), S. 157ff.

Zu Seite 78.

78 Zur Zusammengehörigkeit von Volk (*goi*) und Sprache (*låšōn*) für das Bewußtsein des AT verweist ROST mit Recht auf Jes 66 18 Sach 8 23; zum »kanaanäischen« Charakter des Hebräischen vgl. H. BAUER und P. LEANDER, Histor. Grammatik I, Halle 1922, S. 12ff., und — auf Grund des Materials von *rās eš-šamrā* — W. F. ALBRIGHT, JPOS 14 (1934), S. 104ff., JBL 54 (1935), S. 175; zum Mischcharakter des Hebräischen auch G. R. DRIVER, Problems of the Hebrew verbal system (OTS II), Edinburgh 1936, S. 151ff. u. ZDMG 91 (1937), S. 343ff. *79* Vgl. Ex 2 21 f. 12 38 Num 12 1. *80* Vgl. zu Jos 24 nach E. SELLIN, Geschichte des israel.-jüd. Volkes I, Leipzig 1924, S. 97ff. auch M. NOTH, Komm.[2] z. St. und GI[2] S. 91, sowie J. L. HOUR, L'Alliance de Sichem, RB 69 (1962), S. 5ff. 350ff., zum Problem der Volkwerdung Israels auch die o. S. 8[42] genannte Schrift von W. CASPARI und K. MÖHLENBRINK, Entstehung des Judentums, S. 17ff. — Das Entscheidende an dem Akt von Jos 24 ist eine doppelte Tatsache: einmal, daß bestehende Stammesverbände sich religiös dem neuen Glauben einer jungen (ihnen verwandten?) Einwanderungsschicht (s. u. Anm. 107) unterstellen und damit dieser Gruppe auch eine über das religiöse Gebiet hinausgreifende Wirkungsmöglichkeit schaffen (s. auch o. S. 45[56]). Sodann aber, daß dieser »Bund« einen exklusiven Charakter erhält. Geschlossene Stammesverbände sind, soweit wir sehen, später nicht mehr hinzugetreten. »Die Zwölf« werden zu einem sich nicht mehr erweiternden Ganzen. Die unter David und Salomo dem »Reich« eingegliederten kananäischen Stadtstaaten erscheinen als königliche Verwaltungsbezirke (vgl. o. S. 75 Anm. 59a zu I Reg 4 8ff.), nicht als politisch oder religiös im Rahmen der Amphiktyonie handelnde Größen. *81* Vgl. I Sam 14 21. *81*a Vgl. die Analysen von *naḥ^alåh* »zugeteilter Besitz« durch J. HERRMANN, ThWNT III (1937), S. 768ff. und F. HORST, Festschrift für W. Rudolph, 1961, S. 135ff.; zur Sache St. A. COOK, The O. T., Cambridge 1936, S. 119ff., zur Mehrschichtigkeit des Begriffes, die ein Heimischwerden Jahves im Lande voraussetzt, G. VON RAD, ZDPV 66 (1943), S. 191ff. = Ges. Studien z. AT, 1958, S. 87ff.; s. u. S. 85[126], auch 89[144].

Zu Seite 79.

82 Vgl. die Finanzierung des Putsches des Abimelech aus dem Tempelschatz des *ba'al b^erīt* Jdc 9 4. *83* Zum Namen »Israel« als Namen der Amphiktyonie vgl. M. NOTH System, S. 90, GI[2], S. 11. 169. — Gemeinsamer Gegensatz nach außen und gemeinsames Gottesrecht sind auch für O. PROCKSCH, Nordhebräisches Sagenbuch, Leipzig 1906,

S. 387ff. diejenigen Momente, die zum »Erwachen des Nationalbewußtseins« geführt haben. Reste »amphiktyonischer Poesie« glaubt J. DUS, ZAW 75 (1963) S. 45ff. in Jdc 21 3 II Sam 7 5. 6. 7, I Sam 2 27-30 entdeckt zu haben. *84* Vgl. Jdc 21 8ff.: I Sam 11 1ff. eine moderne Analogie bei einer Hungersnot bietet E. BRÄUNLICH, S. 184, den archäologischen Hintergrund klärt N. GLUECK, BASOR 89 (1943), S. 2ff. *85* Vgl. »Gott und Mensch«[2], S. 33ff. und zum »Heiligen Krieg im alten Israel«, die so betitelte Schrift von G. VON RAD[2], Göttingen 1952, dessen Behauptung einer rein defensiven Haltung des Heiligen Krieges von J. BRIGHT, A History of Israel, Philadelphia 1959 S. 126[67] freilich bestritten wird. Die Entscheidung hängt daran, ob man die Eroberungen des Stammes Benjamin, vor allem die Schlacht bei Gibeon Jos 10, als im Namen Jahves geschehen anerkennt oder nicht. Mit Recht zieht H. FREDRIKSSON, Jahve als Krieger, Diss. theol. Lund 1945 zu dieser Charakterisierung Jahves auch den Chaossieg heran, während J. A. SOGGIN im Festheft der Cuadernos theologicos (1956, Nr. 18, 19) die theologische Frage nach der Vereinbarkeit des Befehls zum »Heiligen Krieg« und seinen Scheußlichkeiten mit dem Wesen Gottes als des Gottes des Lebens und der Liebe stellt. Vgl. auch seine Darlegung (VT 10 [1960], S. 79ff.) des »Heiligen Krieges« gegen Israel bei den Propheten. *86* Vgl. neben dem Deboralied nur die Parole des Blutrachefeldzuges des Gideon Jdc 7 18 (s. u. S. 95); zum Anspruch des Charismatikers auf Anerkennung außerhalb seines Stammes auch M. WEBER, Gesammelte Aufs. III, 92. Doch zeigt die Überlieferung, daß oft genug andere Stämme dem Recken in den Rücken fielen (Jdc [8 6] 15 9ff.). *87* Vgl. Dtn 23 9ff.; vgl. Sam (I 21 6) II 11 11 1 QM VII 3ff. u. u. S. 166[82]. *88* Vgl. Dtn 20 16ff. u. ö. Jos 6 17ff. u. ö. I Sam 15 3 I Reg 20 42. Im Unterschied von der assyrischen, durch die geographische Lage des Staates im Unterschied von der des hetitischen oder des ägyptischen Reiches bedingten (vgl. W. E. MÜLLER, Rest S. 14ff.) »totalen Vernichtungsstrategie« ist die gleiche Haltung im Deuteromium religiös begründet. Die Verführungsmacht, die — als Nachklang der von »Heidnischem« ausgehenden magischen Infektion — die Exklusivität des Jahveglaubens gefährdet, haftet insofern auch an dem Hab und Gut, als es zum Ungehorsam wider das Banngebot verleitet (Aḥan!), doch tritt an ihre Stelle die Erwartung der Bekehrung der »Heiden« und die Darbringung ihres Reichtums als Jahvegabe (vgl. Jes 49 18 60 4ff.), wie auch in 1 QM das *'jn š'rit* I 6 IV 2 XIV 5 (s. u. S. 110[90]) neben der entsprechenden ganz anderen Erwartung XII 14f. steht. *89* Vgl. Num 31 28f. Um so mehr ist das Fehlen eines Beuteanteils des Gottes in der Idrimi-Inschrift Z. 72ff. zu beachten, vgl. W. F. ALBRIGHT, BASOR 118 (1950), S. 18. *90* Vgl. Num 27 21 Jos 9 14 Jdc 1 1f. 7 18 20 18.23 Sam I 14 37 23 2 28 6 30 8 II 5 19 Reg I 12 22 20 13f. 22 22 5 II 7 1. *91* Nicht mit Unrecht betont daher L. WALLIS die Bedeutung auch der Kämpfe einzelner Gruppen für den »nationalizing process« (God and the social process, Chicago 1935, S. 75ff.). *92* Vgl. z. B. Jdc 5 31; zum Bewußtsein »sittlicher« Minderwertigkeit der Feinde s. u. S. 152.

Zu Seite 80.

93 Vgl. I Sam 4 5ff. 5 3ff. II 1 19ff. *94* Zu dieser Deutung des *zaeh sinaj* vgl. nach W. F. ALBRIGHT, JBL 54 (1935), S. 204 u. BASOR 62 (1936) S. 30 jetzt auch A. WEISER, ZAW 71 (1959) S. 74[3]. *95* Vgl. aus der »apologetischen« Literatur der dreißiger Jahre neben meinen Aufsätzen: Das AT u. d. völkische Frage[2], Göttingen 1932; Das Gottesvolk im A u. NT (Auslandsdeutschtum und evangel. Kirche, Jahrb. 1933, S. 5ff.), vor allem W. RUDOLPH, Volk und Staat im AT Volk (Staat und Kirche, Gießen 1933, S. 21ff.) u. A. WENDEL, Beer-Festschrift 1935, S. 100ff. *96* Rede des Un-Amon vor dem König von Byblos (II 24): AOTB I[2] S. 74 Ranke (ANET S. 27 Wilson). *97* Dtn 6 10f. *98* Vgl. Jos 3 11ff. 6 20 10 12ff. und Dtn 7 7f.

Zu Seite 81.

99 Jdc 11 23f.; zum Schutz *gegen Israel* vgl. Dtn 2 5. 9. 19. 22 Jos 24 4 und (zu den Kalebitern) Num 14 24 (Jos 14 9 15 13). *100* Am 9 7. *101* Dtn 4 19f.; zur andersartigen Vorstellung, daß Israel dem Jahwe vom »höchsten Gott« zugeteilt sei, vgl. o. S. 77[75]. *102* Vgl. Ex 19 5f. und dazu W. CASPARI, Th. Bl. 8 (1929), S. 105ff. — Die Verwandtschaft mit Dtn 7 6 par ist freilich so groß, daß man am vordeuteronomischen Charakter des Verses zweifeln kann. Auch Ex 22 30 (*'anšē ḳodaeš*) ≃ Dtn 14 21 (*'am ḳådoš*) ist in seiner Zugehörigkeit zum Bundesbuch anfechtbar, älteres Material vgl. bei W. STAERK, ZAW 55 (1937), S. 8ff., den gegenwärtigen Stand vor allem bei H. WILDBERGER, a.a.O., S. 9ff. (Auffassung als Sondertradition). Daß die »Heiligkeit« des Volkes »ne consiste pas dans certaines qualités qui ensemble feraient la perfection«, betont E. JACOB, Suppl. VT VII, Oxford 1960, S. 42 mit Recht. Ich würde aber nicht fortfahren können: »mais dans la promptitude à répondre à l'appel de Dieu et à prendre sur eux le risque que constitue cet appell«, sondern noch stärker auf diesen »Appell« selbst verweisen. *Ḳådoš* ist hier kein »analytisches«, sondern ein »synthetisches« Urteil. *103* Dtn 7 6; zum Grundsätzlichen des Deuteronomiums vgl. G. VON RAD, Gottesvolk (BWANT III, 11), zum Volksbegriff überhaupt E. SELLIN, Beiträge I (1896), S. 15ff.

Zu Seite 82.

104 Dtn 28 9 26 18f. (26 19 unsicher). — Von da aus erklärt es sich, daß neben dem Erwählungsterminus *nåḇi'* sogar der Königstitel *måšiaḥ* geradezu von dem in den Patriarchen verkörperten Volk gebraucht werden kann; vgl. Ps 105 15 (anders M. LÖHR, Psalmenstudien [BWAT II, 2] Stuttgart 1922, S. 15). Zur Salbung als Zeremonie der Inthronisation vgl. neben DE VAUX, Lebensordnungen I, S. 169ff. und den Artikeln von E. KUTSCH, RGG V[3], 1961, Sp. 1330ff. seine für BZAW 87 (1963) zu erwartenden Ausführungen. *105* Esr 9 2 (anders Jes 6 13) Dan 11 28. 30; vgl. auch Dan 7 18. 22. 25. 27 *ḳaddišē 'aeljōnå'* (sic!) (= *ḳaddiššīn* 7 21 = *'am ḳodaeš* 12 7). Entscheidend tritt dazu der Sprachgebrauch der Qumrantexte. »Heilig« sind neben Gott selbst (vgl. 1QM XII 8 XIX1) nicht nur die Engel (z. B. *rwb ḳdwšjm . . . bšmjm* 1QM XII1, vgl. 1QH IV25 XI12 1QS[b] III 26) oder die Priester (1QM IX 8 S[b]IV 23), sondern das Feldlager (*mḥnj ḳdwšjw* 1QM III 5) und durch die »Heiligen, die sie sein Volk sind« (*ḳdwšj 'mw* 1QM VI 6 XVI 1, vgl. X 10), bezwingt er die Feinde. *106* S. o. S. 11. Es ist mißverständlich, wenn E. DHORME, Evol. S. 352 angesichts der Erwähnung Jahwes in der Meša-Inschrift sagt: Il est le dieu de la race et non d'une seule tribu ou d'un group de tribus. Zur Rasse in dem Sinne, wie DH. ihn gebraucht, gehören durch die Abstammung vom gleichen Vater auch Ismaeliten und Edomiter! Es ist hier ohne das religiöse Bundesbewußtsein nicht auszukommen. Zum Sprachgebrauch von *zår* (und *noḵrī*) vgl. L. A. SNIJDERS, OTS X (1954) S. 1ff., der bei aller sorgfältig durchgeführten Differenzierung den Sinn »strange towards Jhwh« (S. 55) immer wieder herausstellt. *107* Vgl. Gen 24 3 28 1 (26 35 27 46 29 19) aber auch Gen 38 2, die Ehe des Hetiters Uria, falls Bathseba Israelitin war, und I Reg 7 14. Zur Mischehenfrage vgl. zuletzt G. J. BOTTERWECK, Bibel und Leben I (1960) S. 179ff., auch o. S. 43[51]. *108* Vgl. Gen 34 16, aber auch 41 45. 50ff. (Ephraim und Manasse mütterlicherseits ägyptischen Blutes). Der Elohist trägt mit der Verwerfung des *connubium* mit den Sichemiten die Abgeschlossenheit des »Bundes« (s. o. Anm. 80) in die »vormosaische« Zeit zurück, spiegelt aber dabei den instinktiven Gegensatz gegen dieses *connubium* mit Bundes- und Volksfremden richtig wider. *109* Vgl. Dtn 20 16f. gegen 20 14; selbst Rahab darf nur außerhalb des Kriegslagers leben (Jos 6 23, anders 25; s. u. S. 115). Am deutlichsten spielt der religiöse Gegensatz in das Verbot des Connubiums mit den »unbeschnittenen« Philistern hinein (vgl. Jdc 14 3); zur *'iššåh zåråh* vgl. L. A. SNIJDERS, a. a. O., S. 75ff. u. u. S. 165. *110* Vgl. Dtn 21 12f. und dazu o. S. 68[11]. Zur analogen »Verdampfung« einer »Atmosphäre des Numinosen«, in der eine »Geweihte« gelebt hat, vor Vollzug der Ehe vgl. TH. H. ROBINSON, Komm. z. Hos 3 3 und ThStKr 106 (1934/5) S. 313; vor Eintritt in das Lager Jos 6 23 (so schon S. OETTLI, Komm. z. St.).

Zu Seite 83.

111 Vgl. (Dtn 17 17) I Reg 11 1ff. 16 21ff. (Ps 45 11; s. o. S. 68). *112* S. o. S. 70, zur Weitherzigkeit der Novelle (Rut) vgl. Althebr. Lit. S. 154 und Geschichte und Geschichten S. 130, wobei die Frage der neuerdings wieder stark bestrittenen (W. RUDOLPH, Komm. Gütersloh 1962, S. 31f.), gegen die Mischehengesetzgebung des Esra gerichteten Polemik außer Betracht bleiben kann. Für die Tatsache, daß Num 12 10 Kritik an der »Mischehe« des Moses »noch scharf zurückgewiesen wird« (so G. KITTEL, Forschungen zur Judenfrage, S. 31 Anm. 9) ist nicht außer acht zu lassen, daß der Verf. keineswegs die Mischehe als solche freigeben, sondern die Autorität des Moses als des *'aebaed* über alle Kritik herausheben will. Auch Muhammed werden gerade auf dem ehelichen Gebiet Privilegien zugebilligt, die andere nicht haben. *113* Vgl. I Chr 2 34f. und dazu u. S. 132. *114* Vgl. Jos 9 14; zu den verschiedenen Abstufungen der Eingliederung neuer Elemente in einen Stamm (oder Stammesverband) vgl. E. BRÄUNLICH, a. a. O., S. 191ff. *115* Vgl. Dtn 23 3ff. (s. o. S. 40 u. u. S. 166[82]) Jos 9 15. 19. Am 9 12 und zur rechtlichen Bedeutung des Namens die Nennung des Namens des Mannes bei der Eheschließung Jes 4 1, durch die er die Herrschaft über das Weib erlangt (vgl. den Parallelismus *måšal* || *ḳårå' šem 'al* Jes 63 19), auch W. CASPARI, ThStKr 83 (1910), S. 471ff. oder das Ausrufen des assyrischen Königsnamens und dazu W. SCHULZ, Anthropos 26 (1931) S. 911f. *116* Vgl. Zeile 10ff. des von E. UNGER, MAOG VI 1/2 (1932) veröffentlichten Obelisken Assurnassirpals I (1049—1029). *117* Vgl. Pap. Eleph. 20, 3: 25, 3 28, 2 Cowley und dazu E. MEYER, Papyrusfund von Elephantine, Leipzig 1912, S. 30, auch R. KITTEL, GVI III, 2, Stuttgart 1929, S. 507. Ich hätte ZAW 66 (1954), S. 269 bei der Herausarbeitung der Bedeutung der Kolonie in Elephantine für die Anfänge der Mission diesen Text nicht übergehen dürfen. — Die analoge Forderung an die Sippe des »Verführers« einer Israelitin bietet Gen 34 16 (s. o. soeben Anm. 108). *118* Jes 56 3. 6f. *119* Jud 14 10 (Ex 18 9ff.). Als Parallele vgl. das Versprechen des Königs von Šupria im »Erstbericht« Asarhaddons Z. 17 (Th. BAUER, ZA 40 [1931], S. 263f.; vgl. auch die Opfer Ass Bb E Vs 15ff. R. BORGER, BAfO 9 [1956] S. 86f.). Dementsprechend läßt der Chronist den Kyros das Bekenntnis ablegen, das Deuterojesaja von ihm erhoffte: II Chr 36 23 = Esr 1 2.

Zu Seite 84.

*119*a Vgl. J. JEREMIAS, Jerusalem zur Zeit Jesu, II (B 2: Die Reinerhaltung des Volkstums), Göttingen 1937. In diesen Zusammenhängen wurzeln die »Toleranz«-Probleme des heutigen Staates Israels, insonderheit seine Zurückhaltung gegenüber christlicher Missionstätigkeit auf seinem Territorium. *120* Material bei A. WENDEL, Das freie Laiengebet im vorexilischen Israel, Leipzig 1931, S. 96. Das Gegenstück zu dem »Gott Israels« (z. B. Jdc 5 3. 5 Ps 69 7 u. ö.) ist die Bezeichnung Israels als »Volk Jahves« (z. B. Jdc 5 11) bzw. »Gottes« (Jdc 20 2 *ḳ^{e}hal 'am hå' ^{ä}lohim*, vgl. dazu auch P. VAN IMSCHOOT, Théologie de l'AT, I. Paris 1954, S. 259f.). *121* »Jahwe, du Gott meines Herrn Abraham« Gen 24 12. 27. *122* Vgl. Ps 125 5 130 7f. 131 3. Das Gesagte gilt sowohl für die »exklusive« als für die »inklusive« Fürbitte, vgl. J. SCHARBERT, Theologie und Glaube 50 (1960), S. 321ff. *123* Vgl. I Sam 20 29 und zur zeitlichen Verteilung der Jahvenamen vgl. M. NOTH. Die israelitischen Personennamen im Rahmen der gemeinsemitischen Namengebung (BAWNT III, 10) Stuttgart 1928, S. 107.

Zu Seite 85.

124 S. o. S. 79f. *124*a Der Satz des Textes kann mißverstanden werden. Er ist richtig, sofern er besagt, daß eine Begründung des Eingreifens Jahves auf die Tatsache, daß Palästina »mein Land« (»meine Berge« Jes14 25 vgl. dazu NGWG 1936, S. 22) ist, für den Wiederaufbau des Staates nach 587 nicht begegnet (vgl. vielmehr schon Hes 16 3 die Bezeichnung *'äräṣ hakkᵉnaʿᵃni*). Er läßt aber nicht erkennen, daß durch die auch im Text betonte Selbstbindung Jahves an Jerusalem zugleich eine Verbindung mit dem Land, dessen »Mittelpunkt« der Zion ist, erhalten bleibt, die auch durch Jes 1 8ff. (und den Tempel in Leontopolis) nicht aufgehoben, wohl aber in den Qumrantexten neu belebt wird. Im Unterschied von »allen Landen der Heiden« (lQM II 7) ist Palästina nicht nur »euer Land« (lQM X 7 im Zitat aus Num 10 9), oder — vom Beter gesagt — »mein Land« (lQH IV 8), sondern auch — von Jahve gesagt — »sein Land und sein Ackerboden« (CD I 8) bzw. »dein Land« (lQM XII 12 XIX 4). Insofern der Opferkult an Jerusalem gebunden bleibt, ist zwar der synagogale und der häusliche Kult überall möglich, aber die Erfüllung des pentateuchischen Rituals nicht einmal überall im Lande verstattet, und das für das heutige Israel schwierigste Problem, seine Wiederbelebung mit allen dem »modernen« Empfinden fernliegenden Riten (vgl. H. GARNER, Exp. Times 57 (1945/6), S. 223) gestellt, das die jordanische Besetzung des Zion bisher hat vertagen lassen. *125* Vgl. W. STAERK, ZAW 55 (1937), S. 15ff. zur jüngeren Prophetie den Ausdruck *habboḥer bīrūšålaịim* Sach 3 2 oder die Benennung nach Jahve Bar 4 30 (5 4). *126* Vgl. die analoge Fiktion im »Lied des Moses« Ex 15, vor allem 17: *har naḥᵃlåtᵉḵå måḵōn lᵉšiḇtᵉḵå påʿaltå.* (Wenn W. F. ALBRIGHT, The Archaeology of Palestine, Penguin Books 1960, S. 232 — vgl. auch D. N. FREEDMAN, ZAW 72 (1960), S. 105 [S. 101[1] weitere Lit.]. — sich mit Recht auf das (*ḫḫ*) *'arṣ. nḥlth* ugar. 51 VIII 13f. bzw. *'arṣ nḥlth* 67 II 16, *ǵr nḥlti* ʿnt III 27 (IV 64) Gordon (Handbook) dafür beriefe, Ex 15 nicht später als das 13. Jhdt zu datieren, so träte das Charakteristische des alttestl. Textes, die Anonymität der als Erbeigentum angesprochenen Stadt, nur um so deutlicher in Sicht, wenigstens, wenn mit GORDON, Ugar. Manual III, S. 259 Nr. 569 [gegen G. R. DRIVER, Canaanite Myths S. 137 *hmrị* »kotig«], bzw. S. 283 Nr. 997 [gegen DRIVER S. 153 *tl'eịt* »Sieg«] die Worte *hmr tl'ejt* als Eigennamen zu fassen sind. Aber auch bei ihrem Verständnis als Appellativa ist eben doch eine Näherbestimmung gegeben, die in Ex 15 in Übereinstimmung mit dem Dtn vermieden ist. Mit einem Eigennamen ist die *naḥᵃlåʰ* eines einzelnen auch Jos 24 30 Jdc 2 9 bezeichnet, auf die DRIVER S. 87[12] verweist.) *127* Vgl. W. STAERK, ebenda S. 7f. *128* Vgl. Ex 15 13 (*nᵉụeʰ ḳodšaeḵå*) Jes 8 18 14 32 4 5f. Da das Lied Ex 15 die Feier der Thronbesteigung Jahves am Herbstfest voraussetzt (vgl. H. SCHMIDT, ZAW 49 [1931], S. 66, auch J. D. W. WATTS VT 7 [1957], S. 371ff.), ist es nicht geraten, mit der Datierung über die Assyrerzeit hinauszugehen; anders STAERK, ebenda S. 23 und jetzt H. GROSS, TThZ 65 (1956), S. 24ff. Das Lied gehört (m. E. trotz der Anm. 126 besprochenen abweichenden Thesen) zeitlich und sachlich in die Nähe des Dtn, ist aber in seiner Terminologie davon unabhängig. *129* II Reg 23 27. Auch der Gedanke der Verwerfung ist älter als das Dtn (vgl. nur Mi 3 12!) und hat vom Dtn unabhängige Nachwirkungen (vgl. Hes 10 19 11 22). Die Unberechenbarkeit der Krise, in die Jerusalem als sündige Stadt geraten muß und in der sie dennoch um der Unbegreiflichkeit des göttlichen Ratschlusses nicht zugrundegeht, betont, vor allem als Hoffnung Jesajas, TH. C. VRIEZEN, Jahwe en zijn stad, Amsterdam 1962. *130* Vgl. Ex 20 10 23 12 Dtn 5 14f. 12 12. 18 16 11. 14. P folgt Dtn mit einer Einschränkung Ex 12 44. Zur analogen Regelung für die Metöken s. u. S. 146. *131* Dtn 16 10f.

Zu Seite 86.

132 Dtn 21 8 (s. o. S. 49). *133* Vgl. Dtn 13 12 (21 21). *134* Dtn 26 3ff. — Die Selbstbezeichnung des Opfernden als »Sohn« eines *'arammī 'oḇeḏ* in 5 ist freilich textkritisch keineswegs so sicher, wie es in der Begeisterung über dies »alte kultische Credo« gern dargestellt wird, vgl. vielmehr die LXX (das Material bei L. DELEKAT ZAW 69 [1957], S. 42) und die wohl 𝔗° zugrundeliegende Lesart *'rmį 'bh le'abbeḏ 't 'bį*. *135* Lev 1 1 u. ö. In solcher Thora »teilt der Priester einen Wortlaut Jahves mit« (J. BEGRICH, BZAW 66 [1936] S. 65) und indirekt geschieht sachlich nichts anderes, wo er sein priesterliches »Berufswissen«, seine *da'aṯ*, im Ritual dem Laien kundtut (vgl. R. RENDTORFF, Die Gesetze in der Priesterschrift, Göttingen 1954, zur Ausscheidung aller Magie aus einem solchen Text, der Blutweihe in Lev 12 [RENDTORFF S. 54], Th. C. VRIEZEN, Oudtest. Stud. 7 [1950] S. 234. — Nur wo man P als Sammlung von Geheimritualien ansehen wollte, kann eine Fehldeutung wie die von Num 5 als »Bluff« statt als Ordal Platz greifen; so F. DORNSEIFF, ZAW 55 [1937], S. 130, zur Aufteilung auf zwei Rituale RENDTORFF S. 62f.).

Zu Seite 87.

136 Vgl. zu Dtn 31 10ff. A. ALT, Ursprünge d. isr. Rechtes, S. 63ff. (= Kl. Schr. I S. 326ff.). *137* Zu den Sühnopfern vgl. D. SCHÖTZ, Schuld- und Sündopfer im AT, Breslau 1930; zum Großen Versöhnungstag S. 20ff., M. LÖHR, Das Ritual Lev 16, Berlin 1925, S. LANDERSDORFER, Bibl. Zeitschrift 19 (1931), S. 20ff., G. VON RAD, Priesterschrift, Stuttgart 1934, S. 85ff., F. BLOME, Die Opfermaterie in Israel und Babylonien I, Rom 1934 (= Diss. theol. cath. Tübingen), S. 53ff., R. PETTAZZONI, La confessione dei peccati II, Bologna 1935, S. 201ff., auch RENDTORFF S. 59ff., anders E. AUERBACH, VT 8 (1958), S. 337ff. Mit Recht betont LÖHR, daß in der Geschichte des Versöhnungstages die Tempelreinigung hinter der Buße der Gemeinde zurücktritt. *138* Zu Segenspendung und Hymnus vgl. Althebr. Lit., S. 32 vor allem auf Grund von Sir 50 14ff. *139* Vgl. Lev 4 3. *140* Vgl. Lev 7 20 u. ö. — Da im Dtn die Sühneriten zurücktreten, sind entsprechende Gedanken von dort nicht zu entnehmen, mit der oben S. 49 behandelten Ausnahme. — Diese Darlegungen bedürfen heute einer doppelten Weiterführung: Einmal ist auf das Selbstbewußtsein der Qumrangemeinde zu verweisen. Wenn sie auch keinen einheitlichen Sprachgebrauch für ihre Selbstbezeichnungen (*'eṣåh, 'eḏåh, jaḥaḏ,* vgl. Texte S. 335ff.) entwickelt hat, und wenn sie sich auch des Freiwilligkeitscharakters des Anschlusses an »die Menge der Männer der Einung, die am Bunde festhalten« (*rwb 'nšį hjḥd hmḥzkįm bbrįt* 1QS V 2f.) und der »Umkehr von allem Bösen« und der »Absonderung von der Gemeinde der Frevler« (*hmtndbįm lšwb mkwl r' . . . lhbdl m'dt 'nšį h'wl* V 1f.) durchaus bewußt ist, so weiß sie sich doch zugleich nicht minder als die »Gemeinde seines Auserwählten« (*'dt bḥįrw* 4QpIs^d 1 3 pPs 37 1 5 2 5 [1QpHab IX 12 X 13]). Sie ist daher sachlich identisch mit der »Gemeinde Israels« (*'dt įśr'l* 1QS^a 1 20), mit der »Genossenschaft des Volkes« (*swd 'm*), zu der nicht gerechnet werden darf, wer, einmal bekehrt gewesen, wieder von dem »Neuen Bunde im Lande Damaskus«, dem »Brunnen lebendigen Wassers« gewichen ist (CD XIX 34f.). Die Gemeinde ist Groß-

Ich kraft göttlicher Setzung, wie das Volk selbst »heilig« (vgl. *'dt (h)ḳdš* 1QS^{a} I 9. 12f., *'ṣt (h)ḳwdš* 1QS II 25 VIII 21 u. ö., *jḥd ḳwdš* IX 2 vgl. V 20 IX 6) und »Gemeinde Gottes« (*jḥd 'l* 1QS I 12 II 22, vgl. die Reinigung durch den »heiligen Geist für die Einung«, der der »Geist des Ratschlusses der Gottestreue« [*rwḥ 'ṣt 'mt 'l*] ist 1QS III 6f.). Sodann aber ist die Stellung des israelitischen Königs im Kult heute durch den einfachen Satz, er sei nicht »Subjekt des Kultus«, nicht mehr umschrieben. Der König ist nicht nur »Leiter des Staatskultus und Tempelerbauer« (G. Widengren, Sakrales Königtum im AT und im Judentum, Stuttgart 1955, S. 14ff.), der als solcher segnend der Volksgemeinde gegenübersteht (I Reg 8 14), sondern auch Empfänger »kultischer« Gaben wie des »Königsprotokolls« am Tage der Thronbesteigung (II Reg 11 12 und dazu G. von Rad, ThLZ 72 [1947], Sp. 213 = Ges. Aufs. S. 208ff.), der als der von Jahve Adoptierte auf seinem Gottesthron sitzt (vgl. Ps 110 1), dem die Fürbitte der Gemeinde gilt, daß Jahve ihn siegen lasse (Ps 20 10), vor allem das Gebet der von ihm geretteten Armen (vgl. J. de Fraine, L'Aspect Religieux de la Royauté Israélite, Rom 1954 S. 374ff., auch A. R. Johnson, Sacral Kingship in Ancient Israel, Cardiff 1955 S. 6ff.). Aber sowohl in dem Bewußtsein der Qumrangemeinde als in der »sakralen« Wertung des Königs spiegelt sich das eben im Text Herausgearbeitete: das Bewußtsein des alten Israel, in seiner Gesamtheit wie in seinen Repräsentanten nicht »Ergebnis« eines »geschichtlichen« Prozesses zu sein, sondern Ziel eines göttlichen Handelns, das gewiß in der Geschichte anderer Völker seine Parallelen, ihnen gegenüber aber doch seine charakteristische Eigenart besitzt. Auf die andere Frage, wieweit bei anderen Völkern eine analoges Bewußtsein, vor allem etwa hinsichtlich des Königs sich findet, kann hier nicht eingegangen werden. Nur das sei vermerkt, daß sich hinsichtlich des Priestertums der gleiche Tatbestand ergibt. Ahroniden wie Leviten sind von Jahve in ihre Funktionen eingesetzt, das Volk als solches hat Teil an dem »Königtum von Priestern« (*mamläkät koh^{a}nîm* Ex 19 6), eine Verheißung, die sich an der Qumrangemeinde erfüllt, ob an ihrer Gesamtheit oder ihrer »monastischen« Gruppe, bleibe dahingestellt (vgl. meine Texte S. 354).

Zu Seite 88.

141 S. u. S. 124 und S. 189ff., auch — für Jeremia — Politische Absicht AO 38 1 S. 37ff. *142* S. o. S. 51f. und Althebr. Liter. S. 99f. *142*a Ich gebe auch hierfür nur ein besonders typisches Beispiel: Mit Nachdruck wird betont, daß das Zerbrechen der Reichseinheit nach dem Tod Salomos Jahves Werk als Strafe für Fremdgötterdienst (I Reg 11 31ff. 12 24. 14 7f. 16 2f.) und als solches widerspruchslos hinzunehmen ist. Was »außenpolitisch« diese Spaltung bedeutet, daß sie den Wandel in der Haltung Ägyptens (I Reg 9 16: 14 25ff.) ermöglicht, wenn nicht herausgefordert hat, tritt nicht in den Gesichtskreis. Für die militärisch-politische Bedeutung, die ein Zusammenstehen des Nord- und Südreiches im Rahmen einer gesamtsyrischen Koalition gegen Tiglathpileser hätte haben können, hat Jesaja kein Gespür. Für ihn ist ein Jahvespruch ergangen, kraft dessen über alle Pläne der Verbündeten das Urteil bereits gefällt ist (Jes 7 4ff.) und an diesem Jahvewort haben sich die politischen Entscheidungen in Glaube und Gehorsam auf jedes Risiko hin zu orientieren. *142*b Vgl. z. B. »Zeichen und Wunder in Israel, von dem Jahve Ṣebaoth, der auf dem Berge Zion wohnt«, jetzt aber »sein Angesicht vor dem Hause Jakobs verborgen hat« (Jes 8 17f. vgl. auch 31 4ff.). *143* Vgl. I Reg 16 23ff. Der anti-assyrische Grundzug der josianischen Politik ist seit der ersten Auflage dadurch noch deutlicher geworden, daß jetzt der Zug des Pharao Necho nach Syrien, der zu dem Zusammenstoß bei Megiddo geführt hat, als Entlastungsaktion für Assur gegenüber der babylonisch-medischen Koalition durch die »Chronik Wiseman« (Chronicles of Chaldaean Kings (626—556 B. C.) in the British Museum, London 1956) im Rahmen der Gesamtereignisse in den Einzelheiten plastisch greifbar ist (vgl. E. Vogt, Suppl. VT IV 1957, S. 67 ff.) und Jos. Ant. X 74 Niese sich bestätigt (vgl. M. Noth, GI², S. 251[1]).

Zu Seite 89.

144 Ps 128 5 f. Für das »sektiererische« Wesen von 1QH ist es bezeichnend, daß gerade dieses Aneinandergebundensein von persönlichem Glück und »Heil« über Gottesstadt und -volk sich nicht findet. Natürlich erwartet 1QM, daß der »Gott Israels« (so XIII 1 f. u. ö) sein Land mit *kåḇōḏ* und seine *naḥ^alåh* mit *b^eråkåh* erfüllen möge (XII 12, vgl. ZAW 62 [1950] S. 256, zu *naḥ^alåh* o. S. 78[81a]), sodaß Zion, Jerusalem und alle Städte Judas, kurz: sein »heiliges Volk« (XII 13 XIV 12), ihn ob seiner gehaltenen Bundestreue preisen (XIV 4). Und natürlich weiß auch 1QH von den »wenigen Überlebenden in deinem *ʿam*« und dem »Rest in deinem Erbbesitz« (*š^eʾeriṯ b^enaḥ^alåṯ^eḵåh* VI 8, vgl. M. Mansoor, Thanksgiving Hymns S. 142 [7. 8]), aber es ist charakteristisch, daß Zion, Jerusalem, ja selbst Israel in 1QH nicht ein einziges Mal begegnen, »dein Volk« aber sowohl das nicht zur »Sekte« gehörige, vielmehr von den falschen Propheten verführte (IV 16) als auch das durch den Dichter vor der Verführung zu bewahrende Volk bedeuten kann (IV 11, vgl. Mansoor S. 124 nach F. Nötscher. BBB 10 [1956], S. 67). Diesem Tatbestand ist der andere analog, daß von den (zwölf) Stämmen Israels wohl in der Organisation des eschatologischen Heeres (1QM II 3 V 1 f. u. ö.) und der eschatologischen Gemeinde (1QS^a I 15), aber weder in der Ordensregel (1QS) noch in 1QH die Rede ist, wie auch zwar von den »Söhnen Levi«, den »Söhnen Juda« und den »Söhnen« Benjamin (1QM I 2, s. o. S. 75[64]), den »Städten Juda« (auch 1QpH XII 4), dem »Hause Juda« (CD IV 11) oder dem »Lande Juda« (CD IV 3 VI 5 Gegensatz «Land Damaskus«) gesprochen, aber sowohl für Juda als für Benjamin (oder für Manasse, vgl. 4QpPs 37 I^a 3) die Bezeichnung »Stamm« vermieden wird. Es wird infolgedessen nicht ausgesprochen, welchem Stamm sich der Beter von 1QH zugerechnet hat. Er steht — es sei denn, er sei mit dem »Rechten Lehrer« identisch und somit Levit — für uns beziehungslos in der Geschichte seines »Volkes« und seiner Gemeinde. Wieweit seine »Heilserwartung« geradezu im Gegensatz gegen die Zukunft Jerusalems als der auf *šäḳär* errichteten »Trugstadt« steht (vgl. 1QpHab X 9), hängt an der Konkretion des »Bauens« (vgl. zum Problem Maier II S. 148f.). *145* Ps 122 6 f. — Auch die zionistischen Parolen und Lieder Deuterojesajas haben hier ihre Wurzel. *146* Vgl. Ps 120 5. *147* Zum ATlichen Begriff der Geschichte vgl. Gott und Mensch², S. 86 ff. und Geschichten und Geschichte S. 31 ff.

Zu Seite 90.

148 Vgl. Ex 20 4 Dtn 5 8: 27 15 Ex 34 17 und dazu meine Ausführungen: Das Bild in Bibel und Gottesdienst, Tübingen 1957, S. 5 ff. *149* Vgl. Ex 21 12 ff.; dazu o. S. 58 f. und zum Grundsätzlichen o. S. 1. *150* Ex 20 24 f.; vgl. die Anwendung des Gesetzes in charakteristisch sekundärer Terminologie (»Steine, über welche du *das Eisen* nicht schwingen darfst« statt »schwingst du über ‚sie' *dein Messer* [*ḥarb^eḵå*], so entweihst du sie«) in Dtn 27 5.

Zu Seite 91.

151 Vgl. Altes Testament und Geschichte, S. 53 ff. Zu beachten ist dabei, daß gestaltende «ästhetische« Eindrücke von der Natur nicht ganz fehlen — vgl. J. A. Mont-

GOMERY, JBL 56 (1937), S. 35ff. — aber doch seltener sind als Impulse von der Geschichte und dem Leben her. Dem entspricht es, daß in den Qumrantexten von den Worten für »Schönheit« usw. (abgesehen von dem *ḥmd* in 1QH frgt. 11 6) nur *hådår* und das (abgesehen von 1QH XII 15 ?) nur in eschatologischen Zusammenhängen (1QS IV 8 S^b III 25 V 19 H XIII 17, auch 1Q 19 XIII 2) begegnen. *152* Vgl. K. LAMPRECHT, Einführung in das historische Denken, Leipzig 1912, S. 54ff. *153* Am 7 15. Zwar betont A. S. KAPELRUD, Central ideas in Amos, Oslo 1956, S. 13, mit Nachdruck, daß 7 15 wohl mit Zwangsgewalt eine »vocation to speak to Israel, to warn the king and the people that destruction would surely come if they did not turn to Yahweh« bedeutet, aber nicht «a vocation to act as a prophet generally«. Aber mir scheint doch der Kontrast des *lo' nåḇî'* 7 14 und des *leḵ hinnåḇe'* 15 als Ziel des *låḳaḥ* (s. o. S. 24 [141], zu 7 14 vgl. die an G. R. DRIVER, ET 67 (1955/56), S. 91f. sich anschließende Debatte, vor allem E. VOGT, ET 68 (1956/57), S. 301f. oder auch A. GUNNEWEG, ZThK 57 [1960], S. 1ff.) etwas grundsätzlich Neues im Leben des Amos herauszustellen, auch wenn er »ein Grübler« bleibt, »der seinen Gott verstehen möchte« (3 3ff., vgl. meine Worte der Propheten S. 115). *154* Vgl. II Sam 19 1ff. *155* Vgl. Esr 9 3f. 10 1 und dazu einerseits R. KITTEL, a. a. O., III, 2, S. 596f., anderseits H. H. SCHAEDER, Esra der Schreiber, Tübingen 1930, S. 67[1]. *156* Vgl. Althebr. Liter., S. 85, als besonders »plastisches« Beispiel das Verhalten der Freunde Hi 2 12 (Parallelen, vor allem ugar 67 VI 15ff. Gordon, bei F. HORST, Komm. S. 34f.).

Zn Seite 92.

157 Zu Hes 18 vgl. o. S. 39; zu seiner Geistesart Althebr. Liter., S. 168f., auch Worte der Propheten S. 156ff. Die bei dem »Gefangenen« deutlichen Symptome der »Stacheldrahtpsychose« verstärken die seelische Labilität des vom »Geiste« Ergriffenen, aber schaffen sie nicht. *158* Vgl. vor allem Prov 19 1 28 6 Ḳoh 7 16f. und dazu W. ZIMMERLI, ZAW 51 (1933), S. 192ff. und ATD 16, 1 (1962), S. 209f. Der Humor, der neben dem Pathos der »Erfahrungen« an den »Besser«-Sprüchen mitgeformt hat (vgl. meine Ausführungen BZAW 77 [1958, Eißfeldt-Festschr.], S. 74ff.), macht den Unterschied gegenüber der prophetischen Entscheidungsforderung besonders spürbar. *159* Vgl. die Ungültigkeitserklärung von Darlehen an Akkader und Amurru in § 2' im Edikt des Königs Ammi-ṣaduqa von Babylon (ed. F. R. KRAUS, Studia et documenta ad iura orientis antiqui pertinentia V [1958], S. 26f.) und S. 146. *160* Jes 2 3 Zum kananäischen Wurzelboden des Universalismus im AT vgl. die Zustimmung von E. JACOB, Suppl. VT. VII (1960), S. 48 zu A. S. KAPELRUD, Central Ideas S. 42ff. unter gleichzeitiger Herausstellung der entscheidenden Bedeutung des Jahve-Glaubens als »catalyseur de cet universalisme«.

Zu Seite 93.

161 Zur objektiven Schuld vgl. o. S. 52ff.

Kapitel IV.

1 Zur Scheidung der Lea- und der Rahel-Gruppe vgl. M. NOTH, System der zwölf Stämme, S. 75ff. und GI^2, S. 86ff., anders S. MOWINCKEL, BZAW 77 (1958), S. 129ff.; zu Isaak W. ZIMMERLI, Geschichte u. Tradition von Beerseba im AT, Diss. theol. Göttingen 1932, S. 22f. Weiteres bei A. WEISER, RGG III^3 (1959), Sp. 902f. *2* Vgl. Althebr. Lit., S. 109ff. *3* Vgl. G. BERTRAM bei F. ROSEN, Juden und Phönizier, Tübingen 1929, S. 43ff.

Zu Seite 94.

4 S. o. S. 14f.: zu den Schwierigkeiten, welche das Ausbleiben des Regens (s. o. S. 14[74]) hervorruft, neben I Reg 17 7 18 5 auch Jos. Ant. III, 320 XV 299ff. XX 51 und dazu G. Dalman, Arbeit und Sitte in Palästina, I, 1 Gütersloh 1928, S. 194ff. Die Verleihung der Saron-Ebene an die Sidonier bezeugt Zeile 18ff. der Ešmunazar-Inschrift (AOTB I² 447 Gressmann, ANET S. 505, vgl. A. Alt, Kl. Schr. II, S. 381f. 398² [zu Jos. Ant. XII 258ff. Niese = Galling, Textbuch S. 77f.]), zur älteren Geschichte vgl. P. Thomsen, RLV VI (1926), S. 134. — Daß den Naturkatastrophen gegenüber mit der »dämonologischen« Deutung auch der magische Schutz durch die Jahwereligion aufgelöst wird, dient zunächst dazu, die Unsicherheit zu steigern, zumal auch eine »natürliche« Erklärung aus der Periodenlehre, wie Josephus sie gelegentlich versucht — πάθη μέγιστα τὴν χώραν ἐπέλαβεν, εἴτε δὴ τοῦ θεοῦ μηνίσαντος ἢ καὶ κατὰ περιόδους οὕτως ἀπαντήσαντος τοῦ κακοῦ Ant. XV 299 — anscheinend unbekannt ist. *5* Vgl. S. Mowinckel, Psalmenstudien II, Oslo 1922, S. 246ff. *6* Zum Sintbrand vgl. Zeph 1 18 3 8 (mit H. Gressmann, Messias, S. 114 gegen E. Sellin, Komm.², der an beiden Stellen die entscheidenden Worte [*ūḇeʾeš ḳinʾåṯō*] (*kī ḇeʾeš ḳinʾåṯī*) *teʾåḵel kol håʾåraeṣ*, streicht) [analog zu 3 8, sowohl K. Elliger, ATD XV² [1951), S. 73 als F. Horst, Eißfeldt Handbuch I 14² [1954], S. 196]) Jes 51 6. Der Jahvetag ist nicht nur der Tag des »Heiligen Krieges« (vgl. G. von Rad, JSS 4 [1959], S. 97ff.), sondern zugleich des — in Gen 19 24 (Hi 1 16) u. ö. »historisierten« — Sintbrandmythos (vgl. auch ZAW 65 [1953], S. 130ff.). Zur Höllenfahrt Jes 14 19ff. und dazu vor allem J. Kroll, Gott und Hölle, Leipzig 1932, S. 316ff.; weiteres Gott und Mensch², S. 74f. u. u. S. 105; zur »Historisierung des Mythus« auch M. Noth, CuW 4 (1928), S. 265ff. 301ff. *7* Zu den Staatsverträgen vgl. die Stelen von Sfiré (s. oben S. 26[160]) und den Vertrag des Assurnirâri VI (E. F. Weidner, AfO 8 [1932], S. 17ff.), zum Sumerischen H. G. Güterbock, ZA 42 (1934), S. 1ff., auch — zur Abfolge der Heils- und Unheilszeiten als willkürliches Sichregen der Götter in der Abfolge der Tempelstadtstaaten — H. Gese, ZThK 55 (1958), S. 134f., zum Hereinbrechen des Unheils als Sündenfolge in den hetitischen Pestgebeten des Muršil dens. ebenda S. 138f. *8* Vgl. Dan 2 44 7 27. *9* Vgl. W. Caskel, Das Schicksal in der altarab. Poesie, Leipzig 1926 [Morgenländ. Texte und Forschungen I, 5], S. 55.

Zu Seite 95.

10 Ex 17 6 Jdc 7 20; zum Kriegslied vgl. A. Causse, Les plus vieux chants de la Bible, Paris 1926, S. 59ff. (zum Deboralied o. S. 80[94]). *11* Vgl. Jdc 5 24ff. (s. o. S. 3) 14 19 15 1ff. II Sam 23 8ff. *12* II Sam 10 11f.; vgl. die analogen Formeln 15 26 I 3 18. *12a* Zum heiligen Krieg s. o. S. 79[85]. *13* Vgl. I Sam 14 18f. *14* Vgl. I Reg 19 15f. II (8 7ff) 9 1ff.

Zu Seite 96.

15 Vgl. Reg I 16 24 II 16 7 Neh 13 25 Jud 13 9 I Macc 2 25. *15a* Zum Abklingen der religiösen Lebendigkeit und seinen Wurzeln vgl. das o. S. 3[15] genannte Werk von A. Wendel. *16* S. o. S. 80f. — In die gleiche Richtung weist die Tatsache, daß das Hebräische den Begriff »Sieg« durch den der (göttlichen) »Hilfe« bezeichnen muß, und daß »der, dem geholfen wird«, als messianischer Terminus begegnet; vgl. Sach 9 9 (LXX σῴζων wie Jes 43 11 für *mōšiaʿ*, vgl. L. Delekat, ZAW 69 [1957], S. 37f., zum altorientalischen Hintergrund vgl. F. Horst, Komm.² z. St., zur Gotteshilfe an den König in Ugarit auch K.-H. Bernhardt, WZ Greifswald V (1955/56), S. 102ff., zum »Schutzgott« (bzw. der Schutzgöttin) des Herrschers im Hetitischen GESE, a. a. O., S. 139). Im Rahmen des »direkten Weges« sind Wendungen wie Jdc 7 4 I Sam 17 45 (s. Anm. 19), Ps 20 6ff. (s. Anm. 20) II Chron 25 5ff. ebenso »paradox« wie im Rahmen der »indirekten« sinnvoll. Vgl. auch Gott und Mensch², S. 42ff. *16*a Das Bild des friedfertigen Abraham ist von der Warnung der »Weisheit« vor dem Streitsüchtigen nicht zu trennen: Prov 3 30 (vielleicht »auf unnötige Rechtsstreitigkeiten« bezüglich, so H. RINGGREN, ATD 16/1, 1962 z. St.) 6 14. 19 (vgl. 16 27ff.) 20 3 22 24f. (zum Zusammenhang mit Amen-emope B. GEMSER, Eißfeldts Handb. I 16 z. St.) u. ö., vor allem auch vor dem zänkischen Weibe (Prov 21 9. 19 25 24 und dazu BZAW, 77 S. 75, zum ganzen auch P. HUMBERT, Recherches sur les sources égyptiennes de la littérature d'Israël, Neuchâtel 1929, S. 74). *17* Ex 14 13f.; vgl. W. CASPARI, Gottesgemeinde, S. 115 und zur Chronik (vor allem zu II 20 24) G. VON RAD, BWANT IV, 3 (1930), S. 15ff. Analog ist wohl die Weglassung der Kämpfe auf dem Wüstenmarsch durch den Priesterkodex zu beurteilen; vgl. z. B. auch W. RUDOLPH, BZAW 68 (1938), S. 91² u. 254. *18* Jdc 7 4. *19* I Sam 17 45. Zur Ideologie der Erzählung vgl. z. B. E. HIRSCH, Das AT und die Predigt des Evangeliums, Tübingen 1936, S. 33ff. Die religiöse Haltung der Goliath-Erzählung wird am deutlichsten, wenn man die stofflich verwandte, aber gerade die Schießkunst und Tapferkeit des Sinuhe in seinem Zweikampf mit dem Recken von Retenu verherrlichende daneben hält, vgl. G. LANCZKOWSKI, Mitteil. d. Deutschen Arch. Inst., Abt. Kairo, 16 (1958), S. 214ff. *20* Vgl. Ps 20 6ff.; zu *nidgol* 20 6 vgl. P. HAUPT, JBL 37 (1918), S. 229ff. und G. R. DRIVER, HThR 29 (1936), S. 174f. (= akkad. *dagālu* »warten auf«); anders wieder H.-J. KRAUS, Komm. z. St.

Zu Seite 97.

21 Vgl. Gott und Mensch², S. 44ff. 104ff. 157ff.; zu 142³ auch Mehrdeutigkeit S. 29⁴. — Nachklang: Jud 5 20ff. 11 8ff. (Wie früher schon K. ELLIGER — vgl. meine Auseinandersetzung mit ihm Gott und Mensch², S. 321ff. — warnt jetzt E. JACOB, Suppl. VII VT, S. 45 davor, »de parler d'utopie à propos de la prédication politique des prophètes, car l'attitude de la foi et le rejet de toutes les formes de coalition que préconise par exemple un Esaïe sont au contraire l'expression de leur réalisme et de leur indéfectible attachement à l'idéal israélite d'être le peuple élu ayant à remplir une mission unique dans le concert des nations«. Aber politische Einsicht in die tatsächliche Schwäche der gegenüber Assur möglichen palästinisch-syrischen Koalition und deren Ablehnung aus solchem »Realismus« heraus liegt in einer ganz anderen Ebene als der unerschütterliche Erwählungsglaube, und dieser wieder ist nicht identisch mit dem Bewußtsein, ein einzigartiges Ideal erfüllen zu sollen. Die Zusammenordnung der drei von J. aneinander gekoppelten, ihrem Wesen nach grundverschiedenen Begriffe zeigt m. E., daß eben ohne den Begriff der Utopie nicht auszukommen ist). *22* II Chr 20 15. 17. 20; vgl. auch u. S. 179¹⁸⁷. *23* Material bei W. EICHRODT, Die Hoffnung des ewigen Friedens im Alten Israel (BFchrTh. 25, 3), Gütersloh 1920 und (noch stärker religionsvergleichend) bei H. GROSS, Die Idee des ewigen und allgemeinen Weltfriedens im Alten Orient und im AT (TTSt VII), Trier 1956. In Qumran gehört »ewiger Friede« zu den Segnungen über die »Männer des Gottesloses« (1QS II 4, Gegensatz II 9), ist er Gegenstand der Unterweisungen der »Söhne des Lichtes« durch den *maśkîl* III 13, ist *šâlôm*, auf die Trompeten und Zeichen geschrieben (1QM III 5. 11. IV 14), das (eschatologische) Ziel der Kriege (1QM XI 9 XVII 7), der letzte Gehalt der Endzeit (1QH XI 27) und das Ziel Gottes mit der Erschaffung des »Gerechten« (1QH XV 16, vgl. den Parallelismus *ḥjj, šlwmj, tḳwtj* IX 11f. und dazu zuletzt DELCOR, a. a. O., S. 215). Zum Problem Gotteswalten: Messiasherrschaft im Endreich vgl. H. W. WOLFF, ZAW 54 (1936), S. 168ff.; in Qumran ist die »messianische Konkretisierung« nicht mehr als eine, »nicht unbedingt notwendige« Form der »Heilserwartung«, bei der es sich »immer um das Reich Gottes (von mir gesperrt) handelt« (A. S. VAN DER WOUDE, Die messianischen Vorstellungen der Gemeinde von Qumrân [St. Sem. Neerl. 3, 1957], S. 249). *24* Dan 6 27f., Gottes Rettungsmittel vgl. Dan 3 25 6 22 und die verschiedenen Unternehmungen der Esther, getragen von der Fastenfürbitte der Juden in Susa (4 16 5 8 8 3f. — Zur Utopie vgl. jetzt auch G. VON GYNZ-REKOWSKI, Symbole des Weiblichen in Gottesbild und Kunst des AT, Zürich 1963, S. 14. Von seiner Behandlung der Lade (S. 22ff.) und des Kultus vor ihr (S. 33ff.) als Symbol des Weiblichen schweige ich.

Zu Seite 98.

25 S. o. S. 8. — Der Widerstand beduinischer Einwanderer gegen den »Despotismus«, mit dem eine Bewässerungskultur größerer Gebiete erzwungen wurde (vgl. K. A. WITFOGEL, Oriental Despotism, New Haven 1957) scheidet für Palästina als Ursache des »Ressentiments gegen die Macht« aus. Die Wassernutzung an einzelnen Orten wie in Qumran und Ain Feška vollzieht sich ohne »Despotismus« und ist darum auch immer wieder dem Verfall in Notzeichen ausgesetzt, vgl. z. B. H. BARDTKE, Die Handschriftenfunde am Toten Meer, Berlin 1958, S. 10ff., zur Wasserverteilung auch R. DE VAUX, L'Archéologie et les Manuscrits de la Mer Morte, London 1961, S. 59ff. *26* Hi 9 2-4. 12-15. *27* Das Material (vgl. Prov 17 8 (23) 21 14 Sir 20 29) und seine Geschichte vgl. bei J. FICHTNER, BZAW 62 (1933), S. 29f. *28* Ps 127 3ff. und vgl. zu Ps 37 6 noch immer P. A. MUNCH, ZAW 55 (1937), S. 38. *28*a Doch beachte die Sicherung des Darlehensnehmers gegen (eidliche) Betrügereien des Gläubigers im Edikt des Ammi-ṣaduqa § 5' (KRAUS, a. a. O., S. 30f.): sechsfache Zahlung des Gläubigers an den Schuldner, im Nichtbeitreibungsfall die Todesstrafe! Die Möglichkeit, ein Darlehen abzuarbeiten, besteht im Alalakh des Jarimlim (vgl. WISEMAN, a. a. O., S. 3). Zur Darlehensfrage in Elephantine vgl. KRAELING, S. 55ff. *29* Vgl. Sir 8 12ff.; zum Problem »Macht und Recht« auch u. S. 152ff. — Zur Unentrinnbarkeit des Verderbens vgl. auch Era V 75ff. (GÖSSMANN, a. a. O., S. 30f., zur Unberechenbarkeit des Gottes, der den »Sünder« ebenso tötet wie den, der nicht gesündigt hat, ebenda S. 130ff.).

Zu Seite 99.

*29*a Es ist richtig, daß hebr. *ṣaeḏaeḳ* und verwandte Worte (Lit. s. o. S. 34[9], auch G. VON RAD, Theol. AT, I, S. 368ff.) innerhalb des AT ihre besondere Färbung von der Gemeinschaft her erhalten haben, in der für seinen Glauben Israel mit Jahve steht. Aber dadurch ist ein Doppeltes nicht ausgeschaltet: daß das Fehlen des Wortes *ṣeḏåḳåh* nicht das Fehlen der (forensischen) »Gerechtigkeit Jahves« bedeutet, wie VON RAD S. 375 16 für Amos und Hosea behauptet. Ein Herbeiführen von Unheil »um dreier oder vierer Frevel willen« ist ein »strafendes Tun«, das seine Begründung eben darin findet, daß in Israel Gemeinschaftsnormen übertreten sind, wie die Heiden das gleiche getan haben. Der Unterschied ist, daß jene die von ihnen verletzte Norm nicht in der Weise kannten, wie das bei Israel der Fall war (Am 2 6:1 3. 6 u. ö.). Weil »Treuenburg« zur »Hure« ward, gehört sie jetzt zu Jahves »Feinden«, gegen die er seine Hand reckt (Jes 1 21ff., s. auch S. 153, zur »objektiven« und »subjektiven« Schuld o. S. 52ff.). Das andere übersehene Moment ist dieses: Die Anklage des Volkes oder des einzelnen gegen Jahve bei vermeintlichem oder tatsächlichem Fehlen der Äquivalenz von Tun und Leben, bei Jahves *ni'er berîṯ*, durch das er wider sein Wort und seine Gemeinschaftstreue verstößt (Ps 89 40 vgl. namentlich G. W. AHLSTRÖM, Psalm 89, Lund 1959, S. 161), das *nâṭan tiplâh le'lohîm* (Hi 1 22), für das mir das »did not sin nor *charge God with wrong*« der Interpreters Bible III S. 917 (S. TERRIEN) immer noch die richtigste Deutung erscheint. Es wäre die Haltung, für welche das von Satan erwartete *berek* der eufemistische Ausdruck ist (vgl. auch LXX: οὐκ ἔδωκεν ἀφροσύνην τῷ θεῷ). Ich stelle absichtlich diese beiden Stellen nebeneinander, um deutlich zu machen, daß das Ressentiment gegen die Macht mit der Anklage (oder bei Hiob dem für den Autor verwunderlichen Verzicht auf Anklage!) auf irrationalen Despotismus sowohl innerhalb des Bundesglaubens — der Suzeränitätsvertrag schließt seine Verletzung durch den Suzerän nicht aus — als auch dort sich auswirken kann, wo von einem »Bunde« — Hiob ist Heide! — nicht die Rede ist. Israel hat, wie im Text gesagt ist, die Möglichkeit, an eine Sicherung gegen Machtmißbrauch Gottes zu glauben, aber wieweit diese Möglichkeit sich realisiert, ist eine andere Frage, die auch in weitere religionsgeschichtliche Zusammenhänge hineinführt (s. u. S. 158 zu Hi 4 17ff.). *30* Vgl. GRAF BAUDISSIN, Kyrios III, S. 398ff.; weiteres Material zu einzelnen Göttern vgl. bei I. M. PRICE, JAOS 52 (1932), S. 174ff. *31* Am 2 1. Zum Zorn Gottes auf sein eigenes Volk vgl. Gott und Mensch², S. 142 u. Geschichten und Geschichte S. 223 f. und z. B. Num 21 29 (Preisgabe Moabs durch Kemoš) und für die Beziehung zu den anderen Nationen H. SCHMÖKEL, Jahwe und die Fremdvölker, Breslau 1934, S. 61ff. Es darf hier schon darauf hingewiesen werden, daß der Glaube an eine — im konkreten Fall gestörte — Gerechtigkeit der Götter (bzw. des einzelnen »Schutzgottes«) die innere Grundvoraussetzung der Klagen vom »First Job« (S. N. KRAMER, From the tablets of Sumer, Indian Hills 1956, S. 147ff.) bis zu *ludlul bel nimeḳi* (Lit. Apoxysmata, S.126[43]) und verwandten Texten bildet. Zum Hiob s. auch u. S. 148. *32* S. o. S. 52ff. *33* Vgl. Prov 29 18. *34* Vgl. Rm 7 8ff. Es wäre eine dankenswerte Aufgabe, die hier aber nicht in Angriff genommen werden kann, zu untersuchen, wie sich die konfessionellen Verschiedenheiten innerhalb des Christentums in der Mannigfaltigkeit auch der Wertung des Gesetzes in den Darstellungen des Glaubens und des Ethos des AT spiegeln, etwa — ich nenne drei fast gleichzeitige, vielleicht typische Entfaltungen — bei F. HESSE, Evgl.-Luth. KZ 13 (1959), S. 117ff. oder bei W. ZIMMERLI, ThLZ 85 (1960), Sp. 481ff. oder bei A. CARD. BEA, Fordham Univ. Quarterly 35 (1960), S. 325ff. Auch auf die Stellung der Thora in Qumran kann hier nicht eingegangen werden. *34*a Alle drei 1960 erschienenen deutschen protestantischen Jesaja-Komm. — EICHRODT, FOHRER, KAISER (ist solche Inflation wirklich dienlich?) — lesen Jes 8 13 mit BHK³ *taḳšîrû* statt *taḳdîšû*.

Zu Seite 100.

35 Mi 3 11b. *36* Am 3 2. — Zur Schicksalsgleichheit mit Aramäern und Philistern vgl. Am 9 7 (o. S. 81), 1 3. 6ff. 2 16ff. zu seinem Universalismus o. S. 92[160]. *37* Hes 2 5 (33 33); vgl. Sach 2 13. 15. 4 6 6 15, auch Z. syst. Th. 10 (1932), S. 183ff. = Apoxysmata, S. 274ff. *38* Vgl. H. G. GÜTERBOCK, ZA 42 (1934), S. 47ff. oder als weitere Parallele die Nabunaid-Stele ANET S. 309 A. L. Oppenheim. Es ist mir auch fraglich, ob sich der Aufenthalt des N. in Teima aus seiner Furcht vor einem Aufstand des ungehorsamen babylonischen Klerus (so GADD, a.a.O., S.88) erklärt und nicht vielmehr aus der Sorge vor der Katastrophe, die Sin, der »Herr der Götter und Göttinnen«, der zugleich vom König als *bêl-ia* angeredet wird (H 2 I 5, H 1 II 36), über das der Wiederaufrichtung seines Kultus widerstrebende Land bringen wird. Wieweit hinter dem »Gebet des *nbnj*« in Qumran (vgl. R. MEYER, ThLZ 85 [1960], Sp. 831ff. zu J. T. MILIK, RB 63 [1956], S. 407ff.), der Heilung des Königs durch einen jüdischen *gzr* (vgl. Dan 2 27 u. ö., auch Hi 22 28) und seiner Bekehrung zu dem wahren Gott, eine dunkle Erinnerung an die Sin-Verehrung des Babyloniers steht, muß hier außer Betracht bleiben. *39* Vgl. Am 1 3ff. Jes 47 6 (und dazu o. S. 54[98]). Als entferntere Parallele darf der Traum des Hannibal in der Form angesprochen werden, die ihm Silen ursprünglich gegeben hat: die Rettung Roms beruht darauf, daß H. das Verbot des ihm von Juppiter(!) gegebenen Führers wider Rom, sich nicht umzusehen, übertritt; vgl. ED. MEYER, Kleine Schriften II, Halle 1924, S. 368ff. zu CICERO, De div. I 49 ed. Müller IV, 2, S. 164. *40* Z. 23f.: GÜTERBOCK, S. 55. *41* Zu Assur als Zuchtrute vgl. Jes 10 5ff. 7 18ff.; zu den Kanaanäern als »Versuchung« z. B. Num 33 55 Jos 23 13 Jdc 2 3.

Zu Seite 101.

42 Vgl. etwa Gen 15 16. *43* Vgl. Z. syst. Theol. ebenda, S. 174ff. = Apoxysmata S. 267ff. *44* Vgl. Jer 3 4. 19ff. (und dazu A. WEISER, ATD 20/21[4] [1960] z. St. (Erbe der Tochter jenseits des »Rechtes«, von W. RUDOLPH, Eißfeldts Handb. I 12[2] [1958], S. 27 durch Textänderung beseitigt). — Auch die Aussagen über die Gefährdung des göttlichen Namens durch die Schuld Israels (Ex 32 11ff. Num 14 11ff. [s. u. S. 149] Hes 36 16ff.) oder die Klagen über die Pervertierung des Dienstverhältnisses von Gott und Mensch (Jes 43 22ff.) sind heranzuziehen. *45* Jer 13 23; vgl. auch schon Hos 12 3ff. und dazu J. RIEGER, Die Bedeutung der Geschichte für die Verkündigung des Amos und Hosea, Gießen 1929, S. 62. Der in die Zeit des Jeremia fallende staatliche Zusammenbruch (und die vor allem im Nordreich zahlreichen Morde in den Dynastien) färben von da aus den Jahvetag zum Tag der Katastrophen, vgl. L. ČERNÝ, a. a. O., S. 104ff. — Zu individuellen Erfahrungen analogen Charakters (Ps 51 6f.) s. u. S. 150, doch auch die gegenteilige Betonung Sir 15 14f. (wofür sich H. DUISBERG und P. AUVRAY, Bible de Jerusalem[2] [1958] z. St. auf Dtn 11 26f. 30 15. 19 Jer 21 8 — ob mit Recht? — als Parallelen berufen) und dazu J. GROSS, Entstehungsgeschichte des Erbsündendogmas I, München/Basel 1960, S. 35. *46* S. o. S. 91ff. *47* Jdc 5 31.

Zu Seite 102.

48 Jes 41 8ff.; das Material zu den Selbstprädikationen vgl. bei L. KÖHLER, Deuterojesaja stilkritisch untersucht (BZAW 37), Gießen 1923, S. 120ff. *49* Apuleius, Metam. XI, 5 ed. Helm I[3] 269f.; vgl. H. GRESSMANN, Die orientalischen Religionen im hellenistisch-römischen Zeitalter, Berlin 1930, S. 45ff. *50* Jud 16 13b. 14. 17.

Zu Seite 103.

51 Dtn 4 6ff. *52* Vgl. Rm 2 17 und dazu (Strack-)BILLERBECK III (1926), S. 97f. mit Hinweis auf die Warnung Pirke Ab. II, 8: »Wenn du die Tora in reichem Maße gehalten hast, so tue dir nichts darauf zugute; denn dazu bist du geschaffen« (Gießener Mischna IV, 9 [1927], S. 46f.). *53* Belege bei (Strack-)BILLERBECK, I (1922), S. 485. Vgl. O. EISSFELDT, Gottesknecht, S. 25., H. WHEELER ROBINSON, BZAW 66 (1936), S. 60 u. s. auch o. S. 40[43]. Welches immer die ursprüngliche (m. E. sicher individuelle) Bedeutung des Ebed gewesen sein mag; vgl. nach E. SELLIN, ZAW 55 (1937), S. 177ff., die wichtigste Literatur bis 1953 in ZAW 65 (1953), S. 147[1], seitdem namentlich E. FASCHER, Jesaja 53 in christlicher und jüdischer Sicht, Berlin 1958 und F. A. ASTON, The challenge of the ages, New York (1960?), zu textlichen Einzelfragen auch M. J. DAHOOD, CBQ 22 (1960), S. 400ff. zu 53 10 und TH. H. ROBINSON ZAW 73 (1961), S. 266 zu 53 11 auf Grund von 1QIs[c] z. St.: der heutige Text hat ihn mit Israel gleichgesetzt. Die analoge Fragestellung gilt von dem Menschengleichen in Dan 7; auch hier ist das individuelle Verständnis im heutigen Text einem kollektiven gewichen (vgl. seit H.

GRESSMANN, Messias, S. 345. 366f. die wichtigste Lit. RGG IV^3 (1960), Sp. 875f. und J. MORGENSTERN, JBL 80 (1961), S. 65ff. (zum »Gottesknecht« desselben, ganz abweichende Deutung des Gottesknechtes — der im Aufstand gegen den Perser inthronisierte und bei der Zerstörung Jerusalems 485 gestürzte Davidide Menahem — VT 11 (1961), S. 292ff.) *54* Vgl. Dan 7 27: Jes 42 6 49 6 und zur universalen Bedeutung des Ebed als Licht der Heiden (und damit Erfüller von Jes 9 6) H. CAZELLES, RechScRel 43 (1955), S. 5ff., auch — zugleich für das Problem des Zusammenhanges der Bezeichnung Jesu als »Licht« (Joh 1 7f. 8 12) — meine Ausführungen Antaios 2 (1960), S. 375ff. *55* Vgl. z. B. Dtn 1 21. 29 3 2. 22 7 17ff. 31 6. 8. Jes 41 13 42 18ff. 43 1ff. u. ö.

Zu Seite 104.

56 Text II AB (= Bauer [o. S. 10] B = Gordon Text 51) IV 50f., V 89f. und vgl. Z. 15ff. der Ešmunazar-Inschrift. »Wir sind es, die da bauten die Häuser der Götter, das Haus der Astarte . . . ein Haus für Ešmun . . . für die Götter der Sidonier in Sidon, dem Lande am Meer, ein Haus für den Ba'al von Sidon und ein Haus für Astarte, den Namen des Ba'al«, AOTB I^2, S. 447 Greßmann, ANET^2, S. 505 Rosental. *57* Zum Verständnis des Kyrosediktes vgl. K. GALLING, Syrien in der Politik der Achämeniden (AO 36, 3/4), Leipzig 1937 u. ZDPV 70 (1954), S. 4ff. Von dieser Bedeutung des Tempelbaus fällt auch auf Stellen wie I Reg 16 32f. neues Licht, ebenso wie auf die überstarken Traueräußerungen der Juden in Elephantine nach der Zerstörung des Jahu-Tempels durch die heidnische Konkurrenz, aber auch auf den Ernst des Gegensatzes zwischen der Sin- und Mardukpriesterschaft unter Nabunaid (vgl. KRAELING, a. a. O., S. 100 u. o. S. 100[38]) *58* Vgl. Jes 40 6ff. *59* Num 13 31. 33: Am 2 9.

Zu Seite 105.

60 Jes 14 13ff. (zum Hintergrund vgl. nach Gott und Mensch^2, S. 120[4], vor allem G. QUELL (Erlanger Forschungen A 10 [Festschr. Baumgärtel], 1959, S. 131ff., zum Monolog des gestürzten Herrschers N. P. BRATSIOTIS, ZAW 73 [1961], S. 36, die ugaritischen Parallelen Gordon 49 I 28ff. 'nt I 21 bei Driver a. a. O. Baal III S. 110, V S. 82ff.) 47 7, vgl. Zeph 2 15. *61* Vgl. Jdc 3 8ff. 12ff. I Sam 17 23ff. *62* Vgl. oben S. 3. *63* Vgl. (Jdc 16 23) I Sam 17 46, auch die Jubelliturgie des Nahum trotz mancher ein starkes Ressentiment verratender Züge, vor allem, wenn wirklich (so A. HALDAR, Studies in the Book of Nahum, UUÅ 1946:7) in dem Buch die zu stürzenden Feinde Jahves mit den Farben des mythischen Chaosungeheuers gezeichnet sind. *64* Vgl. Jes 66 23f. Est 9 12. 15, auch die ausschweifende Phantasie vom Ende des Gog Hes 39 3ff. *65* Ps 137 9; zum Wortspiel mit *saela'* vgl. Althebr. Literatur, S. 46.

Zu Seite 106.

66 Jes 43 3. Zur spätjüdischen Verwendung vgl. (Strack-)BILLERBECK II (1924), S. 282. *67* Vgl. Gott und Mensch^2, S. 52ff. u. ö. *68* Vgl. Jdc 5 8 II Chr 28 23 Dtn 6 12 u. ö. *69* Vgl. Hos 2 10 u. dazu H. W. WOLFF, Komm. z. St. *69a* Vgl. die reiche Materialsammlung bei E. K. DIETRICH, Die Umkehr (Bekehrung und Buße) im AT und im Judentum, Stuttgart 1936, ferner H. W. WOLFF, ZThK 48 (1951), S. 129ff., auch G. VON RAD, Theologie II S. 227 (»Umkehr Israels zu seinem Gott«) u. s. u. S. 186. *70* Vgl. O. EISSFELDT, ThStKr 103 (1931), S. 151ff. [= Kl. Schr. I, S. 266ff.]. *71* Zur Götzenpolemik vgl. zuerst (? vgl. S. MOWINCKEL, ZAW 55 [1937], 230[2]) Jes 2 8 (und dazu Hos 8 5f. 10 5), auch die Bezeichnung der ägyptischen Götter als »Tod« und »Hölle« Jes 28 15 (o. S. 39), weiteres Material Gott und Mensch^2, S. 105f.

Zu Seite 107.

72 Anders stünde es, wenn EISSFELDTS Deutung von Am 3 14 5 4f. (Hos 10 15 12 5) als Polemik gegen einen als Fremdgott bekämpften Gott zu Recht bestünde (ARW 28 [1930], S. 15ff. = Kl. Schr. I, S. 206ff.), doch scheinen mir die Beweise dafür nicht auszureichen. U. E. SIMON, A Theology of Salvation, London 1953, S. 115 hat mich im Verdacht »not to see that Isajah does not attempt an objective reckoning with, but a direct attack upon the enemy«. Ich fürchte nur, daß ein Angriff, der von allzu primitiven Vorstellungen getragen ist, sein Ziel verfehlt. *73* Zu Jes 40 19f. + 41 6f. 44 9ff. vgl. die babylonische Auffassung vom Gottesbild bei E. UNGER, Babylon, die heilige Stadt nach der Beschreibung der Babylonier, Berlin 1931, S. 134f.; zu Daniel o. S. 23. *74* Vgl. RGG III³ (1959), Sp. 1706ff., auch Gott und Mensch², S. 70ff., 237¹ (zu Ps 91 1ff.), zu *'el šaddai̯* als angeblichem Berggott vgl. z. B. W. F. ALBRIGHT, JBL 54 (1935), S. 173ff., zu (richtiger) als »Gott der Flur« s. o. S. 72[38]. Wieweit die kultische Entscheidung für Jahwe auch dazu geführt hat, bestimmte Kultriten, durch welche der Herrscher die Fruchtbarkeit des Ackers sichert, fernzuhalten und so die alleinige Spendung des Regens durch den Willen des Gottes zu unterstreichen, läßt das Material nicht sicher erkennen (s. u. S. 176). Ebenso wenig, ob auch II Sam 23 1 *huḳam ʿål* als Beleg für die Identifikation Jahwes mit dem *ʿAl* = *ʿÄljon* von Jerusalem anzusehen ist; vgl. zuerst H. S. NYBERG, ZDMG 90 (1936), S. *8* und ARW 35 (1938), S. 328ff., weiteres bei A. R. JOHNSON, Sacral Kingship in Ancient Israel, Cardiff 1955, S. 16¹. In den Sfiré-Inschriften (s. o. S. 38[33]) sind über I A 11 weitere Belege für ʿÄljon nicht zutage gekommen, und in ugar. 52 3 Gordon (= Driver »Shachar and Shalim« S. 120) ist die Herstellung von *ḳrṭ lʿl(yn* . . . nicht sicher, vgl. H. SCHMID, ZAW 67 [1955], S. 180[75]). *75* Vgl. II Reg 1 2ff. (𝔐 *baʿal zᵉbub*, lies mit Symmachus *b. zᵉbūl* und vgl. zu *zbl* als Gottesepitheton in *rās eš-šamrā* W. F. ALBRIGHT, JPOS 16 [1936] S. 17f.) und O. KAISER, BZAW78 (1959), S. 57, auch W. SCHMIDT, BZAW 80 (1961), S. 8[25] u. ö. Hingegen ist ein selbständiger Gott *zbl*, etwa als Stammesgott von Zebulon — so A. JIRKU, ZDMG 89 [1935], S. 382ff. — bisher nicht nachweisbar. *75*a Der Sabbath (vgl. z. B. E. JENNI, ThSt 46 [1956]) als *status confessionis* (so G. VON RAD, TheolAT I, S. 91) ist, wie E. JACOB, Suppl. VII VT, S. 50 mit Recht betont, nicht »comme un simple héritage bédouin« erklärbar; zur Beschneidung vgl. neben der im einzelnen oft sprachlich und sachlich unklaren Arbeit von I. SCHUR, Wesen und Motive der Beschneidung, Helsingfors 1937 jetzt auch F. SIERKSMA, Oudtest. Stud. IX (1951), S. 136ff. *76* Vgl. den Nachweis bei G. BOSTRÖM, a. a. O., S. 103ff. — Die Entscheidung gegen den heidnischen Kultus erstreckt sich daher vor allem auf die Stätten und Gegenstände des Fruchtbarkeitskultus (vgl. Dtn 12 2 Hes 18 6) wie auf die Methoden mantischer Orakelgewinnung und Zukunftsgestaltung im Gegensatz zur »jahwistischen« Inspiration, denn die Mantik ist von dem »Rausch« des ekstatischen Kultus nicht zu trennen (vgl. Num 23 [9]. 21 [24 1f. und dazu W. RUDOLPH, BZAW 68, S. 122]). Mit Recht betont E. JACOB a. a. O., S. 41, daß alle als *nᵉbålåʰ* bezeichneten Verfehlungen sexueller Natur sind. *77* Nach den »babylonischen« Namen Šäsbazzar und Šän'azzar (vgl. M. NOTH, Isr. Personennamen S. 63) sind für Söhne des Sin-uballiṭ durch Pap. Cowl. 30 29 (ANET, S. 492 Ginsberg) die Namen Šälämja und Delaja bezeugt, vgl. dazu meine ältere Bemerkung RGG V² (1931), Sp. 108, Namen, die auch sonst in der Zeit des Nehemia belegt sind. *78* Vgl. Jes 8 5ff., zur Identifizierung vgl. M. BURROWS, ZAW 70 (1958), S. 226. *79* Hos 14 4; vgl. Ps 33 16ff. 44 7ff., auch I Sam 17 45ff. Jer 17 5.

Zu Seite 108.

80 Zum Pentateuch als »Bekenntnis« des Judentums vgl. immer noch O. PROCKSCH, Das Bekenntnis im AT (Theologia militans 8), Leipzig 1936, S. 5ff. *81* Gen 12 6f. 28 18f. — Diese indirekte Polemik ist vielleicht — gleich dem Schweigen des Amos — wirksamer als eine ausgeführte Glaubenskampflegende nach Art der Elias-Erzählungen es sein könnte. Daß ein ausdrücklicher Kampf gegen heidnische Gottheiten bei J wie bei E fast ganz fehlt (Ausnahme Num 25 1ff.), ist von BALSCHEIT S. 94 u. 97 richtig hervorgehoben. *82* Num 23 21; vgl. dazu Althebr. Lit., S. 124. Diese Haltung von E hat ihre Parallele in der Verwerfung des Traumes als Offenbarungswerkzeug Gottes durch Jeremia (23 25), eine Haltung, die zu der Josephserzählung (s. o. S. 30) wie zu den Daniellegenden (und den Kindheitserzählungen Mt 1 20ff. 2 12ff) in Spannung steht. *83* Vgl. I Reg 18 21ff. und dazu A. ALT, Beer-Festschrift 1935, S. 1ff. (= Kl. Schr. II, S. 135ff.). Zur Legende (und Novelle) im allgemeinen vgl. Althebr. Lit., S. 89ff.; zur Ester auch o. S. 30. Parallelen zur Entscheidung Jahve/Melqart bringt [R. DE VAUX], Etudes Carmélitaines 35 1 (Elie le Prophète) 1956, S. 60[1].

Zu Seite 109.

84 Esr 5 11. 12 u. ö. und in den Pap. Eleph. (27) 30—32. 38. 40 Cowl. יהו אלה שמיא bzw. יהו מלא ש׳ oder ohne Eigennamen lediglich אלה שמיא; vgl. dazu E. MEYER, Papyrusfund von Eleph., Leipzig 1912, S. 67; dem Perserkönig in den Mund gelegt Esr 1 2 = II Chr 36 23, während die Legende vom Wahnsinn des Nebukadnezar in der Anrede an den König und in seinem Bekenntnis die analoge Bezeichnung *'aelåhå' 'illåį'å* gebraucht, also gleichfalls Jahwe als den *'aelįon* in der Rolle des Auramazda zeigt (Dan 3 26 u. ö.), wie das ὕψιστος der hellenistisch-jüdischen Literatur ihn mit Zeus gleichsetzt (vgl. E. DHORME, Evol., S. 341f.). *85* Nakš-i-Rustam a § 1 (F. H. WEISSBACH, VAB III [1911], S. 87; vgl. Dar. Pers. g. § 1 »welcher der größte über allen Göttern ist, der Himmel und Erde schuf« ebenda S. 85) u. ö. *86* Ob auch Mal 1 11 (vgl. Ps 113 3) so zu verstehen ist, mag zweifelhaft bleiben; vgl. A. VON BULMERINCQ, Der Prophet Maleachi II, Dorpat 1932, S. 105ff., vor allem 122f. Auch LESSING, Erziehung § 40 mag man heranziehen: »Man kann einem Nationalgott wohl untreu werden, aber nie Gott, sobald man ihn einmal erkannt hat«. *87* Vgl. I Macc 2 41 und beachte, wie das Sabbathgebot in CD als der Lebensregelung für die nichtmonastische Gruppe der Qumranleute eingeschärft wird (21 Erwähnungen!), aber nicht in 1QS (^{ab}) als der Regelung für die klösterliche Siedlung, in der das Halten des Sabbath keinen »Bekenntnischarakter« trug, sondern selbstverständliche Lebensform war, vgl. dazu meine Texte S. 357. Auch 1Q 22 I 8 gehört die Übertretung des »Bundessabbaths« (*šbt hbrjt*) zu dem Dienst(?) der »Nichtse« (*'lj[lj]m*) durch die von Moses in seinen letzten Worten angesprochene Gemeinde. *88* Vgl. A. CAUSSE, RHPR 10 (1930), S. 24ff.; 12 (1932), S. 97ff. = Groupe ethn. S. 15ff. 61ff.

Zu Seite 110.

89 Am 5 15. *90* Vgl. Gott und Mensch[2], S. 138f. Am ehesten lassen sich die »Armen« als Angehörige des »Restes« als einer »édifice . . . de structure essentiellement religieuse« bestimmen, vgl. F. DREYFUS, RScPhil Théol 39 (1955), S. 376, 380ff., auch G. VON RAD,, Theol II, S. 176 zu Jes 14 32. Es ist beachtenswert, daß die Qumranleute sich wenigstens in den bisher veröffentlichten Texten nur in CD I 4f. (vgl. 1QM XIII 8 XIV 8f.[?]) als *š'rjt ljšr'l* bezeichnet haben, während in 1QS VI 8 *š'r kwl h'm* die Laien umfaßt, in 1QS IV 14 V 13 CD II 6 aber das Verbleiben eines *š'rjt* im letzten Gericht überhaupt bestritten wird. Auch der von Gott in die heilige Gemeinde(?) gebrachte Fromme weiß von einem geringen Rest in Israel und zugleich vom restlosen Untergang der Feinde im letzten Streit (1QH VI 32 VII 22, vgl. 1QM I 6 XIII 8 XIV 5 1QS V 13 u.o. S. 79[88]). *91* Mich 6 6 f., vgl. für Moab II Reg 3 27, für Juda II Reg 16 3 21 6, zur assyr. *šar-pūḫi*-Zeremonie W. VON SODEN, ZA 43 (1936), S. 255f. Als größte derartige »Flucht in den alten Kultus« mag die Gründung der nachexilischen Gemeinde auf den Tempelbau und die -ritualien erscheinen (vgl. die Beobachtungen von A. C. WELCH, Prophet and priest in old Israel, London 1936, S. 18ff.) und als Parallele die samaritanische Behauptung dienen, den Sabbath διά τινας αὐχμοὺς τῆς χώρας eingeführt zu haben (Jos. Ant. XII 259 Niese III 94; zur Echtheit vgl. E. BIKERMANN, RHR 115 [1937], S. 188ff.) Zum Grundsätzlichen derartiger Vorgänge vgl. G. WISSOWA, ARW 22 [1923/24], S. 201ff. Auch die Auffassung von O. EISSFELDT, das Kindesopfer sei bis zum Dtn legitimes Jahweopfer gewesen, aber in der Regel nicht geübt worden (Molk, S. 48ff.), kommt in diesem Punkte der hier (mit den meisten Forschern) vertretenen Auffassung sehr nahe.

Zu Seite 111.

92 Aus dem Gott und Mensch², S. 98f. zusammengestellten Material erinnere ich nur beispielhalber an das Nacktwandeln Jesajas (20 2) oder Jeremias Einhergehen unter dem Ochsenjoch (27 2), doch auch an die Abmilderung Hes 4 15 : 12. Analoge Gegebenheiten in den prophetischen Worten vgl. Apoxysm., S. 11f., weitere Lit. zu den »symbolischen Handlungen« o. S. 23[137]. Die innere und äußere Tragik des Prophetismus charakterisiert lebendig und eindrücklich P. HUMBERT, Les prophètes d'Israël ou les tragiques de la Bible, RThPh 24 (1936), S. 209ff. (auch separat) und vgl. dazu auch meine »Worte der Propheten« S. 74ff. Die Tragik des Propheten wird gesteigert durch die von Jahve gegen sein Wirken verhängte Verstockung, s. o. S. 54[100], auch durch die Möglichkeit, daß der Geist Gottes von dem einen zum anderen Propheten »übergeht« (*ʿåḇar*), um »mit ihm« (lies *ʾitteḵå*) das Gegenteil zu sprechen (I Reg 22 24). *93* Vgl. z. B. I Reg 22 23. 24 Jer 23 16ff. 29 26ff. Mi 2 11 3 11. *94* Vgl. Dtn 18 22. *95* Vgl. Jer 28 2. 10. 12 f. *96* Vgl. I Reg 13 18 II 4 17 8 10 (s. o. S. 36f.), auch Jer 38 25ff. *97* Vgl. Num 22 12 : 20 Reg (I 13 18) II 20 4ff. (= Jes 38 4ff.) Jon 3 10. *98* Vgl. Jes 5 19 Jon 4 2. Eine für ihn selbst problematische Statistik erfüllter und unerfüllter politischer Zukunftssprüche gibt E. JENNI, Die politischen Voraussagen der Propheten, Zürich 1956, S. 111ff., vor allem S. 113f. zu Hes 29 17-20, in dem auch W. ZIMMERLI, Komm., S. 719 die »Frage nach der göttlichen Treue und der Gültigkeit des göttlichen Wortes« gestellt sieht. *99* Jer 28 8 f.; Unheil als Normalinhalt der Sehersprüche Aisch. Agamn. 1132ff. Wil. ed. min. 147. *100* Vgl. II Reg 20 8ff.; zum Beglaubigungswunder in der Legende vgl. I Reg 13 3ff. (20 35 f.) und die Zeichenforderung Gen 15 8 (vgl. H. CAZELLES, RB 69 [1962], S. 335f.) Jdc 6 36ff. *101* Dtn 13 2 f.

Zu Seite 112.

102 Jer 28 6 f. *103* Zum Begriff der »Sympathie« vgl. A. HESCHEL, Die Prophetie (Polska Akademja Umiejętności 22), Krakau 1936, S. 165ff., zur Bindung des Propheten an das ihm »gegebene« Wort H. W. WOLFF, Das Zitat im Prophetenspruch, München 1937 und zum folgenden — Zusammenhang mit der Auszugstradition und dadurch mit dem Erwählungsgedanken — auch WELCH, Prophet and priest p. 148ff. *104* Vgl. S. MOWINCKEL, JBL 53 (1934), S. 199ff. und Act. Or. 13 (1935), S. 264ff., auch meine Ausführungen Mehrdeutigkeit S. 27ff. Auch das ist zu beachten, daß das NT, welches unser Problem in der Form des Zweifels kennt, ob nicht der »Prophet« einen »unsauberen Geist« (vgl. Mc 3 30) oder einen »Dämon« habe (vgl. Mt 11 18), die »Unterscheidung der Geister« zu den Wirkungen des Geistes selbst rechnet (I Cor 12 10) und nach Kennzeichen des »Heiligen Geistes« fragt (I Cor 12 1ff.). Seine rationale Unlösbarkeit kann nicht schärfer betont werden! Vgl. schon H. Gunkel, Die Wirkungen des Heiligen Geistes[3], Göttingen 1909, S. 34f. — Zur Eigenart des Jahvewortes demnächst auch J. Lindblom, ZAW 1963, S. 263ff.

Zu Seite 113.

105 Jes 8 1ff.; zu dem in VAT 10057, 45 (ZA 43 [1936], S. 16) begegnenden Namen des Unterweltschiffes *ḫumuṭ-tabal* »Nimm eilends weg« vgl. W. von Soden, OLZ 37 (1934), S. 414; ägyptische Parallelen bringt P. Humbert, ZAW 50 (1932), S. 90ff.; zur Deutung der *neḇî'āh* vgl. I. Hylander, Monde Oriental 1931, S. 53ff., C.B. Reynolds, JThSt 36 (1935), S. 182ff. und A. Jepsen, ZAW 72 (1960) S. 267f. (Berufsbezeichnung). Daß sie das einzige Weib des Jesaja gewesen sei, mag man vermuten (so H. Holzinger, BZAW 27 [1914], S. 238); Spekulationen über das Mindestalter der Kinder des Propheten darauf zu bauen, ist bei der Unerweislichkeit dieser Annahme gewagt. *106* Vgl. Jer 32 8; zur Aufeinanderfolge mehrerer Akte vgl. Berufung und Bekehrung, S. 4ff. *107* Vgl. Jer 29 23 (23 14). *108* S. o. S. 100. *109* Vgl. (A. Causse, Groupe ethn., S. 337f. und) vor allem F. Weinrich, Der religiös-utopische Charakter der »prophetischen Politik« (Aus der Welt der Religion, Bibl. Reihe VII), Gießen 1932; gegen ihn K. Elliger, ZAW 53 (1935), S. 3ff., 55 (1937), S. 291ff., und dazu Gott und Mensch[2], S. 321ff. *110* Jes 31 3. 8 und vgl. 10 15, falls man nicht mit E. Robertson, AJSL 49 (1933), S. 318ff. *lōḥes* (»Unterdrücker«) statt *lo'ʿeṣ* (»Nichtholz«) lesen will. Doch verweisen G. Fohrer und ihm folgend O. Kaiser (jeweils Komm. z. St.) mit Recht auf 31 3 *lo' rûaḥ* als Parallele zu dem »Nichtholz«. Zur Sache vgl. Althebr. Lit., S. 132ff. (und Luth. Church Quart. 6 [1933], 235ff.). *111* Jes 8 18.

Zu Seite 114.

112 Mi 6 8 und vgl. zum grundsätzlichen des Anspruchs auf »Hingabe des ganzen Ich« in der »Entscheidungsreligion« auch Balscheit, S. 36. *113* S. o. S. 21ff.; zum prophetischen Einfluß als Datierungsmaßstab der Lyrik vgl. Althebr. Lit., S. 42, zur sozialen Konzentration der prophetischen Forderung S. Mowinckei, ZAW 55 (1937), S. 232f.; zur »Gerechtigkeit« auch Cl. Tresmontant, Sittliche Existenz bei den Propheten Israels, Freiburg 1961, S. 123ff. *114* Hes 18 5ff.; die kursiv gesetzten Zeilen fehlen in den Parallelen 18 11ff. 15ff. — Zu Hes 23 37ff. s. o. S. 52[88]. Für die starke Wertung der sexuellen Verunreinigungen (vgl. u. S. 166ff.) darf hier schon darauf verwiesen werden, wie der Ehebruch nicht nur bei der Wissens- und Willensfrage besonders ausführlich behandelt wird (s. o. S. 59ff.), sondern daß er den einzigen Fall darstellt, in dem mit ihm eine »Sünde« als »spiegelnde Strafe« verhängt wird (Hi 31 10, vgl. [Dtn 28 30] II Sam 12 11, zum Ehebruch als nichtspiegelnder Strafe [in Am 7 17] vgl. o. S. 49[72]). Das »richtige« sexuelle Verhalten steht neben dem rechten sozialen! *115* Wörtlich: »zwischen Mann und Mann« (*bēn 'îš le'îš*); in Hi 16 21 (lies *ûḇēn 'āḏām lereʿehû*) wie in Hi 9 33 (*ješ bēnēnû mōkiaḥ*) durch den (in 9 33 abgewiesenen) Gedanken eines Rechtsentscheides zwischen Gott und Mensch übertrumpft. — E. Jacob betont Suppl. VT, a. a. O., S. 41 mit Recht, daß in Am 5 14 Jes 5 20 Mich 3 2 6 8 (!) die Norm nicht als von der »Gesellschaft«, sondern von Jahve gesetzt geglaubt ist, und dasselbe gilt für diese Hes-Stellen!

Zu Seite 115.

116 Die in der ersten Auflage vertretene Tendenz zu einer Zusammenschau der Konzentration der sittlichen Forderung speziell des Hosea mit der Tradition »Heiligen Rechtes« im Dekalog und verwandten Texten hat sich seitdem unter dem Einfluß der Ausführungen von A. Alt über das »apodiktische Recht« (Kl. Schr. I, S. 302ff.) kräftig fortgesetzt. Die Herleitung des Dekalogs aus der Zeit vor der Landnahme, z. T. direkt von Mose wird ja heute in viel weiterem Maße für wahrscheinlich gehalten als vor 25 Jahren (vgl. J. J. Stamm, Studientage für die Pfarrer, I, Bern 1958 und [ausführlicher] ThR NF 27 [1961], S. 189ff. 281ff.). Doch kann ich mich auch heute (im Gegensatz zu E. Sellin, Komm² z. St. u. a., z. B. S. Spiegel, HThR 27 [1934], S. 105ff. in sachlicher Übereinstimmung mit S. Mowinckel, Le Décalogue, Paris 1927, S. 52ff.) nicht davon überzeugen, daß Hos 4 2 die Kenntnis des in Ex 20 fixierten Textes bezeugt. Mit Recht weist auch H. W. Wolff, Komm. z. St. darauf hin, daß »sich Wortlaut und Reihenfolge nicht genau nach dem Dekalog als dem bekanntesten Beleg apodiktischer Reihen« richten, Hosea vielmehr eine eigene Zusammenstellung todeswürdiger Verbrechen bietet. Wohl aber halte ich auch heute daran fest, daß Hosea den Zusammenhang mit »tendances de milieux inspirés déjà par l'esprit du Décalogue« belegt (Mow., S. 55); d. h. mit der Tradition, der auch der schließlich siegreich durchgesetzte Text entstammt. Welche Wandlungen die Bedeutung des Dekalogs vom Exil bis in die römische Zeit durchgemacht hat, zeigt seine Geschichte in den Phylakterien von Qumran und aus dem Wadi Muraba'at (vgl. H. H. Schneider, BZ NF 3 [1959], S. 18ff.). *117* Darum kann ich Mowinckels Ableitung des Dekalogs aus den Kreisen der Jesajajünger nicht teilen (Déc., S. 156ff.); diese Schüler hätten das Charakteristische in der Botschaft des Meisters beiseite gelassen. — Die Gestaltung einer religiösen Botschaft von der sozialen Lage und Umwelt des »Propheten« aus zeichnet der o. S. 33³ genannte Aufsatz H. H. Schaeders an dem Beispiel Zarathustras, doch vgl. das dort genannte, hierin abweichende Werk Nybergs S. 193ff. *118* Vgl. I Sam 30 24f.; anders Num 31 26ff. *119* Vgl. Jos 17 15ff. Folge der Abholzung ist neben der Verschlechterung der Wasserwirtschaft der Mangel an Brennholz, der die Holzabgabe an den Tempel besonders hervorheben läßt und die Beschaffung von Bauholz erschwert; vgl. Neh 2 8 10 35 13 31. *120* Vgl. Jos 6 25 (Rahab). *121* Vgl. das sittliche Urteil I Reg 21 3, ferner II Reg 8 1ff. Ruth 4 1ff. Cod. Ḫam. § 27 und dazu H. Schmökel, Angew. Recht, S. 81f., auch N. Peters, Soziale Fürsorge im AT, Paderborn 1936, S. 17, R. de Vaux, Lebensordnungen I, S. 267ff. und s. u. S. 123.

Zu Seite 116.

122 Vgl. bereits W. C. Graham und H. G. May, Culture and Conscience, Chicago 1936, S. 140ff. *123* Literatur s. o. S. 15⁸⁶ mit dem Verzicht auf die Behauptung eines Sichspiegeln teraḥitischer Kämpfe in Palästina in den Keret-Texten (vgl. auch schon meine Bemerkungen ZAW 55 [1937], S. 303 ff.). Zur Frage der Einwanderung von Benamin vor Joseph s. o. S. 74⁵⁶. *124* Vgl. PJB 23 (1927), S. 67ff. Eine Bevölkerung, in der die Kaufleute eine den Streitwagenfahrern gleichwertige Klasse bildeten (vgl. B. Maisler, BASOR 102 [1946], S. 9), mußte durch die Ausklammerung des Landes sowohl aus dem ägyptischen als dem hetitischen Bereich besonders hart getroffen werden, wie denn auch der Import mykenischer Keramik im 13. Jahrhundert abbricht. Zur Frage vgl. auch Bright, a. a. O., S. 107. *125* Vgl. den Brief AO 7098 und dazu A. Alt, PJB 20 (1924), S. 34ff. *125a* Zur Kupferwährung der El-Amarna-Zeit vgl. I. Benzinger, a. a. O., S. 199. *126* Zum ostjordanischen Eisen vgl. C. Steuernagel, ZDPV 48

(1925), S. 294. (Die »Eisensteine« von Dtn 8 9 werden von den Kommentaren meistens auf Basalt gedeutet). Zum Eisen im Libanon (und dem Kupfer in der *beḳå'*) vgl. W. F. ALBRIGHT, The archaeology of Palestine and the Bible, New York 1932, S. 215[75] und K. ELLIGER, PJB 32 (1936), S. 55; zum Eisen und Kupfer bei ṣabrah (südlich von Petra) und an anderen Stellen der Araba vgl. N. GLUECK, AASOR 15 (1935), S. 48ff., 80f., BASOR 63 (1936), S. 5f. und F. FRANK, ZDPV 57 (1934), S. 242f. 248f. zu den salomonischen Anlagen jetzt N. GLUECK, BASOR 159 (1960), S. 12ff. und B. ROTHENBERG, Ill. London News 3. 9. 1960 (dazu W. BAUMGARTNER, NZZ 11. 10. 1960, aber auch G. E. WRIGHT, BA 24 [1961], S. 59ff.). Zur Herkunft des Zinn (neben Kupfer) aus der Gegend von Byblos vgl. G. A. WAINWRIGHT, JEA 20 (1934), S. 29ff., zum Bergbau im ganzen W. MASER, Der Förderturm 37 1 (1962) S. 9ff. *127* Das Material am besten bei N. GLUECK, AASOR, a.a.O., S. 50ff.; zu nennen ist auch die Asphalt-Ausfuhr vom Toten Meer, wenngleich die Verwertung als Schmuckstück in Arabien erst für spätere Zeiten belegt ist (vgl. J. L. KELSO and A. R. POWELL, BASOR 95 [1944], S. 17). *128* Daß man nicht auf die Gruben von *ṣabrah* angewiesen war, ist soeben in Anm. 126 gezeigt. Zur Metallfrage vgl. R. J. FORBES, Metallurgy in Antiquity, Leiden 1950, zum Ex- und Import I Reg 5 25 (10 26ff.) Jes 57 9 Hes 27 17 Hos 12 2 Esr 3 7 II Chr 2 14 und dazu G. DALMAN, Arbeit und Sitte IV, Gütersloh 1935, S. 280. 407f., aber für die älteren Zeiten auch H. FRANKFORT, Studies in Early Pottery of the Near East I, London 1924, S. 104ff. und dazu W. F. ALBRIGHT, JPOS 15 (1935), S. 212f., ferner für die Spätzeit den Brief des Tubias an Apollonios bei A. DEISSMANN, Licht vom Osten[4], Tübingen 1923, S. 128ff. Die Ausfuhr von Fertigfabrikaten der Wollindustrie ist hingegen nicht hinreichend belegt (anders CASPARI, Königtum, S. 32), zumal II Reg 3 4 für das 9. Jahrhundert umfangreiche Woll-Importe (als Tributzahlung) bezeugt sind. Ob in Qumran Handschriften im Lohnverfahren für auswärtige Synagogen hergestellt wären (so W. R. FARMER, ThZ 11 [1955], S. 304f.) und man zu diesem Zweck dort Schreibunterricht erteilt hätte, dem die Musteralphabete dienen sollten (Abb. RB 61 [1954], Taf. 10a, vgl. R. DE VAUX, L'Archéologie et les Manuscrits de la Mer Morte, London 1961, S. 80), lasse ich dahingestellt, vgl. meine »Texte«, S. 287. Eine tyrische Handelsliste, in der auch Mastix erwähnt wird (aus der Zeit um 590?), bietet Hes 27 12ff. (vgl. W. ZIMMERLI, Komm., S. 649, wo am Rand 12-14 Druckfehler für 12-24); Industrie und Handel eines einzelnen wichtigen Zentrums (Gibeon) schildert J. B. PRITCHARD, BA 23 (1960), S. 23ff. *129* Vgl. I Reg 10 14ff. *130* Vgl. den Brief E. 6753, veröffentlicht von G. DOSSIN, RA 31 (1934), S. 125ff. und dazu J. W. JACK, ET 46 (1935), S. 544, der (wohl allzu bieder) bei den zu zahlenden Geldsummen an *mohår* und *mattån* denkt, ferner Ex 21 8 Am 1 6. 9 (Edomiter) Hes 27 13 Jo 4 3. (6) (Griechen) und zu den Zenonpapyri F.-M. ABEL, RB 33 (1924), S. 566ff., vor allem 572 (mit Literatur) und namentlich V. A. TCHERIKOVER — A. FUKS, Corp. Pap. Jud. I (1957), S. 118ff. (zu Pap. I 5. 16), für die Amarna-Zeit auch E. F. CAMPBELL, BA 23 (1960), S. 22. Umgekehrt bezeugt Lev 25 44 (zum Text — sing. neben plur. — vgl. H. GRAF REVENTLOW, Das Heiligkeitsgesetz, Neukirchen 1961, S. 136f.) den Kauf ausländischer «Mägde« durch Israeliten. Auch in Nuzi werden Schulden durch Hingabe von Mädchen beglichen (vgl. C. A. GORDON, ZA 43 [1936], S. 167), doch kann, noch über Ex 21 7ff. hinaus, ihre Verheiratung mit einem Freien kontraktlich gesichert werden (vgl. I. MENDELSOHN, IDB IV [1962], S. 384), so daß kein eigentlicher Mädchenhandel vorliegt.

Zu Seite 117.

131 Vgl. Dtn 17 16, TH. H. ROBINSON, A history of Israel I, Oxford 1932, S. 257 und K. F. KRÄMER, Herders Bibel-Komm. 1955 z. St.; D. M. VAUGHAN, ChQR 241

(1935), S. 25 hat diesem particulary unpleasant feature nichts Zwingendes entgegenzusetzen. *132* Vgl. E. MEYER, Papyrusfund, S. 34 und (unter anderen Möglichkeiten) E. G. KRAELING, The Brooklyn Museum Aram. Pap. S. 44 zu Dtn 17 16. *133* Vgl. Ex 21 4. *133*a Vgl. von Issachar *wajjeṭ šiḵmō lisbol* Gen 49 15, wobei die Frage offenbleiben mag, ob der ganze Stamm oder einzelne Sippen aus seiner Mitte mit der Übernahme der Frohnden gemeint sind (vgl. E. TÄUBLER, a. a. O., S. 100ff.). *134* Vgl. Jdc 1 28 (Jos 16 10) II Sam 20 24 I Reg 4 6. *135* II Sam 6 11 11 8. *136* Vgl. Ex 22 4f. Zum grundsätzlichen vgl. H. SCHAEFFER, Tribal econ., p. 64ff. (mit besonderer Berücksichtigung des Jobeljahres) und Soc. legisl., S. 165ff. 228ff,. auch R. DE VAUX, Lebensordnungen I, S. 264ff. Um nur zwei Beispiele zu geben: Ebjathar wird von Salomo auf sein *śåḏäh* nach Anatoth geschickt, wo einer seiner späten Nachkommen(?) zu Beginn des 6. Jhs. das *śåḏäh* eines Onkels dazu kaufen soll, und allzu bekannt ist die Weigerung Naboths, seinen *käräm*, die *naḥᵃlåʰ* seiner Väter dem König gegen einen besseren einzutauschen (I Reg 2 26 21 2f. Jer 32 7 [vgl. auch O. EISSFELDT, NT V, 1962, S. 77ff. und als späte Parallele Pap. Mur. 22 mit genauer Grenzfestlegung]). »Geheiligt« ist das Grundeigentum durch diese eigentümliche Verbindung des Besitzes mit dem Lehensgedanken, insofern der eigentliche Herr des Landes kein anderer als Jahve selbst ist (s. auch o. S. 85), der es durch das Los den einzelnen Stämmen zugeteilt (vgl. Jos 14 2 u. ö.) hat und in der Heilszeit den jetzt von den *poʿᵃlē råʿ* und den Verstörern an sich gebrachten Grund und Boden wieder als Erbanteil den zu seinem *ḳåhål* Zählenden durch das Los zuteilen wird (*i̯ᵉ ḥalleḳ* Mich 2 1ff.). Aus Ps 16 5f. wird man schwerlich auf eine immer wiederholte Verlosung von Allmendeland unter die Dorfgenossen schließen dürfen, da hier doch wohl ein Levit redet, dessen *ḥeläḳ* und *gorål* gemäß Num 18 20, vgl. Dtn 10 9 Jos 13 14, Jahve selbst ist (so H.-J. KRAUS, Komm. z. St., doch vgl. auch F. BUHL, a. a. O., S. 58 sowie R. H. KENNETT, a. a. O., S. 74). Zum Jobeljahr vgl. auch R. NORTH, Sociology of the Biblical Jubilee (Analecta Biblica IV), Rom 1954. *137* Die Änderung des *lōʾ ṯaḥmoḏ bēṯ reʿaeḵå* in *lōʾ ṯaḥmoḏ bai̯iṯ* Ex 20 17 par vgl. E. SELLIN, Geschichte des israel.-jüd. Volkes I, Leipzig 1924, S. 83 hat sich zwar nicht durchgesetzt (vgl. die Anm. 116 genannte Dekalogbehandlung durch J. J. STAMM), es sollte aber doch nicht übersehen werden, daß Ex 20 17 eben nicht einfach das lebende Inventar einschließlich der Frau zum »Hause« rechnet, sondern durch das erneute *lōʾ ṯaḥmoḏ* deutlich genug dagegen abgrenzt, ein Unterschied, den Dtn 5 18 durch die Heraushebung der Frau statt des Hauses verwischt, aber durch die Verschiedenheit des Verbs (*lōʾ ṯiṯʾau̯u̯äh* neben *lōʾ ṯaḥmoḏ*) noch nachklingen läßt. *138* Zum Krongut vgl. M. NOTH, ZDPV 50 (1927), S. 211ff. und K. GALLING, Staatsverfassung S. 35ff., zu den Latifundien vgl. Jes 5 8ff., zum Geld bei Landerwerb vgl. Gen 23 15 II Sam 24 24 I Reg 16 24 21 2 und dazu K. GALLING, BRL S. 176. *139* Vgl. Sam I 22 7 II 9 6f. 19 29f. und L. WALLIS, a. a. O., S. 143f. zum Landbesitz des Joab in Ephraim(?).

Zu Seite 118.

140 Vgl. Ex 22 25 Dtn 24 13; zur Lage solcher Schichten vgl. namentlich M. LURJE, BZAW 45 (1927), S. 6ff. und die von V. SCHEIL, RA 22 (1925), S. 143ff. veröffentlichte Parallele aus der Ḫammurapi-Zeit. *141* Vgl. Ex 21 7 Lev 25 39. 47 Dtn 15 12 24 14f. II Reg 4 1 Neh 5 5ff. Kleinster Besitz: e i n Schaf (II Sam 12 3) bzw. e i n Esel (Num 16 15). *142* Zu *kaesaep̄* = Besitz vgl. Ex 21 21; im Schuldrecht Ex 21 11. 33ff.; zum Silberwert WALLIS, a. a. O., S. 151. 159; zum Nebeneinander von Geld- und Naturalwirtschaft Jdc 17 10 und dazu GALLING a. a. O. S. 177f., zu den Tributen (*minḥåʰ*) vgl. Jdc 3 15 Reg I 5 1 (10 25) II 17 3f., die Liste II Sam 17 27ff. und dazu W. J. MARTIN,

Stud. Or. VIII, 1 (1936), vor allem den S. 49f. behandelten Brief Harper 632 (= Pfeiffer 96). In solchen Zusammenhängen kann der gebräuchliche Terminus für »arm« geradezu die Bedeutung »Bettler« (*'äbjōn*) gewinnen, vgl. P. HUMBERT, RHPR 32 (1952), S. 1ff. (= Opuscules, S. 187ff.). Zu fragen wäre auch, wieweit Erdbebenkatastrophen wie die Am 1 1 Sach 14 5 bezeugte sich durch ihre Zerstörungen auch sozial ausgewirkt hat; zum Erdbeben 31 a. C. und seine Bedeutung für Qumran s. »Texte« S. 286
143 Vgl. z. B. Reg I 16 9. 16 II 9 14ff. 11 4ff. 12 21 : 21 24; zum Hunger vgl. z. B. Dtn 32 24 I Sam 2 5. — Die Behauptung von den »mehr gefühlsmäßigen als wirtschaftlichen Gründen«, die zur Ermordung Amons geführt haben sollen (II Reg 21 23f.), würde ich heute nicht mehr mit der gleichen Sicherheit aufstellen, da wir nicht wissen, wen die Putschisten an seine Stelle zu setzen versucht haben. Es ist mit der Möglichkeit zu rechnen, daß wie unter Ahas ein Nichtdavidide (vgl. Jes 7 6) aus ihren eigenen Reihen (?) und von Assurs Gnaden vorgesehen war. Die an sich mögliche Deutung, der Putsch sei von jahvetreuen Elementen ausgegangen, scheitert daran, daß der Gegenschlag einen (noch unselbständigen) Exponenten der »Orthodoxen«, den Josia (beachte den Jahve-haltigen Namen seines mütterlichen Großvaters 22 1) ans Ruder bringt. So ist durchaus mit der Möglichkeit zu rechnen, daß es sich um solche Kreise handelt, die aus religiös-politischen Gründen (sakrale Verbrämung der Dynastie, s. S. 88), nicht aus sentimentalen handeln. Ältere Literatur zum Terminus *'am hå'åräṣ* vgl. bei E. WÜRTHWEIN, Der *'amm ha'arez* im AT, Stuttgart 1936, der die Treue zur Dynastie des David betont (S. 33), wie auch M. H. POPE, IDB I 1962, S. 106 seine Spitzenstellung »auf der sozialen Leiter« gleich unterhalb der Priester betont (lies II Reg 24 14 wie 25 12 par. *dallaṯ hå'åräṣ* entsprechend LXX οἱ πτωχοὶ τῆς γῆς) und J. L. MCKENZIE seinen Klassencharakter bestreitet (Akten des 24. Intern. Orientalisten-Kongr. München, 1957, S. 206ff.).

Zu Seite 119.

144 S. o. S. 98 u. u. S. 152ff. *145* Vgl. Dtn 19 14 27 17 (vgl. Parallelen ZDMG 79 [1925], S. 40[3] = Apoxysm. 47[89]), Prov 23 10 (lies statt des aus 22 28 eingedrungenen *'olåm* mit dem Parallelismus *'almånåh*; vgl. 15 25) Hi 24 2ff. Daher ist Ährenstoppeln die typische Zwangslage der Witwe Rt 2 2, und es handelt sich bei ihrer Notlage (wie bei der Armen überhaupt, zur Terminologie vgl. auch C. VAN LEEUWEN, Le développement du sens social en Israël avant l'ère chrétienne, Assen 1955) um sehr handfeste Dinge und nicht um einen »romantisme des pauvres comme tels«, gegen den A. GELIN, Les Pauvres de Yahvé, Paris 1953, S. 17 mit Recht Front macht. Auf den Schutz der Witwen und Waisen als altorientalisches Königsideal braucht nicht noch einmal eingegangen zu werden. Ich gebe nur ein Beispiel, die Schilderung des Danel in 2 Aqt V 8 (GORDON, S. 182), für die G. R. DRIVER, Can. Myths und Legends, S. 53[6] auf Dtn 10 18 Jes 1 17 Ps 68 6 verweist. Weitere ugar. Parallelen s. bei GORDON, Handbook[2], S. 237 f. s. v. *'almnt* bzw. *'ulmn*. *145a* Immerhin vgl. II Sam 16 21, eine Handlung, die Absalom bei seinem Vater, aber nicht bei dem nach solchem endgültigen Bruch mit David um so mutigeren Volk »stinkend macht«. Ob in Ugarit die Sitte bestand, eine Witwe in der Familie ihres Stiefvaters zurückzuhalten, bis sie einen jüngeren Bruder ihres Gatten — also nicht den Schwiegervater! — heiraten konnte, bleibe dahingestellt (zur Frage vgl. A. VAN SELMS, a. a. O., S. 36). Für II Sam 16 21 käme die Parallele nicht in Frage.
146 Zu dieser Sitte vgl. die Literatur bei W. RUDOLPH, Komm. zu Ruth, Gütersloh 1962, S. 60f., wo Patai, a. a. O., S. 92ff. und Tsevat (s. Anm. 147) zu ergänzen sind. Gen 38 26 (dazu J. WELLHAUSEN, NGGW 1893, S. 455f. und H. MITTELMANN, a. a. O., S.

4ff.), I Chr 2 24 LXX 3 18(?) (Esr 2 61) und bei den Urteilen über Verbindungen von »Stiefsohn« und »Stiefmutter« Gen 35 22 (49 4) II Sam (12 8) [16 20ff.] I Reg 2 23 (hier [u. II Sam 3 7] schimmert freilich z. T. noch durch, daß der »Erbe« einst auch Herr des Harems ward); Hes 22 10 oder die Kataloge verbotener Ehen Lev 18 6ff. 20 19ff. Dtn 27 20. Eine Verbotslockerung aus wirtschaftlichen Gründen — etwa um das Vermögen der ὁμοπάτριος ἀδελφή der Sippe zu erhalten — kann nicht Platz greifen, da — s. Anm. 149 — ein weibliches Erbrecht lange genug nicht besteht. *147* Het. II. § 93 Ebeling AOTB I², S. 430. Die im Text gegebene Übersetzung (vgl. auch ANET, S. 196 A. Götze) ist durch ein Duplikat überholt. Ich gebe die Übersetzung von E. Neufeld, a. a. O., S. 55 § 193: »If a man has a wife and the man dies, his brother shall take his wife, then his father shall take her. If also his father dies, his brother shall take his wife [and also] the son of his brother shall [take her]. (There shall be) no punishment« und verweise auf seine Behandlung des Levirats ebenda S. 191f. Die Sicherung des Leviratsrechtes läßt Ariḫalbu von Ugarit in seinem Testament einen feierlichen Fluch über jeden sprechen, der seine Witwe seinem (nicht namentlich) genannten Bruder wegnehmen (und dadurch wohl seinen Thronanspruch bestreiten) wollte, vgl. M. Tsevat, JSS III (1958), S. 237ff. Weitere Parallelen vgl. bei E. Hermann, S. 48ff. — Die »auffällige« Tatsache, daß in allen israelitischen Leviratstexten »die Frau die Initiative hat«, zeigt, daß wir für das israelitische Recht nicht mehr von einem »Recht« des Bruders usw. an die Schwägerin sprechen können, sondern nur von einer »Pflicht«, die er ihr gegenüber hat; vgl. Rengstorf, a. a. O., S. 22* ff. Noch auffälliger erscheint mir die andere Tatsache, daß in keinem der israelitischen oder außerisraelitischen Fälle die Vorbedingung von Dtn 25 5ff., das *kī ješeḇū 'aḥim jaḥdåu̯*, d. h. die Intaktheit der Großfamilie (s. o. S. 69f.) erfüllt ist, in einem Gesetz, das nicht eindeutig regelt, welcher von etwa vorhandenen zahlreichen Brüdern (man denke an die sieben Söhne des Hiob 1 2 [42 13]) die Ehepflicht zu übernehmen hat (etwa ein noch unverheirateter?), wobei die Brüder als gleichwertig rechnen (vgl. dazu G. Thomsen, Aischylos und Athen, Berlin 1957, S. 489f.). Entscheidend ist, daß die Witwe gegen die etwaige Eifersucht einer »lieben« Schwägerin nach dem Muster von Gen 16 5 und damit vor der Austreibung, aber auch vor der Behandlung als Konkubine gesichert ist. Der Text hat m. E. die Bedeutung der Regelung in einem besonders schwierigen Fall, aber keine exklusive Geltung nur innerhalb der Großfamilie. *148* Auch die im Text nach Ebeling, AOTB², S. 416. 420 gegebene Übersetzung (vgl. auch ANET, S. 182. 184) ist überholt, bzw. war es bereits 1938 durch Driver-Miles, The Assyrian Laws, Oxford 1935, S. 402f. 414f. und die Behandlung S. 240ff. Ich gebe die Übersetzung: § 33 »(If) a woman is still dwelling in her father's house (and) her husband is dead and (she) has sons, (she shall dwell in a) house (belonging to them where she chooses. If) she has no (son, her father-in law shall give her) to whichever (of his sons) he likes . . .«. § 46 bestimmt zunächst, daß sie im Falle, ihr Mann habe ihr schriftlich nichts vermacht, Wohnrecht im Hause eines ihrer Söhne hat, die ihr in ihrer Gesamtheit kontraktlich ein Auskommen zu sichern haben, wie es einer Braut zusteht. War sie als Zweitfrau ohne Sohn, hat sie Wohnrecht bei einem beliebigen Sohn der verstorbenen ersten Frau, deren Söhne gemeinsam für ihren Unterhalt aufzukommen haben. Weigern sie sich, für ihre Stiefmutter zu sorgen, so hat sie gleichen Anspruch gegen ihre Söhne aus erster Ehe gegen eine Arbeitspflicht: »She shall dwell in a house belonging to her own sons where she chooses, (and) her own sons too shall provide her with food and she shall do their work. But if indeed among her sons (there is one) who has taken her (as his spouse)«, so soll dieser Sohn für ihren Unterhalt aufkommen. Die Bestimmung greift wohl sicher über die Bestimmungen zugunsten der Zweitfrau auf die zugunsten der Erstfrau zurück, so daß es sich um die Ehe mit einem Stiefsohn (oder etwa einem Adoptivsohn?) handelt. Zur Sache E. RING, Israels Rechtsleben, Stockholm und Leipzig 1926, S. 57, zur Gewaltfreiheit der assyr. *almattu* neben DRIVER V. KOROŠEC, RLAss II (1936), S. 289f., zum Terminus M. BURROWS BASOR 77 (1940), S. 2ff., zu Schwierigkeiten der (unpräzisen) Rechtsterminologie auch G. CARDASCIA, Les Archives des Murašû, Paris 1951, S. Vf. *149* Vgl. Num 27 1ff. Jos 17 3ff. und dazu MITTELMANN, a. a. O., S. 34ff.; auch das babylonische Recht scheint das Erbrecht der Tochter zu verneinen (vgl. für das altbabyl. P. KOSCHAKER, RLV III [1925], S. 116f., für das neubabyl. SAN NICOLÒ, a. a. O., S. 86). Voraussetzung für das Buch Ruth scheint es zu sein, daß die Witwe das Grundstück nicht erbt (anders Jud 8 1ff.) und daher nur zu umgrenzten Verfügungen darüber berechtigt ist; vgl. MITTELMANN, S. 20f. Hingegen vermutet RUDOLPH, Komm. Ruth 4 1-12, das von Elimelech in Eile herrenlos zurückgelassene Gut habe sich ein Dritter stillschweigend angeeignet, der es nun auf Grund von Boas' Einschreiten widerspruchslos und ohne Entschädigung herausgibt. Er war zwar die nicht mehr gebärfähige Noomi, aber nicht die Ruth in Kauf zu nehmen bereit, von der er Söhne zu erwarten hatte, »die dann ja seine eigenen waren und seinen jetzigen Söhnen (er ist als normaler Israelit wohl verheiratet zu denken) das Erbe schmälerten« (S. 67). Aber warum wartet sie dann solange, ihr Erbrecht geltend zu machen, und geht den Umweg über Ruth, die als Witwe eines der beiden Söhne nur einen Teilanspruch haben konnte, während Noomi das Ganze zustand? Man wird um das Urteil kaum herumkommen, daß dem Verfasser des Buches die Rechtsform des Levirats nicht mehr eindeutig klar war. Die »Grenze der Witwe« (Prov 15 25) entspricht daher wohl Verhältnissen der Diaspora unter Fremdenrecht (vgl. U. TÜRCK, ZAW 46 [1928], S. 166ff.), wenigstens ist II Sam 14 16 vorausgesetzt, daß im Falle des Todes auch des zweiten Sohnes auch die verwitwete Mutter das der Sippe von Gott her zustehende Erbe (*naḥ^{a}laṯ'^{a}lohim*) verliert (vgl. F. HORST, Festschrift Rudolph [1961], S. 142 unter Heranziehung der Parallele aus Ugarit und Mari). *150* Vgl. das Geschenk des Vaters I Reg 9 16 (Mi 1 14?), die Geschenke des Mannes Gen 24 53; des Vaters Gen 29 24. 29 (Sklavinnen! vgl. 16 1), Jos 15 19 (= Jdc 1 15), auch den Tadel Gen 31 15 [vgl. dazu M. BURROWS, JAOS 57 (1937), 259ff.]. Die 1100 Šekel, über die Michas Mutter verfügt (Jdc 17 1ff.), mögen aus solchen Quellen (oder aus Geschenken an die Mutter bei der »Verlobung« einer Tochter Gen 24 53?) stammen. *151* Vgl. Hos 2 7, wenigstens wenn man voraussetzen darf, daß das Flitchen von seinen Liebhabern den gleichen »Lohn« verlangt, den es vom legitimen Ehemann zu fordern hätte. Vgl. dazu L. DÜRR, BZ 23 (1935), S. 154 und als späte Belege für eine Mitgift Tob 7 13 und die hebräischen wie die aramäischen Heiratskontrakte aus Muraba'at 20f. mit der Festsetzung, daß sie im Falle der Scheidung vom Ehemann der geschiedenen Frau herauszugeben ist, wahrscheinlich ebenso in Pap. Mur. 19 8f. (so S. 71[29] für den Fall der Liederlichkeit des Mannes). Hingegen weiß Cod. Ḥam. von »Mitgift und Ehegabe, die ihr Gatte ihr gegeben, ihr auf eine Tafel geschrieben hat« (§ 171) und von klagbaren Ansprüchen der Witwe auf den Nachlaß, wenn eine solche Verschreibung einer Eheschenkung für den Todesfall des Mannes nicht erfolgt ist (§ 172 Eilers, S. 41 = ANET, S. 183 Meek). Zur juristischen Begriffsbestimmung von *tirḫâtu*, *nudunnû* und *šeriqtu* (»Brautgeld«, »Ehegabe«, »Mitgift«) vgl. E. EBELING, RLAss II (1936), S. 282f. nach P. KOSCHAKER, RLV III (1925), S. 36, auch DRIVER-MILES, Bab. Laws II, London 1952, passim (s. Reg.). Zu *ṯlḥ* (= hebr. *šillūḥim*) *mlg* (= akk. *mulugu*), *mhr* und *trḫ* in *rās eš-šamrā*, vgl. C. H. GORDON, BASOR 65 (1937), S. 30f., in den Nuzi-Texten M. BURROWS, a. a. O. Wie reich eine solche Mitgift in »königlichen« Verhältnissen sein konnte, belegt die Liste der Gegenstände, welche Tušratta seiner Schwester Tatuḫepa in ihre Ehe mit Amenophis III. mitgibt, Amarna Kn. 22 (zu I 55 [II 65] s. u. S. 176[163]), oder die Mitgift (*mhr*) der Mikkal in dem Text GORDON 77 19ff.

Zu Seite 120.

152 §§ 34 (Ebeling, S. 416; ANET, S. 183 [Meek] [*tu-uṣ-ṣa* nach der Parallele 37 19 wohl als Befehl, nicht als Erlaubnis zu verstehen, vielleicht vor Erfahrungen nach § 23 zu bewahren]) und 46, dessen Schluß oben Anm. 148 angeführt ist; zu beachten ist auch, daß der assyrischen Frau das Braut(kauf)geld (*tirḫâtu*), hingegen nicht das ihrem Vater gemachte »Geschenk« (*biblu*) zufällt (RING S. 8). *153* Assyr. Gesetze § 28 (Ebeling, S. 415f. = ANET, S. 182 Meek, DRIVER-MILES S. 398.). *Hu-bu-ul-i la-a i-na-ás-si* (Ebeling »Schuld braucht er nicht zu tragen«) hat den Sinn, daß der Stiefsohn weder einen Besitzanspruch gegen seinen Stiefvater noch eine Haftung für dessen Schulden besitzt. *154* Vgl. Gen 38 11 (doch verbleibt Tamar anscheinend — vgl. 24 — in der Munt des Schwiegervaters, wenigstens solange sie »als Witwe sitzt«) Lev 22 13 (Priestertochter) Ruth 1 12; hingegen ist Jdc 19 2 nach Analogie der heutigen *ḥardāne* zu deuten (Entlaufen des Weibes zu ihrem Vater ohne Erlöschen des Besitzrechtes des Mannes an ihr oder einem etwa ungebornen Kinde; vgl. H. GRANQUIST, a. a. O., S. 218ff.; zur Zurückholung eines entlaufenen Weibes in Nuzi C. H. GORDON, ZA 43 (1936), S. 161f. [zur dortigen Lage der Witwen 162ff.]. Zu den heutigen Sitten vgl. GRANQUIST ebenda 297ff.). *155* Vgl. den Stoßseufzer I Reg 1 21, der schwerlich nur am Hofe Geltung hat. *156* Vgl. o. S. 28[176]. *157* Kegel B. C. 12, 23ff. (F. THUREAU-DANGIN, VAB I, 1 [1907], S. 53) und vgl. dazu S. N. KRAMER, From the tablets of Sumer, Indian Hills 1956, S. 45f. — Daß Königsideal und -wirklichkeit sich dabei nicht decken, zeigt J. HEHN, Der Untergang des Alten Orients, Würzburg 1928, S. 14ff.

Zu Seite 121.

158 Zeile 47; Übersetzung von A. ERMAN, Die Literatur der Ägypter, Leipzig 1923, S. 111 analog ANET, S. 415 (Wilson), auch Fr. W. Freih. VON BISSING, Altägyptische Lebensweisheit, Zürich 1955, S. 55, und vgl. zur Bedeutung solcher »Idealbiographien« A. DE BUCK, a. a. O., S. 21f.; die Stele des Mentuwoser (Zeit Sesostris' I.) vgl. bei J. SPIEGEL, Die Idee vom Totengericht in der ägyptischen Religion (Leipziger Ägyptolog. Studien 2), Glückstadt [1935], S. 35. — Die Tatsache, daß es sich bei der Witwenfürsorge um geprägtes altorientalisches Gut handelt, läßt M. SULZBERGER, The status of labor in ancient Israel, Philadelphia 1923, S. 87ff. leider außer acht. *159* Ex 22 21 + 23 ist wohl (alter) Zusatz (pluralisch s. o. S. 67) zu einer »apodiktischen« Reihe von geprägter stilistischer Eigenart (vorangestelltes Objekt), aus der der Vers sich aber durch das *kol* heraushebt (vgl. ALT, Ursprünge, S. 51[1] = Kl. Schr. I, S. 316[2] zu Ex 22 27 a b. 20 [mit Zusätzen] 21. 17). Zur Zusammengehörigkeit von 21 + 23 vgl. bereits A. JEPSEN, Untersuchungen zum Bundesbuch (BWANT III, 5), Stuttgart 1927, S. 42[3], zu den Zweifeln der Zugehörigkeit der pluralischen Verse bzw. Halbverse in 20b.ff. vgl. auch A. MENES, BZWA 50 (1928), S. 32f., zum altorientalischen Hintergrund des Bundesbuches vgl. ferner die eingehende Behandlung der Probleme unter Auseinandersetzung mit der Literatur bei A. LODS, Histoire de la littérature Hébraïque et Juive, Paris 1950, S. 209ff. und die Betonung beider Seiten, sowohl der verarbeiteten altorientalischen Rechtsmaterialien (für die die hetitischen Staatsverträge herangezogen werden) als der israelitischen Umgestaltung sowohl durch G. E. MENDENHALL als durch W. J. HARRELSON, IDB I, S. 718ff.; III, S. 82ff. M. E. ist jede Datierung des BB.

in seiner heutigen Gestalt, mag älteres Gut darin nachleben, früher als in einiger zeitlichen Entfernung von der Landnahme ausgeschlossen. Allzu deutlich ist privater Besitz an Grund und Boden, den z. B. ein Ochse oder ein anderes Haustier beschädigen kann (22 4), vorausgesetzt, ist auf Darlehen auszuleihender Kapitalbesitz (22 24) und die Sitte, den Feldrain abzubrennen (22 5), bekannt und bedarf der Regelung. *160* Die Literatur über die Prophetie hier anzuführen, wäre unmöglich, ist aber dank der o. S. 22[137] bereits genannten Übersichten durch G. FOHRER in ThR 19 (1951), S. 277ff.; 20 (1952) S. 193ff.; 28 (1962) S. 1ff.; 235ff. nicht erforderlich. Für die soziale Grundhaltung ist noch immer grundlegend P. KLEINERT, Die Propheten Israels in sozialer Beziehung, Leipzig 1905, und daneben etwa neben meinen »Worten der Propheten«, S. 213ff., auch noch U. TÜRK, Die sittliche Forderung der israelitischen Propheten, Göttingen 1935, S. 22ff. oder von Heutigen CL. TRESMONTANT, Sittliche Existenz bei den Propheten Israels, Freiburg 1961. Freilich wird man sich auch hier vor einer sentimentalen Deutung zu hüten haben, vielmehr den Satz von J. VAN DER PLOEG im Gedächtnis behalten müssen, daß ihr Eintreten für die Armen immer Protest »gegen die Unterdrükkung und die Ungerechtigkeit der Reichen und Großen« dargestellt hat (Oudt. Test. St. 7 [1950], S. 258; vgl. auch seine Konkretisierung der Stellung des *šoṭer* als des »organisateur des corvées« Oudt. Test. St. 10 [1954], S. 185ff., von Ex 5 6 u. ö. her mit negativem Urteil vorbelastet). Auch betont F. HESSE mit Recht, daß die prophetische Alternative nicht lautet »Kultus oder Ethos«, sondern »Kultus oder Nomos« (ZAW 68 [1956], S. 12), und zum Nomos gehört ihm jenes alte Amphiktyonie-Gesetz(?), das Bundesbuch, in dem Jahve sich als »Schützer der Armen und Geringen« manifestiert hat (a. a. O., S. 15; Fragezeichen von mir). *161* Vgl. Dtn 28 56. Bei allen Anklängen an den Epilog des Cod. Ḫam. (vgl. E. MØRSTAD, NTT 60 [1959], S.224) fehlen dort Perversitäten, wie 28 57 sie ausmalt. *162* Vgl. vor allem Am 4 1ff. Mich 2 9 (II Reg 4 1) Hi 24 9. *162*a Elia kämpft wider Ahab, weil dieser das private Grundeigentum eines Israeliten angetastet hat (I Reg 21 18)! Daß die Prophetie kein politisches, auch kein sozialpolitisches Programm verfolgt — trotz der zweifellosen politischen Wirkungen ihrer Botschaft —, glaube ich AO 38, 1 (1938) mit hinreichender Deutlichkeit gezeigt zu haben, so daß sich hier ein erneuter Beweis erübrigt. Zu berücksichtigen ist dabei auch, daß sicherlich mindestens ein Teil jener sozialen Kritiken auf der Grundlage der altorientalischen Gesetzgebung beruht, die Israel nach der Landnahme in Palästina bekannt geworden und von ihnen als Gebote ihres, den Baal verdrängenden Gottes als heilig anerkannt sind (vgl. G. ÖSTBORN, Yahweh and Baal, Lund 1956), aber nur zum kleinen Teil aus der Beduinenzeit überkommenes Gut darstellen (S. NYSTRÖM, a. a. O. passim).

Zu Seite 122.

163 Jes 3 5ff. (vgl. Jes 1 7. 23 5 8ff. 11ff. 3 12ff. 16ff. 22 15ff. Prov 19 10 30 22 Thr 5 8 Koh 10 5ff.). — In der Ablehnung einer einfachen Rückkehr zum »nomadischen Ideal« als Heilmittel für alle Schäden sieht namentlich A. LODS, Les Prophètes d'Israël et les débuts du Judaïsme, Paris 1935, S. 70ff., mit Recht einen wesentlichen Unterschied der Propheten von den Sekten. Als Parallele ist auch zu beachten, daß das Deuteronomium das Königtum als solches beibehalten, es aber dem sozialen Gesetz unterstellen will; bei allem sozialrevolutionären Geist und bei aller unausgesprochenen Kritik am empirischen Königtum ist es in diesem Punkte konservativ, wie auch für NYSTRÖM, a. a. O., S. 137 Jesajas Norm der Ständestaat, aber keine Rückkehr zum Beduinentum war. Ist doch auch für Hoseas »Wüstenenthusiasmus« (2 4 u. ö.) dennoch die Rückkehr in die Wüste Strafe für den Baalsdienst. Von da aus ist die Deutung von 2 17 als Heilszusage doch wohl wahrscheinlicher als die Konzessionen, die NYSTRÖM, S. 156f. immerhin machen möchte. Auch das Königtum wird ja viele Tage fehlen, dann ein neues davidisches(!) Haus erstehen, dessen Repräsentant der jetzigen sündigen Dynastie (des Jehu, vgl. 1 3) ebenso gegenübersteht, wie der verheißene neue Moses des Dtn den jetzigen, zum Tode verdammten Propheten e contrario entspricht (Dtn 18 15 : Hos 4 5). Aber keine praktischen Vorschläge zur Lebensführung (vgl. W. EICHRODT, ThStKr 109 [1937], S. 12ff.) noch eine menschliche Revolution wird das schaffen. Vielmehr ist zu beachten, daß bei allem »ethischen« Pathos, das die Prophetie von ägyptischen »weisen« Mahnsprüchen trennt, der *horror revolutionis* die Haltung Jesajas mit ihnen verbindet (vgl. A. DE BUCK, a. a. O. S. 24). Nur Gott selbst wird in der Endzeit, die aber noch fern ist, einen Propheten wie Moses als den gehorsamfordernden Träger des Gotteswillens senden (18 15); vgl. H. J. CADBURY, National ideals in the O. T., New York 1920, S. 145. ***164*** Vgl. Ex. 22 24a. 25f.; 24b ist Zusatz (plur.!) nach Dtn 23 20 (s. u. Anm. 167). ***165*** Ex 23 10ff. Die ursprünglich wohl jeweils »ausgerufene« Brache (vgl. F. HORST, Das Privilegrecht Jahwes, Göttingen 1930, S. 57f. zu Dtn 15 2) entspringt (trotz P. HEINISCH, Komm. z. St.) landwirtschaftlichen Bedürfnissen und ist auch außerhalb Israels im alten Orient bezeugt (vgl. O. OPITZ, ZA 37 [1927], S. 104ff.). Sie ist durch die Festlegung auf das 7. Jahr dem Sabbathgedanken eingegliedert — erste Stufe der Jahwisierung; für das Alter des Sabbaths zu beachten! — und sodann karitativ ausgestaltet (zweite Stufe). Ob bei den *'aeb̲ionē ʿammᵉk̲å* zunächst an die »herumziehenden Nomaden, wie die Keniter usw.,« zu denken (so A. JEPSEN, a. a. O., S. 48) ist, mag offen bleiben. Später geht es neben den noch nicht seßhaft gewordenen, auch um verarmte, wieder von der Scholle gelöste Schichten; zur späteren Eingrenzung dieses Armenprivilegs s. u. Anm. 171. ***166*** Vgl. Dtn 18 6ff. 14 28f. (und zur Zehntgesetzgebung auch O. EISSFELDT, BWAT 22 [1917], S. 46ff.); 15 13f.(anders Ex 21 2, doch würde ich nicht von »Lohnauszahlung« sprechen mögen [vgl. H. D. WENDLAND, RGG VI³, Sp. 101 und von Älteren K. GALLING, Hist. Zeitschr. 1926, S. 413f. in Auseinandersetzung mit F. HORST, ebenda, S. 74ff.]). ***166a*** Vgl. die Streichung der Zinsen im Edikt des Am-mi-ṣa-duqa § 7′ (bei F. R. KRAUS, a. a. O., S. 32f.) ***167*** Dtn 24 10ff. 23 20 (*lo' tašši̱k̲ lᵉ'åḥik̲å naešaek̲* statt Ex 22 24 *lo' ti̱hi̯aeʰ lō kᵉnošaeʰ*; zu 24b s. o.). 15 1ff. Zur Auffassung der *šᵉmiṭṭåʰ* als Schulderlaß, nicht als Moratorium vgl. F. HORST, a. a. O., S. 56ff. und H. SCHMIDT, Das Bodenrecht im Verfassungsentwurf des Esra, Halle 1932, S. 16. Ein Moratorium hätte freilich im Sabbathjahr für den Acker besonders guten Sinn; dieses wäre also vorausgesetzt und die Behauptung, es sei in Dtn 15 1 völlig seiner agrarischen Grundlage beraubt und unter einen sozialen Gedanken gestellt (G. VON RAD, Gottesvolk, S. 30) in ihrem ersten Teil hinfällig; zur Frage der Durchführbarkeit auch H. WILDBERGER, Evgl. Theol. (1956), S. 412f. Weiter in der karitativen Fürsorge geht das Verbot der Nachlese (Dtn 24 20ff.) und die Überlassung der (absichtlich) »vergessenen« »letzten Garbe« an die Armen (Dtn 24 19 Lev 19 9f. 23 22), Bestimmungen, in denen Magisches durch die Karität verdrängt erscheint. Welchen Ausweg gerissene Gläubiger schon vor Hillels angeblicher Erfindung des Prosbol entdeckt hatten, zeigt Pap. Murabaʿat 18 7 mit der ausdrücklichen und durch eine hohe Sanktion für den Fall der Nichterfüllung auch im *šnt šmṭh* festgelegten Zahlung aus dem zweiten Jahre des Nero, auf den sowohl DE VAUX, Lebensordnungen I S. 282 als J. T. MILIK, Suppl. VT IV (1957), S. 17ff. verweisen. ***168*** Dtn 15 12ff.; durch das vorangestellte *'åḥik̲å* ist *håʿib̲ri 'ō håʿibri̯i̯åʰ* zum »Geusennamen« für ganz Israel gestempelt, doch stellt das deuteronomische Gesetz offensichtlich die Übertragung des *ḥabiru*-Dienstvertrages auf innerisraelitische Verhältnisse dar (vgl. Jer 34 8ff.). Daß in Ex 21 1ff. *ʿib̲ri* auch Israeliten umfaßt habe, hat HÄUSLER, a. a. O., S. 77 m. E. nicht erwiesen. Die einschlägigen Bestimmungen gehen freilich nicht auf Cod. Ḫam. § 117 zurück. C. Ḫ. handelt von einer auf drei(!) Jahre befristeten Schuldknechtschaft des zahlungsunfähigen Kreditnehmers, gegebenfalls im Hause eines Dritten, allerdings mit der Möglichkeit, daß der ursprüngliche Herr seine Familie nicht mit den Mitteln, die er von jenem Dritten als Arbeitslohn für sie erhalten hat, den Schuldner befriedigt hat, so daß dieser jetzt die Familie verkaufen kann, und zwar unter Erlöschen jeder Möglichkeit einer Reklamation (§ 118, vgl. DRIVER-MILES, Bab. Laws I, S. 218f.). Zum *ḫabiru*-Privileg in Nuzi vgl. A. SAARISALO, StOr V 3 (1934), S. 62f. und M. P. GRAY, HUCA 29 (1958), S. 148ff., zum Status eines *ḫupšu* (= *hebr. ḥop̄šī*), zu dem der Freigelassene wird, vgl. das reiche Material aus Alalakh bei WISEMAN, a. a. O., S. 10 und passim, im allgemeinen die Behandlung des Problems unter Heranziehung des altorientalischen Materials im vollen Umfang bei J. MENDELSOHN, BASOR 83 (1941), S. 36, auch bei DE VAUX, Lebensordnungen I, S. 146ff. (Lit. S. 348). Zu den *ḫabiru* s. auch o. S. 14[79]; als selbständige Bevölkerungsschicht begegnen sie auch in der Stele des Idrimi, der (Zeile 27ff.) sieben Jahre bei ihnen als Wahrsager lebt (vgl. W. F. ALBRIGHT, BASOR 118 [1950], S. 17[21]). Zum Selbstverkauf eines Schuldners und seiner Familie (vgl. auch Ex 21 3!) im Edikt des Am-mi-ṣa-duqa vgl. F. R. KRAUS 18', S. 40f.

Zu Seite 123.

169 Dtn 15 7. 9 (lies *'im lebābekā debar beliia'al*) 18 (daß solche Ermahnungen die Wucht des Gesetzes selbst abschwächen und auf ihr eigenes Niveau herabziehen, betont J. D. MICHAELIS, Mosaisches Recht II, Frankfurt 1771, S. 19 mit Recht). Auch die Sanktion bei Verweigerung des Levirats Dtn 25 9f. stellt keine effektive, sondern nur mehr eine »moralische« Abstrafung dar; zum ursprünglichen Sinn des Schuhausziehens als Symbol der Eigentumsübertragung vgl. E. R. LACHEMAN, JBL 56 (1937), S. 53ff. und unter Heranziehung des nach LXX hergestellten Textes in I Sam 12 3 sowie eines Nuzi-Textes E. A. SPEISER, BASOR 77 (1940), S. 15ff. *170* Dtn 15 11 mit Einschränkung 4. *171* Vgl. Lev 25 8ff. und dazu N. M. NICOLSKIJ, ZAW 50 (1932), S. 216 (Datierung um 600, doch vermag ich ein speziell priesterliches Empfinden in 23 nicht zu erkennen), die Anm. 167 genannte Arbeit von H. SCHMIDT (vor allem S. 28[34] den Hinweis auf Neh 11 1f.) und die Herauslösung von 25ff. als ehedem selbständiger, mit dem Sabbath- oder Jobeljahr-Gesetz nicht befaßter Vorschriften durch H. GRAF REVENTLOW, Heiligkeitsgesetz, S. 135. *171a* Lies: im Abschlußjahr der jeweils laufenden (fünfzigjährigen) Jobelperiode. — Die praktische Geltung der *šnt hšmṭh* (des Sabbath-Jahres) bezeugt jetzt 1QM II 6 (vgl. J. CARMIGNAC, Les Textes de Qumran I, Paris 1961, S. 94[10]), auch 1QDM III 1 und (dazu meine »Texte«, S. 303. 306), während als Kampfzeit 40 (sic!) Jahre gelten, vom Jobeljahr aber nicht die Rede ist (vgl. J. MAIER, Die Texte vom Toten Meer II, München 1960, S. 117[9]), auf dem die Zeitrechnung des Jub (zitiert CD XVI 3) aufbaut (vgl. namentlich J. MORGENSTERN, VT 5 (1955), S. 34ff. Eine Konzession an wirtschaftliche Notwendigkeiten bedeutet es, daß Lev 25 7 dem Eigentümer die Mitbenutzung des Wildwuchses überläßt, den ihm Ex 23 11 entzogen hatte; zum Kompromißcharakter des Kapitels vgl. E. GINZBERG, Studies in the economies of the Bible, Philadelphia 1932, S. 17 u. 51, zum Ganzen vgl. auch E. NEUFELD, Riv. degli Stud. Orient. 33 (1958), S. 53ff. *172* Beachte die Magazinanlagen auf dem *tell eddschemme* bei FL. PETRIE, Gerar, London 1928, S. 8f., zum Problem der Identifikation des Ortes mit Gerar vgl. zuletzt S. COHEN, IDB II, 1962, S. 381f., zu den Speicheranlagen K. GALLING, Eißfeldts Handbuch I, 1 (1937), Sp. 492f., zu der wirtschaftlichen Not vgl. Hag 1 9ff. u. ö. Joel 1 4 u. ö. und die Geschichten Israels, am ausführlichsten immer noch R. Kittel, GVI III, 1 (1927); III, 2 (1929) S. 554f. Noch größer wären die Bedrängnisse, wenn die These J. Morgensterns, HUCA 27 (1956) S. 101ff., 31 (1960) S. 1ff. von einer Zerstörung Jerusalems unter Xerxes etwa 485 a. C. nach der Empörung einer durch die persische Niederlage bei Marathon zu extravaganten Hoffnungen aufgereizten Schicht extremer Nationalisten sich noch genauer begründen ließe, als es bei dem Fehlen jeder entsprechenden historischen Notiz im AT (worauf M. in seiner Gewissenhaftigkeit selbst HUCA 27 S. 176 verweist) z. Zt. möglich ist. Doch vgl. F. M. Th. de Liagre-Böhl, Hervormde Teol. Stud. 16 (1961), S. 261ff. Auch der Schulderlaß Neh 5 1ff. (vgl. die gleiche Maßnahme bereits im Edikt des Ammi-ṣaduqa bei F. R. Kraus, a. a. O.) ist durch die akute Not erforderlich geworden, die sich ein Menschenalter nach einer Zerstörung gut erklären würde. *173* Pap. Eleph. 30 Cowl. Zeile 28f. und Esr 4 5. Gehaltsansprüche des Statthalters: Neh 5 15. *174* Vgl. Sach 6 10ff. Esr 5 8ff.

Zu Seite 124.

175 Vgl. Hi 22 6ff. 24 1 Sap 2 10ff. *176* Vgl. Sach 7 10 Mal 3 5. *177* Vgl. Ex 22 22f. 26b Lev 25 17. *178* Zur Umsetzung der spezifisch prophetischen Demutsforderung — s. o. S. 24 — in die karitative Norm s. u. S. 195[4], zur Umbiegung der »Gerechtigkeit« S. 154ff. *178*a Dadurch ist der Satz Schaeffers, die prophetische Haltung in den wirtschaftlichen Fragen sei beherrscht by the ethics of the old clan brotherhood (Trib. con., S. 83) nicht geleugnet, vielmehr die Wurzel aufgezeigt, aus der solch Festhalten am »alten Recht« sich erklärt. *179* Vgl. z. B. I Sam 2 4f. Prov 6 6ff. 10 4 12 24 19 15 Ps 73 16ff. Ḳoh 6 2 und als Parallele das ägyptische Bild von Gott als dem »Maurer«, der den Menschen baut und zerstört, der tausend erniedrigt und tausend zu »Aufsehern« macht (Amen-em-ope 25 = ANET S. 424 Wilson).

Zu Seite 125.

180 Reg II 21 11f. vgl. I 16 31f. 17 1 18 18 II 22 19f. (vgl. I 21 29, auch II 20 19 = Jes 39 8). *180*a Vgl. Jes 1 21ff. 9 15f. Jer 14 15f. Hos 4 6ff. — Stellvertretende Strafe der *rå'šē håʿåm* für das Volk: Num 25 4 (wo W. Rudolphs, Konjektur *hår*[e]*šåʿîm* BZAW 68, S. 129 nicht ausreichend begründet ist).

Zu Seite 126.

181 Vgl. Prov 6 30 (20 17) 30 9 Sir 20 25; zum Diebstahl F. Horst, Kahle-Festschrift (Leiden 1935), S. 19ff., zur Nachwirkung der ATlichen Bestimmungen im jüdischen Recht M. Jung, The Jewish law of theft with comparative references to Roman and English Law, Philadelphia 1929, vor allem S. 116ff. *182* Vgl. Gen 31 32 (dazu C. H. Gordon, JPOS 15 [1935], S. 30, BASOR 66 [1937], S. 25ff. auf Grund eines von C. J. Gadd, RA 23 [1926], S. 126f. herausgegebenen Nuzi-Textes Nr. 51) 49 9 (und dazu D. Daube, Tijdschrift voor Rechtsgeschiedenis 15 [1936], S. 48ff.), auch Ps 69 5 (und dazu H. Schmidt, BZAW 49 [1928], S. 33). Das eigenartige Nebeneinander milder und strengster Sühnung des Diebstahls würde sich erklären, wenn das ursprüngliche Verbot Ex 20 15 sich nicht auf einen Diebstahl von Sachgütern, sondern auf Menschenraub, vgl. A. Alt, Kl. Schr. I, 333ff., bezogen hätte und von da aus auf die Entwendung auch von Tieren oder beweglicher Habe ausgeweitet wäre. Doch ist zu berücksichtigen, daß eine analoge Doppelheit (Ersatzpflicht neben Todesstrafe) sich auch in den sofort zu behandelnden außerisraelitischen Rechtssammlungen findet. Die von S. Mowinckel, ZAW 55 (1937), S. 225 in Gen 49 17. 22 gefundene Betrachtung des Straßenraubes als eines legitimen Gewerbes würde die von ALT vorgeschlagene nicht ausschließen, da es sich um ein anders zu bewertendes Vergehen gegen Volksfremde handeln würde (s. o. S. 24); doch ist seine Deutung problematisch. Zu beachten für die israelitische Bewertung des Diebstahls ist ferner, daß es sich stets um Diebstahl an Lebenden handelt, nicht um die in Ägypten so verbreitete Unsitte der Grabräuberei (vgl. A. H. GARDINER, The attitude of the ancient Egyptians to death and the dead, Cambridge 1935, S.17), die für Syrien durch die Inschriften auf den Sarkophagen des Aḥiram und des Ešmunazar belegt ist (vgl. ZDMG 79 [1925], S. 40 Anm. 4). Die kümmerlichen israelitischen Grabbeigaben lockten nicht. Für das Problem der Strafen im allgemeinen vgl. W. PREISER, Vergeltung und Sühne im altisraelitischen Strafrecht (Festschr. E. Schmidt), 1961, S. 7ff., der mit Recht für das Strafrecht der älteren Zeit das Motiv der Vergeltung und der Sühne durch die sakralrechtlich erforderliche Befreiung der (sakralen) Gemeinschaft von der am einzelnen Täter haftenden »Schuld« ersetzt. *183* Vgl. Lev 19 11 Jdc 17 2 II Sam 12 5 Jer 7 9 Hos 4 2 Sach 5 3f. Prov 30 9 Hi 24 14f. (Ps 50 18), doch vgl. auch schon Hos 7 1. *184* Ex 21 37 + 22 2b. 3; siebenfacher Ersatz Prov 6 30; Ersatz im allgemeinen vgl. Hes 33 15. Speziell doppelter Ersatz in göttlicher Strafe Jes 40 2, nachwirkend Apoc 18 6. Zur Abstufung von Strafen vgl. auch Prov 17 26 (Ex 21 18f. 22 Dtn 22 19).

Zu Seite 127.

185 I 57.70 (Ebeling, AOTB I² S. 426f.; ANET S. 192. NEUFELD S. 19. 23). — In Ex 22 3 ist die Rückgabe des gestohlenen Tieres nicht erwähnt, aber schwerlich dem doppelten Ersatz eingeschlossen; vgl. 22 6 (doppelter Ersatz aus einem Depositum gestohlenen Geldes usw. durch den entdeckten Dieb) 8 (doppelte Ersatzpflicht hinterzogenen, aber wiederentdeckten Gutes durch den im Gottesurteil schuldig Gesprochenen). *186* § 259f.: »Wenn ein Bürger einen Pflug auf der Flur gestohlen hat, so gibt er dem Eigentümer des Pfluges 5 Sekel Silber; wenn er einen Samenstreuer oder eine Egge stiehlt, so gibt er 3 Sekel Silber« (Eilers, S. 51 = ANET S. 177 [Meek]). *187* § 8 (Eilers S. 17 = ANET S. 166). — Wohl nur rhetorischen Charakter trägt das Anerbieten des verängstigten Feindes an Asarhaddon: »Ein Dieb bin ich, und für die Verfehlung, die ich mir zuschulden kommen ließ, will ich dir fünfzigfach den Schaden ersetzen« (»Erstbericht«, Zeile 15 übersetzt von TH. BAUER, ZA 40 [1931], S. 237). *188* Vgl. das Nebeneinander von Todesstrafe und »Schuldsklaverei« des Diebes Gen 44 9 : 10! *189* § 25: »Wenn im Hause eines Bürgers Feuer ausgebrochen ist, und ein Bürger, der zum Löschen gegangen ist, zu dem Gerät des Hauseigentümers seine Augen erhoben hat und Gerät des Hauseigentümers sich aneignet, so wird dieser Bürger in eben dies Feuer geworfen« (Eilers S. 20 = ANET S. 167 [Meek]). *190* § 6 (Eilers S. 17 = ANET S. 166 [Meek]). Ist bei dem »Besitz des Gottes oder des Palastes« vielleicht im Unterschied von den in § 8 genannten Tieren an Edelmetall oder Sklaven gedacht? Zur Hehlerei in Israel vgl. Prov 29 24. *191* § 7 (Eilers S. 17 = ANET ebenda). *192* Vgl. § 9 (Eilers S. 18 desgl.). Zu den §§ 6ff., die P. KOSCHAKER, Rechtsvergleichende Studien zur Gesetzgebung Ḥamurapis, Leipzig 1917, S. 73ff. für sekundär erklären wollte, vgl. DRIVER-MILES, Bab. Laws I, S. 80ff. Zu beachten ist die in §§ 7 und 9 zu beobachtende starke Betonung, daß das Beibringen von Zeugen (oder auch in § 7 eines schriftlichen Kontraktes) die Bezeichnung und Behandlung des »Täters« als *sarrāqu* (vgl. DRIVER-MILES, Bab. Laws II S. 407) ausschließt und vor dem Todesurteil bewahrt. Als eine solche Möglichkeit der »Rettung« kennt das Bundesbuch einen Reinigungseid bei Jahve nur in einem Ausnahmefall (Ex 22 10) oder bei anderer Sachlage (Ex 22 13). ***193*** Vgl. Gen 44 17 (s. o. S. 50) Dtn 27 15ff. — Zu diesem Lossagungsfluch stoße ich durch Zufall auf eine bemerkenswerte heutige Parallele in den vom Syria-Palestine Translation Service herausgegebenen Auszügen aus der arabischen Presse (2 [1936], 9, S. 3): »Von Jamal Husseini erhalten wir folgende Zuschrift: Wir erfahren, daß Zein Tahir Husseini an Juden Land nicht nur aus seinem eigenen Besitz verkauft hat, sondern angeblich auch als Treuhänder anderer Erben. Wir sehen in dieser Handlungsweise Verrat und erklären daher, daß wir und die ganze Familie Husseini frei und von solcher Schuld, so, wie der Prophet — über dem Gottes Segen sei — an seinem Onkel Abu Lahab tat. Wir handeln so nach dem Gebot, das die Scheiks erlassen haben und nach dem Beschluß ihres Rates. Wir bitten alle unsere Landsleute, den genannten Zein auszustoßen und ihn samt allen seinen Helfern und Freunden zu boykottieren. Wir haben Schritte unternommen, das Land zurückzuerhalten und haben diesen Verräter dazu gezwungen. Es gibt weder Macht noch Gewalt außer bei Gott!«

Zu Seite 128.

194 Cod. Ḫam. § 21 (Eilers S. 19 = ANET S. 67). Zur Bedeutung des im Text nach Eilers mit »man steckt ihn in die Höhlung«, in ANET von Meek mit »they shall wall him in« wiedergegebenen *ḫalālu* »to hang« oder »to immure« oder »to transfix« (Driver-Miles, II, S. 382) scheint mir gemäß den Sitten der »spiegelnden Strafe« die letztgenannte als die wahrscheinlichste: »The punishment then reflects the crime: as he has made a hole in the wall of the house, so a hole is made in his body« (ebenda I, S. 108 unter Berufung auf § 227, die Behandlung eines »Chirurgen«, der einem Sklaven seine Sklavenmarke entfernt hat); vgl. Ex 22 1f. und das o. S. 57 dazu Ausgeführte. ***195*** S. o. S. 49. ***196*** S. u. S. 165ff. und vgl. Prov. 6 30ff. ***196a*** Gleichzeitig ist Dtn 23 25f. der Begriff des straffreien Mundraubs ausgebildet; vgl. Mtth 12 1. ***197*** Vgl. Jes 1 23 (s. o. S. 125). ***198*** Zur religiösen Grundlage dieses Begriffs s. u. S. 202f.; zur Vermeidung der »feineren Arten von Diebstahl« vgl. Lev 19 11 und dazu S. Mowinckel, ZAW 55 (1937), S. 223, während Reventlow, a. a. O. S. 65 übersehen hat, daß Lev 19 11 gerade nicht wie in Ex 20 15 Dtn 5 17 das Verbum *gnb*, sondern Pi *kḥs*, das Jos 7 11 von *gnb* abgesetzt ist, bietet. ***199*** Hi 31 21f.; zum Grundsätzlichen s. o. S. 35.

Zu Seite 129.

200 Dtn 27 17ff. Lev 19 13ff. (*tålîn* 14 wohl Hiph.); zum Text von 15 vgl. S. Mowinckel, ebenda S. 224ff., dem ich in der Ansetzung von Dtn 27 als spätem Text (Décal. S. 133ff.) nicht folgen kann. ***201*** Vgl. J. Pedersens Kontrastierung des Hiob und des Despoten: Israel I. II. S. 223ff. ***202*** Vgl. Ex 22 22f. 26. Prov 11 26, auch (vom Fluch des Sklaven) Prov 30 10 Ḳoh 7 21 und dazu ZDMG 79 (1925), S. 39 (= Apoxym. S. 46). ***203*** Vgl. Jdc 9 53f. und dazu Aischyl. Agamn. 1452 (Wil. ed. min. 158): πολλὰ τλάντος γυναικὸς διαί | πρὸς γυναικὸς δ' ἀπέφθισεν βίον, auch Eum. 627. ***204*** Übersetzung von H. Zimmern, bei Lehmann-Haas, Textbuch zur Religionsgeschichte^2, Leipzig 1922, S. 335; Parallele vgl. bei J. Friedrich-B. Landsberger, ZA 41 (1933), S. 316. Vgl. jetzt A. Goetze, ANET S. 354: »Is not this that you see here garments of a woman? . . . whoever breaks these oaths . . . let these oaths change him from a man into a woman! Let them change his troops into women, let them dress them on the fashion of woman . . .!«

Zu Seite 130.

204a Vgl. auch die Rettung einer Stadt (II Sam 20 16) bzw. die Begnadigung des Absalom durch eine *’iššå^h ḥ^{a}ḳåmå^h* (II Sam 14 2). List ist das eigentliche Kampfmittel des Weibes; nur die Schlange ist noch »klüger«. ***205*** S. u. S. 164[70] und vgl. H. Junker, a. a. O. S. 71ff. und II Reg 22 14. Hingegen ist die Frau, vor allem im Falle der Kinderlosigkeit, gern Besucherin des Orakels; vgl. z. B. (Gen 25 22) I Sam 1 9f. und dazu P. Humbert, AfO 10 (1935), S. 77ff. ***206*** So Hulda ebenda mit einem »Kammerfeldwebel«; zur *n*^{e}*ḇi'å*^{h} Jes 8 3 o. S. 113[105]. Arabische Königinnen der assyrischen Zeit macht E. Dhorme, Evol. S. 274f. namhaft. ***207*** Vgl. Gen 22 1f. und dazu vor allem Agamn. 1414ff. (Wil. ed. min. 157). Das andere Motiv der Tat Klytaimnestras, die Verletzung ihres Stolzes durch das Vorhandensein einer Kebse ihres Gatten (ebenda 1438ff.), hat im AT keine Parallele. ***208*** Hi 2 9bf. LXX. ***209*** Vgl. Althebr. Lit., S. 93f. ***210*** Belege bei J. Meinhold, Die Weisheit Israels, Leipzig 1908, S. 92ff.; besonders charakteristisch Prov 31 10f. So richtig das beherrschende Interesse am Mann in der Literatur des AT ist, so hätte die Hochschätzung der Frau als Mutter und Erzieherin (vgl. z. B. Prov 10 1), vor allem aber die Tatsache stärker herausgehoben werden sollen, daß auch die »Weisheit« und nicht nur die »Torheit« als Frauen dargestellt werden (vgl. Prov 1 20 9 13 und dazu B. Gemser, Eißfeldts Handbuch I,16[2] (1963), S. 51f. mit Hinweis auf ägyptische Parallelen). Zur Erziehung der Mädchen vgl. L. Köhler, Der Hebräische Mensch S. 71f. ***211*** Sir 7 2ff.; vgl. 42 9ff. und die analoge Sorge der Brüder Cant 8 8. ***212*** Vgl. Lev 21 9 (auch die Bestimmung Dtn 22 21 [Tötung der Unkeuschen am Haustor ihres Vaters] dürfte hierhergehören); zur Verfügungsgewalt des Vaters bis zur Preisgabe zur Notzucht s. o. S. 2[11]. ***213*** Vgl. Gen 3 9ff. 17 Hos 4 13 Jer 5 4 u. s. o. S. 125. ***214*** Vgl. Am 4 1ff. Jes 3 16ff. Auch für Aischylos ist der Feldzug, der um eines Weibes willen wackeren Recken das Leben kostet, eine harte Sache; vgl. M. Pohlenz, Die griechische Tragödie, Leipzig 1930, S. 97f. Von der Stimmung des Jes Sir: »Um eines Weibes willen sterben wir alle« (25 24) ist in den älteren Texten nichts zu spüren; ein Beleg, wie wenig die jahwistische Urgeschichte »theologisch« gewirkt hat. Paulus steht mit seiner maskulinen Formulierung I Cor 15 21 δι' ἀνθρώπου dem spezifisch männlichen Charakter des AT näher! ***215*** Vgl. Jes 7 15. ***216*** S. u. S. 166ff. Zur sexuellen Sphäre gehört auch die in Dtn 25 11f. unter Strafe gestellte Hilfe für den in eine Schlägerei verwickelten Mann; eine Parallele aus Nuzi bringt C. H. Gordon, JPOS 15 (1935), S. 29ff. Daß die Frau genau wie der Arme den grundlegenden Gottesgeboten untersteht, deren Übertretung »unrein« macht und die »Gemeinde« gefährdet, bedarf keiner besonderen Betonung; vgl. Dtn 31 12 und die Todesstrafe gegen das Weib bei Götzendienst (Dtn 13 7 [s. o. S. 73] 17 2. 5; vgl. I Reg 15 12 [Jes 17 10]) und Zauberei (Ex 22 17 Lev 20 27; vgl. I Sam 28 7f. I Chr. 10 13). Schon ihre Zulassung zum Orakel (s. o. Anm. 205) und zu bestimmten Opfermahlen, vor allem aber ihre Opferpflicht (Lev 12 6 15 29; weitere Belege bei J. Döller, Das Weib im AT, Münster 1920, S. 8ff.) erfordert solche Strenge. Neuere Literatur s. bei de Vaux, Lebensordnungen I, S. 343.

Zu Seite 131.

217 Vgl. Jes 50 1 (Ursache der Scheidung: ungeratene Kinder [s. o. S. 3[13]]). ***218*** Cod. Ḫam. § 138 f. Eilers S. 35, ANET S. 172; zu den bab. Termini *ḫirtu* (*ḫîratu*): ». . . was the bride whom a father had chosen for his son« und als solche »often . . . the first wife«, die »takes precedence over a slave-wife« und den Ehrentitel *aššatu tirḫâtum* usw. trägt, vgl. Driver-Miles, Bab. Laws II S. 220 I S. 245ff. (Die folgenden Paragraphen behandeln die Scheidung im Falle der Verschuldung der Frau.). Israel. Regelung: Dtn 24 1ff. Hos 2 4 (heutiger Text; zum ursprünglichen Wortlaut s. o. S. 71[27]) Jer 3 8; anders Num 5 11ff. (Zu Jes 50 1 s. die vorige Anm.) ***219*** S. o. S. 35[11] und vgl. das Nebeneinander der Bezeichnungen des *'aeḇaeḏ* (*'îš miḳnaṯ kaesaep̄*): (Ex 12 45) Lev

25 6 u. ö., auch Dtn 15 18 (der *ʿaebaed* in der Arbeitsleistung als *mišnēh* ʻIʼ *śåkir*). Die Drohung mit der »Versklavung« des ganzen Volkes unter den König durch Fronen, Naturalabgaben, Grundbesitzeinziehungen, Zehnten und Einstellungen der männlichen Jugend ins Heer, der weiblichen in den Harem gebraucht den Ausdruck *ʿaebaed* absichtlich übertreibend (I Sam 8 11ff.; vgl. als Korrektur I Reg 9 22, wo *ʿabådåiu*, falls der Text intakt ist, in dem u. Anm. 228 besprochenen Sinn zu verstehen ist). Im übrigen sei zur Frage der Sklaverei im alten Orient einschließlich Israels auf den Artikel Slavery in IDB IV S. 383ff. verwiesen, in dem I. MENDELSOHN sowohl die gesamte Gesetzgebung von den sumerischen Texten an als die Eigenheiten der israelitischen Regelung umfassend darbietet. Daß ich nicht in allen Einzelheiten ihm zu folgen vermag, z. B. die *ʿibrim* auch trotz BA 25, S. 66ff. (s. o. S. 45[56]) für eine nichtisraelitische, nicht in den Besitz festen Weide- oder Ackerlandes gelangte und sich auf Zeit verdingende Bevölkerungsschicht halte, schließt die generelle Zustimmung zu seinem Gesamtbild nicht aus. Sein älterer Nachweis, daß im Zweistromland die Handwerkstätigkeit in größerem Umfang von freien Arbeitern als von Sklaven ausgeführt wurde (BASOR 89, 1943, S. 25ff.), wird jetzt durch die Feststellung ergänzt, daß die Sklaven mehr in häuslichen Diensten als in landwirtschaftlicher oder industrieller Tätigkeit beschäftigt wurden (S. 390). Von da aus wird es auch noch verständlicher, daß nach Ex 21 5f. Dtn 15 16f. manche nach Ablauf ihres Dienstvertrages »preferred bondage with economic security to liberty with economic insecurity« (BASOR 83 [1941], S. 38). Die Arbeit von M. LURJE, BZAW 45, 1927 läßt das außerisraelitische Vergleichsmaterial außer Betracht und überschätzt damit die Notlage des Kleinbauern als Ursache der Sklaverei. Zur Lohnzahlung an den *śåkir* vgl. Lev 19 13 Dtn 24 14 (Jer 22 13 Mal 3 5 [vgl. A. VON BULMERINCQ, Komm. z. St.]), zur Dauer des Dienstvertrages Lev 25 53 Jes 16 14. — Zu den Problemen der »Personenmiete« gewaltfreier Personen, vor allem zur Erntearbeit im Babylonischen vgl. J. G. LAUTNER, Altbabylonische Personenmiete und Erntearbeitsverträge (Studia et Documenta ad iura Orientis antiqui pertinentia I), Leiden 1936; zur »Ausleihe« eines künstlerisch begabten *ʿlim*ʼ(?) für einen speziellen Zweck vgl. Doc. IX 1 bei G. R. DRIVER, Aram. Doc. of the Vth cent. b. C., Oxford 1954, S. 28ff. ***220*** Das Verb *šrt* bezeichnet die freie Dienstbarkeit, z. B. des Josua gegenüber Moses (Ex 24 13 u. ö.), auch der Abisag gegenüber David (I Reg 1 4), aber andrerseits auch den Dienst eines (allerdings in seiner Stellung gehobenen) Sklaven (Gen 39 4 40 4; vgl. 41 12 *ʿaebaed*!). Analog hat ein *naʿar bēt šåʾūl* (II Sam 19 18; zu seiner Bezeichnung als *ʿaebaed* s. u.) selbst *ʿabådīm* unter sich und bezeichnet *naʿar* in I Sam 30 17 den Angehörigen des amalekitischen Kamelreiterkorps, also einer beduinischen Elitetruppe, in Gen 14 24 hingegen die 318 *jelīdē habbajit* des Abraham (14 14), also Unfreie. Ob die in der Regel als *naʿar* bezeichneten Waffenträger (z. B. I Sam 14 1 u. ö.) Freie oder Unfreie waren, ist somit nicht sicher zu ermitteln. Doch ist ersteres wahrscheinlich, da zwischen der Bezeichnung des Ziba als *ʿaebaed* (II Sam 9 2) und als *naʿar* die Übergabe (der Hälfte) des Gutes seines Herrn durch David (vgl. II Sam 16 4 19 18 [30]) und damit doch wohl die Freisprechung liegt, falls diese nicht schon in der königlichen Beauftragung mit der Versorgung des Meribaal enthalten ist (II Sam 9 9f.). ***221*** Vgl. die Stellung der Gibeoniten als »Baumfäller und Wasserschöpfer für die Gemeinde und den Jahwealtar« (Jdc 9 23. 27); zu den »Salomoknechten« und den *netinim* Esr 2 43. 55, zu »Dienstleistungen« der weiblichen Glieder derartiger Sippen auch u. S. 165[72] und den doppelten Wert einer flüchtigen Sklavin gegenüber einem entsprechenden Sklaven in dem Vertrag zwischen Idrimi und Pillia bei D. J. WISEMAN, a. a. O., S. 31 Nr. 3. Nur aus der Zeitschriftenschau der ZAW 74, 1962, S. 233 kenne ich die terminologische Un-

tersuchung von Ju. B. Iosifov, Vnestnik drevnej istorii, 1961, Nr. 4 (78), S. 32ff. — Wie selbstverständlich die Institution der Sklaverei als solche fortbestand, zeigen die Qumrantexte. Zwar begegnet das Verb *šrt* nur im Sinne priesterlichen »Dienstes« (z. B. 1QM II 1-3) oder im allgemeineren Sinne des »Gottesdienstes« auch des Laien (z. B. 1QH V 21) oder der personifizierten Weisheit (CD II 4) oder im freien Zitat nach Jes 49 23 im Sinne des echatologischen Dienstes der Heiden gegenüber Israel (1QM XII 14 XIX 6), und der Stamm *ʿbd* als Bezeichnung der Propheten (z. B. 1QpHab II 90 SI 3 4QpHos b II 5), des David (1QM XI 2), vor allem aber als Selbstbezeichnung des Hymnendichters (z. B. 1QH V 15. 28 u. ö.). Er begegnet auch nicht nur als Bild, das die Institution als solche ohne Bezug auf israelitische Verhältnisse kennt (1QS IX 22), sondern die nichtmonastische Gruppe des »Ordens« besitzt männliche wie weibliche Sklaven neben Lohnarbeitern (*ʿbdw, ʾmtw, śwkrw* CD XI 12 [XII 10]), (vgl. auch meine »Texte« S. 357), deren Sabbathruhe (vgl. auch Anm. 225) und Nichtverkauf an Heiden geregelt werden. Auch Ordensglieder leisten ja bezahlte »Lohnarbeit«, aus deren Ertrag sie zwei Tagessätze an das Kloster abzuführen haben (CD XIV 12f.). In sehr wesentlichem Unterschied zu den frühchristlichen Gemeinden scheinen auch der nichtmonastischen Gruppe keine Sklaven angehört zu haben. ***222*** Zu den menschlichen Beziehungen zwischen Herrn und Sklaven vor der »Verwirtschaftlichung der Sklaverei« vgl. R. Thurnwald, a. a. O. S. 206.

Zu Seite 132.

223 Vgl. Ex 21 5 Dtn 15 16 Gen 24 2ff. Weitere Belege für die Vertrauensstellung des Sklaven in der Familie vgl. bei K. Fuchs, Die ATliche Arbeitergesetzgebung im Vergleich zum Cod. Ḫammurapi, zum altassyrischen und heth. Recht, Diss. theol. Heidelberg 1935, S. 15f. oder die Sorge des »Mädchens aus Israel« um ihren damaszenischen Herrn II Reg 5 3. ***223a*** Der erbende Sklave mag durch Adoption (vgl. Pap. Eleph. Kraeling 8 5 und dazu S. 229: *brį įhųh*) freigeworden sein, s. H. Cazelles, RB 69 (1962), S. 330 im Anschluß am U. Cassutos (BASOR 119 [1950], S. 19f.) Deutung von Krt I 25 (anders H. L. Ginsberg, ANET S. 143, doch vgl. auch J. Gray, The KRT-Text, Leiden 1955, S. 29). Vgl. bei Cazelles auch die Zusammenstellung der Lit. zu Gen 15 auf S. 321[2], 322[4]. ***224*** Vgl. Gen 15 3: *baen-bēṯi įōreš ʾōṯi* und dazu die Gegensatzbildung *įelīḏ habbaįiṯ*: *miknaṯ hakkaesaep̄* Gen 17 13, auch Jer 2 14 I Chr 2 34f. ***225*** Vgl. Ex 21 6. 7ff und s. zur Sabbathruhe u. S. 173. ***225a*** Darum ist das Verhalten des Volkes in Jer 34 16 eine doppelt schwere Schuld: einerseits die Nichtfreilassung zum gesetzlichen Termin und anderseits der Bruch eines »Bundes«, dessen Zeremonie nun an ihnen vollstreckt werden soll! ***226*** Gesetz: Ex 21 Dtn 23 16; Erzählung: I Sam 25 10 Neh 5 8 (Kontrast: der von seinem Herrn hilflos zurückgelassene Sklave I Sam 30 13, Reihenfolge der zum Freikauf eines »Bruders« Verpflichteten: Num 25 48f.); Weisheit Anm. 233. Die Parallelen (Cod. Ḫam. § 16 Het I 22ff.) zu Dtn 23 16 vgl. bei Fuchs, a. a. O. S. 27ff., zum flüchtigen Sklaven auch den Brief Niḳmedaš an Ibira (W. F. Albright, BASOR 63 [1936], S. 24), den Anm. 221 genannten Idrimi-Vertrag wie auch die Stele Sfiré III 13 (Dupont-Sommer S. 128) und zur allgemeinen Häufigkeit der Sklavenflucht die »Haftung für Fugitivität« bei M. San Nicolò, Die Schlußklauseln der babylonischen Kauf- und Tauschverträge (Münchner Beiträge zur Papyrusforschung und antiken Rechtsgeschichte 4), München 1922, S. 223ff., und in: Charisteria für A. Rzach, Reichenberg 1930, S. 163ff. (Vertrag aus dem 9. Jahr Alexanders d. Gr.); zur Sklavenmarke vgl. den gleichen Vertrag und Pap. Eleph. 28 Cowl. — Zum Sklavenfreikauf werde ich durch die Besprechung in

JAOS 57 (1937), S. 434 darauf aufmerksam, daß ein von I. J. GELB, Inscriptions from Alishar and vicinity (OIP 27, 1935), S. 32 Nr. 12 veröffentlichter Text den Freikauf eines Assyrers aus einem *bit nuâum* bezeugt; zu *nuâum* = *rusticus* vgl. ebenda S. 46. *227* Vgl. II Sam 10 2ff. (Ammoniterkriegsbericht) und den doppelten Sprachgebrauch von עלים in Pap. Eleph. In der Regel bezeichnet das Wort den »Sklaven«, der unter den Söhnen des Hauses vererbt wird (28 13; s. o. S. 68 Anm. 10), zum »Hause« gehört (41 6), Schläge erhält (Aḥik. 83), ja getötet werden (Aḥik. 63), jedoch auch als Sohn adoptiert werden kann (s. Anm. 223). Einmal aber bezeichnet עלים ziemlich sicher »Beamte«, die Einfluß haben (38 3. 8), vor allem, wenn der eine der in 38 4 zu den עלימי ענני gerechnete Mann mit seinem in 38 8 als עלים חנניה bezeichneten »Namensvetter« identisch sein sollte; vgl. Cowley z. St., auch zum Hintergrund von Pap. Cowl 38 E. G. KRAELING, a. a. O. S. 14. Die von DRIVER herausgegebenen aramäischen Texte (s. o. Anm. 219) bestätigen dasselbe Bild. Der (persische) *pḳịd* hat Abhängige, die als *ʿbdn* oder als *ʿlịmn* bezeichnet werden (Belege DRIVER S. 7[24. 25]), kann aber selbst als *ʿlịm* des *pḳịd* gelten (DRIVER Anm. 26 zu Text II). Bemerkenswert die Zahl von zehn »Sklaven«, für die Reiseproviant angefordert wird (Text VI 3) und die Rückforderung eines Grundstückes durch einen *ʿlịm zị lị* (einen gewissen Petosiris), das verloren ging, als in den ägyptischen Wirren alle *nšị bịtn* umkamen (VIII 1ff.). *228* Material Gott und Mensch[2], S. 180f.; die Bezeichnung des Kyros als Marduks »jungen Knecht« in einer Inschrift des Nabuna'id, ebenda S. 40[3]. — Zu beachten sind auch die Entgegensetzung von Lev 26 12 : 25 55 (nicht der Menschen Knechte, sondern Jahwes Volk, und damit s e i n e Knechte) sowie die Ausführungen von G. WIDENGREN, a. a. O. S. 281ff. *229* Vgl. I Sam 24 15 II Reg 8 13 (Kontrast: II Sam 3 8; Parallele: die Scherbe 2 *tell ed-dwēr* ANET S. 322 (ALBRIGHT), GALLINGS Textbuch, Tübingen 1950, S. 63, vgl. ZAW 56 (1938) S. 129[d], auch C. MARSTON, ET 46 (1935), S. 502ff., die Briefe 9. 435. 620. 659 des Adad-šum-uṣur (vgl. E. DHORME, RHR 113 [1936], S. 127ff.), auch — entfernter — den tyrischen »Richter« *Kelb-is* »Hund der Isis« (vgl. A.T. OLMSTEAD, History of Palestine and Syria, S. 539), weiter die Benennung der Großen des Reiches als »Knechte« des Königs im Hetitischen (A. GOETZE, MVAeG 32 [1927] S. 149) und die Selbstbezeichnung der Klytaimnestra als κύων Aisch. Agamn. 607. 895. *230* Vgl. Dtn 18 5. 7 : 4 19 8 19 und als Parallele die Unterscheidung von *ịrʾ* und *ḥtt* (beachte den Sprachgebrauch in Jer 10 2!) Gott und Mensch[2], S. 25. *231* Jos 24 15 E.

Zu Seite 133.

232 Vgl. Hi (3 18) 7 2, auch Dtn 28 48; zur Mehrarbeit gegenüber dem *śåḵīr* vgl. o. Anm. 219 (Einen Tarif für den *śåḵīr* sieht jetzt J. B. SEGAL im Gezer-»Kalender« JSS VII [1962], S. 212ff. Doch ist zu beachten, daß auch der Herr und seine Kinder mit Hand anlegen müssen — »Sechs Tage sollst du arbeiten und all dein Werk ausrichten« — und daß selbst ein Nehemia sich nicht zu gut dünkt, selbst mitzuschaffen (Neh 5 16). *233* Vgl. Prov 29 19. 21 Sir 30 33ff. [33 25ff.] 42 5. *234* Vgl. Ex 21 21. 26. 27 Sir 30 40 : Dtn 5 15 u. ö. (»denke daran, daß Du Knecht warst im Ägyptenland«) 23 16 Lev 25 39ff. *235* Vgl. das babyl. »Zwiegespräch des Herrn mit seinem Diener« (Übersetzung von E. EBELING, AOTB I[2], S. 28 4ff., von R. H. PFEIFFER, ANET S. 437f., gute Nachdichtung von A. SCHOTT, Die Welt als Geschichte I [1935], S. 68ff.). *236* Prov 17 2; vgl. Sir 10 28. *237* Hi 3 19. *238* Vgl. Jes 22 3. *239* S. o. S. 37 u. u. S. 166ff. *240* Vgl. etwa Prov 12 11. 27. 13 4 15 19 28 19; negativ 6 6ff. 10 4 19 15 21 25 23 21 24 30f. — Hingegen hat Hesiod ein bäuerliches Arbeitsethos entwickelt; vgl. J. BRAKE, Wirtschaften u. Charakter in der antiken Bildung, (Diss. phil.) Göttingen 1935, S. 50ff. *241* Vgl. Althebr. Lit. S. 55, doch auch Sir 38 24ff. und P. HUMBERT, Recherches sur les sources égyptiennes de la littérature sapientiale d'Israël, Neuchâtel 1929, S.181 ff.; zu beachten ist dabei, daß die ägyptische Weisheitslehre keineswegs einseitig nur auf die Berufsausbildung der Schreiber gerichtet ist; vgl. J. SPIEGEL, Die Präambel des Amemem-ope, Glückstadt 1935. *242* Vgl. vor allem Jes 29 16 45 9 Jer 18 6 Sir 36 10ff. Sap 15 7 Rm 9 21. *243* Vgl. Hi 10 8ff. und dazu Z. syst. Th. 6 (1928), S. 669f. (= Apoxysmata, S. 155f.).

Zu Seite 134.

*243*a Was zur Arbeit treibt, ist vor allem der Hunger (Prov 16 26, zum Text B. GEMSER, Komm. z. St., zum Gegensatz *npš*: *ph* auch W. ZIMMERLI, Komm. zu Ḳoh 6 7). Faulheit ist »unpraktisch« im wirtschaftlichen Leben (Prov 6 6ff., weitere Belege bei GEMSER, a. a. O. S. 39.). Ob man diese Warnungen als den »völligen Gegensatz zu der heiligen Sorglosigkeit der Bergpredigt« (so H. RINGGREN, ATD 16/1 [1962], S. 32) bezeichnen kann, lasse ich dahingestellt. *244* So Gen 2 18ff., zur Sache s. u. S. 171. Zur Bedeutung des Schöpfungsglaubens für das »Kreaturgefühl« des AT als solchem vgl. meine Ausführungen in: Deutsche Theologie, ed. A. TITIUS, Göttingen 1928, S. 79ff.; zum »Wissen vom Schöpfer« an der »entscheidenden Stelle« von »Deuterojesajas Gedankenbildung« in seiner Botschaft in der »Zeit des aufkommenden Perserreiches« J. BEGRICH, BWAT IV 25, Stuttgart 1938, S. 115(ff.), zur Bedeutung von Aussagen wie Mal 2 10.15 u. a. für den Schöpfungsglauben des Urchristentums G. LINDESKOG, Studien zum neutestl. Schöpfungsgedanken, Acta Univ. Upsaliensis 1952 : 11. *245* Zu dem göttlichen Urteil *ṭoḇ* (*me'oḏ*) (Gen 1 3 u. ö. 31; vgl. *ṭoḇ hū'* Jes 41 7) vgl. ägypt. Parallelen aus der Handwerkersprache bei A. S. YAHUDA, Sprache des Pentateuch, Berlin 1929, S. 134, aber auch G. BERGSTRAESSER, ZS 8 (1930), S. 39[1]. *246* Sir 36 (33) 10ff.; zum Zusammenhang s. u. S. 184. *247* Vgl. G. VON RAD, BZAW 66 (1936), S. 138ff. Wo der Schöpfungsglaube selbständig auftritt, wird vor allem die souveräne Verfügungsgewalt Jahwes über die Welt darauf gegründet; vgl. Jer 27 5ff. *248* Jes 64 7 und vgl. dazu als Kontrast 45 9ff. *249* Ḳoh 1 3. Der Stamm *'ml* begegnet nominal oder verbal 34 mal im Ḳoh gegenüber 40 mal im ganzen übrigen AT; Leiden des Gefangenen Gen 41 51 Ps 107 12, des »Sünders« Ps 25 18, des Kranken Hi 7 3, des Fluchverfallenen Num 23 21 und dazu S. MOWINCKEL, Psalmenstudien I, S. 12f. und die Untersuchung der sonstigen Termini bei W. ZIMMERLI, a. a. O. z. St. *250* Vgl. Ḳoh 2 10 (als Kontrast etwa Hi 3 18 [Ḳoh 4 6]): Ḳoh 1 13 (das Streben nach Weisheit als *'inian rå'*) 18 (»wo viel Weisheit, da viel Schmerz«): 2 18 (»ich haßte alle meine Mühe, mit der ich mich mühte unter der Sonne«) u. ö.

Zu Seite 135.

251 Sir 38 25 Smend. *252* Sir 38 32ff. Smend. *252a.* S. o. S. 121[160]. *253* Vgl. etwa die Anhängung der Zehnten-Freigabe im 3. Jahr für die Armen an die Zehntendarbringung im Heiligtum; zur wirtschaftlichen Bedeutung von 14 22ff. vgl. ZAW 54 (1936), S. 310f.

Zu Seite 136.

254 Den Einzelnachweis vgl. bei F. HORST, Das Privilegrecht Jahwes, Göttingen 1930. *255* Gegen G. VON RAD, Gottesvolk, S. 32, der seinerseits G. STERNBERG, Ethik des Dtn, Berlin 1908, S. 51, folgt. Man kann die Wucht nicht überhören, mit der ein Kultgesetz im Rechtskorpus vorangestellt ist und muß sich fragen, inwiefern denn ein zentralisierter Kultus *als solcher* »straff an der übernaturhaften und sittlichen Majestät Gottes orientiert« sein soll. Es ist richtig, daß das Dtn nicht am Kultusbetrieb als solchem hängt; dafür aber um so mehr an diesem Kult. Es unterscheidet nicht zwischen Kultus und Ethos, vielmehr liegt ihm urtümlich beides in einer Ebene. Auch ist es gefährlich, aus dem Schweigen des Dtn über Kultfragen anzunehmen, daß es sie beiseite schiebe; es setzt sehr wahrscheinlich andere Bestimmungen voraus — vgl. oben S. 122 zu 15 1ff. — die es nicht bringt, weil es sie nicht zu ändern braucht! Wenn VON RAD jetzt das Dtn mit einer levitischen Reformbewegung in Nordisrael zusammenbringt, die ein besonderes Interesse am »Heiligen Krieg« gehabt habe (Theologie I S. 79ff.), so ist dabei nicht hinreichend berücksichtigt, daß eine »interpretierende Tätigkeit der Leviten« (wie sie F. DORNSEIFF, Festschr. Curtius, S. 61ff. gerade nicht im Nordreich, sondern in Juda stattfinden läßt), wie v. R. selbst gewissenhaft vermerkt (S. 80[7]) ,erst in nachexilischer Zeit bezeugt ist, Dtn 24 8 aber die Leviten nur bei der Behandlung und Konstatierung des Aussatzes tätig werden läßt. Weiter ist die Tatsache übersehen, daß die »Kriegspredigt« Dtn 9 22 von Mißerfolgen im Kriege weiß, für die weder das Volk noch etwa ein Gotteszorn verantwortlich sind, sondern nüchterne wirtschaftliche Gegebenheiten, und daß die Verkündigung alter vom Kriegsdienst befreiender Tabuierungen (Dtn 20 5ff.) nicht den Leviten, sondern den *šoṭ^e rim* in den Mund gelegt wird. Auch in die Formulierung der Kriegsbestimmungen spielt die Kultuszentralisierung als maßgebendes Interesse hinein, indem 20 14 für das Verzehren der Beute die gleiche Ausnahme gestattet wird wie in 12 21. Im übrigen sollte bei der Zurückführung des Dtn auf die Leviten nicht übersehen werden, daß sie immer wieder als die *personae miserabiles* erscheinen, die der Fürsorge empfohlen werden (12 18 u. ö.), nicht aber als »Respektspersonen«. ***256*** Dtn 6 4. ***257*** Vgl. Dtn 12 14. 18; zum politischen Hintergrund vgl. Althebr. Lit., S. 139ff. ***257a*** Wie Jahwe für die deuteronomistische Theologie das Volk schützen kann, lehrt Jos 5 1; vgl. W. RUDOLPH, a. a. O. S. 179. Daß das Dtn mit den Propheten das »indéfectable attachement à l'idéal israélite d'être le peuple élu ayant à remplir une mission unique dans le concert des nations« (E. JACOB, Suppl. VII VT, S. 45) gemeinsam hat, nimmt beiden nicht den Charakter der »Utopie«, gerade dort, wo die Durchsetzung der um dieses »attachement« willen getroffenen Bestimmungen in der Welt, wie sie nun einmal ist, und unter den politisch-militärischen Bedingungen die Existenz Israels nur durch ein wider alle natürlichen und politischen Umstände sich vollziehendes Wunder nach Art des in Jos 5 geschilderten sichern konnte und sich in den Krisen von der Assyrerzeit bis zu Bar Kochba nicht ereignet hat!

Zu Seite 137.

258 Dtn 29 28; vgl. 4 2 13 1 und als Analogie das Königsgebot Esr 6 11. ***259*** Dtn 30 10; zu »diesem Gesetzbuch« vgl. Dtn 28 (58) 61 (vgl. BHK[3]) 29 20 31 26. ***260*** Zum Problem vgl. M. NOTH, GI[2] S. 302ff., auch Gesammelte Stud. S. 101[177]. ***261*** Vgl. Dtn 12 13ff. 14 22ff. 15 19ff. 16 1ff. 18 4 22 1ff. — Das Gesetz rechnet dabei mit einem gewissen »Mindestwohlstand«, im Unterschied von der Opferthora Lev 5, welche für die Ärmeren erschwinglichere Opfer anordnet, immer aber an dem Grundsatz, daß ein Sündopfer dargebracht werden muß, festhält. Die Opferpflicht ist für alle gleich, die Opfermenge wird differenziert; vgl. auch Jes 40 20. ***262*** Vgl. Dtn 6 7ff. 11 19ff. und dazu L. DÜRR, Erziehungswesen S. 106ff., auch o. S. 72.

Zu Seite 138.

263 Vgl. Dtn 5 16 : 11 21 12 28. Daß auch der König von der Verpflichtung zur Gebotserfüllung nicht ausgenommen ist, wurde schon o. S. 24 betont; vgl. Dtn 17 18f.

264 Dtn 27 26; zum Text vgl. ZAW 52 (1934), S. 270f. u. NAGW Phil.-Hist. Kl. 1959, S. 235. *265* S. u. S. 193f. *266* Vgl. W. ZIMMERLI, ZAW 51 (1933), S. 195ff. und seine Charakteristik der »jüngeren« Weisheit des Ḳohelet in Komm. (1962), S. 135ff. *267* So K. GALLING, ZAW 50 (1932), S. 285 zur Kennzeichnung Ḳohelets. *268* Ḳoh 9 4; vgl. Jer 37 20ff. (38 34ff.) Hes 14 21ff. Sach 8 4. Zum folgenden vgl. A. SCHULZ, Der Sinn des Todes im AT, Braunsberg 1919; G. QUELL, Die Auffassung des Todes in Israel, Leipzig 1925; L. DÜRR, Die Wertung des Lebens im AT und im antiken Orient, Münster 1926, zur Charakterisierung des Todes als einer »weak form of life« A. R. JOHNSON, The vitality of the individual in the thought of Ancient Israel, Cardiff 1949, S. 89ff., zu einem möglichen Zusammenhang von Totenbeschwörung und Bund mit dem Tode in Jes 28 14f. : 8 19 vgl. S. H. HOOKE, Alpha and Omega, Dixwell Place 1961, S. 60f., zur Diesseitsgebundenheit der israel. Religion F. BAUMGÄRTEL, Die Eigenart der ATlichen Frömmigkeit, Schwerin 1932. *269* Hi 2 4; zum folgenden vgl. Gott und Mensch², S. 245f., wo in Anm. 4 zu ergänzen ist: Jona 4 8.

Zu Seite 139.

270 Vgl. Jes 14 20 Jer 22 18ff. (Assyr. Gesetz. § 52) und dazu ZDMG 79 (1925), S. 57f. = Apoxysm., 64f.; ferner wohl auch Ps 49 in der Deutung von P. VOLZ, ZAW 55 (1937), S. 241ff.; ähnlich H.-J. KRAUS, Komm. z. St., der den frommen Armen »in einer unvergleichlichen Weise dem Schattendasein der Unterwelt entrückt« werden läßt und Lc 16 19ff. als nächste Parallele heranzieht. Vgl. auch CHR. BARTH, Die Errettung vom Tode in den individuellen Klage- und Dankliedern des AT, Zollikon 1947, S. 159. Zu den babylonischen Totenzeremonien, vor allem den Wasserweihungen vgl. P. REYMOND, Suppl. VT VI (1958), S. 212ff., auch A. PARROT, RHR 113 (1936), S. 149ff., gutes Teils auf Grund der von E. EBELING, Tod und Leben nach der Vorstellung der Babylonier, I, Berlin 1931 gesammelten Texte, in denen eine Differenzierung des Jenseitsschicksals auf Grund eines moralischen Urteils freilich nicht begegnet; vgl. W. VON SODEN, OLZ 37 (1934), S. 415f. *271* Gilg. XII, 146ff. (Schott, S. 80). *272* Vgl. Jes 14 19 : 66 24 (Dan 12 2f.) und die Nichtaufnahme »böser« Könige in die Königsgruft II Chron 21 20 24 25. *273* Vgl. C. C. TORREY, The Jewish foundation of Islam, New York 1933, S. 101 gegen M. LIDZBARSKI, ZS I (1922), S. 85ff. *274* Zum ägyptischen Totenglauben vgl. H. KEES, Totenglauben und Jenseitsvorstellungen der alten Ägypter, Leipzig 1926, J. SPIEGEL, Totengericht (s. o. S. 121[158]), und dazu A. RUSCH, OLZ 39 (1936), S. 415ff., sowie die Belege für die »Verbindung von Ethik und Individualeschatologie« bei G. LANCZKOWSKI, Altägyptischer Prophetismus, Wiesbaden 1960, S. 89ff. *275* Zu *irṣit lâ târi* vgl. F. DELITZSCH, Das Land ohne Heimkehr, Stuttgart 1911, S. 36[21] und K. TALLQUIST, Stud. Or. V. 4 (1934), S. 15f.; ein ähnliches Werk möchte E. ROBERTSON, AJSL 49 (1933), S. 316ff. in dem *'ašaer 'ēn lō šaḥar* Jes 8 20 zitiert finden.

Zu Seite 140.

276 Ištars Höllenfahrt Z. 32ff. (EBELING, AOTB I², S. 207 = ANET S. 107, E. A. SPEISER als Frage gefaßt). Die Möglichkeit der Unsterblichkeit hat wie Adapa (Amarna 356) so Aqhaṯ versäumt (2. Aqh. VI 25ff.; vgl. ANET S. 25 Ginsberg), GORDON, Handb.², S. 183. *277* Vgl. Gilg. XII 89ff. (Schott a. a. O.) und W. VON SODENS Neubearbeitung von VAT 10057 in ZA 43 (1936), S. 1ff. *278* Vgl. Ḳoh 2 18ff., auch die von K. GALLING, a. a. O. S. 293 als Parallelen herangezogenen (schwächeren) Stellen. *279* Vgl. vor allem Ps 88 5ff.; weiteres Material bei BAUMGÄRTEL, a. a. O. S. 15f., vor allem 16[15]. ***280*** Zu dem von W. Kroll, Gott und Hölle, Leipzig 1932, gesammelten Material tritt das Schicksal des Al'ijan Baʿal wie des Mōt aus Ugarit hinzu; vgl. z. B. die Klage der Ašera vor El: *kmt aliyn bʿl kḫlq zbl bʿl arṣ* (Text 49 I 13ff. bei Gordon, Handb. S. 137, bei Driver, Baal III, 1, S. 110). Ältere Literatur vgl. Gott und Mensch², S. 74[1], auch ZAW 65 (1953), S. 144. ***281*** Vgl. Gen 5 24 II Reg 11 (Sir 48 10f.), beachte das Auftauchen des Entrückungsterminus *låkaḥ* in Jes 53 8 Ps 49 16 73 24 und die Erwartung der Wiederkehr des Elias (Mal 3 24) oder des David (H. Schmidt, Der Mythos vom wiederkehrenden König im AT², Gießen 1933). Zur Personifikation Davids in jedem jeweiligen König am Neujahrsfest vgl. J. de Fraine, L'aspect religieux de la royauté israélite, Rom 1954, S. 330, zur Wiedergeburt (*rebirth*) des »Messias« in Ps 110 A. R. Johnson, Sacral kingship in Ancient Israel, Cardiff 1955, S. 121, doch auch die Kritik an der »Königsideologie«, wie sie heute in der Psalmenexegese beliebt ist, durch K.-H. Bernhardt, Suppl. VIII VT, Leiden 1961, *passim*. ***282*** Am 9 2 Ps 139 8. Beide Stellen weisen in größere religionsgeschichtliche Zusammenhänge (Literatur: Gott und Mensch², S. 224[1]), belegen aber (wie auch Prov 15 11 Hi 26 5f.) den (assimilierten) Glauben an Jahwe als »allgegenwärtigen« Herrn, selbst des Hades. Auch Hi 14 13ff., wo *šᵉ'ōl* real, nicht bildlich zu verstehen ist (anders F. Baumgärtel, Der Hiobdialog [BWANT, IV, 9], Stuttgart 1933, S. 67f.), wächst Jahwe über die Schranke, nur Gott der Lebenden zu sein, hinaus; vgl. dazu *'ak lō i̯ištaḥᵃu̯ū kol i̯ᵉšenē 'aeraeṣ* Ps 22 30 BHK³ (mit fast allen neuen Kommentaren). ***283*** Das Material bei E. Sellin, ATliche Theologie II², Leipzig 1936, S. 137ff. und die Diskussion bei G. von Rad, Theol. I, S. 403ff., aber auch L. Köhler, Theologie des AT, Tübingen 1936, S. 135f. Zu Jes 26 19 ist der archäologische Befund in Minet-el-Beida (Wasserkrüge im Totenkult) heranzuziehen; vgl. R. Dussaud, RHR 105 (1932), S. 283, doch auch A. Parrot, ebenda 114 (1936), S. 85f. ***284*** Ps 73 25f.; s. u. S. 188. ***285*** Vgl. Jdc 9 54 I Sam 31 4f. (als heutige Parallele vgl. T. E. Lawrence, a.a.O. S. 297) II 17 23 Jer (8 3) 20 14ff. Hi 3 13ff. Koh 4 2f. Sir 30 7 42 2 IV Esr 4 12 II Mcc 10 13 14 42 und dazu Z. syst. Th. 6 (1929), S. 652ff. (= Apoxysm. 140ff.), wo ich unter den außerisraelitischen Parallelen Sophokles, Aias 479 ed. Dind.-Mekler 20 nicht hätte übersehen sollen. Für das spätere Judentum verweist E. Lohse, Märtyrer und Gottesknecht, Göttingen 1955, S. 11 mit Recht auf den Freitod der Freiheitskämpfer, die »lieber selbst ihr Leben (beenden), als daß sie in die Hände der Feinde fallen« (vgl. Jos. Bell. Jud. I 312f. VI 280 VIII 341ff.) im Gefolge von A. Schlatter, Der Märtyrer in den Anfängen der Kirche, Gütersloh 1915, S. 54. Zum staatlich zur Strafvollstreckung erzwungenen Selbstmord vgl. R. Hirzel, ARW 11 (1908), S. 244f. (Belege S. 245[1,2]). ***286*** Vgl. I Reg 19 4 Jon 4 3.

Zu Seite 141.

287 Vgl. Ex 21 19 und dazu seit F. Puukko, Stud. Or. I (1925), S. 154f. die Aufarbeitung der Literatur in meiner Schrift: Heilung als Symbol und Wirklichkeit im biblischen Schrifttum (NAGW, Phil.-Hist. Kl. (1958), S. 237ff.) und seitdem R. Criado, Los símbolos del amor divino en el AT, (Cor Jesu I, 1959, S. 415ff.). Für das Babylonische vgl. R. Labat, Syria 33, 1956, S. 119ff. Freilich hat auch dort der Dämonenglaube die rationale Medizin überschattet; vgl. E. Dhorme, RHR 113 (1936), S. 133f.; zur Überwindung der Magie in der Jahwereligion vgl. Gott und Mensch², S. 196ff. (F. Kröcher, Die Bab.-Assyr. Medizin in Texten und Untersuchungen, I. II., Berlin 1963, ist mir noch nicht zugänglich). — Griech.-röm. Material bei W. Müri, Der Arzt im Altertum (Tusculum 1938), vor allem S. 64 die hippokratische Frage εἴ τι θεῖον ἔνεστιν ἐν τῇσι νούσοισι; anders orientiert W. von Siebenthal, Krankheit als Folge der Sünde (Heilkunde und Geisteswelt II), Hannover 1950, S. 24ff. *288* Jes 26 14 Ps 88 11 wird *r^e^pā'im* mit ἰατροί (*rop^e'im*) wiedergegeben: ἰατροὶ οὐ μὴ ἀναστήσωσιν bzw. ἢ ἰατροὶ ἀναστήσουσιν; vgl. zur Erklärung J. Ziegler, AA 12, 3 (1934), S. 117. *289* *Raešaep* Hab 3 5 (in *rās eš-šamrā* H. Bauer, ZAW 51 [1933], S. 98); der Würgengel II Reg 19 35 u. ö. *290* Vgl. Ps 91 7. *291* Vgl. nur Am 1 6. 9. 13; zu Jer 45 5 o. S. 40. *292* Material bei J. Fichtner, BZAW 62 (1933), S. 13ff. *293* Prov 13 3 (u. ä. ö.) 20 19 (ª = 11 13!) aram. *Aḥiḳar* VII 96f. (Gressmann, AOTB I², S.458, ANET, S.428 H. L. Ginsberg); zur Sache W. O. E. Oesterley, The book of Proverbs, London 1929, S. LXII; zum Unterschied von Mahn- und Aussagewort W. Zimmerli, a. a. O. S. 184f.; zum humoristischen Einschlag in vielen solchen Worten vgl. meine Bemerkungen BZAW 77, 1958, S. 63ff.

Zu Seite 142.

294 S. u. S. 181. *295* Ḳoh 3 11. — Trotz der eingehenden Begründung von E. Podechard, L'Ecclésiaste, Paris 1912, S. 293ff. konnte ich mich von der Deutung des *'ōlåm* im Sinne von »Ewigkeit« und den sich daran anschließenden Weiterbildungen (B. Gemser, Tekst en Uitleg [1931], z. St.: eeuwigheidsgedachte; H. Odeberg, Qohaelaet, Uppsala 1929, S. 35: the privilege of using *all* times) so wenig befreunden wie mit der Vermutung von H. W. Hertzberg, Komm. (1932) z. St., daß auch hier auf die Schöpfungsgeschichte angespielt sei (vgl. dazu auch K. Galling, ThR N. F. 6 [1934], S. 369). Doch hat jetzt W. Zimmerli (ATD 16, 1 [1962] S. 171f.) in Weiterführung von Gedanken von E. Jenni, ZAW 65 (1953), S. 24ff., daß *'lm* »immer den ausgedehnten Zeitverlauf meint«, zu zeigen unternommen, daß eine Weiterführung von Gen 1 26 vorliegt: Er kann »die Gottebenbildlichkeit des Menschen und seine Unterschiedenheit vom Tier allein (darin) sehen, (daß) der Mensch über seinen Augenblick hinaus fragen (muß).« Er findet den »weiten Zeitverlauf« (= *'lm*), und das heißt dann auch sofort: das Fragenmüssen nach dem Gesetz des Zeitablaufes und nach der Ordnung der Zeiten (καιροί) in sein Herz gesetzt«. Doch kommt die Exegese von O. S. Rankin, Interpret. Bible z. St. (lies *'aelaem* und verstehe es als »the inability to remember and record all the generations of human history as well as the events and experiences pertaining thereto«, S.49) dem 1938 vertretenen Verständnis nahe. *296* Ḳoh 9 7. 10; zu der von H. Grimme, OLZ 8 (1905), Sp. 432ff. aufgeworfenen Frage einer Beziehung zum Gilgameš-Epos (X, III, 1ff., Schott, S.57f.) vgl. Hertzberg, Komm. z. St. und jetzt namentlich W. Zimmerli z.St. Zum silbernen Seil und goldenen Schale vgl. Ḳoh 12 6, zur Bedeutung des Todes für das Denken Ḳoh.s namentlich K. Galling a. Anm. 267 genannten Ort. *297* Prov 12 22; vgl. aus der von F. R. Kraus behandelten »Omen«-Reihe Text 6 Zeile R III 34:

Wenn er wahrhaftig ist, wird er das Licht sehen

(ZA 43 [1936], S. 103). Die ganze Serie ist von der individuellen Vergeltungslehre beherrscht und der gleichen Gefahr des Eudämonismus ausgesetzt, die wir für das AT sofort zu behandeln haben; vgl. etwa aus dem gleichen Text:

Vs I 66f.: Wenn er Gott segnet, bekommt er einen Schutzgott.
Wenn er den König segnet, sind seine Tage lang,
er wird geehrt werden (S. 95).

Vs II 1: Wenn er Wohltaten vergilt, wird seine Person sich wohlbefinden.
Wenn er Gottes Preis verkündet, wird er sich wohlbefinden.
Wenn er sich um seine Brüder zu kümmern pflegt,
sind seine Tage vollendet (S. 97).

Es ist freilich durch die Arbeit von Kl. Koch, ZThK 52 (1955), S. 1ff. die Frage aufgetreten, ob nicht der Begriff der »Vergeltung« durch den der »schicksalwirkenden Tat« abzulösen sei. Richtig ist, daß in einer Vielzahl von Fällen keine richterliche Instanz genannt ist, durch die sekundär eine Strafe — von Jahve — über eine geschehene Tat verhängt werde. Vielmehr hat oft genug die Tat »unheilvolles Geschehen zwangsläufig zur Folge« (S. 3, unter Verweis namentlich auf Prov 28 1. 17 26 28 28 10 29 6). Die Sphäre der »Sünde-Unheil- oder Guttat-Heil-Verhaftung«, die den Menschen »heil- oder unheilwirkend« umgibt, ist aber dem handelnden Zugriff Jahves nicht entzogen, vielmehr setzt er »diese Zusammenhänge in Kraft, indem er die Tat am Täter wirksam werden läßt, sie auf ihn zurücklenkt und vollendet (שלם, פקד. הֵשִׁיב)«: Vor allem ist das der Fall in den Psalmen, während in den Prov die Verhaftung in das Schema als »immanente Kausalität« stärker vorherrscht. Zu fragen ist vielmehr m. E., ob nicht in den Fällen, in denen für die Tatauswirkung nicht ausdrücklich von einem vergeltenden Tun Jahves die Rede ist, eine abgekürzte Ausdrucksweise vorliegt, für welche dieses Walten Jahves selbstverständliche Voraussetzung ist, die vor Jahve und an Jahve gerichtet im Kultus und damit in den Psalmen auch formuliert wurde. Oder, um die Frage anders zu stellen: Tritt die »Vergeltung« Jahves an die Stelle einer »mechanischen« Tatauswirkung, oder vollzieht sich in dieser letztgenannten eine »Gerechtigkeit« Jahves auch dort, wo der Rückgriff auf das göttliche Handeln nicht ausdrücklich ausgesprochen wird? Am ehesten könnte der Grundsatz der spiegelnden Strafe eine Entscheidung Jahves im konkreten Einzelfall überflüssig machen. Aber ich habe bereits anderwärts darauf verwiesen, daß Aussagen wie II Sam 24 12 f., die dem David angebotene Auswahl unter drei Strafen, die souveräne Freiheit Jahves in der Verhängung der »Vergeltung« nach Art und Dauer deutlich genug hervortreten lassen. Auch die Freiheit Jahves — und damit seine Überlegenheit über jede von ihm unabhängige Tatauswirkung — muß unterstrichen werden, im Einzelfall oder grundsätzlich eine solche durch seine Vergebung auszuschalten, vgl. nur Ps 103 10ff. Aus der nicht geringen, an Kochs Aufsatz sich anschließender Literatur sei H. Graf Reventlow, VT 10 (1960), S. 311ff. genannt.

Zu Seite 143.

298 Prov 20 7 13 22 (vgl. dazu mit Oesterley z. St. syr. Aḥiḳ II, 13) 14 26. *298*a Vgl. Hes 18 19 : 17 (14 12ff. Gen 18 23ff.). *299* Vgl. Joh. Pedersen, Israel I. II, London 1926, vor allem S. 145ff. 182ff. — Zum Problem der Armut vgl. auch H. Bruppacher, Die Beurteilung der Armut im AT, Zürich 1924, vor allem seine Auseinandersetzungen mit A. Causse, Les »Pauvres« d'Israël, Paris 1922; aus der seither erschienenen Literatur vor allem A. Kuschke, ZAW 57 (1939), S. 31ff. (behandelt vor allem die Sozialstruktur der nachexilischen Zeit), J. van der Ploeg, Oudtest. St. 7 (1950), S. 236ff., A. Gelin, Les Pauvres de Yahvé (Témoins de Dieu 14), Paris 1953, auch C. van Leeuwen, Le développement du sens social en Israël avent l'ère chrétienne (Stud. Sem. Neerl.), Assen 1955. *300* *lo'itti'el* stellt H. Duhm, Verkehr, S. 173[1] glücklich statt *le'itti'el* Prov 30 1 her.

Zu Seite 144.

301 Vgl. für Abraham bei J nur Gen 13 2ff., für Hagar 16 11ff.; Nathan II Sam 12 1ff. *302* I Sam 10 11 = 19 24; zur Königswerdung vgl. 9 1ff. 16 11ff.; (zu dabei mitwirkenden institutionellen Momenten [*nāgīḏ*] jetzt J. A. Soggin, ZAW 75 [1963], S. 54ff. zum Vorankommen des Jüngeren schon Gen 27 18ff.). *303* Vgl. Am 7 14 Mich 3 5ff. 11 (s. o. S. 24) und dazu die neueste Darstellung der Propheten durch J. Lindblom. Prophecy in Ancient Israel, Oxford 1962, in der mit Recht die Armenfreundlichkeit der Propheten nicht aus ihrer eigenen bedrückten wirtschaftlichen Lage und der daraus wirksamen wirtschaftlichen Solidarität hergeleitet wird. Das im Text dargelegte Aneinanderrücken der Begriffe der Armen und des Gottesvolkes bleibt davon unbetroffen; es hat aber seine Wurzel nicht in gemeinsamer sozialer Situation. *304* Vgl. Ex 22 21 f. u. o. S. 129; negativ Hi 34 19. *305* Jes 14 32 (. . . *ubåh iaeḥᵃᵉsū ʿᵃniiiē ʿammō*), vgl. 10 2 Mich 2 8 (lies *uᵉʾattaem loʾʿammī* || *kī lᵉʿammī lᵉʾoieb tåkūmū*) 9 3 3 (5). *306* Ps 94 5 ff; vgl. Zeph 3 12 (eschatologisch).

Zu Seite 145.

307 Ps 86 1 f.; zum Grundsätzlichen vgl. nach R. Kittel, Die Psalmen[5. 6] Leipzig 1929, S. 284 ff. und H. Birkeland, Ani und Anaw in den Psalmen, Oslo 1933, vor allem S. 109, jetzt H.-J. Kraus, Komm. z. St. »Der Beter ergreift mit den Worten עני ואביון אני die Erhörungs- und Heilsprivilegien, die auf dem Zion gelten«. Es ist mit der Absonderung der Gesetzesstrengen von allem »Heidnischen« untrennbar gegeben, daß sie im Geschäfts- und Berufsleben, soweit es sich nicht um eine rein innerjüdische Betätigung handelte, hinter freier sich bewegenden zurückbleiben mußten. Der Zwang, am Sabbat (zum Sabbat in der »nicht-monastischen« Gruppe von Qumran vgl. meine »Texte« S. 357) der »Konkurrenz« das Feld kampflos zu überlassen, und der Verzicht, bei gemeinsamen Mahlzeiten Verbindungen anzuknüpfen, sollen nur beispielshalber genannt sein, um die Gleichsetzung von »arm« und »fromm« in der späteren Zeit samt dem »Ebjonitismus« des Lukas zu verstehen. *308* S. o. S. 14 f. *309* Ps 37 22. 29. 34 und vgl. P. A. Munch, ZAW 55 (1937), S. 36 ff. — Allenfalls ließe sich in Hi 22 24 f. ein freiwilliger Verzicht auf Gold und Reichtum finden, doch ist der Text unsicher und sind die Verse bestenfalls als »Parenthese« in den sonstigen Gedankengang der Eliphaz-Rede zu verstehen (so A. Weiser, ATD 13 z. St.). So sehr auch noch in Qumran die *ʿanuåh* eine der Eigenschaften des Frommen (1QS V 25), Gott aber mit den *ʿᵃnåuim* ist (1QH V 21), denen reiches Erbarmen verkündet wird (1QH XVIII 14), so sehr Gott den *ʿånī* (*uåråš*) aus der Hand dessen rettet, der »stärker ist als er« (1QH II 34 f. V 13 f.), so wenig kann man von einem »ebjonitischen« Ideal in Qumran sprechen. Die nichtmonastische Gruppe hat Sklaven, deren Sabbatruhe und deren Unverkäuflichkeit an »Heiden«, (aber nicht ihre Freilassung) gefordert wird (CD XI 12 XII 10). Die Witwen und Waisen wie die »Armen« insgemein müssen vor Ausplünderung (*gzl*) ausdrücklich geschützt (CD VI 16 f.), zwei Monatstage Lohn aber von bestimmten Gliedern abgeliefert werden (CD XIV 13 f.). Wenn sich die Einung als die (*ʿedåh* der) Armen (1QpHab XII 3. 6. 10 1QM XI 9. 13 4Qp Ps 37 II 10) bezeichnet, so ist nicht zu vergessen, daß die monastische Gruppe durch die Besitzübertragung der Novizen nicht ohne Eigentum gewesen sein kann, dessen Verwendung für die Vollmitglieder ausdrücklich untersagt ist I QS VI (19—)22. Im Vergleich mit den beim Tempel in Jerusalem zusammengekommenen Schätzen freilich wird dies Eigentum bescheiden gewesen sein, auch wenn die Kupferrollen von 3Q (15) nicht deren Verzeichnis etwa aus dem Jahre 68 gewesen sein sollten (vgl. meine »Texte«, S. 327 ff., zur Besitzübertragung S. 318). — Zu *qauuᵉʰ ʾäl jhuh* Ps 37 34, vgl. P. A. H. de Boer, Oudtest. Stud. 10, 1954, S. 225 ff., für den durch das Verb »l'être même du croyant . . . est mis en relation avec Dieu« (S. 242). Für den Reichen ist solche demütige Haltung schwerer zu gewinnen oder zu bewahren als für den Armen, so J. van der Ploeg, a. a. O. S. 269 f. *310* Vgl. Jdc 17 7 f. 19 1 (II Chr 15 9), dazu M. Weber, Gesammelte Aufs. III, S. 38 ff. und jetzt R. de Vaux, Lebensordnungen I, S. 124 ff. *311* Vgl. Jdc 20 3 ff.

Zu Seite 146.

312 Vgl. Dtn 27 19 : Ex 22 20 23 9 Dtn 24 14. 17. ***313*** Zum Schutzverhältnis des *ger* zu einzelnen Sippen und Gruppen vgl. A. Bertholet, Stellung zu den Fremden, S. 27ff. ***314*** Die Ehe des Mose wird in der Weise geschildert, daß er zunächst als *ger* bei dem Schweigervater wohnt (Ex 2 21f.), später aber wieder — angeblich vorübergehend (s. o. S. 36) — mit Frau und Kindern zu seinen »Brüdern« zieht (4 18ff.); zu den Kalebbitern vgl. R. Kittel, GVI III, 2 (1929), S. 377 ff.; zum Verhältnis zu Juda R. F. Johnson, IDB 1962, S. 482f. ***315*** Vgl. z. B. Gen 12 10 26 1 42 2 I Sam 21 1 Reg I 11 40 II 8 1 Jer 26 21 Ruth 1 1. ***316*** Vgl. Jdc 8 31 14 7 II Sam 13 38 I Reg 11 17. 40 Jes 16 4 Jer 26 21. ***317*** Vgl. Gen 19 9. ***318*** Vgl. Ex 12 49 Lev 24 16. 22 Num 9 14 15 15f.; zur Regelung bei Totschlag vgl. auch Num 35 15. Eine Liste der für die *gerim* geltenden Gebote vgl. bei A. Bertholet, a.a.O. S. 168ff. Ihre Verpflichtung zu Fronden begegnet nur in den späten Stellen Dtn 29 10 II Chr 2 16 (nicht I Reg 9 21!), die für ihre Rechtslage in den älteren Zeiten nichts beweisen. (Anders M. Sulzberger, a.a.O. S. 25ff.) ***319*** Vgl. Ex 20 10 Dtn 5 14 16 9ff. : 14 21. Zu analogen Problemen hinsichtlich der Sklaven s. o. S. 85. ***320*** Vgl. Ex 12 19 Lev 17 8ff. 18 26 20 2 (Num 19 10). ***321*** Vgl. (Gen 23 4) Lev 25 23 (35. 47 Num 35 15) Ps 39 13. — Nicht jeder *tōšåḇ* ist *ger*, aber jeder *ger* ist ein *tōšåḇ*; vgl. Lev 25 45 : *mibbenē hattōšåḇīm haggårīm ʿimmåḵaem* »von denjenigen Söhnen der ‚Gäste', welche als *gerīm* unter euch wohnen«. Umgekehrt definiert A. Bertholet, a.a.O. S. 159, doch vgl. auch M. Guttmann, HUCA 3 (1926), S. 1ff., der das Verhältnis des Terminus *ger* gegen den anderen des *noḵrī* dahin bestimmt, daß der *noḵrī* die Beziehung zu seinem Heimatland (oder dem Land, aus dem er kam), beibehält, während der *ger* nicht Fremder bleiben, sondern in dem neuen Bund heimisch werden will. Zur Frage der Beschneidung des Fremden vgl. auch Patai, a. a. O. S. 195ff. ***322*** Vgl. Ex 12 48f. Num 9 14. ***323*** Vgl. Num 15 26.

Zu Seite 147.

324 Vgl. Dtn 14 29 Lev 25 6. ***325*** Dtn 10 17f. ***325*** a Vgl. »auch die erschütternde Schilderung des Elends der von ihrem Grundbesitz vertriebenen Armen Hi 24 1ff.« (E. Kutsch, RGG I³, Sp. 618). ***326*** Hes 47 21f.; lies 22 *i̯appilū* (»sie sollen erlosen«) statt *i̯ipelū* (»sie sollen zufallen«) und vgl. zur Frage der absichtlichen oder unabsichtlichen Verstümmelung des Textes A. Bertholet, Hesekiel, Tübingen 1936, S. 166. Zum Ausschluß des *ger* von Grund und Boden als Regel vgl. Gen 23 4. Auch Lev 25 kennt wohl den Fall, daß sich ein Israelit an einen *ger* oder *tošåḇ* verkauft, aber keinen Grundstücksverkauf an solche Leute; vgl. Lev 25 47ff. — Die Regel wird es gewesen sein, daß der *ger* Lohnarbeit als *śåḵīr* übernimmt. ***327*** Dtn 28 43f. Noch härter ist natürlich für das Volk das »Zerstreutwerden« als »wertlose« Sklaven, die keiner kaufen will (Dtn 28 64ff., vor allem 68). Zu »Kopf und Schwanz« vgl. auch Dtn 28 13 (44). Weitere Belege vgl. bei G. von Rad, Heiliger Krieg, S. 13[12], auch bei F. Horst, RGG I³, Sp. 860f. Daß es sich um keine spezifisch israelitische Einrichtung handelt, lehrt der Meša-Stein (ANET S. 320f., Albright, Galling, Textbuch S. 47ff.): Meša hat die ganze Bevölkerung von Aṭarot getötet (*u̯ʾhrg* Zeile 11, vgl. desgl. für Nebo Zeile 16), indem er den Bann an ihnen vollstreckte (*hḥrmth*, Zeile 17). ***328*** Vgl. Dtn 24 14. ***328*** a Ob Ps 68 als Danklied für eine Gefangenenbefreiung nach Analogie der Jos Ant XII 6ff. berichteten zu fassen ist (so E. Podechard, RB 54, 1947, S. 502ff.), mag dahingestellt bleiben. *Šåbiṯå ššäḇi* 68 19 mit »du hast Gefangene gemacht« (so H.-I. Kraus, Komm. z. St.) zu übersetzen, hat die Analogie von Jdc 5 12 *u̯šaḇeh šäḇi̯ḵeå* (nach 𝔖 *šoḇäi̯ḵå* herzustellen? 𝔊 Jdc 5 αἰχμαλώτιζε αἰχμαλω σίαν σου Ps 68 ᾐχμαλώτευσας αἰχμαλωσίαν). ***329***

Vgl. Dtn 21 10ff. (s. o. S. 68[11] und u. S. 169[102]) I Reg 20 31 (II 6 22); zum alten Banngesetz vgl. Dtn 20 16ff.—20 19 ist keine »humane«, sondern eine höchst egoistisch-rationale Bestimmung! — I Sam 15 32f. I Reg 20 42. *330* Dtn 21 13f.

Zu Seite 148.

331 Assyr. Ges. § 41 (Ebeling S. 418 ANET S. 183 (Meek); zu *esirtu* (pl. *esrāte*) = Gefangene vgl. S. I. Feigin, AJSL 50 (1934), S. 228ff. und Driver-Miles, S. 479. *332* Vgl. Dtn 23 16; die Bindung an einen von dem Sklaven einmal (beliebig) gewählten Ort zeigt den Zusammenhang mit der Asylie, aber zugleich ihre Profanierung im Dtn. *333* Zur »Leidenstheologie« vgl. W. Wichmann, BWANT IV, 2, Stuttgart 1930. *334* Vgl. z. B. Ps 119 71 und dazu J. A. Sanders, Suffering as divine discipline in the OT and post-biblical Judaism (Colgate Rochester Divinity School Bulletin, 28 (Special Issue) 1955, S. 91f.), auch zu Ps 30 7f. 32 3ff. J. Schabert, BBB 8 (1955), S. 182 und S. 210 (zum Schmerz als Beginn des Heilungsprozesses und Erziehungsmittel). Auch die »zur Umkehr bewegenden Mittel« und die »bewirkende Ursache der Umkehr im AT« (E. K. Dietrich, Die Umkehr, (Bekehrung und Buße) im AT und im Judentum, Stuttgart 1936, S. 111ff. 125ff.) sind heranzuziehen. Zum Wohlergehen der *r*^{e}*šåʿīm* als ein Gestelltwerden von Gott auf *ḥ*^{a}*låqōṯ* vgl. Ps 73 3.18f. und die Aussage des Ptah-hotep, daß nur, wen Gott liebt, »hören« kann, hingegen nicht der, den der Gott haßt (Spruch 545 = ANET, S. 414 Wilson). *335* Vgl. Hi 6 15ff. 12 2ff.

Zu Seite 149.

336 Vgl. Jes 28 23ff. *337* S. o. S. 4f. *338* Ps 30 10; vgl. 6 6 88 12 115 17 Jes 38 18. Als entferntere Parallele ist das Versprechen an Asarhaddon heranzuziehen, der am Leben gelassene Besiegte wird den Ruhm Ašurs (^{d}*aššur*!) verbreiten (Erstbericht Z. 17 Th. Bauer, a. a. O. S. 237). *339* Num 14 13ff.; vgl. Ex 32 12 Dtn 9 38 Jos 7 9 (II Reg 19 15ff. par. Ps 74 3ff.) Dan 9 19. *340* Vgl. Jer 14 7ff. Hes 36 22ff. 39 21ff. *341* Vgl. Gott und Mensch², S. 253ff. *342* Dtn 11 26ff.

Zu Seite 150.

343 Antigonos von Soḵo, Pirke Aboth I 3 (Gießener Mischna IV, 9 [1927], S. 8ff.; zum Hiobprolog s. o. S. 25. *344* Hi 25 4ff.; Parallelen s. u. S. 158. *345* Ps 51 5ff. *346* Ps 103 16; zur Stellung der mit Ps 103 engverwandten »aretalogischen Formel« »barmherzig und gnädig ist Jahwe« im Zusammenhang der »Tugendlehre« vgl. A. Vögtle, Die Tugend- und Lasterkataloge im NT (NA XVI 4/5) Münster 1936, S. 94ff. und (mit gleichem Titel) S. Wibbing, BZNW 25 (1959).

Kapitel V

Zu Seite 152.

1 S. o. S. 80f. *2* Vgl. Jer 27 5ff. (s. u. S. 199): Dtn 9 4. — Auch der Siegeswille des assyrischen Heeres gründet sich auf die Überzeugung, daß »der Widerstand der Feinde eine Verletzung des göttlichen Rechts darstelle« (W. von Soden, AO 37, S. 27); Kriegsschuldfragen gehören schon zur altorientalischen Politik und sind auch damals stark für den »Hausgebrauch«, zur Aufpulverung der Moral des eigenen Heeres, bestimmt. *3* Ex 23 1-3 (natürlich ist *dål* als lectio difficilior beizubehalten!) 6. 7^b. 8 (= Dtn 16 19^b) Lev 19 15; zur »Bekämpfung der Klassenjustiz, und zwar in jeder Hinsicht« vgl. A. Menes, BZAW 50 (1928), S. 34ff.

Zu Seite 153.

4 Vgl. Dtn 16 15 17 6 f. 19 15 ff. (s. u. S. 166[85]). Zur »Verleumdung« vgl. Lev 19 16 (Jer 9 3 Prov 20 19, auch Ps 15 3 II Sam 19 28 und dazu A. Brock-Utne, Klio 28 [1935], S. 219 ff.); im Babyl. die Gleichstellung des Verleumders mit dem Hexer in Zeile Rs IV 16 f. des Krausschen »Omen«textes: »Wenn er ein Hexer ist, bekommt er einen Prozeß, wenn er ein Verleumder ist, bekommt er einen Prozeß« (a. a. O. S. 105; vgl. auch S. 89 Z. Vs 5 u. S. 93 Z. 42). *5* Hi 31 13 ff. 32 ff. Zu beachten ist dabei, daß das Einhalten des Rechtes des Sklaven (und die Fürsorge für den Armen) nicht auf ein positives Jahwegebot, sondern auf den gleichen Vorgang des Geschaffenseins im Mutterschoß zurückgeführt wird, wie auch in 29 11 ff. jeder Hinweis auf ein Jahwegebot fehlt (vgl. A. Weiser, Komm. S. 214 bzw. S. 205). Der Verfasser bleibt sich dessen bewußt, daß er einen Nichtisraeliten sprechen läßt. Daß seine Reden einen gewissen Einschlag der israelitischen Kultsprache erkennen lassen, steht dazu nicht im Widerspruch. Kein Dichter kann seine geistige Heimat verleugnen, auch wenn er Menschen anderer »Herkunft« und anderen »Glaubens« sprechen läßt! *6* Amos 5 24. Daß Amos kein geschriebenes Gesetz voraussetzt, sondern in ihrem Inhalt weitgespannte und jedermann bekannte Termini benutzt, betont A. S. Kapelrud, Central ideas in Amos, Oslo 1956, S. 65 mit Recht. *7* Das Material vgl. bei J. Fichtner a. a. O. S. 28 ff. Parallelen zur Bestechung aus Ägypten, Nuzi vgl. bei R. H. Pfeiffer, Religion in the OT, Edited by C. C. Forman, New York (1960), S. 34. *8* Prov 17 15. Die ethischen Forderungen Hesekiels (vgl. 45 7 ff.) sind »soziale« (vgl. A. Causse, Suppl. VT 7, 1960, S. 44[7]). Daß die Forderung der »Gerechtigkeit« »à l'intérieur du Peuple de Dieu« geboren und durch eine »tradition particulaire«, eben die prophetische, weitergegeben, in der Umwelt aber nicht in ihrer Gänze »entdeckt« sei, betont Cl. Tresmontant, La doctrine morale des Prophètes d'Israël, Paris 1958, S. 79, deutsche Ausgabe Freiburg 1962, S. 82 f. trotz der von ihm beigezogenen sumerischen Parallele (Charakterisierung der Göttin Nansche) überspitzend. So wenig die Unterschiede der israelitischen von der gemeinorientalischen Rechtssetzung nivelliert werden dürfen, so wenig dürfen die Parallelen verkannt werden! *9* Vgl. I Reg 3 28 und zur grundsätzlichen Bedeutung der Stelle im Zusammenhang mit der Vorstellung vom König als νόμος ἔμψυχος E. R. Goodenough, JBL 48 (1929), S. 195, doch darf nicht übersehen werden, daß im Unterschied von anderen Gesetzgebungen das AT kein royal law, sondern eine göttliche Gesetzgebung sozialen Charakters kennt, der auch der König untersteht. Vgl. z. B. Jer 22 15 ff. und dazu in weiterem Zusammenhang J. Muilenburg, The way of Israel, New York 1961, S. 61. Besonders kennzeichnend ist das Verhalten des Josia, sich der Gottgegebenheit des gefundenen Buches zu vergewissern (II Reg 22 13). *10* Jes 1 26, zu der dahinterstehenden Tradition vgl. R. Knierim, ZAW 73, 1961, S. 160. *11* Vgl. Jes 1 10 f. und zum Ausdruck *ḳᵉṣînē sᵉḏom* auch O. Procksch, Komm. z. St. *12* Jes 1 17 zu dem in Jes 1 10 f. 17 latenten Gegensatz gegen den Kultus vgl. J. Bright, a. a. O. S. 261. *13* Zu Am 5 15 vgl. o. S. 110. *14* Jes 29 2 Am 5 10; vgl. Prov 24 25.

Zu Seite 154.

15 Vgl. Am 2 6 (8 6) (und zur Deutung der *naʿalåḭim* als Bestechungspreis H. Th. Robinson, Komm.[2] z. St.). *16* Prov 28 20 f. Weiteres Material zur Bestechung vgl. Prov (6 33) 17 8 18 16 21 14 : 15 27 Ḳoh 7 7. *17* S. o. S. 122[165]. Damit ist zugleich der ursprünglich magische Charakter vieler dieser Bestimmungen überwunden; vgl. A. Bertholet, Schweizerisches Archiv für Volkskunde, 20 (1916), S. 30 ff. *18* Vgl. Ps 127 5 (s. o. S. 98), auch I Reg 21 9 ff. *19* Dtn 19 15 ff. Von diesem Grundsatz aus gewinnt die Zusage göttlicher Hilfe im Gottesurteil als Bestandteil des Heilsorakels doppeltes Gewicht (vgl. Jes 43 2 und dazu J. Begrich, ZAW 52 [1934], S. 90f.), vor allem, falls etwa *dåraš hēṭeḇ* (Dtn 19 18) im Unterschied von einfachem *dåraš* in Analogie zu akkad. *mašʾaltu* neben *šaʾalu* (vgl. M. San Nicolò, Arch. Orientalní 5 [1933], 287ff.) die »peinliche Befragung« bedeuten sollte. Zum Ordal vgl. namentlich R. Press, ZAW 51, 1933, S. 121ff. 227ff., zum Los auch Prov 18 18. *20* Cod. Ḫam. § 3f. (Eilers S. 17, ANET S. 166 Meek) *21* Ebenda § 2, 11; der interpolierte (so Koschaker, Studien, S. 99f.) § 13 setzt für das Beibringen des Zeugen eine Frist von 6 Monaten.

Zu Seite 155.

22 Vgl. Lev 5 1 und als entfernte Parallele die Anzeigepflicht der babylonischen Schankwirtin, in deren Hause »sich Betrüger zusammenschließen« (C. Ḫ. § 109). Auch in Qumran gelobt der Fromme, sowohl Gottes Heilstaten (*ṣdḳwt ʾl*) zu »erzählen« (*spr*) als auch den Frevel (*mʿl ʾnš̱ym*) bis zur Vollendung ihres Treubruchs (*ʿd twm pšʿm* 1QS X 23f.), sowie in der nichtmonastischen Gruppe jeder, der einen anderen bei gesetzwidrigem Handeln »sieht«, solch Tun in Anwesenheit des »Sünders« dem Mebakker zur Eintragung in den »Personalbogen« zu melden hat (CD IX 16ff.) *23* Vgl. J. Pedersen, Der Eid bei den Semiten, Straßburg 1914, S. 186ff. und F. Horst, Der Eid im AT, Evgl. Theol. 17 (1957), S. 366ff. = Gottes Recht, S. 292ff. Der Eid ist als solcher von der Jahwereligion vorgefunden und in ihren Dienst gestellt worden. Das Schwören »bei Jahwe« ist eine Form der Entscheidung für diesen Gott wider die anderen Gottheiten; vgl. die Zusammenstellung von »fürchten«, »dienen«, »schwören« Dtn 6 12f.: »nicht nachfolgen« 14, oder von »gedenken« und »schwören« Jes 48 1 (eschatologisch Jes 46 23). Für diese »Entscheidung« ist der Inhalt des Gottesglaubens des Schwörenden von Bedeutung, vor allem — wie bei dem mit dem Eid eng verwandten Gottesurteil — das Vertrauen zur Sittlichkeit Jahwes als des Hüters von Recht und Gerechtigkeit wie als des Beschützers der zu Unrecht Angeklagten gerade dann, wenn sie arm und damit vor dem irdischen Gericht wehrlos sind. Die innerhalb des AT speziell beim Eide vollzogene starke »ethische Schematisierung« des Gottesglaubens, die stets zugleich eine Rationalisierung bedeutet, darf gegenüber dem im Text (wie auch schon ZDMG 79 [1925] S. 39ff.) betonten primitiven Material nicht so weitgehend übersehen werden, wie z. B. bei E. Hirsch, Deutsches Volkstum 19 (1937) S. 840. Indem der Schwörende sich dem Gottesgericht unterstellt, erkennt er den strafenden Gott als den gerecht und nicht unheimlich und grundlos Daherfahrenden an! Der Ausspruch Jesu richtet sich (Mt 5 36 b!) dagegen, daß sich der Mensch eine Verfügungsgewalt über Wirklichkeiten anmaßt, die seinem Machtbereich entzogen sind. Sein Widerspruch gegen ein ATliches Gebot ist damit nicht aufgehoben (vgl. meine Ausführungen ZAW 56, 1938, S. 1ff.), aber an die richtige Stelle gerückt. *24* Vgl. Sir 23 9ff. und zum Eid als monologische Selbstverfluchung vgl. N. P. Bratsiotis, ZAW 73, 1961, S. 43. *25* Hi 29 12ff. *26* Vgl. Sir 3 33. Zum Alter der Bedeutungsentwicklung (*ṣedåḳåh* = Almosengeben) vgl. auch J. A. Montgomery, A critical and exeg. Comm. on the Book of Daniel, New York 1927, S. 239f. *27* Sir 4 8ff.; zur Mildtätigkeit »um des Gebotes willen« als »Schild« und »Spieß« des Frommen vgl. auch Sir 29 8ff., zur karitativen Wendung des parallelen Begriffs des *mišpåṭ* vgl. z. B. das Nebeneinander Jes 9 6 *u̱lsʿdh bmšpåṭ u̱bṣdḳh* (vgl. auch 33 5 Ps 103 6). Die *ṣedåḳåh* ist in den Mahnungen zugunsten der Armen — weltlich gesehen — kein sentimentaler, sondern ein »theologischer« Begriff, der das menschliche Verhalten an dem Tun Gottes normiert. S. u. S. 196 den Theomorfismus des Menschen und vgl. H. W. Hertzberg, ZAW 41, 1923, S. 20ff. und V. Herntrich, ThWNT III,

1938, S. 925 ff. Außerisraelitisch ist die Geschichte des babylonischen Königstitels *šar mēšarim* (B. A. van Proosdij, Festschrift J. C. vanOven, Leiden 1946, S. 29—35) heranzuziehen.

Zu Seite 156.

28 Babyl. Weisheitssprüche 35 ff. (Ebeling, AOTB I², S. 292 = ANET, S. 426 R. Pfeiffer; vgl. dazu das »wahre Fasten« Jes 58 7 !); zur ägyptischen Karität vgl. M. Weber, a. a. O. S. 272 ff., auch die o. S. 21 angeführten Bekenntnisse vor den Totenrichtern. *29* Ps 37 21. 25 ; vgl. 112 5 Sir 29 1 f. *30* Vgl. Hi 31 17. 23 und abermals die Gegensatzbildung in Jes 58 1 ff., vor allem 3 ff. : 6 ff. (H. Richter, Studien zu Hiob, Berlin 1959, S. 107 ff., dazu auch u. S. 183²⁰⁴). *31* Šim'on der Gerechte (Abot I, 2); zur Identität mit den Hohenpriestern Šim. I oder II vgl. G. Beer-K. Marti, Gießener Mischna IV, 9 (1927), S. 6 f. *32* S. o. 38. *33* S. o. S. 99²⁹ᵃ und vgl. Neh 9 8 : Dem von ihm erwählten Abraham, dessen »Herz« er *»nae'ᵃᵉmån* erfunden hat«, erfüllt Jahwe als der, der *ṣaddīḳ* ist, sein Wort.

Zu Seite 157.

34 Prov 24 24 (II Reg 10 9); von Gott in Theodizee-Gebeten als Gegensatz zu dem Schuldbekenntnis der Gemeinde Esr 9 15 Neh 9 33 Dan 9 7. *35* I Sam 24 18 (Gen 38 26); vgl. die Zielangabe des Bußgebetes Ps 51 6 (Gegensatz Hi 40 8). Zur Frage eines assyrischen Vorbildes vgl. ZAW 52 (1934), S. 293¹. *36* Die Verneinung eines Wortes durch *lō'* ist nicht eine einfache, sondern eine verstärkte Negation; das *lō' 'ōr* Am 5 18 schließt eine Steigerung des *ḥošaeḳ* in sich. *37* Neben dem häufigen Gegensatzpaar *ṣaddīḳ* : *råša'* vgl. etwa *ṭōb u̯e̯i̯åšår* : *ḥaṭṭå'im* Ps 25 8. *38* Vgl. R. H. Kennett, The Church of Israel, ed. St. A. Cook, Cambridge 1933, S. 142 ff. *39* Vgl. vor allem Ps 7 4 ff. u. dazu H. Schmidt, BZAW 49 (1928), S.17, auch H.-J. Kraus, Komm. S.57 ff. *40* Ps 18 21 ff.

Zu Seite 158.

41 Lev 19 2 (vgl. 11 45) 15. 18. Vgl. vor allem zur Terminologie des »Nächsten« J. Fichtner, Wort und Dienst 4 (1955), S. 23 ff. *42* S. o. S. 100 f. *43* Hes 7 27 u. ö.; vgl. dazu J. Hänel, Die Religion der Heiligkeit, Gütersloh 1931, S. 196 ff. *44* Hi 4 17 ff. 15 14 ff.; vgl. 25 4 f. und dazu o. S. 150, auch Ps 143 2 Prov. 20 9.

Zu Seite 159.

45 S. o. S. 128 f. *46* Ps 103 6 ff.: zur Identität von »Wahrhaftigkeit« und »Huld« s. o. S. 37 f. *47* Vgl. Gen 15 16. Hingegen erscheint die Bundestreue als unbegründete Parteilichkeit Jahves Israel gegenüber bei Mal 1 2-5 (vgl. G. J. Botterweck, Bibel und Leben I [1960], S. 28 ff.). *48* Vgl. Jdc 5 11 und dazu E. Sellin, Festschr. O. Procksch, Leipzig 1934, S. 157 sowie jetzt vor allem die Frage liturgischer Elemente A. Weiser, ZAW 71, 1959, S. 78 ff. Analoge Doppelbeziehung I Sam 12 7. *48*a Mich 6 5.

Zu Seite 160.

49 Jes 45 19; vgl. *ṣaddīḳ* 41 26 »so ist's«. *50* Jes 41 10. Zur analogen Wendung des *mišpåṭ* bei Deuterojesaja vgl. wiederum Hertzberg, S. 35. *51* Jes 54 17. *52* Jes 46 12 f.

Zu Seite 161.

53 Jes 45 20 ff. *54* Jes 41 2 (*ṣaeḏaeḳ* wird dem Kyros begegnen) 42 6 (der »Knecht« *bᵉṣaeḏaeḳ* berufen); wie weit bei derAusmalung des »Heilsmittlers« die Gestalt Gedaljas

Pate gestanden hat (so Kl. Baltzer, Studien z. Theologie der ATlichen Überlieferungen, Neukirchen 1961, S. 34ff.), bleibe dahingestellt; ganz anders jetzt wieder J. Morgenstern, VT 13 (1963), S. 331. ***55*** Ps 116 5; vgl. Esr 9 15 und als Kontrast Neh 9 33.

Zu Seite 162.

56 »Ihr (Sin-uballiṭ, Tobia usw.) habt keinen *ḥelaeḳ*, keine *ṣ^{e}ḏåḳå^{h}* und keinen *zikkårōn* in Jerusalem« Neh 2 20. ***57*** Dtn 28 12f.; vgl. 15 6 23 20f. ***58*** Zum Begriff *ḥåšaḇ* vgl. H. W. Heidland, Die Anrechnung des Glaubens zur Gerechtigkeit (BWANT IV, 18), Stuttgart 1936. ***59*** Vgl. Jos 24 2ff.; auch Jud 5 16.

Zu Seite 163.

60 Vgl. Dtn 11 28 13 3 u. ö. 28 64 29 25 32 17. — Der Gedanke des »unbekannten Gottes« sollte einmal im Zusammenhang bearbeitet werden! ***61*** Dtn 12 29ff.; vgl. 7 5 12 2ff. (Ps 106 34ff.), ferner die deuteronomistischen Charakteristiken des Rehabeam und des Aḥaz Reg I 14 23 II 16 4. Zur antiheidnischen Einstellung von 12 1-7 (»Schicht C«) ist namentlich F. Horst, Privilegrecht, S. 10ff. zu beachten. ***62*** Zur Bedeutung von Sabbat und Beschneidung in der Konsolidierungsperiode der Perserzeit vgl. nach G. Hölscher, Geschichte der israel. und jüdischen Religion, Gießen 1922, S. 147f. (§ 68) M. Noth, Geschichte Israels, ^{2}1954, S. 268f., auch E. Kutsch, RGG V^{3}, 1961, Sp. 1259f. (mit Lit.). Abgrenzenden Charakter hat der Sabbat auch für die Leute von Qumran, vgl. namentlich CD X 14ff., auch meine »Texte« S. 348f. Abgrenzende Bedeutung selbst gegenüber den Novizen haben die Gemeinschaftsmahle in Qumran, an denen nur die »zur Versammlung berufenen hochberühmten Männer« (1QS^{a} II 2) teilnehmen, soweit nicht etwa im Einzelfall durch inkorrektes Verhalten ein zeitweiser Ausschluß verfügt ist (vgl. meine »Texte« S. 318). Zur abgrenzenden Wirkung der Speisegebote für das Volk als solches vgl. K. Völker, Mysterium und Agape, Gotha 1927, S. 8ff., zum Verbot der Tätowierung Lev 19 28 Dtn 14 1, zum Zusammenhang mit dem Totenkult auch Jer 16 6. Die Tätowierung als Jahwesymbol belegt neben dem Kainszeichen, das mindestens »zuletzt ein Jahwezeichen *wurde*« (so A. Brock-Utne, ZAW 54 [1936], S. 237[1]), auch der Gebrauch von *hitpallel* »sich Ritzungen beibringen« für »beten« (vgl. namentlich J. Döller, Das Gebet im AT, Wien 1914, S. 17ff.). — Daß die Beschneidung zwar abgrenzen soll, aber tatsächlich nicht abgrenzt, betont E. Dhorme, Evol. S. 283ff. mit Recht. ***62a*** Zur Auswirkung der Desakralisierung und Demythologisierung der Sexualität auf die Lyrik (Hohes Lied) vgl. E. Jacob a. a. O. S. 50.

Zu Seite 164.

63 Die Stele von *baluʿa* ist veröffentlicht von G. Horsfield und H. Vincent, RB 41 (1932), S. 417ff., vgl. dazu W. F. Albright, Die Religion Israels im Lichte der archäologischen Ausgrabungen, München 1956, S. 209[53], auch M. Noth, Welt des AT, 1953^{2}, S. 167[1] und G. R. Driver, Semitic writing, 1948, S. 123. Die »mykenische« Tierherrin (vgl. C. F. A. Schaeffer, Syria 10, 1929, Taf. 56) ist ANEP (1954) S. 303 (Abb. Nr. 464, S. 160) bequem zugänglich. Zum Einfluß des »Westens« vgl. noch immer meine Darlegungen PJB 23, 1927, S. 52ff. und auch A. T. Olmstead, Hist. Pal. Syr., S. 234. Zur »Frau am Fenster« in den samarischen Elfenbeinen J. W. und G. M. Crowhoot, PEFQuSt. 65 (1933), S. 13f., ANEP Abb. 131, S. 39 (u. S. 265 unter Beiziehung der Parallelen). ***64*** Auch bei dem bronzezeitlichen Tempel von *tell ed-dwēr* rechnet der Ausgräber mit der Möglichkeit, daß die Trias, für die er gebaut war, eine fremde, aus dem Norden gekommene war; vgl. J. L. Starkey, a. a. O. S. 185. ***65*** Das

Material vgl. Gott und Mensch², S. 165ff. (spez. 166²). Als erste Sünde an der Grenze des Landes erscheint das Sichverführenlassen durch die Moabiterinnen zum Kult des Baʿal Peʿor, ganz folgerichtig, da Ägypten die sakrale Prostitution nicht kennt (Herodot II 64 ed. Dietsch-Kallenberg² I 159), es sich also um eine neue Sitte handelt. *66* Zu den »Tempeln« vom *tell en-naṣbe* (Mizpa) und *tell el-mutesellim* (Megiddo) vgl. Graham-May, a. a. O. S. 166ff. 277ff., aber auch meine Bemerkungen zu H. G. May and R. M. Engberg, Material remains of the Megiddo Cult (OIP 26), Chicago 1935, in OLZ 39 (1936), S. 427ff. und K. Galling, BRL, Sp. 377. Weitere Lit. s. RGG IV³, 1960, Sp. 1065 (Kuschke) und 828f. (Gese). Zum Synkretismus in Elephantine vgl. namentlich E. G. Kraeling, The Brooklyn Aramaic Papyri, New Haven 1953, S. 83ff. unter voller Auswertung der älteren Literatur, auch der RHR 128 (1944), S. 28ff. und ebenda 130 (1945), S. 17ff. von A. Dupont-Sommer publizierten Ostraka. *67* Texte: ʿAnat et la génisse (IV A B) ed. Ch. Virolleaud, Syria 17 (1936), S. 150ff. (vgl. dazu R. Dussaud, ebenda S. 282ff.); La déesse ʿAnat (V A B; vor II A B = Bauer B zu stellen?) ed. Ch. Virolleaud, ebenda S. 335ff. u. 18 (1937), S. 85ff. 256ff. Ich lasse diese längst überholte Anmerkung in ihrer alten Fassung stehen, weil sie den Weg zu den Erstveröffentlichungen bietet. IV AB: Gordon Text 76 (III 34ff.) Handbook, S. 153, Driver, S. 118, ANET S. 142 (Ginsberg); V AB: Gordon *ʿnt* I Handbook, S. 187, Driver, S. 82ff. Erste Auswertung der Anat-Texte s. bei J. Aistleitner, ZAW 57, 1939, S. 193ff., für den heutigen Stand vgl. namentlich W. F. Albright, Arch., S. 89ff. Zur Frage der Herkunft der A. vgl. M. J. Dahood, Studi Semitici (Università di Roma, Centro di studi semitici) I, 1958, S. 65ff. Neueste Übersetzung aller Anat-Texte A. Jirku, Kanaanäische Mythen und Epen aus Ras Schamra-Ugarit, Gütersloh 1962, S. 11ff. Vgl. auch o. S. 104⁵⁶. *68* Die starke Betonung dieser Tatsache bei F. Delitzsch, Die große Täuschung, I, S. 99ff. übersieht, welche verheerenden Folgen die Verbindung von Religion und Sexualität bei den altorientalischen Völkern gehabt hat. *69* Zum männlichen Charakter des Jahwekultus vgl. Ex 34 23 (und dazu A. Bertholet, Das Geschlecht der Gottheit, Tübingen 1934, S. 9) sowie Althebr. Lit. S. 152. Zu berücksichtigen ist auch die von R. de Vaux, Lebensordnungen II, S. 222 unterstrichene Tatsache, daß das Hebräische kein Femininum zu *kohen* und *lewi* kennt. Die den Tempeleingang in Silo (I Sam 2 22, vgl. Ex 38 8) sauberhaltenden Frauen gehören nicht zum »Klerus«, auch wenn sie illegitime Beziehungen zu den Eli-Söhnen haben. Sie in die »sakrale Prostitution« einzureihen, würde ich heute nicht mit derselben Sicherheit wagen wie 1938 in der folgenden Anmerkung 70. Was mich daran hindert, sie ganz aufzugeben, ist die Tatsache, daß das Verbum *znh* vor allem im Heiligkeitsgesetz (z. B. Lev 20 5), bei Hosea (z. B. 4 12ff.) und bei Hesekiel (in den Kapiteln 16 und 23) vom Dienste fremder Götter (vgl. auch Jdc 8 33) gebraucht wird, ein Sprachgebrauch, der sich m. E. am ehesten erklärt, wenn auch im israelitischen Kult derartige Dinge geschahen, daß auch hier die Prostitution im sakralen Bereich nicht nur in Einzelfällen einen »Einbruch eines kanaanäischen Sexualritus in Israel« (H. W. Wolff, Komm. S. 13f.) darstellte. *70* Zum Dirnentum(?) in Silo (I Sam 2 22) vgl. R. Dussaud, Origines S. 15, zur Sache auch E. Dhorme, Evol. 150ff., zur Prostitution utriusque sexus in Juda I Reg 14 23f. und speziell in Jerusalem II Reg 23 7. Das Eindringen spezifischer Züge des assyrischen Ištarkultus hat O. Eissfeldt, JPOS 16 (1936), S. 286ff. durch die Beziehung der *båmōṯ ṭelūʾōṯ* Hes 16 16 auf die von W. Andrae, Jüngere Ištartempel in Assur (WVDOG 58), Leipzig 1935, Taf. 45f. veröffentlichten Funde belegt. *71* Vgl. Jes 23 17. Zum Hohenlied als Allegorie auf das im Exil verstoßene und wieder geliebte *Israel* vgl. A. Robert, Vivre et penser III (1945), S. 192ff. (ebenda S. 77ff.). Die Ausführungen von D. BUZY über die Ehesymbolik des A. T. im allgemeinen, der RB 49 (1940), S. 169ff. Cant. als Zyklus von sieben Liedern faßt, deren jedes die Erlebnisse eines Ehepaares von der »description admirative ou contemplative« zur réunion »délicieuse à tous deux« malt, haben mich nicht überzeugt. Weiteres zu Cant. s. u. S. 170.

Zu Seite 165.

72 Lev 19 29 Dtn 23 18f. — Damit sind »aphroditische« Gelübde (s. o. S. 73[43]) als Jahwegelübde verboten, aber nicht beseitigt, scheint doch an einzelnen Orten eine (erbliche) Prostitution kananäischer Mädchen aus bestimmten (tempelhörigen) Geschlechtern bestanden zu haben; vgl. G. HÖLSCHER, ZAW 38 (1919/20), S. 54ff. zu Jos 6 22, aber auch M. NOTH, Komm., ²1953, S. 23. Zum Eid an Rahab vgl. Jos 2 1. 14. Spätere suchten diese ganze, ihnen anstößige Geschichte zu verdrängen, vgl. W. RUDOLPH, BZAW 68, 1938, S. 171 (anders M. NOTH, a. a. O., S. 29, nach dem die vorliegende Form der Erzählung von dem um 900 anzusetzenden »Sammler« stammt); das ätiologische Interesse war stärker als »moralische« Bedenken. *73* Vgl. Lev 21 7. 9. 14, auch Hes 44 22. *74* Daß Cant die erotischen Erlebnisse unter die Bäume verlegt (vgl. A. BROCK-UTNE, Der Gottesgarten, Oslo 1936, S. 19f.), ist schwerlich modern-romantisch zu verbrämen, sondern belegt den Zusammenhang der Liebeslyrik mit den Kultliedern des ἱερὸς γάμος und seiner irdischen Nachahmung, ohne doch aus Cant selbst eine kananäische Liturgie zu machen; vgl. H. H. ROWLEY Baptist Quart. 8 (1937), S. 411ff. *75* Jdc 16 1. Hingegen ist das Gewerbe der Delila als Ištar-Hierodule nur noch aus dem Namen zu erschließen (vgl. C.F. BURNEY, Judges, 1918, S. 407); im Texte heißt sie einfach *'iššåʰ*. Zum Bordellbesuch als einer für prophetische Strenge strafbaren Handlung vgl. Jer 5 7, während im Gegensatz dazu die »Weisheit« nur selten vor ihm warnt (vgl. Prov 6 26 23 37 29 3); in Hes 23 44 erscheint der Besuch bei einer *'iššåʰ zonåʰ* als eine Selbstverständlichkeit, die nicht ethisch oder religiös beurteilt wird; weitere Belege für eine solche Betrachtung s. S. 168 Anm. 94. Hingegen ist zu beachten, daß die *'iššåʰ zåråʰ* in Prov. nach den Ausführungen von P. HUMBERT, RES 1937, S. 49ff. und Mél. Dussaud I (1939), S. 259ff. = Opuscules, Neuchâtel 1958, S. 111ff. (in Auseinandersetzung mit BOSTRÖM) »la femme autre que l'épouse légitime et peut-être, du même coup, la femme d'autrui, sans allusion quelquonque à son origine étrangère (261)« ist; auch für SNIJDERS (s. o. S. 82) ist die *'iššåʰ zåråʰ* (im Syr. der *nokrijjåʰ* gleichgestellt) nicht notwendig Nicht-Israelitin, wohl aber ist »here a question of strengeness with regard to an individual or a family, and in a wider sense to the community of the pious (S. 102 zu Prov 2 17)«. Für Die Abgrenzung nach außen hat der Terminus damit außer betracht zu bleiben. *76* Zur Orientierung des Ethos am Manne s. o. S. 129, zur Frau als Pfand S. 48. *77* Vgl. Ex 22 16 Ass. Ges. § 54 o. S. 48 und dazu Dtn 22 28f., zur Deutung D. H. WEISS, JBL 81 (1962), S. 67ff. Zum Wert einer Mine beachte die Klausel in dem von GELB (o. S. 132[226]) a. a.O. S. 50f. veröffentlichten Text 49, nach dem eine Mine Silber gezahlt oder die Todesstrafe vollstreckt werden soll (A 23f.); allerdings faßt B. MEISSNER, Bab. Ass. I, S. 175 in einer analogen Bestimmung das *ú* nicht wie GELB = sem. *'aw*, sondern als *û* »und«. Zur Mine gleich 50 Šeqel (Hes 45 12 ist der Text korrupt) — auch im Ugaritischen — vgl. R. DE VAUX, Lebensordnungen I, S. 328f., auch W. F. ALBRIGHT, BASOR 63 (1936), S. 24, *78* Vgl. Lev 27 3 (Auslösungspreis) Ex 21 32 (Ersatzgeld für einen Sklaven) Cod. Ḫam. § 138f. (o. S. 69), zum antiken israelitischen Heiratsalter R. H. KENNETT, Soc. life p. 16ff., doch auch DE VAUX. a. a. O. I, S. 60, zum altgriech. ERDMANN, S. 163, zum heutigen H. GRANQUIST, I (1931) S. 23ff.

Zu Seite 166.

78a Vgl. Lev 19 20 (lies *biḳḳoraeṯ tihịaeʰ lō loʾ ịūmåṭū*).   **79** Vgl. Hi 31 1 (Sir 9 5):

»Einen Bund habe ich mit meinen Augen geschlossen,

sie sollten nicht achthaben (*mehiṭbonen*) auf eine Jungfrau.«

Die sich hier auswirkende Gesinnung hat ihre Entsprechungen in der Abweisung des Fluches in dem gleichen Eide (31 30), in seiner Verneinung des Vertrauens auf Gold und Reichtum (31 24 f.) und der heimlichen Verehrung von Sonne und Mond (31 26 f.). Hingegen bedeutet das *ḥåmaḏ* des Dekalogs (Ex 20 17 Dtn 5 18ª, nicht 18ᵇ) nicht nur die begehrliche Gesinnung, sondern schließt alle Praktiken ein, durch welche das »Begehren« in die Tat umgesetzt wird, die rechtlichen wie die widerrechtlichen; vgl. J. Herrmann, Sellinfestschrift, S. 69 ff., J. R. Coates, ZAW 52 (1934), S. 238 f. u. J. J. Stamm, Der Dekalog im Lichte der neueren Forschung[2], Bern 1962, S. 56 ff. mit Verweis auf Parallelen in den Karatepe-Inschriften und im Ugaritischen (S. 58[91]).   **80** Ausnahmen, s. o. S. 60[123]. Eine interessante Parallele (Verführung eines Mädchens als wirtschaftliche Schädigung des Vaters) auf ganz anderem Kulturgebiet vgl. bei H. Cunow, Geschichte und Kultur des Inkareiches, ed. S. R. Steinmetz, Amsterdam 1937, S. 120. Zur schärferen Beurteilung des Ehebruches — z. B. Dtn 22 20 f. — s. u. S. 167.   **81** Zu Dtn 22 23 vgl. o. S. 60[121], zur Todesstrafe für die ehebrecherische Frau im Ägyptischen vgl. W. Kornfeld, RB 57 (1950), S. 106. Die Todesstrafe für eine Verlobte, die im Hause »Ehebruch« getrieben hat, besteht weder im Kod. Ḥam. noch im Kod. Eshn., vielmehr wird hier nur der »Vergewaltiger« gestraft, vgl. J. B. Pritchard, Archaeology and the Bible, Princeton 1958, S. 224 f.   **82** Vgl. z. B. Lev 12 1 ff. 15 19 ff. I Sam 21 6 II 11 11 und das religionsvergleichende Material bei Rob. Smith, Relig. of the Semites[3], ed. St. A. Cook, London 1927, S. 454 ff., 640. Allerdings ist auch hierfür die erwähnte Unbefangenheit des Hohenliedes einschränkend zu beachten!   **83** Vgl. H. Granquist, a. a. O. II, S. 152 f. — Auch die Keuschheitsforderung an die Witwe — so S. 60[123] — und die für die Eheschließung verbotenen Grade (vgl. bei D. R. Mace, a. a. O. S. 150 ff.) haben in analoger Verbindung besitzrechtlich-wirtschaftlicher Momente (sie gehört der Sippe des verstorbenen Mannes) und magischer Gedanken ihre Wurzel. Dasselbe gilt für das Verbot der zweiten Ehe einer geschiedenen Frau mit ihrem ersten Mann, falls sie durch eine andere Heirat für ihn »unrein« geworden ist (Dtn 24 1 ff. Jer 3 1; anders II Sam 3 13 ff.), während in den Verboten der Ehe mit Mutter und Tochter oder mit Großmutter und Enkelin oder mit zwei Schwestern gleichzeitig (Lev 18 17 ff. 20 14) wie in der ganzen Blutschandegesetzgebung das magische Element durchschlägt. Nicht einmal der Tod löst in allen Fällen das Tabu; er ermöglicht die Ehe mit der Schwester der Frau (Lev 18 18) und macht die bei Lebzeiten des Bruders »verbotene« Schwägerin (Lev 18 16 20 21; Strafe 20 20 f. Kinderlosigkeit) für den Levirat frei, aber nicht den Harem des Vaters für den Sohn (s. o. S. 119[146]). Auch der Verkehr mit einer Kebse des Vaters steht unter dessen Fluch (Gen 35 22 49 4).   **84** Vgl. Dtn 22 13 ff.; zum Terminus *nᵉḇålåʰ* vgl. u. Anm. 95.   **85** Vgl. die Schlußformel Dtn 22 22 (24): 19 19 (Prozeßrisiko), ferner 13 6 17 7. 12 21 21 (f.) 24 7 und dazu o. S. 52[90]. Zum normalen Prozeßrisiko s. o. S. 152 ff.; zu Num 5 s. u. S. 167.

Zu Seite 167.

86 Dtn 22 13; *śᵉnū'åʰ* als die weniger geliebte der (zwei) Frauen eines Mannes, also als komparativer Begriff vgl. Gen 29 31 Dtn 21 15 ff. (s. o. S. 2⁴) [Jes 60 15]. Zum Kontrast vgl. die ägyptische Formel: Wenn ich dich als mein Weib verstoße, sei es, daß ich einen Haß wider dich gefaßt habe, sei es, daß ich eine andere Frau begehre als dich . . .(folgen Geldbußen) bei P. W. PESTMANN, Marriage and matrimonial property in Ancient Egypt, Papyrologica Lugduno-Batava 9, Leiden 1961, S. 155ff. ***87*** S. o. S. 48f. u. S. 60. Dementsprechend fehlen die im Arabischen beliebten Lieder auf die verheiratete Geliebte (vgl. G. JACOB, a. a. O. S. 53f.) ***88*** Vgl. Gen 12 17 20 3ff., zum »Wert« des Ehemannes auch 26 7ff. [Jdc 19 25]. ***89*** Num 5 31. Zu Dtn 27 15ff. s. o. S. 49[73]. Zum Ordal bei den heutigen Arabern vgl. W. KORNFELD, a. a. O. S. 108. ***90*** Cod. Ḫam. § 131f. Eilers S. 34 = ANET S. 171 (MEEK).

Zu Seite 168.

91 Cod. Ḫam. § 133f. (ebenda). Zu »Eheschließung und Kauf nach alten Rechten, mit besonderer Berücksichtigung der älteren Keilschriftrechte« vgl. auch P. KOSCHAKER, Arch. Or. 18 (1950), S. 210ff. ***92*** Assyr. Ges. § 36, 45, (AOTB I^2 S. 417, 419 EBELING; ANET S. 183f. MEEK). Auch das Gesetz des Eshn. § 29 löste die Ehe, die die Frau eines Kriegsgefangenen eingegangen ist, vgl. W. KORNFELD, S. 100. ***93*** Het. Ges. II 80 ZIMMERN-FRIEDRICH, AO 23 (1922), S. 30 = II 194 ANET S. 196 GOETZE u. E. NEUFELD a. a. O. S. 55 und dazu S. 193. ***94*** Am 2 7 (vgl. L. DÜRR, BZ 23 [1935] S. 150ff.); vgl. Gen 49 4 Lev 18 18 Dtn 27 20, aber auch o. S. 48 (Absalom). — Hingegen ist für den Laien der Verkehr mit einer bezahlten »profanen« Dirne, einer *ʾiššå*^{h} *zonå*^{h}, unanstößig (vgl. Gen 38 15f. Jos 2 1 [u. o. S. 165[74]] Jdc 16 1), wie ja auch die Weisheit überwiegend aus »vernünftigen« Gründen vor ihr warnt; vgl. etwa Prov 5 3 6 26; anders Sir 41 25. Zu Prov 22 14 vgl. u. S. 188[235a]. Diese Haltung dem profanen Dirnentum gegenüber, die ja auch der Dirne ein Klagerecht vor dem König zubilligt (I Reg 3 16ff.; vgl. u. S. 170 Anm. 114), ist für die Gesamtbeurteilung nicht aus dem Auge zu verlieren! ***95*** II Sam 13 12. Daß die Bezeichnung *ʿåśå*^{h} *n*^{e}*ḇålå*^{h}, die Jos 7 15 auf den Tabu-Bruch bezogen ist, dem Recht der alten Amphiktyonie angehört, hat M. NOTH, BWANT IV, 1, S. 98ff. wahrscheinlich gemacht. Zum sexuellen Nebensinn von *n*^{e}*ḇålå*^{h} an dieser Stelle sowie in Gen 34 7 Dtn 22 21 Jdc 19 23f. 21 6 II Sam 13 12 Jer 29 23 vgl. E. JACOB, Suppl. Vet. Test VII (1960), S. 41 (u. s. o. S. 107[76]).

Zu Seite 169.

96 Vgl. Gen 19 31ff. (zur Vorgeschichte der Erzählung vgl. A. LODS, RHR 95 [1927], S. 204ff.) 38 26 und als Kontrast die andersartige Verherrlichung der »klugen« Frau I Sam 25 14ff. ***97*** Vgl. Gen 9 21ff. (19 7 Jdc 19 23 *ʿal tåreʿū*). Von da aus wird deutlich, daß die Termini der Offenbarungsmitteilung (s. o. S. 24[141]), welche einen sexuellen Sinn haben k ö n n e n, ihn für das prophetische Bewußtsein höchstens noch im Sinne der Analogie oder Allegorie, nicht mehr im Sinne der Beschreibung des Vorganges haben, wie auch bei Aisch. Agamn. 1203ff. die Prophetengabe Kassandras von der Gewährung ihrer »Liebe Vollgenuß« an Apollo getrennt erscheint; zum Zusammenhang der Stelle vgl. G. THOMSON, Aischylos und Athen, deutsche Bearbeitung von H.-G. HEIDENREICH, Berlin 1957, S. 276. Erst recht sind die Vermutungen von F. DORNSEIFF über Ex 33 11 (ZAW 53 [1935], S. 166f.) unwahrscheinlich; vgl. auch W. MOELLER, Schäden und Schuld der ATlichen Wissenschaft, Zwickau 1936, S. 37, der freilich D.s Meinung stark vergröbert. ***98*** Vgl. Lev 18 22 (»keinen Mann darfst du beschlafen, wie man ein Weib beschläft; ein Greuel [*toʿeḇå*^{h}] für Jahwe ist solches«), 20 13; zur »abgrenzenden« Bedeutung des Terminus *toʿeḇå*^{h} vgl. B. BAENTSCH, Komm. zu Ex 8 22. Päderastie als *n*^{e}*ḇålå*^{h} vgl. Jdc 19 24 (o. Anm. 95). Es ist zu beachten, daß die e i n z i g e Bundesexekution mit diesem Vergehen begründet wird. Selbst wenn es sich nur um einen Vorwand gehandelt haben sollte (so EISSFELDT, s. o. S. 74[56]), wäre auch dieser Vorwand für unsern Zusammenhang bedeutsam genug. *99* Ass. Ges. § 20: Gesetzt ein Mann hat seinen Genossen beschlafen . . ., so wird man ihn beschlafen, ihn zum Eunuchen verwandeln« (Ebeling, AOTB I[2], S. 414; ANET, S. 131 Meek). Zu beachten ist, daß Cod. Ḫam. die Päderastie nicht verbietet und Ass. Ges. sie nur mit dem *tappau*, dem »Genossen« (zur Bedeutung vgl. Driver-Miles S. 65ff.) unter Strafe stellt, das »Opfer« aber straffrei läßt. Vgl. auch die von B. Meissner, MVAG 12 (1907), S. 151ff. behandelten Texte. Aus dem Schweigen der sicher vorexilischen israel. Gesetze auf eine Änderung in der Haltung der Israeliten, ja der Westsemiten, zu schließen, ist angesichts der herausgearbeiteten Stellung der älteren Sage bedenklich (gegen Driver-Miles S. 71); zu Hi 31 9f. s. o. S. 49[72] u. u. S. 184[206]. — Zur Abweisung des Verkehrs mit dem Tier s. u. S. 199, im Gegensatz zum Verkehr des Baal mit der *ʿglt* in Ugar. 67 V 18 (Gordon, Handb. S. 149, Lit. S. 42 = Driver, Can. Myths and Legends, S. 106f., auch Th. H. Gaster, Thespis S. 192 Nr. LII und H. L. Ginsberg ANET S. 139.). *100* Jer 29 23 *i̯aʿan ʿåśū n^e^ḇålå^h b^e^i̯iśrå'el*; vgl. 23 14. *101* Vgl. Act 15 20. 29 (Apc 2 14) I Cor 5 1ff. I Tim 3 2 Tit 1 6; zur Damaskusschrift vgl. Ed. Meyer, ABA 1929, 9, S. 34 und jetzt meine Ausführungen Texte von Qumran S. 354 sowie G. Jeremias, Der Lehrer der Gerechtigkeit, Göttingen 1963, S. 99. Zur Unkeuschheit als schwerster Sünde im hellenistischen Judentum vgl. W. Bousset, Die Religion des Judentums[3] ed. H. Gressmann, Tübingen 1926, S. 425f. Die eben dargelegte Stellung der Damaskusschrift zur Frage der Polygynie läßt die Monogamie nicht als spezifisch christlich erscheinen. Auch die Begründung durch Gen 1 27 ist in der Damaskusschrift die gleiche wie in Mc 10 6ff. par. (7 1 Rost S. 12f.). Das Eigentümliche der Stellung Jesu ist, daß er einen in jüdischen Sektenkreisen — vielleicht seit Mal 2 15 — lebendigen Gedanken speziell auf die Ehescheidung überträgt, die in der Damaskusschrift anscheinend nicht verboten gewesen ist (vgl. L. Ginzberg, MGWJ 55 [1911], S. 689ff.; mit Fragezeichen zu CD XIII 17 J. Maier, Die Texte vom Toten Meer II, S. 59, auch meine Texte von Q., S. 354, vor allem Anm. 3). Damit erklärt er einen Teil des Gesetzes als nur um der menschlichen Herzenshärtigkeit willen gegeben und hebt es auf; so auch M. Kaehler, Jesus und das AT, Leipzig 1896 S. 43 und vgl. auch meinen oben S. 155 Anm. 23 genannten Aufsatz). Freilich scheint eine verschärfende Exegese, wie sie etwa auch die Damaskusschrift an Lev 18 13 übt (Verbot der Heirat mit der Nichte mütterlicher- wie väterlicherseits, vgl. G. Jeremias, a. a. O. S. 103), an sich als mit der Autorität des Gesetzes als solchem verträglich angesehen worden zu sein; die Form der Polemik Jesu geht aber in der Gegeneinanderstellung von menschlicher und »anfänglicher« Autorität über solche »Ergänzungen« hinaus. Zu beachten ist endlich, daß das Wort Jesu in judenchristlichen Kreisen nicht in der Radikalität seiner Konsequenzen, sondern in seiner kasuistischen Form gewirkt hat: als — nicht unbestritten gebliebenes (μὴ ἐπὶ πορνείας Mt 19 9f.; wohl Zusatz des Evangelisten, vgl. besonders E. Hirsch, Zsyst Th 3 [1925] S. 50ff., aber auch jetzt wieder anders (O.) Dibelius, Bericht der Zeugen, Stuttgart 1962, S. 84) — Scheidungsverbot, nicht als Gebot der Monogamie. Dann wenigstens gilt das eben Gesagte, wenn, wie im Text geschehen, der μιᾶς γυναικὸς ἀνήρ als einer verstanden wird, der nicht gleichzeitig mehrere Frauen hat, aber nicht in der bis in die Antike zurückzuverfolgenden Deutung der orthodoxen Kirche als einer, der sich nicht wieder verheiraten darf. Die bedenkenlose Art, mit der die Frage, ob nicht die legitime Polygynie ausgeschlossen sein soll, von manchen Autoren beiseitegelassen wird — so kennt G. Delling, Die Stellung des Paulus zu Frau und Ehe, Stuttgart 1931, S. 136 für I Tim 3 2. 12 Tit 1 6f. nur die Alternative: einmalige Heirat oder Gegensatz gegen den Ehebruch bzw. gegen den Geschlechtsverkehr mit Sklavinnen — könnte schon ein Blick in (Strack-)

Billerbeck III (1926) S. 648ff. korrigieren. Das dort angeführte Material läßt sich nicht mit der Bemerkung beiseiteschieben, daß sich der »Brief doch wohl an Heidenchristen wendet« (Delling S. 137 Anm. 39), da damit über den Ursprung der offensichtlich geprägten Formel nichts ausgesagt ist. Aber selbst wenn man das μιᾶς γυναικός entsprechend der einmaligen Ehe der Frau deuten wollte, welche I Tim 5 9 gemäß dem jüdischen Judith-Ideal (s. o. S. 172) und verwandten heidnischen Strömungen (Delling, S. 137 u. J.-B. Frey, Rech. Science Rel. 20 [1930], S. 48ff.) fordert, bleibt es bemerkenswert, daß die Begründung aus Gen 1 27 dabei nicht gegeben wird. Vielmehr gilt für voll geschlechtsreife Frauen der Verkehr als etwas Unvermeidliches (s. o. S. 171 zu Ex 21 10f.), dessen Unterdrückung nur zur Sünde führt (I Tim 5 11ff., vor allem 14). Die Berufung auf Gen 1 27 ist also in den Kreisen, in denen diese Ordnungen entstanden sind, nicht herrschend gewesen, mit anderen Worten: das Jesuswort hat, wie schon angedeutet, nicht grundsätzlich, sondern lediglich kasuistisch gewirkt. — Für die Datierung der Damaskusschrift hätte ich bei meinen in Althebr. Literatur S. 192 auf Grund der Zitierungsweise ATlicher Stellen an der üblichen Datierung (1. Jh. p. C.) geäußerten Zweifeln nicht übersehen sollen, daß bei der Art, wie von der Zerstörung Jerusalems von 587 als dem Strafgericht gesprochen wird, in einer gegen die Jerusalemer Priester so kritischen Schrift die Katastrophe des Jahres 70 nicht hätte verschwiegen werden können, wenn sie bereits eingetreten war. Ich habe meinen Irrtum Texte von Q. S. 357 jetzt korrigiert (Entstehung wohl vor 31 a. C.). Ist die Damaskusschrift im Gegensatz zu 1QS die Ordnung für die Ortsgruppen in der »Welt«, in der auch die Ordensleute ehelich leben dürfen, so ist es verständlich, daß in der für die Klosterinsassen geltenden Regel 1QS VII 12ff. in sachlicher Übereinstimmung mit Lev 20 13 die Homosexualität verboten werden muß. (Zur Homosexualität im AT vgl. Patai, a. a. O. S. 168ff. — Ob die Beziehung von David zu Jonathan als homosexuell zu deuten ist — Patai S. 170 — lasse ich dahingestellt). Vgl. meine Texte S. 355, aber auch u. S. 181[198]. *102* Vgl. o. S. 147 zu I Reg 20 31. 42, ferner Dtn 20 10ff. (mit Einschränkung hinsichtlich des Bannes 20 15ff.) 21 10ff. *103* . . . τὸν κρατοῦντα μαλθακῶς θεὸς πρόσωθεν εὐμενῶς προσδέρκεται Aischyl., Agamn. 951f. Wil. ed. min. 141. *104* Vgl. Hos 12 8 und dazu o. S. 18[105]. *105* S. o. S. 166[82]. Darum sind auch Frauen vom Heerlager der Qumranleute fernzuhalten (1QM VII 3) und in ihrer »Stadt des Heiligtums« ist der Beischlaf verboten (CD XII 1), wie ja auch jeder nicht in Übereinstimmung mit der Thora vollzogene das »Heiligtum verunreinigt« (CD V 7, vgl. Lev 15 19ff.). Eine gewisse Zurückhaltung gegenüber der Sexualität mag man mit Patai, a. a. O. S. 157 auch darin erblicken, daß practicaly no sexual terminology proper is found in the Bible, wenn man von den Verben *i̯ā̊ḏaʿ*, *lå̄qaḥ*, *på̄ṯå̄ʰ* (vgl. ZAW 57 [1939] S. 83[6]) und vielleicht den »Füßen« Ex 4 25 absieht.

Zu Seite 170.

106 Vgl. Sir 25 13ff. Ḳoh 2 8 (zur Deutung von *šiddå̄ʰ* als »Mädchen« vgl. H. W. Hertzberg, Komm. zur St. und die ausführliche Diskussion bei W. Zimmerli, ATD XVI 1 (1962) z. St. Das von ihm zu 9 9 herangezogene Gilgamesch-Fragment aus Taf. X (alt-babylonisch) s. auch ANET S. 90 Speiser) 9 9 (und dazu Prov 5 18 oder die Schilderung von der Macht des Eros III Esr 4 18ff.). *107* Vgl. Jer 16 2 Hes 24 15ff. (und dazu meine Ausführungen ZAW 51 [1933], S. 312f. Das Nichttrauerndürfen des Propheten symbolisiert die Härte Jahves beim Gericht über Israel!) und das Weinen des Paltiel bei dem Abschied von Mikal II Sam 3 16; Kontrast: Sir 25 2! *108* Vgl. den von E. Suys, Biblica 13 (1932), S. 209ff. und F. Dornseiff, ZDMG 90 (1936), S. 589ff. durchgeführten Vergleich mit den von A. Gardiner veröffentlichten Liebesliedern des Pap. Chester Beatty I. — Die von D. versuchte genaue Parallelisierung scheitert freilich daran, daß er sich durch Zusammenziehung von Strophe 1 u. 2 des ägyptischen Liedes in der Nacherzählung von Suys hat verleiten lassen, als Inhalt von Strophe 1 anzugeben, was in Wahrheit erst in Strophe 2 begegnet. Zudem ist die formalistische und geschichtlich-situationsmäßige Verschiedenheit der einzelnen Stücke von Cant übersehen. Ein Blick in G. Jacob, Das Hohelied auf Grund arabischer und anderer Parallelen von neuem untersucht, Berlin 1902, hätte durch den Nachweis enger Beziehungen zu arabischen Dichtern manche Übertreibung verhindern können. Zur Analyse von Cant vgl. F. Horst, Festschrift Littmann 1935, S.43ff., dessen Ausführungen auch für die Herausarbeitung der »Poetic units« durch F. Landsberger, JBL 73 (1954), S. 203ff. nützlich gewesen wären. Zu beachten ist bei dem allen, daß es sich — um einen von E. Jacob, a.a.O. S. 50 geprägten Ausdruck zu verwenden — um die sexualité désacralisée et démythologisée handelt. Vgl. die Auseinandersetzung mit der sakralen Deutung bei W. Rudolph, Komm. z. AT XVII 2, Gütersloh 1962, S. 90ff. Die Verbindung von Cant mit der »Heiligen Hochzeit« (H. Schmökel, Heilige Hochzeit und Hohes Lied, Wiesbaden 1956) setzt voraus, daß Cant ein »in seiner heutigen Gestalt . . . völlig durcheinandergebrachtes und absichtlich verdunkeltes Kunstlied einheitlicher Sprache und Gestalt darstellt« (ders. ZAW 64 [1952], S. 150f.). Eine Parallele zu Cant als secular . . . love poem vgl. bei M. Held, JCSt. 15 (1961), S. 1ff. *109* Im »Bewunderungs-«, »Beschreibungs-« und »Prahllied« (Termini nach Horst); vgl. etwa 4 1ff. 7 1ff.7ff. und als Kontrast Ps 45 3f. Zu einem Nachklang der *waṣf*-Tradition in 1Q GenMidr. XX, 1ff. vgl. M. H. Goshen-Gottstein, RQ 2 (1959), S. 46ff. *110* Cant 8 6f. (zum »Siegel« vgl. Suys, a. a. O. S. 222[9], andere Deutung von 7b s. bei W. Rudolph, a. a. O. S. 180; vgl. 3 1ff. 5 2ff. 6 11ff. 7 7ff. 11ff. 8 5ff. Sir 26 13ff. *111* Vgl. Ps 45 17f. Gen 24 60 Ruth 4 11f. *112* Vgl. z. B. Jer 20 15 Ps 127 3ff. und dazu H. Schmidt, Th. St. Kr. 103 (1931), S. 141ff. Die von H.-J. Kraus, Komm. z. St. beigebrachte Nisaba-Hymne hebt das Werden eines Kindes im Mutterschoß, nicht speziell das Werden eines Jungen hervor. Auch das Assyr. Ges. setzt (§ 50 ANET S. 184 Meek) für die Fehlgeburt eines weiblichen Fötus die »Kompensation« durch ein »Leben« fest. *113* Vgl. Hi 1 2 42 13. *114* Auch die *lo' ruḥâmâh* Hos 1 6 wird nicht ausgesetzt (vgl. ihre Entwöhnung 1 8), wohl aber das Mädchen Hes 16 4f. in Anwendung einer auch im Qoran auftauchenden altorientalischen Sitte (Sure 81 9ff., vgl. W. Zimmerli, Komm. z. St.). Um so bemerkenswerter ist es, daß, wie im Text gesagt, in erzählenden und den Weisheitsschriften kein Fall geschildert oder vor einer derartigen Sitte gewarnt wird! Bei der Aussetzung des Moses (Ex 2 3) handelt es sich um Übertragung einer fremden Legende; zu beachten ist, daß die Mutter, nicht der Vater handelt (s. auch o. S. 72[36]). Zur Aussetzung im griechischen Recht vgl. W. Erdmann, Die Ehe im alten Griechenland, München 1934, S. 344ff.; zur Tötung neugeborener Mädchen in Arabien G. Jacob, Studien III S. 53 (Gegensatz: Selbst eine Dirne kämpft um ihr im Bordell geborenes Kind vor dem König I Reg 3 16ff.); zur Einengung der patria potestas in Israel o. S. 72. *115* Elkana »hatte Hanna lieb, wiewohl Jahwe ihren Schoß verschlossen hatte« I Sam 1 5; zu (*'hb* und *śn'*) als komparativischen Begriffen s. o. S. 167[86]. *116* Vgl. neben I Sam 1 11 (15) vor allem Gen 30 14ff.; zur Orakelbefragung durch unfruchtbare Frauen s. o. S. 130[205] und die Verheißung eines übers Jahr zu gebärenden Knaben (!) durch Jahwe oder den Propheten Gen 18 10 II Reg 4 16; zum Zauber vgl. das ägyptische Gebet an den Toten in dem von A. H. Gardiner, JEA 16 (1930), S. 19ff. veröffentlichten Chikagoer »Brief an einen Toten« und die Inschrift auf der von S. Schott ebenda S. 23 besprochene Figur einer

Beischläferin, zur Kinderlosigkeit als Strafe für Ehebruch oder andere sexuelle Verirrungen vgl. Gen 20 17 (12 17 ?) Lev 20 20 f., auch Hi 27 14 (früher Tod der Kinder) und dazu PATAI, a. a. O. S. 86 ff. Den Gegensatz gegen den Tod der Kinder bildet das Bild von der ewigen Lampe I Reg 11 36 15 4 oder der glimmenden Kohle II Sam 14 7. *117* Vgl. Ass. Ges. § 52 (DRIVER-MILES § 53); Begründung und Parallelen vgl. bei DRIVER-MILES S. 115 ff., auch bei E. NEUFELD, Ancient Hebr. Marriage laws, London 1944, S. 252 Anm. 3; zur Empfehlung der Abtreibung im Griechentum auch ERDMANN, a. a. O. S. 345[6]. Ebensowenig kennt das israelitische Recht Klassen grundsätzlich kinderloser (sterilisierter ?) Frauen im Tempeldienst nach Art der babylonischen *nadītu* (s. o. S. 69).

Zu Seite 171.

118 Zum Verbot der Kastration vgl. Dtn 23 2 (und dazu P. BROWE, Zur Geschichte der Entmannung, Breslau 1936, S. 2 u. 38), aber auch Jes 56 3 ff., zur Onanie (?) Gen 38 9 f. (zur Weltschöpfung durch Onanation im Ägyptischen vgl. S. MORENZ a. a. O. S. 171). Bei der Bewertung von Dtn 23 2 ist — vgl. NEUFELD S. 220 ff. — nicht zu übersehen, daß es nicht um die Gültigkeit der Ehe geht (wenigstens wenn der Frau die impotentia copulandi bekannt war), sondern um die Teilnahme am Kult, wie auch B. MAARSINGH, Onderzoek naar de Etiek van de Wetten in Deuteronomium, Diss. Theol. Utrecht 1962, S. 74 mit Recht betont. Zur späteren Stellung zur Kastration verweist L. LEWY, Imago 6 (1920), S. 393 darauf, daß nach b. San 70[a] der Frevel Kanaans Gen 9 22 in der Kastration Noahs bestand und die Strafe Rubens Gen 49 3 f. in seiner Entmannung durch Jakob (?). Abgar verbietet einen analogen — also geübten — Brauch in Edessa. *119* Vgl. den Levirat (und die Widerstände gegen ihn) Gen 38 8 f. Dtn 25 5 f. Ruth 4 5 und dazu F. HORST, RGG IV[3] (1960), Sp. 338 f. *120* S. o. S. 64 und (zur »Hilfe« der Söhne vor Gericht) S. 98, zu Ps 127 3 auch soeben Anm. 112. *121* Das Bundesbuch macht keine Vorschriften über Auslösung (s. o. S. 54), doch vgl. für den Jahwisten Ex 34 20, für den Elohisten Gen 22 12 f. und beachte, daß möglicherweise das Kananäische bereits einen Ersatz des Kindes (im Fundamentopfer [vgl. dazu F. BLOME, Die Opfermaterie in Babylonien u. Israel I, Rom 1934, S. 370 ff.]) kannte, sei es durch Silberfiguren oder eine (brennende) Lampe (vgl. A. LODS, Israël des origines au milieu du VIIIe siècle, Paris 1930, p. 114, auch meine Bemerkungen ZAW 47 [1929], S. 64, 67 zu den Funden von *tell ed-dschemme* [FL. PETRIE, Gerar, London 1928, S. 6]), oder durch andere »zauberstarke« Gegenstände (vgl. den Hochzeitsskarabäus Amenophis' III. als Fundamentopfer in *ʿain šems* bei E. GRANT, Rumeileh, Haverford 1934, S. 66). Doch sind die Funde nicht eindeutig; eine andere Erklärung bei GALLING, BRL, Sp. 349 und vgl. auch die kurze Bemerkung von T. H. GASTER, IDB. IV (1962), S. 154. *122* Vgl. II Reg 16 3 und die Zusammenstellungen II Reg 17 17 21 6. Zum strikten Verbot des Opfers *lammolaeḵ* im Heiligkeitsgesetz vgl. O. EISSFELDT, BRA III (1935), S. 32 f.; die Deutung auf Verbrennung statt auf kultische Preisgabe (F. WILKE, Festschr. 57. Philologen-Versammlung Salzburg 1929, S. 138 ff.) erscheint wahrscheinlicher; zur Frage vgl. auch M. BUBER, Königtum Gottes[2], S. 211 ff. und ThBl. 15 (1936), S. 217 ff., u. E. DHORME, Evol., S. 213 ff,; weitere Gegenschriften gegen EISSFELDT (zuerst wohl A. BEA, Bibl. 18 [1937], S. 95 ff.) nennt GASTER, a. a. O. S. 159. *123* Jer 6 25 f. vgl. Am 8 10, oder die Klage der Rahel um ihre Kinder Jer 31 15 und als Gegenstück die Trauer um die Mutter Ps 35 14. *123*a Der für Joseph gezahlte Sklavenpreis von 20 Seqel (Gen 37 28) entspricht der Auslösungssumme für einen Knaben von 5—20 Jahren (Mädchen gleichen Alters 10 Seqel) Lev

27 5, während der normale Sklavenpreis (Ex 11 32) 30 S. beträgt. Ist in der Preisangabe von Gen 37 eine Altersangabe für Joseph versteckt, oder soll der Eifer der Brüder, den »Träumer« loszuwerden, gemalt werden? *124* Ex 21 10 f. Diese Bestimmung, welche der Sklavin ein »Recht« gibt (vgl. Hi 31 13!), ist um so bemerkenswerter, als die Sklavin an sich schlechter steht als der Sklave. Sie hat nicht das *ḥabiru*-Privileg der Freilassung nach sechs Jahren (anders Dtn 15 12, wo aber *'o hå'ibriiåh* auf die Satzkonstruktion ohne jeden Einfluß, also doch wohl interpoliert ist); sie steht, wenn sie auf anderem Wege als auf dem des Verkaufs durch den Vater in den Besitz ihres Herrn gelangt ist, voll in seiner Gewalt. Er kann sie an einen Sklaven zur Ehe geben, ohne aus der Gewalt des Herrn zu entkommen, in der sie auch bei Schwängerung durch einen Dritten verbleibt (s. o. S. 166). Zur Leibmagd der Ehefrau s. o. S. 69. Wie selbstverständlich der Verkehr mit der (kriegsgefangenen) Sklavin in der Spätzeit genommen wird, zeigt das von G. Kittel, a. a. O. S. 41. 55 ff. beigebrachte Material, das zugleich eindeutig lehrt, wie wenig die sexualethischen Absichten des Gesetzes in der Lebenswirklichkeit der Diaspora gefruchtet haben. *125* Vgl. Prov 31 8 ff. Sir 26 1 ff. *126* S. o. S. 34 u. S. 199 zu Gen 2 18. *127* Richtig an A. Weisers Darlegungen über *ṭob uårå'*, Deutsche Theologie 1937, S. 19 ff. u. S. 25[25] (Glaube und Geschichte, S. 238 ff. u. 245[25]) ist, daß die beiden Begriffe nicht nur das geschlechtliche Wissen umfassen (so R. Gordis, AJSL 52 [1936], S. 86 ff., N. Krieger, ZAW 70 [1958], S. 266 ff. und vgl. auch J. Dus, ZAW 71 [1959], S. 108 Anm. 38); bei seiner eigenen Deutung läßt er freilich das »geworden wie *einer* von uns«, welches das »Wissen« als göttlich charakterisiert, zu sehr außer acht. Zur Mehrdeutigkeit der Worte vgl. J. Fischer, BZ 22 (1934) S. 323 ff., zu ihrer »praktischen« Ausrichtung H. J. Stoebe, ZAW 65 (1953), S. 188 ff. *128* Natürlich bringt das »mit Schmerzen« etwas Neues zu dem »zu einem Fleische werden« selbst dann hinzu, wenn man letzteres als im Kinde erfüllt versteht (so nach dem Zeugnis von C. A. Heumann [bei G. A. Cassius, Ausführl. Lebensbeschreibung des . . . C. A. H., Cassel 1768, S. 54] schon St. A. Lubeck in einer Niederländischen Bibel von 1491); es ist nicht ausreichend, wenn Weiser meint, »daß diese ‚Strafe' nicht in der äußeren Änderung bisheriger Zustände, sondern in der Eröffnung einer Lebensperspektive besteht, die dem Menschen die Zwiespältigkeit seiner Stellung zum Leben als die rätselhafte Not seiner Kreatürlichkeit zum Bewußtsein und zur Auswirkung bringt« (S. 25 = Glaube und Geschichte S. 245). Der Jahwist ist Realist, der die konkreten Leiden des Menschentumes erklären und doch seinen Gott von ihnen entlasten will! — Zum Pessimismus von 3 16 vgl. auch P. Humbert, RHPR 16 (1936), S. 449.

Zu Seite 172.

129 Vgl. A. Menes, ZAW 43 (1925), S. 39 und meine Ausführungen Z. syst. Th. 9 (1931), S. 223 (= Apoxysm. 207 f.), aber auch G. Quells unwirsche Bemerkung ThWNT I (1933), S. 285[46]. *130* S. o. S. 130. *131* Vgl. Sir 25 24 Ḳoh 5 14 ff. u. H. W. Hertzberg, Komm. S. 38 f. Noch deutlicher wäre die Einzelstellung des Jahvisten, wenn man mit W. Zimmerli, ATD 16,1 (1962), S. 195 in Ḳoh 5 16a eine »eigenwillige« Variante von Gen 3 18 sehen dürfte. S. auch o. S. 170. *132* Vgl. Tob 8 7 (οὐ διὰ πορνείαν ἐγὼ λαμβάνω τὴν ἀδελφήν μου ταύτην, ἀλλ' ἐπ' ἀληθείας); auch 3 14 ist das καθαρά εἰμι ἀπὸ πάσης ἁμαρτίας (א ἀκαθαρσίας) ἀνδρός wohl schon auf das bloße Begehren zu beziehen. Die von H. Preisker, Christentum und Ehe in den drei ersten Jahrhunderten, Berlin 1927, S. 71 mit Recht hervorgehobene Tatsache, daß für Tob. Jud. die Sexualaskese die Erhörbarkeit der Gebete steigert, ist von der sonst innerhalb des AT fehlenden Steigerung der »magischen« Kräfte des Asketen durch seine Enthaltungen (vgl. das u. S. 183

Anm. 204 über das Fasten Ausgeführte) nicht zu trennen. *133* Vgl. Ruth 1 12. 13: Jud 16 22; für einen assyrischen Kriegshelden erscheint freilich auch Jud 12 12 der Geschlechtsverkehr selbstverständlich. *134* Vgl. Gott und Mensch^2, S. 294 u. s. u. S. 199f. *135* Die Literatur zur Arbeit im AT vgl. bei W. BIENERT, RGG I^3, Sp. 539ff., der gleichfalls betont, daß die Arbeit »der Bibel als etwas Selbstverständliches« gilt, aber nicht minder, daß die Arbeit des Menschen der Abglanz der Arbeit Gottes ist (Die Arbeit nach der Lehre der Bibel, Stuttgart 1954 S. 45), und Analoges gilt für die Ruhe (S. 26ff.). Zur Terminologie im AT vgl. auch C. U. WOLF, IDB. (1962), III S. 51f. Die Göttinger Theol. Diss. von D. ROEDER ist leider ungedruckt geblieben. *136* Vgl. Ps 104 23. Freilich ist die jüdische Arbeitsleistung bei schwerer und ungewohnter Anstrengung nur gering gewesen; vgl. Neh 4 4. *137* Vgl. z. B. Prov 10 4f. 18 9 28 19: Gen 2 5. Auch BOSTRÖMS »Ackerbauideal« (s. o. S. 16^{94}) setzt eine solche Grundhaltung voraus; zur Feldarbeit als »normaler« Arbeit vgl. die Fassung des Sabbatgebotes in Ex 34 21.

Zu Seite 173.

138 Vgl. Ps 128 2: Jes 55 2 Sach 8 10, auch o. S. 16 u. S. 118. *139* Vgl. Material bei FICHTNER, a. a. O. S. 15. *140* Vgl. Gen 3 17ff.; es ist nach dem o. S. 138ff. Ausgeführten nicht verwunderlich, daß beim Jahwisten (wie für Ḳoh) die Vergeblichkeit der Arbeit am Tode offenbar wird; vgl. Ḳoh 5 14 u. o. Anm. 131. *141* Vgl. Ps 90 10 und dazu P. ALTHAUS, Theol. Aufsätze II, Gütersloh 1935, S. 151ff. *142* Vgl. Ḳoh 1 3ff. und dazu W. ZIMMERLI, Die Weisheit des Predigers Salomo, Berlin 1936, S. 27ff. u. ATD XVI 1 z. St.; ferner 2 20ff. 3 9ff.; 6 7. *143* Vgl. Gen 2 15. *144* Gen 8 22; zu *kål-i̯^{e}mē hå'åraeṣ* als Bezeichnung dieses Äon bis an sein Ende vgl. Dtn 11 21 *i̯^{e}mē haššåmai̯im ʿal hå'åraeṣ* und zur Zusammengehörigkeit von Besitz und Arbeit das »Ausschütteln aus Haus und Arbeit« (*mibbēṯō ūmīḡīʿō*) als Drohung (Neh 5 13). — Die Tatsache, daß es sich in Gen 8 22 bei dem Nichtaufhören von Säen und Ernten um einen den Weltenstand umspannenden Segensspruch des seine vorhergehende Vernichtung bereuenden Gottes handelt, läßt die Behauptung einer rein negativen Betrachtung der Arbeit im AT nicht zu, doch vgl. I. EGNELL, SEA 26 (1961) S. 5ff. *145* Vgl. Dtn 5 15 (Gen 2 2f.) Ex 20 11; zur Ruhesehnsucht des Sklaven s. o. S. 132f. Die Ruhe der Haustiere und der Fremdlinge bleibt unbegründet. Zur Unmöglichkeit, das Ruhe- wie die übrigen Dekaloggebote rational zu begründen, vgl. meine Ausführungen in Festgabe, W. KOEPP zum 70. Geburtstag am 1. 11. 1955, S. 16 (Maschinenschrift.) *146* Vgl. Gen 2 1ff. *147* Joh 5 17. *148* S. das o. S. 163ff. über die Ablehnung der Sexualorgiastik Ausgeführte. In der Ackerbaureligion wird der Mensch in der Ausübung des Geschlechtsaktes »wie Gott«, vor allem der dazu qualifizierte Repräsentant (Oberpriester, König), der im kultischen Drama die Rolle Gottes vertritt. Der Akt hat den Zweck, den Gott durch Nachahmung seines Tuns zu analogem Handeln anzufeuern und zu stärken; es darf aber auch nicht übersehen werden, daß der einzelne in solchen Augenblicken kultischen Handelns seine »Gottwerdung« erlebt. Neben dem praktischen Ziel ist der »mystische« Zug in dem allen nicht zu verkennen. Zum ἱερὸς γάμος vgl. die Materialsammlung von A. KLINZ, Diss. phil. Halle 1933, zu seiner Bedeutung für das Gottmenschentum O. WEINREICH, Hermes 67 (1932) S. 359ff. und H. KLEINKNECHT, ARW 34 (1937), S. 294ff.

Zu Seite 174.

149 Sura 112 (mekkanisch); zur Frage jüdischer Beeinflussung vgl. C. C. TORREY, a.a.O. S. 56; zu 112 1: Dtn 6 4 auch S. 134. — Dieser Aspekt der Frage — vgl.

auch meine Ausführungen über die »Grenzen des Anthropomorfismus Jahwes im AT«, ZAW 57 (1939), S. 75ff. und über die Ausschaltung des erotischen Momentes Antaios 4 (1962), S. 180ff. — tritt bei J. J. Stamm, Die Gottebenbildlichkeit des Menschen im AT (Theol. Stud. 54), Zürich 1959, durch seine Zielsetzung einer Auseinandersetzung mit K. Barths Kirchl. Dogmatik III notwendig in den Hintergrund. Auch die von ihm herangezogene alttestl. Literatur (Gunkel, Humbert, Horst) bot keinen Anlaß, ihn aufzugreifen. Er ist aber, wenn ich recht sehe, gerade derjenige, der die israelitische Religion phänomenologisch auf dem Gebiet der Ebenbildlichkeit am weitesten von den übrigen altorientalischen abhebt. Daß dieser Satz nicht für die kanaanisierte »Volksreligion gilt, wurde o. S. 164 gezeigt; daß aber P in Gen 1 26f. (*beṣäläm 'ælohîm bårå' 'otō zåkår unqebåh bårå' 'otåm*) den Rest einer alten Androgynie auch Jahves — zum Problem der Androgynie etwa der Ištar vgl. G. Widengren, JSS 4 (1960), S. 404ff. — widerspiegelt, ist nicht sicher erweislich. Will man für die Ebenbildlichkeit sich nicht auf die Gleichgestaltigkeit berufen — einen Gedanken, in dem das Selbstbewußtsein des Menschen sich gegenüber dem Tier durchsetzt, gegen den sich jetzt aber auch P. G. Duncker, Bibl. 40 (1959), S. 384ff. wendet — so sind die Deutungen von H. G. Wood (Exp T 68 [1956], S. 167f.: Man's power of judgement and decision, and . . . his ability to create) und E. Jacob, (Suppl. VT 7 [1960], S. 50f.: Gottes *ḥäsäd* gegenüber den Menschen soll von diesen in der Vertikalen von Mensch zu Mensch geübt werden) heranzuziehen. Zum Machtunterschied von Mensch (bzw. König) und seinem Gott vgl. auch meine Deutung von Ps 8, FF 35 (1961), S. 119ff., zur Salbung als Machtübertragung (wenn auch diesen Zug zu sehr verabsolutierend) E. Kutsch, BZAW 87 (1963) mit reicher Literaturübersicht. *150* Vgl. Gen 1 11. 24 : 1 22. 28. Die Versuche der Kommentare, das Fehlen des Segens in 1 25 aus »Unachtsamkeit« oder stilistischen Gründen u. dgl. zu erklären, sind wertlos, da sie den theologischen Gehalt des Abschnitts völlig verkennen. *151* Der Parallelismus: Bild—Herrscher Gen 1 26 ist durch Ps 8 6 : 7 als synonymer bestätigt; s. auch u. S. 201. *152* Gen 3 7.

Zu Seite 175.

153 Vgl. vor allem A. Alt, Staatenbildung, S. 3ff. (= Kl. Schr. II, S. 1ff.) und J. Garstang, a. a. O. S. 94ff. Zum Königsstaat (beachte zugleich die gegenseitige Bekämpfung!) vgl. neben den Amarnabriefen z. B. Jdc 1 7; zur Adelsherrschaft in Sichem (Gen 34 2) vgl. E. Sellin, Geschichte I, S. 111f. Jdc 9 zeigt, wie leicht die Herrschaft einer aristokratischen Sippe in die Königsherrschaft eines ihrer Glieder umschlagen konnte (vgl. z. B. M. Noth, GI², S. 141), nachdem vorher eine manassitische Sippe die alte kananäische Herrenschicht verdrängt hatte. Zu beachten ist, daß zur Zeit der Einwanderung der alte Palast in Sichem zerstört war, vgl. L. E. Toombs — G. E. Wright, BASOR 161 (1961), S. 22f. — Zu den Sichem-Traditionen im allgemeinen vgl. E. Nielsen, Shechem, a tradition-historical investigation, Kopenhagen 1955, zu Gen 34 auch S. Lehming, ZAW 70 (1958), S. 228ff. *154* Vgl. z. B. Jos 10 3. 5. *155* Vgl. die o. S. 7[34]. [36] u. S. 78[80] genannte Literatur. *156* Text bei A. Rowe, Topography and history of Beth-Shan, Philadelphia 1930, S. 15 (Zeit: Tutmose III.). Der Schlußwunsch ist als Parallele von Ps 23 6b nicht zu übersehen! (Als weitere Parallele, die Ps 23 mit dem Totenglauben in Beziehung brächte, käme das von E. Ebeling, Tod u. Leben S. 19ff. behandelte Täfelchen aus Susa in Frage, doch ist E.s Übersetzung zweifelhaft (vgl. W. von Soden, OLZ 37 [1934], Sp. 415) und auch für *ṣalmåu̯äṯ* der Zusammenhang mit dem Totenglauben nicht unbestritten, vgl. D. W. Thomas, JSS 7 (1962), S. 191ff.: *måu̯äṯ* superlativisch gebraucht: sehr dunkles Tal, Tal im Abendschatten. *157* Veröffentlicht von F.-A. SCHAEFFER, Syria 12 (1931), S. 10f. (pl. VI); zu *ṣāpon* als Berg vgl. z. B. BALSCHEIT, S. 63, zur Bedeutung des *ba'al ṣāpōn* als Großgott O. EISSFELDT, FF 36 (1962), S. 338ff. ***158*** S. o. S. 78. ***159*** Vgl. Jdc 16 23 I Sam 5 2; zum Dagon H. SCHMÖKEL, zuletzt RLA 2 (1934), S. 99ff., dessen Arbeiten bei J. GRAY leider fehlen (Interpret Dict I [1962], S. 756), dessen Artikel zur Bestimmung der Bedeutung dieses Gottes im vorisraelitischen und vorphilistäischen Palästina heranzuziehen ist. Zur philistäischen Religion vgl. noch immer O. EISSFELDT, AO 34, 3 (1936), S. 35ff. ***160*** Vgl. die Jothamsfabel Jdc 9 8ff.; zur israel. religiösen und politischen Organisation s. o. S. 7ff.

Zu Seite 176.

161 S. o. S. 10f.; Literatur zum König als Gottes-Sohn s. o. S. 11[58]. ***162*** Vgl. Enuma Eliš IV, 19ff. (und dazu O. GLASER, ARW 29 [1931], S. 206f.), auch Ps 102 27 104 6 Hi 38 9 41 5. ***163*** Ugar. GORDON 49 I 20 (= DRIVER Baal III I 20, die gleiche Lesung auch bei BAUER a. a. O.). Die Bedeutung von *lḥn* ist umstritten, GORDON, Ugar. Lit. hier und 67 II 21 *govern*, DRIVER (nach dem Arabischen) *have understanding*, während H. L. GINSBERG, ANET *Yadi' Yalḥan* als nomen propr. faßt (S. 140). Die Bedeutung »herrschen« vermutete schon W. F. ALBRIGHT, JPOS 12 (1932), S. 197. Sollte der Stamm *lḥn* (zur Bildung *ilḥn* vgl. CH. VIROLLEAUD, Syria XV [1934], S. 320[2]) nicht mit dem *laḫanu ša sisē* Amarn. Kn. 22 I 55 zusammenhängen, auf das fast 5 kg Gold verwandt sind und das mit Lazursteinen besetzt ist (II 62 ist *abnu* unsicher)? Es mag ein besonders kostbares Geschirr gewesen sein, wie es etwa das Relief Tutmoses IV (AOTB II[2] Abb. 62) zeigt. Von da aus könnte in der Tat *lḥn* »lenken, herrschen« bedeuten. — Weitere Parallelen zu Enuma Eliš vgl. Mehrdeutigkeit S. 16f. ***164*** Vgl. Ps 45 7, auch Ps 47 in der Deutung von K. H. RATSCHOW, ZAW 53 (1935), S. 171ff. und Ps 110 (Ältere Literatur Mehrdeutigkeit, S. 39[2], jetzt vgl. namentlich H. J. STOEBE, Erlanger Forschungen A 10 (Festschr. Baumgärtel), 1959, S. 175ff. und G. COOKE, (ZAW 73 [1961], S. 202, vor allem S. 218ff.), Sach 12 8. ***165*** II Sam 14 20. 17; vgl. Jes 11 2f. (zu 3[a] auch A. SCHULZ, ZAW 51 [1933], S. 223). ***166*** Zur Königswahl durch den Gott vgl. I Sam 10 17ff. (u. dazu A. LODS, Mélanges Maspéro I [1934], S. 91ff.) 16 10. 12 (u. dazu E. BÖKLEN, ZAW 47 [1929], S. 326ff.); zur Strafgewalt des Geistbegabten Jes 11 4. Zur Frage, ob die Qumrangemeinde eine oder zwei Messiasgestalten gekannt hat (vgl. *mšjḥj 'hrwn wjšr'l* 1QS IX 11 gegen *mšjḥ 'hrn wjšr'l* CD XII 23 XIX 10f.), habe ich Texte von Qumran, S. 361 darauf hingewiesen, daß die Deutung dadurch erschwert wird, daß die Verben im Infinitiv, nicht im Verbum finitum folgen. Für die Einheit der Gestalt vgl. zuletzt R. B. LAURIN, RQ 4 (1963), S. 39ff. Sein Versuch, das *mšjḥj* als Schreibfehler zu erklären (unter Berufung darauf, daß in dem unmittelbar vorhergehenden Wort *n^{b}j'* ein solcher bestanden hat), kann nicht befriedigen, da QS ja nicht nur in einer Handschrift (1QS) erhalten ist. ***166***a Dem Gottesbund mit dem Herrscher korrespondiert der Bund zwischen dem König und dem Volk, vgl. G. FOHRER, ZAW 71 (1959), S. 1ff. Es ist ein auch anderwärts in der altorientalischen Rechtsgeschichte auftauchendes Problem, wieweit die Vollmacht des Königs gegenüber den Repräsentanten der Nation reicht. Vgl. z. B. die Frage, ob er berechtigt ist, in Mari Entscheidungen der »Versammlung« aufzuheben (Arch. de Mari VIII, S. 83 und dazu H. W. F. SAGGS, JSS 5 [1960], S. 416). Vgl. auch Anm. 171. ***167*** S. o. S. 11[62] und S. 86f. ***168*** S. o. S. 22. ***169*** Vgl. Jes 10 5ff. (zu 15 vgl. o. S. 113[110]), Dan 4 27. (Der Nachhall echter Nebukadnezar-Worte [J. A. MONTGOMERY, Comm., p. 243f.] läßt hier die Beziehung auf Nabunaid unsicher erscheinen [vgl. A. BENTZEN, Komm. z. St. gegen W. VON SODEN, ZAW 53 [1935], S. 87]). ***170*** S. o. S. 24 u. unten S. 195[4].

Zu Seite 177.

171 Vgl. die klassische Formel: »Du sollst zum König über dich einsetzen, wen Jahwe dein Gott erwählen wird« (Dtn 17 15), ferner II Sam 5 3 I Reg 12 1ff. 21 8ff. und dazu E. Day, AJSL 40 (1924), S. 98ff.; K. Galling, AO 28 (1929), 3/4 S. 12ff., auch A. Alt, Staatenbildung, S. 44ff. (= Kl. Schr. II S. 35ff.), der mit Nachdruck den Unterschied der Ideologie, welche in Verfolgung der alten charismatischen Linie die Wahl durch Gott betont, von den wirklichen Vorgängen herausarbeitet, welche beim Aufstieg Davids seine als Berufskrieger erworbene Machtstellung als ausschlaggebend erweisen. *172* Vgl. später Hos 8 4 (Ps Sal 17 4). Auch W. Beyerlin, der den Zusammenhang der Salbung des Saul mit der altkananäischen, wie sie auch in den Amarnabriefen bezeugt ist, und damit des Königtums des Saul mit dem seiner Umwelt betont, kommt zu dem Ergebnis, daß Israel die »fremdreligiösen Einflüsse auf die sich herausbildende Institution eines israelitischen Königtums schon von Anfang an unter Kontrolle gebracht und im Sinne seines Jahveglaubens korrigiert hat« (ZAW 73 [1961], S. 193, unter Berufung auf S. Mowinckel, Suppl. to Numen 4 [1959], S. 288). Ob man freilich, wie er im Anschluß an P. A. H. de Boer, VT 5 (1955), S. 230 möchte, dem Jussiv *jᵉḥi hammäläk̠* indikativische Bedeutung geben und damit der »Akklamation« des Volkes (I Sam 10 24) ihre konstituve Bedeutung nehmen darf, erscheint mir zweifelhaft. — Ein Bild der Königsinvestitur durch die Göttin (in Mari) bietet A. Parrot, Miss. Archéol. de Mari II: Le Palais, Paris 1958, S. 54ff. Daß unter den »göttlichen« Attributen des israelitischen Königs seine Ehe mit der Göttin fehlen muß, auf die O. Weinreich (s. o. S. 173[148]) im Anschluß an das *nec deus hunc mensa dea nec dignata cubili est* der IV. Ekloge und an Parallelen bei Rhianos und Nonnos verweist, ist selbstverständlich. Zu dem gerade in der Ehe von Göttin und Herrscher sich manifestierenden »mythischen« Ich vgl. meine Ausführungen Numen, Suppl. IV (1959), S. 314. *172a* Vgl. I Reg 12 3ff.; zu Wahlkapitulationen im Assyrischen vgl. W. von Soden, Assyrerreich, S. 28f. *173* I Sam 8 5. 7. Die durch den gleichen Wortlaut belegte Polemik gegen Dtn 17 ist für die Datierung zu beachten! Hingegen besteht für das assyrische Krönungsritual kein analoger Gegensatz zwischen dem Gotteskönigtum und dem irdischen Königtum, wenn die Priester (I 29) den zur Krönung in den Tempel getragenen Herrscher mit dem Ruf *Aššur šar Aššur šar* begrüßen, der darauf die Opfer vollzieht und die Priester »bezahlt« (K. F. Müller, MVAeG 41, 3 [1937], S. 8). Zu beachten ist dabei, daß der israelitische König dem assyrischen in seinen priesterlichen Funktionen nähersteht als dem babylonischen. Zum Priestertum des assyrischen Königs vgl. Müller ebenda S. 56f., zum babylonischen König den von F. M. Th. de Liagre-Boehl, MAOG XI, 3 (1937) publizierten »Fürstenspiegel« (CT XV 50). *174* Das Material bei W. Graf Baudissin, Kyrios III, Gießen 1929, vor allem S. 610ff., und bei O. Eissfeldt, ZAW 46 (1928), S. 81ff. *175* Vgl. die Grußformel des Aḫijami-Briefes »Der *Herr der Götter* möge dein Leben schützen«: »*Die Götter* mögen sorgen für dein Wohl ...« (ATOB I² 371 Ebeling). *176* Jdc 8 23. Von Jahves wirksamer Herrschaft wird das Verbum *mšl* nur relativ selten in dichterischer oder prophetischer Sprache gebraucht, vgl. Ps 22 29 (‖*hammᵉlūk̠åʰ*) 59 14 (Obj.: Jakob) 89 10 (Obj. das Meer) Jes 63 19 (‖*niqrå' šimᵉk̠å ʿalēk̠äm*), auch 40 10 (sein Arm) und Hi 25 2 (*hamšel ūpaḥad̠ ʿimmō*). Von Menschen ausgesagt, begegnet es nicht nur vom israelitischen König (vor allem vgl. Jer 30 21‖*'addīrō*), sondern auch von heidnischen Herrschern, z. B. Og Jos 12 5 Jes 49 7 (Israel *mᵉt̠åʿeb̠ goi̯* ‖ *ʿab̠äd̠ mošᵉlīm*; eschatologisch Dan 11 4 ‖ *ʿåmad̠ mäläk̠ gibbōr*), von der »Herrschaft« des Mannes in der Ehe (Gen 3 16, Kontrast Jes 3 12 *nåšīm måšᵉlū b̠ō*, vgl. 3 5) oder von der »Herrschaft« von Sonne und Mond in der Natur (Gen 1 18). Jdc 8 23 bedeutet also nicht die Ablehnung der speziellen Herrschaftausformung im Königtum als Gegensatz gegen das Weltkönigtum Jahves, sondern gegen jede Eingrenzung der Verfügungsgewalt Jahves über Israel. Zu beachten ist, daß auch in den Qumrantexten die Variationsbreite des Terminus noch erhalten ist. Der Frevelpriester *mšl bjśr'l* (||*bthlt ʿwmdw* 1QpH VIII 9), die Aroniden hingegen *jmšlw bmspṭ wbhwn* (1QS IX 7) wie auch die Kittäer ihre *mwšljm* haben (1QpHab IV 5. 10. 12 IV QpNah 3). Über sein ganzes »Werk« ist Jahve der *mwšl* (||*śr 'ljm wmlk nkbdjm w'dwn lkwl rwḥ* 1QH X 8), aber es gibt Menschen, über die »Belialsgeister« herrschen (CD XII 2, vgl. 1QH XIII 15). In eschatologischer Sicht wird der Davidsproß am Ende der Tage über alle Völker herrschen (4Qp Jes[a] IV 4), sowie im sozialen Leben der Sklave von seinem Herrn beherrscht wird (1QS IX 22). *177* *nāgiḏ* als Titel des Saul I Sam 9 16 10 1 (Salbung!) u. ö. (vgl. dazu J. A. Soggin, ZAW 75 [1963], S. 58ff.), des David als Nachfolger und Schwiegersohn des Saul II Sam 5 2 6 21; von Jerobeam I Reg 14 7, von Baʿša' 16 2; freiere Anwendung I Sam 25 30 Reg I 1 35 II 20 5. Für die Bedeutung »Kundtuer« (des göttlichen Willens) könnte die Analogie von *nåḇi'* (und *nåśi'*; s. o. S. 7) sprechen; anders P. Joüon, Biblica 17 (1936), S. 229ff. *178* Vgl. I Reg 11 37 (*hå̄i̯tå maelaek ʿal i̯iśrå'el*) 12 10 (*u̯ai̯i̯amlīkū 'otō ʿal kol-i̯iśrå'el*).

Zu Seite 178.

179 So mit Recht Balscheit, a. a. O. S. 107. *180* Um dieses Moment der Abgrenzung ist die »theologische« Interpretation I. Hylanders (Der literarische Samuel-Saul-Komplex, Diss. theol. Uppsala 1932, S. 221), welcher den Gedanken »eigenwilliges Menschentum bleibt gottverlassenes Menschentum« in den Mittelpunkt stellt, zu erweitern. *181* S. o. S. 11 und vgl. auch J. Kaufmann, ZAW 48 (1930), S. 23ff. *182* S. o. S. 12 u. 145[307]. *183* S. o. S. 105. Zum antiken Antisemitismus vgl. H. Leipoldt, Antisemitismus in der antiken Welt, Leipzig 1933; neuere Lit. bieten W. Holsten. RGG I[3] (1957), Sp. 459 und B. Locher, EKL I (1956), Sp. 155. Grenze des Hasses s. o. S. 166[78a]. *184* Vgl. die Gegensatzbildung Jes 31 3. 8 und dazu Dtn 5 26 Mi 5 4 Ps 56 5 Hi 10 4.

Zu Seite 179.

185 Vgl. Jes 28 15 und vgl. dazu meine Worte der Propheten, S. 250ff., auch o. S. 39, zum politischen Übergewicht bei Elisa auch G. von Rad, Theol. AT II, S. 41ff. *186* Vgl. Gott und Mensch[2], S. 113[6]. *187* Praktische Ablehnung Jes 2 7 (39 6) Mi 5 9; theoretisch formuliert hingegen das Gesetz Dtn 17 16 und — von Jesaja abhängig — der Chronist (II 25 15ff.; s. o. S. 97, auch Worte der Proph., S. 193f.). *188* Material vor allem bei Wendel, Säkularisierung, S. 166ff.

Zu Seite 180.

189 Vgl. Jer 37 13 39 11ff. *190* Vgl. Jer 27 6 29 4ff. *191* Vgl. meine Ausführungen in: Politische Absicht und politische Wirkung im bibl. Schrifttum (AO 38, 1 1938), ohne Anm. auch in NGGW, Jahresbericht 1937/8. — Der erste, der das hier vorliegende Problem gesehen hat, ist — wie so oft — J. D. Michaelis gewesen. Seine Antwort freilich (»Die Warnungen der Propheten vor fremden Bündnissen sind daher nicht sowohl moralisch als auch politisch; sie sind von eben der Art, als wenn jemand die schwächeren deutschen Fürsten warnte, sich in die Kriege der mächtigen einzulassen, oder, als wenn Friedrich Wilhelm der Große es für bedenklich hielt, die Russen gegen Schweden zu Hilfe zu rufen, weil man, wie dieser kluge Regent prophetisch genug sagte, den Bären nicht losmachen müßte« Mosaisches

Recht I, Frankfurt 1770, S. 318) halte ich, wie sich aus dem im Text Gesagten von selbst ergibt, für verfehlt. Im übrigen wäre es eine sehr dankenswerte Aufgabe, den reichen von Michaelis gegebenen Anregungen einmal im Zusammenhang nachzugehen und herauszuarbeiten, wie sehr das politische Geschehen seiner Tage (vor allem der Siebenjährige Krieg; vgl. z. B. a. a. O. S. 282!) sein Verständnis für die politische Seite der Gesetzgebung des AT gefördert hat; beachte z. B. den Grundsatz: »Die gesetzgebende Klugheit ist offenbar ein Stück der Politik, und zwar eins der wichtigsten und schwersten: Kann man sich wundern, wenn bürgerliche Gesetze, von Gott gegeben, mit der Zeit haben unbrauchbar werden, oder auch, als sie noch giltig waren, in einzelnen Fällen einer Dispensation fähig seyn können?« (S. 47). *192* Zur Fernhaltung der Halbblütigen (*mamzer*) oder Fremdblütigen vgl. Dtn 23 3ff. (u. dazu o. S. 40), zur priesterlichen Ehegesetzgebung o. S. 20[117]. *193* Vgl. o. S. 19[112, 113], doch ist im AT weder das Gebot der »Nächstenliebe« (s. o. S. 158) noch die Begrenzung des Fluches (s. o. S. 166[78a]) zur positiven »Feindesliebe« entfaltet. *194* Vgl. Lev 10 9 Hes 44 21.

Zu Seite 181.

195 Vgl. Hag 2 10ff. und dazu auch heute noch J. W. Rothstein, Juden und Samaritaner (BWAT 3), Leipzig 1908. Bemerkenswert ist, daß im alten Israel der Tanz als solcher nicht zu den verpönten Handlungen gehört (vgl. Jdc 21 21ff. II Sam 6 14 Cant 7) — trotz seiner festen Stelle in den Religionen und Kulten der Umwelt, vgl. C. Andresen bei F. Heyer, Der Tanz in der modernen Gesellschaft, Hamburg 1958, S. 141 (mit Lit.). *196* Zu den Verunreinigungen des Einzelnen durch Speise vgl. Ex 22 30 par. Lev 11 2ff. Dtn 14 3ff.; durch körperliche Zustände Lev 12 1ff. 15 1ff. Dtn 23 10ff. Zum Lossagungsfluch der Gemeinde vom unbekannten Frevler (Dtn 27 15ff.) s. o. S. 49 und 127[193], zu den Sühnopfern o. S. 87[137]; zur Ausscheidung des bekannten Sünders vgl. die Formel »Du sollst das Böse (oder: »den Bösen«?) aus deiner Mitte ausrotten« (s. o. S. 52[90]) und die Beseitigung seiner Leiche Dtn 23 20f. (Jos 8 29 10 27). Zum Erzwingen eines Selbstmordes (s. o. S. 140) als solcher Befreiung des Volkes von einem Befleckten kommt es dabei nicht. *197* Zu dieser Antinomie vgl. auch A. C. Welch, Prophet and priest in old Israel, London 1936, S. 69; auf ihr beruht es, daß die Abgrenzung unter der Herrschaft des priesterlichen Gesetzes immer stärker negativen Charakter gewinnt; vgl. H. H. Schaeder, Die Antike IV (1928), S. 246. *198* Vgl. vor allem R. Pettazzoni, La confessione dei peccati I, Bologna 1929, S. 51f.; auch das sexuelle Kriegertabu (vgl. I Sam 21 5f. und den Ausschluß des Frischvermählten vom Heer Dtn 24 5) und Kultunfähigkeit nach sexuellen Widerfahrnissen (Lev 15 16ff. 22 4; vgl. Ex 19 15) sind heranzuziehen; s. auch o. S. 79[87] u. 166[82], doch ist zu beachten, daß 1QM wohl alle weiblichen Wesen vom Feldlager fernhält und die Reinheitsvorschriften von Dtn 23 10ff. einschärft (VII 3ff., vgl. meine »Texte« S. 306ff.), doch findet sich keine Dtn 20 7 analoge Freistellung. Da aber auch die meisten anderen UK-Stellungen von Dtn 20 1ff. keine Parallele in 1QM VII haben, kann man aus ihrem Fehlen nicht mit Sicherheit darauf schließen, daß 1QM (wie 1QS im Gegensatz zu CD) eine Mönchsgemeinde voraussetzt, so daß die »Weiber« in VII 3, wie in »Texte« S. 309 geschehen, im Unterschied auch von 1QS[a] I 4 (vgl. 9f.) die Marketenderinnen bedeuteten. In 1QM X 6 ist auf Dtn 20 8 zurückgegriffen, aber auch hier nicht auf 20 5-7, vgl. auch J. Carmignac, La Règle de la Guerre des Fils de Lumière contre les Fils de Ténèbres, Paris 1958, S. 105 und S. 143. Die Verwendung des auch von Carmignac als eigenartig bezeichneten *nʿr zʿṭwṭ* (statt des einfachen *nʿr* a. a. O. S. 104), das doch wohl den Lustknaben bezeichnet (vgl. A. Dupont-Sommer. Les écrits esséniens découverts près de la Mer Morte,

Paris 1959, S. 196[1], auch J. B. BAUER, RQI [1958], S. 277f. und darnach jetzt CARMIGNAC bei J. CARMIGNAC et P. GUILBERT, Les Textes de Qumran traduits et annotés I, Paris 1961, S. 102) scheint mir meine Deutung auf andere als die »legitime« *'šh* zu bestätigen. Zur Päderastie in Q. s. o. S. 169[101]. *199* Zum kanaanäischen Kultus s. o. S. 163ff., die arabischen sog. Hieroduleninschriften AOTB I², S. 463ff. Rhodokanakis. *200* S. o. S. 110.

Zu Seite 182.

201 Vgl. vor allem Num 15 22ff.: 30ff. *202* S. o. S. 119ff. *202*a Zum Problem vgl. meine Ausführungen über die Faktizität der Geschichte im biblischen Denken, Biblical Studies in memory of H. C. Alleman, Locust Valley N. Y. 1960, S. 67ff., Kurzfassung ThLZ 85 (1960), Sp. 823ff. (Faktum und Gesetz im alttestl. Geschichtsdenken). Auch die Purim-Ordnung, die nicht als von Jahve gegeben überliefert werden konnte, wird doch streng historisch »erklärt« (Est. 9 1ff. 14ff.) Daß der Verfasser des heutigen Textes allerhand Schwierigkeiten in Kauf nahm, weil er »an dem überlieferten Stoff nichts ändern wollte«, betont H. BARDTKE, Komm. AT XVII, 5 (1963), S. 251 mit Recht. *203* HEGEL, ed. GLOCKNER, XVI, S. 88.

Zu Seite 183.

204 Vgl. Num 11 36. — Analoges gilt natürlich auch von den Speisegeboten, die sicherlich nicht rationalen Erwägungen über die Schwerverdaulichkeit des Fettes bei hohen Temperaturen oder der Gefahr einer Übertragung tuberkulöser Peritonitis ihren Ursprung verdanken; anders A. GEMAYEL, L'hygiène et la médecine à travers la Bible, Paris 1932, S. 34. Auch die Fastengebote (Lev 16 29) und die Fastensitte zur Abwendung einer aktuellen Not (z. B. Joel 1 14 Jo 3 5) oder zur Erinnerung an eine national-religiöse Katastrophe (vgl. Sach 7 3. 5 : II Reg 25 8. 25, auch Pap. Eleph. 30, 15.20 Cowl.) soll nicht die Gesundheit der sich Enthaltenden fördern oder ihnen magische Kräfte verleihen, sondern Gott durch Appell an sein Mitleid gnädig stimmen, gegebenenfalls zugunsten Dritter (vgl. Ps 35 13). Darum kann der Prophetenspruch ein Fastengebot im Namen Gottes aufheben (Sach 8 19) oder im Gegensatz zu sozialkaritativer Bewährung für wertlos erklären (Jes 58 3ff.; s. o. S. 156[28. 30], doch auch Dan 9 3 [10 3] u. dazu J. A. MONTGOMERY, JBL 51 [1932], S. 189f.). Auch W. EICHRODT, der (Theol. des AT, I⁵, 1957, S. 78ff.) mit Recht den Gegensatz wider die Heiligkeit bestimmter Handlungen, Tiere usw. als Grund ihrer Unreinheit im israelitischen Kultus betont, erarbeitet den Satz, daß »das starke Hervortreten des fordernden Gotteswillens dafür sorgt, daß die alten Motive rein mechanischer Entfernung dinglicher Unreinheit verblassen und überall die Herstellung einer gottwohlgefälligen Lebensform mit Hilfe der von Gott selbst dargereichten Mittel in den Vordergrund tritt« (S. 80), nur würde ich noch stärker eben den Gehorsam in ihrer Anwendung als den Weg zur Herstellung jener »Lebensform« unterstreichen. Zu den Mitteln der Reinheit vgl. jetzt auch die entsprechenden Artikel von R. RENDTORFF in RGG V³, Sp. 942ff. und L. E. TOOMBS in Interpr. Dict. I, S. 641ff. *205* Vgl. meine Darlegungen AT und Geschichte S. 55ff. und — speziell für das Ethos — Gott und Mensch², S. 283. Auch in den Untersuchungen über die Faktizität der Geschichte (s. o. Anm. 202a) ist dieser rationalisierende Zug nicht vergessen.

Zu Seite 184.

206 S. o. S. 23[138] u. u. S. 193. — Die krasseste Anwendung des Talions-Grundsatzes bringt wohl der Reinigungseid des Hiob 31 9f. (falls H. Ehebruch begangen hat, soll seine Frau von anderen vergewaltigt werden!). Gegenüber KL. KOCH (o.

S. 142[297]) verweise ich noch zur »inneren Gesetzmäßigkeit« von Ursache und Wirkung in den von der Weisheit beobachteten »Abläufen des menschlichen Lebens« auf E. G. BAUCKMANN, ZAW 72 [1960], S. 57). Daß von »Vergeltung« und nicht von »Rache« zu sprechen ist, erweist für die Psalmen G. SAUER, Die strafende Vergeltung Gottes in den Psalmen I, Erlangen 1961 (vgl. ThLZ 83, 1958, Sp. 720f.), während M. WITTENBERG (Ev.-L. Kirch. Z. 15, 1961, S. 250ff.) mit Recht darauf verweist, daß das AT den Gotteszorn auch als Veranlassung menschlicher Sünde, nicht nur als Reaktion auf dieselbe kennt. Der im Text sofort betonte prärationale Charakter des Gesetzes eignet der Geschichtsdeutung in weiterem Umfang, so wenig ihr Wille zur Rationalität verkannt werden darf. Zur Auseinandersetzung mit Koch vgl. auch R. KNIERIM, Studien zur isr. Rechts- und Kultgeschichte, Diss. th. Heidelberg 1957, S. 67ff. *207* Vgl. vor allem die o. S. 25[150] genannte Arbeit von W. ZIMMERLI, doch auch die Herausarbeitung der Tatsache, daß bei Sir. das Gesetz selbst zum Inhalt der Weisheit wird, bei E. G. BAUCKMANN, a. a. O. S. 87ff., eine Andeutung auch bei A. LEFEVRE in: A. ROBERT(†) et A. FEUILLET, Introduction à la Bible I, Tournay 1957, S. 776. *208* Vgl. JOH. FICHTNER, a. a. O. S. 81ff. *208*a Sir 35 4 33 7ff. Rahlfs. — Eine Ausnahme bildet die »biologische« Begründung des Blutritus in Lev 17 11 *naepaeš habbåśår baddåm*; zur »Historisierung« von Kultsitten s. u. S. 190. Zur Sache vgl. das Lutherwort über das Aufheben des Strohhalms, WA 50, S. 648, 7ff. und Lessing über den »heroischen Gehorsam«, Erziehung des Menschengeschlechts § 32f. *209* Vgl. z. B. die Verknüpfung der Einzelausgestaltung der Ruhegebote für den Sabbat — neben der Beziehung zum Ackerbau (o. S. 172[137]) — mit den Tabubestimmungen bei H. WEBSTER, Rest Days, New York 1916, S. 256ff. Zu dem von ihm herangezogenen Gebot Ex 35 3 vgl. auch K. BUDDE, JThSt 30 (1929), S. 14f. = Christl. Welt 43 (1929), S. 266ff. *209*a Vgl. A. VAN SELMS, De babyl. termini voor zonde, Wageningen 1933, S. 80ff., hingegen die »Magie« als »Mittel für sittliche Zwecke« im Ägyptischen (genauer im Totenbuch) bei J. H. BREASTED, Die Geburt des Gewissens, Zürich 1950 (Bekenntnis und Leben II), S. 257. Zum Folgenden vgl. auch meine Ausführungen über Sünde und Offenbarung nach Alt- und Neutestamentlicher Anschauung in ZSystTh. X (1933), S. 163ff. = Apoxysm, S. 258ff.

Zu Seite 185.

210 S. u. S. 189ff. Vgl. zu diesem Abschnitt meine Ausführungen Old Test. Essays, Oxford 1927, S. 51. Weder eine rein religionsgeschichtliche Betrachtung, welche allein die magischen Wurzeln der Riten betonen, noch eine »theologische«, die sie leugnen wollte, würde dem Tatbestand gerecht, daß von Haus aus magische Praktiken im Sinne des »Gehorsams« angewandt werden. *211* Ex 24 7 (Dtn 5 24 30 12f.) und vgl. Gen 3 17 das »Hören« auf die Stimme des Weibes statt auf den Befehl Gottes (Kontrast: Dtn 18 19 Hes 33 31). *212* Ps 81 12; beachte auch 81 14 den Parallelismus des »Hörens« und des »Wandelns auf dem Wege Gottes«. *213* Zum Sprachgebrauch für »Sünde« vgl. neben G. QUELL, ThWNT I (1933), S. 267ff. vor allem L. KÖHLER, Theol., S. 157ff. und R. KNIERIM, Studien zur israel. Rechts- und Kultusgeschichte, Diss. Heidelberg 1957 (zu *ḥṭ'* und *ḥms*), auch L. LIGIER, Péché d'Adam et péché du monde, Paris 1960; für ein einzelnes Buch A. HUDAL, Die religiösen und sittlichen Ideen des Spruchbuches, Rom 1914, S. 36ff., zu den sachlichen Fragen immer noch J. KOEBERLE, Sünde und Gnade im religiösen Leben des Volkes Israel bis auf Christum, München 1905. Eine terminologische Untersuchung der Bezeichnungen für die »Gottlosen« würde ein ähnliches Ergebnis haben, wenn man die Abstufungen und Abwandlungen darzustellen versuchte, statt durch Rückgang auf eine Wurzel zu vereinheitlichen; für ein freilich sehr begrenztes Material vgl. G. Marschall, Die »Gottlosen« des ersten Psalmenbuches, Münster 1929). ***214*** Jes 28 7ff.; zum unbewußten Irren (und der Sünde *bišgāgāh*) s. o. S. 57ff.

Zu Seite 186.

215 Zur »Umkehr« vgl. die Materialsammlung von E. Dietrich, Die Umkehr (Bekehrung und Buße) im AT und im Judentum, Stuttgart 1936; zur Sünde als Abirren vom Wege Prov 2 12ff. 21 8 und die Symbolik der »zwei Wege«. — In den Qumrantexten kann *šūḇ* (bzw. *hešiḇ*) zwar gelegentlich von der Abkehr von Jahve gebraucht werden (CD VI 1 *lhšjb 't jśr'l m'ḥr 'l*), aber sofort darauf sind die *šbj jśr'l* (VI 5, vgl. CD XX 17 *šbj pšʿ j . . . šmrw brjt 'l*) die »Bekehrten«, wie auch 1QS V 1 *lšwb mkwl rʿ* parallel steht zu *lhḥzjq bkwl 'šr ṣwh lrṣwnw*, synonym mit *lhbdjl mʿdt 'nšj hʿwl*, das seinerseits parallel zu *lhjwt ljḥd btwrh wbhwn* steht. Ziel der Umkehr ist immer wieder das »Gesetz des Moses« (CD XV 9 u. ö.), auch wohl Gott selbst (CD XX 23f.). Solches »Umkehren« steht im Gegensatz zum irrenden Nachfolgen (*ltʿwt* 1QS V 4) dem eigenen Herzen, den eigenen Augen und dem Sinnen des eigenen Wesens, (vgl. das »Hören« auf die zum Irrtum Verleitenden — *lmtʿ jhm* — 4QpHos^{b} II 5). ***216*** Vgl. Hes 33 14; die Parallelstellen haben statt der »Abkehr von seiner Verfehlung« (*mehaṭṭā'ṯō*) die »Abkehr von seiner Bosheit (und seinem bösen Wege)« (3 19 33 19). — Auch der Gegensatz *ʿwl* : *ṣdq(h)* Hes 33 13 fehlt in Qumran nicht (vgl. 1QS III 19f. die *twldwt hʿwl* || *bnj ṣdq* oder 1Q 27 I 5), doch überwiegt der Gegensatz *ʿwl(h)* : *'mt* (vgl. 1QS IV 23 *rwḥj 'mt wʿwl* u. ä. ö.). So gibt es denn auch eine »Hoffnung« für die *šbj pšʿ*, welche die Verfehlung »verlassen« (1QH VI 6), aber unentrinnbar fangen die »Todesstricke« jeden, der mit Belial zu tun hat (1QH III 28). ***217*** Vgl. Lev 26 21. 24 I Reg 13 33. ***218*** Vgl. Lev 5 15. 21 (Num 5 6) Jos 7 1 22 20. — Von dem Ansichbringen tabuierter Gegenstände aus erklärt sich der Sprachgebrauch, welcher den Besitz der fremden Weiber (Esr 10 2. 10) oder den Bau eines verbotenen Altars (Jos 22 16. 31) durch *maʿal* bezeichnet. Etwas von dem Nebensinn, daß *maʿal* im Geheimen geschieht, hat der Terminus auch noch 1QH IX 23 bewahrt. ***219*** Vgl. Lev 5 23. ***220*** Lev 26 34. 43; zum Abtragen der Schuld vgl. Jes 40 2. ***221*** Vgl. Ps 32 2 Jes 1 4 (*kaeḇaeḏ ʿå̄uōn*) Lev 5 11; zum Begriff *ʿå̄uōn* s. auch o. S. 53[97]. ***222*** Vgl. Jes 53 12 (Hes 4 5f. 18 19f., auch Num 14 33). ***223*** Vgl. Ps 103 3f. 107 2. ***224*** Loskauf von Tod und Hades vgl. Hos 13 14; zum Verkauf Jes 50 1. — Analog kann auch die »Verfehlung« als eine Größe erscheinen, welche den Schuldigen »findet« (Num 32 23). ***224a*** Der Satz des Textes ist insofern mißverständlich, als er die Institution der *ge'ullāh* (vgl. Rut 3 9 u. ö.) außer acht läßt (vgl. jetzt die ausführliche Literatur bei W. Rudolph, Komm. S. 60ff.), und auch Hi 19 25 (vgl. Apoxysm, S. 161f.) bleibt die Frage nach einer an sich bestehenden Rechtspflicht Jahves als des »Hintermannes« in der Kette der zur Hilfe Verpflichteten. Auch CD XIV 15f. ist ein Rechtsstatus noch greifbar, wenigstens, wenn K. Kuhn, Konkordanz zu den Qumrantexten, Göttingen s. v. den Text richtig rekonstruiert. — Zum Grundsätzlichen ist der Satz von Kl. Koch zu beachten, daß die Sinaigesetzgebung bei P auf die Beseitigung von Sünden, nicht ihre Vermeidung abzielt (ZThK 55 [1958], S. 46). ***225*** Jes 1 2f.; zu *pāšaʿ* vgl. L. Köhler, o. S. 37[27] und vor allem Theologie, S. 158. In Qumran vgl. die Wendung *šūḇ pšʿ* 1QS X 20 CD II 5 XX 17 1QH II 9 VI 6 XIV 24 »vom Abfall (zum Bund, vgl. die Antithese 1QH IV 35) heimkehren«.

Zu Seite 187.

226 Vgl. den o. S. 168 dargestellten Sprachgebrauch von *neḇālāh*. Eine »Torheit« begehen, heißt etwas »Heidnisches« tun, heißt sich eines »Greuels« schuldig machen und darum der Ausrottung durch die Menschen oder durch Gott selbst verfallen. *227* Vgl. Dtn 4 5ff. (s. o. S. 103). *228* Vgl. P. HUMBERT, RHPR 7 (1927), S. 503ff. *229* S. o. S. 150. *230* S. o. S. 123; gegen den eigenen armen Volksgenossen müßte sich z. B. Erlaßbefehl und Zinsverbot wenden, indem sie eine bevorzugte Kreditgewährung an den Fremden nahelegten, soweit nicht jene wohlmeinenden frommen Mahnungen einschlugen. *231* Vgl. Prov 23 13f. und die Parallele im aram. Aḥiḳar 81f. — Zu beachten ist auch der Aufbau des Ediktes in Esr 7 25f.: Die von Esra einzusetzenden »Richter« sind zuständig für diejenigen, die das Gesetz *kennen*; wer es nicht kennt, den sollen sie es *lehren*; wer es nicht *tut*, soll der Strafe verfallen. Zu dem »ungebrochenfröhlichen Glauben an die innere Überzeugungskraft einer klar und einleuchtend ausgesprochenen Wahrheit«, zu dem »Vertrauen, daß aus Hören Gehorchen werde«, vgl. BZAW 77 (1958), S. 69. *232* Vgl. Gott und Mensch², S. 261ff. Zur Führung durch den »Geist« auch Neh 9 20 und Anm. 238. *233* Zum Abklingen der Erregung und der Verzweiflung vgl. Althebr. Lit. S. 147.

Zu Seite 188.

234 Vgl. Ps 51 12ff. : 20. *235* Vgl. meine Ausführungen ZAW 54 (1936), S. 296ff., auch Lutherjahrbuch 1932, S. 1ff. Mit Recht betont auch A. C. WELCH, Proph. and priest, S. 141, daß die Eingliederung des Kultus in die Jahweforderungen zugleich seine Unterstellung unter den Heilswillen Jahwes bedeutet. *235*a Vgl. vor allem Jes 8 11ff., ferner die Bitten um Belehrung über den rechten Weg (Ps 143 8ff.), um die Führung in der Gotteswahrheit (Ps 25 5) und auf dem Pfad seiner Befehle (Ps 119 33). Wem Jahwe zürnt, den läßt er seine eigenen Wege gehen, auf denen er der Hure ins Garn gerät (Prov 22 14), den läßt er durch seine Zunge straucheln (Sir 22 27, vgl. Ps 141 3f. [39 2f.]) und in ihre Flamme fallen (Sir 28 23). *236* Jer 15 19ff. *237* Ps 73 23. *238* Zum NT vgl. vor allem H. PREISKER, Geist und Leben, Gütersloh 1933; zur endzeitlichen Geisterwartung P. VAN IMSCHOOT, L'esprit de Jahvé et l'alliance nouvelle dans l'Ancien Testament (Ephem. Theol. Lovanienses 1936, S. 201ff.) und W. EICHRODT, Theol. II⁴, S. 32f. (Der Geist Gottes als die Kraft der Vollendung im neuen Äon); auch mein Gott und Mensch², S. 271ff. Zur Geistvorstellung des AT im allgemeinen vgl. J. H. SCHEEPERS, Die gees van God en die gees van die mens in die Ou Testament, Kampen 1960, zum Heiligen Geist in Qumran vgl. F. NÖTSCHER, RQ 2 (1960), S. 336ff.

Zu Seite 189.

239 Vgl. Althebr. Lit., S. 74f. *240* Am 5 25 Jes 1 10ff. (zum Text vgl. J. BEGRICH, Z. S. 9 [1933/4], S. 204ff.). Wieweit hinter Dtn 5 eine aus dem Offenbarungsvollzug (Mitteilung an das Volk unmittelbar durch Gott: Mitteilung an Moses allein) abzulesende Minderbewertung des Kultgesetzes gegenüber dem Dekalog steht (so A. C. WELCH, Deuteronomy, the framework of the Code, Oxford 1932, S. 17ff., auch Prophet and priest, S. 51ff.), muß dahingestellt bleiben. — Das Gegenstück dieser Form der Polemik ist die Wandlung des magischen Kultus zum »Memorialkult«, wie sie am deutlichsten beim Passah zu beobachten ist: der Weiheritus der Herde und Schutzritus vor dem Todesdämon wird zum Erinnerungsmahl, in dessen Vollzug sich die jeweils feiernde Gemeinde mit der Schar der »Ausziehenden« zusammenschließt (s. o. S 43; zum Passah als Weiheritus s. o. S. 72). Daß speziell die Priesterschaft des Nordreichs ihre Riten und »Gnaden« auf die Wüstenzeit zurückführen will, hat R. DUSSAUD, Origines, p. 231ff. mit Recht herausgestellt. Der Versuch belegt, wie stark der Zug zur »Historisierung des Kultus« schon früh — vor 933! — gewesen ist; daß er an der geschichtlichen Wahrheit vorbeigeht, war oben S. 3[15] bereits betont. *241* Vgl. Jer 8 8. — Diskussionen über das Verhältnis zu Dtn vgl. z. B. bei P. VOLZ, Komm.[2] z. St. und A. CONDAMIN, Komm.[2] (1936) z. St., vermittelnd F. PUUKKO, BWAT 13 (1913 = Kittel-Festschrift), S. 148f., zur Beziehung auf das Kindsopfer und andere »Greuel« unter Manasse C. C. TORREY, JBL 56 (1937), S. 196ff. Die gegenwärtige Exegese bezieht Jer 8 8 nicht speziell auf das Dtn, sondern »auf die schriftliche Tora der Gesetzesschreiber (‚Lügengriffel'), die dem ursprünglichen Bundeskult fremd war« (A. WEISER, ATD 20/21[4], 1960, S. 72, ähnlich W. RUDOLPH, Eißfeldts Handbuch I, 12[2], 1958, S. 57). Ein derartiges Mißtrauen gegen den geschriebenen Buchstaben als solchen ist in Kulturen, in denen seine Kenntnis auf einen engen Kreis beschränkt ist, weit verbreitet. Aber hat nicht gerade in Israel die Buchstabenschrift eine weitere Verbreitung des Lesens und Schreibens mit »Menschengriffel« (Jes 8 1) gestattet als es im Umkreis der Keilschrift und der Hieroglyphen der Fall war? Man denke etwa an den Uriasbrief (II Sam 11 14), die Briefe Isebels (I Reg 21 8) oder die von Baruch geschriebenen Jeremia-Worte (Jer 36 2).

Zu Seite 190.

242 Auch wenn der Gottesbefehl durch einen heidnischen König erfolgt, muß er als Gottesbefehl erfüllt werden II Chr 35 21f.; zur Todesfolge des Ungehorsams bei absonderlichem Befehl vgl. I Reg 20 35f. Als »modernes« Zeugnis über die »Gesetzestafeln« vgl. O. AHERNE bei W. B. YEATS, Antaios I (1960), S. 376. S. auch o. S. 111 und beachte den Einwand Ex 4 1. *243* Dtn 4 15f., andere Begründung s. u. S. 196. *244* Vorrede auf das AT, DB 8 (1958), S. 16/17 (1525/45), Orthographie modernisiert. *245* Gen 3 1. 4f. und dazu die umfassende, die Literatur im weitesten Umfang verarbeitende Untersuchung von J. COPPENS, La Connaissance du Bien et du Mal et le Péché du Paradis (Analecta Lov. Bibl. et Orient II 3, 1948, [S. 17: L'expression »le bien et le mal« désigne, sans l'ombre d'un doute, une totalité, c'est-à-dire l'addition du bien et du mal, und vgl. dazu auch G. LAMBERT, Vivre et Penser III [1945], S. 92ff. [L'opposition des contraires expriment une totalité]. Anders H. J. STOEBE: »ṭōḇ uårå' was dem Leben förderlich und was ihm hinderlich ist« [ZAW 65, 1953, S. 200]), während L. LIGIER, Péché d'Adam et péché du Monde (Théologie 43), Lyon 1960, in umfassender Behandlung des Problems S. 177[14] auch auf Odys. XVIII, 228f., XX 310 verweist. Gleichwohl ist für ihn das Kennen und Festlegen des ṭōḇ uårå' une prérogative propre au Dieu de la révélation.

Zu Seite 191.

246 Vgl. A. H. EDELKOORT, Het zondebesef in de babyl. boetepsalmen, Diss. Utrecht, 1918, S. 72, und A. VAN SELMS, a. a. O. S. 98, auch — mit anderer Bewertung des babyl. Materials — WIDENGREN, a. a. O. S. 161f. *247* Zum Begriff der »natürlichen und wahrhaftigen Sünde« im Gegensatz zu solchen, die lediglich auf einem positiven Gebot beruhen, vgl. LUTHER WA, DB 8 (1958), S. 24/25, Orthographie modernisiert. *248* S. o. 112. *249* Vgl. Gott und Mensch[2], S. 95ff.

Zu Seite 192.

250 S. u. S. 202f. *251* S. o. S. 69 u. S. 120f. *252* Vgl. ST. A. COOK, The religion of ancient Pal. in the light of archaeol., London 1930, S. 79 u. J. G. DUNCAN, Digging up biblical history, II, London 1931, S. 39. Auf einem analogen Gegensatz gegen kananäische Gebräuche ruht das Verbot, das Zicklein in der Milch seiner Mutter zu kochen (Ex 23 19 34 26 Dtn 14 21); vgl. M. RADIN, AJSL 40 (1924), 209ff. und E.

DHORME, Evol., S. 58, 305, doch trifft die von ihm nach H. L. GINSBERG, JRAS 1935, p. 72 beigebrachte Parallele *rās eš-šamrā* 60, 14 Bauer (= GORDON 52, 14, DRIVER, Can. Myths and Leg., p. 120) nicht genau, da sie von der Opferung des *gd* in *ḥlb*, aber nicht von der »Milch *seiner Mutter*« redet. Vgl. auch M.-L. HENRY, Das Tier im religiösen Bewußtsein des alttestamentlichen Menschen, Tübingen 1958, S. 29[30]; zur Formulierung D. DAUBE, JThSt 37 (1936), S. 289f., zur Umgestaltung von Riten WELCH, Prophet and priest, S. 78ff. u. MOWINCKEL, ZAW 55 (1937), S. 229f., zu vorsemitisch-vorgriechischer Herkunft wesentlicher, aus dem Kananäischen — unter Abwandlungen — ins Israelitische übergegangener Opferarten (*zäbaḥ*, *ʿōlåh*) vgl. L. ROST, BZAW 77 (1958) S. 179ff. und R. DE VAUX, Lebensordnungen II, S. 289f., beide in Anlehnung an R. K. YERKES, Sacrifice in Greek and Roman Religions and Early Judaism, New York 1952, S. 115ff. (s. auch u. S. 194[1]). *253* S. o. S. 139.

Zu Seite 193.

254 S. o. S. 114. *255* S. o. S. 21. — Auch der Dekalog gehört zu diesen Zusammenfassungen. *256* Sap 11 16; zu dieser Ausweitung der Talion und der »spiegelnden Strafe« s. o. S. 183f. CL. WESTERMANN, Grundformen prophetischer Rede, (Beiträge zur evangelischen Theologie 31), München 1960, S. 46ff. (vgl. meine Besprechung ThLZ 82 [1962], Sp. 204ff.) hat gegen den Ausdruck »Scheltwort«, um deswillen Bedenken geltend gemacht, weil er der Herkunft des »Scheltens« aus »dem magischen Daseinsverständnis« nachgeht und gerade von da aus betont, daß die prophetische »Anklage« als Feststellung eines Tatbestandes wohl »gelegentlich Elemente des Scheltens in sich aufnehmen *kann*« (bei W. S. 49, kursiv), aber nicht ihrem Wesen nach Scheltwort ist. An dem Ausdruck liegt mir nichts, vielmehr daran, daß in den »Scheltwort« genannten Sprüchen der Prophet gerade nicht als »Bote« Jahwes in dem Sinne wirksam wird, daß er dessen ihm zuteil gewordenen Worte in ihrer von ihm rezipierten Form in strenger Bindung an das Rezipierte nachspricht, sondern seine Reflektion über das ihm zuteil gewordene Wort, in der es sich selbst seiner Rätselhaftigkeit entkleidet und als notwendig durchsichtig macht und dann diese ihm nun durchsichtige »Begründung« dem Volk oder dem einzelnen weitergibt. In meinen »Worten der Propheten«, Berlin 1949, S. 26, die W. entgangen sind, hätte er dies Auseinandertreten von »Ich« und »Er« an den einzelnen konkreten Beispielen bis hin zu I Kor 7 12. 25 : 10 (11 23) dargelegt gefunden. Weder »Begründung« noch »Anklage« scheinen mir dieses mir wesentliche Moment hinreichend deutlich zu machen. Weiß man einen Ausdruck, der einen »magischen« Nebenton fernhält, bin ich gern bereit, ihn aufzunehmen. Faute de mieux behalte ich »Scheltwort« bei. *257* Prov. 24 19; vgl. 20 22. *258* Zu Lev 19 18 (s. o. S. 158) vgl. Mt 22 39 par. Rm 13 9f. Gal 5 14 Jac 2 8. Zur Verbindung von »Gottes«- und Nächstenliebe vgl. die Verbindung von Dtn 6 5 mit Lev 19 18 in Mc 12 30f. par. *258*a Mt 5 48; die Heiligkeitsforderung vgl. Lev (11 45) 19 2 (s. o. S. 158) 20 7. 26 I Ptr 1 16. Auch die Ersetzung des ἅγιοι ἔσεσθε durch ἔσεσθε . . . τέλειοι (nach Dtn 18 13 LXX τέλειος ἔσῃ = *tåmîm tihjaeʰ ʿim jahwaeʰ* . . .) ist eine Auswirkung der oben S. 82 betonten Tatsache, daß die Heiligkeitsaussage kein analytisches Urteil über eine bestehende Qualität des Volkes, sondern den Erwählungsanspruch Jahwes zum Ausdruck bringt. »Heilig« sein heißt nicht, an dem gottheitlichen Wesen Jahwes Anteil gewinnen, sondern in seinem Eigentum und darum unter seinem Willen stehen. Der Satz von E. JACOB (Suppl. VT 7 [1960], S. 42), die Heiligkeit bestehe nicht »dans certaines qualités qui ensemble feraient la perfection, mais dans la promptitude à répondre à l'appel de Dieu et à prendre sur eux le risque que constitue cet appel« ist, wie J. am Beispiel des

Lügners Abraham, des Mörders Moses und des Ehebrechers David zeigt, in seinem ersten Teil unwiderleglich richtig, aber im zweiten immer noch zu stark an der menschlichen Subjektivität haftend (vgl. auch den späteren Satz »ils (die eben genannten) ont reconnu le règne du Dieu qui devait éclipser tous les autres dieux«). Eben diese Subjektivität — mag man sie nun stärker im »moralischen« Verhalten oder stärker im »Glauben« und religiösen Erkennen (^{0}Ils ont reconnu!^{9}) finden — kommt für den griechisch sprechenden Menschen durch τέλειος zu klarerem Ausdruck als durch ἅγιος.
259 Vgl. Tob 4 15 ὃ μισεῖς μηδενὶ ποιήσῃς und dazu L. H. Philippidis, Die »Goldene Regel« religionsgeschichtlich untersucht, Leipzig 1929, S. 31ff.

Kapitel VI.

Zu Seite 194.

1 Vgl. meine Ausführungen PJB 23 (1927), S. 89ff. u. Z. syst. Th. 10 (1932), S. 164ff. (= Apoxysm. S. 258ff.). Es erhebt sich dabei die Frage, wieweit diese Gemeinsamkeit Erbgut einer (auch in den Ortsnamen sichtbaren) vorindogermanischen und vorsemitischen Bevölkerungsschicht ist (s. o. S. 192^{252}). *2* Vgl. Aischylos Agam. 921ff. Wil. ed. min. 140f. und dazu M. Pohlenz, a. a. O. S. 99, auch G. Thomson, Aischylos u. Athen, Berlin 1957, S. 274f. *3* Vgl. Jes 14 13ff. (s. o. S. 105) und zum Problem »Gott und Mensch«^{2}, S.118ff., auch S. Eitrem, Symbolae Osloenses X (1932), S. 32f.; eine islamische Parallele (Sturz des Iblis) bei K. Ahrens, a. a. O. S. 93f.

Zu Seite 195,

4 Jes 2 12ff. (s. o. S. 24); griechische Parallele bei Herodot VII, 10 ed. Dietsch-Kallenberg II^2 144f. Vgl. zur Demutsforderung auch die »Omina« (F. R. Kraus, ZA 43 (1936), S. 97):

Wenn er meint: »Ich bin heldenhaft«, wird er beschämt werden.
Wenn er meint: »Ich vermag«, wird er gering.
Wenn er meint: »Ich bin schwach«, wird er mächtig.
Wenn er meint: »Ich bin jämmerlich«, wird er reich.

Für die spezifisch innerisraelitische Entwicklung der Demutsforderung ist dabei folgendes im Auge zu behalten: Aus der Vorzugsstellung der Armen bei Gott, von der o. S. 143ff. zu reden war, erwächst der »Weisheit« die Lebensregel, daß der »Ehre« die »Niedrigkeit« (als bewußte, sittliche Haltung) vorausgehen muß (Prov 15 33 18 12: *lip̄nē ḵåḇōḏ ʿ^{a}nåu̯å^h*), und daß der Lohn der *ʿ^{a}nåu̯å^h* in nichts Geringerem besteht als in Reichtum, Ehre und Leben (Prov 22 4). In der Endzeit werden die »großen Hansen«, die in ihrem Übermut (*ga'^{a}u̯å^h*) sich Austobenden (*ʿallizīm*), aus Jerusalem verschwunden sein; übriggeblieben ist dann ein »armes, niedriges Volk«, der »Rest Israels«, ökonomisch arm und zugleich im »Vertrauen auf den Namen Jahwes«, in der Fernhaltung von Lug und Trug geborgen unter dem Schutz ihres Gottes (Zeph 3 11ff.). Der Gegensatz bestimmt hier deutlich die »Armen« (vgl. den Exkurs »Armenfrömmigkeit« bei J. Maier, Die Texte vom Toten Meer II, München 1960, S. 83ff.) nicht nur als »fromm« schlechthin, sondern als solche, deren Frömmigkeit in der Hinnahme ihrer Elendslage besteht. Im Unterschied von dem Übermut (*zåḏōn*), der sich groß dünkt (Ob 3) und nur Schande bringt (Prov 11 2), ist die »Demut« (*z^{e}nu̯ʿim*) mit der wahren Weisheit (Prov 11 2 [13 10 ?]) dem »Tun des Rechtes« und der »Liebe zur Bundestreue« (Mi 6 8) eng verbunden. (Vgl.

die Gegensatzbildung *ʿnu̯h*||*ru̯ḥ nšbrh: rmi̯ ru̯ḥ*|| *ʾnši̯ mṭh* 1QS XI 1 f.). Der Demütige schickt sich in das »Herrsein« (vgl. *ʿnu̯h lpni̯ hru̯dh bu̯* 1QS IX 22) und das »Anderssein« Gottes, bejaht es in seinem praktischen Verhalten — vor allem in der Bewährung der karitativen Norm! — und handelt damit so, wie es dem göttlichen Erziehungswillen nach dem Verständnis der deuteronomischen Paränese entspricht (Dtn 8 3. 16; vgl. Ps 119 67. 75). *5* Vgl. die durch WILAMOWITZ, ED. SCHWARZ und ED. MEYER angeregten Darlegungen von O. KERN, Religion der Griechen I, Berlin 1926, S. 266. 297, auch meine Bemerkungen O. T. Essays, London 1927, S. 46ff. Zur Frage der literarischen Fiktion bei Hesiod vgl. F. DORNSEIFF, Philologus 89 (1934), S. 398ff. *6* Eine wirkliche Vorstellung des Zeuskopfes gestattet die Berliner Hadriansmütze aus Olympia; vgl. J. LIEGLE, Der Zeus des Phidias, (Berlin 1952), S. 82ff. u. Taf. I, XVI, XVII.

Zu Seite 196.

7 Zu den bis 1938 bekannten Bronzen vgl. C. F. A. SCHAEFFER, Syria 10 (1929), Taf. 53 = ANEP 481; 17 (1936), S. 145f. (Kopf auch AfO 11 [1936], S. 90 Abb. 8 zugänglich), zur Kalksteinstele SCHAEFFER ebenda 14 (1933), S. 123, anders K. GALLING, BRL Sp. 214f. (= ANEP 482); zum »Gott mit dem Blitz« (ANEP 490) auch E. DHORME, Evol. S. 100f. oder J. B. PRITCHARD, Arch. and the OT, Princeton 1958, S. 115 Abb. 41. — Bei der unverhältnismäßig großen Zahl der Astartefiguren hat möglicherweise ihre magische Verwendung mitgesprochen; vgl. L. FRANZ, Die Muttergöttin, AO 35 3, 1937, S. 18ff. Das Abbildungsmaterial an kananäischen Göttinnen und Göttern bietet (mit Lit. zu jedem Stück) ANEP 464—500, zu Baal(at) vgl. O. EISSFELDT, RGG I[3], 1957, Sp. 806 und die Übersicht über »die Archäologie und die kananäische Religion« bei W. F. ALBRIGHT, Die Religion Israels im Lichte der archäologischen Ausgrabungen, München/Basel 1956, S. 83ff. (Zum Baal mit dem Blitz S. 208[48]). Weitere Literatur bei J. GRAY, Interpret. Dict. I (1962), S. 329. *8* Zu den Stelen von *bēsan* und *rās eš-šamrā* s. o. S. 175, zur Stele von *balūʿa* o. S. 164. *9* Daß es in späterer Zeit Baʿalbilder gab, bezeugt II Reg 11 8; ein El-Bild ist wahrscheinlich die o. S. 26 [161] erwähnte Adorationsszene aus *rās eš-šamrā*. *10* Zu beachten ist auch der Fluch in Dtn 27 15 über die Fabrikation und das heimliche Aufstellen eines Schnitz- oder Gußbildes. Für die Gaza-Münze (G. F. HILL, Catalogue of the Greek Coins of Palestine, London 1914, Taf. 19 29) ist die Lesung *jhw* (statt *jhd*) wohl allgemein aufgegeben, so auch ANEP Nr. 226, S. 275, W. WIRGIN and S. MANDEL, The History of Coins and Symbols, New York 1.958, S. 31 und jetzt B. KANAEL, Bibl. Arch. 26 (1963), S. 40ff. *11* Jes 40 18. 25 f. *12* S. u. S. 198. *13* Zur Deutung des Bilderverbotes vgl. J. B. FREY, Biblica 15 (1934), S. 265ff. = Miscellanea Biblica I, Rom 1934, S. 145ff., zu seiner Stellung im Dekalog W. ZIMMERLI, Festschr. A. Bertholet, Tübingen 1950, S. 550ff., dem auch K.-H. BERNHARDT, Gott und Bild, Berlin 1956, S. 80. 96 im Rahmen seiner umfassenden Erörterung des Problems des Bilderverbotes (S. 69ff.), in Auseinandersetzung auch mit H. SCHRADE, Der verborgene Gott, Stuttgart 1949, zustimmt. Die Qumranschriften kennen in einer für ihren Rigorismus charakteristischen Weise *paesael* nur in der Erwähnung der *ku̯l psli̯ hgu̯i̯m*, die (1QpHab XII 13) ihre Verehrer am Gerichtstage nicht retten, und *ṣaelaem* nur im Zitat von Am 5 26 f. in CD VII 15. 17 und in eigenartiger Deutung der Bilder auf die Prophetenschriften (vgl. A. DUPONT-SOMMER, a. a. O. S. 148[2], 149[1]). Hingegen bezeugt vor allem die Synagoge von Dura-Europos (vgl. C. H. KRAELING The excavations at Dura-Europos, Final Report VIII, 1, New Haven 1956) für Kreise des Judentums der römischen Zeit die »praktisch totale Aufhebung des Bilderverbotes mit Ausnahme des Verbotes des Gottesbildes selbst« (H.-L. HEMPEL,

ZAW 69, 1957, S. 113, ebenda Verweis auf B. MAISLER, Beth-She'arim I², Jerusalem 1957 Taf. XIV—XXXVI und E. R. GOODENOUGH, Jewish Symbols in the greco-roman period, New York I, 1953, S. 89ff.; III, Abb. 43ff. Zur Datierung jüdischer Bildzyklen auf Grund ihrer Nachwirkung in der (christl.) Katakombe an der Via Latina in Rom vgl. H.-L. HEMPEL, ZAW 73 [1961] S. 299ff.). Es ist ja auch — J. GUTMANN, HUCA 32 (1961, Festschr. zum 80. Geburtstag von J. MORGENSTERN), S. 162ff. weist darauf hin — Ex 20 4 in strenger Auslegung im Salomonischen Tempel mit seinen Cheruben und den Rindern des Ehernen Meeres in Anpassung an die »Kultur« Palästinas und der umwohnenden Völker nicht beachtet, ohne daß sich bei den Schriftstellern des AT eine Polemik dagegen aufzeigen ließe. Hingegen haben die Stiere in Dan und Bethel bei dem nordisraelitischen(!) Hosea schärfste Ablehnung gefunden (vgl. Hos 8 4f. [z. St. H. W. WOLFF, Bibl. Kom. Neukirchen XIV, 1961, S. 178ff.] u. ö.). Daß er sich dabei nicht auf Ex 32 1ff. beruft, erklärt sich am besten, wenn man dies Kapitel dem Jahvisten (oder einer nach dem Vorgehen Jerobeams I erfolgten Erweiterung desselben, so zuletzt M. NOTH, ATD 5, 1959, S. 202f.) zuschreibt. Zur Herleitung der Bilder in Dura usw. aus einem Reformjudentum im Gegensatz zur Haltung rabbinischer Theologie (und solcher, die den Figuren des unteren Registers sorgfältig die Augen ausgestochen haben), seiner Art nach verwandt dem Reformjudentum des 18. Jhs., das »in Moses Mendelsohn (had) rather a spokesman and organizer than an originator«, vgl. GOODENOUGH HUCA 32, S. 269ff. (Zitat S. 279). An die Abweisung der Möglichkeit magischer Beeinflussung des Gottes durch das Bild als Hintergrund des Verbotes denkt nach W. ZIMMERLI, Festschr. Bertholet, S. 561 (vgl. mein »Bild in Bibel u. Gottesdienst«, Tüb. 1957, S. 9) auch A. KIRCHGASSNER, Die mächtigen Zeichen, Freiburg 1959, S. 32. *14* S. o. S. 133f.

Zu Seite 197.

15 Zu den Jahwevergleichen vgl. ZAW 42 (1924), S. 74ff. (= Apoxysm, S. 1ff.), und »Gott und Mensch²«, S. 10f., 183ff. (Tier), 170ff. (Vater) und 185¹ (Seltenheit des Mutterbildes, vgl. dazu G. VON GYNZ-REKOWSKI, Symbole des Weiblichen im Gottesbild und Kult des AT, Zürich/Stuttgart 1963, der in der Lade »das kultische Zeugnis« für die »Anima im Gottesbild« sehen will. Wie sogar die Tragstangen der Lade und der Stein, auf den sie abgesetzt wird (I Sam 6 18), dazu mit Hilfe des Babyl. Talmud und der Brüder Grimm dienen müssen, mag man S. 29ff. selbst nachlesen und sich dabei über das herrliche Latein S. 35 freuen.) *16* S. o. S. 192ff. An dieser inhaltlichen Bestimmtheit der zentralen Forderung der Karität kommt der reine Gehorsamscharakter des »Gesetzes« an eine Grenze, denn von ihm aus muß sie als eine Inkonsequenz erscheinen, wie s. Zt. bereits E. SCHÜRER, Die Predigt Jesu Christi in ihrem Verhältnis zum AT und zum Judenthum, Darmstadt 1882, S. 12f. gesehen hat. *17* Vgl. Hos 11 9 und dazu die ausführliche Behandlung durch H. W. WOLFF, a. a. O. S. 261f. zum Vergleich mit I Sam 15 29 (vgl. dazu auch Num 23 19 o. S. 38) N. H. SNAITH ExpT. 57 (1945/46), S. 49. *18* Eurip. Bellerophon fragm. 294 ed. Nauck III² 72; eine gute Zusammenstellung des Materials philosophischer Kritik bietet H. KLEINKNECHT, Πανθειον, Stuttgart 1929, S. 21f. Zur ethischen Kritik der Tragödie an den Göttern vgl. des Euripides Stellung zu Apollo (POHLENZ, a. a. O. S. 301ff.), auch Herakl. maiom. 1341ff.: 1315ff. (ebenda I³, S. 365f.).

Zu Seite 198.

19 Zu den Anthropomorphismen im AT vgl. L. KÖHLER, Bibl. Theol. S. 4ff., A. HESCHEL, a. a. O., S. 145ff., im Judentum A. MARMORSTEIN, The old rabbinic doctrine of God, II, Essays in anthropomorphism, Oxford 1937. Bekannt ist Luthers Auftreten gegen das die Anthropomorphisten verwerfende Dekret (abgedruckt auch ZAW 65, 1953, S. 165). Zur Theophanie als Ausdrucksform des Anthropomorphismus vgl. J. Barr, Suppl. VT VII (1960), S. 292, zur analogen Stellung des Monologs N. P. Bratsiotis, ZAW 73 (1961), S. 32f., 67. Zur Frage der Beseitigung der Anthropomorphismen in der LXX der Psalmen A. Soffer, HUCA 28 (1957), S. 85ff., im Jes. Ch. T. Fritsch, Bibl. Stud. in Mem. H. C. Alleman, S. 155ff., im Hiob H. M. Orlinsky, HUCA 30 (1959), S. 153ff., in Ablehnung von D. H. Gard, The exegetical method of the Greek translators of the Book of Job, Philadelphia 1952 und C. T. Fritsch, The antianthropomorphisms of the Greek Pentateuch, Princeton 1943, zu einem Einzelproblem (*bīdder pi* in der Vorlage von Dt 32 51) meine Auseinandersetzung ZAW 73 (1961), S. 89 mit J. Ziegler, ebenda 72 (1960), S. 238, zur Nachwirkung in Syr. L. Delekat, ZAW 69 (1957), S. 42f., zum gelegentlichen Beibehalten des Anthropomorphismus *jāḏ* bei Saadja vgl. R. Ecker, Die arabische Iob-Übersetzung des Gaon Sa'adja ben Josef al-Fajjumi (Stud. zum AuNT IV), München 1962, S. 27. 131ff. u. ö. *20* Vgl. auch die etwas anders gerichteten Ausführungen von W. Wundt, Elemente der Völkerpsychologie, Leipzig 1912, S. 499ff. Das Bedürfnis, Gott in Menschengestalt zu schauen, steht auch hinter der Menschenvergötterung des Hellenismus; vgl. V. Ehrenberg, Die Antike 7 (1931), S. 289 zu dem Hymnus an Demetrios Poliorketes. Zum Zusammenhang von Anthropomorphismus und Herrscherkult vgl. auch O. Immisch, Das Erbe der Alten II 20 (1931), S. 5. *21* Vgl. Joh (12 45) 14 9. *22* Für das Griechentum vgl. O. Kern, a. a. O. I S. 49ff. u. W. F. Otto, Die Götter Griechenlands, Bonn 1929, S. 36ff. Die von letzterem betonte Tatsache, daß in der älteren Zeit *derselbe* Gott theriomorph *und* anthropomorph auftreten kann, gilt für die vorisraelitische Volksfrömmigkeit, wenn die im Text gegebene Deutung von I Reg 12 28 richtig ist; zum Alter der anthropomorphen Gottesdarstellungen im Babylonischen (Uruk IV?) vgl. D. van Buren, OLZ 39 (1936), S. 421. *23* Zusammenstellungen des älteren Materials vgl. Z. syst. Theol. 9 (1931), S. 225ff. (= Apoxysm., S. 209ff.) u. bei St. A. Cook, Rel. of anc. Pal., S. 98f., vor allem 99[1]; vgl. weiter W. F. Albright, Arch. S. 87ff., K. Galling, BRL Sp. 458f. und die Eingliederung in das altorientalische Material bei Graham-May, Culture and Conscience, Chicago 1936, S. 81ff. ,dazu auch die schlangen-umwundene (?, s. u. Anm. 25) Göttin aus *rās eš-šamrā* (Cl. A. Schaeffer, Syria 19, 1938, Taf. 34 3, vgl. W. F. Albright, BASOR 77 [1940], S. 25), jetzt ANEP Nr. 480. Vgl. weiter die Schlangenscherben von *tlēlat ghassūl* (Compte rendu I Taf. 52; ähnliche Stücke aus *Tepe gawra* ab Schicht VII bei E. A. Speiser, a. a. O. S. 46 Taf. 76 u. ö.), die Schlangen auf den mittelbronzezeitlichen Krughenkeln von Megiddo bei H. G. May, Material remains of the Megiddo cult (OIP 26), Chicago 1935 Taf. 22 (mit Hinweis auf Parallelen, vor allem auf die Stücke aus *'ain šems* AASOR 9 [1929] Fig. 6ff.), und vielleicht ein Fragment von *'ain šems* bei E. Grant, Rumeileh, Haverford 1934 S. 78 Taf. 23, ferner das schlangenumwundene cylindrical cult object aus *bēsān* ANEP 585 und das von dem gleichen Ort stammende rectangular shrine model ANEP 590 (mit assyrischem Gegenstück 591; die Stücke aus *bēsān* veröffentlicht von A. Rowe, The four Canaanite Temples of Beth-Shan, Philadelphia 1940, Taf. XIV, XVII). Natürlich ist auch die »Eherne Schlange« nicht zu vergessen! Zur Verwendung von Tier- als Personennamen vgl. St. A. Cook bei R. Smith, Religion of the Semites[3], S. 622ff. *24* Veröffentlicht von A. Rowe Taf. 35, 4. *25* Veröffentlicht von W. F. Albright, BASOR 31 (1928), p. 3; Nachzeichnung BRL 227, 3. Doch wollte Galling a. a. O. 459 auf Grund noch unveröffentlichten Materials lieber einen »Gewandwulst« statt einer Schlange erkennen. Das gleiche Problem begegnet bei der

Idrimi-Statue, ANEP 452 (S. SMITH and L. WOOLEY, The Statue of Idrimi, London 1949) und der Anm. 23 genannten Statue aus *rās eš-šamrā*. ***26*** Zum Schlangenkampf von *rās eš-šamrā* vgl. Mehrdeutigkeit S. 16²; das Siegel 171 vom *tell fariʿ* ist veröffentlicht von FL. PETRIE, Beth Pelet I, London 1930, S. 7 Taf. 12 (Philisterzeit; vgl. K. GALLING, ZDPV 54 [1931], S.95 und BRL, Sp.24ff. Abb. 9; Parallelmaterial bei G. HORSFIELD u. L. H. VINCENT, RB 41 [1932], Taf.14, 1 [Stele von *rudjm el ʿabd* = ANEP 177] 15, 2 [Stier von *Nubti*]). ***27*** Vgl. Z. syst. Theol. a. a. O. Anm. 23. ***28*** Veröffentlicht von A. ROWE ebenda frontisp. u. S. 15f.; zur Deutung als Jagdszene K. GALLING, ZDPV 57 (1934), S. 153ff. u. BRL, Sp. 290; zum Löwengott im Ägypt. H. P. BLOK, ActOr 8 (1930), S. 220ff., H. KEES, Der Götterglaube im Alten Ägypten², Berlin 1956, vor allem S. 137, und S. MORENZ, Ägyptische Religion, Stuttgart 1960, vor allem S. 257. Zum Löwenkult im Zweistromland vgl. die Löwenmaske Assurnasirpals II, AfO 10 (1935), S. 211 Abb. 3, und die dort von E. F. WEIDNER genannten Parallelen (S. 212³⁵ weitere Literatur). Zum Löwen als »Erscheinungsform« der Dämonen vgl. 1QH V 9. 13. 19 (in Anlehnung an Am 3 12). ***29*** Das 1938 durch den Hinweis auf W. F. ALBRIGHT, Arch. S. 93ff. genannte Material ist jetzt in den Schatten gestellt durch den »Löwenorthostat« aus Hazor (veröffentlicht von Y. YADIN, BA XIX, 1956, 1: Titelbild und S. 10, darnach Hazor I, Jerusalem 1958, Taf. XXIX, 3 [lies in der Unterschrift CLXXXI] und XXX, 2). Weitere Literatur s. Interpret. Dict. III, 1962, S. 136f. (W. S. McCULLOUGH and F. S. BODENHEIMER). ***30*** Vgl. ZAW 42 (1924), S. 99f. = Apoxysm. S. 24f. ***31*** S. o. S. 27¹⁶⁵; gegen die Herleitung des Stierkultus aus Ägypten scheint mir entscheidend die Tatsache zu sprechen, daß die Formel Ex 32 4, I Reg 12 28 den Gott als den Sieger über Ägypten feiert. ***32*** Vgl. u. a. die Berufung auf meine Behandlung Gott u. Mensch², S. 265ff. bei F. DUMERMUTH, ZAW 70 (1958), S. 83. Löwen als Tragtier der (ägyptischen) Göttin Qadeš s. ANEP 470ff., und des Gottes auf der Amrit-Stele s. AOTB² 307 (= ANEP 486) mit ihrer Mischung ägyptischer und kleinasiatischer Züge. Zu der großen Prozession von Tieren getragener Gottheiten auf dem Relief von Yazilikaya (AOTB² 337f.) vgl. auch K. BITTEL, Istanbuler Forschungen 5 (1934). ***33*** Vgl. speziell zum Jahvisten noch immer FL. JAMES, Amer. Church Monthly 1932, S. 142f.

Zu Seite 199.

34 S. o. S. 171. ***35*** Vgl. Ps 73 22 92 7 94 8 (49 13 Prov 30 2) Dan 4 13. 29f. ***36*** Vgl. Koh 3 19. 21. ***37*** Vgl. Ex 22 18 Lev 18 23 20 15 (beachte die Tierstrafe!) Dtn 27 21 und dazu o. S. 169. Auch der Umschwung in den Beziehungen »seiner Tiere« nach dem Verkehr Enkidus mit der Hure (Gilg. I, III 45 IV 15 Schott S. 17f.; ANET S. 75 E. A. Speiser) ist zu beachten. ***38*** Zum Recht s. o. S. 56, zur Eschatologie unten Anm. 43. ***39*** Vgl. Prov 12 10. Weiteres vor allem bei J. E. McFADYEN, The message of Israel², London 1931, S. 186ff., dessen Zurückführung des prophetischen Protestes gegen den Kult auf ihre Tierliebe freilich keinen klaren Quellenbeleg für sich hat. Noch Jesus hat an dem Schlachten der Opfertiere bei den Jerusalemer Wallfahrtsfesten keinen »humanen« Anstoß genommen. Immerhin vgl. die Fürsorge für die Kamele als Kennzeichen einer heiratswerten Jungfrau Gen 24 19 und die Fluchwürdigkeit einer Grausamkeit gegen Tiere Gen 49 6. Hingegen ist die Bitte um eine Kleinviehweide Gen 46 34 47 4 wohl stärker durch den Willen zur Bewahrung des Eigenbesitzes als durch die Tierfürsorge bestimmt. ***40*** Vgl. Ex 23 4f. ***41*** Vgl. Jer 12 14 14 5f. (s. o. S. 15), Joel 1 18. 20. ***42*** Vgl. Jon 4 11. ***43*** Vgl. Jes 11 6ff. Hos 2 20. Mit Recht weist McFADYEN, a. a. O. S. 188 auf die andersartige Haltung von Lev 26 6 Hes 34 25 hin: Mit den wilden Tieren im Lande selbst wird Jahwe »ein Ende machen« (*hišbattī ḥaiå̄ʰ råʿåʰ min-hå̊ʾåraeṣ*); was außerhalb Palästinas mit ihnen geschieht, bleibt unberücksichtigt. Parallelmaterial zum Tierfrieden vgl. bei S. RAPPAPORT, Kaminka-Festschrift 1937, S. 79ff.; ich verdankte die Kenntnis dieses Aufsatzes der Freundlichkeit von Prof. DORNSEIFF. Zur Stellung des Tieres in den Religionen überhaupt vgl. W. VOIGT, Die Wertung des Tieres in der zarathuštrischen Religion [Christentum und Fremdreligionen 5], München 1937, S. 11ff. Zum Fluch über den, welcher »Stiere verstümmelt« (kastriert?) vgl. Gen 49 6. *44* Vgl. etwa Jer 27 5 u. s. o. S. 133f.

Zu Seite 200.

45 Vgl. Gen 3 22ff. (s. o. S. 138f.) 6 3 und dazu meine Ausführungen in: Deutsche Theologie (Bericht über den ersten Theologentag), Göttingen 1928, S. 79f. — Sünde ist das Gottgleichseinwollen als solches, nicht der Raub göttlicher Güter zugunsten der Menschen, den W. HEADLAM, Classical Quart. 28 (1934), S. 63ff. herangezogen hat. *46* Oben S. 174 und zum folgenden Z. syst. Theol. 9 (1931), 230ff. = Apoxysm. S. 213ff. *47* Vgl. Gen 1 26. *48* Enuma eliš VI, 1ff. (AOTB I², S. 121 Ebeling, ANET S. 68 E. A. Speiser).

Zu Seite 201.

49 Vgl. Gen 1 26 9 3. 6 u. s. S. 64, auch E. JACOB, Suppl. 7 VT (1960), S. 49ᵇ, dessen Formulierung, der Dekalog »intégrera« ein noaḥidisches Gebot, ich freilich nicht mitmachen kann. *50* S. o. S. 101ff. *51* Zum Jahwisten s. o. S. 50, zu Deuterojesaja S. 102ff. Vorstufen und Nachklänge (1QS VIII 1ff.) s. auch ZAW 66 (1954), S. 244ff.

Zu Seite 202.

52 Vgl. Hi 31 13ff., vor allem 15; zum Rückgriff auf die Schaffung der Armen wie der Reichen von demselben Gott vgl. auch Prov 14 31 17 5 22 2 (29 13). *53* Vgl. Gen 9 1ff.: 8 20ff. *54* Vgl. Gott und Mensch², S. 162ff.

Zu Seite 203.

55 Vgl. ZAW 54 (1936), S. 300f.

Nachträge

(Mir bis 15. 11. 63 nachträglich bekanntgewordene Literatur)

S. 7[34] Vgl. jetzt auch H. J. Zobel, Stammesspruch und Geschichte. Die den Stammessprüchen von Gn 49, Dt 33 und Jdc 5 zu entnehmenden Angaben über die politischen und kultischen Zustände im damaligen »Israel«, Bericht über Diss. Theol. Halle/S. 1962 in: Forschungsinformationen Halle 2/63 Abt. D, Bl. 4.

S. 15[87] Ergänze zu Pritchard: Gibeon, where the sun stood still, Princeton N. J., 1962, S. 53ff.

S. 16[91] Gräber von der Steinzeit bis zum II. Jahrt. a. C. vgl. jetzt bei J. A. Callaway, Bibl. Arch. 26 (1963), S. 74ff. Zum angeblich entdeckten Mosegrab J. Lissner, ebenda S. 106ff.

S. 16[94] Ergänze zu Pritchard, Gibeon etc. S. 79ff.

S. 16[96] Zum Baal-Kult vgl. allgemein M. J. Mulder, Baal in het Oude Testament, Amsterdam 1945 (mir noch nicht zugänglich).

S. 41[47] Zur Stellung des Auszugs unter den »Gnadentaten Jahwes« und der ihm »entgegengesetzten Schuld Israels« in Anm. 2 vgl. jetzt H. Lubsczyk, Der Auszug Israels aus Ägypten, seine theologische Bedeutung in prophetischer und priesterlicher Überlieferung (Erfurter Theologische Studien 11), Leipzig 1963, S. 54f., ein Buch, das ich nur noch in dieser Anmerkung zitieren kann.

S. 45[58] Zur Ehe des Moses als *beena*-Ehe vgl. jetzt J. Morgenstern, HUCA 34 (1963), S. 35ff.

S. 75[59a] Zu Mahanaim vgl. jetzt Kl.-D. Schunck, ZDMG 113 (1963), S. 34ff. — Vielleicht eine salomonische Stadtgründung im Ostjordanland (am Ort eines alten Heiligtums?) ist der *tell el rumeith*; vgl. P. Lapp, RB 70 (1963), S. 410.

S. 85[129] Zur prophetischen Kritik am Kultus vgl. jetzt auch H. W. Hertzberg, Beiträge zur Traditionsgeschichte und Theologie des AT, Göttingen 1962, S. 81ff.

S. 92[159] Zur verheerenden Wirkung der Geldwirtschaft für die Kleinbauern vgl. E. Neufeld, HUCA a. a. O. S. 45ff.

S. 99[33] Zum Gesetz vgl. jetzt W. Zimmerli, Das Gesetz und die Propheten, Göttingen 1963, S. 93: ». . . steht das Gebot, so sehr es auch immer Erinnerung an das Heil des Bundes ist, immer auch als Größe da, hinter der ein Fluch lauern könnte«. (Sollte man nicht besser sagen: ». . . hinter der der Fluch steht«?).

S. 99[34] Zimmerli, ThLZ 85 jetzt auch Gottes Offenbarung, Göttingen 1963, S. 249 ff.

S. 112[103] A. Heschel jetzt in wesentlich umgearbeiteter englischer Bearbeitung 1962 New York and Evanston S. 307 ff. (Religion of Sympathy).

S. 113[256] H. M. Orlinsky, JBL 82 (1963), S. 258, verteidigt das the Lord alone der New Jewish Version of the Tora durch Verweis auf Sach 14 9. Analog möchte auch der Probedruck des AT der Bibelrevisionskommission der EKiD übersetzen.

S. 115[116] Auch W. Zimmerli spricht in dem o. Nachtrag zu S. 99 genannten Buch von einem »sehr konkreten Rechten um den Gehorsam gegen das entfaltete Gebot« (S. 107f.), aber nur von »dekalogartigen Zusammenstellungen verbotener Vergehungen«.

S. 116[128] PRITCHARD jetzt auch Gibeon . . . S. 100ff.

S. 118[140] Zur Bedeutung der Mißernten für die Sozialgeschichte (»Akkumulation des Bodens«) vgl. jetzt auch J. DUS, Arch. Or. 31 (1963), S. 464.

S. 126[181] HORST = Gottes Recht, S. 167ff.

S. 127[185] Het. I 59: FRIEDRICH, Die Heth. Ges. S. 37: »Wenn jemand ein Rasserind stiehlt, pflegte man früher 30 zu geben, und jetzt gibt er (15) Schafe: 5 weibliche Schafe, 5 männliche Schafe, 5 Jungschafe gibt er«.

S. 140[285] Zum Problem vgl. auch W. BIRNBAUM, Das unverbrüchliche Gesetz im Tod des Sokrates, Göttingen, 1953.

S. 145[309] Die Kupferrollen 3 Q 15 sind jetzt veröffentlicht: M. BAILLET, J. T. MILIK et R. DE VAUX, Discoveries in the Judaean Desert III, 1962, S. 201ff. u. Taf. III_2, XLIIIff.

S. 159[48] Gegen Weiser faßt jetzt W. RICHTER, Traditionsgeschichtl. Untersuchungen zum Richterbuch (BBB 18), Bonn 1963 S. 104 das Deboralied als »Werbelied« (Textrekonstruktion S. 400ff.).

S. 163[62] Zum *hitpallel* vgl. jetzt E. A. SPEISER, JBL 82 (1963), S. 301ff.

S. 164[67] Eine (späte) Darstellung der Fruchtbarkeitsgöttin gibt die 1956 gefundene Nachbildung der Ephesia, Bibl.-Hist. Handwörterbuch I (1962), Sp. 132.

S. 168[93] Zu Het. Ges. II 80 vgl. auch J. FRIEDRICH im Nachtr. zu S. 127[185] a. O.: »Wenn ein Mann unfreie Dirnen (?) und ihre Mutter geschlechtlich gebraucht, ist kein Anstoß. Wenn Brüder eine Freie beschlafen, ist kein Anstoß« (Forts. wie im Text). Vgl. ferner ebenda II, 81[a–c]: »Wenn ein Mann bei der Gattin seines Bruders schläft, sein Bruder aber noch lebendig ist, ist es ein Greuel. Wenn ein Mann eine Frau (zur Gattin) hat und auch mit ihrer Tochter verkehrt, (ist es) ein Greuel. Wenn er ihre Tochter (zur Gattin) hat und auch mit ihrer Tochter oder Schwester verkehrt, (ist es) ein Greuel« (S. 85).

S. 169[98] Zur Päderastie vgl. H.-J. SCHOEPS, Zeitschr. für Evang. Ethik 6 (1962), S. 369ff. (David/Jonathan S. 373). Freundlicher Hinweis von cand. theol. Dierks.

S. 175[153] Zu der Sichemgrabung vgl. jetzt auch die neuesten Mitteilungen von L. E. TOOMBS, RB 70 (1963), S. 424ff.

S. 188[238] Vgl. auch D. LYS, Rûach. Le souffle dans l'A. T. (Etudes d'Hist. et de Philos. rel. 56), Paris 1962, auch sein früheres Werk Nèphèsh. Histoire de l'âme dans la révélation d'Israël au sein des religions proche-orientales (ebenda 50, 1959).

S. 192[252] Zu (Ex 23 19) 34 26 (Dtn 14 21) als Teil einer Kalenderreform vgl. H. KOSMALA, Annual Swed. Theol. Institute 1 (1963), S. 50ff.

S. 196[14] Vgl. jetzt auch die Synagoge in Sardes, namentlich die Kapitel 1e: BASOR 170 (1963), S. 38ff. (D. G. MITTEN).

S. 196[13] W. ZIMMERLI, Bertholet-Festschr. = Gottes Offenbarung S. 246.

S. 198[19] Zu A. HESCHEL, 2. Aufl. 1960 vgl. o. Nachtrag zn S. 112[163].

S. 198[28] Zur Bedeutung der Zeit von Assurnasirpal II bis Assurbanipal für die »narrativa storica dell'arte« vgl. S. MOSCATI, Atti Acad. dei Lincei, Anno CCCLVIII, Memorie Classe Scienze morali, Ser. VIII, Vol. X_2 (S. 51ff.).

Register

Von **Maria Hempel-Kolbe†**,
ergänzt vom Verfasser

Sachregister

Aus Gründen der Raumersparnis sind in vorstehendem Register die Wiederholungen der Stichworte in den »Zusammenfassungen« am Ende der Kapitel nicht aufgenommen.

Übersetzte Texte

a) Biblische

b) Sonstige.

Ägyptisch:

Arabisch:

Aramäisch:

Assyrisch-Babylonisch:

Hetitisch:

Klassisch:

Persisch:

Phönikisch:

Sumerisch:

Talmud: